Justizbehörde Hamburg (Hg.)

»Für Führer, Volk und Vaterland ...«

Hamburger Justiz im Nationalsozialismus

Klaus Bästlein, Helge Grabitz,
Wolfgang Scheffler (R

Ergebnisse

Die Deutsche Bibliothek - CIP-Einheitsaufnahme
"Für Führer, Volk und Vaterland ..."
Hamburger Justiz im Nationalsozialismus
/ Justizbehörde Hamburg (Hg.)
Klaus Bästlein ... (Red.). - Hamburg : Ergebnisse-Verl.; 1992
(Beiträge zur Neueren Hamburger Justizgeschichte ; Bd.1)
ISBN 3-87916-016-3
NE: Bästlein, Klaus [Red.]; Hamburg , Justizbehörde; GT

Ergebnisse Verlag GmbH
Abendrothsweg 58
2000 Hamburg 20

Umschlaggestaltung: Michael Herold, Itzehoe
Satz: Dunz-Wolff GmbH Kommunikation und Medien, Hamburg
Druck: Verlag und Druckerei Fortschritt Erfurt GmbH, Erfurt
1. Auflage 1992
ISBN 3-87916-016-3

Inhaltsverzeichnis

Vorwort

Fast ein halbes Jahrhundert nach dem Ende der NS-Herrschaft hat sich in Hamburg erstmals die Justiz eines Bundeslandes entschlossen, die Geschehnisse zwischen 1933 und 1945 und ihre Nachwirkungen rückhaltlos offenzulegen. Hierzu wurde eine kleine Projektgruppe bei der Justizbehörde gebildet . Der vorliegende Band enthält ihre ersten Arbeitsergebnisse.

Das Erscheinen dieses Bandes mag angesichts fast täglich neuer Sensationsberichte über Stasi-Machenschaften und die SED-Justiz unzeitgemäß wirken. In den ostdeutschen Ländern vollzieht sich heute ein schmerzhafter, aber ebenso unvermeidlicher wie heilsamer Prozeß, der nach dem Ende der NS-Herrschaft – nicht nur in Hamburg – weitgehend ausgeblieben ist. Darüber darf aber nicht in Vergessenheit geraten, daß allein die Hamburger Justiz in den Jahren zwischen 1939 und 1945 mehr Todesurteile verhängte als die gesamte SED-Justiz in den vierzig Jahren ihrer Existenz.

Der verfehlte Umgang der Justiz mit ihrer Vergangenheit hat sie nach 1945 immer wieder in's Zwielicht gebracht. Die so gut wie ungebrochene Weiterbeschäftigung von Richtern und Staatsanwälten aus der NS-Zeit und die in den fünfziger Jahren faktisch zum Erliegen gekommene Strafverfolgung von NS-Verbrechen waren auch in Hamburg schlimme Fehlentwicklungen. Noch schwerer aber wiegt, daß – mit Ausnahme einiger Mitglieder von Standgerichten des Jahres 1945 – kein Richter oder Staatsanwalt wegen seiner Beteiligung an Unrechts-Urteilen der NS-Zeit von einem bundesdeutschen Gericht rechtskräftig verurteilt wurde. In diesem Zusammenhang ist mit Recht von einer Selbst-Amnestierung der Justiz für die von ihr verübten Verbrechen gesprochen worden.

Bei der Auseinandersetzung mit den Folgen der NS-Herrschaft ist Hamburg immer wieder vorangegangen. So kam es 1960/61 zu einer in der Bundesrepublik einzigartigen Überprüfung von Richtern und Staatsanwälten, die an exzessiven Todesurteilen aus der Zeit von 1933 bis 1945 beteiligt waren. Es wurde sogar eine Änderung des Grundgesetzes angeregt, um belastete Richter entfernen zu können, was jedoch am Widerstand des Bundes und der übrigen Länder mit Ausnahme Berlins scheiterte. Und es war nicht nur eine symbolische Handlung, daß Justizsenator Biermann-Ratjen Angehörigen von Opfern der NS-Justiz persönlich die letzten Briefe zum Tode Verurteilter aushändigte, die man – makaber genug – jahrzehntelang zurückgehalten hatte. 1965 wurde Hamburg dann erneut initiativ und konnte zunächst die Verlängerung und schließlich die Aufhebung der Verjährungsfristen für Mord zur Strafverfolgung von NS-Verbrechen erreichen. In den siebziger Jahren waren über 20 Staatsanwälte und Staatsanwältinnen nur mit der nun systematisch betriebenen Aufklärung von NS-Verbrechen befaßt. In den achtziger Jahren traten die Initiativen zur Aufhebung von Unrechts-Urteilen und zur Hilfe und Unterstützung von NS-Opfern hinzu.

Mit dem Projekt zur Neueren Hamburger Justizgeschichte geht Hamburg heute wieder voran. Es ist hohe Zeit, daß endlich auch die Pläne für ein Dokumentations- und Forschungszentrum zur NS-Justiz realisiert werden. Kritikern ist einzuräumen, daß alle diese Bemühungen 30 oder 40 Jahre zu spät kommen. Aber ist es wirklich schon zu spät? Ich meine nein. Problemstellungen wirken fort und begegnen uns nach der deutschen Vereinigung in merkwürdig gebrochener Form wieder. Die Antworten müssen in der täglichen Praxis gefunden werden. Doch nur wer seine Vergangenheit kennt, kann der Gegenwart gerecht werden, um die Zukunft zu bestehen.

Ich möchte die Lektüre dieser Dokumentation deshalb vor allem den Mitarbeitern und Mitarbeiterinnen der Hamburger Justiz nahelegen. Das Buch ist aber nicht nur an sie adressiert, sondern an alle, die sich mit einem schwierigen Kapitel der Justizgeschichte auseinandersetzen wollen. Die Lektüre setzt keine juristischen Fachkenntnisse voraus. Ich hoffe daher, daß der Band auch über Hamburg hinaus breite Verwendung an Universitäten, Schulen und in der politischen Bildungsarbeit finden wird.

Dr. Lore Maria Peschel-Gutzeit
– Justizsenatorin –

Wolfgang Scheffler, Helge Grabitz, Klaus Bästlein
Einführung

1. Forschungsstand

Auch fast 50 Jahre nach dem Ende der nationalsozialistischen Herrschaft steht die Forschung zur Justiztätigkeit zwischen 1933 und 1945 immer noch am Anfang. Zwar lagen zum Teil schon 1945 jene Analysen deutscher Emigranten zum nationalsozialistischen Rechtssystem vor, die bis heute als grundlegend zu bezeichnen sind.[1] Doch in der Bundesrepublik herrschten entsprechend der dominanten politischen Strömungen in den fünfziger Jahren zunächst eher apologetische Betrachtungen zur Justiz im Nationalsozialismus vor.[2] Erst in den sechziger Jahren setzte – nicht zuletzt in Hamburg – eine quellenorientierte Forschung ein, die schon früh beachtliche Ergebnisse zeitigte.[3] Jüngere Rechtshistoriker legten darüber hinaus während der siebziger Jahre wichtige theoretische Beiträge zur Rechtsfindung im Nationalsozialismus vor.[4] In den achtziger Jahren trat eine Reihe von Streitschriften zur NS-Justiz hinzu, deren Erkenntniswert freilich eher als gering bezeichnet werden muß.[5] Daneben setzten andere Forscher die Bemühungen um eine empirisch fundierte Aufarbeitung der NS-Justiz unter institutions- und organisationsgeschichtlichen Fragestellungen fort.[6] Im öffentlichen Bewußtsein, aber auch innerhalb der Justiz begann sich langsam eine eher kritisch differenzierende Betrachtungsweise

1 Ernst Fraenkel, *Der Doppelstaat. Recht und Justiz im Dritten Reich, Frankfurt 1974* (amerik. Erstausgabe 1941); Franz Neumann, *Behemoth. Struktur und Praxis des Nationalsozialismus*, Frankfurt 1977 (amerik. Erstausgabe 1944).

2 Hubert Schorn, *Der Richter im Dritten Reich*, Frankfurt 1959; Hermann Weinkauff, *Die deutsche Justiz und der Nationalsozialismus*, Stuttgart 1968.

3 Werner Johe, *Die gleichgeschaltete Justiz. Organisation des Rechtsweges und Politisierung der Rechtsprechung*, Frankfurt 1967; Hans Robinsohn, *Justiz als politische Verfolgung. Die Rechtsprechung in »Rasseschandefällen« beim Landgericht Hamburg*, Stuttgart 1977 (im Manuskript 1969 abgeschlossen); Friedrich Karl Kaul, *Geschichte des Reichsgerichts, Bd. 4: 1933–1945*, Berlin (Ost) 1971.

4 Bernd Rüthers, *Die unbegrenzte Auslegung. Zum Wandel der Privatrechtsordnung unter dem Nationalsozialismus*, Tübingen 1968; Klaus Marxen, *Der Kampf gegen das liberale Strafrecht. Eine Studie zum Antiliberalismus der Strafrechtswissenschaft in den zwanziger und dreißiger Jahren*, Berlin 1973; Michael Stolleis, *Gemeinwohlformeln im nationalsozialistischen Recht*, Berlin 1974.

5 Udo Reifner/Bernd-Rüdeger Sonnen, *Strafjustiz und Polizei im Dritten Reich*, Frankfurt/New York 1984; Jörg Friedrich, *Freispruch für die Nazi-Justiz. Die Urteile gegen NS-Richter seit 1948*, Reinbek 1983.

6 Diemut Majer, *»Fremdvölkische« im Dritten Reich*, Boppard 1981; Rainer Schröder, *»... aber im Zivilrecht sind die Richter standhaft geblieben!«*, Baden-Baden 1988; Lothar Gruchmann, *Justiz im Dritten Reich 1933–1940*, München 1988; Hinrich Rüping, *Staatsanwaltschaft und Provinzialjustizverwaltung im Dritten Reich*, Baden-Baden 1990; Ralph Angermund, *Deutsche Richterschaft 1919–1945*, Frankfurt 1990.

durchzusetzen.[7] Die vom Bundesjustizministerium 1989 präsentierte Wanderausstellung »Justiz im Nationalsozialismus« markiert insoweit einen Wendepunkt.[8]

Dennoch ist der Mangel an quellenorientierten, empirisch angelegten und differenzierten Studien zur Justiz im Nationalsozialismus unübersehbar.[9] So fehlt es sogar an einer Darstellung zu Organisation, Personal und Tätigkeit des Reichsjustizministeriums; seine »offen terroristische Phase« ab 1941/42 wurde bislang nie gründlicher dargestellt. Weiter mangelt es an biographischen Darstellungen über zentrale Akteure wie den Minister Thierack und die Staatssekretäre Freisler, Rothenberger und Klemm. Auch die Rolle der mittleren Ebene der Justizverwaltung, an deren Spitze in der NS-Zeit die Oberlandesgerichtspräsidenten und Generalstaatsanwälte standen, ist bisher nur vereinzelt untersucht worden. Es fehlt sogar an Studien über die Rechtsprechung und Personalstruktur des Volksgerichtshofs sowie der Oberlandes- und Sondergerichte. Ernst Fraenkels grundlegende Unterscheidung von »Maßnahme-« und »Normenstaat« wird immer noch dahin mißverstanden, daß sich das Straf- und Polizeirecht kurzerhand dem »Maßnahme-« und das Zivil- und Allgemeine Verwaltungsrecht dem »Normenstaat« zuordnen ließen. Folglich sind weite Bereiche der Rechtsprechung auf zivilrechtlichem Gebiet nie näher analysiert worden. Besonders schwer wiegt der Mangel an empirisch abgesicherten Befunden zur Spruchpraxis der unteren und mittleren Instanzen. So konnten bislang auch kaum rechtsvergleichende Studien angestellt werden. Der vielzitierte »Justizalltag« im Nationalsozialismus war trotz anderslautender Buchtitel bislang nicht nachvollziehbar.[10]

Dieser unbefriedigende Forschungsstand spiegelt sich ebenfalls in der bisher nur in Teilbereichen erfolgten Aufarbeitung der Geschichte der Hamburger Justiz in der NS-Zeit und während der ersten Nachkriegsjahrzehnte wider. Dabei kam es in Hamburg nach 1945 zweimal zu Forschungsschüben, deren Resultate nicht unbeachtlich sind. In den sechziger Jahren befaßten sich zunächst Henning Timpke und Werner Johe mit der (Selbst-) Gleichschaltung der Hamburger Justiz 1933/34 und ihrer Institutions- und Organisationsgeschichte bis 1945. Weiter legte Hans Robinsohn seine hinsichtlich der Analyse der Spruchtätigkeit und Personalstruktur einer Strafkammer in der NS-Zeit unübertroffene Studie über »Rassenschandefälle« in Hamburg vor.[11] Hinzu trat in den siebziger Jahren die Arbeit von Joachim Reinhold Wenzlau über den »Wiederaufbau der Justiz« nach

7 *Festschrift zum 275jährigen Bestehen des Oberlandesgerichts Celle*, Celle 1986; Rudolf Wassermann (Hrsg.), *Justiz im Wandel der Zeiten. Festschrift des Oberlandesgerichts Braunschweig*, Braunschweig 1989; *175 Jahre Oberlandesgericht Oldenburg. Festschrift*, Köln/Berlin/Bonn/München 1989.

8 *Im Namen des deutschen Volkes. Katalog zur Ausstellung*, hrsg. vom Bundesminister der Justiz, Köln 1989. Siehe jetzt auch: Der Senator für Justiz und Verfassung der Freien Hansestadt Bremen (Hrsg.), *Strafjustiz im totalen Krieg. Aus den Akten des Sondergerichts Bremen 1940 bis 1945*, Bd. 1, Bremen 1991, mit einer Einleitung von Hans Wrobel.

9 Zum Forschungsstand vgl. zuletzt: Rainer Schröder, *Die Bewältigung des Dritten Reiches durch die Rechtsgeschichte*, in: Heinz Mohnhaupt, *Rechtsgeschichte in den beiden deutschen Staaten (1988–1990)*, Frankfurt 1991, S. 604–647.

10 Bernhard Diestelkamp/Michael Stolleis (Hrsg.), *Justizalltag im Dritten Reich*, Frankfurt 1988. Der Band enthält im übrigen eine Reihe wichtiger und weiterführender Beiträge.

11 Henning Timpke, *Dokumente zur Gleichschaltung des Landes Hamburg 1933*, Frankfurt 1967; Johe, *Die gleichgeschaltete Justiz*, a.a.O., Robinsohn, *Justiz als politische Verfolgung*, a.a.O.

1945, die allerdings mehr als überblicksartige Darstellung anzusprechen ist.[12] Zu einem zweiten Forschungsschub kam es im Zusammenhang mit der »Hamburger Initiative« des Ersten Bürgermeisters Klaus von Dohnanyi vom Dezember 1984.[13] Dabei stand jedoch nicht die Justizgeschichte im Mittelpunkt, sondern im Rahmen sozialgeschichtlicher Studien wurde die Rolle der Justiz bei der Ausgrenzung und Vernichtung von Minderheiten und Randgruppen unter der NS-Herrschaft thematisiert. Karl Heinz Roth entwickelte seine auch auf die Justiz übertragene und umstrittene These vom nationalsozialistischen »Mustergau Hamburg«.[14] Daneben nahm sich die traditionelle Geschichtsschreibung verstärkt der NS-Zeit an.[15] Zur Geschichte der Hamburger Universität erschien erst kürzlich ein Standardwerk, das Maßstäbe setzt.[16]

Mithin ist der Forschungsstand zur Hamburger Justizgeschichte zwar besser als in vergleichbaren Städten und Regionen, aber in vieler Beziehung gleichwohl nach wie vor absolut unbefriedigend. So ist das »System Rothenberger« mit seinen umfassenden Maßnahmen zur Justizlenkung und der von preußischer Seite wiederholt gelobten »hohen Effizienz« der Hamburger Justiz bislang nicht näher analysiert worden. Es mangelt an Querschnittsanalysen zur Personalstruktur und den Karriere-Wegen der Juristen während der NS-Zeit. Eine systematische Auswertung von Massenaktenbeständen aus dem Tätigkeitsbereich der Strafjustiz fehlt. Der Strafvollzug in der NS-Zeit ist nie thematisiert worden. Für den gesamten Bereich des Zivilrechts liegen keinerlei Untersuchungen vor. Da es an empirischen Befunden mangelt, war es bislang auch unmöglich, die Behauptungen über die »hohe Effizienz« der Hamburger Justiz und ihre angebliche Vorreiterrolle im NS-Staat zu überprüfen. Weitgehend unerforscht sind zudem die sehr komplexen Vorgänge bei der Rekonstruktion der Justiz nach 1945 und der Strafverfolgung von NS-Verbrechen in Hamburg.

2. *Quellenlage*

Im Gegensatz zum Forschungsstand kann die Quellenlage zur Geschichte der Hamburger Justiz in der NS-Zeit und während der ersten Nachkriegsjahrzehnte als vergleichsweise günstig bezeichnet werden. Die Akten der Justizverwaltung sowie die Personalakten der Hamburger Justizjuristen (Richter, Staatsanwälte und

12 Joachim Reinhold Wenzlau, *Der Wiederaufbau der Justiz in Nordwestdeutschland 1945 bis 1949*, Diss. phil., Hamburg 1979.

13 Christa Hempel-Küter/Eckart Krause, *Hamburg und das Erbe des »Dritten Reiches«. Versuch einer Bestandsaufnahme*, Hamburg 1988.

14 Angelika Ebbinghaus/Heidrun Kaupen-Haas/Karl Heinz Roth (Hrsg.), *Heilen und Vernichten im Mustergau Hamburg*, Hamburg 1984; Projektgruppe für die vergessenen Opfer des NS-Regimes (Hrsg.), *Verachtet – Verfolgt – Vernichtet*, Hamburg 1986.

15 Werner Johe, *Im Dritten Reich 1933–1945*, in: Werner Jochmann/Hans-Dieter Loose (Hrsg.), *Hamburg. Geschichte einer Stadt und ihrer Bewohner*, Hamburg 1989, Bd. 2, S. 265–376.

16 Eckart Krause/Ludwig Huber/Holger Fischer (Hrsg.), *Hochschulalltag im »Dritten Reich«. Die Hamburger Universität 1933–1945*, 3 Bde., Berlin/Hamburg 1991. Daß gerade der Beitrag über die Rechts- und Staatswissenschaftliche Fakultät noch stark ergänzungsbedürftig ist, kann den Autoren nicht angelastet werden, da ihnen der Fachbereich Rechtswissenschaft I aus nicht nachvollziehbaren Gründen die Auswertung einschlägiger Archivbestände unmöglich gemacht hat.

Mitarbeiter der Justizverwaltung) befinden sich größtenteils im Staatsarchiv Hamburg. Dort sind insbesondere die Generalakten des Hanseatischen Oberlandesgerichts, des Landgerichts und des Amtsgerichts Hamburg sowie der Generalstaatsanwaltschaft überliefert. Vollständig liegen die Verwaltungsakten der Oberlandesgerichtspräsidenten aus der NS-Zeit und den ersten Nachkriegsjahren bis hin zu den Protokollen der Lenkungsbesprechungen in Strafsachen vor. Es handelt sich um einen für ganz Norddeutschland einmaligen Quellenbestand, da die entsprechenden Unterlagen in anderen Oberlandesgerichtsbezirken durch Unachtsamkeit, bisweilen aber auch gezielt vernichtet worden sind. Von großer Bedeutung sind darüber hinaus die Personalakten, die in Hamburg so gründlich geführt wurden, daß sie oft vom Abiturzeugnis bis zum Rentenbescheid ein nahezu komplettes Spiegelbild des Berufslebens der Betroffenen enthalten.

Die Überlieferung von Strafakten kann zusammenfassend ebenfalls als günstig bezeichnet werden. Allerdings wurden die von den politischen Strafsenaten des Hanseatischen Oberlandesgerichts abgeurteilten Hoch- und Landesverratssachen am Ende der NS-Herrschaft weitgehend vernichtet. So ist nur noch ein ganz kleiner Rest-Bestand bei der Generalstaatsanwaltschaft erhalten. Weniger ergiebige Urteilssammlungen aus Berufungs- und Revisionsverfahren sind dagegen relativ vollständig vorhanden. Den bedeutendsten Bestand an Strafprozeßakten bilden aber die Verfahrensakten des Hanseatischen Sondergerichts sowie des Landgerichts und des Amtsgerichts Hamburg aus der Zeit von 1933 bis 1945. Insgesamt sind rund 100.000 ihrer Akten auf den Böden des Strafjustizgebäudes am Sievekingplatz überliefert.[17] In der Strafanstalt Fuhlsbüttel befinden sich darüber hinaus noch Zehntausende von Gefangenenpersonalakten, die allerdings für die NS-Zeit unvollständig sind und vorwiegend die Zeit nach 1945 betreffen.

Aus dem Bereich der Ziviljustiz sind ebenfalls noch geschlossene Aktenbestände vorhanden, die die NS-Zeit betreffen. Vollständig erhalten sind insbesondere die Retente der Zivilsenate des Hanseatischen Oberlandesgerichts in Berufungs- und Revisionssachen. Weiterhin befindet sich im Keller des Ziviljustizgebäudes eine Sammlung von rund 49.000 Entscheidungen in Ehe- und Familiensachen aus der Zeit von 1933 bis 1945, bei denen es sich vor allem um Scheidungsurteile handelt. Aus dem Tätigkeitsbereich der Freiwilligen Gerichtsbarkeit sind zudem große geschlossene Aktenbestände überliefert, die vor allem Entmündigungsverfahren, Pflegschaften und Anstaltsunterbringungen betreffen. Dabei bieten sowohl die Ehe- und Familien-, als auch die Vormundschaftssachen im Rahmen quantitativer Analysen gute Erkenntnismöglichkeiten zum tatsächlichen Einfluß der NS-Ideologie auf die zivilrechtliche Praxis.

Auch die Akten der Erbgesundheitsgerichte sind nahezu vollständig im Staatsarchiv sowie im Ziviljustizgebäude überliefert und in den vergangenen Jahren für verschiedene medizin- und rechtsgeschichtliche Forschungsvorhaben herangezogen worden. Dagegen wurden die Prozeßakten des Verwaltungsgerichts aus der NS-Zeit bei einer unsachgemäß durchgeführten Aussonderungsaktion weit-

17 Vgl. hierzu den Beitrag »Hunderttausend Akten – Millionen Fakten« in diesem Band.

gehend vernichtet. Die Tätigkeit der Arbeitsgerichtsbarkeit wird zur Zeit von anderer Seite untersucht. Insgesamt ergibt die Aktenüberlieferung zur Hamburger Justiz damit ein im Vergleich zu den übrigen norddeutschen Ländern (Bremen, Mecklenburg-Vorpommern, Niedersachsen, Schleswig-Holstein) recht günstiges Bild.

3. Fragestellung

Vor dem Hintergrund von Forschungsstand und Quellenlage ergeben sich eine Reihe von Fragen an die Hamburger Justizgeschichte. Von Interesse sind zunächst die politischen Vorgaben gegenüber der Justiz und die Mechanismen ihrer Umsetzung. So wird der Blick auf die Sicherung der Konformität des Rechtsstabes (Justizverwaltung, Gerichte, Staatsanwaltschaften) gelenkt. Denn jedes politische Regime ist auf ein Mindestmaß der Konformität oder Kooperation speziell der Justiz angewiesen.

- Durch welche Maßnahmen und in welchem Umfang wurde während der Weimarer Republik, unter der NS-Herrschaft, in der Besatzungszeit und den ersten Jahrzehnten der Bundesrepublik auf den Rechtsstab eingewirkt?
- Wie verliefen die Ausbildungs- und Karriere-Wege von Justizjuristen? Welche Bedeutung kam dabei ihrer Herkunft, weltanschaulichen Orientierung und subjektiven Befindlichkeit »im Wandel der Zeiten« zu?
- In welcher Situation befand sich der Strafvollzug, wie wurden dort politische Vorgaben der wechselnden Regime umgesetzt, und wie wirkten sie sich aus?

Weiter ist hinsichtlich der NS-Zeit nach den Konsequenzen neuer Rechtsnormen und veränderter dogmatischer Argumentationsmuster für die Spruchpraxis der Gerichte zu fragen. Denn nicht alles, was »oben« dekretiert wurde, konnte auch problemlos umgesetzt werden. Ohnehin gelangt ja stets nur ein Bruchteil sozialer Konflikte vor die Gerichte, so daß die Selektionsmechanismen zu beachten sind. In der NS-Zeit spielte zudem das Vordringen außernormativer Gewalten in den Tätigkeitsbereich der Strafjustiz eine besondere Rolle.

- Wie wirkten sich normative Änderungen in der Rechtsprechung aus, welche Bedeutung hatte die Lehre vom »Tätertyp« im Strafrecht, und was waren die Konsequenzen der »Justizlenkung«?
- Welche Kompetenzverschiebungen zwischen Staatsanwaltschaften und Gerichten einerseits und den Organen von SS und Polizei andererseits waren festzustellen, wo kam es zu Konflikten und wo zur reibungslosen Zusammenarbeit?
- Gab es auffällige Diskrepanzen bei der Aburteilung von Tätern bestimmter Deliktsgruppen oder unterschiedlicher sozialer Herkunft, und welchen Wandlungen unterlagen die durchschnittlich verhängten Strafen sowie die Strafzumessungsgründe?

Auf zivilrechtlichem Gebiet ist noch verstärkt auf die Auswirkung neuer Normen und veränderter Interpretationsmuster etwa bei der Ausfüllung von Generalklauseln zu achten. Denn bislang liegen kaum Erkenntnisse darüber vor, ob die radikale Neuinterpretation des gesellschaftlichen Wertesystems ab 1933 von den unteren und mittleren Instanzen bruchlos mitvollzogen wurde.

- Gab es also noch normative Schranken, oder stand schließlich alles im Sinne einer »unbegrenzten« Auslegung zur Disposition?
- Welchen Einfluß hatte die höchstrichterliche Rechtsprechung, und was wurde unternommen, um die »Rechtseinheit« zu wahren?
- Unter welchen tatsächlichen Voraussetzungen wurden Ehen geschieden, mit welchen Begründungen Anstaltsunterbringungen verfügt, und wie stellte sich der »zivilrechtliche Alltag des Volksgenossen« dar?

Weiter ist die These vom nationalsozialistischen »Mustergau Hamburg« in Hinblick auf die Rolle der Justiz zu prüfen. Dies ist nur unter Einbeziehung der zuvor aufgezeigten Fragestellungen zu den Bereichen Personalpolitik, Strafjustiz und Zivilrecht möglich. Den justizpolitischen Vorgaben und ihrer Umsetzung, den Karriere-Wegen von Justizjuristen sowie der Rechtsprechung der unteren und mittleren Instanzen kommt dabei besondere Bedeutung zu. Denn gerade die Frage nach einer Vorreiterrolle der Hamburger Justiz im NS-Staat kann nur auf empirischer Grundlage beantwortet werden.

- Gab es also tatsächlich ein »System Rothenberger«, durch das die Hamburger Justiz im Sinne des NS-Regimes besonders »effizient« wurde?
- War die Rechtsprechung in Hamburg ganz oder teilweise stärker von der NS-Ideologie geprägt als anderenorts?
- Hatte Hamburg einen besonderen Anteil an gesetzgeberischen oder anderen Verfolgungsmaßnahmen gegen Minderheiten und Randgruppen, oder wurden sie hier außergewöhnlich »effektiv« umgesetzt?

4. Methodik

Die aufgeworfenen Fragen sind nicht mehr allein mit den klassischen Methoden der Geschichts- und Rechtswissenschaft zu beantworten. So versagen die hergebrachten Mittel der rechtsgeschichtlichen Quellenexegese, wenn es um die Beforschung von Massenaktenbeständen geht. Über Methoden zur Erfassung und Auswertung gleichförmiger Unterlagen verfügt jedoch die in Deutschland traditionell schwach vertretene Rechtssoziologie. Ihr kommt daher für eine moderne Justizforschung, die sich als Teil der empirischen Sozialwissenschaften versteht, erhebliche Bedeutung zu.[18] Darüber hinaus sind seit den achtziger Jahren mit leistungsstarken Personal-Computern und benutzungsfreundlichen Programmen auch die technischen Voraussetzungen zur Auswertung von Massenakten gegeben. Eine moderne justizgeschichtliche Forschung kann dabei natürlich auf die Mittel und Methoden von Geschichts- und Rechtswissenschaft nicht verzichten. Das Handwerkszeug des Historikers von der Erschließung über die kritische Bewertung bis zur Einordnung von Quellen ist ebenso unverzichtbar wie die Fähigkeit zum normativen Denken, ohne die eine verläßliche Analyse der Rechtspraxis ausgeschlossen bleibt.

Eine von Juristen, aber auch von Historikern gemeinhin unterschätzte Schwierigkeit jeder Auseinandersetzung mit der Zeit des Nationalsozialismus liegt in

18 Vgl. Hubert Rottleuthner/Klaus Bästlein, *Konzeption für die Errichtung eines Dokumentations- und Forschungszentrums zur NS-Justiz*, Berlin 1990 (Maschinenschrift).

der Erfassung der Motivationen und Befindlichkeiten der damaligen Akteure. Allzu leicht wird von heutigen Bezugssystemen auf Geschehnisse geschlossen, die nur wenige Jahrzehnte zurückliegen. Oft werden die Erfahrungshorizonte, von denen junge Juristen im preußisch-deutschen Kaiserreich geprägt wurden, die dann während der NS-Zeit die Schlüsselpositionen in der Justiz einnahmen, ebenso übersehen wie die Befindlichkeiten der noch jüngeren »Frontkämpfer« des Ersten Weltkriegs, die ihr Studium erst in den zwanziger Jahren abschlossen und nach 1933 zum Teil beachtliche Justiz-Karrieren durchliefen. Geistesgeschichtliche Strömungen von der schon im Kaiserreich virulenten »Eugenik« über den bereits unter der Weimarer Republik zum Instrument des politischen Tageskampfes gewordenen Antisemitismus bis hin zu jener vulgären Volkstumsideologie, die schließlich das Selbstverständnis vieler Deutscher prägte, müssen vor dem Hintergrund der mühsamen Beharrungsversuche auch der Mehrzahl der Justizjuristen zwischen Inflation und Währungsreform ernst genommen werden. Nichts dient dem Unverständnis der Zeit vor und nach 1945 mehr als das Verschweigen der Tatsache, daß die überwiegende Mehrheit des deutschen Volkes ihren Führer verehrt, ja geliebt hat.

Ebenso muß der Tatsache ins Auge gesehen werden, daß das Verschweigen und Ausklammern der Zeit der nationalsozialistischen Herrschaft zu den Grundlagen der bundesdeutschen Gesellschaft zählte. Daß die Strafverfolgung von NS-Verbrechen Anfang der fünfziger Jahre faktisch zum Erliegen kam, basierte nicht nur auf einer Unterschätzung der damit in Zusammenhang stehenden Fragen und Probleme, sondern auch auf einem breiten gesellschaftlichen Konsens. Zu diesem Konsens gehörte ebenfalls die Ausgrenzung zahlreicher NS-Opfer von Wiedergutmachungs-Leistungen, was bis in die Gegenwart des vereinten Deutschland fortwirkt. Der Hinweis auf NS-Täter, die als »Wendehälse« in der Politik, Verwaltung und Justiz der jungen Bundesrepublik tätig waren, galt dagegen als Tabu-Verletzung. Manche Illustrierte, die sich heute besonders »antifaschistisch« gebärdet, forderte noch anläßlich der Verjährungs-Debatte im Bundestag 1965, daß mit der Verfolgung von »Kriegsverbrechen« endlich Schluß sein müsse. Auch in Hamburg brauchte es Jahrzehnte, bis nach der weitgehend fehlgeschlagenen Entnazifizierung und erneuten Überprüfungen der Landesjustizverwaltung 1960/61 sowie Affären und Skandalen die letzten belasteten Richter und Staatsanwälte aus dem Dienst schieden. Erst Mitte der sechziger Jahre setzte die systematische Strafverfolgung von NS-Verbrechen ein. Die Wertentscheidungen des Grundgesetzes, dessen erster Satz ja vor allem eine Antwort auf die nationalsozialistische Gewaltherrschaft darstellt, wurden in manchen Bereichen erst nach Jahrzehnten Verfassungswirklichkeit. Mithin setzt auch die moderne justizgeschichtliche Forschung eine intensive Auseinandersetzung mit den herrschenden geistigen Strömungen und dem Meinungsklima in der Zeit der nationalsozialistischen Herrschaft und während der ersten Nachkriegsjahrzehnte voraus. Denn nur in Kenntnis des zeitgeschichtlichen Umfelds und des jeweiligen »Ambiente« kann schließlich auch das Handeln der Justiz dargestellt werden.

5. Das Projekt

Das Projekt zur Neueren Hamburger Justizgeschichte geht auf eine Anregung des damaligen Justiz- und heutigen Finanzsenators Wolfgang Curilla zurück. Seine Initiative wurde von der heutigen Justizsenatorin Dr. Lore Maria Peschel-Gutzeit fortgeführt und von der Justizbehörde umgesetzt. So konnten zunächst von dritter Seite die notwendigen Mittel eingeworben werden, um drei wissenschaftliche Mitarbeiter befristet einzustellen. Sie nahmen ihre Tätigkeit im April 1990 auf. Mit Unterstützung eines auf ehrenamtlicher Basis tätigen Beirats wurde parallel dazu eine Konzeption für das Forschungsprojekt erarbeitet.[19] Mitte 1990 konnten die Arbeiten zur Verzeichnung der Strafakten aus der NS-Zeit in das Projekt integriert werden. Im Herbst 1990 stieß dann ein Experte für den Bereich des Strafvollzuges zur Projektgruppe. Mit Beginn des Jahres 1991 wurde auch eine befristet geschaffene Stelle für die Koordination und Betreuung der Forschungsarbeiten besetzt. Im Mai und Juni 1991 konnten drei nicht-wissenschaftliche Kräfte eingestellt werden, die ebenfalls zeitlich befristet von dritter Seite finanziert werden. Seither sind zwei Juristen, ein Historiker, ein Lehrer, ein Psychologe, ein Rechtshistoriker sowie zwei Büroangestellte und ein Archivmitarbeiter im Rahmen des Projekts tätig. Weiterhin wirken als freie Mitarbeiter zwei Richterinnen und ein Versicherungsjurist mit.

Die Justizbehörde schuf auch insofern die Voraussetzungen für die Projektarbeit, als sie für die Offenlegung *aller* einschlägigen Unterlagen zur NS-Justiz und ihrer Nachgeschichte in Hamburg sorgte. Damit hat sich erstmals die Ministerialinstanz eines deutschen Landes entschlossen, im Justizbereich für rückhaltlose Offenheit zu sorgen. Jenen ebenso verfehlten wie unwürdigen Bemühungen zur Verdunkelung der Geschehnisse unter der NS-Herrschaft, die über Jahrzehnte den Umgang vieler Justiz-Verwaltungen mit ihrer Vergangenheit prägte und gelegentlich immer noch ausmacht, wurde damit eine klare Absage erteilt. Es versteht sich dabei von selbst, daß die Arbeit der Projektgruppe stets mit dem Hamburgischen Datenschutzbeauftragten abgestimmt wurde und damit seiner Kontrolle unterlag. Forschungsfreiheit und Datenschutz stellen also keinen unüberwindlichen Widerspruch dar, sondern sind durchaus miteinander vereinbar. Auch Bedenken von dritter Seite, daß mit politischen Weisungen in die Forschung eingegriffen werden könnte, haben sich als gegenstandslos erwiesen. Zu keinem Zeitpunkt hat es auch nur im Ansatz erkennbare Versuche gegeben, auf das Vorgehen bei der wissenschaftlichen Arbeit oder ihre Ergebnisse irgendwelchen Einfluß zu nehmen. Vielmehr hat die Justizbehörde auch in sachlicher Hinsicht alle notwendigen Voraussetzungen für die Projektarbeit geschaffen.

Vor diesem Hintergrund konnten innerhalb der Projektgruppe folgende Arbeitsschwerpunkte gebildet werden: Justizpolitik und -verwaltung; Personalgeschichte; Strafjustiz; Strafvollzug; Ziviljustiz. So war es möglich, die wichtigsten Tätigkeitsbereiche der Justiz unter der NS-Herrschaft thematisch abzudecken. Durch die Befristung der Arbeitsverhältnisse der Mehrzahl der Mitarbeiter ergab

19 Justizbehörde Hamburg, *Konzeption für das Projekt zur Neueren Hamburger Justizgeschichte*, Hamburg 1990 (Maschinenschrift).

sich aber die Notwendigkeit, die Untersuchungen so einzugrenzen, daß binnen zwei Jahren tragfähige Ergebnisse zu erzielen waren. Vor dem Hintergrund einer nur knapp bemessenen Einarbeitungszeit, der notwendigen Schulung für den EDV-Einsatz, der Vornahme umfangreicher Erhebungs- und Verzeichnungsarbeiten, der Durchführung zeitintensiver Archivrecherchen und der Niederschrift und Bearbeitung der Untersuchungsergebnisse bis hin zur Publikationsreife konnten in den einzelnen Arbeitsschwerpunkten jeweils nur Teilbereiche bearbeitet werden. Der zeitliche Druck für die Bearbeiter war groß, weil auch die Texterfassung aus Kostengründen durch die Projektgruppe erfolgen mußte. Bei einer Bewertung der im folgenden wiedergegebenen Untersuchungsergebnisse aus der ersten Projektphase müssen daher ebenfalls diese Umstände berücksichtigt werden.

In einer zweiten Projektphase sollen die Untersuchungen zur neueren Hamburger Justizgeschichte vertieft und fortgesetzt werden. Es ist beabsichtigt, an den bisherigen Arbeitsschwerpunkten festzuhalten. Die Untersuchungen sollen aber über das Jahr 1945 hinaus ausgedehnt werden. Es besteht die begründete Hoffnung, daß ein Teil der befristet beschäftigten wissenschaftlichen Mitarbeiter ihre Tätigkeit durch die Zuweisung von Drittmitteln überregionaler Geldgeber fortsetzen kann. Die Untersuchungsergebnisse der zweiten Projektphase sollen dann ebenfalls publiziert werden. Daneben ist daran gedacht, Entscheidungen aus der NS-Zeit, Interviews mit Zeitzeugen und eine statistische Auswertung der Strafakten aus der NS-Zeit in einer kleinen Reihe mit Beiträgen zur Neueren Hamburger Justizgeschichte zu dokumentieren. Auch die Geschichte der Strafverfolgung von NS-Verbrechen in Hamburg soll nach Möglichkeit dargestellt werden. Der Abschluß des Projekts ist für Anfang 1995 vorgesehen.

6. Ergebnisse

Der vorliegende Sammelband dokumentiert die Ergebnisse der ersten Projektphase. Der Schwerpunkt der Beiträge liegt auf der NS-Zeit und hier noch besonders auf der Vorkriegszeit von 1933 bis 1939. Der einleitende Beitrag von Helge Grabitz über »Hamburger Justiz im Führerstaat« konfrontiert den Leser mit einer Reihe oft angeführter, aber selten gelesener Gesetzestexte und Dokumente. Er zeigt vor allem jene drei Phasen der Entwicklung der Justiz unter der NS-Herrschaft (1933-39, 1939-42 und 1942-45) auf, deren Kenntnis für das Verständnis der Geschehnisse grundlegend ist. In der nachfolgenden Biographie Curt Rothenbergers, der 1933 Justizsenator, 1935 Präsident des Hanseatischen Oberlandesgerichts und 1942 Staatssekretär im Reichsjustizministerium wurde, spiegeln sich weite Teile der deutschen Justizgeschichte zwischen Inflation und Währungsreform wider. Klaus Bästlein hat sich bemüht, institutions- und organisationshistorische Zusammenhänge beim Weg Rothenbergers vom hanseatischen Richtertum zum nationalsozialistischen Justizverbrechen herauszuarbeiten.

Der Beitrag von Hans-Konrad Stein-Stegemann zur Personalgeschichte geht den Befindlichkeiten und Verhaltensweisen der Richter und Staatsanwälte unter der NS-Herrschaft nach. An Hand »kollektiver Biographien« werden Herkunft, politische Orientierung und Karriere-Wege verschiedener Gruppen von Justizjuristen unter der NS-Herrschaft dargestellt. Der Beitrag basiert dabei sowohl auf umfassenden statistischen Erhebungen, als auch auf der Analyse und Schilderung von Einzelfällen aus Personalunterlagen. Er zeigt das Bild einer im Wortsinne »angepaßten« Justiz. Im Bereich der Strafrechtsgeschichte hat Hans-Christian Lassen die Verfolgung von Sexualdelikten in der Vorkriegszeit untersucht. Analysiert wurden Hunderte von Strafakten vor allem über Verfahren gegen Homosexuelle, wegen Abtreibung, sexuellen Mißbrauchs und »Rassenschande«. Die differenzierte Darstellung macht den oft ebenso banalen wie menschenverachtenden Umgang mit den Betroffenen deutlich. Der anschließende Beitrag von Gunther Schmitz befaßt sich mit der Verfolgung von politischen Äußerungen in den Jahren von 1933 bis 1939. Erstmals wird dabei auch auf die zahlreichen Verurteilungen wegen »Groben Unfugs« durch die Amtsgerichte eingegangen. Ein Ausblick auf die Kriegszeit zeigt darüber hinaus, wie sehr schließlich gerade bei der Verfolgung politischer Delikte Elemente des Zufalls und der Willkür die Strafpraxis bestimmten.

Der Beitrag über »Strafvollzug in Hamburg 1933 bis 1945« spannt einen weiten Bogen von den Reformen im Hamburger Strafvollzug der zwanziger Jahre bis zum Strafvollzugsgesetz der siebziger Jahre. Dazwischen lag der tiefe Einschnitt der NS-Herrschaft, deren Auswirkungen auf den Strafvollzug Wolfgang Sarodnick von den politischen Vorgaben bis in die Einzelheiten des Anstalts-Alltages nachzeichnet. Anschließend geht Reginald A. Puerschel der Rechtsprechung der Landgerichte Hamburg und Altona in Ehe- und Familiensachen während der Vorkriegszeit nach. An Hand umfangreicher statistischer Erhebungen und der qualitativen Auswertung einzelner Entscheidungen entsteht ein Bild trügerischer Normalität: Während weit über 90 Prozent der Judikate vollkommen unauffällig waren, kam es gegenüber politischen Gegnern, Angehörigen religiöser Minderheiten sowie angeblich »Erbkranken« und bei der Trennung sogenannter »Rassemischehen« zu abweichenden Entscheidungen, die auch contra legem ergingen. In einem gesonderten Bericht werden schließlich die Arbeiten zur Erfassung und Auswertung der Strafakten aus der NS-Zeit vorgestellt.

Trotz der keineswegs erschöpfenden, aber in sich abgeschlossenen Aufsätze entsteht aus einer Gesamtschau der Einzelbeiträge eine erste Zwischenbilanz zur Geschichte der Hamburger Justiz in der NS-Zeit. Neuartig ist die empirische Absicherung der Beiträge durch breit angelegte Archivrecherchen und umfangreiche EDV-gestützte Erhebungen. So korrespondieren die qualitativen Befunde mit der quantitativen Auswertung von Massenakten. Nur vor diesem Hintergrund kann der Justizalltag im NS-Staat verständlich werden: Die trügerische Normalität der Rechtsprechung in Ehe- und Familiensachen stand neben der demütigenden Behandlung von Sexualstraftätern, der aufgeregten Verfolgung einfacher Unmuts-Äußerungen und dem offenen Terror der Sondergerichte und der politischen Strafjustiz. Ein weitgehend angepaßtes »Richterkorps« exekutierte den Willen der nationalsozialistischen Machthaber und setzte ohne erkennbaren Widerstand die Maßgaben der Justizverwaltung um. Karriere-Denken und skrupelloser Opportunismus führten binnen weniger Jahre zu beispiellosen Justizverbrechen – verübt »Für Führer, Volk und Vaterland ...«

7. Danksagung

Das Projekt zur Neueren Hamburger Justizgeschichte war und ist auf die freundliche Hilfe und Unterstützung zahlreicher Personen und Institutionen angewiesen. Außerhalb Hamburgs ist zu allererst dem Rechtssoziologen Professor Dr. Hubert Rottleuthner vom Institut für Grundlagen und Grenzgebiete des Rechts an der Freien Universität Berlin zu danken. Er hat die Arbeiten im Rahmen des Hamburger Projekts von Anfang an ebenso kritisch wie wohlwollend mit zahlreichen Hinweisen und Hilfen begleitet. Bei der Lösung komplizierter Fragen im Zuge statistischer Erhebungen und der Einordnung in weitere Zusammenhänge war sein Rat stets von entscheidender Bedeutung.

Zu danken ist auch dem Leiter der Gedenkstätte Deutscher Widerstand in Berlin, Dr. Johannes Tuchel, der das Hamburger Projekt laufend durch Quellenhinweise und Auskünfte gefördert hat. Von großer Bedeutung ist darüber hinaus der Meinungsaustausch und die Kooperation mit den Mitarbeitern der Justizforschungsprojekte in den übrigen norddeutschen Ländern, die durch Dr. Klaus-Detlev Godau-Schüttke (Schleswig-Holstein), Dr. Helmut Kramer (Niedersachsen) und Dr. Hans Wrobel (Bremen) repräsentiert werden.

Unter den auswärtigen Archiven gilt der größte Dank dem Bundesarchiv mit seinen Abteilungen in Koblenz und Potsdam. In Koblenz sind es vor allem Annegret Schöttler und Dr. Josef Henke vom zuständigen Justizreferat und Elisabeth Kinder vom Benutzungsreferat, denen für ihre umfangreichen Bemühungen und die keineswegs immer selbstverständliche Hilfsbereitschaft zu danken ist. In Potsdam gilt entsprechendes für Dr. Klaus Oldenhage. Darüber hinaus ermöglichten die Mitarbeiter und Mitarbeiterinnen des Berlin Document Center und der Deutschen Dienststelle für die Benachrichtung der nächsten Angehörigen der ehemaligen deutschen Wehrmacht (Wehrmachtsauskunftsstelle – WASt) in Berlin die rasche Auswertung einschlägiger Unterlagen.

In Hamburg ist in erster Linie den Mitarbeiterinnen und Mitarbeitern der Forschungsstelle für die Geschichte des Nationalsozialismus zu danken. Gemeinsam mit Sybille Baumbach und Beate Meyer von der »Werkstatt der Erinnerung« konnten eine Reihe zeitgeschichtlicher Befragungen erfolgreich durchgeführt werden. Daneben haben Frank Bajohr und Dr. Werner Johe der Projektgruppe wiederholt wichtige Hinweise und Hilfen gewährt. Entsprechendes gilt für Eckart Krause vom Historischen Seminar der Universität Hamburg. Auch der Leiter der KZ-Gedenkstätte Neuengamme, Dr. Detlef Garbe, stand stets mit Rat und Tat bereit.

Besonderer Dank gilt dem Staatsarchiv Hamburg. Professor Dr. Hans-Dieter Loose ermöglichte durch seine Zustimmung die Umstellung der Arbeiten zur Verzeichnung der Strafakten auf EDV-Basis. Durch die Mitwirkung von Paul Flamme konnte die Umstellung auch erfolgreich realisiert werden. Bei den umfangreichen Benutzungsarbeiten zeigte sich Klaus Stukenbrock sehr kooperativ, und ihm ist für die intensive Unterstützung eines Teils der Projektmitarbeiter zu danken. Unbürokratische Hilfe leisteten darüber hinaus Mitarbeiterinnen und Mitarbeiter der Senatskanzlei, des Personalamtes und des Amtes für Wiedergutmachung.

Nicht unerwähnt darf die unverzichtbare Hilfe und Unterstützung durch viele Mitarbeiter und Mitarbeiterinnen der Gerichte und Staatsanwaltschaften sowie des Strafvollzugs in Hamburg bleiben. Dies gilt vor allem für die Leitung der Staatsanwaltschaft beim Landgericht und ihre Archivkräfte, insbesondere Herrn Tipp, die Leitung der Verwaltung der Anstalt I in Fuhlsbüttel und die Personalabteilung sowie das I.u.K.-Referat der Justizbehörde.

Ganz besonderer Dank ist den drei nicht-wissenschaftlichen Kräften in der Projektgruppe, Michael Bruhns, Sonja Heinrich und Eva Luhmann, zu sagen. Sie haben sich mit hohem persönlichen Einsatz der ihnen übertragenen Aufgaben von der Texterfassung über die Mitwirkung bei der Auswertung Tausender von Akten bis zu deren EDV-gestützter Verzeichnung angenommen. Von besonderer Bedeutung war darüber hinaus der Einsatz von drei Hamburger Richterinnen, die das Projekt seitens der »Präsidial- und Grundsatzabteilung« der Justizbehörde betreut haben, nämlich Maj Zscherpe, Elisabeth Kreth und Ariane Abayan.

Helge Grabitz

In vorauseilendem Gehorsam ... Die Hamburger Justiz im »Führerstaat«.

Normative Grundlagen und politisch-administrative Tendenzen

Vorbemerkung

Die Bedeutung, die die Hamburger Justiz im Dritten Reich hatte, ist vom rechtsstaatlichen Standpunkt her gesehen so negativ, daß sie bis heute von einer inzwischen abgetretenen Generation Hamburger Juristen nicht zugegeben und von den jetzt Amtierenden mehrheitlich nicht zur Kenntnis genommen wird. Eine Ausnahme bildeten nur die Verfahren gegen Hamburger Justizjuristen wegen Rechtsbeugung in Tateinheit mit Totschlag Anfang der 60er Jahre, die aber alle eingestellt wurden, so daß sich die Gemüter bald wieder beruhigten. Das Augenmerk der Justiz war schon eher auf die Verfolgung der übrigen NS-Gewaltverbrechen gerichtet, aber auch das nur mit großen Verzögerungen und inhaltlichen Defiziten.

Unglaublich mutet die Verkettung dieser Problemkreise an: Richter und Staatsanwälte, die willig und eifrig dem NS-System gedient hatten, die zum Teil sogar an Terror-Urteilen beteiligt waren, kehrten nach 1945 nicht nur in ihre Ämter zurück, sondern wurden sogar bei der Bearbeitung oder Aburteilung von NS-Sachen eingesetzt. Dabei ist nicht nur die Instinktlosigkeit der Gerichtspräsidien und der Leitungen der Staatsanwaltschaften zu bestaunen, auch das naive Selbstverständnis dieser Richter und Staatsanwälte bleibt bemerkenswert: Wir waren doch an das damals geltende Recht gebunden! Eine Haltung, die wir jetzt nach der Vereinigung der beiden deutschen Staaten wieder erleben, eine Haltung, die deutsche Juristen offenbar problemlos einnehmen können und dabei von keinerlei Skrupeln geplagt werden.

Dabei soll nicht verkannt werden, daß vor allem in der Zeit bis zum Kriegsbeginn nicht nur rechtswidrige oder gar verbrecherische Entscheidungen getroffen wurden. Es gibt genügend Urteile aus allen Gerichtszweigen, die belegen, daß auch Recht und nicht nur Unrecht gesprochen worden ist. Ein Beispiel: In dem Verfahren 9 Js 189/37 der Staatsanwaltschaft bei dem Landgericht Altona waren zwei Hebammen, der Ehemann einer der Hebammen und drei Ärzte wegen gewerbsmäßiger Abtreibung angeklagt.[1] Zwei Ärzte waren jüdischer Herkunft; an den insgesamt 45 Fällen waren sie in elf bzw. fünf Fällen beteiligt. Das

1 Urteil vom 22.8.1938, Rep.-Nr. 6053/1942.

Urteil zeichnete sich in der Beweiswürdigung durch objektive Ausgewogenheit aus – gleichgültig, mit welchem Angeklagten es sich befaßte. Die ausgesprochenen Einzelstrafen wie die Gesamtstrafen lagen bei allen Angeklagten im unteren Bereich des Strafrahmens. Daß dieses Urteil nicht verfolgungsbedingt war, so daß eine Straftilgung nach der entsprechenden Verordnung vom Juni 1947 nicht in Betracht kam, hat das Landgericht Hamburg 1954 entgegen dem Antrag der Erben des einen Arztes zu Recht festgestellt. Daß die jüdischen Ärzte nach Strafverbüßung nicht entlassen, sondern der Gestapo zwecks »Evakuierung in den Osten« überstellt wurden, ist eine der Perversionen des nationalsozialistischen Unrechtsstaates, die auch der Hamburger Strafvollzug willfährig mittrug.

Um zu einer einigermaßen zutreffenden Beurteilung der Justiz im Dritten Reich zu gelangen, genügt es in aller Regel jedoch nicht, nur eine Insichprüfung einzelner Urteile vorzunehmen, es muß vielmehr auch der Zeitpunkt der jeweiligen Entscheidung berücksichtigt werden; denn die Justiz war Hitler zwar zutiefst verhaßt, aber auch er brauchte Zeit, um sie nach und nach für sich einzuspannen und schließlich in ihren Befugnissen immer mehr zu beschneiden. Das Tempo dieser Entwicklung war unterschiedlich. Bis zum Kriegsbeginn mußte das Regime, wenn auch mühsam, wenigstens noch den Anschein von Rechtsstaatlichkeit wahren. Mit dem Überfall auf Polen wurde das Kriegsstrafrecht aus der Schublade gezaubert, um unter dem Deckmantel der Kriegserfordernisse außer den politisch Mißliebigen und rassisch-völkisch Verhaßten auch alle anderen dem Nationalsozialismus im Wege Stehenden problemlos beseitigen zu können. Als das Landgericht Oldenburg in den Augen Hitlers immer noch nicht spurte, provozierte er mit seiner berüchtigten Reichstagsrede vom 26.4.1942 die von Schlegelberger eingeleitete und von Rothenberger und Thierack erst richtig durchgesetzte Lenkung der Justiz.[2] Vollends auf den Weg zur »Unrechtsprechung« geriet die Justiz mit der Wende des Krieges in Stalingrad und dem sich immer mehr verschärfenden Bomben-Terror auf das Reichsgebiet.

Entscheidungen aus der NS-Zeit sind also stets auch danach zu bewerten, in welchem der genannten Zeiträume, auf Grund welcher Vorschriften, und unter welchen Vorzeichen im Rahmen der Justizlenkung sie gefällt wurden. Daß man bei dieser Prüfung – wie noch zu zeigen sein wird – in vielen Fällen auf Urteile stößt, die auf Grund rechtswidriger Vorschriften ergingen, besagt allerdings noch nicht automatisch, daß diese Entscheidungen verbrecherisch waren. Dabei ist auch zu berücksichtigen, daß die sachliche Abhängigkeit der Richter im Sinne einer Weisungsgebundenheit zum Ende des Krieges immer stärker wurde.

Andererseits – und auch das muß bereits an dieser Stelle gesagt werden – gibt es nicht gerade wenige Entscheidungen, in denen die Tatbestände hemmungslos so weit ausgelegt wurden, bis sie zur Verhängung der Todesstrafe paßten (Sondergerichts-Urteil vom 29.4.1941: Das Tatbestandsmerkmal der Anwendung von Schuß-, Hieb- oder Stoßwaffen oder anderer gefährlicher Mittel wurde für die

2 Franz Schlegelberger war bis zum August 1942 Staatssekretär im Reichsjustizministerium und seit dem Januar 1941 mit der Wahrnehmung der Geschäfte des Justizministers beauftragt. Rothenberger war vom August 1942 bis zum Dezember 1943 Staatssekretär unter dem letzten Reichsjustizminister Thierack.

bloßen Hände bejaht, bei einem darüber hinaus noch höchst zweifelhaften kurzen Würgegriff[3]).

Schockierender als die Texte solcher Urteile sind die Formulierungen der Richter und Staatsanwälte, wie sie in den Protokollen der »Vor- und Nachschau« festgehalten sind, insbesondere in denen der »Vorschau«, also vor Hauptverhandlung und geheimer Urteilsberatung: »Es wird nur Todesstrafe in Betracht kommen; es wird sicher auf Todesstrafe erkannt werden; das Gericht bedauert, in diesem Fall nicht die Todesstrafe verhängen zu können; nach Anfrage des Reichsjustizministeriums, warum im Fall B. nicht auf Todesstrafe erkannt worden sei: angesichts dieser Auffassung des Reichsjustizministeriums müsse man in der Sache F. auch zum Tode verurteilen; es wird die Todesstrafe herauskommen; in der Sache H. hoffe er, auf ein Todesurteil zu kommen...«.[4] Angesichts dieser noch beliebig vermehrbaren Zitate ist der angebliche Druck, unter dem hamburgische Richter zu leiden hatten, nicht sehr überzeugend.

Begreifen kann man allerdings bei solchen Einstellungen der Richter und Staatsanwälte, daß es von 1933 bis 1945 zu mindestens 16.000 bis 17.000 Todesurteilen kommen konnte, wovon der allergrößte Teil auf die Zeit von 1942 bis 1945 entfiel. In diesen Zahlen sind die Todesurteile der Kriegsgerichtsbarkeit nicht enthalten.[5]

Wie sich im Lauf der Zeit von 1933 bis 1945 für die Hamburger Justiz das vorgegebene Instrumentarium entwickelte, wie die beteiligten Justizjuristen in ihrer wohl absoluten Mehrheit darauf reagierten, soll im folgenden anhand einschlägiger Materialien dokumentiert werden. Sie sprechen in der Sprache einer pathetischen Demagogie, in der Sprache des Unmenschen für sich und machen deutlich, wie schnell Juristen dem neuen Regime nicht nur ihren Tribut zollten, sondern ihm in vorauseilendem Gehorsam dienten.

1. Einstieg in den Unrechtsstaat: 30. Januar 1933 bis 1. September 1939

1.1. Straffreiheit den Kämpfern für »die nationale Erhebung«

Zwei Tage bevor Reichspräsident von Hindenburg seine Notverordnung über die Gewährung von Straffreiheit »für Straftaten, die im Kampf für die nationale Erhebung des deutschen Volkes begangen« worden waren, im Reichsgesetzblatt veröffentlichen ließ, hatte bereits Hamburgs Justizsenator »in Würdigung der vaterländischen Beweggründe der Täter« und unter Berücksichtigung des »begreiflichen Widerstandes in Kreisen der nationalen Bevölkerung« verfügt, daß im Kampf für die nationale Bewegung begangene Straftaten von Amts wegen nachzuprüfen seien. Er ordnete an, Aufschiebung oder Unterbrechung rechtskräftig erkannter Freiheitsstrafen zu veranlassen und schwebende Verfahren vorerst zu stoppen.

3 Kammer 1 des Hanseatischen Sondergerichts, 11 Js V Sond. 4056/41 (Rep.-Nr. 5565/41).

4 Generalakten des Hanseatischen Oberlandesgerichts, Az. 3131 1a/2.

5 Zahlenangaben nach dem Ermittlungsverfahren 141 Js 618/60 der Staatsanwaltschaft Hamburg, S. 119 der Einstellungsverfügung.

Verfügung des Justizsenators vom 20. März 1933 betr. »im Kampf für die nationale Erhebung« begangene Straftaten.

Hamburg, den 20. März 1933

Die Staatliche Pressestelle teilt mit:

Der Präses der Landesjustizverwaltung hat folgende Verfügung erlassen:

«Gegen die Verfolgung von Straftaten, die im Kampf für die nationale Erhebung begangen waren, sowie gegen die Fortsetzung der Vollsteckung von Strafen, die aus Anlaß derartiger Straftaten verhängt worden sind, hat sich in Kreisen der nationalen Bevölkerung begreiflicher Widerstand geltend gemacht. In Würdigung der vaterländischen Beweggründe der Täter und im Interesse der Aufrechterhaltung der öffentlichen Sicherheit und Ordnung ordne ich hiermit eine Nachprüfung dieser Fälle von Amts wegen an. Ich ersuche, diese Nachprüfung beschleunigt vorzunehmen und in derartigen Fällen die Aufschiebung oder Unterbrechung der Vollstreckung rechtskräftig erkannter Freiheitsstrafen (Ersatzfreiheitsstrafen) durch die Vollstreckungsbehörde zu veranlassen, auch von der Einziehung und Beitreibung rechtskräftig erkannter Geldstrafen und der gerichtlichen Kosten abzusehen. Von dem Veranlaßten ist mir in jedem Fall unter Beifügung der Akte zu berichten und meine endgültige Entscheidung einzuholen.

Ferner ermächtigte ich den Herrn Generalstaatsanwalt, dafür Vorsorge zu treffen, daß in schwebenden Strafverfahren der gekennzeichneten Art von nicht dringenden Untersuchungshandlungen abgesehen und auf Aufhebung anberaumter Termine hingewirkt wird. Soweit Haftbefehle erlassen sind, ersuche ich zu prüfen, ob auf Grund der veränderten politischen Verhältnisse anzunehmen ist, daß die gesetzlichen Voraussetzungen für den Fortbestand der Haftbefehle, namentlich Fluchtverdacht, nicht mehr gegeben sind und daher die Verschonung des Beschuldigten mit der Untersuchungshaft oder die Aufhebung der Haftbefehle herbeizuführen ist. Über die auf Grund dieser Ermächtigung getroffenen Maßnahmen ist mir unter Beifügung der Akten zu berichten.

In Sachen von besonderer politischer Bedeutung sowie bei besonders schweren Straftaten ersuche ich, wenn erforderlich fernmündlich, mir zunächst über die beabsichtigten Maßnahmen zu berichten.

Die erteilte Ermächtigung erstreckt sich nicht auf Straftaten, die nach dem 15. März 1933 begangen worden sind«.*

* Forschungsstelle für die Geschichte des Nationalsozialismus in Hamburg, Ordner 330.

Reichsgesetzblatt

Teil I

1933	Ausgegeben zu Berlin, den 22. März 1933	Nr. 24

Verordnung des Reichspräsidenten über die Gewährung von Straffreiheit. Vom 21. März 1933.

Auf Grund des Artikels 48 Abs. 2 der Reichsverfassung wird folgendes verordnet:

§ 1

Für Straftaten, die im Kampfe für die nationale Erhebung des Deutschen Volkes, zu ihrer Vorbereitung oder im Kampfe für die deutsche Scholle begangen sind, wird Straffreiheit nach Maßgabe der folgenden Bestimmungen gewährt.

§ 2

Strafen, die beim Inkrafttreten dieser Verordnung rechtskräftig erkannt und noch nicht verbüßt sind, werden erlassen.

Der Straferlaß erstreckt sich auf Nebenstrafen und Sicherungsmaßnahmen, soweit sie noch nicht vollstreckt sind, auf gesetzliche Nebenfolgen, auf rückständige Geldbußen, die in die Kasse des Reichs oder der Länder fließen, und auf rückständige Kosten.

Ist auf Einziehung oder Unbrauchbarmachung erkannt, so behält es dabei sein Bewenden.

§ 3

Anhängige Verfahren werden eingestellt, wenn die Tat vor dem 21. März 1933 begangen ist; neue Verfahren werden nicht eingeleitet. ...

Berlin, den 21. März 1933.

Der Reichspräsident
von Hindenburg

Der Reichskanzler
Adolf Hitler

Der Reichsminister des Innern
Frick

Für den Reichsminister der Justiz
Der Stellvertreter des Reichskanzlers

Hamburgisches
Justizverwaltungsblatt
Herausgegeben von der Landesjustizverwaltung und Strafvollzugsbehörde

Nr. 2 — Hamburg, den 13. April 1933 — 22. Jahrgang

Inhalt:

Anwendung der Verordnung des Reichspräsidenten über die Gewährung von Straffreiheit.

Zur Erleichterung der Anwendung der Verordnung des Reichspräsidenten über Gewährung von Straffreiheit vom 21. März 1933 (RGBl. I S. 134) weise ich auf folgende Gesichtspunkte hin:

Die Verordnung gewährt zunächst Straffreiheit für Straftaten, die im Kampfe für die nationale Erhebung des Deutschen Volkes begangen worden sind. Ausgeschlossen von der Straffreiheit sind hiernach Straftaten, die im Kampfe gegen die nationale Erhebung begangen sind. Danach kann jedenfalls die Verordnung auf Straftaten kommunistisch gerichteter Personen niemals Anwendung finden. Die Verordnung will allen denjenigen Straffreiheit gewähren, die durch ihre Taten der nationalen Erhebung dienen wollten oder sonst aus nationalen Beweggründen gehandelt haben. Unter die Verordnung werden daher z. B. Straftaten fallen, die von Angehörigen der hinter der Regierung der nationalen Erhebung stehenden Verbände begangen sind, etwa um Angriffe von gegnerischer Seite auf Parteifreunde zu erwidern und dadurch dazu beizutragen, den Terror der Gegner zu brechen, oder um Gewalttätigkeiten von gegnerischer Seite zuvorzukommen.

Die Verordnung beschränkt sich zeitlich nicht auf Straftaten, die in der Zeit vor oder alsbald nach der Wahl des jetzigen Reichstags oder seit dem 1. Dezember 1932 (vgl. § 4 des Gesetzes über Straffreiheit vom 20. Dezember 1932 — RGBl. I S. 559 —) sich ereignet haben, sondern umfaßt auch solche Straftaten, die weiter — sei es auch um Jahre — zurückliegen. Dies ist durch Einbeziehung derjenigen Straftaten zum Ausdruck gebracht, die zur „Vorbereitung" des Kampfes für die nationale Erhebung begangen sind. Die Verordnung ergänzt daher nicht nur zeitlich das Gesetz über Straffreiheit vom 20. Dezember 1932, sondern erweitert es auch sachlich. Es können demnach z. B. auch solche Straftaten unter die Verordnung fallen, die nach § 8 des Gesetzes vom 20. Dezember 1932 von den Vergünstigungen dieses Gesetzes ausgeschlossen waren. Dies gilt insbesondere von Verbrechen gegen das Leben (§§ 211, 212, 214 StGB.) und Verbrechen gegen § 1 der Verordnung des Reichspräsidenten gegen politischen Terror vom 9. August 1932 (RGBl. I S. 403), wenn ein Mensch getötet oder verletzt worden ist, ferner von Verbrechen wider das Gesetz gegen den verbrecherischen und gemeingefährlichen Gebrauch von Sprengstoffen vom 9. Juni 1884 — RGBl. S. 61 — (vgl. § 8 Nr. 1 und 3 des Gesetzes vom 20. Dezember 1932).

Als Straftaten, die im Kampfe für die deutsche Scholle begangen sind, werden z. B. Straftaten in Frage kommen, die im Interesse der Erhaltung bisherigen Grundbesitzes begangen sind. Gleichartige Fälle von Störungen von Verfahren zur Versteigerung von Mobilien umfaßt die Verordnung nicht; soweit auch in derartigen Fällen Straftaten aus ähnlichen Beweggründen begangen sein sollten, wird zu prüfen sein, ob die Herbeiführung eines Einzelgnadenerweises angezeigt erscheint.

Die Verordnung sieht davon ab, Ausnahmen vorzusehen, offenbar in der Erwägung, daß Straftaten, die einer Vergünstigung unwürdig erscheinen, wie insbesondere Hoch- und Landesverrat, niemals „im Kampfe für die nationale Erhebung des Deutschen Volkes" begangen sind.

Für die Prüfung der Beweggründe der Tat kommt es auf die Einstellung des Täters zur Zeit der Tat an. Sollte sich aus den Unterlagen ergeben, daß der Täter seine politische Gesinnung seit Begehung der Tat geändert hat, so ersuche ich zu berichten.

Hamburg, den 4. April 1933.

Der Präses der Landesjustizverwaltung.
Rothenberger Dr.

Auf welcher Rechtsgrundlage diese Verfügung beruhte, blieb sein Geheimnis. Im Zweifel war ihm der Gedanke unerträglich, daß unerschrockene alte Kämpfer, die sich im »Kampf für die nationale Erhebung uneigennützig« strafbar gemacht hatten, auch jetzt noch hinter Gitter saßen oder noch bestraft werden würden. Wie vorausschauend richtig er gedacht und gefühlt hatte, beweist die angeführte Notverordnung Hindenburgs: Straferlaß, Einstellung schwebender Verfahren, keine Einleitung neuer Verfahren.

So klar und unmißverständlich diese Verordnung auch war, so fühlte sich Rothenberger am 4.4.1933 doch veranlaßt, zur »Anwendung der Verordnung des Reichspräsidenten über die Gewährung von Straffreiheit« auf die verordnete Ungleichheit vor dem Gesetz hinzuweisen, denn: »Ausgeschlossen von der Straffreiheit sind Straftaten, die im Kampf gegen die nationale Erhebung begangen worden sind«. Damit es aber auch jeder begriff, daß der Gleichheitssatz nur für die braune Partei der Saalschlachten galt, fuhr er fort: »Danach kann jedenfalls die Verordnung auf Straftaten kommunistisch *gerichteter* Personen (unbegrenzte Auslegung schon hier, Anm. d. Verf.) niemals Anwendung finden.«

Schließlich stellte er klar, daß die Verordnung sich zeitlich und sachlich auf sämtliche für die nationale Erhebung begangene Straftaten bezog. Der rechtskräftig wegen Mordes für die »Bewegung« verurteilte Täter konnte beruhigt nach Hause gehen: Seine Hinrichtung fand nicht mehr statt.

1.2. Der Reichstag schafft sich selber ab. Gesetz zur Behebung der Not von Volk und Reich (»Ermächtigungsgesetz«) vom 24.3.1933

Am 23.3.1933 führte Hitler in seiner Rede vor dem Reichstag in der Kroll-Oper unter anderem aus: »Der Boden der Existenz der Justiz kann kein anderer sein als der Boden der Existenz der Nation. Um die Regierung in die Lage zu versetzen, die Aufgaben zu erfüllen, die innerhalb dieses allgemein gekennzeichneten Rahmens liegen, hat sie im Reichstag durch die beiden Parteien der Nationalsozialisten und der Deutschnationalen das Ermächtigungsgesetz einbringen lassen. Ein Teil der beabsichtigten Maßnahmen erfordert die verfassungsändernde Mehrheit. Die Durchführung dieser Aufgaben bzw. ihre Lösung ist notwendig. Es würde dem Sinn der nationalen Erhebung widersprechen und dem beabsichtigten Zweck nicht genügen, wollte die Regierung sich für ihre Maßnahmen von Fall zu Fall die Genehmigung des Reichstags erhandeln und erbitten. Die Regierung wird dabei nicht von der Absicht getrieben, den Reichstag als solchen aufzuheben; im Gegenteil, sie behält sich auch für die Zukunft vor, ihn von Zeit zu Zeit über die Maßnahmen zu unterrichten oder aus bestimmten Gründen, wenn zweckmäßig, auch seine Zustimmung einzuholen.«[6]

Von 535 anwesenden Abgeordneten stimmten 444 für das Gesetz und damit für ihre eigene Abschaffung. Nur die SPD-Fraktion mit 94 anwesenden Abgeordneten – die übrigen waren bereits verhaftet worden – stimmte dagegen. Die 81 Abgeordneten der KPD konnten an der Abstimmung nicht mehr teilnehmen, weil sie nach dem Brand des Reichstages polizeilich verfolgt wurden oder bereits

6 Verhandlungen des Reichstages, Bd. 547, Sitzung vom 23.3.1933.

Reichsgesetzblatt

Teil I

1933	Ausgegeben zu Berlin, den 24. März 1933	Nr. 25

Gesetz zur Behebung der Not von Volk und Reich. Vom 24. März 1933.

Der Reichstag hat das folgende Gesetz beschlossen, das mit Zustimmung des Reichsrats hiermit verkündet wird, nachdem festgestellt ist, daß die Erfordernisse verfassungändernder Gesetzgebung erfüllt sind:

Artikel 1

Reichsgesetze können außer in dem in der Reichsverfassung vorgesehenen Verfahren auch durch die Reichsregierung beschlossen werden. Dies gilt auch für die in den Artikeln 85 Abs. 2 und 87 der Reichsverfassung bezeichneten Gesetze.

Artikel 2

Die von der Reichsregierung beschlossenen Reichsgesetze können von der Reichsverfassung abweichen, soweit sie nicht die Einrichtung des Reichstags und des Reichsrats als solche zum Gegenstand haben. Die Rechte des Reichspräsidenten bleiben unberührt.

Artikel 3

Die von der Reichsregierung beschlossenen Reichsgesetze werden vom Reichskanzler ausgefertigt und im Reichsgesetzblatt verkündet. Sie treten, soweit sie nichts anderes bestimmen, mit dem auf die Verkündung folgenden Tage in Kraft. Die Artikel 68 bis 77 der Reichsverfassung finden auf die von der Reichsregierung beschlossenen Gesetze keine Anwendung.

Artikel 4

Verträge des Reichs mit fremden Staaten, die sich auf Gegenstände der Reichsgesetzgebung beziehen, bedürfen nicht der Zustimmung der an der Gesetzgebung beteiligten Körperschaften. Die Reichsregierung erläßt die zur Durchführung dieser Verträge erforderlichen Vorschriften.

Artikel 5

Dieses Gesetz tritt mit dem Tage seiner Verkündung in Kraft. Es tritt mit dem 1. April 1937 außer Kraft; es tritt ferner außer Kraft, wenn die gegenwärtige Reichsregierung durch eine andere abgelöst wird.

Berlin, den 24. März 1933.

Der Reichspräsident
von Hindenburg

Der Reichskanzler
Adolf Hitler

Der Reichsminister des Innern
Frick

Der Reichsminister des Auswärtigen
Freiherr von Neurath

Der Reichsminister der Finanzen
Graf Schwerin von Krosigk

Das Reichsgesetzblatt erscheint in zwei gesonderten Teilen — Teil I und Teil II —.
Fortlaufender Bezug nur durch die **Postanstalten.** Bezugspreis vierteljährlich für Teil I = 1,10 RM, für Teil II = 1,50 RM.
Einzelbezug jeder (auch jeder älteren) Nummer nur vom **Reichsverlagsamt,** Berlin NW 40, Scharnhorststr. 4 (Postscheckkonto: Berlin 96 200). Preis für den achtseitigen Bogen 15 Rpf, aus abgelaufenen Jahrgängen 10 Rpf ausschließlich der Postdrucksachengebühr Bei größeren Bestellungen 10 bis 40 v. H. Preisermäßigung
Herausgegeben vom Reichsministerium des Innern. — Gedruckt in der Reichsdruckerei, Berlin.

(Vierzehnter Tag nach Ablauf des Ausgabetags: 7. April 1933.

in »Schutzhaft« genommen worden waren. Rein rechnerisch wurde so die erforderliche Zweidrittelmehrheit erreicht. Das Regime und mit ihm die Generation der tausendjährigen Juristen berief sich denn auch scheinheilig auf das angeblich legale Zustandekommen der Abschaffung der Legislative. Verschwiegen wurde beharrlich, daß die Änderung der Geschäftsordnung noch am Vortag der Abstimmung, nach der unentschuldigt abwesende Abgeordnete als anwesend galten, dem eindeutigen Wortlaut des Art. 76 Weimarer Reichsverfassung widersprach. Mit diesem Trick wollte man einem befürchteten Abstimmungsboykott begegnen. Verfassungswidrig war vor allem der Ausschluß der ordnungsgemäß gewählten Abgeordneten der KPD, die wie fünf SPD-Abgeordnete in »Schutzhaft« genommen worden waren, da es für den Entzug der Mandate zu diesem Zeitpunkt keine Rechtsgrundlage gab.

Der massive Aufmarsch von SA und SS in der Kroll-Oper, die offenen und versteckten Drohungen Hitlers in seiner Rede (»Mögen Sie, meine Herren, nunmehr selbst die Entscheidung treffen über Krieg oder Frieden«), die scheinheilig gegebenen Versprechungen Hitlers gegenüber den Mittelparteien (Dr. Kaas, Zentrum: »In der Voraussetzung, daß diese von Ihnen abgegebenen Erklärungen die grundsätzliche und die praktische Richtlinie für die Durchführung der zu erwartenden Gesetzgebungsarbeit sein werden, gibt die deutsche Zentrumspartei dem Ermächtigungsgesetz ihre Zustimmung«)[7] verstießen zweifelsfrei gegen die Art. 21 und 36 WRV, die eine freie und unabhängige Willensbildung der Abgeordneten und ihren Schutz vor Sanktionen aufgrund eines bestimmten Abstimmungsverhaltens garantierten.

Das Ermächtigungsgesetz war auch deshalb nicht verfassungskonform, weil im Reichsrat die Länder Baden, Bayern, Sachsen und Preußen durch sogenannte »Reichskommissare« und nicht durch von der Reichsgewalt unabhängige Landesregierungen vertreten waren. Ihre 34 Stimmen waren also ungültig, so daß bei insgesamt 66 Stimmen die nach Art. 76 WRV erforderliche Zweidrittelmehrheit bei der Entscheidung, keinen Einspruch gegen das Ermächtigungsgesetz einzulegen, nicht zustande gekommen war.[8]

Dieses somit verfassungswidrig zustande gekommene Gesetz sollte nach seinem Art. 5 am 1.4.1937 außer Kraft treten. 1937 und 1939 wurde es durch »Gesetz«, 1943 durch Führererlaß in seiner Gültigkeit verlängert (1937: RGBI. I, S. 105; 1939: RGBI. I, S. 95; 1943: RGBI. I, 295). Die gemäß Art. 1 Ermächtigungsgesetz scheinbar noch vorgesehene konkurrierende Gesetzgebung des Reichstages wurde nicht ein einziges Mal praktiziert, wie Hitler es ja in seiner Rede auch deutlich genug vor der Abstimmung zum Ausdruck gebracht hatte. Der Reichstag trat nur noch zusammen, um Führer-Reden zu lauschen und anschließend das Horst-Wessel-Lied und das Deutschlandlied zu singen, was ihm bald den Namen »Reichsgesang-Verein« eintrug.

Rothenberger brachte die Frage nach den neuen Rechtsquellen schon 1936 sehr schnell auf den Punkt: »Gesetz ist der Wille des Führers«.[9]

7 Ebenda.

8 Vgl. hierzu nur Hans Schneider: Das Ermächtigungsgesetz vom 24. März 1933, in: Vierteljahreshefte für Zeitgeschichte 1953, S. 197 ff.

9 Curt Rothenberger, Gesetz ist der Wille des Führers, in: Deutsche Juristenzeitung 1936, Sp. 22.

HAMBURGISCHER RICHTERVEREIN.

Hamburg 36, den 22. März 1933.
Ziviljustizgebäude,
Sievekingplatz.

An den Herrn
Präses der Landesjustizverwaltung.

Der Vorstand des Hamburgischen Richtervereins bekennt sich nachdrücklichst zu der Entschliessung des Präsidiums des Deutschen Richterbunds vom 19./20. März dJs., die in der Tagespresse bekanntgegeben ist, und die folgenden Wortlaut hat:

„Der Deutsche Richterbund begrüßt den Entschluß der Regierung, der ungeheuren Not und Verelendung unseres Volkes ein Ende zu machen. Wir sind überzeugt, daß es dem Zusammenarbeiten aller aufbauwilligen Kräfte gelingen wird, die Gesundung unseres gesamten öffentlichen Lebens und damit den Wiederaufstieg Deutschlands herbeizuführen.

Deutsches Recht gelte in deutschen Landen! Der deutsche Richter war von jeher national und verantwortungsbewußt; stets war er von sozialem Empfinden erfüllt. Er hat nur nach Gesetz und Gewissen Recht gesprochen. Das muß so bleiben.

Möge das grosse Werk des Staatsaufbaus dem deutschen Volke alsbald das Gefühl unbedingter Zusammengehörigkeit geben. Der Deutsche Richterbund bringt der neuen Regierung volles Vertrauen entgegen."

Die hamburgischen Richter hoffen und vertrauen, daß dem deutschen Volke unabhängige und nur dem Gesetz unterworfene Richter als unentbehrliches Fundament des Rechtsstaats auch in Zukunft erhalten bleiben, und daß die berufene Vertretung der hamburgischen Richterschaft wie bisher vor wichtigen Entscheidungen über Belange der Rechtspflege und der Richter gehört wird.

Der Vorstand
des Hamburgischen Richtervereins
Im Auftrag

1.3. Der Kotau der hamburgischen Gesetzeshüter

Ermächtigungsgesetze waren keine Erfindung der Nationalsozialisten. Das erste Ermächtigungsgesetz vom 4.8.1914 (RGBI. I, S. 327) gab dem Bundesrat die Möglichkeit, im Verordnungswege Regelungen bezüglich kriegsbedingter Schäden zu treffen. Auch in der Weimarer Republik kam es mehrfach zu Ermächtigungen der Regierung, Teilbereiche der Legislative auszuüben, zum Beispiel durch das Gesetz vom 13.10.1923 (RGBI. I, S. 943). Die Regierung war danach allerdings zur sofortigen Vorlage ihrer Verordnungen beim Reichsrat und zu deren Aufhebung verpflichtet, wenn die Mehrheit des Reichstages es verlangte. Im übrigen war die Gültigkeit der hergebrachten »Ermächtigungsgesetze« auf wenige Monate beschränkt.[10] Die verfassungsrechtliche Bedeutung des Ermächtigungsgesetzes vom 24.3.1933 mußte deutschen Juristen damit hinlänglich bekannt sein.

Hitler selbst hatte schon vor der Machtübernahme offen ein umfassendes Ermächtigungsgesetz für sich gefordert. Nach den Wahlen vom 5.3.1933 war die Zahl der Mandate der beiden Regierungsparteien auf 340 gestiegen, so daß abzusehen war, daß demnächst ein entsprechender Gesetzentwurf von der Regierung in den Reichstag eingebracht werden würde.

So erklärt sich, daß die Entschließung des Deutschen Richterbundes bereits vom 19. März 1933 datiert ist, während der Entwurf des Ermächtigungs-Gesetzes der Öffentlichkeit erst am »Tag von Potsdam«, also dem 21. März, bekannt gemacht wurde. Nach dem Wortlaut der Entschließung steht aber zu vermuten, daß der Richterbund den Text des Entwurfes inoffiziell bereits vorher kannte.

Am 22. März, dem Datum des Schreibens des Hamburger Richtervereins, lag der volle Wortlaut des Gesetzentwurfes vor. Dennoch bekannte sich der Hamburger Vorstand »nachdrücklichst« zu der Entschließung und »hofft und vertraut« weiterhin darauf, »daß dem deutschen Volke unabhängige und nur dem Gesetz unterworfene Richter als unentbehrliches Fundament des Rechtsstaates auch in Zukunft erhalten bleiben ...«

Waren Hamburgs Richter und Staatsanwälte damals wirklich so naiv? Jedenfalls wurden sie am 7.4.1933 eines Besseren belehrt ...

1.4. Der Appell war vergebens: Gesetz zur Wiederherstellung des Berufsbeamtentums vom 7.4.1933, Durchführungsverordnung und Folgegesetze

Bereits am 7.4.1933 erging das Gesetz »zur Wiederherstellung des Berufsbeamtentums« (BBG), mit dem das Beamtenrecht und vor allem Art. 104 WRV, der die persönliche Unabhängigkeit der Richter garantiert hatte, außer Kraft gesetzt wurden. Ursprünglich sollte es nur bis zum 30.9.1933 Gültigkeit haben (§ 7 II 1 BBG), wurde jedoch mehrfach verlängert und schließlich durch das Deutsche Beamtengesetz vom 26.1.1937 (RGBI. I, S. 41) ersetzt. Zweck des Berufsbeam-

10 In den letzten Jahren vor der Machtübernahme wurde fast ausschließlich mit dem Instrument der Notverordnung nach Art. 48 II WRV regiert.

Reichsgesetzblatt

Teil I

1933	Ausgegeben zu Berlin, den 7. April 1933	Nr. 34

Gesetz zur Wiederherstellung des Berufsbeamtentums. Vom 7. April 1933.

Die Reichsregierung hat das folgende Gesetz beschlossen, das hiermit verkündet wird:

§ 1

(1) Zur Wiederherstellung eines nationalen Berufsbeamtentums und zur Vereinfachung der Verwaltung können Beamte nach Maßgabe der folgenden Bestimmungen aus dem Amt entlassen werden, auch wenn die nach dem geltenden Recht hierfür erforderlichen Voraussetzungen nicht vorliegen.

. . .

§ 3

(1) Beamte, die nicht arischer Abstammung sind, sind in den Ruhestand (§§ 8ff.) zu versetzen; soweit es sich um Ehrenbeamte handelt, sind sie aus dem Amtsverhältnis zu entlassen.

(2) Abs. 1 gilt nicht für Beamte, die bereits seit dem 1. August 1914 Beamte gewesen sind oder die im Weltkrieg an der Front für das Deutsche Reich oder für seine Verbündeten gekämpft haben oder deren Väter oder Söhne im Weltkrieg gefallen sind. Weitere Ausnahmen können der Reichsminister des Innern im Einvernehmen mit dem zuständigen Fachminister oder die obersten Landesbehörden für Beamte im Ausland zulassen.

§ 4

Beamte, die nach ihrer bisherigen politischen Betätigung nicht die Gewähr dafür bieten, daß sie jederzeit rückhaltlos für den nationalen Staat eintreten, können aus dem Dienst entlassen werden. Auf die Dauer von drei Monaten nach der Entlassung werden ihnen ihre bisherigen Bezüge belassen. Von dieser Zeit an erhalten sie drei Viertel des Ruhegeldes (§ 8) und entsprechende Hinterbliebenenversorgung.

§ 5

(1) Jeder Beamte muß sich die Versetzung in ein anderes Amt derselben oder einer gleichwertigen Laufbahn, auch in ein solches von geringerem Rang und planmäßigem Diensteinkommen — unter Vergütung der vorschriftsmäßigen Umzugskosten — gefallen lassen, wenn es das dienstliche Bedürfnis erfordert. Bei Versetzung in ein Amt von geringerem Rang und planmäßigem Diensteinkommen behält der Beamte seine bisherige Amtsbezeichnung und das Diensteinkommen der bisherigen Stelle.

. . .

§ 8

Den nach §§ 3, 4 in den Ruhestand versetzten oder entlassenen Beamten wird ein Ruhegeld nicht gewährt, wenn sie nicht mindestens eine zehnjährige Dienstzeit vollendet haben.

. . .

§ 14

(1) Gegen die auf Grund dieses Gesetzes in den Ruhestand versetzten oder entlassenen Beamten ist auch nach ihrer Versetzung in den Ruhestand oder nach ihrer Entlassung die Einleitung eines Dienststrafverfahrens wegen der während des Dienstverhältnisses begangenen Verfehlungen mit dem Ziele der Aberkennung des Ruhegeldes, der Hinterbliebenenversorgung, der Amtsbezeichnung, des Titels, der Dienstkleidung und der Dienstabzeichen zulässig. Die Einleitung des Dienststrafverfahrens muß spätestens am 31. Dezember 1933 erfolgen.

(2) Abs. 1 gilt auch für Personen, die innerhalb eines Jahres vor dem Inkrafttreten dieses Gesetzes in den Ruhestand getreten sind und auf die die §§ 2 bis 4 anzuwenden gewesen wären, wenn diese Personen beim Inkrafttreten dieses Gesetzes noch im Dienst gewesen wären.

. . .

§ 15

Auf Angestellte und Arbeiter finden die Vorschriften über Beamte sinngemäße Anwendung. Das Nähere regeln die Ausführungsbestimmungen.

. . .

Berlin, den 7. April 1933.

Der Reichskanzler
Adolf Hitler

Der Reichsminister des Innern
Frick

Der Reichsminister der Finanzen
Graf Schwerin von Krosigk

Hamburgisches
Justizverwaltungsblatt
Herausgegeben von der Landesjustizverwaltung und Strafvollzugsbehörde

Nr. 2 | Hamburg, den 8. Juni 1933 | 22. Jahrgang

Durchführung des Gesetzes zur Wiederherstellung des Berufsbeamtentums hinsichtlich der Referendare.

Nach Nr. 1 zu § 1 der Dritten Verordnung zur Durchführung des Gesetzes zur Wiederherstellung des Berufsbeamtentums vom 6. Mai 1933 (Reichsgesetzblatt I Seite 245) findet dieses Gesetz auf Beamte im Vorbereitungsdienst sinngemäß Anwendung. Referendare, auf die die Voraussetzungen der §§ 2, 3 Abs. 1 oder des § 4 des bezeichneten Gesetzes zutreffen, sind aus dem Justizdienst zu entlassen. Vor der Entlassung bleibt bewahrt,

a) wer im Weltkrieg an der Front für das Deutsche Reich oder für seine Verbündeten gekämpft hat (§ 3 Abs. 2 des Gesetzes) oder diesen Frontkämpfern gleichgestellt ist (Nr. 3 zu § 3 der Dritten Durchführungsverordnung),

b) wessen Vater im Weltkriege gefallen ist (vgl. auch Nr. 4 zu § 3 der Dritten Durchführungsverordnung).

Zur Prüfung, ob im Einzelfalle die Voraussetzungen für eine Entlassung gegeben sind, hat jeder hamburgische Referendar, der sich als arisch bezeichnet, unter Angabe der Ruf- und Familiennamen der Eltern und Großeltern bis zum 15. Juni 1933 folgende Erklärung abzugeben:

„Ich versichere hiermit dienstlich: Mir sind trotz sorgfältiger Prüfung keine Umstände bekannt, welche die Annahme rechtfertigen könnten, daß ich nicht arischer Abstammung sei; insbesondere hat keiner meiner Eltern- oder Großelternteile zu irgendeiner Zeit der jüdischen Religion angehört.

Ich bin mir bewußt, daß ich mich dienststrafrechtlicher Verfolgung mit dem Ziele auf Dienstentlassung aussetze, wenn diese Erklärung nicht der Wahrheit entspricht."

Dieser Erklärung bedarf es nicht, wenn der Referendar bis zum 15. Juni 1933 um seine Entlassung aus dem Justizdienst nachsucht. Wird die Erklärung verweigert oder nur unter Vorbehalt abgegeben, ohne daß der Referendar ein Entlassungsgesuch einreicht, so bedarf es näherer Angaben über die Abstammung sowie eines Nachweises durch Vorlegung von Urkunden gemäß Nr. 2 Abs. 2 der Ersten Verordnung zur Durchführung des Gesetzes zur Wiederherstellung des Berufsbeamtentums vom 11. April 1933 (Reichsgesetzblatt I Seite 195). Auch in anderen Fällen kann ein weiterer Nachweis über die Abstammung verlangt werden.

Hamburg, den 3. Juni 1933.

Der Präses der Landesjustizverwaltung.
Rothenberger Dr.

Nr. 7 | Hamburg, den 20. September 1933 | 22. Jahrgang

Personalien.

Referendare.

Zu Referendaren sind ernannt worden: die Rechtskandidaten Walter Pauly, Oswald Schroeder und Christel Ahrens.

Der thüringische Referendar Horst Meinhardt ist in den hamburgischen Justizdienst übernommen worden.

Die nachgesuchte Dienstentlassung ist erteilt worden: den Referendaren Kuno Aschenfeldt, Kurt Burghoff, Kurt Oppens und Heinz Wittenburg.

Auf Grund des Berufsbeamtengesetzes sind aus dem Justizdienst entlassen worden: die Referendare Paul Alexander, Hans Alexander-Katz, Herbert Antoine-Feill, Edgar Behr, Edgar Blitz, Heinz Braunschweiger, Dr. Hans Cramer, Dr. Claus Dahns, Joseph Eisemann, Rosi Ettlinger, Ulrich Goldschmidt, Peter Hasenclever, Wilhelm Heine, Annemarie Hinrichsen, Walter Hirsch, Hans Jolowicz, Ruth Lilienstein, Hans Labin, Ernst Leiser, Hartwig Levy, Hilde Liebes, Lothar Lippstadt, Robert Mendel, Peter Heinz Meyer, Dr. Rudolf Nothmann, Arnold Oberländer, Georg Oppenheim, Eduard Peine, Heinz Rosenberg, Ernst Rosenstern, Heinz Rosenbaum, Heinz Sachs, Franz Sußmann und Hans Werner Unna.

Reichsgesetzblatt

Teil I

1935	Ausgegeben zu Berlin, den 16. September 1935	Nr. 100

Inhalt

Reichsbürgergesetz.

Vom 15. September 1935.

Der Reichstag hat einstimmig das folgende Gesetz beschlossen, das hiermit verkündet wird:

§ 1

(1) Staatsangehöriger ist, wer dem Schutzverband des Deutschen Reiches angehört und ihm dafür besonders verpflichtet ist.

(2) Die Staatsangehörigkeit wird nach den Vorschriften des Reichs- und Staatsangehörigkeitsgesetzes erworben.

§ 2

(1) Reichsbürger ist nur der Staatsangehörige deutschen oder artverwandten Blutes, der durch sein Verhalten beweist, daß er gewillt und geeignet ist, in Treue dem Deutschen Volk und Reich zu dienen.

(2) Das Reichsbürgerrecht wird durch Verleihung des Reichsbürgerbriefes erworben.

(3) Der Reichsbürger ist der alleinige Träger der vollen politischen Rechte nach Maßgabe der Gesetze.

§ 3

Der Reichsminister des Innern erläßt im Einvernehmen mit dem Stellvertreter des Führers die zur Durchführung und Ergänzung des Gesetzes erforderlichen Rechts- und Verwaltungsvorschriften.

Nürnberg, den 15. September 1935,
am Reichsparteitag der Freiheit.

Der Führer und Reichskanzler
Adolf Hitler

Der Reichsminister des Innern
Frick

Reichsgesetzblatt

Teil I

1935	Ausgegeben zu Berlin, den 14. November 1935	Nr. 125

Inhalt

Erste Verordnung zum Reichsbürgergesetz.

Vom 14. November 1935.

Auf Grund des § 3 des Reichsbürgergesetzes vom 15. September 1935 (Reichsgesetzbl. I S. 1146) wird folgendes verordnet:

§ 1

(1) Bis zum Erlaß weiterer Vorschriften über den Reichsbürgerbrief gelten vorläufig als Reichsbürger die Staatsangehörigen deutschen oder artverwandten Blutes, die beim Inkrafttreten des Reichsbürgergesetzes das Reichstagswahlrecht besessen haben

...

§ 2

(1) Die Vorschriften des § 1 gelten auch für die staatsangehörigen jüdischen Mischlinge.

...

§ 3

Nur der Reichsbürger kann als Träger der vollen politischen Rechte das Stimmrecht in politischen Angelegenheiten ausüben und ein öffentliches Amt bekleiden.

...

§ 4

(1) Ein Jude kann nicht Reichsbürger sein. Ihm steht ein Stimmrecht in politischen Angelegenheiten nicht zu; er kann ein öffentliches Amt nicht bekleiden.

(2) Jüdische Beamte treten mit Ablauf des 31. Dezember 1935 in den Ruhestand. Wenn diese Beamten im Weltkrieg an der Front für das Deutsche Reich oder für seine Verbündeten gekämpft haben, erhalten sie bis zur Erreichung der Altersgrenze als Ruhegehalt

...

§ 5

(1) Jude ist, wer von mindestens drei der Rasse nach volljüdischen Großeltern abstammt. § 2 Abs. 2 Satz 2 findet Anwendung.

(2) Als Jude gilt auch der von zwei volljüdischen Großeltern abstammende staatsangehörige jüdische Mischling, ...

a) der beim Erlaß des Gesetzes der jüdischen Religionsgemeinschaft angehört hat oder danach in sie aufgenommen wird,

b) der beim Erlaß des Gesetzes mit einem Juden verheiratet war oder sich danach mit einem solchen verheiratet,

c) der aus einer Ehe mit einem Juden im Sinne des Absatzes 1 stammt, die nach dem Inkrafttreten des Gesetzes zum Schutze des deutschen Blutes und der deutschen Ehre vom 15. September 1935 (Reichsgesetzbl. I S. 1146) geschlossen ist,

d) der aus dem außerehelichen Verkehr mit einem Juden im Sinne des Absatzes 1 stammt und nach dem 31. Juli 1936 außerehelich geboren wird.

...

Berlin, den 14. November 1935.

Der Führer und Reichskanzler

Adolf Hitler

Der Reichsminister des Innern

Frick

Der Stellvertreter des Führers

R. Heß

Reichsminister ohne Geschäftsbereich

tengesetzes war die »Reinigung« des Beamtenapparates von unerwünschten, gegnerischen und nicht genehmen Richtern, Staatsanwälten, anderen Beamten, aber auch Angestellten und Arbeitern (§ 15 BBG).

Insbesondere waren durch die §§ 2, 2a und 3 BBG Kommunisten und Juden betroffen. Die politisch wichtigste Regelung aber traf § 4 BBG, da hiernach jeder entlassen werden konnte, der nach seiner bisherigen politischen Betätigung keine Gewähr dafür bot, daß er jederzeit für den nationalen Staat eintreten würde. Durch diese bewußt unpräzise Formulierung sollte Druck ausgeübt werden, zur »richtigen« Entscheidung zu finden.

Die für Juden im BBG noch vorgesehenen Ausnahmen von der Entlassung (nämlich: Einstellung bis 1.8.1914; Frontkämpfer im Ersten Weltkrieg; Tod von Vater oder Sohn als Soldaten im Ersten Weltkrieg) wurden mit dem Erlaß des Reichsbürgergesetzes vom 15.9.1935 (RGBl. I, S. 1470) in Verbindung mit der ersten Verordnung zum Reichsbürgergesetz vom 14.11.1935 (RGBl. I, S. 1333) aufgehoben.

Dem BBG entsprechende Gesetze ergingen am 7.4.1933 auch über die Zulassung zur Rechtsanwaltschaft sowie für Schöffen, Geschworene und Handelsrichter. Mit der fünften Verordnung zum Reichsbürgergesetz vom 27.9.1938 (RGBl. I, S. 1470) wurden schließlich ebenfalls die letzten Juden aus der Anwaltschaft ausgeschlossen.

Hamburg entledigte sich ab 1933 aufgrund des Berufsbeamtengesetzes 31 Richter und Staatsanwälte. Nach dem Erlaß des Reichsbürgergesetzes mußten 1935 weitere fünf jüdische Richter und Staatsanwälte den Dienst quittieren. Nochmals fünf »Nichtarier« erlitten in den Folgejahren das gleiche Schicksal.[11]

1.5. Die weite Halle des Hanseatischen Oberlandesgerichts in Hamburg erlebt eine weihevolle Kundgebung

Was spielte sich ab oder was hätte sich abspielen müssen in den Köpfen der hamburgischen Rechtswahrer, als nach Fahnenweihe und Absingen des Horst-Wessel-Liedes der Rechtsanwalt Dr. Raeke die eindrucksvolle Kundgebung schloß? In welche absurde Realität war der weihevolle Spuk zu übersetzen?

Rothenberger: »Die nächste Aufgabe ist die Schaffung eines materiellen Rechts, das nicht mehr vom Individuum, sondern ausschließlich von den Interessen der Gesamtheit des deutschen *reinrassigen* Volkes ausgeht.«

Hier wurde fußend auf Punkt 10 Satz 2 des Programms der NSDAP, der individuelle Anspruch des deutschen Staatsbürgers auf Recht und Gerechtigkeit für alle die Fälle negiert, in denen ein angeblich höherwertiges Interesse des Volkes bestand. »Du bist nichts, Dein Volk ist alles«, »Recht ist, was dem deutschen Volke nützt«, so die daraus damals entstandenen Slogans; wobei mit Volk nicht etwa die Bevölkerung oder der Staat gemeint waren, sondern die Staatsführung und was sie für Recht hielt.

Zum anderen wurde aus Punkt 4 des Programms der NSDAP die Forderung

11 Werner Johe, Die gleichgeschaltete Justiz. Organisation des Rechtswesens und Politisierung der Rechtsprechung 1933–1945 dargestellt am Beispiel des Oberlandesgerichtsbezirks Hamburg, Frankfurt/Main 1967, S. 65 ff.

Deutsche Richterzeitung

Herausgegeben vom Deutschen Richterbund
im Bund Nationalsozialistischer Deutscher Juristen

Schriftleiter: Reichsgerichtsrat Dr. Schwarz, Leipzig S 3, Elisenstr. 111 II, Fernruf 30991

Im Auftrage des Deutschen Richterbundes gegründet von Staatsanwalt Dr. Leeb. Erscheint jährlich 12 mal (am 15. jeden Monats) zum Jahres-Preise von 16 RM. Einzelhefte RM 1.60.

Beiträge werden vergütet.

Anzeigenpreis: Die 6 gespaltene Millimeterzeile RM —.25, bei Wiederholung Ermäßigung. Zu beziehen durch den Buchhandel und Carl Heymanns Verlag. Berlin W 8, Mauerstraße 44. Fernsprecher: A 2 Flora 7381. Postscheckverkehr: Berlin 234.

25. Jahrgang | Leipzig, den 15. Juli 1933 | Heft 7

Umschau

Brief aus Hamburg.

In den voraufgegangenen Wochen haben sich fast alle juristischen Organisationen dem Bund Nationalsozialistischer Deutscher Juristen angeschlossen und damit eine einheitliche Front des Deutschen Rechts gebildet. Aus Anlaß dieser Tatsache veranstaltete der Bund unter seinem Führer, Reichsjustizkommissar Staatsminister Dr. Frank II, am 1. Juni 1933 in der weiten, dichtgefüllten Halle des Hanseatischen Oberlandesgerichts in Hamburg eine weihevolle Kundgebung, an der die Spitzen aller Behörden, die Bundesmitglieder und zahlreiche geladene Gäste teilnahmen.

Der Präses der hamburgischen Justizverwaltung, Senator Dr. Rothenberger, begrüßte die Erschienenen und besonders Dr. Frank II, der als alter Mitkämpfer und Anwalt Hitlers wie kein anderer berufen sei, den neuen Ideen auf dem Gebiete des Rechts Geltung zu verschaffen. Die organisatorische Aufgabe sei gelöst, alle bisherigen Organisationen in den Bund einzugliedern. Das Gefühl eines Teiles der Kreise, die diese Eingliederung als unzulässigen Druck empfunden hätten, entspringe aus einem übersteigerten Liberalismus der letzten Jahrzehnte, das im Interesse der hohen Aufgabe gebrochen werden müsse und gebrochen worden sei. Die nächste Aufgabe sei die Schaffung eines neuen materiellen Deutschen Rechts, das nicht mehr vom Individuum, sondern ausschließlich von den Interessen der Gesamtheit des deutschen reinrassigen Volkes ausgehe. Er schloß mit dem namens der Juristen Hamburgs abgegebenen Versprechen, an der Schaffung dieser neuen Rechtsordnung im nationalsozialistischen Sinne unter Ablehnung jedes Partikularismusses freudig mitzuarbeiten.

Der Landesleiter des Bundes, Rechtsanwalt Dr. Raeke, führte diese Ideen weiter aus. Es gelte auch für das Recht die Schaffung einer Volks- und Schicksalsgemeinschaft unter Ausschaltung aller rassenfremden Elemente und unter Vernichtung des bisher im Rechtsleben oft zutage tretenden Händlergeistes.

. . .

Als das Deutschland-Lied verklungen war, übermittelte Dr. Frank II der Versammlung die Grüße des Volkskanzlers Adolf Hitler. Seinen Ausführungen lag der Gedanke zugrunde, daß wir durch die vom Volk erkämpfte Freiheit zum Deutschen Recht kommen müssen und werden.

. . .

Aus der Freiheit des Volks entspringe die Freiheit der zur Wahrung des Rechts Berufenen, die stolz seien, Diener des Rechts zu sein, die aber auch von den andern forderten, daß die frühere Kluft zwischen ihnen und uns auch von der Volksseite her geschlossen werde. Nach Säuberung der Gerichtsorganisation müsse mit der Verächtlichmachung der Juristen Schluß gemacht werden. Umgekehrt müsse für alle Juristen als Leitstern gelten, das Gemeinwohl über das Einzelwohl zu stellen, den liberalistischen und marxistischen Ideen den Kampf anzusagen, unter deren Herrschaft der deutsche Richter zusehen mußte und es nicht verhindern konnte, daß oft durch Zinsprofitsucht ehrliche deutsche Existenzen zugrunde gerichtet wurden. Weiter solle in Zukunft besonders der deutsche Boden als Grundlage der Volkssubstanz durch Schaffung neuen Rechts geschützt werden, um zu verhindern, daß er, wie oft bisher, in artfremde Hände gelange.

. . .

Zum Schluß weihte Dr. Frank II die Hakenkreuzfahnen des Bundes, die Rechtsanwalt Dr. Engels übernahm. Nach dem Absingen des Horst-Wessel-Liedes schloß Dr. Raeke die eindrucksvolle Kundgebung.

Dr. Musold, Hamburg.

erhoben, die am 15.9.1935 im Reichsbürgergesetz ihre Verwirklichung fand, was nichts anderes bedeutete als die Beseitigung des Gleichheitssatzes, wenn nur den »Reinrassigen«, also »den deutschen Reichsbürgern«, staatsbürgerliche Rechte zugesprochen wurden (Punkt 4 des Parteiprogramms sprach deutlicher noch von Volksgenossen = Staatsbürgern und Juden = keine Volksgenossen).[12]

Was hinter dieser klinisch rein formulierten Beseitigung des Gleichheitssatzes stand, hatte Hitler in der Bibel des Nationalsozialismus, seinem Buch »Mein Kampf«, bereits in den zwanziger Jahren für jeden nachlesbar in unmißverständlicher Formulierung niedergelegt: »Ein völkischer Staat wird damit in erster Linie die Ehe aus dem Niveau einer dauernden Rassenschande herauszuheben haben, um ihr die Weihe jener Institution zu geben, die berufen ist, Ebenbilder des Herrn zu zeugen und nicht Mißgeburten zwischen Mensch und Affe«.[13]

Raeke: »Es gilt auch für das Recht die Schaffung einer Volks- und Schicksalsgemeinschaft unter Ausschaltung aller rassefremden Elemente ...«

Raeke stellte sich damit ebenfalls auf den Boden des Parteiprogramms (Punkt 4 bis 6) und begrüßte damit unverhohlen die Ausschaltung der jüdischen Kollegen in der hamburgischen Juristenschaft aufgrund des Berufsbeamtengesetzes und seiner Folgegesetze (in Punkt 6 des Parteiprogramms hieß es: »... Daher fordern wir, daß jedes öffentliche Amt, gleichgültig welcher Art, gleich ob im Reich, Land oder Gemeinden nur durch Staatsbürger bekleidet werden darf«[14]).

Frank: »Es muß für alle Juristen als Leitstern gelten, das Gemeinwohl über das Eigenwohl zu stellen, den liberalistischen und marxistischen Ideen den Kampf anzusagen ...«.

Auch Frank machte klar, daß das Parteiprogramm zur Rechtsquelle geworden war (Punkt 24: »... Sie (die Partei, Anm. d. Verf.) bekämpft den jüdisch-materialistischen Geist in und außer uns und ist überzeugt, daß eine dauernde Genesung unseres Volkes nur erfolgen kann von innen heraus auf der Grundlage: Gemeinnutz vor Eigennutz«).[15] Expressis verbis wurde dies in den »Leitsätzen des »Reichsrechtsführers« Frank vom 14.1.1936 erklärt, wo es unter Ziffer 2 hieß: »Grundlage der Auslegung aller Rechtsquellen ist die nationalsozialistische Weltanschauung, wie sie insbesondere in dem Parteiprogramm und den Äußerungen unseres Führers ihren Ausdruck findet«.[16] Die etwas nebulös formulierten liberalistischen und marxistischen Ideen wurden in Ziffer 4 »präzisiert«: »Gesetzliche Bestimmungen, die vor der nationalsozialistischen Revolution erlassen worden sind, dürfen nicht angewendet werden, wenn ihre Anwendung dem heutigen gesunden Volksempfinden ins Gesicht schlagen würde«.[17]

Man sollte meinen, die versammelte hamburgische Justiz-Prominenz hätte etwas bedrückt die weihevolle Kundgebung verlassen, doch der Autor des »Briefes aus Hamburg« vermeldete starken Beifall ...[18]

12 Die 25 Punkte des Parteiprogramms der NSDAP sind abgedruckt bei Walther Hofer, Der Nationalsozialismus. Dokumente 1933–1945, Frankfurt/Main 1957, S. 25 ff.

13 Adolf Hitler, Mein Kampf, Jubiläumsausgabe, München 1939, S. 394.

14 Hofer, Nationalsozialismus, a.a.O., S. 25 ff.

15 Ebenda.

16 Ebenda, S. 101.

17 Ebenda.

18 Deutsche Richterzeitung 1933, S. 210 f.

1.6. Die »Verreichlichung« der Justiz

Leitsatz des »Reichsrechtsführers« Frank vom 14.1.1936, Ziffer 5, Satz 1: »Zur Erfüllung seiner Aufgaben in der Volksgemeinschaft muß der Richter unabhängig sein«.[19]

Durch die drei Gesetze zur Überleitung der Rechtspflege auf das Reich vom 16.2.1934 (RGBl. I, S. 91), 5.12.1934 (RGBl. I, S. 1214) und 24.1.1935 (RGBl. I, S. 68) entfiel die Justizhoheit der Länder. Das Reichsjustizministerium übernahm nun unmittelbar die Leitung der Justizverwaltungen. Durch das Gesetz über die Geschäftsverteilung bei den Gerichten vom 24.11.1937 (RGBl. I, S. 1286) wurde die gerichtliche Selbstverwaltung völlig beseitigt, was nichts anderes bedeutete, als daß nach der Abschaffung der persönlichen Unabhängigkeit durch das Berufsbeamtengesetz von 1933 und das Deutsche Beamtengesetz von 1937 nunmehr auch die organisatorische Unabhängigkeit der Richter kassiert worden war. Das Reichsjustizministerium hatte unmittelbar Zugriff auf die Geschäftsverteilung und konnte wichtige Posten etwa bei den Sondergerichten mit im nationalsozialistischen Sinne als zuverlässig geltenden Richtern besetzen, unbequeme Richter in die Grundbuch-Abteilungen abschieben oder auch durch ihre Entscheidungen »unangenehm« Aufgefallene in weniger »brisante« Kammern oder Abteilungen versetzen.

Mit dem Wegfall der Justizhoheit der Länder unterstanden auch die Generalstaatsanwälte unmittelbar dem Reichsjustizministerium. Über die Oberreichsanwälte beim Reichsgericht und beim Volksgerichtshof sowie die Generalstaatsanwälte konnte jeder Staatsanwalt vom Reichsjustizministerium angewiesen werden.

Über eine Vielzahl weiterer Verordnungen oder auch Gesetze erhielt die Staatsanwaltschaft und damit das Reichsjustizministerium immer mehr Einwirkungsmöglichkeiten auf die Gerichte, beispielweise durch die Regelungen,

- die die gerichtliche Voruntersuchung einschränkten, abschafften oder zur Disposition der Staatsanwaltschaft stellten,
- über die Einschränkung des Legalitätsprinzips bis hin zu dessen fast völliger Aushöhlung,
- über die Einschränkung bis hin zur Abschaffung der richterlichen Mitwirkung beim Erlaß oder der Aufhebung von Haftbefehlen oder bei Durchsuchungen,
- über die Wahlmöglichkeit der Staatsanwaltschaft, vor dem ordentlichen Gericht, dem Sondergericht oder dem Volksgerichtshof die Anklage zu erheben, was im Zusammenhang gesehen werden muß mit der Abschaffung des Eröffnungsbeschlusses und der erweiterten Möglichkeit der Klagerücknahme, um unerwünschte Freisprüche zu verhindern,
- über den außerordentlichen Einspruch, dessen Einlegung bereits das rechtskräftige Urteil (aller Gerichte) vernichtete und die Hauptverhandlung als nicht stattgefunden fingierte, mit der Konsequenz, daß bei Einlegung zugunsten des Verurteilten der Reichsjustizminister das Verfahren niederschlagen konnte und bei Einlegung zuungunsten des Verurteilten der Besondere Senat

19 Hofer, Nationalsozialismus, a.a.O., S. 101.

des Reichsgerichts (das »Gericht des Führers«) als erstinstanzliches Gericht zu entscheiden hatte,

- über die Nichtigkeitsbeschwerde, deren Einlegung allein die Rechtskraft des Urteils (von Amtsgericht, Landgericht und Sondergericht) nicht beseitigte, sondern zu einer Art Revisionsverhandlung vor dem Reichsgericht führte, wobei das rechtskräftige Urteil dann aufgehoben werden konnte.

Auch die sachliche Unabhängigkeit der Richter bröckelte also unaufhaltsam infolge der »gesetzgeberischen« Manipulationen des Reichsjustizministeriums, das anschließend die Staatsanwaltschaft als »instrumentum sceleris« (Werkzeug des Verbrechens) benutzen konnte. Direkte Eingriffe in die Rechtsprechung sollten folgen.

Völlig an der Justiz vorbei ging das Gesetz der Reichsregierung über Maßnahmen der Staatsnotwehr vom 3.7.1934 (RGBl. I, S. 529), dessen »Einziger Artikel« lautete: »Die zur Niederschlagung hoch- und landesverräterischer Angriffe am 30. Juni, 1. und 2. Juli 1934 vollzogenen Maßnahmen sind als Staatsnotwehr rechtens.« Mit diesem »Gesetz« wurden alle Strafverfolgungsmaßnahmen wegen der Morde anläßlich des »Röhm-Putsches« verhindert.

Göring führte dazu als preußischer Ministerpräsident in einer Rede vor Generalstaatsanwälten und Oberstaatsanwälten am 12.7.1934 in Anwesenheit von Reichsjustizminister Gürtner, Staatssekretär Freisler, Reichsführer SS Himmler sowie dessen Stellvertreter Heydrich aus: »... die Todesurteile, die hier ohne ein Gericht, die aus Staatsnotwehr heraus von dem verantwortlichen Lenker des Staates gesprochen worden sind, sind rechtens. ... Sie, meine Herren, geht es nicht an, ob wir hier richtig gehandelt haben, ob wir die richtigen Personen getroffen haben. ... Ich betone ..., daß jedes Verfahren aufzuhören hat, denn wo kämen wir hin, wenn jetzt nachträglich noch ... untersucht werden sollte, ob das rechtens oder zweckmäßig war oder nicht. Das unterliegt auch nicht Ihrer Entscheidung, sondern diese furchtbare Verantwortung haben wir allein zu tragen ...«.[20]

1.7. Das Instrumentarium zur Unrechtsprechung: Verordnung der Reichsregierung über die Bildung von Sondergerichten vom 21.3.1933

Aufgrund der Verordnung vom 21.3.1933 wurde in Hamburg bei dem Hanseatischen Oberlandesgericht ein Sondergericht gebildet, das am 18.4.1933 zu seiner ersten Sitzung zusammentrat. Am 16. Oktober 1933 wurde bereits eine zweite Kammer eingerichtet und am 1. Januar 1934 die im Dezember 1933 gebildete Hilfskammer in eine ständige dritte Kammer umgewandelt. Diese drei Kammern befaßten sich überwiegend mit Verfahren wegen »Sabotage des nationalsozialistischen Aufbaus«, die in erster Linie gegen KPD- und SPD-Mitglieder gerichtet waren (vgl. die Anordnungen Rothenbergers vom 15.7. und 7.8.1933). Mitte des Jahres 1934 flaute die erste Verfolgungswelle ab, so daß das Sondergericht Hamburg ab November 1934 wieder nur aus einer Kammer bestand. 1936 wurde

20 Bundesarchiv (BA), Bestand R 22 (Reichsjustizministerium), Akte 4277.

Reichsgesetzblatt

Teil I

1933	Ausgegeben zu Berlin, den 22. März 1933	Nr. 24

Verordnung der Reichsregierung über die Bildung von Sondergerichten. Vom 21. März 1933.

Auf Grund von Kapitel II des Sechsten Teils der Dritten Verordnung des Reichspräsidenten zur Sicherung von Wirtschaft und Finanzen und zur Bekämpfung politischer Ausschreitungen vom 6. Oktober 1931 (Reichsgesetzbl. I S. 537, 565) wird folgendes verordnet:

§ 1

(1) Für den Bezirk jedes Oberlandesgerichts wird ein Sondergericht gebildet.

(2) Die Sondergerichte sind Gerichte des Landes.

(3) Die Landesjustizverwaltung bestimmt den Sitz der Sondergerichte.

§ 2

Die Sondergerichte sind zuständig für die in der Verordnung des Reichspräsidenten zum Schutz von Volk und Staat vom 28. Februar 1933 (Reichsgesetzbl. I S. 83) und der Verordnung zur Abwehr heimtückischer Angriffe gegen die Regierung der nationalen Erhebung vom 21. März 1933 (Reichsgesetzbl. I S. 135) bezeichneten Verbrechen und Vergehen, soweit nicht die Zuständigkeit des Reichsgerichts oder der Oberlandesgerichte begründet ist.

. . .

§ 6

Auf das Verfahren finden, soweit nicht etwas anderes bestimmt ist, die Vorschriften der Strafprozeßordnung und des Gerichtsverfassungsgesetzes entsprechende Anwendung.

. . .

§ 9

(1) Eine mündliche Verhandlung über den Haftbefehl findet nicht statt.

. . .

§ 12

(1) In die Anklageschrift sind die wesentlichen Ergebnisse der stattgehabten Ermittelungen aufzunehmen.

(2) Eines Beschlusses über die Eröffnung des Hauptverfahrens bedarf es nicht. An die Stelle des Antrags der Staatsanwaltschaft auf Eröffnung des Hauptverfahrens tritt der Antrag der Anklagebehörde auf Anordnung der Hauptverhandlung.

. . .

(4) Die Ladungsfrist (§ 217 der Strafprozeßordnung) beträgt drei Tage. Sie kann auf 24 Stunden herabgesetzt werden.

(5) Die in der Strafprozeßordnung an die Eröffnung des Hauptverfahrens geknüpften Wirkungen treten mit der Einreichung der Anklageschrift ein.

. . .

§ 16

(1) Gegen Entscheidungen der Sondergerichte ist kein Rechtsmittel zulässig.

(2) Über Anträge auf Wiederaufnahme des Verfahrens entscheidet die Strafkammer.

. . .

§ 19

Die Verordnung tritt mit dem zweiten Tage nach der Verkündung in Kraft.

Berlin, den 21. März 1933.

Der Reichskanzler
Adolf Hitler

Für den Reichsminister der Justiz
Der Stellvertreter des Reichskanzlers
von Papen

Hamburgisches

Justizverwaltungsblatt

Herausgegeben von der Landesjustizverwaltung und Strafvollzugsbehörde

Nr. 5 | Hamburg, den 15. Juli 1933 | 22. Jahrgang

Inhalt:

Bekämpfung der Herstellung und Verbreitung illegaler Druckschriften.

Die Machtstellung der Regierung der nationalen Erhebung im Reich und in den Ländern darf nicht darüber hinwegtäuschen, daß die Zersetzungstätigkeit marxistischer und kommunistischer Hetzer nach wie vor eine Gefährdung der öffentlichen Sicherheit bedeutet. Trotz der durchgreifenden Maßnahmen der Polizeibehörde werden immer noch in erheblichem Umfange illegale Druckschriften hergestellt und verbreitet.

Der hierin liegenden Gefahr wird seitens der Gerichte bei der Strafzumessung nicht immer genügend Rechnung getragen. Dies gilt in besonderem Maße für diejenigen politischen Strafsachen, in welchen es sich bei den hergestellten oder vertriebenen illegalen Druckschriften um solche hochverräterischer Natur handelt.

Ich weise deshalb die Staatsanwaltschaft mit allem Nachdruck darauf hin, in politischen Strafsachen, ganz besonders, wenn es sich um das Unternehmen oder die Vorbereitung zum Unternehmen des Hochverrats handelt, hohe Freiheitsstrafen zu beantragen, die grundsätzlich über die Mindeststrafe hinauszugehen haben. Des ferneren wird die Staatsanwaltschaft bei ihren mündlichen Ausführungen die Gerichte immer von neuem darauf hinzuweisen haben, daß nur durch schwere abschreckende Strafen das in der Herstellung und Verbreitung der illegalen Druckschriften liegende volksschädliche Treiben der marxistischen und kommunistischen Hetzer gebrochen werden kann. Die restlose Beseitigung dieser Umtriebe kann durch die Arbeit der Polizei nicht erreicht werden, wenn nicht auch seitens der Gerichte schwerere Strafen als bislang verhängt werden. Dabei werden grundsätzlich mildernde Umstände nicht daraus hergeleitet werden dürfen, daß der Angeklagte, wie es in vielen Sachen der Fall sein wird, eine vorgeschobene oder verleitete Person ist. Nur durch die rücksichtslose Bestrafung solcher Personen, die sich für diese Zwecke zur Verfügung stellen, wird die Tätigkeit der meist im Hintergrund wirkenden intellektuellen Urheber lahmgelegt werden können.

Hamburg, den 24. Juni 1933.

Der Präses der Landesjustizverwaltung.
Rothenberger Dr.

An den Herrn Generalstaatsanwalt.

Hamburgisches
Justizverwaltungsblatt
Herausgegeben von der Landesjustizverwaltung und Strafvollzugsbehörde

Nr. 6 | Hamburg, den 7. August 1933 | 22. Jahrgang

Inhalt:

Maßnahmen zur Bekämpfung von Sabotage des nationalsozialistischen Aufbaus.

Der Nationalsozialismus hat die totale Macht im totalen Staat errungen.

Der Führer als Reichskanzler hat erklärt, die deutsche Revolution sei beendet, und verlangt von jedem die Anspannung aller Kräfte im Sinne der Aufbauarbeit.

Die Aufgabe der Reichsregierung und der Landesregierungen, die in ihnen vereinigte totale Macht geistig und wirtschaftlich zu untermauern, wird auf das schwerste gefährdet, wenn weiterhin noch von einer Fortsetzung der Revolution oder von einer zweiten Revolution geredet wird. Derjenige, der jetzt noch so redet, muß sich darüber klar sein, daß er sich damit gegen den Führer selbst auflehnt und dementsprechend behandelt wird.

Jeder Versuch einer Sabotage der deutschen Revolution, wie er namentlich in unbefugten Eingriffen in die Wirtschaft und in Mißachtung von Anordnungen der Träger der Staatsautorität zu erblicken ist, muß mit den schärfsten Maßnahmen, gegen wen immer, geahndet werden.

Ich ordne demnach an, daß jeder Staatsanwalt sich diese Anordnung völlig zu eigen macht und ersuche, in jedem Falle einer Sabotage des nationalsozialistischen Aufbaus mit allem Nachdruck und in engster Fühlungnahme mit den zuständigen Behörden alle in Betracht kommenden Maßnahmen zur Behauptung der Staatsautorität zu ergreifen. Fälle einer Auflehnung gegen den Führer oder einer Sabotage des nationalsozialistischen Aufbaus sind — nötigenfalls unter vorübergehender Zurückstellung weniger wichtiger Strafsachen — mit größter Energie und Schnelligkeit zu bearbeiten. Die Straf- und Strafverfahrensvorschriften des geltenden Rechts bieten Handhaben, um jeden Versuch, die nationale Regierung und ihre Organe an der Verfolgung ihrer Ziele zu behindern oder ihnen entgegen zu arbeiten, aufs nachdrücklichste zu ahnden.

Wer den Anordnungen der nationalen Regierung zuwiderhandelt oder zu solcher Zuwiderhandlung auffordert oder anreizt, hat hohe Gefängnis- und Geldstrafe, unter Umständen Todes- oder Zuchthausstrafe und Vermögenseinziehung zu erwarten (vgl. z. B. § 4 der Verordnung zum Schutz von Volk und Staat vom 28. Februar 1933 [Reichsgesetzblatt I S. 83]; §§ 110, 111 StGB.).

. . .

Bei der Bearbeitung dieser Strafsachen dürfen die Staatsanwaltschaften nie außer acht lassen, daß es das Ziel dieser Verfahren ist, vorbehaltlos dem Schutz von Volk und Staat zu dienen und Personen, die sich als Provokateure oder Volksschädlinge zu erkennen gegeben haben, rückhaltlos und tatkräftig zu verfolgen. Es ist deshalb in diesen Strafsachen, soweit angängig, Anklage vor dem Sondergericht zu erheben und von der Stellung des Antrages auf Verweisung zum ordentlichen Verfahren grundsätzlich abzusehen. Darüber hinaus ist, soweit die Zuständigkeit des Sondergerichts auch im Wege des Sachzusammenhangs sich nicht begründen läßt, tunlichst Aburteilung im Schnellverfahren anzustreben (vgl. auch § 24 der Verordnung vom 4. Februar 1933).

Ich ersuche, die Dezernenten der Staatsanwaltschaft in geeigneter Weise auf diese Verfügung hinzuweisen.

Hamburg, den 28. Juli 1933.

Der Präses der Landesjustizverwaltung.
Rothenberger Dr.

An den Herrn Generalstaatsanwalt.

dann erneut eine zweite Kammer wegen der wachsenden Zahl der Anklagen beim Sondergericht eingerichtet.[21]

Sachlich waren die Sondergerichte zunächst für Verstöße gegen die »Verordnung des Reichspräsidenten zum Schutz von Volk und Staat« vom 28.2.1933 zuständig (§ 2 SonGerVO). Verstöße gegen diese sogenannte »Reichstagsbrandverordnung«, die zum Teil neue Straftatbestände geschaffen und zum Teil Tatbestände des Strafgesetzbuchs mit wesentlich schärferen Strafdrohungen belegt hatte, konnten nun mit Geld- bis hin zur Todesstrafe geahndet werden. Gemäß § 2 war das Sondergericht ferner für Verstöße gegen die »Verordnung zur Abwehr heimtückischer Angriffe gegen die Regierung der nationalen Erhebung« vom 21.3.1933 zuständig (sogenannte HeimtückeVO), die am 20.12.1934 durch das »Gesetz gegen heimtückische Angriffe auf Staat und Partei und zum Schutz der Parteiuniformen« (RGBl. I, S. 1269) erweitert wurde (sogenanntes Heimtücke-Gesetz). Durch eine Verordnung aus dem Jahre 1935 (RGBl. I, S. 1179) wurde das Sondergericht zudem für Verstöße gegen § 134 b StGB, der Beschimpfungen der NSDAP, ihrer Gliederungen, Hoheitszeichen etc. zum Gegenstand hatte, zuständig und im Jahre 1936 für Verstöße gegen § 134 a StGB, der öffentliche Beschimpfungen des Reiches unter Strafe stellte.

Auf Grund der Verordnung über die Erweiterung der Zuständigkeiten der Sondergerichte vom 20.11.1938 (RGBl. I, S. 1632) konnte die Staatsanwaltschaft dann nach ihrem Ermessen Verbrechen, die an sich nicht zur Zuständigkeit des Sondergerichtes gehörten, dort anklagen. Voraussetzung dafür war nur, daß der Staatsanwaltschaft mit Rücksicht auf die Schwere oder die Verwerflichkeit der Tat oder wegen der in der Öffentlichkeit hervorgerufenen Erregung eine sofortige Aburteilung durch das Sondergericht geboten erschien (§ 12 IV). Darüber hinaus war eine Abkürzung der Ladungsfrist auf 24 Stunden möglich. Gemäß § 19 der Verordnung über Maßnahmen auf dem Gebiete der Gerichtsverfassung und Rechtspflege vom 1.9.1939 (RGBl. I, S. 1658) konnte die Staatsanwaltschaft auch wegen Vergehen Anklage vor dem Sondergericht erheben, wenn sie der Auffassung war, daß durch die Tat die öffentliche Ordnung und Sicherheit besonders gefährdet war. Durch die VO über die Zuständigkeit der Strafgerichte, die Sondergerichte und sonstige strafverfahrensrechtliche Vorschriften vom 21.2.1940 (RGBl. I, S. 405) wurde einmal der ausschließliche Zuständigkeitsbereich der Sondergerichte erheblich erweitert (§ 13), zum anderen erhielt die Staatsanwaltschaft zusätzliche Möglichkeiten, nach ihrem Ermessen die Zuständigkeit des Sondergerichtes durch eine dortige Anklageerhebung zu begründen (§ 14).

Zum 1.7.1940 wurde ein zweites Sondergericht im Bezirk des Hanseatischen Oberlandesgerichtes beim Landgericht Bremen eingerichtet, das Hamburger Sondergericht wieder um eine 3. Kammer erweitert, und die Zahl der Mitglieder des Sondergerichtes erheblich verstärkt, um die erwarteten höheren Eingänge zügig erledigen zu können. Den Vorsitz in den drei Kammern des Sondergerichts führten nun in der Kammer I Amtsgerichtsrat Erich Möller, in der Kam-

21 Johe, Die gleichgeschaltete Justiz, a.a.O., S. 81 ff.

mer II Landgerichtsdirektor Becher und in der Kammer III Oberlandesgerichtsrat Haack, der spätere Generalstaatsanwalt.

Die Richterschaft des Sondergerichtes wurde zudem verjüngt und zwar vorwiegend durch solche Richter, die erst nach 1933 ihre Ausbildung beendet hatten und so durch die Schulungen der Partei und des NS-Rechtswahrerbundes gegangen waren. Man erwartete von ihnen – zu Recht, wie gezeigt werden wird –, daß sie gegenüber den Forderungen des NS-Regimes am ehesten gefügig sein würden.[22] Rothenberger wollte dabei völlig sicher gehen und beorderte an das Sondergericht nur Parteimitglieder; mit dieser Politik stand Hamburg allein und übte sich erneut in vorauseilendem Gehorsam.

Die ständige Erweiterung der Zuständigkeit des Sondergerichtes, insbesondere seit Kriegsbeginn, spiegelte sich hinsichtlich der bearbeiteten Verfahren auch in dem Zahlenverhältnis zwischen ordentlicher Justiz (Landgericht) und Sondergerichtsbarkeit wider. Von 1936 bis 1939 waren beim Landgericht Hamburg/Große Strafkammer 4269 Urteile ergangen, während das Sondergericht Hamburg 815 Urteile aufzuweisen hatte. In der Zeit von 1940 bis 1943 lautete das Zahlenverhältnis Landgericht zu Sondergericht: 2089 zu 1976 Urteile, wobei es sich nicht um eine stetig wachsende, sondern um eine explodierende Steigerung im Jahr 1943 handelte.[23] Für die weiteren Jahre liegen zwar Vergleichszahlen nicht vor, aber die erhaltenen Akten lassen den Schluß zu, daß das Zahlenverhältnis sich weiter noch zugunsten des Sondergerichtes verschoben hat.

1.8. Das gesunde Volksempfinden als Strafnorm: Gesetz zur Änderung des Strafgesetzbuches vom 28.6.1935, Gesetz zur Änderung von Vorschriften des Strafverfahrens und des Gerichtsverfassungsgesetzes vom 28.6.1935

Bereits am 23.3.1933 erklärte Hitler in der Kroll-Oper vor dem Reichstag: »Unser Rechtswesen muß in erster Linie der Erhaltung dieser Volksgemeinschaft dienen. Der Unabsetzbarkeit der Richter (!) auf der einen Seite muß die Elastizität der Urteilsfindung zum Zwecke der Erhaltung der Gesellschaft entsprechen. Nicht das Individuum kann der Mittelpunkt der gesetzlichen Sorge sein, sondern das Volk!«[24]

Die von Hitler geforderte Elastizität der Urteilsfindung wurde in dem neuen § 2 des Strafgesetzbuches nicht nur mit einer Aufhebung des Analogieverbotes, sondern mit der Einführung eines Analogiegebotes erfüllt. An die Stelle einer Subsumtion des Tatbestandes unter eine Strafnorm trat, wenn diese nicht gelang, die Umschau nach einer ähnlichen Norm.

In der Kommentierung von Kohlrausch/Lange[25] hieß es zu § 2 StGB unter Anm. II: »Der § 2 entbindet den Richter nicht vom Gesetz, sondern nur vom Wortlaut des Gesetzes. An den ›Grundgedanken‹ des Gesetzes bleibt er gebunden«. Was der »Grundgedanke« mindestens umfassen muß, war der Kommentierung nicht zu entnehmen – abgesehen von solchen Definitionen wie in Anm.

22 Ebenda, S. 84 f.
23 Ebenda, S. 92.
24 Verhandlungen des Reichstages, Bd. 547, Sitzung vom 23.3.1933.
25 Kohlrausch/Lange, Kommentar zum Strafgesetzbuch, 38. Aufl., München 1944.

Reichsgesetzblatt

Teil I

1935	Ausgegeben zu Berlin, den 5. Juli 1935	Nr. 70

Gesetz zur Änderung des Strafgesetzbuchs.

Vom 28. Juni 1935.

Die Reichsregierung hat das folgende Gesetz beschlossen, das hiermit verkündet wird:

Artikel 1

Rechtsschöpfung durch entsprechende Anwendung der Strafgesetze

Die §§ 2 und 2a des Strafgesetzbuchs erhalten folgende Fassung:

§ 2

Bestraft wird, wer eine Tat begeht, die das Gesetz für strafbar erklärt oder die nach dem Grundgedanken eines Strafgesetzes und nach gesundem Volksempfinden Bestrafung verdient. Findet auf die Tat kein bestimmtes Strafgesetz unmittelbar Anwendung, so wird die Tat nach dem Gesetz bestraft, dessen Grundgedanke auf sie am besten zutrifft.

. . .

Artikel 2

Verhütung ungerechter Freisprechungen durch Zulassung der Wahlfeststellung

Hinter § 2a des Strafgesetzbuchs wird als § 2b folgende Vorschrift eingefügt:

§ 2b

Steht fest, daß jemand gegen eines von mehreren Strafgesetzen verstoßen hat, ist aber eine Tatfeststellung nur wahlweise möglich, so ist der Täter aus dem mildesten Gesetz zu bestrafen.

. . .

Dieses Gesetz tritt am 1. September 1935 in Kraft.

Berlin, den 28. Juni 1935.

Der Führer und Reichskanzler
Adolf Hitler

Der Reichsminister der Justiz
Dr. Gürtner

Gesetz zur Änderung von Vorschriften des Strafverfahrens und des Gerichtsverfassungsgesetzes.

Vom 28. Juni 1935.

Die Reichsregierung hat das folgende Gesetz beschlossen, das hiermit verkündet wird:

Artikel 1

Freiere Stellung des Richters

1. Rechtsschöpfung durch entsprechende Anwendung der Strafgesetze

a) In die Strafprozeßordnung werden als § 170a und als § 267a folgende Vorschriften eingefügt:

§ 170a

Ist eine Tat, die nach gesundem Volksempfinden Bestrafung verdient, im Gesetz nicht für strafbar erklärt, so hat die Staatsanwaltschaft zu prüfen, ob auf die Tat der Grundgedanke eines Strafgesetzes zutrifft und ob durch entsprechende Anwendung dieses Strafgesetzes der Gerechtigkeit zum Siege verholfen werden kann (§ 2 des Strafgesetzbuchs).

§ 267a

Ergibt die Hauptverhandlung, daß der Angeklagte eine Tat begangen hat, die nach gesundem Volksempfinden Bestrafung verdient, die aber im Gesetz nicht für strafbar erklärt ist, so hat das Gericht zu prüfen, ob auf die Tat der Grundgedanke eines Strafgesetzes zutrifft und ob durch entsprechende Anwendung dieses Strafgesetzes der Gerechtigkeit zum Siege verholfen werden kann (§ 2 des Strafgesetzbuchs).

. . .

7. Dieses Gesetz tritt am 1. September 1935 in Kraft.

Berlin, den 28. Juni 1935.

Der Führer und Reichskanzler
Adolf Hitler

Der Reichsminister der Justiz
Dr. Gürtner

IV: »Grundgedanke eines Strafgesetzes ist derjenige, aus dem es abgeleitet ist«. Hier half auch die dort zitierte Entscheidung des Reichsgerichtes nicht weiter, in der es hieß: »Der seit 1933 eingetretene Wandel in der Auffassung von Recht und Staat entbindet den Richter, vor allem den Strafrichter, nicht von der Treue gegenüber dem Gesetz ... Der Satz ›Keine Strafe ohne Gesetz‹ gilt also nach wie vor, wenn auch wesentlich aufgelockert«.[26] Die Suche nach einer vergleichbaren Norm war natürlich nur dann geboten, wenn der »Täter« nach gesundem Volksempfinden Strafe verdiente. Der Versuch, im Kommentar von Kohlrausch/Lange eine, wenn auch abstruse, aber immerhin verstehbare Definition der »Strafwürdigkeit nach gesundem Volksempfinden« zu finden, war vergeblich. Am konkretesten war noch das Gürtner-Zitat: »In dem gesunden Volksempfinden verkörpert sich uns das Rechtsgewissen des Volkes«.

Damit auch der Staatsanwalt im Ermittlungsverfahren und der Richter in der Hauptverhandlung jederzeit an dieses wichtige Analogiegebot dachten, wurden die §§ 170a und 267a in die Strafprozeßordnung eingefügt. Vor einer unmittelbaren Anwendung des § 2 StGB in der Praxis schreckten die Staatsanwaltschaften und Gerichte allerdings dennoch meistens zurück.

2. »Deutschland steht im Kampf um Ehre und Recht«: 1.9.1939 bis 25.4.1942

2.1. Das Kriegsstrafrecht lag schon bereit

War schon die Zeit vom 30.1.1933 bis zum 1.9.1939 durch die »Unrechts-Gesetzgebung« und die Rechtsprechung der Sondergerichte und des Volksgerichtshofes nicht gerade von Rechtsstaatlichkeit geprägt, so zeigte sich bereits bei Beginn des Krieges, mit welcher Verachtung das Regime dem Einzelnen nun gegenübertrat, der tatsächlich oder angeblich den hehren Kriegszielen im Wege stand. »Zur rücksichtslosen Bekämpfung dieser ›Volksschädlinge‹«, wurden Richter und Staatsanwälte von Freisler aufgerufen, »zu scharf zupackender Entschlossenheit und äußerster Strenge«. Ihnen wurde hierzu ein Instrumentarium in die Hand gegeben, das das bestehende Recht durch zusätzliche Tatbestände ergänzte, zum Beispiel durch die Verordnung über außerordentliche Rundfunkmaßnahmen vom 1.9.1939 (RGBl. I, 1683), die das absichtliche Abhören ausländischer Sender und das Verbreiten dieser Nachrichten, wenn sie geeignet waren, die Widerstandskraft zu gefährden, unter Strafe stellte. Die Strafen reichten von Gefängnis- bis zur Todesstrafe.

Andere Gesetze oder Verordnungen veränderten ebenfalls im Sinne einer erheblichen Verschärfung bestehendes Recht, so zum Beispiel die bereits genannte Verordnung gegen Volksschädlinge vom 5.9.1939 (RGBl. I, S. 1679), deren § 1 aus einem Notdiebstahl des § 248a StGB, der mit einer Höchststrafe von 3 Monaten Gefängnis bedroht war, einen Plünderungsfall mit zwingend vorgeschriebener Todesstrafe machen konnte. Auch wer unter Ausnutzung zum Beispiel der Verdunklung wegen Fliegergefahr eine im Höchstfall mit 3 Jahren Gefängnis

26 Entscheidungen des Reichsgerichts in Strafsachen (RGSt), Bd. 73, S. 398.

Reichsgesetzblatt

Teil I

1939	Ausgegeben zu Berlin, den 6. September 1939	Nr. 168

Inhalt

Verordnung gegen Volksschädlinge.

Vom 5. September 1939.

Der Ministerrat für die Reichsverteidigung verordnet mit Gesetzeskraft:

§ 1

Plünderung im frei gemachten Gebiet

(1) Wer im frei gemachten Gebiet oder in freiwillig geräumten Gebäuden oder Räumen plündert, wird mit dem Tode bestraft.

(2) Die Aburteilung erfolgt, soweit nicht die Feldkriegsgerichte zuständig sind, durch die Sondergerichte.

(3) Die Todesstrafe kann durch Erhängen vollzogen werden.

§ 2

Verbrechen bei Fliegergefahr

Wer unter Ausnutzung der zur Abwehr von Fliegergefahr getroffenen Maßnahmen ein Verbrechen oder Vergehen gegen Leib, Leben oder Eigentum begeht, wird mit Zuchthaus bis zu 15 Jahren oder mit lebenslangem Zuchthaus, in besonders schweren Fällen mit dem Tode bestraft.

§ 3

Gemeingefährliche Verbrechen

Wer eine Brandstiftung oder ein sonstiges gemeingefährliches Verbrechen begeht und dadurch die Widerstandskraft des deutschen Volkes schädigt, wird mit dem Tode bestraft.

§ 4

Ausnutzung des Kriegszustandes als Strafschärfung

Wer vorsätzlich unter Ausnutzung der durch den Kriegszustand verursachten außergewöhnlichen Verhältnisse eine sonstige Straftat begeht, wird unter Überschreitung des regelmäßigen Strafrahmens mit Zuchthaus bis zu 15 Jahren, mit lebenslangem Zuchthaus oder mit dem Tode bestraft, wenn dies das gesunde Volksempfinden wegen der besonderen Verwerflichkeit der Straftat erfordert.

§ 5

Beschleunigung des sondergerichtlichen Verfahrens

In allen Verfahren vor den Sondergerichten muß die Aburteilung sofort ohne Einhaltung von Fristen erfolgen, wenn der Täter auf frischer Tat betroffen ist oder sonst seine Schuld offen zutage liegt.

§ 6

Geltungsbereich

Die Vorschriften dieser Verordnung gelten auch im Protektorat Böhmen und Mähren, und zwar auch für Personen, die nicht deutsche Staatsangehörige sind.

§ 7

Schlußbestimmungen

Der Reichsminister der Justiz erläßt die zur Durchführung und Ergänzung dieser Verordnung erforderlichen Rechts- und Verwaltungsvorschriften.

Berlin, den 5. September 1939.

Der Vorsitzende
des Ministerrats für die Reichsverteidigung
Göring
Generalfeldmarschall

Der Generalbevollmächtigte für die Reichsverwaltung
Frick

Der Reichsminister und Chef der Reichskanzlei
Dr. Lammers

Herausgegeben vom Reichsministerium des Innern. — Gedruckt in der Reichsdruckerei, Berlin.

Reichsgesetzbl. 1939 I 426

Der Reichsminister der Justiz

9133/2 - III a4 1081.39

Berlin W 8, den 12. September 1939
Wilhelmstraße 65

Fernsprecher:
Ortsverkehr 11 00 44
Fernverkehr 11 65 16

An

die Herren Oberlandesgerichtspräsidenten
und Generalstaatsanwälte
bei den Oberlandesgerichten

Nachrichtlich

a) den Herren Präsidenten des Reichsgerichts und des Volksgerichtshofs

b) den Herren Oberreichsanwälten beim Reichsgericht und beim Volksgerichtshof.

... Überstücke für die Landesgerichtspräsidenten und Oberstaatsanwälte.

Betrifft: Behandlung von Strafverfahren auf Grund der VO. gegen Volksschädlinge vom 5. September 1939 -(RGBl.I S.1679)-.

Deutschland steht im Kampf um Ehre und Recht.

Vorbild der Pflichterfüllung ist für jeden Deutschen heute mehr denn je der deutsche Soldat.

Wer, statt ihm nachzuleben, am Volk sich versündigt, hat keinen Platz mehr in unserer Gemeinschaft.

Zur rücksichtslosen Bekämpfung dieser Volksschädlinge hat der Ministerrat für die Reichsverteidigung die erforderlichen gesetzlichen Grundlagen geschaffen.

Von allen Richtern und Staatsanwälten erwarte ich, dass sie die Verordnung mit derselben rücksichtslosen, schnellen scharf zupackenden Entschlossenheit und Tatkraft anwenden, mit der sie erlassen wurde.

Nichtanwendung äusserster Strenge gegenüber solchen Schädlingen wäre Verrat am kämpfenden deutschen Soldaten !

Alle Beteiligten müssen zudem mitwirken, dass Tat, Anklage, Hauptverhandlung, Urteil und Vollstreckung einander auf dem Fusse folgen.

Allen beteiligten Richtern und Staatsanwälten ist diese Verfügung sofort zuzuleiten.

Jn Vertretung
gez. Dr. Freisler

Reichsjustizministerium
Ministerialkanzlei

Beglaubigt
[Unterschrift]
als Ministerialkanzleiobersekretär

bewehrte leichte Körperverletzung beging, konnte mit dem Tode bestraft werden (§ 2 der VVO). »Sonstige« Straftaten konnten gemäß § 4 mit Zuchthaus bis zu 15 Jahren, lebenslangem Zuchthaus oder, wenn »das gesunde Volksempfinden« es erforderte, mit dem Tode geahndet werden, wenn sie nur unter Ausnutzung des Kriegszustandes begangen worden waren. Mit dieser Verordnung, insbesondere mit seinem § 4, hatte der Ministerrat für die Reichsverteidigung für die Dauer des Krieges neben das Strafgesetzbuch mit seinen Normen und Strafandrohungen eine Art »Kriegsstrafgesetzbuch« mit in erster Linie verschärften Strafdrohungen gestellt.

Dieses »Kriegsstrafgesetzbuch« ist allerdings nicht zu verwechseln mit der »Verordnung über das Sonderstrafrecht im Kriege und bei besonderem Einsatz« vom 17. August 1938 (RGBl. I, 1455), das die Sondertatbestände der Spionage, der Freischärlerei und der Zersetzung der Wehrkraft sowie der Zuwiderhandlungen gegen die von den Befehlshabern im besetzten ausländischen Gebiet erlassenen Verordnungen regelte.

Zu den Schubladengesetzen gehörte auch die Kriegswirtschaftsverordnung (KWVO) vom 4.9.1939 (RGBl. I, 147) mit der sogenannte »Kriegsschieber« belangt werden sollten, die zur Versorgung der Bevölkerung wichtige Rohstoffe oder Erzeugnisse hamsterten und sie damit dem allgemeinen Bedarf entzogen. Unter die KWVO fielen im weiteren Kriegsverlauf aber auch die weit verbreiteten Schwarzschlachtungen, so daß sogar derjenige, der sein eigenes Schwein ohne Genehmigung, also »schwarz« geschlachtet hatte, mit dem Tode bestraft werden konnte. Die Strafdrohung lautete nämlich: »... Zuchthaus oder Gefängnis. In besonders schweren Fällen kann auf Todesstrafe erkannt werden.«

Eine weitere Verschärfung der Strafandrohung gegenüber den Vorschriften des Strafgesetzbuchs brachte die Verordnung gegen Gewaltverbrecher vom 5.12.1939 (RGBl. I, S. 2378). Sie stellte zwingend unter Todesstrafe, wer bei einer Notzucht, einem Straßenraub, Bankraub oder einer anderen schweren Gewalttat Schuß-, Hieb- oder Stoßwaffen oder andere gleich gefährliche Mittel anwendete oder mit einer Waffe einen anderen an Leib oder Leben bedrohte. Daß bereits die bloßen Hände als anderes gleich gefährliches Mittel vom Sondergericht Hamburg angesehen wurde, ist oben bereits gezeigt worden. Das Prinzip der unbegrenzten Auslegung bot Anwendungsmöglichkeiten, die hemmungslos genutzt wurden. Gemäß § 5 galt die VO – unter Brechung des rechtsstaatlichen Grundsatzes nulla poena sine lege (keine Strafe ohne Gesetz) – mit rückwirkender Kraft. Von der rückwirkenden Anwendung konnte nach der Durchführungsverordnung vom 28.12.1939 (RGBl. I, S. 17) abgesehen werden, wenn die Straftat vor dem 1.9.1939 begangen worden war.

Ein solches Rückwirkungsgebot enthielt ebenfalls die Verordnung zum Schutz gegen jugendliche Gewaltverbrecher vom 4.10.1939 (RGBl. I, S. 2000), nach der die Anklage gegen einen Jugendlichen, der bei Begehung der Straftat über 16 (!) Jahre alt war, vor dem Gericht erhoben werden konnte, das für Erwachsene zuständig war, also auch vor dem Sondergericht. Bei der Strafzumessung mußte er wie ein Erwachsener behandelt werden, wenn er nach seiner Entwicklung einem 18jährigen gleichzusetzen war und wenn die besondere verwerfliche Gesinnung oder der Schutz des Volkes eine solche Bestrafung erforderten.

Von grenzenloser Maßlosigkeit war zudem die Verordnung zum Schutz der Metallsammlung des deutschen Volkes vom 29.3.1940 (RGBl. I, S. 565) in ihrer propagandistischen Formulierung und dem totalen Mißverhältnis zwischen geschütztem Rechtsgut und Strafdrohung: »Die Metallsammlung ist ein Opfer des deutschen Volkes für das Durchhalten in dem ihm aufgezwungenen Lebenskampf. Wer sich an gesammmeltem ... Metall ... bereichert ... schädigt den großdeutschen Freiheitskampf und wird daher mit dem Tode bestraft«. Die VO trat durch Verkündung im Rundfunk in Kraft!

Schon diese Beispiele zeigen, in welchem Maße das Regime die Justiz zur Durchsetzung seiner Kriegsziele mißbrauchte und die eigene Bevölkerung vergewaltigte.

2.2. Siegerjustiz über den inneren und äußeren Feind: Verordnung über die Strafrechtspflege gegen Polen und Juden in den eingegliederten Ostgebieten vom 4.12.1941

Nach dem Überfall auf die Sowjetunion eskalierte die Unrechtssetzung weiter. Für Polen und Juden aus Danzig-Westpreußen, dem Gebiet um Lodz und Ost-Oberschlesien, für die nach der Eingliederung das deutsche Recht bzw. Unrecht galt, wurde unter rassischen Vorzeichen das Sonderrecht der Polenstrafrechtsverordnung (RGBl. I, S. 759) vom 4.12.1941 geschaffen. Die volle Bezeichnung der Verordnung war insofern irreführend, als sie nicht nur für Polen und Juden »in den eingegliederten Ostgebieten«, sondern gemäß Art. IV für alle Polen und Juden galt, die ihren Wohnsitz am 1.9.1939 im ehemaligen Polen und Straftaten im Reichsgebiet begangen hatten. Art. XIV in Verbindung mit Art. V begründete die Anwendbarkeit der VO und die sachliche Zuständigkeit der Sondergerichte für alle nach Deutschland zur Zwangsarbeit verschleppten polnischen Fremdarbeiter. So hat auch das Hamburger Sondergericht mehrfach Polen aufgrund der PolenstrafrechtsVO zum Tode verurteilt.[27]

Art. I der VO, der das sachliche Strafrecht regelte, stellte beinahe jede Äußerung oder Handlung gegen Deutsche oder deutsche Behörden unter Strafe. Polen und Juden sollten mit dem Tode bestraft werden, wenn sie eine Gewalttat gegen einen Deutschen wegen seiner Zugehörigkeit zum deutschen Volkstum begingen. Sie wurden mit dem Tode oder in minder schweren Fällen mit Freiheitsstrafe bestraft, wenn sie zum Beispiel Einrichtungen der deutschen Behörden oder Dienststellen oder Sachen, die deren Arbeit oder dem öffentlichen Nutzen dienen, vorsätzlich beschädigten. Waren sie im Besitz irgendwelcher Waffen, Munition, Sprengmittel oder sonstigem Kriegsgerät, oder hatten sie nur Kenntnis davon, daß ein Pole oder Jude solche Gegenstände im Besitz hatte und erstatteten sie keine Anzeige, wurden sie mit dem Tode, in minder schweren Fällen mit Freiheitsstrafe bestraft, was nach Art. III, Ziff. 1 Straflager von 3 Monaten bis 10 Jahren, in schweren Fällen verschärftes Straflager von 2 bis 15 Jahren bedeutete.

Die Staatsanwaltschaft sollte nur dann Anklage erheben, wenn sie es im öffentlichen Interesse für geboten hielt. Es stand in ihrem Ermessen, ob die

27 Vgl. zum Beispiel das Urteil der Kammer 3 des Hanseatischen Sondergerichts vom 17.8.1943, 11 Js V. Sond. 6286/43 (Rep.-Nr. 5555/44).

Reichsgesetzblatt

Teil I

1941	Ausgegeben zu Berlin, den 16. Dezember 1941	Nr. 140

Verordnung über die Strafrechtspflege gegen Polen und Juden in den eingegliederten Ostgebieten.

Vom 4. Dezember 1941.

Der Ministerrat für die Reichsverteidigung verordnet mit Gesetzeskraft:

1. Sachliches Strafrecht

I.

(1) Polen und Juden haben sich in den eingegliederten Ostgebieten entsprechend den deutschen Gesetzen und den für sie ergangenen Anordnungen der deutschen Behörden zu verhalten. Sie haben alles zu unterlassen, was der Hoheit des Deutschen Reiches und dem Ansehen des deutschen Volkes abträglich ist.

(2) Sie werden mit dem Tode bestraft, wenn sie gegen einen Deutschen wegen seiner Zugehörigkeit zum deutschen Volkstum eine Gewalttat begehen.

(3) Sie werden mit dem Tode, in minder schweren Fällen mit Freiheitsstrafe bestraft, wenn sie durch gehässige oder hetzerische Betätigung eine deutschfeindliche Gesinnung bekunden, insbesondere deutschfeindliche Äußerungen machen oder öffentliche Anschläge deutscher Behörden oder Dienststellen abreißen oder beschädigen, oder wenn sie durch ihr sonstiges Verhalten das Ansehen oder das Wohl des Deutschen Reiches oder des deutschen Volkes herabsetzen oder schädigen.

(4) Sie werden mit dem Tode, in minder schweren Fällen mit Freiheitsstrafe bestraft,

1. wenn sie gegen einen Angehörigen der deutschen Wehrmacht oder ihres Gefolges, der deutschen Polizei einschließlich ihrer Hilfskräfte, des Reichsarbeitsdienstes, einer deutschen Behörde oder einer Dienststelle oder Gliederung der NSDAP eine Gewalttat begehen;
2. wenn sie Einrichtungen der deutschen Behörden oder Dienststellen oder Sachen, die deren Arbeit oder dem öffentlichen Nutzen dienen, vorsätzlich beschädigen;
3. wenn sie zum Ungehorsam gegen eine von den deutschen Behörden erlassene Verordnung oder Anordnung auffordern oder anreizen;
4. wenn sie die Begehung einer nach Abs. 2, 3 und 4 Nrn. 1 bis 3 strafbaren Handlung verabreden, in eine ernsthafte Verhandlung darüber eintreten, sich zu ihrer Begehung erbieten oder ein solches Anerbieten annehmen oder wenn sie von einer solchen Tat oder ihrem Vorhaben zu einer Zeit, zu der die Gefahr noch abgewendet werden kann, glaubhafte Kenntnis erhalten und es unterlassen, der Behörde oder dem Bedrohten rechtzeitig Anzeige zu erstatten;
5. wenn sie im unerlaubten Besitz einer Schußwaffe, einer Handgranate, einer Hieb- oder Stoßwaffe, von Sprengmitteln, Munition oder sonstigem Kriegsgerät betroffen werden oder wenn sie glaubhafte Kenntnis davon erhalten, daß ein Pole oder Jude sich im unerlaubten Besitz eines solchen Gegenstands befindet, und es unterlassen, der Behörde unverzüglich Anzeige zu erstatten.

II.

Polen und Juden werden auch bestraft, wenn sie gegen die deutschen Strafgesetze verstoßen oder eine Tat begehen, die gemäß dem Grundgedanken eines deutschen Strafgesetzes nach den in den eingegliederten Ostgebieten bestehenden Staatsnotwendigkeiten Strafe verdient.

III.

(1) Als Strafen werden gegen Polen und Juden Freiheitsstrafe, Geldstrafe oder Vermögenseinziehung verhängt. Freiheitsstrafe ist Straflager von drei Monaten bis zu zehn Jahren. In schweren Fällen ist Freiheitsstrafe verschärftes Straflager von zwei bis zu fünfzehn Jahren.

(2) Auf Todesstrafe wird erkannt, wo das Gesetz sie androht. Auch da, wo das Gesetz Todesstrafe nicht vorsieht, wird sie verhängt, wenn die Tat von besonders niedriger Gesinnung zeugt oder aus anderen Gründen besonders schwer ist; in diesen Fällen ist Todesstrafe auch gegen jugendliche Schwerverbrecher zulässig.

(3) Die in einem deutschen Strafgesetz bestimmte Mindestdauer einer Strafe und eine zwingend vorgeschriebene Strafe dürfen nicht unterschritten werden, es sei denn, daß sich die Straftat ausschließlich gegen das eigene Volkstum des Täters richtet.

(4) An Stelle einer nicht beitreibbaren Geldstrafe tritt Straflager von einer Woche bis zu einem Jahr.

2. Strafverfahren

IV.

Der Staatsanwalt verfolgt Straftaten von Polen und Juden, deren Ahndung er im öffentlichen Interesse für geboten hält.

V.

(1) Abgeurteilt werden Polen und Juden von dem Sondergericht oder dem Amtsrichter.

(2) Der Staatsanwalt kann die Anklage in allen Sachen vor dem Sondergericht erheben. Er kann die Anklage vor dem Amtsrichter erheben, wenn keine schwerere Strafe als fünf Jahre Straflager oder drei Jahre verschärftes Straflager zu erwarten ist.

(3) Die Zuständigkeit des Volksgerichtshofs bleibt unberührt.

VI.

(1) Jedes Urteil ist sofort vollstreckbar; jedoch kann der Staatsanwalt gegen Urteile des Amtsrichters Berufung an das Oberlandesgericht einlegen. Die Berufungsfrist beträgt zwei Wochen.

(2) Auch das Beschwerderecht steht allein dem Staatsanwalt zu; über die Beschwerde entscheidet das Oberlandesgericht.

VII.

Polen und Juden können deutsche Richter nicht als befangen ablehnen.

VIII.

(1) Verhaftung und vorläufige Festnahme sind stets zulässig, wenn dringender Tatverdacht vorliegt.

(2) Im Vorverfahren kann auch der Staatsanwalt die Verhaftung und die sonst zulässigen Zwangsmittel anordnen.

IX.

Polen und Juden werden im Strafverfahren als Zeugen nicht beeidigt; auf eine unwahre uneidliche Aussage vor Gericht finden die Vorschriften über Meineid und Falscheid sinngemäß Anwendung.

X.

(1) Die Wiederaufnahme des Verfahrens kann nur der Staatsanwalt beantragen. Über Anträge auf Wiederaufnahme des Verfahrens gegen ein Urteil des Sondergerichts entscheidet dieses.

(2) Die Nichtigkeitsbeschwerde steht dem Generalstaatsanwalt zu; über sie entscheidet das Oberlandesgericht.

XI.

Polen und Juden können weder Privatklage noch Nebenklage erheben.

XII.

Gericht und Staatsanwalt gestalten das Verfahren auf der Grundlage des deutschen Strafverfahrensrechts nach pflichtgemäßem Ermessen. Sie können von Vorschriften des Gerichtsverfassungsgesetzes und des Reichsstrafverfahrensrechts abweichen, wo dies zur schnellen und nachdrücklichen Durchführung des Verfahrens zweckmäßig ist.

3. Standgerichtliches Verfahren

XIII.

(1) Der Reichsstatthalter (Oberpräsident) kann in den eingegliederten Ostgebieten mit Zustimmung des Reichsministers des Innern und des Reichsministers der Justiz für seinen Verwaltungsbereich oder einzelne Teile davon anordnen, daß Polen und Juden wegen schwerer Ausschreitungen gegen Deutsche sowie wegen anderer Straftaten, die das deutsche Aufbauwerk ernstlich gefährden, bis auf weiteres von Standgerichten abgeurteilt werden können.

(2) Als Strafe wird von den Standgerichten die Todesstrafe verhängt. Die Standgerichte können auch von Strafe absehen und statt dessen die Überweisung an die Geheime Staatspolizei aussprechen.

(3) Das Nähere über die Besetzung der Standgerichte und ihr Verfahren regelt der Reichsstatthalter (Oberpräsident) mit Zustimmung des Reichsministers des Innern.

4. Ausdehnung des Geltungsbereichs

XIV.

(1) Die Vorschriften der Ziffern I bis IV dieser Verordnung gelten auch für Polen und Juden, die am 1. September 1939 im Gebiet des ehemaligen polnischen Staates ihren Wohnsitz oder ständigen Aufenthalt gehabt und die Straftat in einem anderen Gebiet des Deutschen Reiches als in den eingegliederten Ostgebieten begangen haben.

(2) Örtlich zuständig ist auch das Gericht des damaligen Wohnsitzes oder Aufenthaltsorts; für dieses gelten auch die Vorschriften der Ziffern V bis XII.

(3) Abs. 1 und 2 gelten nicht für Straftaten, die von den Gerichten des Generalgouvernements abgeurteilt werden.

5. Schlußvorschriften

XV.

Polen im Sinne der Verordnung sind Schutzangehörige und Staatenlose polnischen Volkstums.

...

Anklage vor dem Sondergericht oder dem Amtsgericht erhoben wurde. Das Berufungs- und Beschwerderecht stand allein der Staatsanwaltschaft zu. Die Angeklagten konnten Richter nicht wegen Befangenheit ablehnen. Auch das Recht, eine Wiederaufnahme des Verfahrens zu beantragen, lag allein bei der Staatsanwaltschaft (Nr. IV-XII der VO). Gemäß der Ergänzungsverordnung vom 31.1.1942 (RGBl. I, S. 52) konnte die Polenstrafrechtsverordnung auch rückwirkend angewandt werden.

2.3. Eine vergessene Diskriminierungsmaßnahme: Die Hamburger Justiz und das Armenrecht für Juden

Man tat sich sehr schwer, als im Januar 1942 »die Frage des Armenrechtes für Juden wieder akut geworden war«. Oberlandesgerichtspräsident Rothenberger, der sich weiterhin mit »Herr Senator« anreden ließ, war strikt dagegen, daß den Juden noch Armenrecht bewilligt werde. Er bezweifelte sogar, daß den Juden ein materieller Anspruch zustehen könnte. Die »gewissen Bedenken« des Herrn Landgerichtspräsidenten Korn beruhten einerseits auf einer korrekten rechtspositivistischen Ableitung und andererseits hatte er auch tatsächlich Recht. Was war bis zum Januar 1942 bezüglich der Juden alles geregelt worden? Bis zum Erlaß der Nürnberger Gesetze am 15.9.1935 waren es mindestens 637 Gesetze, Verordnungen, Erlasse, Allgemeinverfügungen etc. des Reiches, der Länder und Gemeinden; bis zum 9.11.1938, dem Tag der »Reichskristallnacht«, kamen mindestens 582 hinzu und bis zum 23.1.1942, dem Tag des Gespräches zwischen Rothenberger, Amtsgerichtsdirektor Dr. Schwarz, Landgerichtspräsident Korn und Oberlandesgerichtsrat Dr. Prieß, waren weitere 301 antijüdische Gesetze, Verordnungen etc. ergangen. Insgesamt waren es bis zu diesem Zeitpunkt 1520 Diskriminierungsmaßnahmen.[28]

Nur eine Regelung über den Entzug des Anspruchs von Juden auf Gewährung von Armenrecht war nicht getroffen worden. Am 2.2.1942 fand eine Zivilrichterbesprechung über diese gravierende Problematik unter Leitung des Amtsgerichtspräsidenten Dr. Segelken statt, in der vergeblich nach einem allgemeinen Rechtsgrundsatz gesucht wurde, auf Grund dessen den Juden das Armenrecht verweigert werden könnte. Man einigte sich daher darauf, es »einstweilen« bei den Richtlinien der beteiligten Reichsminster vom 5.1.1939 zu belassen, nach denen grundsätzlich den Juden das Armenrecht zu gewähren war. Bei der Prüfung der Voraussetzungen seien aber »schärfste Anforderungen« zu stellen.

Am 20. Mai 1942 hatten sich dann die Direktoren der zivilrechtlichen Kammern des Landgerichtes darauf geeinigt, daß Juden das Armenrecht grundsätzlich nicht gewährt werden könne, weil sie Angehörige eines Volkes seien, »das der erklärte Todfeind des Deutschen Reiches ist«. Die Mittel für die Inanspruchnahme der jüdischen Konsulenten »mag notfalls die jüdische Gemeinde aufbringen«.

Eine Rechtsgrundlage, die den Juden den Anspruch auf das Armenrecht entzogen hätte, gab es jedoch immer noch nicht.

28 Vgl. Joseph Walk, Das Sonderrecht für die Juden im NS-Staat, Heidelberg 1981.

N i e d e r s c h r i f t
über eine Besprechung am 23. Januar 1942.

...

II.

Anwesend: Senator Dr. R o t h e n b e r g e r,
Amtsgerichtsdirektor Dr. S c h w a r z,
Landgerichtspräsident K o r n,
Oberlandesgerichtsrat Dr. F. P r i e ß.

Herr Senator trug vor, dass die Frage des Armenrechtes für die Juden wieder akut geworden sei. Es schwebten beim Landgericht 2 Fälle. Er bäte, sofort beim Landgericht und Amtsgericht mit den Richtern Fühlung zu nehmen, dass eine einheitliche Linie dahin befolgt würde, dass das Armenrecht für Juden abgelehnt würde. Es sei völlig untragbar, dass nach der jetzigen Entwicklung noch Juden das Armenrecht bewilligt werde. Dieses gelte insbesondere für evakuierte Juden, aber nach seiner Auffassung auch für nicht evakuierte Juden. Dabei sei zu prüfen, ob überhaupt für den Juden noch ein materieller Anspruch bejaht werden könne. In dieser Frage möge allerdings gewisse Zurückhaltung noch geboten sein.

LGPräs. Korn hatte gegen die Verweigerung gewisse Bedenken, weil sie bisher einer gesetzlichen Grundlage entbehre.

Hamburg, den 27. Januar 1942.

Hamburg, den 2. Februar 1942.

V e r m e r k
über eine Zivilrichter-Besprechung
vom 2. Januar 1942.

Über die Frage, ob einem Juden jetzt noch das Armenrecht bewilligt werden kann, hat heute eine gemeinschaftliche Besprechung aller Zivilrichter des Amtsgerichtes Hamburg unter Leitung des Unterzeichneten stattgefunden.

Nach einem Bericht von Herrn Amtsgerichtsdirektor Dr. G r a a b ist in der allgemeinen Aussprache volle Einmütigkeit in folgenden Punkten erzielt worden:

1. Ein allgemeiner Rechtsgrundsatz des Inhalts, dass den noch im Reichsgebiet verbliebenen Juden in keinem Falle die Wohltat des Armenrechts zugebilligt werden könne, lässt sich gegenwärtig weder aus der bisherigen Judengesetzgebung noch aus der darin festgelegten rechtlichen Stellung dieser Juden gewinnen. Vielmehr zeigt die zwar planmässig, aber nur in bestimmten Stufen vor sich gehende Ausschaltung der Juden aus dem deutschen Volksleben, dass der Gesetzgeber den Ausschluss der Juden von der Inanspruchnahme deutscher Rechtseinrichtungen bislang nicht ins Auge gefasst hat ...

2. Deshalb wird es einstweiligen bei den einschlägigen Richtlinien sein Bewenden behalten müssen, die in einer kommissarischen Beratung der beteiligten Reichsminister vom 5. Januar 1939 aufgestellt worden sind und die unter Ziffer IV 1 besagen:

   »Da den Juden nach dem zu I Bemerkten die Möglichkeit, ihre Ansprüche vor Gericht durchzusetzen, nicht entzogen werden kann, sind sie auch, soweit die Voraussetzungen dafür gegeben sind, zum Armenrecht zuzulassen. Soweit die Rechtsprechung für Staatsfeinde und jüdische Emigranten eine Ausnahme anerkennt, steht ihr der vorangestellte Grundsatz selbstverständlich nicht entgegen.«

   Den dort im zweiten Satz besonders erwähnten **Ausnahmefall** dadurch zur Regel zu machen, dass **jeder** im Reichsgebiet verbliebene Jude ohne weiteres den zum Armenrecht nicht zuzulassenden Staatsfeinden zugerechnet wird, geht aus den oben zu 1) angestellten Erwägungen, aber auch aus praktischen Gründen nicht an. Die richterliche Erfahrung nämlich lehrt, dass es Fälle gibt, die eine nur im Armenrecht mögliche Prozessführung eines Juden im allgemeinen Interesse als geboten erscheinen lassen. Hierher gehören zum Beispiel die Abwehr unanständiger wirtschaftlicher Ausbeutung der jüdischen Sonderstellung durch den arischen Kontrahenten, die Scheidungsklage bei Mischehen und anderes mehr.

3. Ist danach eine grundsätzliche Armenrechtsversagung bei Juden ohne gesetzgeberisches Eingreifen nicht möglich, so besteht doch Einigkeit darüber, dass der gegenwärtige Stand des Judenproblems in Deutschland den Richter dazu nötigt:
   a) bei der Prüfung der gesetzlichen Armenrechtsvoraussetzungen gegenüber dem jüdischen Antragsteller **schärfste Anforderungen** zu stellen in Bezug auf Armut sowie auf Verneinung von Mutwilligkeit oder Aussichtslosigkeit der beabsichtigten Rechtsverfolgung oder Rechtsverteidigung;

b) durch eine entsprechend orientierte Anwendung des hierbei massgeblichen richterlichen Ermessens danach zu trachten, dass es künftig **nur noch in ganz besonders gelagerten, praktisch verhältnismässig seltenen Fällen** zur Bewilligung des Armenrechts für einen Juden kommen wird;

c) eine gewisse **Einheitlichkeit bei der Berücksichtigung dieser Gesichtspunkte** dadurch anzustreben, dass der Richter in Zukunft solche Fälle, in denen er einem Juden das Armenrecht bewilligen möchte, vorweg mit dem Amtsgerichtspräsidenten erörtert.

gez. Dr. Segelken

LANDGERICHT HAMBURG
Zivilkammer 6

Hamburg, den 21. Mai 1942.

Herrn Landgerichtspräsidenten
Hamburg

Die gestrige Besprechung, an der teilgenommen haben außer mir die Landgerichtsdirektoren
Dres. Krönig, Lübbe, Prohmann, Romeiß und Sternberg, führte zu voller Übereinstimmung in folgenden Punkten:

1. Das Armenrecht kann Juden grundsätzlich nicht mehr gewährt werden, in der Erwägung, daß es nicht angängig ist, Angehörigen eines Volkes, das der erklärte Todfeind des Deutschen Reiches ist und nach dem Willen des Führers aus jeglicher Gemeinschaft mit dem Deutschen Volke ausgeschlossen wird, Wohltaten des Gesetzes unter Inanspruchnahme öffentlicher Mittel zuteil werden zu lassen. Das ist nicht gleichbedeutend mit der Versagung des Rechtsschutzes. Dieses (sic!) wird den Juden gewährt werden müssen, solange die Einrichtung der jüdischen Konsulenten noch besteht. Die Mittel für die Inanspruchnahme mag notfalls die jüdische Gemeinde aufbringen.

2. Die Scheidung von Mischehen nur mit der Begründung, der eine Ehegatte sei Jude, ist nach geltendem Recht nicht möglich. Wohl aber ist

3. der Weg der Aufhebungsklage aus § 37 des Ehegesetzes trotz der Fristbestimmung des § 40 Abs. 1. a.a.O. gangbar. Man kann ohne besonderen Zwang die Frist zur Erhebung der Aufhebungsklage beginnen lassen mit dem Zeitpunkt, in dem die neuen Bestimmungen über äussere Kenntlichmachung der Juden erlassen sind, oder in Zukunft mit der Ausübung eines Zwanges, eine besondere Wohngegend für Juden zu beziehen, oder mit der Einleitung anderweitiger Zwangsmaßnahmen. Es läßt sich sehr wohl vertreten, daß der klageberechtigte Ehegatte erst dann seinen Irrtum über solche die Person des anderen Ehegatten betreffende Umstände, die ihn bei Kenntnis der Sachlage und bei richtiger Würdigung des Wesens der Ehe von der Eingehung der Ehe abgehalten hätten, in seiner vollen Tragweite entdeckt hat.

4. Ein Schuldausspruch gemäß § 42 Abs. 2 des Ehegesetzes läßt sich nicht begründen. Abzulehnen ist aber

5. eine etwaige Unterhaltspflicht des arischen Ehegatten aus § 69 Abs. 2 des Ehegesetzes. Es kann niemals »der Billigkeit entsprechen«, daß der arische Ehegatte einem Juden Unterhalt zu gewähren hat.

gez. Jeß
Landgerichtsdirektor.

2.4. *In bündiger Kürze: Erlaß des Führers über die Vereinfachung der Rechtspflege vom 21.3.1942*

Der Überfall auf die Sowjetunion war nicht mit einem Blitzsieg beendet worden. Die Eroberung des neuen Lebensraums im Osten kostete immer mehr Material, aber auch Soldaten, die selbst von der Justiz in verstärktem Maße gestellt werden mußten. Infolge des wachsenden Personalmangels, der immer schneller anschwellenden Flut von Strafbestimmungen und der Aushöhlung des strafprozessualen Normengefüges wurde das Recht jedes Angeklagten auf ein faires Verfahren zur Unkenntlichkeit entstellt.

Bei der völligen Unterordnung der Interessen des einzelnen unter die Ziele des Regimes war es allerdings nur konsequent, wenn der einzelne sich mit immer mehr Straftatbeständen konfrontiert sah, die der Vereitelung oder auch nur Behinderung der Erreichung des schnellen Endsieges entgegen wirken sollten. Als Kampfmittel an der Heimatfront dienten auch die immer schärfer werdenden Strafdrohungen, der fast zur Regel werdende Verstoß gegen das Rückwirkungsverbot und die wachsenden Zuständigkeiten des Volksgerichtshofes sowie der Sondergerichte, die Freisler als »Panzertruppe der Rechtspflege« bezeichnete.[29] Die Mißachtung des Individualinteresses wurde im Führererlaß vom 21.3.1942 schon durch die angekündigte Abschaffung des Klageerzwingungsrechtes des Verletzten deutlich. Der Angeklagte erschien lediglich als möglichst schnell, in bündiger Kürze und scharf zu verurteilendes Objekt, dessen Rechtsstellung weitestgehend einzuschränken war und mit dem sich möglichst wenig Justizpersonal zu befassen hatte.

Die auf Grund des Führererlasses vom 13.8.1942 ergangene Verordnung zur weiteren Vereinfachung der Strafrechtspflege (RGBl. I, S. 508) regelte die auf Kosten der Beschuldigten und Angeklagten getroffenen Vereinfachungsmaßnahmen. So wurde der Eröffnungsbeschluß nun für alle Strafgerichte abgeschafft, was nach der Zuständigkeits-Verordnung vom 21.2.1940 (RGBl. I, S. 405) bisher nur für Verfahren vor dem Besonderen Senat des Reichsgerichts und den Sondergerichten galt. Der Amtsrichter konnte auf Zuchthaus bis zu fünf Jahren erkennen. Bei den Strafsenaten und Strafkammern führte man den Einzelrichter ein. In der Hauptverhandlung vor dem Amtsgericht konnte der Staatsanwalt auf Teilnahme verzichten. Der Protokollführer wirkte in der Hauptverhandlung nur bei Bedarf mit. Berufung und Beschwerde des Angeklagten, Privatklägers und Nebenklägers bedurften der besonderen Zulassung. Es folgte noch eine Kette von Änderungen der Strafprozeßordnung, um kostbare Zeit der Gerichtspersonen für wichtigere Dinge einzusparen und Soldaten für die Front freizumachen.

Die Dritte Verordnung zur Vereinfachung der Strafrechtspflege vom 29.5.1943 (RGBl. I, S. 342)[30] befaßte sich mit Vereinfachungen bei der Ausschließung und Ablehnung von Gerichtspersonen, des Inhaltes der Anklageschrift, der Abkür-

29 Vgl. Im Namen des deutschen Volkes. Katalog zur Ausstellung des Bundesjustizministeriums, Köln 1989, S. 208.

30 Die Verordnung vom 13.8.1942 galt als 2. Verordnung, die Verordnung vom 1.9.1939 als 1. Verordnung zur Vereinfachung der Strafrechtspflege.

Reichsgesetzblatt

Teil I

1942	Ausgegeben zu Berlin, den 26. März 1942	Nr. 28

Erlaß des Führers über die Vereinfachung der Rechtspflege.

Vom 21. März 1942.

Die Verteidigung von Volk und Reich erfordert reibungslose und schnelle Arbeit der Rechtspflege. Um die Gerichte und Staatsanwaltschaften instand zu setzen, ihre Aufgaben unter den besonderen Verhältnissen des Krieges auch weiterhin zu erfüllen, bestimme ich:

I.

Das Verfahren in Strafsachen einschließlich des Strafvollzugs, in Zivilsachen und in Angelegenheiten der freiwilligen Gerichtsbarkeit ist unter Fortfall aller entbehrlichen Maßnahmen und unter Einsatz aller verfügbaren Kräfte so weit zu vereinfachen und zu beschleunigen, wie dies mit dem Zweck des Verfahrens noch vereinbar ist. Insbesondere haben in Strafsachen die Erzwingung der Anklage durch den Verletzten und die Eröffnung des Hauptverfahrens fortzufallen; die Strafgewalt des Amtsrichters ist zu erweitern und die Zulässigkeit des Strafbefehls auszudehnen.

II.

Anklageschriften und gerichtliche Entscheidungen sind in bündiger Kürze unter Beschränkung auf das unbedingt Notwendige abzufassen.

III.

Die Mitwirkung der hauptamtlichen Beisitzer in gerichtlichen Entscheidungen ist einzuschränken.

IV.

Rechtsbehelfe gegen gerichtliche Entscheidungen sind den Kriegsverhältnissen entsprechend zu gestalten; sie können auch von besonderer Zulassung abhängig gemacht werden. In Zivilsachen ist die Beschränkung neuen Vorbringens im Berufungsrechtszug zu verschärfen.

V.

(1) Die Amtszeit der Mitglieder der Besonderen Senate des Reichsgerichts und des Volksgerichtshofs sowie der ehrenamtlichen Mitglieder des Volksgerichtshofs wird bis zum Kriegsende verlängert.

(2) Die Organe sowie die Mitglieder von Organen der Reichs-Rechtsanwaltskammer, der Reichsnotarkammer und der Notarkasse bleiben bis zum Kriegsende im Amt; ihre Bestellung ist jederzeit widerruflich.

VI.

Ich beauftrage den Reichsminister der Justiz, im Einvernehmen mit dem Reichsminister und Chef der Reichskanzlei und dem Leiter der Partei-Kanzlei die zur Durchführung dieses Erlasses erforderlichen Rechtsvorschriften zu erlassen. Ich ermächtige den Reichsminister der Justiz, unter Beachtung des § 2 der Verordnung vom 16. Januar 1942 (Reichsgesetzbl. I S. 35) die erforderlichen Verwaltungsvorschriften zu treffen und Zweifelsfragen im Verwaltungswege zu entscheiden.

Führer-Hauptquartier, den 21. März 1942.

Der Führer
Adolf Hitler

Der Reichsminister und Chef der Reichskanzlei
Dr. Lammers

zung der Ladungsfrist und der erleichterten Verlesung von Vernehmungsprotokollen. Die Vierte Vereinfachungsverordnung vom 13.12.1944 (RGBl. I, S. 339) verminderte die Besetzung des Volksgerichtshofes sowie des Reichsgerichtes und schränkte die Zuständigkeit der Oberlandesgerichte ein. Der Staatsanwalt wurde für den Erlaß von Haftbefehlen, die Anordnung von Beschlagnahmen, Durchsuchungen, Leichenschau- und Leichenöffnungen zuständig. Das Legalitätsprinzip wurde noch weiter gelockert, die Anklageerhebung vor dem Sondergericht vereinfacht, die Mitwirkung von Rechtsanwälten und die Rechtsmittel eingeschränkt. Die letzten Schranken fielen mit der Verordnung über die Errichtung von Standgerichten vom 15.2.1945 (RGBl. I, S. 30), die für alle Straftaten zuständig waren, durch die die deutsche Kampfkraft oder Kampfentschlossenheit gefährdet wurde.

Aufgrund des Führererlasses vom 21.3.1942 wurden auch oder gerade Vereinfachungsmaßnahmen für das Zivilrecht getroffen. Nach der Verordnung über Kriegsmaßnahmen auf dem Gebiete der bürgerlichen Rechtspflege (Kriegsmaßnahmenverordnung) vom 12.5.1943 (RGBl. I, S. 290), hatten die Gerichte die Bearbeitung bürgerlicher Rechtssachen zurückzustellen, soweit deren Erledigung nicht dringlich war. Die Entscheidung über die Zurückstellung war unanfechtbar. Im übrigen waren hinsichtlich der Besetzung der Gerichte ähnliche Vereinfachungsmaßnahmen getroffen worden, wie im Strafprozeßrecht. Eine 2. Kriegsmaßnahmenverordnung (RGB1. I, 229) erging am 27.9.1944 auf Grund des Erlasses des Führers über besondere Vollmachten des Reichsjustizministers vom 20.8.1942 (RGBl. I, S. 535) in Verbindung mit dem Erlaß des Führers über den totalen Kriegseinsatz vom 25.7.1944 (RGBl. I, S. 161). Danach waren Berufungen gegen Amts- und Landgerichtsurteile ausgeschlossen. Revisionen gegen entsprechende Urteile (auch der Amtsgerichte) gingen an das Reichsgericht, wenn die Revision im Urteil zugelassen war. Die Zulassung durfte nur erfolgen, wenn dies wegen der grundsätzlichen Bedeutung der Rechtssache auch unter Berücksichtigung der Kriegsverhältnisse geboten war. Nach dem 3. Abschnitt dieser Verordnung konnten nun auch Referendare selbständig die Geschäfte des Richters, Staatsanwaltes oder Rechtsanwaltes wahrnehmen.

Die Justiz steuerte dem sicheren Untergang entgegen.

3. Adolf Hitler als oberster Gerichtsherr– Aufbruch zum Untergang des Unrechtsstaates: 26. April 1942 bis 8. Mai 1945

3.1. Die Reichstagsrede des Führers und die »Lenkungsmaßnahmen« des Reichsjustizministeriums

Am 26.4.1942 befaßte sich Hitler in einer über einstündigen Rede vor dem Reichstag in einer kurzen Passage, die gedruckt gerade 25 Zeilen ausmachte, mit der Justiz, der er Formalismus vorwarf, um dann fortzufahren: »Ich habe kein Verständnis dafür, daß ein Verbrecher ... seine Frau so lange mißhandelt, bis sie endlich geistesgestört wird und an den Folgen einer letzten Mißhandlung stirbt, zu 5 Jahren Zuchthaus verurteilt wird in einem Augenblick, in dem Zehntausende brave deutsche Männer sterben müssen, um ihrer Heimat die Vernichtung

Reichsgesetzblatt

Teil I

1942	Ausgegeben zu Berlin, den 27. April 1942	Nr. 44

Beschluß des Großdeutschen Reichstags vom 26. April 1942.

Der Großdeutsche Reichstag hat in seiner Sitzung vom 26. April 1942, auf Vorschlag des Präsidenten des Reichstags, die vom Führer in seiner Rede in Anspruch genommenen Rechte einmütig durch nachfolgenden Beschluß bestätigt:

»Es kann keinem Zweifel unterliegen, daß der Führer in der gegenwärtigen Zeit des Krieges, in der das deutsche Volk in einem Kampf um Sein oder Nichtsein steht, das von ihm in Anspruch genommene Recht besitzen muß, alles zu tun, was zur Erringung des Sieges dient oder dazu beiträgt. Der Führer muß daher — ohne an bestehende Rechtsvorschriften gebunden zu sein — in seiner Eigenschaft als Führer der Nation, als Oberster Befehlshaber der Wehrmacht, als Regierungschef und oberster Inhaber der vollziehenden Gewalt, als oberster Gerichtsherr und als Führer der Partei jederzeit in der Lage sein, nötigenfalls jeden Deutschen — sei er einfacher Soldat oder Offizier, niedriger oder hoher Beamter oder Richter, leitender oder dienender Funktionär der Partei, Arbeiter oder Angestellter — mit allen ihm geeignet erscheinenden Mitteln zur Erfüllung seiner Pflichten anzuhalten und bei Verletzung dieser Pflichten nach gewissenhafter Prüfung ohne Rücksicht auf sogenannte wohlerworbene Rechte mit der ihm gebührenden Sühne zu belegen, ihn im besonderen ohne Einleitung vorgeschriebener Verfahren aus seinem Amte, aus seinem Rang und seiner Stellung zu entfernen.«

Im Auftrage des Führers wird dieser Beschluß hiermit verkündet.

Berlin, den 26. April 1942.

Der Reichsminister und Chef der Reichskanzlei
Dr. Lammers

durch bolschewistische Verbrecher zu ersparen, das heißt also, um ihre Frauen und Kinder zu schützen«.[31] Hitler hatte das Urteil des Landgerichts Oldenburg vom 14.3.1942 gegen Schlitt gemeint. Die dortige Strafkammer hatte ihn wegen schwerer Körperverletzung mit Todesfolge verurteilt. Weil er aus Jähzorn gehandelt habe, damit nicht der Typ des gefährlichen Gewohnheitsverbrechers sei, hatte das Gericht die Gewaltverbrecherverordnung, die zwingend die Todesstrafe vorsah, nicht angewandt. Durch die Einlegung des außerordentlichen Einspruchs wurde das Urteil kassiert, und der Besondere Senat des Reichsgerichtes verurteilte Schlitt am 31.3.1942 aufgrund der Gewaltverbrecherverordnung zum Tode.[32] Kurz darauf wurde das Urteil vollstreckt.[33]

Der Reichstag faßte am Ende seiner Sitzung den Beschluß, Hitler forderungsgemäß auch als Obersten Gerichtsherrn zu bestätigen. Die in Hitlers Rede eher beiläufige Passage zur Justiz und die im Beschluß des Reichstags angedrohte Entfernung von Richtern aus dem Amt, die nie praktiziert wurde, sollte Folgen haben. Zunächst war die so treu ergebene Richterschaft tief vom Verdikt ihres Führers getroffen. Der amtierende Reichsjustizminister Schlegelberger und Staatssekretär Freisler hatten die Oberlandesgerichtspräsidenten und Generalstaatsanwälte bereits zum 31.3.1942 ins Reichsjustizministerium zitiert. Hier wurden sie nochmals mit Hitlers Drohung konfrontiert, schärfste Maßnahmen gegen die Justiz zu ergreifen, falls keine härteren Urteile ergingen. Freisler erklärte, daß eine Steuerung der Rechtsprechung durch das Reichsjustizministerium notwendig sei, die bei den Oberlandesgerichtspräsidenten einsetzen müsse und wöchentliche Besprechungen (Vor- und Rückschau) über die wichtigsten Strafsachen der kommenden und vergangenen Woche zum Gegenstand haben solle.[34]

3.2. Musterbezirk Hanseatisches Oberlandesgericht Hamburg: Vor- und Nachschau und Richterbriefe

Hamburg behielt seine Vorreiterrolle bei. In der Präsidentenbesprechung bei Rothenberger am 1.5.1942, an der die Land- und Amtsgerichtspräsidenten Korn und Dr. Segelken, die Oberstaatsanwälte Dr. Marwege und Dr. Schuberth sowie der OLG-Rat Dr. Prieß teilnahmen, »wurde vereinbart, daß zur Steuerung der Rechtsprechung ... eine Vor- und Nachschau über die wichtigsten Prozesse, insbesondere Strafsachen stattfinden soll ...«[35] In einer Besprechung vom 6.5.1942 führte Rothenberger aus, die gegenwärtige Lage mache es erforderlich, in erhöhtem Maße die Rechtsprechung zu überwachen.[36] Mit Schreiben vom 7.5.1942 ordnete er die wöchentlich einmal stattfindenden Vor- und Nachschauen an. Unter IV bezeichnete er in einer von a) bis m) reichenden Liste die von ihm für die Besprechung insbesondere für wichtig gehaltenen Sachen. Ganz

31 Verhandlungen des Reichstages, Sitzung vom 26.4.1942, S. 109 ff.

32 RGSt Bd. 3, S. 42.

33 Vgl. Jens Luge, Konflikte in der regionalen Strafrechtspflege 1932–1945, in: 175 Jahre Oberlandesgericht Oldenburg. Festschrift, Köln/Berlin/Bonn/München 1989, S. 244 f.

34 BA R 22/4162.

35 Generalakten HOLG 3000-1c/4.

36 Generalakten HOLG 3000-1c/5.

Niederschrift
über

die Dienstbesprechung anlässlich der zweiten Plenar-Versammlung der Richter des Amtsgerichtes Hamburg und der ihm unterstellten Gerichte am Montag, dem 27. April 1942, im Patriotischen Gebäude (»Zur alten Börse«)

I.

Der AGPräs. eröffnete die Versammlung um 16 Uhr. Er wies einleitend darauf hin, dass die Versammlung diesmal an historisch bedeutsamer Stätte und zu historisch für die gesamte Justiz wichtiger Stunde abgehalten würde.

...

4. Der AGPräs. kam anschließend auf die **Führerrede** vom 26. April 1942 zurück, die zu einem wesentlichen Teil auf die Justiz abgestellt gewesen sei. Nach den Ausführungen des Führers müssten wir Richter nunmehr zur Kenntnis nehmen, dass die bisherige Garantie der Unabsetzbarkeit in Fortfall gekommen sei. Man könne sich das Verständnis für diese einschneidende Massnahme wohl am besten dadurch verschaffen, daß man sie als eine Auswirkung des totalen Krieges betrachte. Unter diesem Gesichtspunkt gesehen sei es selbstverständlich, dass die Richter geschlossen in ernster Pflichterfüllung wie bisher so auch künftig in der Verwirklichung der Gerechtigkeit ihre vornehme Aufgabe erblicken.

Nach einer Anweisung des Reichsjustizministers, die bereits vor einiger Zeit ergangen sei, sei eine Steuerung der Rechtspflege unerlässlich. Sie sollte durch eine sogenannte Vor- und Nachschau verwirklicht werden. Um diese Massnahmen erfolgreich durchzuführen, werde die neue Dezernatseinteilung sicherlich von wesentlichem Nutzen sein. Zukünftig hätten die Dezernatsleiter und die aufsichtführenden Richter der unterstellten Amtsgerichte wöchentlich bis Freitag 15 Uhr schriftliche Berichte zu erstatten, die in der Vorschau auf die in der kommenden Woche wichtigen Entscheidungen hinzuweisen und in der Nachschau anzugeben hätten, was aus den in der Vorschau erwähnten Sachen gworden sei. ...

Sondergerichtsbesprechung am 16. Mai 1942, 11 Uhr.

Anwesend: Senator Dr. R o t h e n b e r g e r,
Landgerichtspräsident K o r n,
Landgerichtsdirektor T i m m e r m a n n,
Landgerichtsdirektor M ö l l e r,
Landgerichtsrat W e h l e n,
Erster Staatsanwalt Dr. N i c k e l s,
Erster Staatsanwalt S e i d e l,
Landgerichtsdirektor Dr. W a r n e k e n,
Oberlandesgerichtsrat H a a c k,
Oberstaatsanwalt Dr. S c h u b e r t h,
Erster Staatsanwalt Dr. L e f f m a n n,
Oberlandesgerichtsrat Dr. F. P r i e ß.

I.

OStA. Dr. Schuberth referierte über die Neueingänge bei der Staatsanwaltschaft:

1) Sache B [geschwärzt]: Kriegswirtschaftssache gegen einen Matrosen. OStA. Dr. Schuberth stellte die Frage, ob Bedenken dagegen beständen, dass gegen einen Soldaten vor dem Sondergericht Anklage erhoben werde. Es bestand Einigkeit, dass solche Bedenken nicht obwalten, wenn die Sache vom Kriegsgericht an die Staatsanwaltschaft abgegeben worden ist.
2) Sache K [geschwärzt]: Grössere Schwarzschlachtungen. Dr. Schuberth schilderte das Ausmaß der Straftaten. Es bestand Einigkeit, dass keine Bedenken dagegen bestehen, wenn die StA. Todesstrafe beantragt.
3) Dr. Schuberth referierte ferner über die Sache M [geschwärzt], S [geschwärzt] (Brotverfütterung an Schweine) und Sch [geschwärzt] (Straftaten bei der Verwertung der Flaschensammlung).

II.

OLGRat Haack brachte die Sachen M [geschwärzt] und S c h [geschwärzt] zur Sprache, die nicht von solcher Wichtigkeit seien, dass sie besondere Maßnahmen erforderten.

III.

LGDir. Möller referierte über die Strafsache B [geschwärzt] Rassenschande in 16 Fällen, Tarnung als Arier, Auftreten als Arzt unter dem falschen Namen Dr. med. Kaun. Termin 21./22.5.1942. Nach dem Umfang der Straftaten wird nur Todesstrafe in Frage kommen. Die Berichterstattung in der Presse muss mit besonderer Aufmerksamkeit bearbeitet werden. Herr Senator wünscht, den Bericht vor Veröffentlichung zu sehen. Bericht im Reichsmaßstab ist erwünscht.

IV.

LGRat Wehlen referierte über die Strafsachen

1) R[geschwärzt]: Feldpostberaubungen in 35 - 40 Fällen. Es ist zweifelhaft, ob Todesstrafe ausgesprochen wird. Herr Senator erklärte, in diesem Fall keine Meinung äussern zu wollen.

2) F[geschwärzt] / T[geschwärzt] / J[geschwärzt]: Verwendung schlechter Fische, Fischköpfe, Gedärme usw. für markenfreie Salate. Die Angelegenheit hat einen derartigen Umfang, dass Todesstrafe erwogen wird.

V.

LGDir. Timmermann berichtete über die Strafsachen

1) T e[geschwärzt]: Mordsache. Der Fall liegt völlig klar auf Todesstrafe.

2) R[geschwärzt]: Feldpostberaubungen (10 - 12 Zigarettenpäckchen). LGDir. Timmermann erklärte, das Sondergericht erwäge 8 Jahre Zuchthaus. Die überwiegende Meinung ging dahin, dass die Strafe bei dem noch jungen Angeklagten zu hoch sei. Herr Senator meinte, die Strafe könne auch um 3 Jahre Zuchthaus liegen.

3) Pe[geschwärzt] / B[geschwärzt]: Diebstahl von Koffern durch französische Italiener auf dem Bahnhof in 5 Fällen. Erwogen werden 5 bis 6 Jahre Zuchthaus.

VI.

LGDir. Dr. Warneken brachte folgende Fälle zur Erörterung:

1) W[geschwärzt]: Aufschneiden von Mänteln und Kleidern bei Frauen und Mädchen in der Verdunkelung. Das Sondergericht Bremen denke an 3 Jahre Zuchthaus. Die Strafe wurde allgemein für zu niedrig gehalten. Herr Senator meinte, dass 5 Jahre Zuchthaus zu erwägen seien.

2) H[geschwärzt]: Einbrüche in 254 Fällen. Es würde sicher auf Todesstrafe erkannt werden.

VII.

Erster StA. Dr. Seidel berichtete, dass ihm ein Neueingang vorläge, nach dem 2 belgische Mädchen wegen Schmähung des Führers zur Anklage kämen . Alter 17 bis 20 Jahre. Es werde geprüft ob Sondergericht oder Jugendgericht zuständig sei und ob das Jugendgericht überhaupt für ausländische Jugendliche zuständig sein könne. Über diese grundsätzliche Frage soll von der StA. nach Berlin berichtet werden.

VIII.

OStA. Dr. Schuberth referierte noch über folgende Fälle:

1) S[geschwärzt], der seine Ehefrau mehrfach misshandelt, ihr schliesslich bei einer Auseinandersetzung die Nase abgeschnitten hat. Zuständig sei bisher die Kammer von LGDir. von Bargen. Die StA. erwäge, ob der Mann als Gewaltverbrecher zu behandeln und vor dem Sondergericht abzuurteilen sei. Die Sache soll sofort bei der Strafkammer angehalten werden. Berlin soll gefragt werden. (Ähnlichkeit mit dem Oldenburger Fall. In diesem Zusammenhang soll versucht werden, das Reichsgerichtsurteil über den Oldenburger Fall zur Kenntnis zu erhalten.).

2) W[geschwärzt]: Unterschlagungen beim Zoll in Höhe von RM 350 000.--. Kommt zur Anklage vor der Strafkammer. Erwogen werde, ob § 4 der VolksschädlingsVO. angewandt werden könne. Ferner werde geprüft, ob der Täter als gefährlicher Gewohnheitsverbrecher zum Tode verurteilt werden könne. Schwierigkeiten mache hier die fortgesetzte Handlung, da der Täter nicht vorbestraft sei.

3) St[geschwärzt]: Der Täter hat seine Mutter mit dem Beil geschlagen. Die Sache soll vor das Sondergericht genommen werden. Es wird gefährliche Körperverletzung anzunehmen sein. Pressebericht über diese Sache ist nicht erwünscht.

IX.

Erster StA. Dr. Seidel stellte die Frage zur Erörterung, ob Zuchthäusler, die zur Aufräumung von bombenbeschädigten Häusern eingesetzt seien, bei Diebstählen aus diesen Häusern wegen Plünderns zu bestrafen seien. Dir. Dr. Warneken nahm hiergegen Stellung. Es wurde Einigkeit erzielt, dass Plündern nicht anzunehmen sei, wohl aber § 4 der VolksschädlingsVO. Mundraub sei unter allen Umständen zu verneinen.

X.

Die nächste Sondergerichtsbesprechung wurde auf Freitag, den 22. Mai 1942, 15 Uhr, vereinbart.

Hamburg, den 19. Mai 1942.

Herren AGRat Dr. Bartsch und LGRat Brückmann z.K.

19.5.42

Wenden

RICHTERBRIEFE

MITTEILUNGEN DES REICHSMINISTERS DER JUSTIZ

Vertraulich

NUMMER 1 VOM 1. OKTOBER 1942

Deutsche Richter!

Nach alter germanischer Rechtsauffassung war immer der Führer des Volkes sein oberster Richter. Wenn also der Führer einen anderen mit dem Amt eines Richters belehnt, so bedeutet das, daß dieser nicht nur seine richterliche Gewalt vom Führer ableitet und ihm verantwortlich ist, sondern auch daß Führertum und Richtertum wesensverwandt sind.

Der Richter ist demnach auch Träger der völkischen Selbsterhaltung. Er ist der Schützer der Werte eines Volkes und der Vernichter der Unwerte. Er ist der Ordner von Lebensvorgängen, die Krankheiten im Leben des Volkskörpers sind. Ein starkes Richtertum ist für die Erhaltung einer wahren Volksgemeinschaft unerläßlich.

Mit dieser Aufgabe ist der Richter der unmittelbare Gehilfe der Staatsführung. Diese Stellung hebt ihn heraus, sie läßt aber auch die Begrenzung seiner Aufgaben erkennen, die nicht, wie eine liberalistische Doktrin glaubte, in der Kontrolle der Staatsführung liegen kann. Denn wenn ein Staat nicht eine Organisation besitzt, die dem Besten die Führung gibt, so kann die Rechtspflege durch ihre Tätigkeit diese Auslese nicht ersetzen.

Der Richter ist die Verkörperung des lebendigen Gewissens der Nation. Jeder Staat geht zugrunde, in dem nicht Redlichkeit und saubere Gesinnung der Wertmaßstab im Leben der Volksgemeinschaft sind. Hierüber zu wachen ist Aufgabe des Richters. Er muß in seinem Urteil dem Volke stets diese Linie aufzeigen.

Diese Aufgaben stellen den Richter in den Mittelpunkt der Rechtspflege. Sie lassen den Richterberuf als einen Urberuf — dem des Bauern und Soldaten vergleichbar — erscheinen. Sie können nur von freien, innerlich klaren und anständigen Menschen erfüllt werden, die von einem hohen Verantwortungsbewußtsein und starker Verantwortungsfreude getragen sind und in ihrer inneren und äußeren Haltung dem Bild entsprechen, das sich das deutsche Volk von einem Richter macht. Der Richterstand muß daher ein Richterkorps werden, das eine Auslese der Nation darstellt. Das darf aber nicht dazu führen, daß der Richter über dem Volke thront; er muß vielmehr in und mit seinem Volke leben und dessen Nöte und Sorgen kennen, um helfen zu können.

Ein solches Richterkorps wird sich nicht sklavisch der Krücken des Gesetzes bedienen. Es wird nicht ängstlich nach Deckung durch das Gesetz suchen, sondern verantwortungsfreudig im Rahmen des Gesetzes die Entscheidung finden, die für die Volksgemeinschaft die beste Ordnung des Lebensvorgangs ist.

So stellt zum Beispiel der Krieg völlig andere Anforderungen an den Richter als eine ruhige Friedenszeit. Diesen Veränderungen muß sich der Richter anpassen. Das kann er nur, wenn er die Absichten und Ziele der Staatsführung kennt. Der Richter muß daher stets in enger Verbindung zur Staatsführung stehen. Nur dadurch wird gewährleistet, daß er seine hohe Aufgabe für die Volksgemeinschaft erfüllt und daß nicht die Rechtspflege sich — losgelöst von ihren wahren Aufgaben in der Lebensordnung des Volkes — als Selbstzweck betrachtet. Daraus ergibt sich Sinn und Notwendigkeit einer Führung der Rechtspflege.

Führung der Rechtspflege heißt nicht dem Richter eine bestimmte Rechtsauffassung befehlen. Der Richter muß weisungsfrei bleiben, sonst ist er kein Richter mehr. Wohl aber kann und muß die Staatsführung dem Richter die allgemeine Linie geben, die eingehalten werden muß, wenn die Rechtspflege ihre Aufgaben erfüllen soll.

Ich habe mich daher zur Herausgabe von „Richterbriefen" entschlossen, die allen deutschen Richtern und Staatsanwälten zugehen sollen. Diese Richterbriefe werden namentlich Entscheidungen enthalten, die mir nach Ergebnis oder Begründung besonders hervorhebenswert erscheinen. An diesen Entscheidungen möchte ich aufzeigen, wie eine bessere Entscheidung hätte gefunden werden können und müssen; andererseits sollen gute, für die Volksgemeinschaft wesentliche Entscheidungen als beispielhaft hervorgehoben werden.

Zur Herausgabe dieser Richterbriefe veranlaßt mich aber noch eine andere Erwägung: Die dargelegte Auffassung von der Aufgabenstellung des Richters hat sich zwar bereits heute unter den deutschen Rechtswahrern weitgehend durchgesetzt. Ihre praktischen Auswirkungen auf die Rechtspflege sind aber noch nicht restlos verwirklicht, sie können auch angesichts der bisherigen Erziehung der Rechtswahrer noch nicht völlig verwirklicht sein. Daher will ich mit den Richterbriefen dem Richter helfen, seine hohe Aufgabe im Leben unseres Volkes zu erfüllen. Ich will ihn überzeugen, wie er der Volksgemeinschaft helfen und sie schützen muß.

Die Richterbriefe sind nicht dazu bestimmt, einen neuen Entscheidungskult zu schaffen, der zu einer weiteren Erstarrung der Rechtspflege und zu einer Bevormundung der Richter führen würde. Sie sollen vielmehr nur eine Anschauung davon geben, wie sich die Justizführung nationalsozialistische Rechtsanwendung denkt, und auf diese Weise dem Richter die innere Sicherheit und Freiheit geben, die richtige Entscheidung zu finden.

Der Inhalt der Briefe ist vertraulich; sie werden jedem Richter und Staatsanwalt durch den Behördenleiter gegen Empfangsbescheinigung ausgehändigt.

Ich bin überzeugt, daß die Richterbriefe wesentlich zur Schaffung eines einheitlich ausgerichteten deutschen Richterkorps beitragen werden.

Berlin, den 1. Oktober 1942

Thierack

Reichsminister der Justiz

oben standen Strafsachen, in denen Todes- und schwere Zuchthausstrafen zu erwarten waren, die kriegsbedingte, vor allem Kriegswirtschaftssachen, zum Gegenstand hatten, die Kriegsgefangenen-, Volksschädlings- und Verdunkelungsverbrechen betrafen oder Strafsachen, die sich gegen Polen, Juden und andere »Fremdvölker« richteten. Erfaßt wurden auch zivilrechtliche Verfahren, sofern Staat oder Partei in irgendeiner Weise darin verwickelt waren.[37] Die erste Vor- und Nachschau fand als reine Sondergerichtsbesprechung am 16.5.1942 statt, die zweite folgte am gleichen Tage als Besprechung über andere Strafsachen.[38] Das letzte Protokoll ist datiert vom 21.3.1945.

Als am 20.8.1942 Thierack das Amt des Reichsjustizministers übernahm, wechselte Rothenberger als sein Staatssekretär nach Berlin und versuchte, die Hamburger Praxis nun auch reichsweit durchzusetzen. Am 29.9.1942 kam es erneut zu einer Chefpräsidentenbesprechung, in der Thierack und Rothenberger auf Übernahme des Hamburger Modells drängten. Als eine zusätzliche »ganz glatte Richterlenkung« bezeichnete Thierack die geplante Einführung von Richterbriefen auf Reichsebene.[39] In der Zeit vom 1.10.1942 bis zum 1.12.1944 erschienen 46 Richterbriefe, in denen Urteile negativ oder positiv vom Reichsjustizministerium kritisiert wurden.[40] Die Vor- und Nachschauen wurden reichsweit durch die Rundverfügung vom 13.10.1942 mit eingangs ablenkenden Formulierungen wie »eine maßvolle Lenkung hat nichts mit Gängelung oder Aufhebung der Weisungsfreiheit des Richters zu tun« eingeführt. Inhaltlich war sie mit dem Schreiben Rothenbergers vom 7.5.1942 an die Hamburger Richter identisch.[41]

3.3. Konsequenz der Lenkungsmaßnahmen: noch mehr Rechtsbeugung

Da das Ermächtigungsgesetz nicht einmal formell gültig zustandegekommen, das Rechtsstaatsprinzip der Gewaltenteilung damit nicht rechtswirksam abgeschafft worden war, sind die auf Grund des Ermächtigungsgesetzes vom 24.3.1933 erlassenen Gesetze und Verordnungen, wie zum Beispiel das Blutschutzgesetz, die Volksschädlingsverordnung, die Gewaltverbrecherverordnung etc. nicht wirksam zustandegekommen und damit rechtswidrig. Ihre Anwendung erfüllte objektiv den Tatbestand der Rechtsbeugung im Sinne des § 336 StGB. Die Argumentation, eine Rechtsbeugung könne nur dann vorliegen, wenn das formell (aufgrund des Ermächtigungsgesetzes) gültige Unrechtsgesetz falsch angewendet worden sei, ist daher bereits im Ansatz falsch.

Im Zuge der Lenkungsmaßnahmen und insbesondere durch die Vor- und Nachschau wurden Sachverhalte unter Tatbestände von Sondergesetzen gepreßt, obwohl sie keinen oder nur den Tatbestand einer Vorschrift des Strafgesetzbuches erfüllten. Aus einfachem Diebstahl konnte so das Verbrechen des Plünderns werden, das nach § 1 der Volksschädlingsverordnung mit dem Tode zu bestrafen

37 Generalakten HOLG 3131-1a/2/9.
38 Protokolle in den Akten HOLG 3131 E1F.
39 BA, R 22/499.
40 Generalakten HOLG, 311 E.
41 Generalakten HOLG 3131-1a/2.

war. Hemmungslos wurde von der Möglichkeit Gebrauch gemacht, durch die Staatsanwaltschaft die Zustimmung des Reichsjustizministeriums zur rückwirkenden Anwendung von Strafbestimmungen, zum Beispiel der Gewaltverbrecherverordnung, zu erhalten, um die danach vorgesehene Todesstrafe aussprechen zu können, was bei Subsumtion unter die eigentlich erfüllten Straftatbestände nicht möglich gewesen wäre.

Ein Beispiel:

Hanseatisches Sondergericht

11 Js W.Sond. 6268/43
(38c) Sond.Ger.180/43

Urteil

Im Namen des deutschen Volkes

in der Strafsache
gegen ...
wegen Plünderns,
hat das Hanseatische Sondergericht in Hamburg,
Kammer 3, in der Sitzung vom 17. August 1943 ...

für Recht erkannt:
Die Angeklagte wird wegen Plünderns ... zum Tode verurteilt. Sie hatte sich gerettete und sichergestellte Kleidungsstücke angeeignet. Von Schutzlosigkeit des geretteten Stehlgutes konnte also keine Rede sein.

3.4. »Evakuiert« in den Osten. »Auslieferung asozialer Elemente aus dem Strafvollzug an den Reichsführer SS zur Vernichtung durch Arbeit«

In der Feldkommandostelle des Reichsführers SS fand am 18.9.1942 zwischen Reichsführer-SS Himmler, SS-Gruppenführer Streckenbach (Reichssicherheitshauptamt) und SS-Obersturmbannführer Bender (SS-Richter beim RFSS) auf der einen und Reichsjustizminister Thierack und Staatssekretär Rothenberger auf der anderen Seite eine Besprechung statt, in der unter anderem die »Auslieferung asozialer Elemente aus dem Strafvollzug an den RFSS zur Vernichtung durch Arbeit« vereinbart wurde. Unter Punkt 2 des Protokolls hieß es wörtlich: »Es werden restlos ausgeliefert die Sicherungsverwahrten, Juden, Zigeuner, Russen und Ukrainer, Polen über 3 Jahre Strafe, Tschechen oder Deutsche über 8 Jahre Strafe nach Entscheidung des Reichsjustizministers«.[42]

42 BA, R 22/5029.

Nach der 13. Verordnung zum Reichsbürgergesetz vom 1.7.1943 (RGBl. I, S. 372) wurden bezüglich der Juden ungenügende Justizurteile nicht mehr durch polizeiliche Sonderbehandlung korrigiert (Ziff. 1 der Besprechung vom 18.9.1942), die Juden wurden vielmehr sofort der Polizei übergeben: »§ 1 – Strafbare Handlungen von Juden werden durch die Polizei geahndet«. Damit hatte sich auch eine spätere Auslieferung von Juden aus der Strafhaft an die Polizei erübrigt.

Auf Grund der Verfügung des Reichsjustizministeriums vom 22.10.1942 (Az. IVa-1665/42g) kamen die unter das Besprechungsergebnis vom 18.9.1942 fallenden Hamburger Gefangenen nach Auschwitz, Mauthausen und Neuengamme.[43]

Aber auch vorher war die »Evakuierung« – jedenfalls der Juden – aus dem Strafvollzug »in den Osten« üblich. In einer Untersuchung der Hamburger Staatsanwaltschaft zum Schicksal von 144 Personen, die zwischen dem 1.1.1939 und dem 30.9.1941 vom Landgericht Hamburg wegen sogenannter Rassenschande zu Freiheitsstrafen verurteilt worden waren, waren 48 Verurteilte Nichtjuden und 96 Juden.[44] Von den nichtjüdischen Verurteilten ist keiner im Anschluß an die Strafhaft in polizeiliche »Schutzhaft« gekommen, während die verurteilten Juden nach Strafunterbrechung in »Schutzhaft« genommen und in ein Konzentrationslager – Auschwitz – oder in ein östliches Ghetto, meist Riga oder Minsk, aber auch Lodz, deportiert wurden. Von den Deportierten sind 52 (= 54 %) nachweislich umgekommen. Das Schicksal der anderen war nicht mehr aufklärbar.

Das Schicksal der übrigen, wegen anderer Delikte bis zum Erlaß der 13. Verordnung vom 1.7.1942 zu Freiheitsstrafen verurteilten Juden, dürfte nicht anders ausgesehen haben.

Nachbemerkung

Wir haben wieder einen Rechtsstaat; aber wie mühsam war der Weg dorthin und wie schwierig war und ist es, ihn zu bewahren.

Das schwierigste Problem für die Hamburger Justiz stellten jene Justizjuristen dar, die im Führer-Staat willig und eifrig dem Unrechtsregime gedient hatten und die nach dem Untergang des »Dritten Reiches« mit Hilfe des Hucke-Pack-Verfahrens oder im Zuge der fehlgeschlagenen Entnazifizierung in ihre Ämter zurückkehrten und von Selbstzweifeln unangefochten wieder Recht sprachen, als sei nichts geschehen. Justizsenator Biermann-Ratjen erklärte hierzu in einer Rede vor dem Hamburgischen Richterverein am 26.1.1961: »Das brennendste Problem, das im Augenblick zwischen Justiz und Staat besteht, ist das der Beteiligung von im Amt befindlichen Richtern und Staatsanwälten an solchen Todesurteilen der Nazizeit, die sich auch unter fairer Berücksichtigung der damaligen außerordentlichen Kriegsverhältnisse als echte Unrechtsurteile darstellen«.[45]

43 Staatsanwaltschaft Hamburg, Az. 2200 Js 2/84, Bl. 2522 ff.
44 Staatsanwaltschaft Hamburg, Az. 147 AR 9/76.
45 Generalakten Justizbehörde, 2200/3/6 – 1

Die Überprüfung der Todesurteile darauf, ob sie im Wege der Rechtsbeugung zustandegekommen waren, brachte keine »Selbstreinigung« der Justiz (spätestens beim Rückzug auf das Beratungsgeheimnis wurden die Akten geschlossen). Selbst wenn in Hamburg 1961 eine namhafte Zahl belasteter Richter und Staatsanwälte von dem Angebot des § 116 Richtergesetz Gebrauch machte, mit ungekürzter Pension den Amtssessel zu räumen, so fanden sich doch auch noch in den 70er Jahren Namen von Richtern und Staatsanwälten aus den Vor- und Nachschau-Protokollen in Urteilen der Hamburger Justiz.

Unter den wenigen, die nicht wieder eingestellt worden waren, befanden sich Rothenberger und Haack. Rothenberger wurde Repetitor in Hamburg. Haack hingegen firmierte im Briefkopf mit »Generalstaatsanwalt i.R.«, ließ sich als Rechtsanwalt zulassen und vertrat nicht etwa ehemalige Nazis der unteren Chargen, um ihnen zu helfen. Nein, er vertrat mit Vorliebe ehemalige Führungskräfte wie den früheren Reichsstatthalter von Hamburg, Karl Kaufmann, den früheren Hamburger Polizeipräsidenten Kehrl, die Herren Rothenberger und Streckenbach, den früheren Oberreichsanwalt Lautz und andere prominente Nazi-Vertreter, die er allesamt für erwiesen unschuldig erachtete.[46]

Sehr ausgeprägt war das Unrechtsbewußtsein Hamburger Justizjuristen also immer noch nicht. Erst nach dem Ausscheiden der älteren Generation aus dem Berufsleben konnte sich langsam eine kritische Sichtweite auch unter Richtern und Staatsanwälten durchsetzen.

46 Staatsanwaltschaft Hamburg, Az. 147 Js 31/67, Bl. 6740 ff.

Klaus Bästlein

Vom hanseatischen Richtertum zum nationalsozialistischen Justizverbrechen

Zur Person und Tätigkeit Curt Rothenbergers 1896–1959

Wenn heute von der Hamburger Justiz in der Zeit der nationalsozialistischen Herrschaft die Rede ist, dann fällt nach kurzer Zeit meist der Name Rothenberger. Als Justizsenator in den Jahren 1933 bis 1935 und Oberlandesgerichtspräsident in der Zeit von 1935 bis 1942 nahm er eine herausragende Position ein. Curt Rothenberger gilt daher als die Inkarnation der NS-Justiz in der Hansestadt. Einerseits soll er ihr »böser Geist« gewesen sein, auf den sich alle justiziellen Unrechtshandlungen zurückführen lassen, andererseits aber keine Lokalausgabe von Roland Freisler. Ein fanatischer Nationalsozialist würde nicht zum herrschenden Bild vom hanseatischen Richtertum passen. Die Legende vom »weltoffenen« und »liberalen« Hamburg, wo unter der NS-Herrschaft »im Grunde alles gar nicht so schlimm war«, ist nach wie vor weitverbreitet. Curt Rothenberger spielt im Rahmen dieser Legende eine ambivalente Rolle. Denn zur Entlastung der Hamburger Justiz können seine Eingriffe in die Rechtsprechung nicht verschwiegen werden, während er im übrigen als hanseatischer Nationalsozialist – oder besser noch: nationalsozialistischer Hanseat – erscheinen soll.

Wer also war Curt Rothenberger? Bislang fehlt es an einer umfassenden Darstellung zu seiner Person und Tätigkeit. Auch im folgenden kann nur versucht werden, einen ersten und notwendig unvollständigen Überblick zu vermitteln. Dabei liegen unterdessen über eine Reihe führender Juristen der NS-Zeit Biographien vor. So ist das Leben des von 1932 bis 1941 amtierenden Reichsjustizministers Franz Gürtner gleich zweimal, allerdings jeweils mit apologetischen Untertönen, dargestellt worden. Auch zur Person und Tätigkeit des von 1932 bis 1942 amtierenden Staatssekretärs Franz Schlegelberger, der 1941/42 mit der Wahrnehmung der Geschäfte des Ministers beauftragt war, erschien kürzlich eine erste Untersuchung. Über den von 1933 bis 1942 als Staatssekretär und dann als Präsident des Volksgerichtshofes fungierenden Roland Freisler ist schon länger eine biographische Abhandlung verfügbar, die jedoch dringend der Überarbeitung bedarf. Seit einiger Zeit liegt zudem eine Biographie des letzten Reichsgerichtspräsidenten Erwin Bumke vor.[1] Unbearbeitet sind bisher nur Leben und

1 Ekkehard Reitter, *Franz Gürtner. Politische Biographie eines deutschen Juristen 1881–1941*, Berlin 1976 (mit apologetischer Tendenz); Lothar Gruchmann, *Justiz im Dritten Reich 1933–1940. Anpassung und Unterwerfung in der Ära Gürtner*, München 1988, insb. S. 9–83 (mit apologetischen Zwischentönen); Redaktion Kritische Justiz (Hrsg.), *Der Unrechts-Staat III: Eli Nathans, Franz*

»Werk« des letzten Reichsjustizministers Otto Georg Thierack und seiner beiden Staatssekretäre Curt Rothenberger (1942-1944) und Herbert Klemm (1944/45) geblieben.

Im Gegensatz zu Thierack und Klemm, die ihre Personalakten offenbar selbst »gereinigt« haben, ist die Quellenlage zu Curt Rothenbergers recht günstig. So sind seine Personalunterlagen – vom Abiturzeugnis bis hin zu autobiographischen Aufzeichnungen aus dem Jahre 1944 – fast vollständig im Bundesarchiv Koblenz überliefert. Weitere Unterlagen werden im Berlin Document Center verwahrt. Die Verwaltungsakten aus der Zeit Rothenbergers als Justizsenator und Oberlandesgerichtspräsident sind nahezu vollständig im Staatsarchiv Hamburg erhalten. Das Bundesarchiv verfügt auch über die Generalakten des Reichsjustizministeriums aus den Jahren, in denen Rothenberger dort als Staatssekretär amtierte. Weiter sind die Beweisdokumente und Protokolle aus dem Nürnberger Juristenprozeß, wo Rothenberger sich 1947 verantworten mußte, im Bundesarchiv vorhanden. Erhalten sind zudem die Akten der Landesjustizverwaltung und des Verwaltungsgerichts Hamburg über die Verfahren um die Versorgungsansprüche Rothenbergers aus den 50er und 60er Jahren. Darüber hinaus kann der vorliegende Beitrag an die in den 60er Jahren im Umfeld der »Forschungsstelle für die Geschichte des Nationalsozialismus in Hamburg« geleisteten Arbeiten anknüpfen.[2] Dies gilt vor allem für die Studie von Werner Johe zur »gleichgeschalteten Justiz« in der Hansestadt.

Nachfolgend werden zunächst die Sozialisation, die juristische Ausbildung und der berufliche Werdegang Curt Rothenbergers behandelt. Schwerpunkte bilden dabei seine steile Karriere im hamburgischen Staatsdienst, die gescheiterte Berufung an das Reichsgericht und die Hinwendung zur NSDAP im Jahre 1931. Eingebettet in den weiteren Lebensweg Rothenbergers sollen dann Funktionsweisen und Mechanismen der nationalsozialistischen Justiz in Hamburg und auf Reichsebene untersucht werden. Dabei stehen das »System Rothenberger«, das auf eine umfassende Justizlenkung in Hamburg hinauslief, die Präsentation der hanseatischen Justiz als Modell für das Reich und die in der zweiten Kriegshälfte unter Beteiligung Hamburger Seilschaften vom Reichsjustizministerium verübten nationalsozialistischen Justizverbrechen im Mittelpunkt. Schließlich wird auch auf das Verfahren gegen Curt Rothenberger vor dem US-amerika-

Schlegelberger, Baden-Baden 1990 (an der FU Berlin steht auch eine Dissertation von Michael Förster über Leben und Werk Schlegelbergers vor dem Abschluß); Gert Buchheit, *Richter in roter Robe. Freisler, Präsident des Volksgerichtshofes*, München 1968; Dieter Kolbe, *Reichsgerichtspräsident Dr. Erwin Bumke. Studien zum Niedergang des Reichsgerichts und der deutschen Rechtspflege*, Karlsruhe 1975.

2 Werner Johe, *Die gleichgeschaltete Justiz. Organisation des Rechtswesens und Politisierung der Rechtsprechung 1933–1945 dargestellt am Beispiel des Oberlandesgerichtsbezirks Hamburg*, Frankfurt/M. 1967; Hans Robinsohn, *Justiz als politische Verfolgung. Die Rechtsprechung in »Rassenschandefällen« beim Landgericht Hamburg 1936–1943*, Stuttgart 1977 (Schriftenreihe der Vierteljahrshefte für Zeitgeschichte, Bd. 35); Henning Timpke, *Dokumente zur Gleichschaltung des Landes Hamburg 1933*, Frankfurt/M. 1967. – Hinsichtlich des noch in den 60er und 70er Jahren vorherrschenden Meinungsklimas ist bezeichnend, daß Robinsohn für seine Ende der 60er Jahre fertiggestellte Analyse keinen Verleger finden konnte. Erst das Münchner Institut für Zeitgeschichte nahm die Arbeit 1977 in eine Schriftenreihe auf. – Zu Hans Robinsohn vgl. Wolfgang Benz, *Eine liberale Widerstandsorganisation und ihre Ziele. Hans Robinsohns Denkschrift aus dem Jahre 1939*, in: Vierteljahrshefte für Zeitgeschichte, 29. Jahrgang/1981, S. 437–471.

nischen Militärgerichtshof Nr. III in Nürnberg, seine anschließende Rehabilitation durch Dienststellen des Landes Schleswig-Holstein und das dagegen gerichtete Vorgehen Hamburger Behörden und Gerichte in den 50er und 60er Jahren eingegangen.

1. Prägungen: Elternhaus, Schule, Kriegsdienst, Studium und Referendariat

1.1. Elternhaus und Schule

Curt Ferdinand Rothenberger wurde am 30. Juni 1896 als Sohn des hamburgischen Zoll-Einnehmers Andreas Rothenberger und seiner Ehefrau Marie Antonie Rothenberger, geborene Segelcke, in Cuxhaven geboren. Der Vater Andreas Rothenberger stammte aus der rhein-hessischen Kreisstadt Alzey. Die Großeltern Rothenberger hatten ihren Lebensunterhalt noch als Weber verdient. Die Mutter Marie Segelcke war dagegen als Tochter eines Hofbesitzers und Schultheiß in Cuxhaven aufgewachsen und hatte dort 1891 auch ihren Ehemann geheiratet. Die Familie wohnte im Zollgebäude am Cuxhavener Außendeich. Der Sohn Curt wuchs gemeinsam mit einer wenige Jahre älteren Schwester auf.[3] Später hat er seine Kindheit in Cuxhaven gern idealisiert. Dabei sah Curt Rothenberger sich eher als Sproß einer Geschlechterreihe von Hofbesitzern und Dorfschulzen aus der Familie seiner Mutter denn als Enkel armer hessischer Weber.

Tatsächlich wurde es dem Sohn eines Zoll-Einnehmers in Cuxhaven 1896 sicher nicht an der Wiege gesungen, daß er einmal Oberlandesgerichtspräsident in Hamburg und einer der führenden Repräsentanten der deutschen Justiz werden sollte. Schon seinem Vater war aber durchaus ein beruflicher Aufstieg gelungen: Er hatte 1879 in Metz das »Realexamen« (Abitur) abgelegt, war zur Zollverwaltung gegangen und hatte als »Grenzaufseher« in Elsaß-Lothringen fungiert, bis er 1888 in den Hamburgischen Zolldienst nach Cuxhaven wechselte. 1901 wurde Andreas Rothenberger nach Hamburg versetzt, was auch den Umzug der Familie nach sich zog, und 1920 hatte er es zum Leiter der Oberfinanzkasse gebracht, so daß er 1928 als Zollamtmann in den Ruhestand treten konnte.[4] Der Vater diente sich also über den mittleren bis zum gehobenen Dienst empor. Die Familie Rothenberger zählte zur Schicht der mittleren Beamten, deren Bedeutung in der ersten Hälfte des 20. Jahrhunderts unablässig wuchs. Aus dieser sozialen Schicht rekrutierte sich mit wachsender Tendenz auch der Juristennachwuchs.[5]

3 Angaben aus dem »Ariernachweis« vom 10.1.1935, in: Bundesarchiv Koblenz (BA), Bestand R 22 (Reichsjustizministerium), Personalakte Curt Rothenberger, Bd. 8 (Varia 1921 ff). Im folgenden zitiert als: BA, R 22/PA Rothenberger.

4 Vgl. Staatsarchiv Hamburg (StArch HH), Abt. 314-14 Zollverwaltung – Personalakten, Akte D 68: Andreas Rothenberger, Bd. 1–4.

5 So stieg der Anteil der Richter, deren Väter gehobene und mittlere Beamte waren, zwischen 1927 und 1965 von 16,4 % auf 22,7 % an. Siehe Walther Richter, *Zur soziologischen Struktur der deutschen Richterschaft*, Stuttgart 1968, S. 38, Tabelle 17. Vgl. auch Walther Richter, *Zur Bedeutung der Herkunft des Richters für die Entscheidungsfindung*, Berlin 1973.

Der Aufstieg des Vaters im hamburgischen Staatsdienst blieb für den Sohn Curt nicht ohne Konsequenzen. So wurde er 1902 zunächst auf die Vorschule der Oberrealschule in Eimsbüttel eingeschult. Ab 1905 konnte er dann den altsprachlichen Zweig des Wilhelm-Gymnasiums besuchen, das zwar nicht den Ruf des Johanneums oder Christianeums als traditioneller Eliteschule genoß, aber damals doch in hohem Ansehen stand. Am 7.8.1914 legte Rothenberger das humanistische Abitur ab. Nur in den Naturwissenschaften und in Religion wurden seine Leistungen mit »genügend« bewertet. In den sprachlichen Fächern Deutsch, Latein, Griechisch und Französisch wurde er dagegen wie in Mathematik mit »gut«, in Geschichte, Erdkunde und Englisch sogar mit »sehr gut« benotet. Sein Betragen bezeichnete man allerdings nur als »im ganzen gut«. Rothenberger war also wohl gelegentlich unliebsam aufgefallen. Auch wies sein Reifezeugnis noch den Berufswunsch des Abiturienten aus und so hieß es, »... er verläßt die Anstalt, um Jurist zu werden.«[6]

1.2. Studium und Kriegsdienst

Eine Woche vor der Abiturprüfung Rothenbergers hatte der Erste Weltkrieg begonnen. Die Kriegsbegeisterung weiter Teile der deutschen Bevölkerung kannte keine Grenzen. Blumengeschmückt zogen die Soldaten an die Front. »Auf nach Paris« lautete die Parole. Und »Jeder Stoß ein Franzoß', jeder Tritt ein Brit', jeder Schuß ein Ruß'« wurde auf den Straßen skandiert. Auch der angehende Jurist Rothenberger meldete sich freiwillig zum Kriegsdienst. Doch er wurde zunächst abgewiesen: Das Militär kam angesichts der Freiwilligenmeldungen mit der Rekrutenausbildung nicht nach.[7] Zum Wintersemester 1914/15 nahm Rothenberger deshalb das Studium der Rechtswissenschaften auf. Er ging an die Berliner Universität, wo er nicht nur die juristischen Anfänger-Vorlesungen besuchte, sondern auch Lehrangebote anderer Fakultäten wahrnahm. Unter seinen juristischen Lehrern waren zwei Professoren, die bis heute internationales Ansehen genießen, nämlich der Begründer der Kriminologie und soziologischen Strafrechtsschule, Franz von Liszt (1851-1919), und der bedeutendste Kommentator der späteren Weimarer Reichsverfassung, Gerhard Anschütz (1867-1948).[8] Im Sommersemester 1915 setzte Curt Rothenberger sein Studium an der »Christian-Albrechts-Universität« zu Kiel fort. Er nahm auch dort Lehrangebote anderer Fakultäten wahr, besuchte eine Veranstaltung »Über Goethes Faust« und beteiligte sich an einem Colloquium zur »völkerrechtlichen Erörterung politischer Tagesfragen«.[9]

Zum 21.6.1915 folgte dann doch die herbeigewünschte Einberufung zum Kriegsdienst. Nach einer dreimonatigen Grundausbildung bei der Feldartillerie

6 Angaben nach dem Reifezeugnis für Curt Rothenberger vom 7.8.1914, in: BA, R 22/PA Rothenberger, Bd. 1.

7 Lebenslauf Curt Rothenbergers vom 30.1.1920, in: Ebenda.

8 Gerhard Anschütz, *Die Verfassung des Deutschen Reiches vom 11. August 1919. Kommentar*, 14. Aufl., Berlin 1933, Nachdruck 1960. Als Gegner des NS-Regimes legte Anschütz nach dem 30.1.1933 alle Ämter nieder und suchte am 31.3.1933 um Emeritierung nach.

9 Studienunterlagen und Zeugnisse Curt Rothenbergers, in: BA, R 22/PA Rothenberger, Bd. 1.

kam Curt Rothenberger an die Westfront, wo er wegen Tapferkeit mehrfach ausgezeichnet wurde.[10] Vor allem aber gelang ihm der Aufstieg zum Leutnant der Reserve. Er hatte damit jenen Dienstrang erreicht, der im preußisch-deutschen Kaiserreich als das »Eintrittsbillett« für die »bessere Gesellschaft« galt. Die Abnutzungskämpfe und Materialschlachten des schon weitgehend technisierten Krieges hinterließen Spuren. Die Überlebenden gingen keineswegs unbeschadet aus der jahrelangen Existenz zwischen Schützengraben und Etappe, Trommelfeuer und trügerischer Ruhe, Sturmangriff und Rückzug im feindlichen MG-Feuer hervor. Der – später oft als »Fronterlebnis« idealisierte – Kriegsdienst führte zu einer Verrohung des Denkens und Handelns, die noch für Jahrzehnte das innenpolitische Klima in Deutschland prägen sollte.

Rothenberger war zwar unverwundet, aber an der Ruhr erkrankt aus dem Krieg zurückgekehrt. Seit Oktober 1918 befand er sich als Rekonvaleszent in Berlin, wo er sofort sein Studium wiederaufnahm. Offenbar wollte er nun so schnell wie möglich zu einem Abschluß gelangen. Die Ereignisse im Zuge der »Novemberrevolution« ließen ihn daher ungerührt. Im Januar 1919 kehrte Rothenberger nach Hamburg zurück, wo er sich bei den »Hamburgischen Universitäts-Kursen« einschrieb. Diese Kurse für Kriegsteilnehmer waren im Vorgriff auf die bald darauf erfolgte Gründung der »Hamburgischen Universität« eingerichtet worden.[11] Zu seinen wichtigsten Lehrern zählten nun der Direktor des Seminars für Öffentliches Recht und Staatslehre, Kurt Perels, der erste Inhaber des Lehrstuhls für Strafrecht und Kriminologie, Moritz Liepmann, und der 1921 zum Oberlandesgerichtspräsidenten ernannte Max Mittelstein. Politisch war Perels dem rechtsstaatlichen Flügel des konservativen Lagers zuzurechnen, während Mittelstein der nationalliberalen Deutschen Volkspartei (DVP) angehörte, und Liepmann als Strafrechts-Reformer zum Linksliberalismus tendierte.[12]

Wie viele angehende Hamburger Juristen schloß sich auch Rothenberger 1919 als »Zeitfreiwilliger« den »Bahrenfeldern« an.[13] Diese Formation sollte für den Fall innerer Unruhen die ständige Wachabteilung Bahrenfeld verstärken und traf sich regelmäßig zu Übungen. Zwei Drittel der »Zeitfreiwilligen« waren wie Rothenberger ehemalige Weltkriegs-Offiziere, die nun an der Hamburger Universität studierten. Politisch waren sie konservativ, deutschnational oder völkisch gesinnt. So wurde vom »Dolchstoß der Heimat in den Rücken der kämp-

10 Personalbogen des Reichsjustizministeriums, in: BA/PA Rothenberger, Bd. 11 (OLG-Präsident).

11 Vgl. Barbara Vogel, *Anpassung und Widerstand. Das Verhältnis Hamburger Hochschullehrer zum Staat 1919 bis 1945*, in: Eckart Krause/Ludwig Huber/Holger Fischer (Hrsg.), *Hochschulalltag im »Dritten Reich«. Die Hamburger Universität 1933 bis 1945*, Bd. 1, Berlin/Hamburg 1991, S. 3–83, insb. S. 8.

12 Studienunterlagen und Zeugnisse Rothenbergers, in: BA, R 22/PA Rothenberger, Bd. 1. Zu Perels vgl. Norman Paech/Ulrich Krampe, *Die Rechts- und Staatswissenschaftliche Fakultät. Abteilung Rechtswissenschaft*, in: Krause/Huber/Fischer (Hrsg.), *Hochschulalltag*, Bd. 2, a.a.O., S. 867–903, insb. S. 870 f. Zu Mittelstein siehe derselbe, *Die Verfassung der Freien und Hansestadt Hamburg*, Hamburg 1924. Zu Liepmann vgl. das im Jahr seines Todes erschienene Buch *Kommunistenprozesse*, Berlin 1928.

13 Aussage Rothenbergers im Juristenprozeß, Verhandlungsprotokoll vom 24.9.1947, in: BA, Bestand All. Proz. (Alliierte Prozesse), 1, XVII, A 118, S. 9065. Zu den »Bahrenfeldern« vgl. Ursula Büttner, *Politische Gerechtigkeit und sozialer Geist. Hamburg zur Zeit der Weimarer Republik*, Hamburg 1985, S. 89 f.

fenden Front«, von »November-Verbrechern« und der »Schmach von Versailles« gesprochen. Hinzu traten antisemitische Töne. Zwar kamen die »Bahrenfelder« letztlich nie zum Einsatz, aber sie prägten das Selbstverständnis einer jungen Akademiker-Generation von »Frontkämpfern«. Curt Rothenberger wurde spätestens hier mit dem chauvinistischen und antidemokratischen Geist der Freikorps konfrontiert. Auch sein Freundeskreis, zu dem Erich Herr und Rudolf Letz zählten, setzte sich bald in erster Linie aus »Bahrenfeldern« zusammen.[14]

Gleichzeitig suchte Rothenberger sein Studium so rasch wie möglich abzuschließen. Doch die juristischen Hochschullehrer waren damals ebensowenig wie heute in der Lage, ihre Studenten auf die Examina hinreichend vorzubereiten. So besuchte auch Rothenberger 1919/20 das Repetitorium des Oberlandesgerichtsrats Dr. John Ulrich Schröder, der 1918 mit den Arbeiter- und Soldatenräten kooperiert hatte und wohl als erster Hamburger Richter der SPD beitrat.[15] Rothenberger ließ sich von Schröder das nötige Examenswissen einpauken und bezeichnete seine Kurse später als »eine Hochschule der juristischen geistigen Bildung«, in dem »der Funke und die Begeisterung am Recht« in ihn »hineingelegt« wurden.[16] Nach einem nur fünfsemestrigen Studium an den Universitäten von Berlin, Kiel und Hamburg meldete er sich im Januar 1920 zur Prüfung.

1.3. Examen, Referendariat und Promotion

Das erste Examen verlief in den bis heute üblichen Bahnen. Als Kriegsteilnehmer brauchte Curt Rothenberger zwar keine Hausarbeit vorzulegen, mußte aber fünf Klausuren fertigen. Nach den heutigen Bezeichnungen wurden sie im Zivilprozeßrecht mit »gut«, im Handels- und Strafrecht mit »vollbefriedigend« und im Zivilrecht mit »befriedigend« benotet. Nur die öffentlich-rechtliche Klausur zum Thema »Begriff der Souveränität. Waren die Bundesstaaten des früheren Deutschen Reiches souverän? Sind es die Länder des jetzigen Deutschen Rei-

14 Erich Herr, geb. 1893 in Hamburg, 1914–1918 Kriegsdienst (Oberleutant), Zeitfreiwilliger bei den »Bahrenfeldern«, 1920 Referendar, 1922 Rechtsanwalt, 1924 Syndikus, 1930 Richter am Amtsgericht, 1937 Landgerichtsdirektor, 1939–1944 Kriegsdienst (Oberstleutnant), 1944 Senatspräsident, siehe StArch HH, Abt. 241-2 Justizverwaltung-Personalakten, A 3288; Rudolf Letz, geb. 1892 in Hamburg, 1914 Referendar, 1914–1918 Kriegsdienst (Leutnant), Zeitfreiwilliger bei den »Bahrenfeldern«, 1922 Staatsanwalt, 1927 Richter am AG, 1933 Oberregierungsrat in der Justizverwaltung, 1934 Regierungsdirektor, 1935 Vizepräsident des HOLG, 1942 Ministerialdirektor im RJM, SS-Mitglied 1933 (Sturmbannführer), siehe: Bundesarchiv, R 22/Personalakten (im folgenden: BA, R 22/PA); StArch HH, 241-2, A 3838.

15 Schröder (1876–1947) war 1917/18 Marinerichter und kam über Hochverratsverfahren gegen Matrosen mit der Arbeiterbewegung in Berührung. 1922 ging er als leitender Beamter ins sächsische Justizministerium, wurde 1933 seines Amtes enthoben und 1945 Generalstaatsanwalt in Dresden, vgl. Hilde Benjamin u.a. (Autorenkollektiv), *Zur Geschichte der Rechtspflege der DDR 1945–1949*, Berlin (Ost) 1976, insb. S. 329, Anm. 42.

16 Autobiographische Aufzeichnungen Rothenbergers vom Frühjahr 1944 mit dem Titel »Der Kampf ums Recht« (Maschinenschrift mit handschriftlichen Änderungen), Kapitel A, S. 2, in: BA, R 22/PA Rothenberger, Bd. 15 (Blattsammlung). Im folgenden zitiert als Rothenberger, »Der Kampf ums Recht«. Die Aufzeichnungen gelangten offenbar 1946 im Zuge des »Juristenprozesses« zu den Akten. Sie wurden von der Forschung bislang kaum beachtet, dürfen aber einiges Interesse beanspruchen, weil sie noch *vor* dem Ende der NS-Herrschaft entstanden. Dabei ist hinsichtlich dieser Aufzeichnungen aber quellenkritische Vorsicht geboten. Denn es wird nicht nur manches verzerrt wiedergegeben, sondern gewisse Vorgänge wurden auch entstellt oder ganz weggelassen.

ches?« fiel mit »ausreichend« dahinter zurück. Die mündliche Prüfung fand am 24.3.1920 statt. Mit dem Vorsitzenden, Max Mittelstein, und einem der Prüfer, Kurt Perels, war der Kandidat schon vertraut. Am Ende stand ein Prädikatsexamen mit der Juristen nur selten zuerkannten Gesamtnote »gut«.[17]

Nur 14 Tage später folgte die Vereidigung als Referendar. Der damals dreijährige juristische Vorbereitungsdienst verlief in der bis heute üblichen Weise, wurde Rothenberger als Kriegsteilnehmer allerdings auf zweieinhalb Jahre verkürzt. So war er zunächst einer Zivilabteilung, dann einer Strafkammer, darauf einem Schöffengericht und anschließend einer Zivilkammer zugeordnet. Es folgte die Anwaltsstation bei der Sozietät der Dres. Windmüller und Partner. Dann wurde er noch bei der Staatsanwaltschaft, bei den Mahn-, Vollstreckungs- und Grundbuchabteilungen und bei einer Kammer für Handelssachen beschäftigt. Daneben nahm er an den Referendar-Arbeitsgemeinschaften teil. Die Beurteilungen, die Rothenberger von jeder einzelnen Beschäftigungsstelle erhielt, waren durchweg vorzüglich. Immer wieder wurden seine »umfassenden theoretischen Kenntnisse«, »ein sicheres Judiz«, der »große Fleiß« und ein »zuvorkommendes, stets bescheidenes Auftreten« gelobt.[18] Damit entsprach er genau jenem Anforderungsprofil, das für deutsche Justizjuristen (Richter, Staatsanwälte und Mitarbeiter der Justizverwaltung) bis heute maßgeblich ist: Er besaß gute fachliche Kenntnisse, vermochte diese in der Praxis anzuwenden, war hinsichtlich der zu erbringenden Arbeitsleistung »belastbar« und darüber hinaus bereit, sich den Verhältnissen anzupassen.

Am 10.12.1920 promovierte Rothenberger zum Doktor der Rechte. Sein »Doktorvater« war Kurt Perels, dem gegenüber Angehörigen der »Kriegsgeneration« eine besondere Fürsorglichkeit nachgesagt wurde.[19] Perels legte Rothenberger offenbar jenes Thema nahe, das ihm im Examen Schwierigkeiten bereitet hatte. So befaßte er sich mit »Unitarismus und Föderalismus in der Reichsverfassung vom 11. August 1919, nachgewiesen an der Kompetenzverteilung zwischen Reich und Ländern«. Ausgehend vom montesquieuschen Prinzip der Gewaltenteilung wurden die Zuständigkeiten auf den Gebieten der Gesetzgebung, vollziehenden Gewalt und Rechtsprechung untersucht. Dabei ging Rothenberger stets auf die Verfassung von 1871 zurück, schilderte die Verfassungswirklichkeit im Kaiserreich und setzte sich mit den Entwürfen für die Weimarer Verfassung und deren gültigem Text auseinander. Die Arbeit machte so die Entwicklung von der eher föderalistischen Verfassung von 1871 zur mehr unitaristischen Verfassung von 1919 deutlich. Dabei trat Rothenberger nachdrücklich für die Justizhoheit der Länder ein, in der er unter Berufung auf Nawiasky eine »Oase in der Verödung der Landesherrlichkeit« sah. Wie die Staatsrechtswissenschaft jener Zeit war auch die Dissertation positivistisch geprägt.[20] Sie stellte einen beachtlichen

17 BA, R 22/PA Rothenberger, Bd. 3 (Erste juristische Prüfung).

18 Nur ein Grundbuchrichter beklagte »mangelnde Kenntnisse der deutschen Schrift«. Vgl. Unterlagen und Zeugnisse, in: BA, R 22/PA Rothenberger, Bd. 5 (Juristischer Vorbereitungsdienst).

19 Vgl. Paech/Krampe, *Die Fakultät*, in: Krause/Huber/Fischer (Hrsg.), Hochschulalltag, Bd. 2, a.a.O., S. 870 f.

20 Ein Exemplar der 93 Seiten umfassenden Arbeit findet sich in der Staats- und Universitäts-Bibliothek Hamburg, Zitat, S. 35. Zur Staatsrechtswissenschaft unter der Weimarer Republik sie-

Beitrag zur Interpretation der jungen Weimarer Verfassung dar. Irgendwelche Ressentiments gegen die demokratische Republik traten dabei nicht zu Tage.

Schließlich blieb noch die zweite juristische Staatsprüfung zu meistern, der Rothenberger sich am 24.6.1922 unterzog. Dabei wurde ihm das Examen abermals abgekürzt. Allerdings mußte diesmal eine Hausarbeit zu einem zivilrechtlichen Fall angefertigt werden. Die Arbeit wurde von der Prüfungskommisson, die wieder unter dem Vorsitz Mittelsteins tagte, mit »gut« bewertet. Der Aktenvortrag am Tage der Prüfung verlief so glänzend, daß Rothenberger dafür sogar die Note »sehr gut« erhielt. Die drei mündlichen Prüfungen wurden mit »gut« und in einem Fall »recht gut« bewertet. So konnte Curt Rothenberger das Prüfungslokal im Oberlandesgericht als Volljurist mit doppeltem Prädikatsexamen verlassen.[21]

1.4. Sozialer Aufstieg

Den Eltern Rothenbergers war es gewiß nicht leicht gefallen, ihrem Sohn den Besuch der höheren Schule und das Studium zu ermöglichen. Denn die Familie verfügte neben den Bezügen des Vaters nur über ein geringes Vermögen aus dem Erbteil der Mutter, das in der Inflation nach dem Ersten Weltkrieg verloren ging.[22] So scheint die wirtschaftliche Lage Rothenbergers 1919/20 schwierig gewesen zu sein, was dazu geführt haben mag, daß er das Studium so schnell wie möglich beendete. Als Referendar verbesserte sich dann seine Situation. Zwar wurden Referendaren damals in der Regel keine Unterhaltszahlungen oder Zuwendungen gewährt. Bis 1911 mußten sie in Preußen sogar 7.500 Mark hinterlegen und einen »standesgemäßen« Unterhalt von 1.500 Mark jährlich nachweisen.[23] In Hamburg aber erhielt Rothenberger sofort 300 Mark Beihilfe monatlich. Durch die Mitarbeit bei einem Rechtsanwalt verfügte er auch über gewisse Nebeneinkünfte. In erster Linie aber war es die Beihilfe des hamburgischen Staats, die ihm die weitere Ausbildung ermöglichte.

Neben den wirtschaftlichen Schwierigkeiten hatte Curt Rothenberger vor allem der Aufstieg des Vaters geprägt. In seinem Elternhaus war ihm früh vermittelt worden, wie man im Staatsdienst vorankam, daß Kontinuität, Anpassungsbereitschaft und vorauseilender Gehorsam sich auszahlten. Der stets auf sein berufliches Fortkommen bedachte Vater war sogar der damals im Hamburger Bürgertum dominanten DVP beigetreten.[24] Curt Rothenberger machte darüber hinaus die Erfahrung, daß gute Leistungen auch zu einer gewissen Selbständigkeit berechtigten. Und er versuchte mit Erfolg, stets einer der Besten zu sein – als Stu-

he Renate Graner, *Die Staatsrechtslehre in der politischen Auseinandersetzung der Weimarer Republik*, Frankfurt/Main 1980; Michael Stolleis, *Staatsrechtslehre zwischen Monarchie und Führerstaat*, in: Steffen Harbrodt (Hrsg.), Wissenschaft im Nationalsozialismus, Berlin 1983, S. 12–34.

21 Prüfungsunterlagen und Hausarbeit, in: BA, R 22/PA Rothenberger, Bd. 9 (Zweite juristische Prüfung).

22 Angaben nach dem Antrag Rothenbergers auf Gewährung einer Unterstützungszulage vom 8.11.1921, in: BA, R 22/PA Rothenberger, Bd. 5.

23 Siehe Dieter Simon, *Die Unabhängigkeit des Richters*, Darmstadt 1975, S. 32. Vgl. auch Ralph Angermund, *Deutsche Richterschaft 1919–1945. Krisenerfahrung, Illusion, politische Rechtsprechung*, Frankfurt/M. 1990, insb. S. 20–31.

24 Fragebogen in der Personalakte Andreas Rothenberger, in: StArch HH, 314-14, Akte D 68, Bd. 4, Umschlag vor Bl. 1.

dent, Soldat und Referendar. In den engen Verhältnissen seiner Heimatstadt lernte er auch, persönliche Bekanntschaften zu nutzen. So waren es immer wieder dieselben Personen, die ihm als Universitätslehrer, Prüfer und Ausbilder den Weg ebneten. Mit 26 Jahren hatte Rothenberger es dann weitgehend geschafft. Er besaß beste Eingangsvoraussetzungen für die höhere Beamtenlaufbahn und war bestrebt, die Enge seines Elternhauses zu überwinden und leitende Positionen im Staatsdienst zu erreichen: Der soziale Aufsteiger wollte Karriere machen.

Rothenberger war 1922 kein erklärter Gegner der Weimarer Republik. Er hatte bei Professoren unterschiedlicher politischer Couleur studiert. Sein Repetitor war sogar der erste sozialdemokratische Richter in der höheren hanseatischen Richterschaft. Es spielte für ihn auch keine Rolle, daß sein Doktorvater Kurt Perels sich zur jüdischen Religion bekannte. Die von Sozialdemokraten und Linksliberalen regierte Hamburger Stadtrepublik hatte ihm den Abschluß der Ausbildung ermöglicht. Für ihn lag es also nahe, sich den Verhältnissen anzupassen. In seinem Freundeskreis junger Juristen aus der »Kriegsgeneration« wurden allerdings ganz andere Auffassungen vertreten. Die Verrohung im Weltkrieg hatte Spuren hinterlassen. Völkische und antisemitische Töne waren an der Tagesordnung. Das angeblich so »liberale« und »weltoffene« Hamburg stellte nämlich stets auch ein Zentrum rechtsextremer Bestrebungen dar.[25] So stand Rothenberger politisch zwischen Baum und Borke – zwischen der Republik, die ihm den sozialen Aufstieg ermöglicht hatte, und seinen Freunden, die die Niederlage im Krieg nicht verwinden wollten und den demokratischen Staat verneinten.

2. Hamburgischer Richter und Verwaltungsbeamter

2.1. Die Hamburger Justiz in der Zeit der Weimarer Republik

Das vielleicht aufschlußreichste Merkmal der Hamburger Justiz war schon während der ersten deutschen Republik ihre Überschaubarkeit. Dazu trugen nicht nur die spärlich gesäten Planstellen, sondern auch die Zusammenfassung der Gerichte am Sievekingplatz bei. 1922 waren in Hamburg gerade 239 Richter, 23 Staatsanwälte, drei höhere Verwaltungsbeamte und ein Direktor der Strafanstalten beschäftigt. Diese Zahlen erhöhten sich in den Folgejahren nur unwesentlich. 1929 waren es 253 Richter, 33 Staatsanwälte und drei Verwaltungsbeamte sowie ein Direktor der Strafanstalten. Abgesehen von den vier Letzteren und je drei Richtern bei den Amtsgerichten in Bergedorf und Cuxhaven arbeiteten fast alle Hamburger Justizjuristen in den Gebäuden rund um den Sievekingplatz. Sogar die Verwaltungs- und Arbeitsgerichte waren dort untergebracht.[26] Dies hatte im Gegensatz zu ländlichen Oberlandesgerichtsbezirken und der

25 Büttner, *Politische Gerechtigkeit*, a.a.O, S. 127–138.

26 Angaben nach: *Hamburgisches Staatshandbuch für das Jahr 1922*, Hamburg 1922, S. 57–71; *Hamburgisches Staatshandbuch für das Jahr 1929*, Hamburg 1929, S. 138–167. Zur Justiz-Tätigkeit vgl. auch *Jahresbericht der Verwaltungsbehörden der Freien und Hansestadt Hamburg 1925*, Hamburg 1926, S. 327–350. An einer Untersuchung zur Hamburger Justiz in den Jahren vor 1933 fehlt es bislang ebenso wie an einer Verwaltungsgeschichte der Stadt im 20. Jahrhundert. Nur für die Anwaltschaft liegt eine Studie vor: Brunhilde Haack, *Die Anwaltschaft in Hamburg während der Weimarer Republik*, Diss. jur., Hamburg 1990.

Der Sievekingplatz: Links das Zivil-, rechts das Strafjustizgebäude, in der Mitte das Oberlandesgericht. Luftaufnahme um 1930.
Quelle: Privatbesitz.

dezentralisierten Berliner Justiz zur Folge, daß die Hamburger Richter und Staatsanwälte sich meist kannten. Nur vor diesem Hintergrund konnte ein besonderer und bis heute manchmal beschworener (Korps-) »Geist vom Sievekingplatz« entstehen.

Politisch hatte sich der Übergang vom Kaiserreich zur Republik in Hamburg weniger einschneidend als in den ehemals monarchisch verfaßten Ländern des Reiches vollzogen. So arbeiteten im ersten Nachkriegs-Senat auch Mitglieder des Vorkriegs-Senates mit. Ihnen wurde bis 1924 sogar das Amt des Ersten Bürgermeisters überlassen. Damit blieb die Kontinuität der Staatsautorität gewahrt, der sich die Mehrzahl der Justizjuristen vor allem verpflichtet fühlte. Im November 1918 hatte allerdings doch für elf Tage die rote Fahne über dem Oberlandesgericht geweht. Vorübergehend waren dort auch Organe der Arbeiter- und Soldatenräte einquartiert worden. Bei den »Sülze-Unruhen« im Juni 1919 hatte eine Menge sogar das Strafjustizgebäude gestürmt, Akten aus den Fenstern geworfen und Gefangene befreit. Damit verfügte auch die Hamburger Justiz über politische »Krisenerfahrung«.[27] Die kleine, wohlbehütete Welt um den Sievekingplatz war vorübergehend in Unordnung geraten.

Nichts erschütterte die Hamburger Richter und Staatsanwälte jedoch so sehr wie ihre faktische Enteignung durch die Inflation. Noch 1939 schilderte der nationalsozialistische Chronist des Hanseatischen Oberlandesgerichts in dessen »Gedenkschrift« über vier Druckseiten die angebliche wirtschaftliche Not der Hamburger Richterschaft in jener Zeit. So soll ein Oberlandesgerichtsrat schon 1921 um die Überlassung eines Zimmers im Gericht nachgesucht haben, weil er keine standesgemäße Behausung fand. Nach Einführung der Rentenmark lag das Gehalt der Richter Ende 1923 angeblich sogar unter dem Einkommen der Gerichtsschreiber vor dem Weltkrieg.[28] Hinzu trat der Verlust der »sicher« in Kriegs-Anleihen investierten Kapitalvermögen. Diese Enteignung wirkte auf die durch Herkunft und Heirat eng mit den führenden Hamburger Kaufmannsfamilien verbundene Richterschaft besonders deprimierend. In der Folgezeit wurde um nichts so gerungen, wie um die Besoldung der Richter, die in Hamburg ohnehin stets über derjenigen im übrigen Reich lag und 1927 erneut angehoben wurde. Doch schon die Kürzungen im Zuge der Brüningschen Notverordnungen führten wieder zu allgemeinen Verunsicherungen und »Existenzängsten«.

Ein Beispiel für die politische Befindlichkeit der Hamburger Justiz bot die Einweihung des Gefallenendenkmals für die Opfer des Ersten Weltkrieges im Oberlandesgericht am 8.7.1922. Richter Dr. Hardeland stellte seine Ausführungen unter das Motto: »Sind nicht in dem Elend der Gegenwart die gefallenen Kameraden zu beneiden?« Unter Anspielung auf die Demokratie erklärte er, daß »die teuren Toten nicht für eine Partei, sondern für die Volksgemeinschaft fielen«. Zum Weltkrieg führte er aus: »Solche Höhepunkte im Völkerdasein können nicht spurlos wieder verlorengehen. Wie ein heiliges Feuer wird es aus jener großen Zeit immer wieder hineinleuchten in das Dunkel der Gegenwart.« Die

27 Vgl. hierzu Angermund, *Richterschaft*, a.a.O., S. 20–31.

28 Hans Wogatzky, *120 Jahre oberste Hanseatische Gerichte*, in: Curt Rothenberger (Hrsg.), *Das Hanseatische Oberlandesgericht. Gedenkschrift zu seinem 60jährigen Bestehen*, Hamburg 1939, S. 15–111, insb. S. 85–88.

Republik deutete er unter Berufung auf die völkischen Ideen des »Rembrandt-Deutschen« Julius Langbehn[29] nur als Zwischenreich, bis »ein Deutschland hoch zu Ehren dereinst wiedererstehen wird.« Der NS-Chronist brauchte 1939 denn auch nur jubelnd hinzuzufügen: »Große Worte 1922! Aber es war ein weiter Weg noch ... bis in den Feuern des historisch gewordenen Fackelzuges (am 30. Januar 1933, Anm. d. Verf.) und des Reichstagsbrandes die Entscheidung fiel.«[30]

Die Ausführungen Hardelands wurden wohl nicht von allen Hamburger Juristen in der Zeit der Weimarer Republik geteilt. Denn in ihrer Schlußphase gab es auch einige wenige linksliberale und sozialdemokratische Richter und Staatsanwälte. Unter den politisch Organisierten überwogen jedoch die Anhänger der nationalliberalen Deutschen Volkspartei (DVP) und der Deutschnationalen Volkspartei (DNVP). Die Aussage des Rechtsanwalts Brinckmann aus dem Jahre 1922, »der größte Teil« seiner Kollegen sei »rechtsorientiert«[31], galt wohl noch verstärkt für die Hamburger Justizjuristen. Viele hielten sich zwar für »unpolitisch«, wurden aber sofort aktiv, wenn es um ihre Standesinteressen ging. »Krisenerfahrungen« und ökonomische »Existenzängste« blieben unvergessen. Wie weite Teile der akademischen Oberschichten, so schwankten auch die Richter und Staatsanwälte »zwischen vorherrschenden nationalistischen Grundströmungen, antiparlamentarischen Überzeugungen und mühevollen Beharrungsversuchen der eigenen Identität.«[32]

2.2. *Assessor und Richter am Landgericht*

Nur vier Tage nach dem zweiten Examen folgte die Ernennung Rothenbergers zum Assessor. Zuvor hatte er sich noch erkundigt, ob nicht auch eine mehrjährige Praxis als Anwalt ausreiche, um zum Richter ernannt zu werden. Dies wies die Justizverwaltung jedoch pikiert zurück, denn die ganze Beförderungsarithmetik würde damit durcheinandergeraten. Wer einmal als Anwalt zugelassen sei, könne nicht mehr auf die Ernennung zum Richter hoffen. Daraus folgte für Rothenberger, daß er als Assessor eine »Wartezeit« von ungewisser Dauer auf sich nehmen mußte. Denn die »Erprobung« der Richter und Staatsanwälte war damals noch unbefristet. In Preußen wurde sie auf bis zu zehn Jahre ausgedehnt, wobei die Assessoren dort in den ersten Jahren nicht einmal Vergütungen erhielten. Auch in dieser Beziehung hatte Rothenberger es in Hamburg sehr viel besser. Doch wie schwer gerade ihm die Zeit der Ungewißheit bis zur Übernahme in eine Planstelle geworden ist, liegt bei seinen Ambitionen auf der Hand. Nach der Vereidigung am 3.7.1922 wurde er dem Amtsgericht überwiesen. Vier

29 Zu Julius Langbehn und seinen Schriften siehe: *Uwe-K. Ketelsen, Völkisch-nationale und nationalsozialistische Literatur in Deutschland 1890–1945*, Stuttgart 1976, insb. S. 33 f; Fritz Stern, *Kulturpessimismus als politische Gefahr. Eine Analyse nationaler Ideologie*, 2. Aufl., Stuttgart 1963.

30 Alle Zitate aus Wogatzky, *Hanseatische Gerichte*, in: Rothenberger (Hrsg.), *Oberlandesgericht*, a.a.O., S. 81 f.

31 Zitiert nach Haack, *Anwaltschaft*, a.a.O., S. 179. Zur parteipolitischen Orientierung der Justizjuristen vgl. den Beitrag von Hans-Konrad Stein-Stegemann in diesem Band.

32 Wolfgang Scheffler, *Wege zur »Endlösung«*, in: Herbert A. Strauss/ Norbert Krampe (Hrsg.), *Antisemitismus. Von der Judenfeindschaft zum Holocaust*, Bonn 1985, S. 186–214, S. 198.

Tage später dürfte er als »Frontkämpfer« ebenfalls der Rede Dr. Hardelands gelauscht haben.

Rothenberger war damit endgültig in die kleine Welt rund um den Sievekingsplatz aufgenommen worden. Welches Ansehen er zu dieser Zeit genoß, zeigt ein Vorgang vom August 1922. Damals stand der Rechtsanwalt Dr. Wilhelm Kiesselbach im Begriff, als Vertreter des Reiches zu Verhandlungen über die deutsch-amerikanischen Schadensersatz-Ansprüche aus dem Weltkrieg in die USA zu reisen.[33] Die Justizverwaltung sollte ihm einen Vertreter für seine Sozietät benennen. Sie empfahl Kiesselbach den Assessor Rothenberger, der die Vertretung auch gern übernehmen wollte, daneben aber das Repetitorium John Ulrich Schröders fortzuführen beabsichtigte. Dies hielt Kiesselbach aber aus Gründen der Arbeitsbelastung mit seiner Vertretung für unvereinbar, so daß er um Zuweisung eines anderen Assessors bat.[34] Dabei ahnten 1922 weder Kiesselbach noch Rothenberger, daß ersterer 1928 zum Oberlandesgerichtspräsidenten ernannt und letzterer 1935 einer seiner Nachfolger in diesem Amt werden sollte. Für die in sich abgeschlossenen Hamburger Verhältnisse war jedoch auch dies nicht ungewöhnlich. Tatsächlich nahm Rothenberger noch 1922 eine sehr erfolgreiche Tätigkeit als Repetitor auf, die ihm erhebliche Nebeneinkünfte beschert haben dürfte.

Als Assessor war Curt Rothenberger ab 1.1.1923 dem Landgericht zugeordnet, wo er fast nur als Beisitzer in Zivilkammern beschäftigt wurde. An ein berufliches Fortkommen war weiterhin nicht zu denken. Auch die Hamburger Assessoren mußten damals in der Regel fünf Jahre auf eine Planstelle warten. Als Rothenberger sich Mitte 1923 über seine Aussichten erkundigte, erging folgender lakonischer Bescheid: »Die Senatskommission hat entschieden, vor dem Herbst der Neubesetzung von Richterstellen nicht nähertreten zu wollen. Es sind übrigens zur Zeit erst 8 Stellen unbesetzt.«[35] Dennoch heiratete er im Sommer 1923. Rothenbergers Ehefrau wurde Gertrudis Elisabeth Classen, die aus einer Familie Hamburger Großkaufleute stammte und 1903 in Buenos Aires geboren war. Beide Großväter von Gertrudis Classen hatten an leitender Position im Hamburger Staatsdienst gestanden – der eine als Direktor des Johanneums und der andere als Direktor der Baupolizei Hamburg.[36] Mit der Heirat von Jurist und Kaufmannstochter schlossen sich die engen Kreise der hanseatischen Oligarchie, in der traditionell nur Kaufleute und Juristen etwas galten. Die Eheschließung besiegelte vor allem den sozialen Aufstieg Rothenbergers. Der Sohn eines Zoll-Einnehmers aus Cuxhaven hatte es geschafft, sich in den »besseren Kreisen« seiner Heimatstadt zu etablieren.

33 Wilhelm Kiesselbach (1867–1960) erwarb sich durch seine Tätigkeit in der »German/American Mixed Claims Commission« in den Jahren 1922 bis 1928 nicht nur in Deutschland, sondern auch in den USA und Großbritannien großes Ansehen. Dies dürfte dazu beigetragen haben, daß er 1928 zum OLG-Präsidenten ernannt und nach seinem Ausscheiden 1933 von der britischen Besatzungsmacht 1945 erneut eingesetzt wurde, bis 1946 die Berufung zum Präsidenten des Zentralen Justizamtes für die Britische Zone folgte. Vgl. *Wilhelm Kiesselbach zum achtzigsten Geburtstag. Festschrift*, Hamburg o.J. (1947).

34 Schreiben vom 23.8.1922 und 19.9.1922, in: BA, R 22/PA Rothenberger, Bd. 10.

35 Schreiben vom 2.5.1923, in: BA, R 22/PA Rothenberger, Bd. 10.

36 Angaben nach dem »Ariernachweis« für Rothenberger und Frau vom 10.1.1935, in: BA/R 22 PA Rothenberger, Bd. 8.

Am 10.1.1924 sprach Rothenberger erneut wegen der Übernahme auf eine Planstelle bei der Justizverwaltung vor. In einem Vermerk ihres leitenden Beamten Johannes Meyer hieß es nun immerhin: »Ihm wird erwidert, daß seine dauernde Beschäftigung im Staatsdienst nach wie vor beabsichtigt sei.«[37] Es sollte jedoch ein Jahr vergehen, bis Rothenberger am 1.1.1925 mit 28 Jahren zum Richter am Landgericht ernannt wurde. Er fand zunächst weiterhin fast nur als Beisitzer in Zivilkammern Verwendung. Ab 1.1.1926 wurde er dann gegen seinen Willen Untersuchungsrichter. Später meinte er hierzu aber: »... (ich erkannte jetzt), daß Rechtsfindung nicht in erster Linie ein konstruktiver oder gar wissenschaftlicher Denkvorgang ist, sondern die Kunst, die Menschen richtig zu erkennen und Lebensvorgänge zu erfassen ...«[38]

2.3. Regierungs- und Oberregierungsrat bei der Landesjustizverwaltung und der Gesundheitsbehörde

18 Monate lang blieb Rothenberger Untersuchungsrichter. Dann wurde ihm der Posten des Regierungsrats in der Landesjustizverwaltung angeboten. Die Justizverwaltung war erst 1926 selbständige Behörde geworden und zählte damals gerade drei höhere Beamte. Leiter war ein Regierungsdirektor, dem ein Oberregierungsrat und ein Regierungsrat nachgeordnet waren. Darüber hinaus beschäftigte die Justizverwaltung nur sechs oder sieben Beamte des gehobenen und mittleren Dienstes. Zu ihren weitgesteckten Aufgaben zählten die Bearbeitung aller Personalia, die Bewirtschaftung der Gebäude, die Vorbereitung von Gesetzen und Verordnungen und die Bearbeitung von Gnadensachen.[39] Neben der Justizverwaltung stand die Gefängnisbehörde, die über einen eigenen Verwaltungsapparat verfügte. Präses war von 1919 bis 1931 Dr. Arnold Nöldeke, der von 1910 bis 1919 als Oberlandesgerichtsrat fungiert hatte und der linksliberalen Deutschen Demokratischen Partei (DDP) angehörte.

Zu dem Angebot, in die Landesjustizverwaltung zu wechseln, schrieb Rothenberger später, es sei für ihn »ein schwerer Entschluß (gewesen), die unabhängige Richterstellung aufzugeben und Beamter zu werden.« Das standesbewußte hanseatische Richtertum blickte wohl schon damals auf die Mitarbeiter der Justizverwaltung herab. Tatsächlich aber dürfte Rothenberger das Angebot vor allem geschmeichelt haben. Auch war ihm klar, daß sich die Verwaltungstätigkeit als Sprungbrett für die Karriere eignete. Also war es im Grunde keine Frage, daß er das Angebot annahm. Über seine Arbeit bemerkte er später: »Die Grenzen des richterlichen Horizonts wurden gesprengt und die Vielseitigkeit des öffentlichen Lebens tat sich auf.«[40] Zunächst fertigte er Gutachten zu Fällen, mit denen die Justizverwaltung befaßt wurde. Später übernahm er auch reine Verwaltungsaufgaben in den Bereichen Haushalt und Personal. Gelegentlich vertrat er sogar die Freie und Hansestadt – etwa vor dem Staatsgerichtshof in Leipzig bei einem Pro-

37 Vermerk Meyers 10.1.1924, in: BA, R 22/PA Rothenberger, Bd. 10.

38 Rothenberger, »Der Kampf ums Recht«, a.a.O., Kap. A, S. 4.

39 Angaben nach: *Staatshandbuch 1922*, a.a.O., S. 57–71; *Staatshandbuch 1929*, Hamburg 1929, S. 138–167.

40 Rothenberger, »Der Kampf ums Recht«, a.a.O., Kap. A, S. 5 f.

zeß um das Wahlrecht zur Bürgerschaft oder bei Verhandlungen des Reichsrats in Berlin über eine Reform der Rechtsstellung unehelicher Kinder.

1928 unternahm Rothenberger eine viermonatige Studienreise nach Großbritannien. Das dortige Rechtssystem machte auf ihn starken Eindruck: »Ich erkannte, ... daß ein starkes Recht nur durch eine Auslese der Besten des Volkes für ein hohes, kleines und gut besoldetes Richterkorps gewährleistet ist. ... (ich prüfte daher), wie es möglich ist, daß England mit einer so geringen Zahl von Richtern auskommt – die erste Voraussetzung für eine Qualitäts-Auslese. Die Gründe sind vielfach: Ein wenig prozeßsüchtiges Volk, ein kurzer Instanzenzug, aber vor allem eine starke Entlastung des Richters durch clerks, registrars, masters und judges of peace. In dieser Erkenntnis liegen die ersten Ursachen für meine späteren Reformpläne: Richterkorps, Volksrichter, Rechtspfleger, einfache Gerichtsorganisation und kurzer Instanzenzug.«[41]

Nach der Rückkehr aus Großbritannien wurde Rothenberger verstärkt mit Personalangelegenheiten befaßt. Dabei kam es zu Reibereien mit dem Leiter der Gefängnisbehörde, Christian Koch, der durch Reformen im Strafvollzug weit über Hamburg hinaus bekannt geworden war.[42] Koch wurde auch eine gute Menschenkenntnis nachgesagt, und so durchschaute er vielleicht den diensteifrigen Regierungsrat. Der Konflikt spitzte sich so zu, daß die Versetzung Rothenbergers betrieben werden mußte. Als eine Stelle bei der Gesundheitsbehörde gefunden war, willigte er sofort ein, weil der Wechsel für ihn mit der Beförderung zum Oberregierungsrat verbunden war. Über seine dortige Arbeit schrieb er 1944: »Mich reizte hier das Planende, das aktive Handeln und Gestalten, das Organisatorische, das schnelle Zupacken ohne große ›juristische Bedenken‹. Für jeden Mann in diesem Alter eine reizvolle Aufgabe, für jeden kommenden Richter eine notwendige Ergänzung seines Wissen.«[43] Die Tätigkeit Rothenbergers bei der Gesundheitsbehörde währte nur 13 Monate. Am 1.1.1931 kehrte er bereits zur Justizverwaltung zurück, wo nun Dr. Bertram als leitender Beamter fungierte. Rothenberger wurde sein Stellvertreter und blieb bis zum 15.1.1932 in dieser Position.

2.4. Die gescheiterte Berufung zum Hilfsrichter am Reichsgericht

Am 5.11.1931 bat der Staatssekretär im Reichsjustizministerium, Franz Schlegelberger, die Landesjustizverwaltung um die Benennung eines Hilfsrichters für das Reichsgericht. Aus naheliegenden Gründen war der Justizverwaltung daran gelegen, daß auch Hamburger Richter am Reichsgericht tätig wurden. Doch kein Richter in einer Beförderungsstelle wollte nach Leipzig wechseln.[44] Dies mag an-

41 Ebenda, S. 6 f.

42 Zu Christian Koch und seinen Reformen im Hamburger Strafvollzug vgl. den Beitrag von Wolfgang Sarodnick in diesem Band.

43 Rothenberger, »Der Kampf ums Recht«, a.a.O., Kap. A, S. 8.

44 Schreiben Schlegelbergers vom 5.12.1931, in: BA/R 22 PA Rothenberger, Bd. 8. Nur der OLG-Rat Dr. Siegfried Hofmann bekundete zwar Interesse, nach Leipzig zu wechseln, verlangte aber dort nach seinem Dienstalter eingruppiert zu werden. In einem anderen Fall hatte dies zu Streitigkeiten im Reichsrat geführt, weshalb die Kandidatur Hofmanns nicht weiter verfolgt wurde. Vgl. die Vermerke vom 17. bis 24.11.1931, in: Ebenda.

gesichts des Ansehens überraschen, dessen sich das Reichsgericht damals rühmte, und das vielen noch nach 1945 Anlaß zu devoten Ehrenbezeugungen bot.[45] Doch für die Hamburger Richter war entscheidend, daß die Besoldung der Räte am Hanseatischen Oberlandesgericht bis 1908 sogar diejenige am Reichsgericht übertroffen hatte, und daß ein Wechsel auch 1931 nur geringe Einkommenszuwächse mit sich brachte. Hinzu trat die Affinität der Hamburger zu ihrer Stadt. Auf Leipzig blickte man schon damals eher mitleidig herab. Die Justizverwaltung befand sich nun in einer schwierigen Situation. Ihrem leitenden Beamten Dr. Alfred Bertram kam jedoch ein – scheinbar – rettender Gedanke: Wenn also niemand aus der höheren Richterschaft nach Leipzig wollte, warum sollte man dann nicht den ehrgeizigen Prädikats-Juristen Rothenberger wieder zum Richter machen und an das Reichsgericht entsenden? Natürlich war Rothenberger damit sofort einverstanden. Denn für ihn hätte die Berufung ja einen Karriere-Sprung bedeutet. Darauf sprach Bertram seinen Plan mit dem zuständigen Referenten im Reichsjustizministerium, Dr. Sauer, durch. Jener hegte keine Bedenken, obwohl Rothenberger erst das Mindestalter von 35 Jahren für eine Tätigkeit am Reichsgericht erreicht hatte.[46]

Nun eröffnete Bertram seine Absichten Bürgermeister Dr. Carl Petersen, der seit dem 15.9.1931 der Justizverwaltung vorstand. Petersen, der der linksliberalen DDP angehörte, die seit Mitte 1930 als »Deutsche Staatspartei« firmierte, war einverstanden. Am 30.11.1931 trug er die Sache im Senat vor, der Rothenberger zum Landgerichtsdirektor ernannte und der Entsendung nach Leipzig zustimmte. Berlin wurde sofort unterrichtet. Sauer erwiderte tags darauf, daß man »es hoch bewerte, daß die Landesjustizverwaltung ihren Oberregierungsrat hingäbe ... «[47] Hamburg könnte im Gegenzug vielleicht sogar der »Staatsanwalt Dr. von Dohnanyi seitens des Reichsjustizministeriums, wenn auch unter lebhaftem Bedauern, zur Verfügung« gestellt werden.[48] Zuvor hatte Senator a.D. Nöldecke Rothenberger ein vorzügliches Zeugnis ausgestellt, in dem es hieß: Er war »... als einer der tüchtigsten hamburgischen Richter empfohlen worden. Dieses Urteil habe ich ... vollkommen bestätigt gefunden. Herr Dr. Rothenberger besitzt ein sehr scharfes Judiz und eine vortreffliche Gabe, dies mündlich und schriftlich darzulegen.« Petersen erklärte in einem Brief vom 3.12.1931 sogar, Rothenberger vorgeschlagen zu haben, »... weil ich mich menschlich verpflichtet fühlte, dieser Persönlichkeit von hoher geistiger Begabung, gründlichem juristischen Wissen und

45 Zum Reichsgericht in der NS-Zeit siehe die empirisch fundierte Untersuchung von Friedrich Karl Kaul, *Geschichte des Reichsgerichts, Bd. 4: 1933–1945*, Berlin (Ost) 1971.

46 Vermerke Dr. Bertrams vom 17.11. bis 24.11.1931, in: BA/R 22 PA Rothenberger, Bd. 8.

47 Vermerk über Telefonate mit Ministerialrat Sauer vom 1.12.1932, in: BA/R 22 PA Rothenberger, Bd. 8.

48 Der hamburgische Assessor Hans von Dohnanyi (1902–1945) war seit 1929 als persönlicher Referent der wechselnden Minister im RJM tätig. Er führte ab 1934 auch das geheime Diensttagebuch, in dem als »chronique scandaleuse« Verbrechen des NS-Regimes festgehalten wurden. 1937 geriet er unter den Druck der Partei und wurde Ende 1938 zum Reichsgericht »wegbefördert«. Im Krieg zählte er zum militärischen Widerstand, wurde 1943 verhaftet und 1945 im Konzentrationslager Sachsenhausen ermordet. Vgl. Gruchmann, *Justiz im Dritten Reich*, a.a.O., S. 255; Elisabeth Chowaniec, *Der »Fall Dohnanyi« 1943–1945. Widerstand, Militärjustiz, SS-Willkür*, München 1991.

ausgesprochener Charakterlichkeit die Möglichkeit zu geben, Deutschland als Richter seines höchsten Gerichtshofs zu dienen.«[49]

Es wirkte daher wie ein Paukenschlag, als Reichsgerichtspräsident Dr. Erwin Bumke die Berufung Rothenbergers ablehnte, indem er am 5.12.1931 schrieb: Wenn er »... jetzt schon zu uns kommen würde, so würde er bei seiner Ernennung zum Reichsgerichtsrat aller Voraussicht nach eine große Zahl von Hintermännern haben, die alle um ein Jahrzehnt oder noch älter sind als er selbst. Hieraus würde bei den anderen Herren naturgemäß das Gefühl der Zurücksetzung erwachsen. Solche Mißstimmungen zu vermeiden, ist ... (ein) Gebot der Personalpolitik.« Nun teilte auch Reichsjustizminister Dr. Curt Joel am 8.12.1931 mit, »über die Bedenken, die der Herr Präsident des Reichsgerichts in dieser Beziehung erhoben hat ... nicht hinweggehen« zu können.[50] Petersen und Bertram fühlten sich brüskiert und sandten am 11.12.1931 ein Protestschreiben nach Berlin. Darin nahmen sie auf die Vorbesprechung mit Sauer Bezug und erklärten, es käme auf die gesetzlichen Vorgaben (§ 125 GVG) und nicht auf die Befindlichkeiten der »Herren« des Reichsgerichts an. Weiter hieß es: »Für eine Landesjustizverwaltung, die sich stets bestrebt, dem Reiche zu geben, was dem Reiche gebührt, ist die Erfahrung schmerzlich, daß, selbst wenn ihre ... Pläne ... mit dem zuständigen Referenten des Reichsjustizministeriums besprochen und von ihm gebilligt worden sind, dennoch für deren Verwirklichung keine Gewähr geboten ist ...« In ähnlicher Weise antwortete Petersen am selben Tage auch Präsident Bumke.[51]

Damit war der Plan Bertrams gescheitert, die Justizverwaltung durch die Kandidatur Rothenbergers aus der Peinlichkeit zu befreien, keinen höheren Richter für das Reichsgericht namhaft machen zu können. Die Hamburg zustehende Hilfsrichter-Stelle wurde durch einen preußischen »Herren« in vorgerücktem Alter besetzt. Bumke und Joel antworteten Petersen in persönlich gehaltenen Schreiben, wobei sie ihr Vorgehen mit der Rücksicht auf »die Psyche des Reichsgerichts« entschuldigten. Sauer bat Bertram handschriftlich um Verständnis.[52] Rothenbergers Ernennung zum Landgerichtsdirektor wurde am 16.12.1931 bekanntgemacht. Die Beteiligten in Berlin, Leipzig und Hamburg hielten die leidige Angelegenheit damit für ausgestanden. Doch darin sollten sie sich gehörig täuschen.

2.5. Hinwendung zur NSDAP und verdeckter Kampf gegen »das System«

Bis Ende 1931 verhielt sich Rothenberger gegenüber der Republik streng loyal. Er war zwar kein überzeugter Republikaner, aber sein Gehorsam galt den demokratischen Politikern des Senats. Ihren Einflüssen war er ebenso ausgesetzt wie

49 Beurteilung und Schreiben in: BA/R 22 PA Rothenberger, Bd. 8.

50 Schreiben Bumkes und Schreiben Joels in: BA/R 22 PA Rothenberger, Bd. 8. Vgl. auch Kolbe, *Reichsgerichtspräsident*, a.a.O., S. 104–108. Zu Joel siehe Klaus-Detlev Godau-Schüttke, *Rechtsverwalter des Reiches. Staatssekretär Dr. Curt Joel*, Frankfurt/Bern/Cirencester 1981.

51 Schreiben an Joel und Bumke, in: BA/R22 PA Rothenberger, Bd. 8.

52 Schreiben Bumkes vom 16.12.1931, Joels vom 20.12. und Sauers vom 23.12.1931 in: Ebenda.

dem nationalkonservativen »Geist vom Sievekingplatz« und den völkischen Anschauungen seiner Freunde. Erst spät entschied er sich für eine politische Richtung: »Das Jahr 1930 brachte ... das Auftreten der NSDAP ... Ich las ›Mein Kampf‹, Spengler, Fried, Möller van den Bruck, Die Tat, den Widerstand, besuchte viele Versammlungen, diskutierte mit Freunden und Bekannten und hörte Anfang 1931 zum ersten Mal den Führer und Göring. Die starke suggestive Kraft, die vom Führer ausging, und die handgreiflich schlagenden Argumente: Kampf gegen Versailles, und Kampf gegen die Fehler der führungslosen parlamentarischen Zeit, ergriffen auch bei mir Herz und Kopf zugleich. Ich erinnere kaum einen zweiten Fall in meinem Leben, in dem ich vor innerer Erschütterung geweint habe. Ich habe geweint, als ich den Eltern von meinem ersten Hören des Führers berichtete.«[53] Damit war die Saat der völkischen Agitation, die alle Heilserwartung auf einen neuen »Messias« richtete, aufgegangen: Curt Rothenberger hatte seinen »Führer« gefunden. Zwar strich er später die letzten Sätze des Zitats, aber sie sind durchaus ernst zu nehmen. Viele Zeitgenossen reagierten auf Begegnungen mit Hitler ganz ähnlich.[54]

Bald darauf endete die Loyalität Rothenbergers gegenüber der Republik. Den Anlaß dafür bildete die ausgebliebene Berufung an das Reichsgericht, die er als persönliche Niederlage empfand. Obwohl er genau wußte, wie sehr seine Vorgesetzten sich für ihn eingesetzt hatten, wandte er sich nun gegen die Vertreter des demokratischen »Systems«. Noch im Dezember 1931 nahm er Kontakt mit der Hamburger NSDAP-Führung auf. Gauleiter Kaufmann schrieb 1937: »Unmittelbar nach seiner Ernennung zum Landgerichtsdirektor ... stellte sich Pg. Dr. Rothenberger ... zur Mitarbeit und Beratung zur Verfügung. Wenngleich ich die Haltung des Pg. Dr. Rothenberger gegenüber unserer Bewegung in der damaligen Systemzeit begrüßte, so sprach ich mich doch gegen den auch mir vorgebrachten Wunsch der offiziellen Aufnahme in die Partei aus, in der Erkenntnis, daß Pg. Dr. Rothenberger als guter Kenner der hamburgischen Verwaltung und Personalverhältnisse ohne Bindung zur Partei weitaus bessere Dienste leisten konnte.«[55] Vieles spricht dafür, daß Rothenberger auch dem NS-Organ »Hamburger Tageblatt« über die gescheiterte Kandidatur für das Reichsgericht berichtete.

Am 20.12.1931 erschien im »Tageblatt« jedenfalls ein Artikel unter der Überschrift »Umsonst befördert!«, in dem es hieß, daß »die Justizdemokraten in der Welckerstraße 9«, also Petersen und Bertram, den »parteipolitisch ungebundenen« und »tüchtigen« Rothenberger aus der »von A bis Z staatsparteilich besetzten Justizverwaltung« nach Leipzig »wegbefördern« wollten (siehe Abb. 2). Der Artikel, dessen Inhalt auch das »Hamburger Fremdenblatt« aufgriff, sorgte über Hamburg hinaus für Aufsehen und schädigte nicht nur das Ansehen der Landesjustizverwaltung, sondern auch der Reichsjustiz.[56] Schlegelberger erkundigte

53 Rothenberger, »Der Kampf ums Recht«, a.a.O., Kap. A, S. 8.

54 Vgl. mit zahlreichen Beispielen Ian Kershaw, *Der Hitler-Mythos. Volksmeinung und Propaganda im Dritten Reich*, Stuttgart 1980.

55 Schreiben Kaufmanns an den Reichsschatzmeister der NSDAP vom 10.2.1937, in: Berlin Document Center, Personalakte Curt Rothenberger (im folgenden zitiert als: BDC, PA Rothenberger).

56 Die Artikel finden sich in: BA, R 22/PA Rothenberger, Bd. 8.

Umsonst befördert!

Die Beförderung des Dr. Rothenberger

Die Justizverwaltung wollte ihn los werden

Wir meldeten vor zwei Tagen, daß der Oberregierungsrat Dr. Rothenburger zum Landgerichtsdirektor befördert worden ist.

Auf den ersten Blick erscheint diese Beförderung des tüchtigen, wenn auch noch zu den Jüngeren zählenden Verwaltungsbeamten zum Gerichtsdirektor in hohem Maße auffällig. Und es wird manchen Juristen verwundern, weshalb schon wieder einer der älteren Richter, dem die Beförderung zum Direktor schon lange zusteht, übergangen wurde.

Für jeden Kenner der Personalpolitik der Landesjustizverwaltung lag natürlich die Vermutung am nächsten, daß hier wieder ein systemtreuer Beamter tüchtigen, aber im Verdachte unvorschriftsmäßiger Gesinnung stehenden Anwärtern vorgezogen würde. Diese Vermutung ist jedoch irrig. Das Gegenteil ist der Fall!

Der 39jährige Dr. Rothenberger ist parteipolitisch nicht gebunden und fällt daher in der von A bis Z staatsparteilich besetzten Justizverwaltung (man erinnere sich unserer zahllosen nie dementierten Anmerkungen hierzu) unangenehm auf. Man möchte ihn los werden! Da man ihn aber als einen Beamten, der wegen seiner Tüchtigkeit und seines besonderen juristischen Könnens vorzüglich qualifiziert ist, nicht „nach unten" abschieben konnte, machte man den Versuch „nach oben". Man suchte ihn zunächst als **Hilfsarbeiter beim Reichsgericht** anzubringen.

Hier wurde er jedoch abgelehnt. Nachdem der Reichsrat, der bei der Besetzung des Reichsgerichts gehört werden muß, seiner Uebernahme nach Leipzig zugestimmt hatte, hat der Präsident des Reichsgerichts sich in letzter Minute an den Reichsjustizminister gewandt mit der Bitte, Rothenberger abzulehnen, **da er zu jung sei!** Das Reichsgericht vertritt den Standpunkt, daß unsere höchstrichterliche Rechtsprechung nur von Greisen besorgt werden dürfe und könne. Rothenberger, der vielleicht in 5 bis 6 Jahren Senatspräsident werden würde, stehe dann immer noch unter dem Durchschnittsalter der Reichsgerichtsräte, das etwa 50 Jahre betrage! Wir wollen an diesen höchstbedauerlichen Standpunkt, der die Zufuhr frischen Blutes an das Reichsgericht unterbindet, nicht viel Worte verschwenden. Es genügt zu sagen, daß die häufigen Vorwürfe der Weltfremdheit, die das Reichsgericht hören muß, bei solchen Grundsätzen zum mindesten verständlich erscheinen müssen.

So machte also dieser unvorhergesehene Umstand einen Strich durch die kluge Rechnung der staatsparteilichen Beamtenpolitiker in der Justiz-Verwaltung.

Nun hatte man Rothenberger aber gerade und allein deshalb zum Landgerichtsdirektor befördert, um ihm ein genügendes Maß von Autorität im Reichsgericht zu verschaffen. Man hatte gehofft, daß dem Landgerichtdirektor sein junges Alter in Leipzig eher verziehen würde, als einem Oberregierungsrat.

Nun ist diese Beförderung, die eine „Wegbeförderung" sein sollte, umsonst erfolgt.

Den tüchtigen und makelfreien Beamten jetzt noch aus der Justiz-Verwaltung zu entfernen, wäre einer Strafversetzung gleichgekommen — das scheute man mit Recht, denn es hätte Staub aufgewirbelt. So blieb den Justizdemokraten in der Welckerstraße nichts weiter übrig, als die Belassung des Landgerichtsdirektors Rothenberger in seinem bisherigen Amte. Der Kuckuck bleibt in dem systempolitisch sonst so sauber ausgefegten Nest! Die Oberregierungsratsstelle wird nur von einem Landgerichtsdirektor verwaltet, **den man so kommissarisch zum Oberregierungsrat zurückernennen, den man aber sein höheres Gehalt natürliches belassen muß.**

Der Weg, den der Justizchef, Bürgermeister Petersen und sein Personalchef Bertram gehen wollten, um die Atmosphäre in der Justizverwaltung „rein" zu erhalten, endet als ein Irrweg im Kreise, und die Geschichte der Auffälligkeiten in der Welckerstraße ist um einen für uns humorvollen Fall reicher.

Artikel des NS-Organs »Hamburger Tageblatt« vom 20.12.1931 über die fehlgeschlagene Kandidatur Rothenbergers für das Reichsgericht. Die Angaben stammten wahrscheinlich von Rothenberger selber.
Quelle: Bundesarchiv, R 22, Personalakte Rothenberger.

sich daher am 9.1.1932 besorgt, ob »die Behandlung der Sache in der Presse ... den Absichten und Wünschen der Hamburgischen Landesjustizverwaltung entspricht.« Bertram antwortete ihm am 11.1.1932, daß dies natürlich nicht der Fall sei und verwies auf eine Erklärung Petersens vom 5.1.1932, wo es hieß: »Ich weiß noch heute nicht, welcher Partei der betreffende Herr (Rothenberger, Anm. d. Verf.) angehört. Aber ich hielte es für unehrenhaftes Handeln, wenn ich als Präses der Justizverwaltung aus solchen Erwägungen heraus meine Entscheidungen treffen wollte.«[57]

Petersens Erklärung entsprach zweifellos den Tatsachen. In der Öffentlichkeit aber blieb ein gegenteiliger Eindruck haften. So trug die verdeckte Zusammenarbeit Rothenbergers mit der NSDAP erste Früchte: Demokratische Politiker wurden desavouiert und mit ihnen das verhaßte Weimarer »System« getroffen. Es zeigte sich bald, daß die detaillierten Angaben des »Tageblatts« nur aus erster Hand stammen konnten. Dem Zuträger war wie so oft nichts nachzuweisen. Am 15.1.1932 zogen Petersen und Bertram dennoch Konsequenzen: Rothenberger wurde aus der Justizverwaltung entfernt und dem Landgericht überwiesen. Dort erhielt er den Vorsitz einer kleinen Strafkammer, wozu er 1944 schrieb: »Ich ... hatte eine herrliche Freizeit, las viel, spielte viele Tennisturniere ...«[58] Seine Freizeit nutzte Rothenberger auch für die Zusammenarbeit mit der NSDAP. So erzwang deren Bürgerschaftsfraktion 1932 die Bildung eines Untersuchungs-Ausschusses zur Personalpolitik in der Polizei. Rothenberger wurde zum Untersuchungsführer bestellt und nutzte sein Amt sofort zu Stellungnahmen im Sinne der NSDAP. So beschuldigte er den Senat öffentlich, die Untersuchungen in verfassungswidriger Weise zu behindern.[59] Solche Äußerungen eines »neutralen« Richters verfehlten ihre Wirkung in den Wahlkämpfen des Jahres 1932 nicht. Die Rechnung Karl Kaufmanns ging also auf: Innerhalb der Institutionen des »Systems« war Rothenberger viel nützlicher, als es sein Bekenntnis zur Partei hätte sein können.

Die Hinwendung Rothenbergers zur NSDAP ging sicher nicht nur auf die Suggestion einer Hitler-Rede oder die völkischen Anschauungen seiner Freunde zurück. Er nahm zwar auch irrationale Einflüsse auf, blieb aber ein nüchtern kalkulierender Kopf, der vor allem den vorauseilenden Gehorsam des Berufsbeamtentums verinnerlicht hatte. Ende 1931 standen die Zeichen nun nicht nur wegen der Deflationspolitik Brünings und des daraus resultierenden Massenelends auf Sturm, sondern es schienen sich die Konturen einer »neuen Ordnung« abzuzeichnen. Die Staatsrechtswissenschaft beschäftigte nichts so sehr wie die »Diktaturgewalt«.[60] Durch das Regieren mit Notverordnungen wurde die Staatskrise perfekt. Im September 1930 zog die NSDAP mit 107 Abgeordneten in den

57 Schreiben Schlegelbergers und Bertrams sowie Ausschnitt aus dem »Hamburger Fremdenblatt« mit der Antwort Petersens in: Ebenda.

58 Rothenberger, »Der Kampf ums Recht«, a.a.O., Kap. A, S. 9.

59 Siehe Johe, *Die gleichgeschaltete Justiz*, S. 63.

60 Vgl. die Beiträge der juristischen Zeitschriften jener Jahre, in denen sich vor allem Carl Schmitt und seine Schüler Ernst Forsthoff, Ernst Rudolf Huber und Theodor Maunz hervortaten. Siehe auch: Stolleis, *Staatsrechtslehre*, a.a.O.; Ingeborg Maus, *Bürgerliche Rechtstheorie und Faschismus. Zur sozialen Funktion und aktuellen Wirkung der Theorie Carl Schmitts*, 2. Aufl., München 1980; Bernd Rüthers, *Carl Schmitt im Dritten Reich. Wissenschaft als Zeitgeistverstärkung*, München 1989.

Reichstag ein. Ein Jahr später erreichte sie in Hamburg mit 26,3 % der Stimmen nur 1,5 Prozentpunkte weniger als die SPD. Zu dieser Zeit scheiterte die Kandidatur Rothenbergers für das Reichsgericht. Der politisch wetterfühlige Karrierist glaubte nun die Zeichen der Zeit erkannt zu haben: Das »Dritte Reich« stand ante portas.

3. Justizsenator und Präsident des Hanseatischen Oberlandesgerichts

3.1. »Machtergreifung«

Der zähe Todeskampf der ersten deutschen Republik zog sich über Jahre hin. Ihre Verfassung und viele ihrer Institutionen waren besser als ihr heutiger Ruf. Es war auch keine »Republik ohne Republikaner«, sondern bis zuletzt konnten die demokratischen Parteien SPD, DDP und Zentrum nahezu die Hälfte der Stimmen auf sich vereinigen. Die deutsche Arbeiterbewegung galt Anfang der 30er Jahre sogar als die bestorganisierte Europas, war aber durch den Zwist zwischen Kommunisten und Sozialdemokraten gelähmt. Der Aufstieg Hitlers wurde zu einer Geschichte seiner Unterschätzung. In der Kampagne gegen den Young-Plan hatten die Deutschnationalen der NSDAP 1929 zunächst eine Plattform geboten, ordneten sich ihr dann 1931 in der »Harzburger Front« unter, und verhalfen Hitler schließlich zur parlamentarischen Mehrheit. Der Konservativismus, der in der ersten Hälfte des 20. Jahrhunderts keine klare Abgrenzung zum Rechtsextremismus kannte, trug entscheidende Verantwortung für die Zerstörung der Republik.[61] Die von der KPD als »sozialfaschistisch« denunzierte Sozialdemokratie stand der Entwicklung erst resignierend und dann ohnmächtig gegenüber. Sogar dem Staatsstreich gegen Preußen am 20.7.1932 wurde kein offener Widerstand entgegengesetzt. Nach der »Machtergreifung« war ein solcher Widerstand dann nicht mehr möglich – und die deutsche Arbeiterbewegung wurde selbst zum ersten Opfer des NS-Terrors.

Im Zuge der Auflösung der Weimarer Verfassungsordnung, die mit der Festsetzung des Haushalts durch Notverordnung am 26.7.1930 begann und mit der Vereinigung der Ämter des Reichspräsidenten und des Reichskanzlers am 2.8.1934 endete, war die Berufung Hitlers zum Kanzler am 30.1.1933 der einzige legale Akt.[62] Staatsrechtlich führte der Weg vom antiparlamentarischen Regime Brünings über das autoritäre Regiment von Papens zum offenen Verfassungsbruch. Mit der Aufhebung der demokratischen Grundrechte, der Beseitigung des Parlaments und der Ausschaltung der Länder wurde das gesamte Verfas-

61 Anderer Auffassung: Uwe Barschel, *Legalität und Legitimität*, in: Erich Hoffmann/Peter Wulf (Hrsg.), *»Wir bauen das Reich«*, Neumünster 1983, S. 443–451. Barschel machte die SPD für den »kometenhaften« Aufstieg der NSDAP verantwortlich, weil sie 1930 »eine negative Mehrheit« mit »KPD, NSDAP und den radikalen Teilen der Deutsch-Nationalen (bildete), die ebenso wie die SPD stimmten« (S. 448). – Tatsächlich schloß Brüning die SPD von jeder Mitwirkung aus, nachdem Reichspräsident von Hindenburg ihm den Auftrag erteilt hatte, »gegen die SPD zu regieren«.

62 Festsetzung des Haushalts durch Notverordnung am 26.7.1930 (RGBl. I, S. 311 ff); Gesetz über das Staatsoberhaupt des Deutschen Reiches vom 1.8.1934 (RGBl. I, S. 747).

sungsleben Teil des von Ernst Fränkel beschriebenen »Maßnahmestaats«.[63] Daneben bestanden Elemente des »Normenstaats« fort, die ab 1939 im Strudel der von Franz Neumann offengelegten Dynamik des NS-Herrschaftssystems fast ganz untergingen.[64] Verfassungsrechtlich herrschte seit 1933 der Despotismus des »Führerprinzips«, für den es keinen Geltungsgrund gab, da er auf dem permanenten Bruch der Weimarer Verfassung, dem Staatsstreich also, basierte. Zur Schaffung einer neuen Verfassung aber war der Nationalsozialismus nicht in der Lage, da jede Normierung die Entscheidungsfreiheit des »Führers« beschränkt hätte. So fehlte ab 1933 auch jeder neuen Rechtsetzung die Grundlage. Die nach 1945 häufige Selbstrechtfertigung deutscher Juristen, der Positivismus habe sie gegenüber nationalsozialistischem Unrecht »blind« und »wehrlos« gemacht, hatte mit der Realität also nichts gemein.

Tatsächlich liefen die Richter und Staatsanwälte im Frühjahr 1933 freiwillig und oft mit fliegenden Fahnen zu den neuen Machthabern über.[65] Rothenberger hatte dies ja schon Ende 1931 getan – und damit auf die richtige Karte gesetzt. Seine frühe Zusammenarbeit mit der NSDAP zahlte sich jetzt aus: Am 6.3.1933 teilte Kaufmann ihm mit, daß er neuer Justizsenator werden solle. Rothenberger war überglücklich. Die Euphorie spiegelte sich noch 1944 in seinen Aufzeichnungen: Es »... hatten sich Ereignisse von revolutionärem Ausmaß für Deutschland, für Hamburg und für mich abgespielt. Man wurde instinktiv mitgerissen. Verstand und nüchterne Überlegung waren ausgeschaltet. Die Befreiung von dem Druck des innenpolitischen Kampfes, ... die unbeschreiblichen Hoffnungen, die jeder auf die neue einheitliche Führung setzte, überschatteten alle Hemmungen, Überlegungen und Bedenken. Ich war plötzlich aus einem ruhigen Richterdasein herausgerissen und mit 37 Jahren vor eine Aufgabe gestellt, die mir schon in normalen Zeiten riesengroß erschienen wäre, die aber jetzt bei dem völligen Umbruch aller Dinge und Werte meine Kräfte fast zu übersteigen schien.«[66]

Am 7.3.1933 wurde Rothenberger als Justizsenator vereidigt. Trotz seines geringen Lebensalters verfügte er über eine bereits zwölfjährige Erfahrung im Hamburger Staatsdienst. Denn nach dem zweieinhalbjährigen Referendariat hatte er insgesamt sechs Jahre als Richter und dreieinhalb Jahre in der Verwaltung gearbeitet. Hinzu trat die Schulung des Nachwuchses in seinen Repetitorien. Rothenberger kannte die Justiz also nicht nur von der Pieke auf, sondern war auch mit ihrem Personal und der Verwaltung bis in die politische Sphäre hinein vertraut. Nach außen hin erschien er zudem als »neutraler« Richter und Fachbeamter, dem 1931 übel mitgespielt worden war. So fand die Ernennung Rothenbergers eine weithin positive Aufnahme. Anders als viele NS-Aktivisten wirkte er

63 Verordnung zum Schutz von Volk und Staat vom 28.2.1933 (RGBl. I, S. 83); Gesetz zur Behebung der Not von Volk und Reich vom 24.3.1933 (RGBl. I, S. 141); Gesetz über den Neuaufbau des Reichs vom 30.1.1934 (RGBl. I 1934, S. 75.).

64 Ernst Fränkel, *Der Doppelstaat. Recht und Justiz im »Dritten Reich«*, Frankfurt/M. 1974 (amerik. Erstausgabe 1941); Franz Neumann, *Behemoth. Struktur und Praxis des Nationalsozialismus 1933–1944*, Frankfurt/M. 1977 (amerik. Erstausgabe 1944).

65 Hans Wrobel, *Der Deutsche Richterbund im Jahre 1933. Skizze eines Ablaufs*, in: Kritische Justiz, 15. Jahrg./1982, S. 323–347. Zu Hamburg vgl. den Beitrag von H. Grabitz in diesem Band.

66 Rothenberger, »Der Kampf ums Recht«, a.a.O., Kap. A, S. 9.

auch auf hanseatische Juristen-Gemüter beruhigend. Zwar hielt die Fama vom Sievekingplatz den neuen Senator für ein wenig zu ambitioniert und auch für zu jung, den meisten Hamburger Staatsanwälten und Richtern aber galt er als einer der ihren ...

3.2. Die personelle »Erneuerung« der Hamburger Justiz

Zunächst schien Rothenberger die in ihn gesetzten Erwartungen zu erfüllen. Denn während andernorts Gerichte von Schlägertrupps der SA gestürmt, jüdische Richter aus ihren Amtszimmern verjagt und demokratische Anwälte mißhandelt wurden, blieben der Hamburger Justiz derartige Szenen erspart.[67] Der junge Senator wählte bei der personellen »Erneuerung« eine eher zurückhaltende Gangart. Was dabei elegant wirkte, sollte sich bald als um so effektiver erweisen. Bis zum 27.3.1933 hatte er bereits dafür gesorgt, »daß keine jüdischen Richter mehr in der Strafrechtspflege tätig waren, daß in den Kollegialgerichten keine jüdischen Richter mehr zusammensaßen und daß der Instanzenzug durchgehend so geregelt war, daß nicht in beiden Instanzen jüdische Richter wirkten.«[68] Zielsicher nahm der Senator dann personelle Veränderungen bei den Anklagebehörden vor, die für Einflußnahmen prädestiniert waren. Schon am 25.3.1933 bat Generalstaatsanwalt Dr. Lang nach einem Gespräch mit Rothenberger um Beurlaubung. Am 27.3.1933 wurden dann die jüdischen Staatsanwälte Dr. Guckenheimer und Stein ihrer Aufgaben entbunden. Noch am selben Tage übernahm der rechtsaußen stehende Dr. Erich Drescher die Leitung der Anklagebehörden.[69]

Das Gesetz zur »Wiederherstellung des Berufsbeamtentums« vom 7.4.1933 bot eine Handhabe, um die »Säuberungen« zu intensivieren. 31 vor allem jüdische Richter und Staatsanwälte wurden entfernt. Zehn jüdische Juristen konnten noch bis 1934/35 im Amt bleiben, wurden dann aber ebenfalls entlassen. Ausscheiden mußte zudem der linksliberale Landgerichtspräsident Meyer, der Rothenberger 1925 bevorzugt eingestellt und ihn 1929 in die Justizverwaltung geholt hatte.[70] An seinem Beispiel zeigte sich, daß der Senator auch für seine Förderer kein Pardon kannte. Die personelle »Erneuerung« wurde auf Grund eines Landesgesetzes vom 3.5.1933 fortgesetzt, das Rothenberger selbst eingebracht hatte. Danach galt nun auch in Hamburg die Altersgrenze von 65 Jahren. So war

67 Vgl. Gruchmann, *Justiz im Dritten Reich*, a.a.O., S. 124 ff.

68 Wogatzki, *Hanseatische Gerichte*, in: Rothenberger (Hrsg.), *Oberlandesgericht*, a.a.O., S. 96 f.

69 Vgl. das Schreiben Langs vom 25.3.1933, in: StArch HH, Abt. 213-1 (Oberlandesgericht-Verwaltung), 2200 E – 2a/1. Lang wurde am 10.4.1933 Beisitzer im Strafsenat, siehe: Ebenda. Erich Drescher, geb. 1884 in Kiel, 1906 Referendar, 1909 Assessor, 1913 Staatsanwalt, 1914–1918 Kriegsdienst, 1921 Richter am AG, 1929 OLG-Rat, 1933 Generalstaatsanwalt, 1939–1943 Kriegsdienst (Major), 1943 wegen Gefangenenbefreiung (Entlassungen nach den Luftangriffen auf Hamburg) in Gestapo-Haft und Verurteilung zu vier Monaten Gefängnis durch das Reichsgericht, 1944 Referent beim Kriegsschäden-Amt in Hamburg, siehe BA/R 22 PA Drescher. Zu den Anklagebehörden vgl. Hinrich Rüping, *Staatsanwaltschaft und Provinzialjustizverwaltung im Dritten Reich. Aus den Akten der Staatsanwaltschaft bei dem Oberlandesgericht Celle als höherer Reichsjustizbehörde*, Baden-Baden 1990.

70 Vgl. Johe, *Die gleichgeschaltete Justiz*, a.a.O., S. 66. Nähere Angaben zu den Entlassenen finden sich in entsprechenden Listen des Oberlandes-, Land- und Amtsgerichts Hamburg vom Juli 1945, in: StArch HH, Abt. 213-1, Akte 2008 E – 1e/1: Personalbestand.

es möglich, den angesehenen Chefpräsidenten Kiesselbach, drei Senatspräsidenten und mehrere Räte am Oberlandesgericht zu pensionieren. Politische »Säuberungen« wurden so als Verjüngungskur getarnt. Rothenberger nahm weiter auf die Richterschaft Rücksicht. Das zeigte sich auch bei der Auswahl des neuen Oberlandesgerichtspräsidenten Dr. Arnold Engel. Über ihn hieß es, er sei »der besten Richter einer, vom Vertrauen aller seiner Kollegen getragen, zugleich aufgeschlossen der neuen Zeit.«[71] Engel war der richtige Mann, um Kontinuität zu demonstrieren, ohne der Gleichschaltung im Weg zu stehen. Neuer Landgerichtspräsident wurde Waldemar Schmidt. Nur der Präsident des Amtsgerichts, Dr. Carl Blunk, konnte im Amt bleiben.

Die personelle »Erneuerung« wäre unvollständig geblieben, wenn Rothenberger nicht auch die Landesjustizverwaltung neu besetzt hätte. Als erster wurde der Leiter der Gefängnisbehörde Christian Koch entlassen, dem er sich ja in »instinktiver gegenseitiger Abneigung« verbunden wußte. Bei der Auswahl von Kochs Nachfolger kam es allerdings zum Streit mit Kaufmann. Denn jener hatte einen Schlosser namens Lahts, der außer seiner Parteizugehörigkeit über keine Qualifikation verfügte, zum Leiter des Strafvollzugsamtes ernannt. Daraufhin will Rothenberger sogar seinen Rücktritt angeboten haben. Aber auch ihm unterlief ein Mißgriff.[72] Denn sein Personalreferent Dr. Rüther tat sich als »Scharfmacher« so hervor, daß er nach kurzer Zeit »abgewirtschaftet« hatte. Schon Mitte 1933 mußte er diese Schlüsselposition daher mit seinem altem Freund Rudolf Letz besetzen. Der aus der Senatsverwaltung übernommene Syndikus Dr. Karl Struve durfte sich derweil mit dem neuen Titel »Präsident der Landesjustizverwaltung« schmücken. Damit war die personelle »Erneuerung« der Justiz weitgehend abgeschlossen.

Insgesamt rund 30 % der Justizjuristen verloren ihre Ämter. Zudem waren bei allen Behörden und fast allen Gerichten neue Präsidenten oder Leiter eingesetzt worden. Nie zuvor oder danach ist die Hamburger Justiz personell so gründlich »erneuert« worden. Die »Entnazifizierung« führte dagegen im Ergebnis zur Rehabilitation von über 90 % der Hamburger Justizjuristen aus der NS-Zeit.[73] Anders als nach 1945 war dabei das Vorgehen gegenüber den Betroffenen 1933 »gnadenlos«. Dies mußte auch Kurt Perels erfahren, der im Nebenamt als Richter am Oberverwaltungsgericht fungierte. Der angesehene Professor hatte Rothenberger nicht nur in seinem Seminar gefördert, sondern auch seine Promotion betreut. Dies hielt den Senator 1933 aber nicht davon ab, Perels wegen seiner zum Teil jüdischen Herkunft zu verfolgen und seine Entlassung als Richter zu betreiben. Der nationalkonservative, jüdische »Doktorvater« hielt dem Druck seines zum völkischen Antisemiten gewordenen Schülers nicht stand. Als zudem der Verlust des Lehramts drohte, nahm Perels sich am 10.9.1933 das Leben.[74]

71 Wogatzki, *Hanseatische Gerichte*, in: Rothenberger (Hrsg.), *Das Hanseatische Oberlandesgericht*, a.a.O., S. 97.

72 Rothenberger, »Der Kampf ums Recht«, a.a.O., Kap. A, S. 7.

73 Insgesamt mußten 1933 über 80 der rund 300 Hamburger Justizjuristen ausscheiden, vgl. den Beitrag von Hans-Konrad Stein-Stegemann in diesem Band. Dagegen wurden nach 1945 weniger als 20 Personen nicht wiederverwendet.

74 Vgl. Paech/Krampe, *Die Fakultät*, in: Krause/Huber/Fischer (Hrsg.), *Hochschulalltag*, Bd. 2, a.a.O., S. 870.

3.3. Die Hamburger Justiz und der nationalsozialistische Terror

Hitler hatte schon in »Mein Kampf« und seinen Reden während der 20er Jahre die brutale Unterdrückung all dessen angekündigt, was nicht nationalsozialistisch dachte oder war. In Hamburg ging es vor allem um die Zerschlagung der Arbeiterbewegung. Organisator des Terrors wurde Gauleiter Kaufmann. Er stellte schon im Februar eine Schläger-Truppe zusammen, die im März das »Fahndungskommando Kraus« bildete. Ende März kam noch ein »Kommando zur besonderen Verwendung« der Polizei hinzu. Kommunisten und Sozialdemokraten wurden bei Groß-Razzien, Hausdurchsuchungen und Festnahmeaktionen gejagt. Die Kommandos malträtierten die Verhafteten mit Knüppeln, Ochsenziemern und Stuhlbeinen. Ihre Befehle erhielten sie zum Teil direkt von Kaufmann, der auch bei Folterungen anwesend war.[75] Die Staatsanwaltschaft unternahm nichts gegen den Terror. Dabei spielte es wohl auch eine Rolle, daß sich die Taten gegen Angehörige der Arbeiterbewegung richteten, zu denen standesbewußte Staatsanwälte traditionell Abstand hielten. Erst als auch das Bürgertum betroffen war, sah man sich zum Einschreiten veranlaßt. So wollte Drescher Mitte 1933 den Fall des Arztes Dr. Elkan aufgreifen, dem schon bei der Verhaftung ein Arm gebrochen worden war. Doch daraufhin verfügte Rothenberger »im höheren Staatsinteresse« die Einstellung der Ermittlungen, » da ... tunlichst vermieden werden müsse, daß die Öffentlichkeit durch eine Gerichtsverhandlung von diesen Vorgängen Kenntnis« erhalte.[76]

Bald darauf verlagerte sich die Gewalt in das Konzentrationslager Fuhlsbüttel (»Kolafu«). Die dortigen Mißhandlungen wurden wieder von Gauleiter Kaufmann ausgelöst.[77] Als faktischen Kommandant ließ er Willi Dusenschön einsetzen, der eine neue Wachtruppe aus SA- und SS-Leuten bildete. Kurz darauf kam es zu so sadistischen Exzessen, daß ihr Ausgang oft tödlich war. Der Ende 1933 aus dem »Kolafu« entlassene Sozialdemokrat Walter Schmedemann schrieb in einem Flugblatt: »Selbstmorde als Folge der Mißhandlungen kamen sehr oft vor. Der KPD-Abgeordnete Lux nahm sich nach einer solchen ›Vernehmung‹ das Leben. Der Bruder des KPD-Abgeordneten von der Reith ... erhängte sich ..., als er hörte, er solle am nächsten Tage wieder ins Konzentrationslager.« Über das Schicksal des Lübecker Redakteurs Fritz Solmitz, der SPD-Mitglied und Jude war, hieß es: » ... S. (wurde) in Einzelhaft in den Keller gebracht. In der folgenden Nacht wurde er derartig mißhandelt, daß er am Morgen einen durchbluteten Verband um den Kopf hatte. Der Wachtmeister machte sich uns gegenüber darüber lustig, daß der Jude S. heute morgen Kopfschmerzen habe. S. erhielt dann die Mitteilung, daß er 3 Tage nichts zu essen bekäme.« Bald darauf war auch Fritz

75 Vgl. Ludwig Eiber, *Aspekte des Verfolgungsapparates in Hamburg 1933/34*, in: Ders. (Hrsg.), *Verfolgung – Ausbeutung – Vernichtung*, Hannover 1985, S. 111–129. Zum System des Terrors: Johannes Tuchel, *Konzentrationslager. Organisationsgeschichte und Funktion der »Inspektion der Konzentrationslager« 1934–1938*, Boppard am Rhein 1991.

76 Timpke, *Dokumente zur Gleichschaltung*, a.a.O., S. 257. Anm. 3.

77 Vgl. Henning Timpke, *Das KL Fuhlsbüttel*, in: Hans Rothfels/Theodor Eschenburg (Hrsg.), *Studien zur Geschichte der Konzentrationslager*, Stuttgart 1970.

Solmitz tot.[78] Das anonyme Flugblatt wurde Richtern und Staatsanwälten gezielt in die Briefkästen geworfen. Doch Reaktionen blieben aus. Allenfalls gab man die Flugblätter an die Vorgesetzten weiter ...

Die Justizspitze stand unterdessen vor der Frage, was mit den Leichen von Opfern aus dem »Kolafu« geschehen sollte. Denn »unnatürliche Todesfälle« waren der Staatsanwaltschaft zu melden, die Leichenöffnungen veranlaßte.[79] Die Aufdeckung der Morde und Mißhandlungen lag nahe. Rothenberger, Drescher, Kaufmann und Gestapo-Chef Streckenbach kamen daher Ende 1933 überein, die Leichen aus dem »Kolafu« unter Umgehung der Staatsanwaltschaft zur Einäscherung freizugeben. Sie meinten, die Vorgänge so vertuschen zu können. Doch ein Einzelfall sorgte für Unruhe. Dusenschön hatte ein homosexuelles NSDAP-Mitglied »kreuzigen« lassen: Acht Tage lang wurde er mit ausgestreckten Armen an einem Eisengitter festgekettet. Zwar überlebte er die Tortur, aber sein Arzt erstattete Anzeige. Bei den Ermittlungen zeigte sich, daß es öfter zu derartigen »Kreuzigungen« kam. Kaufmann suchte im Mai 1934 weitere Untersuchungen zu verhindern. Doch selbst Rothenberger und Drescher gingen die Vorgänge im »Kolafu« zu weit, so daß sie die Ermittlungen erst nach der Amnestie vom 7.8.1934 beenden wollten. Oberstaatsanwalt Reuter verweigerte jedoch die Gegenzeichnung. Als Kaufmann drohte, unmittelbar einzugreifen, verfügte Rothenberger die Einstellung.[80] Dusenschön hatte sich im Juni 1934 zur SS abgesetzt, womit die terroristische Phase im »Kolafu« endete.

Reuter informierte jedoch Widersacher Kaufmanns über die Vorgänge. Er handelte dabei nicht aus humanitären Motiven, sondern aus Frustration über ausgebliebene Beförderungen. Schon 1923 hatte er sich bei Senator Nöldeke anzubiedern versucht, war dann 1931 »mit Person und Amt« zur NSDAP übergelaufen und verfaßte 1933 sogar einen Hymnus auf Hitler.[81] Nun war die Position Kaufmanns keineswegs unangefochten, denn aus seiner Zeit als Mitstreiter der Gebrüder Strasser hatte er viele innerparteiliche Gegner, die die Berichte über das »Kolafu« begierig aufgriffen. So setzte 1934 ein Intrigenspiel ein, an dem Rudolf Heß, der »Oberste Parteirichter« Walter Buch, der »Chef der Kanzlei des Führers« Philipp Bouhler und Himmler beteiligt waren. Zeitweilig sah es so aus, als wenn der Schlag zur Absetzung Kaufmanns geführt werden könnte. Doch Hitler zögerte. Er hielt dem Gauleiter wohl dessen »Verdienste« im »roten« Hamburg zugute. Himmler notierte daher am 22.1.1935 zum Schlag gegen Kaufmann »zunächst nicht« – und dabei blieb es.[82] Konsequenzen ergaben sich nur für Reu-

78 Das Flugblatt ist wiedergegeben bei Timpke, *Dokumente zur Gleichschaltung*, a.a.O., S. 254–260. Zu Schmedemann und seiner Widerstandstätigkeit vgl. Karl Ditt, *Sozialdemokraten im Widerstand. Hamburg in der Anfangsphase des Dritten Reiches*, Hamburg 1984, S. 74, 142–145. Zu Solmitz siehe Willy Brandt, *Links und frei. Mein Weg 1930–1950*, Hamburg 1982, S. 39 f.

79 § 159, Abs. 2 in Verbindung mit §§ 160, 87 RStPO.

80 Vgl. Gruchmann, *Justiz im Dritten Reich*, a.a.O., S. 376 f.

81 Gruchmann, ebenda, verkennt die Motive Reuters, da er dessen Personalakte nicht heranzog: Dr. Philipp Reuter, geb. 1873 in Worms, 1895 Referendar, 1899 Assessor, 1901 Kriegsgerichtsrat, 1914–18 Kriegsdienst, 1919/20 Freikorps Lettow-Vorbeck, 1920 Staatsanwalt in Hamburg, 1926 OStA, 1936 Senatspräsident in Köln, 1938 Ruhestand; Mitgliedschaften: 1909 Verband zur Bekämpfung der Sozialdemokratie, 1920 Deutschvölkischer Schutz- und Trutzbund, 1931 Kontakt NSDAP, siehe: BA, R 22/PA Reuter.

82 Vgl. Timpke, *KL Fuhlsbüttel*, a.a.O., S. 19 f, insb. Anm. 32. Zitat bei Gruchmann, *Justiz im Dritten Reich*, a.a.O., S. 377 f.

ter: Als seine Zuträger-Rolle aufgedeckt worden war, suspendierte Rothenberger ihn am 4.2.1935 und betrieb seine Amtsenthebung. Doch Heß schützte Reuter, der 1936 nach Köln »wegbefördert« wurde. Bezeichnenderweise erhielt das Reichsjustizministerium erst 1935 Kenntnis von den Vorgängen im »Kolafu«. Sogar Staatssekretär Freisler gab sich entsetzt und nannte das Vorgehen Rothenbergers »ein Ding der Unmöglichkeit«. Minister Gürtner verlangte eine Stellungnahme. Rothenberger suchte sich mit einem 13seitigen Brief zu rechtfertigen, was aber mißlang und von Gürtner mit entsprechenden Randbemerkungen quittiert wurde.[83] Doch wie es unter seiner Ägide Usus war, verschwand der Brief in den Akten. Auch das Reichsjustizministerium unternahm nichts, um die Verantwortlichen für die Mordtaten im »Kolafu« und ihre Helfer in der Hamburger Justiz zur Verantwortung zu ziehen.

Als »Sieger« ging der 34jährige Karl Kaufmann aus den Intrigen hervor. Seine Position war seither unangefochten. Der Gauleiter, der eine reine Parteikarriere hinter sich hatte, war sich durchaus bewußt, daß er den Erfolg auch dem Justizsenator verdankte.[84] Trotz mancher Differenzen hatte Rothenberger ja stets treu an seiner Seite gestanden. Zwischen den beiden entwickelte sich so eine »Männerfreundschaft«. Rothenberger schrieb dazu später: »Der Gauleiter stand ... den Belangen der Justiz zunächst völlig fremd gegenüber. ... Aus Mißtrauen wurde zunächst Scheu – er hatte Vertrauen zu mir persönlich und mischte sich selbst selten ein -; allmählich wurde aus der Scheu ein klares Verstehen und Vertrauen.« Weiter erklärte Rothenberger: »Auch sonst begann er (Kaufmann, Anm. d. Verf.) langsam auf mich zu hören ...«[85]

3.4. Der hanseatische »Königsrichter«

Als »Justizchef« nahm Rothenberger – wie er 1944 schrieb – eine »königliche Stellung« ein, was seiner Position recht nahe kam. So konnte er alle wichtigen Ämter auf sich vereinigen. Zunächst übernahm er 1934 die Leitung des »Bundes Nationalsozialistischer Deutscher Juristen«. Rothenberger machte aus dem »Bund« ein Instrument für die permanente »Schulung« der Juristen. Schon 1934/35 gab es auf seine Anregung Kurse über »Rassenbiologie und Rechtspflege« an der Universität.[86] Der Justizchef nutzte die Standesorganisation aber auch zur sozialen Kontrolle der Richter, Staatsanwälte und Rechtsanwälte. Mitte 1934 trat er darüber hinaus an die Spitze des Gaurechtsamts. Während außerhalb Hamburgs ablehnende Stellungnahmen der NSDAP zu Beförderungsvorschlägen der Justiz an der Tagesordnung waren, konnte Rothenberger sich diese nun

83 Zitat Freislers nach ebenda, S. 379. Die Rechtfertigungsschrift an Gürtner vom 11.3.1935 findet sich in: BA, R 22/PA Reuter.

84 Karl Kaufmann, geb. 1900 in Krefeld als Sohn eines Textilfabrikanten, 1917–1918 Kriegsdienst, 1919–1921 Freikorps-Kämpfer (u.a. in der Brigade Ehrhardt), 1921 Eintritt in die NSDAP, 1925 Gauleiter in Essen, 1929 Gauleiter in Hamburg. Vgl. Peter Hüttenberger, *Die Gauleiter. Studie zum Wandel des Machtgefüges in der NSDAP*, Stuttgart 1969, insb. S. 215.

85 Rothenberger, »Der Kampf ums Recht«, a.a.O., Kap. B, S. 2 f.

86 Siehe Curt Rothenberger (Hrsg.), *Rassenbiologie und Rechtspflege. Arbeiten Hamburger Juristen im Rassenbiologischen Institut der Hamburgischen Universität*, Hamburg 1936.

Kundgebung aus Anlaß der »Verreichlichung« der Justiz am 25.4.1935 in der Halle des Hanseatischen Oberlandesgerichts. Vor der großen Hakenkreuzfahne sitzen Staatssekretär Roland Freisler (in Uniform mit Glatze) und rechts daneben Justizminister Franz Gürtner (im Anzug); am Rednerpult steht Curt Rothenberger.
Quelle: Privatbesitz.

gleich selber schreiben. Seine personellen Entscheidungen liefen daher in der Regel ebenfalls parteiintern »glatt« durch.

Auch die »Verreichlichung« der Justiz verstärkte die Position Rothenbergers. Hatte er in seiner Dissertation noch für die Justizhoheit der Länder plädiert, so leitete er diese nun auf das Reich über. Am 1.4.1935 trat er als Präsident an die Spitze des Hanseatischen Oberlandesgerichts, ließ sich aber weiter mit »Herr Senator« anreden. Die Justizverwaltung zog ins Oberlandesgericht um und bildete die dortige »Verwaltung«. Letz und Struve wurden Vize- und Senatspräsident. Mit dem Reichsjustizministerium mußte nun zwar kooperiert werden, aber Berlin ließ dem »Senator« weiter freie Hand. Es folgte eine regelrechte Ämter-Kumulation: Am 16. 5.1935 wurde Rothenberger Präsident des Oberverwaltungsgerichts, am 1.7.1935 Vorsitzender des Reichsoberseeamts, am 2.3.1938 Ratsherr der Hansestadt, am 6.4.1938 Honorarprofessor und am 3.9.1939 Präsident des Reichsprisenhofes. Schon am 1.7.1936 war die Berufung zum »Leiter der Prüfungsstelle Hamburg des Reichsprüfungsamtes« durch dessen Chef Otto Palandt erfolgt.[87]

Die »Verreichlichung« der Justiz und das »Groß-Hamburg-Gesetz« führten auch zu einigen organisatorischen Veränderungen.[88] So ging die Verwaltung der Landgerichtsbezirke Bremen und Lübeck am 1.4.1935 nach Hamburg über. Durch das »Groß-Hamburg-Gesetz« vom 26.1.1937 kam Lübeck dann zum Oberlandesgerichtsbezirk Kiel, während das Land- und Amtsgericht Altona sowie die Amtsgerichte Blankenese, Harburg und Wandsbek von Hamburg übernommen wurden. Der zentralen Stellung des Sievekingplatzes tat dies aber keinen Abbruch. Sie wurde ab 1935 noch dadurch unterstrichen, daß nun der Justizchef selber im Oberlandesgericht residierte.[89] Im Ergebnis traten zu den rund 300 Hamburger Stellen im höheren Justizdienst etwa 50 Bremer und 60 preußische Stellen aus Altona, Blankenese, Harburg und Wandsbek hinzu. 1938 zählte die hanseatische Justiz 353 Richter, 55 Staatsanwälte und 10 höhere Beamte, von denen rund 320 am Sievekingplatz, 10 in den Strafanstalten, 40 bei den externen Hamburger Amtsgerichten und 50 in Bremen amtierten.

Für die »königliche« Stellung Rothenbergers hatte die enge Kooperation mit Gauleiter Kaufmann entscheidende Bedeutung. Denn außerhalb Hamburgs waren Versuche der NSDAP, in die Rechtsprechung einzugreifen, an der Tagesordnung. Wiederholt kam es zu offenen Konflikten zwischen Gauleitern und Justizchefs, die bis zur Absetzung von Oberlandesgerichtspräsidenten wie 1934 in Braunschweig oder der Entlassung von Generalstaatsanwälten wie 1937 in Kiel führen konnten.[90] In Hamburg lagen die Dinge dagegen ganz anders. Kaufmann

87 Siehe die Ernennungsschreiben in: BA, R 22/PA Rothenberger, Bd. 11. Zu Palandts Aktivitäten vgl. Hans Wrobel, *Otto Palandt zum Gedächtnis*, in: Kritische Justiz, 15. Jahrg./1982, S. 1–32.

88 Gesetz über Groß-Hamburg und andere Gebietsbereinigungen vom 26.1.1937 (RGBl. I, S. 91 f). Zur Vorgeschichte siehe Werner Johe, *Territorialer Expansionsdrang oder wirtschaftliche Notwendigkeit? Die Groß-Hamburg-Frage*, in: Zeitschrift des Vereins für Hamburgische Geschichte, Bd. 64/1978, S. 149–180.

89 Alle Zahlenangaben nach: *Kalender für Reichsjustizbeamte 1939*, 2. Teil, bearbeitet im Büro des Reichsjustizministeriums, Berlin 1939 (Angaben nach dem Stand vom 1.10.1938).

90 Zu Braunschweig siehe Manfred Flotho, *Bruno Heusinger*, in: Rudolf Wassermann (Hrsg.), *Justiz im Wandel der Zeiten. Festschrift des Oberlandesgerichts Braunschweig*, Braunschweig 1989, S. 349–369.

respektierte die Sphäre seines Freundes Rothenberger: Alle Forderungen und Wünsche der Partei wurden direkt an den Justizchef herangetragen, der sie dann nach seinem Gutdünken umsetzte. Differenzen klärten Kaufmann und Rothenberger im Gespräch »von Mann zu Mann«. Das war eine zwischen Gauleiter und Justizchef einmalige Konstellation, die sich auch auf das Verhältnis der Justiz zu Polizei und SS in Hamburg auswirkte.

Mit Gestapo-Chef Streckenbach, der von Himmler am 10.10.1933 auf Vorschlag Kaufmanns ernannt worden war, hatte Rothenberger ja schon bei der Vertuschung der Vorgänge im »Kolafu« kooperiert.[91] Diese Zusammenarbeit wurde fortgesetzt, wobei Gestapo- und Justiz-Chef sich solcher Formen bedienten, wie sie zwischen Gauleitung und Justiz üblich waren. Praktisch bedeutete dies, daß die Justiz den außernormativen Terror der Gestapo duldete, während jene sich direkter Eingriffe in die Rechtsprechung enthielt. Später wurden dabei auch die Höheren SS- und Polizeiführer (HSSPF) Prützmann und Querner einbezogen.[92] Dies schloß nicht aus, daß manche Richter und Staatsanwälte eine Abneigung gegen die Gestapo hegten, während deren Beamte nur darauf lauerten, den Juristen »mal eins auszuwischen«. Doch so lange Rothenberger, Streckenbach, Prützmann und Querner in Hamburg amtierten, hielten sie ihre Untergebenen im Zaum und klärten Differenzen untereinander. Auch diese Kooperation zwischen Justizchef, Gestapo-Leiter und HSSPF war einmalig.

Rothenberger schrieb dazu 1944: »Kämpfe aus persönlichem Ehrgeiz von Konkurrenten gab es daher nicht. Das Verhältnis zur Polizei, zur SS und zum SD, bei dem ich ständiger Mitarbeiter war, war ohne jede Trübung.«[93] Wohl kein anderer Chefpräsident konnte ähnliches von sich behaupten. Auch die von SS und Partei häufig attackierte Spitze des Reichsjustizministeriums konnte nur mit Neid nach Hamburg blicken. Denn Rothenberger hatte hier jenes »Königsrichtertum« lebendig werden lassen, dessen Untergang nach 1918 heftig beklagt worden war. Allerdings beschränkte sich die »königliche Stellung« auf Rothenberger selber. Die Richter waren dagegen in ein System von Kontrollen ihres hanseatischen »Königsrichters« eingebunden.

Zur Ablösung des Kieler Generalstaatsanwalts Sauer 1937 vgl. Hüttenberger, *Die Gauleiter*, a.a.O., S. 110 f.

91 Hamburg unterstellte seine Politische Polizei am 6.10.1933 als erstes Land dem Reichsführer-SS. Bruno Streckenbach, geb. 1902 in Hamburg als Sohn eines Zollbeamten, 1918 Kriegsdienst, 1919 Wachabteilung Bahrenfeld, 1920 Kaufmännische Lehre, 1925 ADAC-Geschäftsführer, 1930 NSDAP, 1931 SS, 1933 Regierungsrat, 1936 Chef der Gestapo-Leitstelle, 1939 Befehlshaber der Sipo und des SD Krakau, 1940 Amtschef I im Reichssicherheitshauptamt (RSHA), 1942 Stellv. Chef des RSHA, 1944 Kriegsdienst bei der Waffen-SS, 1945 sowjetische Gefangenschaft, 1955 Entlassung nach Hamburg, 1956 kaufmännischer Angestellter, 1969 Rentner, 1973 Mord-Anklage wegen Tötung von »mindestens einer Million Menschen«, 1975 Tod, siehe die 317seitige Anklageschrift im Archiv der Staatsanwaltschaft Hamburg, Az. 147 Js 31/67.

92 Zur Funktion der Höheren SS- und Polizeiführer und ihren Biographien siehe Ruth Bettina Birn, *Die Höheren SS- und Polizeiführer.* Düsseldorf 1986, insb. S. 342 f.

93 Autobiographische Aufzeichnung Rothenbergers vom 4.4.1944 mit dem Titel »Sechzehn Monate Berlin«, S. 1 f, in: BA, R 22/PA Rothenberger, Bd. 15 (Blattsammlung). Im folgenden zitiert als Rothenberger, »Sechzehn Monate Berlin«, a.a.O..

Erste Verhandlung des »Reichsprisenhofes« unter dem Vorsitz Rothenbergers (am Richtertisch unter dem Hitler-Bild) im großen Saal des Ziviljustizgebäudes, September 1939.
Quelle: Privatbesitz.

3.5. Das »System Rothenberger«

Unter der Ägide Rothenbergers nahm die Hamburger Justiz auch intern eine Entwicklung, die sie von derjenigen in anderen Oberlandesgerichtsbezirken deutlich unterschied. Dabei läßt sich im Ergebnis durchaus von einem »System Rothenberger« sprechen. Für dessen Herausbildung spielte die Aktivität des Justizchefs eine wichtige Rolle. Alles schien ihm von Bedeutung zu sein, er zog laufend Vorgänge an sich und war überall präsent. Daß er sich nicht verzettelte, hatte er einem Instinkt für das Wesentliche und der Mitarbeit von Rudolf Letz zu danken. Während andernwärts die Zeichen der Zeit nicht erkannt wurden, war Rothenberger ihr stets voraus. Im Gegensatz zu Präsidenten wie Adolf von Garßen in Celle und Karl Martin in Kiel besaß er politischen Gestaltungswillen.[94] Wer dabei zu ihm hielt, dem ließ er Protektion angedeihen, wer sich sträubte, den ließ er »erproben«, und wer dann immer noch nicht »spurte«, den stellte der Justizchef rücksichtslos »kalt«. Dies waren die ebenso einfachen wie patriarchalischen Grundsätze, nach denen das »System Rothenberger« funktionierte.

Zur Befriedigung seines Tatendrangs bediente sich der Justizchef gern hergebrachter Instrumentarien. Dazu zählten die Sitzungen mit Gerichtspräsidenten und Behördenleitern sowie Richtern. In Hamburg spielten solche Treffen traditionell eine große Rolle. Denn im Gegensatz zur preußischen Justizverwaltung mit ihrem Kanzleistil wurde bei den engen Verhältnissen der Hansestadt das Gespräch gesucht.[95] Rothenberger intensivierte die Besprechungen nun in doppelter Hinsicht: Er führte sie immer häufiger durch und gab ihnen einen anderen Charakter. So erklärte er Gerichtspräsidenten und Behördenleitern am 29.6.1935, daß nationalsozialistische Grundsätze »bei auslegungsfähigen Gesetzen auch gegen die Rechtsprechung des Reichsgerichts bedingungslos zur Anwendung zu bringen« seien. Weiter sollten ihm »Prozesse von grundsätzlicher Bedeutung« fortan vorgelegt werden. Zur Vergabe von Armenrechts-Mandaten an jüdische »Mischlinge« hieß es am 12.10.1936: »... diese Anwälte (erhalten) keine Mandate, da sie nicht Mitglieder des NS-Juristen-Bundes sind.« Selbst die Frage, ob Referendare nach den Kompendien von Atzler oder Daubenspeck für das Examen pauken sollten, wurden nun von höchster Stelle entschieden: »Herr Senator Rothenberger sagte zu, nach Prüfung der beiden Bücher eine einheitliche Anordnung für Hamburg und Bremen herauszugeben.«

Am 9.4.1937 hieß es weiter: »Herr Senator Dr. Rothenberger bat ..., in Zukunft keine Bücher und Kommentare jüdischer Autoren in Urteilen zu zitieren. Ein Verzeichnis der jüdischen Autoren ... sei in der Bibliothek vorhanden.« Am 18.2.1938 wurde erklärt, daß die Gerichte »sich ... davor hüten (müßten), auf fremde Gebiete, insbesondere ... der politischen Staatsführung überzugreifen, und zwar auch nicht mit Erwägungen und Bemerkungen.« Weiter hieß es, »daß

94 Zu von Garßen vgl. Ulrich Hamann, *Das Oberlandesgericht Celle im Dritten Reich. Justizverwaltung und Personalwesen*, in: *Festschrift zum 275jährigen Bestehen des Oberlandesgerichts Celle*, Celle 1986, S. 143–231. Zu Martin siehe Klaus Bästlein, *Die Akten des ehemaligen Sondergerichts Kiel als zeitgeschichtliche Quelle*, in: Zeitschrift der Gesellschaft für Schleswig-Holsteinische Geschichte, Bd. 113/1988, S. 157–211.

95 Rudolf Letz, *Von der Landesjustizverwaltung Hamburg zum Präsidenten des Hanseatischen Oberlandesgerichts*, in: Rothenberger (Hrsg.), *Oberlandesgericht*, a.a.O., S. 183–199.

in Fragen der Sicherungsverwahrung im Zweifel *gegen* den Betroffenen zu entscheiden sei.« Zur Verfolgung der bei den Judenpogromen verübten Taten wurde am 1.2.1939 mitgeteilt, daß es »... unmöglich sei, diese Sachen in der üblichen justizförmigen Weise abzuwickeln; wenn man zunächst die Rechtsordnung von oben her aufhebe, sei es nicht möglich, dann die an der Ausführung beteiligten Personen strafrechtlich zu belangen.«[96] Schon diese Beispiele zeigen, wie aus Treffen zur Klärung organisatorischer Fragen Sitzungen zur Lenkung der Rechtspraxis wurden. Von diesen Sitzungen war es 1942 nur noch ein kleiner Schritt zu den »Vor- und Nachschau-«Besprechungen zur Urteilsfindung.[97]

Rothenberger ließ es damit nicht bewenden. Als weiteres Instrument zur Überwachung der Hamburger Justiz bediente er sich ab Mitte der 30er Jahre »politischer Stimmungsberichte«, die ausgewählte Mitarbeiter zu fertigen hatten. Dabei sollten »Mißstände offen dargelegt werden.«[98] Rothenberger konnte dann sofort darauf reagieren. Zudem wurde er von seiner »Verwaltung«, der Gauleitung, dem »NS-Rechtswahrerbund« Gestapo und SD laufend unterrichtet. Diese Berichterstattung betraf auch die Privatsphäre der Justizjuristen. Die Nichtbeflaggung richterlicher Eigenheime an »nationalen Feiertagen« wurde ebenso gemeldet wie das Fehlen beim »Gemeinschaftsempfang« einer »Führerrede« oder negative Äußerungen von Ehefrauen über die Regierung.[99] Alarmierend wirkten Urteile von Richtern, die »deutschblütige« Mieter »in positivistischer Manier« zur Zahlung des Mietzinses an jüdische Hauseigentümer verurteilten, obwohl das NSDAP-Programm ja die »Brechung der Zinsknechtschaft« vorsah. Noch mehr Beachtung fanden Verfahren gegen SA-Rowdies oder NS-Funktionäre, wenn der Gauleiter eine milde Bestrafung oder Freisprechung wünschte.

In diesen Fällen wurden der Justizchef oder sein Vize Letz aktiv. Häufig ließ der Justizchef unbotmäßige Richter und Staatsanwälte gleich zu sich zitieren. Dabei wechselten dann schroffe Vorwürfe und verständnisvolle Nachfragen, strikte Weisungen und gütige Ermahnungen einander ab. Unter Hinweis auf ihre »Vorbildfunktion« wurde Betroffenen bedeutet, daß die Nichtbeflaggung ihrer Häuser oder das Fehlen beim »Gemeinschafts-Empfang« nicht angehen könne; auch die Ehefrauen müßten besser »beaufsichtigt« werden. Richtern erklärte Rothenberger, daß ihre Urteile wohl richtig seien, daß aber negative Stellungnahmen zum NSDAP-Programm zu unterbleiben hätten. Strafverfahren gegen »Hoheitsträger« der NSDAP wurden mit Richtern und Staatsanwälten vorbesprochen. Oft reichte auch die Anwesenheit des Justizchefs in der Hauptverhandlung aus. Auf den vorauseilenden Gehorsam der überwältigenden Mehrheit der Hamburger

96 Die Zitate finden sich in: StArch HH, Abt. 213-1, 3131 E – 1a/1, 2 (Präsidentensitzungen), 1a/7 (Präsidialsitzungen), 1b/6 (Präsidenten- und Präsidialbesprechungen), 1c/4 (Präsidentensitzungen). Zur Nichtverfolgung der Pogromstraftaten vgl. Klaus Bästlein, *Die Judenpogrome vom 9./10. November 1938 in Schleswig-Holstein*, in: *Jüdisches Leben und die Novemberpogrome 1938 in Schleswig-Holstein*, hrsg. vom Grenzfriedensbund, Flensburg 1988, S. 9–54, insb. S. 31–33.

97 Vgl. hierzu nur das Protokoll der Sondergerichtsbesprechung vom 16.5.1942 im Beitrag von Helge Grabitz in diesem Band.

98 Rundschreiben Rothenbergers an die Berichterstatter vom 18. 3.1940, in: StArch HH, Abt. 213-5 (Amtsgericht), 324 E Bd. 1.

99 Vgl. hierzu im einzelnen die Beispiele in dem Beitrag von Hans-Konrad Stein-Stegemann in diesem Band.

Justizjuristen konnte Rothenberger setzen. Kein Richter oder Staatsanwalt wollte sich Beförderungschancen verbauen – und so genügten meist schon das Interesse des Justizchefs oder ein gelinder Druck, um das gewünschte Ergebnis herbeizuführen.

Das zentrale Element des »Systems Rothenberger« aber blieb die Personalpolitik. Letz schrieb dazu 1939: »Daß es nicht nur auf fachliches Können, sondern ebenso auch auf die charakterliche und *politische* (Markierung d. Verf.) Haltung ankomme, sollte nicht mehr hervorgehoben zu werden brauchen.«[100] Dies traf wohl für Hamburg, nicht aber im Reich zu. Denn das Justizministerium hielt an hergebrachten Maßstäben fest. Danach war Anpassungsbereitschaft gegenüber dem Regime erforderlich. Rothenberger aber verlangte eine aktive Betätigung für die »nationalsozialistische Bewegung«. So waren in Hamburg 1939 nahezu alle Nachwuchskräfte und 90 % der Richter am Oberlandesgericht der NSDAP beigetreten.[101] Darüber hinaus wurde auf die regionale Herkunft geachtet. So hatten Hamburger Bewerber stets die besten Chancen. Daneben fanden Schleswig-Holsteiner, Niedersachsen und Mecklenburger problemlos Berücksichtigung. Kandidaten aus Ost-, Süd- oder Westdeutschland wurden dagegen abgewiesen. Zur Begründung hieß es, der Gauleiter wünsche keine katholischen Richter, oder der Bewerber sei »als Bayer für Hamburg nicht geeignet«. Ausnahmen gab es nur für »ältere Nationalsozialisten und bewährte völkische Vorkämpfer«.[102]

Zur Personalpolitik in Hamburg zählte auch die Förderung junger Kräfte. Durch die Herstellung von mehr Chancengleichheit in der Weimarer Zeit drängten viele Assessoren in den Justizdienst, deren Väter mittlere Beamte waren und die auf Grund ihrer Sozialisation zur Anpassung neigten. 1933 schlossen sie sich sofort der NSDAP an und wurden von Rothenberger in den politisch sensiblen Bereichen der Justiz, am Sondergericht, in der 6. (»Rassenschande«-) Strafkammer und beim »Schnellgericht«, eingesetzt. So waren von den 30 meistbeschäftigten Richtern und Staatsanwälten am Sondergericht während des Krieges 66 % erst nach 1900 geboren und 43 % ihrer Väter gehörten zur mittleren Beamtenschaft.[103] Diese willfährige »Truppe« bildete die Speerspitze der NS-Justiz in Hamburg, erwirkte den größten Teil ihrer rund 240 Todesurteile und wurde von Rothenberger mit Beförderungen »belohnt«. Sogar das »3. Staatsexamen«, also die »Erprobung« als Hilfsarbeiter am Oberlandesgericht, blieb ihnen erspart. Eine »Blitz-Karriere« durchlief etwa der 1901 geborene Hans Haack, der 1933 als Staatsanwalt beim Altonaer Sondergericht tätig war, 1937 den Vorsitz einer Kammer des Hanseatischen Sondergerichts übernahm und noch 1944 zum Generalstaatsanwalt befördert wurde.[104]

100 Letz, *Von der Landesjustizverwaltung* ..., in: Rothenberger (Hrsg.), *Oberlandesgericht*, a.a.O., S. 183–199, insb. S. 193.

101 Wogatzky, *Hanseatische Gerichte*, in: Ebenda, S. 107.

102 Vgl. die Besetzungsvorschläge von 1936 bis 1942, in: StArch HH, Abt. 213-1, 2200 E 1 – 2 b bis d. Zitate aus den Schreiben vom 8.6.1937 (2 b/13, S. 5) und 26.8.1939 (2 d/2, S. 2).

103 Die Angaben basieren auf einer Auswertung der einschlägigen Personalakten im Staatsarchiv Hamburg und im Bundesarchiv. Zum Sondergericht vgl. Klaus Bästlein, *Sondergerichte in Norddeutschland als Verfolgungsinstanz*, in: Frank Bajohr (Hrsg.), *Norddeutschland im Nationalsozialismus*, Hamburg 1992. Zur »Rassenschande«-Kammer siehe Robinsohn, *Justiz*, a.a.O.

104 Hans Haack, geboren 1901 als Sohn eines Volksschullehrers in Besenhorst (Lauenburg), 1919–21 Wachabteilung Bahrenfeld, 1924 Referendar, 1928 Assessor in Altona, 1933 Staatsan-

Alle drei zentralen Elemente des »Systems Rothenbergers«, nämlich die Besprechungen, die Berichterstattung und die Personalpolitik, waren tradierte Instrumente der Justizverwaltung, die zur Herstellung der Konformität des Rechtsstabes mit dem jeweiligen politischen Regime dienten. Alle drei genannten Elemente gelangten auch vor 1933 und nach 1945 zur Anwendung – allerdings im Rahmen klarer Grenzen. Diese Grenzen wurden nach der Etablierung der NS-Herrschaft sofort durchbrochen. Nun konnte ein fast lückenloses System zur Überwachung des Rechtsstabes installiert werden. Daß dies in Hamburg so umfassend gelang, war auf die überschaubaren Verhältnisse am Sievekingplatz und die »königliche« Stellung des Justizchefs zurückzuführen. Im »System Rothenberger« lief sowohl von außen, als auch intern alles auf den »Chef« zu, der so die Rechtspraxis nach seinem Gutdünken steuern und lenken konnte.

3.6. Der Hamburger Justizchef in der Krise

Die rastlosen Aktivitäten Rothenbergers seit März 1933 blieben für ihn nicht folgenlos. Anfang 1938 geriet er in eine Krise, über die er 1944 schrieb: »Der ... Kampf um die Durchsetzung einer klaren Rechtsidee ... hatte mich im Laufe der Jahre gesundheitlich stark mitgenommen. Immer neue Aufgaben neben dem Kampf um die Justiz zehrten an meiner Arbeitskraft. ... Mit allen diesen gesteigerten Aufgaben und dem äußeren Aufstieg hielt die innere Entwicklung nicht immer Schritt. ... So bereitete sich ein Zwiespalt in meinem Wesen vor. Nach außen streng, gradlinig, fest und überall ›Chef‹, nach innen oft weich, wankelmütig und zweifelnd. ... Die aus diesen Gegensätzen entstehenden Spannungen führten in den Jahren 1937/38 zu einer Krise, die meinen völligen Zusammenbruch zur Folge hatte.«[105] Ob Rothenberger wirklich so »weich, wankelmütig und zweifelnd« war, wie er behauptete, muß dahingestellt bleiben. Jedenfalls zog er sich 1938 vom Dienst zurück, ohne daß dies in den Personalakten vermerkt worden wäre. Sogar bei einer Tagung am 17./18.1.1938 in Berlin ließ er sich von Letz vertreten.[106]

Der Zusammenbruch Rothenbergers ging mit einer latenten Ehekrise einher. Dazu schrieb er 1944: »Der Zwiespalt wurde verstärkt durch meine Frau, die rührend in ihrer Fürsorge, anständig und treu, aber seelisch, geistig und körperlich Kind geblieben war.«[107] Die Ausführungen deuten darauf hin, daß eine tiefergehende Beziehung Rothenbergers zu seiner Frau nie bestand. Die Eheschließung war 1923 wohl nur erfolgt, um in die »besseren Kreise« einzuheiraten. 1938 zählte Rothenberger selber zu den höchsten Chargen der Stadt. Er wollte sich seiner Frau nun entledigen, verließ sie kurzerhand und erklärte, »die Ehe ... unter keinen Umständen fortzusetzen.« Gertrudis Rothenberger beantragte selbst die Scheidung. Der Justizchef wurde für schuldig erklärt. Das Urteil

walt beim SG, Sonderauftrag zu »Korruptions«-Ermittlungen gegen demokratische Politiker, 1937 OLG-Rat und Vorsitzender der 3. Kammer des SG in Hamburg, 1944 GStA, siehe StArch HH, 241-2, B 2392.

105 Rothenberger, »Der Kampf ums Recht«, a.a.O., Kap. B, S. 6.

106 Vgl. die von Letz gefertigte Niederschrift über die Tagung in: StArch HH, 213-1, 3131 E – 1b/4.

107 Rothenberger, »Der Kampf ums Recht«, a.a.O., Kap. B, S. 6.

erlangte am 16.12.1938 Rechtskraft.[108] Schon am 27.4.1939 ging Rothenberger mit Alice Sabersky-Müssigbrodt, geborene Schneyder, eine neue Ehe ein. Seine zweite Frau stammte aus einer Familie schlesischer Gutsbesitzer, wurde 1900 als Tocher eines Generalarztes geboren und war in erster Ehe mit einem Marine-Oberstarzt verheiratet.[109]

Die persönliche Krise Rothenbergers ging allerdings nicht allein auf seine erste Ehe und die Überanstrengung als Justizchef zurück. Vielmehr tat sich auch in seiner Tätigkeit ein »innerer Zwiespalt« auf. Dabei genoß er in Hamburg weiter Respekt und Wertschätzung. Viele jüngere Richter und Staatsanwälte verdankten ihm ihre Einstellung. Durch die personelle »Erneuerung« der Justiz 1933 war es auch zu einem Beförderungsschub gekommen. Bei den übrigen Bediensteten war Rothenberger sogar regelrecht populär. Die auf ihr Sozialprestige bedachten Rechtspfleger sahen sich bereits als »kleine Richter«. Der mittlere Dienst verdankte dem »Chef« lange geforderte »Gemeinschaftsräume« und durfte sich im Rahmen der Aktion »Schönheit der Arbeit« betätigen. Wachtmeister und Arbeiter vergaßen nie, daß Rothenberger sich bei »Kameradschaftstreffen« zu ihnen setzte, einfach zuhörte und in sozialen Notlagen half.[110]

Doch während Rothenberger ein starkes Richtertum predigte und die Unabhängigkeit der Justiz beschwor, förderte er intern Anpassung sowie Duckmäuserei und steuerte ungeniert die Rechtspraxis. Dieser Widerspruch ging auch einem seiner engsten Mitarbeiter, Hans Segelken, auf.[111] Mit ätzendem Spott reagierte er auf die Zustände und präsentierte bei einem Betriebsausflug sogar ein satirisches Bühnenstück. Bezeichnend war schon der Titel: »Eine Präsidial-Sitzung des Hanse-Arischen Übergerichts.« Die Präsidial-Richter traten als »Germanen« mit Rauschebart und Schwertern auf. Ihr Gruß lautete »Hackamathacka«. Behandelt wurden »die anspruchsvollen Alten Kämpfer, die Hundertfünfzigprozentigen, die schweifwedelnden Goldfasane, die verschämten Märzgefallenen, die um ihre Parteiaufnahme ringenden Freimaurer ... und manche anderen Zeiterscheinungen.«[112] Auch ein neues Strafgesetzbuch wurde erörtert. Dazu machte der Präsident einen »zwar radikalen, aber modernen Vereinfachungsvorschlag ...: *§ 1 Wer etwas tut oder unterläßt, wird bestraft. Bereits der Versuch ist strafbar. § 2 Die Höhe der Strafe ist dem gesunden Volksempfinden zu entnehmen. In Zweifelsfällen*

108 Urteil des Landgerichts Hamburg, Az. 15 R 246/38, Zitat S. 2, in: Archiv des Land- und Amtsgerichts Hamburg, Ehesachen 1933–1945. Vgl. den Beitrag von Reginald Puerschel in diesem Band.

109 Zu Alice Rothenberger vgl. ihren »Ariernachweis«, in: BA, R 22/PA Rothenberger, Bd. 12, Bl. 58–60.

110 Rothenberger hatte die Rechtspfleger 1934 schon als »Juristen der Zukunft« bezeichnet, vgl. derselbe, *Nationalsozialistisches Rechtsdenken*, Hamburg 1934, S. 12. Vgl. im übrigen auch derselbe, *»Schönheit der Arbeit«*, in: DJ 1938, S. 123–125.

111 Hans Segelken, geb. 1897 als Sohn eines Ingenieurs in Bremerhaven, 1914–1918 Kriegsdienst, 1919/20 Freikorps Epp, 1921 Referendar in Bremen, 1925 Assessor, 1927 Richter am AG Bremerhaven, 1930 Richter am LG und AG Bremen, 1936 OLG-Rat in Hamburg, 1939–1941 Kriegsdienst (Hauptmann), 1941 AG-Präsident, 1943 Ministerialdirektor im Reichsjustizministerium, 1944 RG-Rat, vgl. Justizbehörde, Personalakten Nr. 1605.

112 Im damaligen Sprachgebrauch waren: »Alte Kämpfer«: NSDAP-Mitglieder aus der Zeit vor 1930 mit einer Mitgliedsnummer unter 300.000; »Goldfasane«: NSDAP-Funktionäre mit goldenen Streifen an der Uniform; »Märzgefallene«: Opportunisten, die der NSDAP nach der »Machtergreifung« im März 1933 beitraten.

entscheidet hierüber der zuständige Kreisleiter der Partei.« Da keine Einigung zu erzielen war, sollte das »altgermanische Gottesurteil des Zweikampfes« entscheiden. Dabei wurde der Verfechter des gesunden Volksempfindens auf der Bühne abgestochen, so daß die Strafrechtsreform gescheitert war.[113]

Soweit die Satire Segelkens noch nicht der Realität des NS-Staates entsprach, wurde sie von der Wirklichkeit bald eingeholt: Nach § 4 der Volksschädlingsverordnung vom 5.9.1939 konnten Kriegstäter mit dem Tode bestraft werden, »wenn dies das gesunde Volksempfinden ... erfordert«; und die Polenstrafrechtsverordnung vom 4.12.1941 enthielt gar keine festen Tatbestände mehr, sondern gestattete sogar bei »gehässiger oder hetzerischer Betätigung einer deutschfeindlichen Gesinnung« die Verhängung der Todesstrafe.[114] Auch die Aufführung des Stücks von Segelken verdeutlichte einen Zwiespalt: Während beim Betriebsausflug des Oberlandesgerichts Tränen gelacht wurden, hätte die Darstellung vor anderem Publikum wohl ein Strafverfahren wegen »groben Unfugs«, »heimtückischer Äußerungen« oder gar »Vorbereitung zum Hochverrat« nach sich gezogen.[115] Auch im Oberlandesgericht wurde nun bei entsprechenden Anlässen mit »Hackamathacka« gegrüßt. Man erkannte also durchaus, daß von rechtsstaatlichen Verhältnissen nicht mehr die Rede sein konnte. Aber kein einziger Richter trat der Entwicklung entgegen oder quittierte den Dienst. Vielmehr wurden – im Stile Segelkens – Gefühle wie auf der Kommandobrücke der »Titanic« kultiviert.

Auch Rothenberger hielt an seinem Kurs fest. Seinen »inneren Zwiespalt« hatte er verdrängt, und Selbstzweifel wurden durch eine neue Phase rastloser Aktivität überspielt. Ende 1938 stand er wieder mit bekannter Vitalität an der Spitze der Hamburger Justiz. Daneben wandte er sich nun verstärkt der latenten »Justizkrise« auf Reichsebene zu. Sein Widerpart wurde die nationalkonservative Führungsspitze des Reichsjustizministeriums. Instinktiv strebte er nach einem neuen Karriere-Sprung. Der aber konnte ihn nur noch in das Machtzentrum des Hitler-Reiches, also nach Berlin, führen.

3.7. Kritik am Reichsjustizministerium

Den äußeren Anlaß für die Aktivität Rothenbergers auf Reichsebene bildete eine gegen die Justiz gerichtete Kampagne des »Schwarzen Korps«. Die Zeitschrift der SS war Ende 1938 zum Generalangriff übergegangen, offenbar um die Justiz durch Verunsicherung gefügig zu machen und »Korrektur«-Maßnahmen der Polizei gegen gerichtliche Entscheidungen durchzusetzen. Seit November 1938 wurden in jeder Ausgabe des Wochenblatts »unzureichende« Urteile referiert und die beteiligten Justizjuristen diffamiert (siehe Abb. 5). So hieß es im SS-eigenen Jargon über Richter und Staatsanwälte, sie stünden auf dem »Niveau von

113 Alle Zitate aus: Hans Segelken, *Amor fati. Aufzeichnungen einer gescheiterten Juristengeneration,* Hamburg 1970, S. 181 f. Die Autobiographie beinhaltet eine Mischung aus Selbstkritik, Apologie, Reiseberichten und pseudo-philosophischen Betrachtungen. Die Darstellung Segelkens kann nur mit quellenkritischer Vorsicht herangezogen werden. Die wiedergegebenen Passagen decken sich mit anderen Hinweisen.

114 RGBl. 1939 I, S. 1679; RGBl. 1941 I, S. 759 (Art. I, Abs. 3).

115 Vgl. hierzu den Beitrag von Gunther Schmitz in diesem Band.

„Das Schwarze Korps" — 8. Dezember 1938

Und das „im Namen des deutschen Volkes"

Es sträuben sich beinahe schon die Federn, die Schreib-, Setz- und Rotationsmaschinen, wenn man bei jeder Darstellung eines Falles, in dem ein Jude seine Rolle spielt, darauf hinweisen soll, was wir nach hundertjährigen Erfahrungen von den Juden allgemein in sittlicher, rechtlicher und allgemeinmenschlicher Beziehung zu erwarten haben: daß die Juden mit Deutschen nicht in einen Topf geworfen und nicht über einen Kamm geschoren werden können, weil sie nach ihrer Veranlagung und nach ihrem eigenen Willen jede „Objektivität", die man ihnen entgegenbringt, als Dummheit auslegen und dementsprechend verwerten.

Insbesondere den Lesern unserer Zeitung dürften solche Darlegungen allmählich abgeschmackt vorkommen: „Wozu sagt ihr uns das immer wieder? Haltet ihr uns für Idioten, die noch nicht begriffen hätten, was ein Jude ist?" Und doch wird jeder Nationalsozialist nicht aufhören dürfen, diese ewige Litanei immerfort zu beten, solange es in deutschen Landen auch nur noch einen Juden gibt. Denn auch dieser eine und allerletzte Jude wird immer noch „objektive" Hirne finden, die ihm den Steigbügel halten, wenn er sich zu neuen Betrügereien und Verbrechen aufschwingen will. Und das werden nicht nur harmlose Gemüter sein, die keinen Schaden anrichten können, sondern, wie die traurige Erfahrung lehrt, immer auch deutsche Richter.

Wir haben hier über manch einen solchen Fall berichtet, der bei rechtlich denkenden und vernünftigen Menschen nur Kopfschütteln erregen kann; heute setzen wir all diesen Fällen die Krone auf:

Den Juden wurde alles geglaubt

Der Jude Heymann Gornitzky aus der Heilbronner Straße 29 in Berlin hatte eines seiner beiden Seifengeschäfte einem Deutschen verkauft und diesen dabei durch allerhand falsche Angaben und Betrügereien dermaßen hinters Licht geführt, daß dem Deutschen ein Schaden von rund 15 000 Mark entstand. Der Kaufmann betrieb deshalb eine Klage gegen den Juden. Diese Klage war aber aussichtslos, wenn es nicht gelang, die Schadenssumme bei dem Juden vorläufig sicherzustellen. Denn der Jude hatte alles nur Erdenkliche unternommen, sein Vermögen, die Einnahmen seines Geschäfts und sein Warenlager verschwinden zu lassen. Die Firma selbst übertrug er auf den Namen seiner Eheliebsten Edith, geborene Bucki.

Das geschah noch gerade zur rechten Zeit, denn Jud Heymann wanderte alsbald als unverbesserlicher Betrüger in ein Konzentrationslager. Zur gleichen Zeit begann die geborene Bucki nach jüdischer Manier einen „stillen Ausverkauf" und kündigte ihrem Personal. Zu allem — zumindest des Klägers — Überdruß meldete sich auch das Finanzamt, um die Vermögenswerte der Gornitzky-Juden für eine größere Steuerschuld sicherzustellen. Und da der Jude im Konzentrationslager plötzlich von der dringenden Sehnsucht befallen wurde, den unflätigen Staub Deutschlands von den Füßen zu schütteln und auszuwandern, konnte es sich jedermann an den Fingern abzählen, daß für den geschädigten Kaufmann eine geringe Hoffnung nur dann noch bestehen konnte, wenn es gelang, gegen die Gornitzkys einen Arrestbefehl zu erwirken, der sie daran hinderte, ihr Vermögen „in Sicherheit" zu bringen.

Der Arrestbefehl erging, aber die Juden erhoben Einspruch und — die 9. Kammer für Handelssachen des Landgerichts in Berlin hat den Arrestbefehl aufgehoben mit einer Begründung, die für immer ein Kuriosum in der Geschichte der deutschen Rechtsprechung bleiben wird.

Wenn, orakelte das Gericht, der Jude auch auswandern wolle, so erscheine es doch „nicht glaubhaft", daß in diesem Falle das Geschäft geschlossen werden würde.

Auch die Kündigung des Personals sei „nur vorsorglich" erfolgt; das sei glaubhaft (!!) gemacht durch die eidesstattlichen Versicherungen (!) einer Frau Freund (einer Jüdin!) und der Angestellten Pregers, Schwersenski, Rosenberg und Bölling. Ebenso habe die Frau Freund (eine Jüdin!) eidesstattlich versichert, daß die Kündigung inzwischen wieder zurückgenommen sei.

Die nämliche Jüdin Freund, eine Schwester der betrügerischen Jüdin Gornitzky (!), habe auch die Annahme, daß das Geschäft ausverkauft werde, durch eine eidesstattliche Versicherung „glaubhaft widerlegt" (!!!). Nach all dem erscheine die Befürchtung, daß das Geschäft der Juden demnächst geschlossen werden könnte, „nicht gerechtfertigt"! Die Gefahr einer Vermögensverschiebung bestehe auch nicht. Für den Verbleib der Kaufsumme, die der betrogene deutsche Kaufmann seinerzeit an den jüdischen Gauner bezahlt hat, habe der Jude „eine glaubhafte (!!) Erklärung" gegeben.

Und überdies habe ja der Jude zur Abwendung der Zwangsvollstreckung 7000,— RM., also einen greifbaren erheblichen Betrag, hinterlegt. Mit dieser Begründung wurde der Antrag des Deutschen abgelehnt, wurden ihm die Kosten des Rechtsstreites in Höhe von 800 RM. aufgebürdet, wurde dem Juden bzw. seinen „Rechtsnachfolgern" gar die Möglichkeit eröffnet, gegen den Deutschen hohe Schadenersatzforderungen „wegen Geschäftsschädigung durch den ungerechtfertigten Arrest" vorzubringen und einzuklagen.

Jeder Mensch, dessen Denkarbeit die Judenfrage auch nur oberflächlich gestreift hat, wird erschüttert vor der Tatsache stehen, daß ein deutsches Gericht im Jahre 1938 ein derartiges Urteil fast ausschließlich auf „glaubhafte" Bekundungen und „eidesstattliche Versicherungen" betrügerischer Juden stützt, statt auf die völlig einwandfreien, nackten und durchsichtigen Tatsachen. Als ob ein Jude überhaupt „glaubhaft" sein könnte, und als ob ein Meineid nicht geradezu zu seinem täglichen Brot gehören würde!

Dieses nämliche Gericht schenkte auch, ohne zu widersprechen, dem „Kammergerichtsanwalt" Fritz Story — gleich seinem Mandanten ein jüdischer Gauner — sein geneigtes Ohr, als dieses unverschämte Subjekt den Versuch machte, den Juden als einen politisch Verfolgten hinzustellen, und in diesem Zusammenhang folgende Beschimpfung des Nationalsozialismus vortrug, ohne daß es dem Gericht eingefallen wäre, ihn deshalb verhaften zu lassen:

Kein Freibrief

„Wer sich jemals mit politischer Geschichte befaßt hat, weiß, daß unausweichlich in der Geschichte auf eine Periode politischer Radikalismen (!!) immer wieder andere Zeiten (!) gefolgt sind. Wer nicht geschichtlich zu denken unterläßt, wird sich das stets vergegenwärtigen. Jede starke politische Bewegung hat für sich Radikalismen verwendet, die jedoch bei der Betrachtung durch ein Gericht gar keine Rolle spielen dürfen."

Das Gericht hat dementsprechend gehandelt. Es hat in der nationalsozialistischen Betrachtungsweise der Judenfrage und des jüdischen Verbrechertums offenbar einen „Radikalismus" gesehen, der bei seiner Urteilsfindung keine Rolle spielen durfte.

Nun wird uns ein beamteter Rechtswahrer vielleicht erzählen, die Einstellung der Richter zur Judenfrage, so seltsam sie auch sei, spiele in diesem Urteil die geringste Rolle. Das Schwergewicht liege im letzten Absatz der Begründung, worin erzählt wird, daß der Jude zur Abwendung der Zwangsvollstreckung ja 7000,— RM., also „einen greifbaren erheblichen Betrag", hinterlegt habe.

Fürwahr, dies wäre vielleicht ein Grund gewesen, den Arrestbefehl aufzuheben. „Greifbare" 7000,— RM. sind immerhin eine gewisse Sicherheit, mag der Schaden auch doppelt so groß sein. Aber — der Jude hat in Wahrheit gar nicht daran gedacht, diese 7000,— RM. zu hinterlegen. Nicht der Jude hat dieses Geld hinterlegt, sondern der deutsche Kläger mußte es hinterlegen, um einen Arrestbefehl überhaupt beantragen zu können. So daß also das Gericht in dem Bemühen, alles für den Juden Günstige zusammenzutragen, in einer unglaublichen Leichtfertigkeit die Sicherheitsleistung des klagenden Deutschen auch noch dem beklagten Juden zuschob, um dann auf diesem hanebüchenen „Irrtum" das Gebäude seines „im Namen des deutschen Volkes" verzapften Urteils zu gründen!

Dies schlägt dem Faß den Boden aus! Denn dieser leichtfertige und verantwortungslose „Irrtum", an dessen Zustandekommen der Landgerichtsdirektor Knauer und die Handelsrichter Schmid und Heuck „gearbeitet" haben, ist wohl ein Symptom für die gesamte „Arbeit", die hier geleistet wurde und in solchen Fällen geleistet wird: nicht „Objektivität" ist dabei am Werke, sondern — gelinde gesagt — Gedankenlosigkeit.

Es erübrigt sich eigentlich, hinzuzufügen, daß eine Berichtigung dieses Urteils nunmehr schon deshalb wertlos ist, weil der Jude selbstverständlich längst das Weite gesucht und selbstverständlich längst seine Beute verschoben hat, so daß für den hereingelegten Deutschen nichts mehr zu holen ist. Dafür wächst nun in ihm wie in uns das Vertrauen zu solchen „Richtern" und zu der segensreichen Einrichtung ihrer „Unabhängigkeit", die in solchen Fällen die Plage eines Freibriefs ist.

Artikel aus dem SS-Organ »Das Schwarze Korps« vom 8.12.1938 mit heftigen Angriffen gegen die Justiz und die richterliche Unabhängigkeit.
Quelle: Staatsarchiv Hamburg, Abt. 213-1, Akte 3131 E 1 c / – Umschlag.

Zulukaffern« und seien »geistige Untermenschen«. Offen wurde gedroht: »Das ist ein Zustand der nach Selbsthilfe schreit ... es gibt auch Konzentrationslager!«[116] In der Justiz machte sich Empörung breit. Rothenberger wandte sich deshalb noch 1938 an das Reichsjustizministerium und übernahm für die nächste Tagung der Oberlandesgerichtspräsidenten am 24.1.1939 ein Referat zum »Ehrenschutz der Richter und Staatsanwälte«.

In seinem Referat bezeichnete Rothenberger die Wirkungen der Artikel im »Schwarzen Korps« als verheerend. Die Justiz dürfe der SS aber auch keine »Angriffsflächen oder Schwächen« bieten. Er verlangte daher eine »durch und durch nationalsozialistische Personalpolitik.« Erforderlich sei »ständige Fühlungnahme ... mit allen politischen Stellen, ... Politisierung und Aktivierung des Richterstandes, ... taktvolle Dienstaufsicht und Besprechung von grundsätzlichen Fehlern in Urteilssprüchen mit den jeweiligen Richtern, Menschenführung in größtem Ausmaß ...« Rothenberger unterstrich, daß die Richter »seit Monaten schutz- und wehrlos« dastünden. Das Ministerium müsse, »wenn nicht unendlicher Schaden weiter angerichtet werden solle«, sofort energisch gegen das »Schwarze Korps« vorgehen.[117] Damit hatte er den Chefpräsidenten aus der Seele gesprochen, die nun ebenfalls das Ministerium der Untätigkeit ziehen. Erst daraufhin begann Minister Gürtner zu handeln.[118] Wenige Tage später erschien in der »Deutschen Justiz« eine Zurückweisung der schwersten Angriffe des »Schwarzen Korps«. Zudem wandte Gürtner sich nun direkt an Himmler, mit dem er ein Ende der Pressefehde vereinbarte. Das »Schwarze Korps« behielt dabei allerdings entgegen der Vereinbarung das letzte Wort.

An die Einführung einer »nationalsozialistischen Personalpolitik« dachte Gürtner dagegen nicht. Bis zu seinem Tode im Januar 1941 nahm die Justiz im Gefüge des NS-Staates nicht die Rolle einer treibenden Kraft ein. Es wurde nur versucht, den Wünschen Hitlers und seines Umfelds zu entsprechen. Konflikte mit den Paladinen des »Führers« und den Organen von SS und Polizei waren dabei an der Tagesordnung. Die Auseinandersetzungen verliefen stets nach einem gleichartigen Muster: Das Justizministerium versuchte zunächst, rechtsstaatliche Positionen zu wahren, trat aber dann den Rückzug an, wenn Hitlers Zustimmung zu rechtswidrigen Maßnahmen erkennbar wurde. So trug schon das »Gesetz über Maßnahmen der Staatsnotwehr« vom 3.7.1934, mit dem die Morde im Zuge der »Röhm-Aktion« legalisiert wurden, auch die Unterschrift Gürtners. Bei Konflikten um die Strafverfolgung der in den Konzentrationslagern verübten Gewaltverbrechen kapitulierte die Justiz stets aufs neue vor der SS; schließlich galt das Konzentrationslager-System de facto als »exterritorial«. Ab September 1939 kamen Gürtner und Schlegelberger sogar der Zumutung nach, Untersuchungs-Häftlinge und rechtskräftig Verurteilte zur Liquidation an SS und Polizei abzugeben, nachdem Hitler dies mündlich (!) angeordnet hatte.[119]

116 Zitate: »Das Schwarze Korps«, Nr. 48/4. Jahrg., 1.12.1938, S. 15 f.; Nr. 3/5. Jahrg., 19.1.1939, S. 1 f. Eine Sammlung der Artikel findet sich in: StArch HH, 213-1, 3131 E – 1 c /7.

117 Zitate aus dem Bericht Rothenbergers über die Tagung für Gauleiter Kaufmann, in: StArch HH, 213-1, 3131 E – 1 c/7.

118 Siehe Gruchmann, *Justiz im Dritten Reich*, a.a.O., S. 670 ff.

119 Gesetz über Maßnahmen der Staatsnotwehr vom 3.7.1934 (RGBl. I, S. 529). Zu den Konflikten um die Konzentrationslager siehe Gruchmann, *Justiz im Dritten Reich*, a.a.O., S. 632–658; Tuchel,

Diese Praxis des Reichsjustizministeriums stieß nicht wegen ihres verbrecherischen Charakters, sondern wegen des Kompetenzverlusts der Justiz auf Widerspruch bei Rothenberger. Im Mai 1939 forderte er auf dem Leipziger Juristentag, daß die »Stellung des Richters, sein Ansehen und die Autorität seiner Urteile« erhöht werden müßten.[120] Doch Gürtner und Schlegelberger ließen sich nicht beeindrucken und Freisler sah in Rothenberger ohnehin nur einen Nebenbuhler. Der Hamburger Justizchef begann nun, das Ministerium bei jeder Gelegenheit zu kritisieren. So schrieb er am 8.1.1940 in einem Lagebericht zu den polizeilichen Exekutionen: »Das Vertrauen der Bevölkerung zur Justiz ... wird dadurch keineswegs gefördert.« Am 28.3.1940 und 8.5.1940 monierte er gesetzestechnische Arbeiten des Ministeriums zum Seerecht und bei der Zuständigkeitsverordnung vom 21.2.1940. Am 10.9.1941 hieß es dann: Die einberufenen Juristen seien »verbittert darüber, daß der ... Richterberuf in maßgeblichen Kreisen immer noch nicht so geachtet ... und die Autorität richterlicher Urteile immer wieder angetastet wird.«[121]

Zu einem Eklat kam es bei der Tagung der Chefpräsidenten und Generalstaatsanwälte am 23./24. April 1941 in Berlin, die als »Euthanasie«-Konferenz in die Justizgeschichte eingegangen ist.[122] Zunächst machten Viktor Brack von der »Kanzlei des Führers« und Prof. Dr. Werner Heyde die Versammlung mit den Mordaktionen an Behinderten und Kranken vertraut. Dann reichte der seit Gürtners Tod geschäftsführende Minister Schlegelberger eine Kopie des Ermächtigungsschreibens Hitlers für die Tötungen herum und erklärte, daß Bedenken gegen die »Vernichtung lebensunwerten Lebens« nicht mehr bestehen könnten. Alle 34 Chefpräsidenten und Generalstaatsanwälte, die Präsidenten des Reichsgerichts und des Volksgerichtshofes und die beiden Oberreichsanwälte schwiegen, was bei diesen Tagungen als Zustimmung galt. Nur Rothenberger wandte ein, daß die Maßnahmen einer gesetzlichen Grundlage bedürften. Er wurde von Freisler rüde zurechtgewiesen. Rothenberger wollte keineswegs die Tötungsaktionen in Frage stellen, sondern nur erneut das Ministerium attackieren. Die Reaktion Freislers überraschte ihn so, daß er ihm noch am nächsten Tag eine devote Entschuldigung sandte und um eine persönliche Aussprache bat.[123] Denn bei aller Kritik wollte er nicht als »Querulant« dastehen ...

Freisler ließ den Brief Rothenbergers unbeantwortet, so daß es zu keiner Aussprache kam. Der Hamburger Justizchef setzte nun seine Kritik am Ministerium fort. In einem Lagebericht vom 4.7.1941 monierte er erneute Angriffe des

Konzentrationslager, a.a.O., S. 343–369. Zu den Liquidationen vgl. die Vermerke Gürtners vom Herbst 1939, in: BA, R 22/5019.

120 Vgl. Curt Rothenberger, *Die Stellung des Richters im Führerstaat*, in: Deutsches Recht 1939, S. 831–837.

121 Die Berichte aus den Jahren 1940–45 finden sich vollständig in: BA, R 22/3366. Zitate bei fol. 7, 16–17, 20–23, 29.

122 Siehe zum Ablauf Helmut Kramer, *Oberlandesgerichtspräsidenten und Generalstaatsanwälte als Gehilfen der NS-»Euthanasie«*, in: Kritische Justiz, 17. Jahrg./1984, S. 25–43. Zu den Hintergründen für die Mord-Aktionen vgl.: Hans-Walter Schmuhl, *Rassenhygiene. Nationalsozialismus. Euthanasie*, Göttingen 1987; Götz Aly (Hrsg.), *Aktion T 4 1939–1945*, Berlin 1987.

123 Schreiben vom 25.4.1941, in: BDC, PA Rothenberger. Gruchmann, *Justiz im Dritten Reich*, a.a.O., S. 528 ff, erwähnt den Einwand Rothenbergers nicht. Auch seine Auffassung, »daß die Justiz wenigstens dazu beigetragen (hatte), daß die Euthanasie eingedämmt wurde« (S. 533), hält einer Prüfung nicht stand. Vielmehr leistete die Justiz Beihilfe zu den Mordaktionen.

»Schwarzen Korps« auf die Justiz und nahm gegen eine Ausweitung der Kompetenzen von SS und Polizei durch das geplante »Gemeinschaftsfremden-Gesetz« Stellung.[124] Am 6.9.1941 berichtete Rothenberger, daß er zur Verminderung der »zuweilen bestehenden Spannungsverhältnisse zwischen der Geheimen Staatspolizei und den Strafrichtern« regelmäßige Besichtigungen des Konzentrationslagers Neuengamme durchführe, und fügte hinzu: »Ich empfehle dieses Verfahren auch für andere Bezirke.« Zudem betätigte er sich jetzt als Film-Rezensent und rügte, daß der Ufa-Streifen »Fall Derluga« die »Achtung von Millionen Kinobesuchern vor der Würde des Gerichts an der Wurzel zerstören muß.« Dagegen lobte er den zur Propagierung der Mordaktionen an Behinderten und Kranken produzierten Spielfilm »Ich klage an.«[125]

Später schrieb Rothenberger über seine Widersacher im Ministerium: »... Gürtner war ein vornehmer, menschlich warmer, hochbegabter ... Mann ..., aber leider ohne jeden Kampfgeist, ohne Energie und politisches Verständnis. Kein Wunder, daß unter ihm die Justiz ... von den politischen Machtfaktoren, insbesondere dem Reichsführer-SS (und) der Parteikanzlei ..., immer weiter zurückgedrängt wurde. Dasselbe galt von Schlegelberger, der mir zudem immer bedenklich erschien. Und was Freisler zwar an genialer Begabung besaß, das fehlte ihm um so mehr an Charakter, Gradlinigkeit und politischer Stoßkraft – ein Phantast und Phrasenheld ohnegleichen.«[126] So wie er 1931 die Schwäche der Republik erkannt hatte, ging Rothenberger seit 1939 davon aus, daß eine Ablösung der nationalkonservativen Führung des Justizministeriums bevorstand. Durch seine Kritik suchte er dies zu beschleunigen und profilierte sich gleichzeitig als personelle Alternative. Für den Weg an die Spitze der Justiz fehlten ihm aber noch ein Programm und der Zugang zum »Führer«.

3.8. Hamburg als Modell für das Reich

Seit 1940 bemühte Rothenberger sich mit großem Einsatz, die Idee von einer nationalsozialistischen Justizreform zu konkretisieren. Er griff dabei in erster Linie auf seine Eindrücke vom englischen Rechtssystem aus dem Jahre 1928 zurück. Im Herbst 1940 setzte er acht Arbeitsgemeinschaften mit Hamburger Richtern, Staatsanwälten und Rechtsanwälten ein, die auf Grund ihrer beruflichen Erfahrung Reformvorschläge erarbeiten sollten. Noch bevor klare Ergebnisse vorlagen, wandte Rothenberger sich an verschiedene Stellen, die ihm bei Hitler Gehör verschaffen sollten. Im Januar 1941 versuchte er es zunächst über den aus Hamburg stammenden Chef der Reichskanzlei, Hans Heinrich Lammers, der aber abwinkte. Durch die Reichskanzlei erfuhr Schlegelberger von den Aktivitäten des Hamburger Justizchefs. Um ihnen die Spitze zu brechen, führte er am 19.8.1941 eine Tagung zur »Justizreform« durch, bei der auch Rothenberger über »Die Stellung des Richters« sprach. Doch als die Tagung keine Fortsetzung fand, war die Enttäuschung um so größer.[127]

124 Vgl. die Generalakten des RJM, in: BA, R 22/943 und 944.
125 Zitate in: BA, R 22/3366, fol. 51, 57–58.
126 Rothenberger, »Der Kampf ums Recht«, a.a.O., Kap. B, S. 5.
127 Rothenberger, »Sechzehn Monate Berlin«, a.a.O., S. 2.

Schon am 3.2.1941 hatte Rothenberger sich auch an den Höheren SS- und Polizeiführer Hans Adolf Prützmann gewandt. Doch Himmlers Vertreter in Hamburg wurde kurz darauf nach Berlin beordert. Die von Gauleiter Kaufmann besorgte Übersendung der Denkschrift an Rudolf Heß blieb ebenfalls erfolglos, da jener sich am 10.5.1941 nach England absetzte. Sein Nachfolger Martin Bormann behandelte die Sache dilatorisch. Selbst auf Fürsprache Kaufmanns kam es nur zu einem Gespräch mit seinem Justiz-Referenten Herbert Klemm.[128] Damit schienen alle Möglichkeiten erschöpft, einen Zugang zu Hitler zu finden. Denn 1942 besaßen neben Vertretern der Wehrmacht und Paladinen wie Göring und Goebbels nur noch Lammers, Bormann und Himmler ein Vortragsrecht beim »Führer«.[129] Nun kam dem Justizchef ein Zufall zur Hilfe: Der NSKK-Brigadeführer Alwin Broder Albrecht von der »Adjutantur des Führers« setzte sich privat mit ihm in Verbindung. Bei einem Gespräch ging Rothenberger auch auf die Pläne für eine Justizreform ein. Albrecht war angetan und bat um die Hergabe einer Denkschrift zur Vorlage bei Hitler. Am 31.3.1942 hatte Rothenberger die Ausarbeitung fertiggestellt.

Die verfassungsrechtliche Lage wurde darin so charakterisiert: »Der Führer ist nach Überwindung der Gewaltenteilung nicht nur Gesetzgeber und Inhaber der vollziehenden Gewalt, sondern auch *oberster Gerichtsherr*.« Daraus entwickelte Rothenberger seine Kernthese: »Ein Richter ... muß richten ›wie der Führer‹«. Um dies durchzusetzen, schlug Rothenberger vor allem dreierlei vor:

- Die Schaffung eines kleinen, gutbesoldeten und mit hoher Autorität versehenen nationalsozialistischen »Richterkorps«, das von einem »Richter des Führers« angeleitet werden sollte.
- Die Einführung eines dreistufigen Instanzenzuges (Kreis-, Gau- Reichsgericht) und einer Laien-Gerichtsbarkeit vor Ort (für kleinere Streitigkeiten und ohne Berufungsmöglichkeit).
- Die Veränderung der Juristenausbildung durch die Einbeziehung praktischer Inhalte und Schulungen im Sinne der NS-Ideologie.

Rothenberger wollte die Zahl von damals rund 14.000 Richtern auf etwa 8.000 reduzieren. Einzelrichter sollten künftig die Regel sein. Zur Entlastung der Justiz war vorgesehen, das Grundbuch- und Registerwesen sowie Teile der Freiwilligen Gerichtsbarkeit abzugeben. Für die Ausbildung wurde eine Aufhebung der Trennung von Studium und Referendariat angestrebt, und an die Stelle der »Begriffsjurisprudenz« sollte »Lebenserfahrung« treten.[130]

Hitler befaßte sich seit dem Frühjahr 1942 verstärkt mit der Justiz und erteilte ihr wiederholt Einzelfall-Weisungen. Sie wurden vom amtierenden Justizminister Schlegelberger im Wege der »Urteilskorrektur« zwar willfährig ausgeführt, aber

128 Siehe die entsprechenden Schreiben, in: BDC, PA Rothenberger. Vgl. auch Johe, *Die gleichgeschaltete Justiz*, a.a.O., S. 228 f.

129 Vgl. Dieter Rebentisch, *Führerstaat und Verwaltung im Zweiten Weltkrieg. Verfassungsentwicklung und Verfassungspolitik 1939–1945*, Stuttgart 1989, insb. S. 395–423. Es muß aber beachtet werden, daß Hitler zeitweilig auch anderen ein Vortragsrecht einräumte und sich auch diesbezüglich jeder Festlegung entzog.

130 Die »Gedanken über eine nationalsozialistische Justizreform« zählten 20 Seiten und finden sich in: BDC, PA Rothenberger.

gleichzeitig wuchs die Verärgerung des »Führers« über die Justiz.[131] Vor diesem Hintergrund wurde Hitler im April 1942 durch Albert Bormann, dem Bruder des Chefs der Partei-Kanzlei, die Denkschrift Rothenbergers präsentiert. Hitler las die Ausarbeitung, sah sich in seinen Auffassungen bestätigt und faßte den Entschluß, der »Justizkrise« ein Ende zu machen. In seiner »hysterischen Brüllrede« vor dem Reichstag am 26.4.1942 nutzte er den »Fall Schlitt«, der durch »Urteilskorrektur« bereits »erledigt« war, um heftige Vorwürfe an die Justiz zu richten. Vor allem aber griff Hitler die These Rothenbergers auf, daß er »oberster Gerichtsherr« sei und die Richter wie er selbst zu urteilen hätten. Per Akklamation ließ er den Reichstag dann die richterliche Unabhängigkeit aufheben.[132]

Kurz vor dem 26. April 1942 hatte Rothenberger von Albrecht erfahren, daß seine Denkschrift zu Hitler gelangt war.[133] Der Justizchef witterte weitreichende Veränderungen. Zunächst wirkte die »Führer«-Rede allerdings auch in Hamburg »niederschmetternd«: Viele Richter fühlten sich wieder einmal in ihrer »Existenz« bedroht.[134] Rothenberger ergriff sofort Gegenmaßnahmen: Schon am 1.5.1942 fand eine Kundgebung statt, bei der Gauleiter Kaufmann und er selber zu den Hamburger Justizjuristen sprachen. Einerseits sollten damit die Gemüter beruhigt und andererseits zusätzliche Maßnahmen zur Justizlenkung angekündigt werden. Am 6.5.1942 kam Rothenberger dann mit der lokalen Führung von SS und Polizei überein, daß Beschwerden über die Justiz weiterhin zuerst ihm mitgeteilt werden sollten. Am Tag darauf ordnete er für alle Bereiche der Hamburger Justiz sogenannte »Vor- und Nachschau«-Besprechungen zur Urteilsfindung an. Die Justizlenkung wurde damit nahezu total. Über seine Maßnahmen berichtete Rothenberger an das Reichsjustizministerium, die Partei-Kanzlei und andere Stellen.[135]

Damit profilierte sich der Hamburger Justizchef erneut. Zudem war unübersehbar, daß seine Berichte eine Spitze gegen den amtierenden Justizminister enthielten. Denn auch der ehrgeizige Schlegelberger hatte bei einer Tagung der Oberlandesgerichtspräsidenten am 5.5.1942 eine Ausrichtung der Justiz im NS-Sinne verlangt, um es seinem Führer recht zu machen. Doch es blieb bei bloßen Worten, während Rothenberger handelte. In Hamburg hatte er ein »System« entwickelt, das er jetzt als Modell für das Reich empfehlen konnte. Schlegelberger hatte dem nichts entgegenzusetzen. Hitler wollte in der Justiz grundlegende Veränderungen herbeiführen. Die Denkschrift Rothenbergers kam ihm gerade recht. Und bald nach der Reichstags-Rede ließ er dessen Personalakten anfordern ...

131 Vgl. Rebentisch, *Führerstaat*, a.a.O., S. 395–423.

132 Der Beschluß des Großdeutschen Reichstags vom 26.4.1942 findet sich in dem Beitrag von Helge Grabitz in diesem Band. Hitlers Rede erschien in: Deutscher Reichsanzeiger und Preußischer Staatsanzeiger, Nr. 97/1942. Zum »Fall Schlitt« vgl. Jens Luge, *Konflikte in der regionalen Strafrechtspflege 1932–1945*, in: *175 Jahre Oberlandesgericht Oldenburg. Festschrift*, Köln/Berlin/Bonn/München 1989, S. 217–251, insb. S.244 f.

133 Schreiben vom 21.4.1942, in: BDC, PA Rothenberger.

134 Vgl. Angermund, *Richterschaft*, a.a.O., S. 248 f.

135 Vgl. den Lagebericht an das RJM vom 11.5.1942, in: BA, R 22/3366, fol. 82–89. Siehe auch den Bericht für Gauleiter Kaufmann und die Partei-Kanzlei in: BDC, PA Rothenberger.

Hitler begrüßt Rothenberger am 20.8.1942 in seinem Hauptquartier bei Schitomir in der Ukraine mit Handschlag. In der Mitte steht der neue Reichsjustizminister Otto Georg Thierack. Quelle: Bundesarchiv, Fotosammlung, Album 102.

4. Staatssekretär im Reichsjustizministerium

4.1. »Führer«-Empfang und »Sofortprogramm«

Am 4.8.1942 bot Lammers Rothenberger den Posten eines alleinigen Staatssekretärs im Justizministerium an. Neuer Minister sollte Otto Georg Thierack werden. Rothenberger war einverstanden, da ihm Thierack nur aus der »gemeinsamen Gegnerschaft gegen den Kurs des damaligen Reichsjustizministeriums bekannt war«[136] Zum 20.8.1942 wurden Thierack und Rothenberger ins »Führerhauptquartier« bei Schitomir in der Ukraine bestellt. Noch im Flugzeug entwarf Rothenberger eine Vollmacht, die den neuen Minister ermächtigen sollte, »eine nationalsozialistische Rechtspflege aufzubauen und alle dafür erforderlichen Maßnahmen zu treffen.« Weiter hieß es: »Er kann hierbei von bestehendem Recht abweichen.« Wegen der Vollmacht kam es in Schitomir zu einem langen Disput mit Lammers, der um seinen Einfluß bangte und deshalb den Zusatz durchsetzte, daß nur »mit Zustimmung des Chefs der Reichskanzlei und des Leiters der Partei-Kanzlei« gehandelt werden dürfte. Damit aber war die Vollmacht, die Hitler am Folgetag unterschrieb, nahezu wertlos, denn Lammers pflegte stets die Ressorts zu beteiligen.[137]

Am 20.8.1942 folgte der Empfang beim »Führer«. Darüber berichtete Rothenberger 1944: »In der ersten halben Stunde sprach der Führer nichts. Er soll ... Thierack und mich in dieser Zeit beobachtet haben.«[138] Dann hielt Hitler einen zweistündigen Monolog über die Justiz, der mitgeschrieben wurde. Er äußerte sein Unverständnis darüber, daß ein Mann, der ein »Hähndl« auf den Kopf schlage, wegen Tierquälerei mit drei Monaten Gefängnis bestraft werde. Denn dagegen sei die Hasenjagd eine »maßlose Grausamkeit«. Anders wäre es, wenn ein Vorbestrafter »eine Henne klaut, da kann ich sagen: Er schadet durch seine Tätigkeit dem Durchhalten im Krieg! ... Wenn im Frieden ein Junge mit 18 Jahren einer Frau ein Täschchen entreißt, so werde ich ihn deshalb nicht zum Tode verurteilen. Nun haben wir Krieg, ... Daher muß man da sehr variabel sein.« Weiter führte Hitler aus: »Der Richter ist der Träger völkischer Selbsterhaltung. Jeder Krieg führt zu einer negativen Auslese. Das Positive stirbt in Massen. ... Während der Zeit wird der absolute Gauner seelsorgerisch an Leib und Seele betreut. ... Ein Raubbau auf der einen Seite; die absolute Konservierung auf der anderen Seite! ... Wenn ich auf der anderen Seite nicht rücksichtslos das Geschmeiß ausrotte, dann tritt eines Tages eine Krise ein. ... Der Gesetzgeber kann nicht ... jeden Fall vorweg vorgedacht haben. Da muß der Richter den Gesetzgeber erset-

136 Rothenberger, »Der Kampf ums Recht«, a.a.O., Kap. D, S. 2. Otto Georg Thierack, geb. 1889 als Sohn eines Kaufmanns in Wurzen (Sachsen), 1913 Referendar, 1914–1918 Kriegsdienst (Leutnant), 1918 Assessor, 1921 Staatsanwalt in Leipzig, 1926 Staatsanwalt beim OLG Dresden, 1932 NSDAP, 1933 Sächsischer Justizminister, 1935 Vizepräsident des Reichsgerichts, 1936 Präsident des Volksgerichtshofs, 1942 Reichsjustizminister, 1946 Selbstmord in britischer Haft, siehe BA, R 22/PA Thierack.

137 Ebenda, S. 4. Erlaß des Führers über besondere Vollmachten des Reichsministers der Justiz vom 20.8.1942 (RGBl. I, S. 535).

138 Rothenberger, »Der Kampf ums Recht«, a.a.O., Kap. D, S. 5.

zen. Der Gesetzgeber hat gewiß nicht gewollt, daß ein Schädling freigeht. ... Die Justiz muß aufs engste mit der Staatsräson zusammenarbeiten.«[139]

Zum Abschied soll Hitler dem Hamburger Justizchef dann erklärt haben: »Herr Präsident, ich kannte Sie bisher nicht. Aber Ihre Arbeit, die ist mein Programm.«[140] Der Monolog Hitlers machte deutlich, daß er normativem Denken absolut fremd gegenüberstand. Konkrete Maximen waren seinen Ausführungen auch kaum zu entnehmen. Es konnte nur geschlossen werden, daß er die »Ausrottung« von Kriegstätern wünschte, die »Konservierung« von Verurteilten ablehnte und eine Justizlenkung für nötig hielt. Trotz dieses dürftigen Resultats machten Thierack und Rothenberger sich hochmotiviert an die Ausarbeitung eines »Sofort-« und eines »Zukunfts-Programms«. Die von Hitler erörterten Punkte sollten sofort umgesetzt werden, während die Reform das »Zukunftsprogramm« bildete. Rothenberger trat seinen Dienst in Berlin am 26.8.1942 an. Er ging dort so vor, wie er es aus Hamburg gewohnt war.

Es begann mit einer personellen »Erneuerung« des Ministeriums. Am 4.9.1942 mußte zunächst Max Nadler, der der wichtigen Abteilung I (Personal/Organisation) vorstand, seinen Abschied einreichen. Auch der Leiter der Abteilung II (Strafrecht), Ernst Schäfer, bat am 19.10.1942 um Entlassung. Rothenberger entledigte sich dieser Ministerialdirektoren, die der NSDAP nicht angehörten, mit der ihm eigenen Rücksichtslosigkeit.[141] Wilhelm Crohne, der die brisante Abteilung III (Strafrechtspflege) leitete, konnte dagegen im Herbst 1942 als Vizepräsident an den Volksgerichtshof wechseln. Entfernt wurden auch die Leiter der Abteilungen IV (Bürgerliches Recht) und VII (Ausbildung). Als Ersatz zog Rothenberger Kräfte aus Hamburg nach. So wurde sein treuer Weggefährte Rudolf Letz Personalchef und Leiter der Abteilung I. Auch Hans Segelken rückte zum Ministerialdirektor auf und leitete zunächst die Ausbildungs- und dann die Handelsrechts-Abteilung. Als Pressereferent fungierte Erich Möller, der sich am Hanseatischen Sondergericht durch exzessive Todesurteile hervorgetan hatte. Auch Hans Hartmann, der von Rothenberger mit 31 Jahren zum Oberlandesgerichtsrat befördert worden war, folgte ihm als persönlicher Referent nach Berlin.[142] Hinzu kamen noch weitere hanseatische Richter und Staatsanwälte, die ins Reichsjustizministerium »einberufen« wurden. Dort war daher bald von einer »Invasion der Hamburger« die Rede.

Im übrigen stand der September 1942 ganz im Zeichen des »Sofort-Programms«. Am 4.9.1942 publizierte Rothenberger seine »ersten Gedanken über

139 Niederschrift der Ausführungen Hitlers, in: BA, R 22/4720.

140 Rothenberger, »Der Kampf ums Recht«, a.a.O., Kap. D, S. 5.

141 Vgl. hierzu die einschlägigen Unterlagen in: BA, R 22/PA Nadler und Schäfer. Für den Wandel im Ministerium war auch bezeichnend, daß nun Dokumente über die »Abstammung« von Beamten hervorgeholt und gegen sie verwendet wurden, die Gürtner und Schlegelberger in geschlossenen Kuverts bei den Personalakten verwahrt hatten, um die Betroffenen zu schützen.

142 Erich Möller, geb. 1901 als Sohn eines Kaufmanns in Hamburg, 1919 Zeitfreiwilliger bei den »Bahrenfeldern«, 1923 Referendar, 1927 Assessor, 1930 Staatsanwalt, 1936 LG-Rat, 1940 LG-Direktor und Vorsitzender der 1. Kammer des Sondergerichts, 1942 RJM, 1945 Internierung in Hamburg, 1953 Wiedereinstellung als AG-Rat, 1963 verstorben; 1930–1932 DVP, 1933 NSDAP und SS (zuletzt: Untersturmführer), siehe: StArch HH, 241-2, B 3261. – Zu Hans Hartmann vgl. den besonderen Kasten im Beitrag von Hans-Konrad Stein-Stegemann in diesem Band.

Der kleinwüchsige Franz Schlegelberger mit seinem ostpreußischen Akzent übergibt am 26.8.1942 im Reichsjustizministerium die Amtsgeschäfte an Thierack und Rothenberger. Während der neue Minister (links) und sein Staatssekretär (halblinks) SA-Uniformen tragen, hat Schlegelberger (rechts) die eigens geschaffene Beamten-Uniform angelegt, die den Uniformen der höheren Admiralität ähnelt.
Quelle: Bundesarchiv, Fotosammlung, Album 102.

den Neuaufbau einer nationalsozialistischen Rechtspflege«.[143] Am 14.9.1942 verabredete Thierack eine Presse-Kampagne mit Goebbels, durch die das Ansehen der Justiz verbessert werden sollte. Daneben widmete er sich der Herausgabe der »Richterbriefe«.[144] Rothenberger leistete die Kärnerarbeit im Ministerium. Er blieb dabei aber seiner Hamburger Vorstellungswelt verhaftet. So meinte er, daß nun Hitler die Rolle Kaufmanns einnehme und die Justiz im Reich wie in Hamburg zu lenken sei. Doch Deutschland war größer als die Hansestadt, und in der Wilhelmstraße wehte ein anderer Wind als am Sievekingplatz. Rothenberger erkannte anfangs nicht, daß es in seiner neuen Umgebung von Widersachern und Intriganten nur so wimmelte.

4.2. Die Justiz als Instrument nationalsozialistischer Menschenvernichtung

Das »Sofortprogramm« sah auch eine enge Zusammenarbeit mit SS und Polizei vor. Am 18.9.1942 fand daher eine Besprechung mit Himmler statt, an der neben Thierack die beiden Hamburger Rothenberger und Streckenbach teilnahmen. Erörtert wurde zunächst die Urteils-Korrektur »durch polizeiliche Sonderbehandlung«. Künftig sollten solche Fälle vorab dem Justizminister mitgeteilt werden, und nur bei dessen Einspruch gegen eine Exekution war die Entscheidung Hitlers einzuholen. Vereinbart wurde die »Auslieferung asozialer Elemente aus dem Strafvollzug an den Reichsführer-SS zur Vernichtung durch Arbeit. Es werden restlos ausgeliefert die Sicherungsverwahrten, Juden, Zigeuner, Russen und Ukrainer, Polen über 3 Jahre Strafe, Tschechen oder Deutsche über 8 Jahre Strafe nach Entscheidung des Reichsjustizministers.« Weiter erhob Himmler Anspruch auf die Anklagebehörden, was Thierack und Rothenberger aber ablehnten, da die Staatsanwaltschaften zur Justizlenkung unverzichtbar waren. Zur Strafverfolgung von »Fremdvölkischen« hieß es dann: »Es besteht Übereinstimmung darüber, daß mit Rücksicht auf die von der Staatsführung für die Bereinigung der Ostfragen beabsichtigten Ziele in Zukunft Juden, Polen, Zigeuner, Russen und Ukrainer nicht mehr von den ordentlichen Gerichten, soweit es sich um Strafsachen handelt, abgeurteilt werden sollen, sondern durch den Reichsführer-SS erledigt werden.«[145]

Die Abstimmung der Protokolle über die fünfstündige Besprechung besorgten Rothenberger und Streckenbach.[146] Anschließend wurden die Vereinbarungen rasch umgesetzt. So erging am 22.10.1942 ein Geheim-Erlaß des Justizministeriums betreffend »Abgabe asozialer Gefangener an die Polizei«. Danach sollten die in der Besprechung genannten Gruppen von Gefangenen zunächst erfaßt werden. Dabei konnten Ausnahmen gemacht werden, wenn die Entlassung

143 DJ 1942, S. 565–568. Den Beitrag stellte Rothenberger aus Passagen seiner Denkschrift für Hitler zusammen.

144 Vgl. Heinz Boberach (Hrsg.), *Richterbriefe. Dokumente zur Beeinflussung der deutschen Rechtsprechung 1942–1944*, Boppard am Rhein 1975.

145 Alle Zitate nach dem von Thierack gezeichneten Protokoll über die Besprechung vom 18.9.1942. Durchschriften finden sich in Handakten Thieracks und Rothenbergers, BA, R 22/4062 und 5029.

146 Vgl. die Schreiben vom 21.9. und 7.10.1941, in: BA, R 22/5029.

Betroffener »in absehbarer Zeit in Frage kommen würde«. Weiter hieß es: »Für die Auswahl ... ist der Anstaltsleiter persönlich verantwortlich.« Die letzte Entscheidung traf eine neue Sonder-Abteilung XV des Ministeriums. Bis Mitte 1943 waren bereits 17.307 Gefangene (15.590 Männer und 1.717 Frauen) »zur Vernichtung durch Arbeit« in die Konzentrationslager überstellt worden.[147] Hinsichtlich der Strafkompetenz gegenüber »Fremdvölkischen« brauchte die Justiz keine Anordnungen zu treffen. Denn durch Runderlasse vom 19.1. und 20.2.1942 hatte Himmler bereits angeordnet, daß Vorgänge gegen Polen und andere »Ostvölker« den Staatspolizeistellen zuzuleiten waren. Sie konnten eigene »Maßnahmen« ergreifen oder die Verfahren – ausnahmsweise – an die Justiz abgeben.[148] SS und Polizei hatten die Strafkompetenz gegen »Fremdvölkische« also bereits usurpiert.

Am 29.9.1942 fand dann die erste Tagung der Chefpräsidenten und Generalstaatsanwälte unter der Leitung Thieracks und Rothenbergers statt. Thierack ging zunächst auf die überstandene »Justizkrise« ein. Dann erklärte er, der »Führer« habe seinen »Blick nach Osten« gewandt: »Dort ist unser Kolonialgebiet. Das setzt voraus, meine Herren, daß wir die dort lebenden Völker vernichten müssen – brutal spreche ich das vor Ihnen aus, meine Herren -, mindestens niederhalten müssen.« Weiter erklärte Thierack, daß die Justiz dazu nur einen kleinen Beitrag leisten könne, »das Problem« müsse »von der Wehrmacht und der Polizei« gelöst werden. Dies gelte auch für das Reichsgebiet, denn: »Dieses Volkstum muß ... dezimiert, vernichtet werden ... Das sind auch Gedanken des Führers.« Als Konsequenz teilte er mit: »In Zukunft werden deutsche Gerichte nicht mehr in Strafsachen gegen Polen, Juden, Russen, Ukrainer und Zigeuner judizieren.« Thierack berichtete auch über die »Abgabe asozialer Gefangener« und erklärte zu den Sicherungsverwahrten: »Das ist unwertes Leben in höchster Potenz.« Für die Strafpraxis müsse der Satz gelten: »Hart sein, barbarisch hart sein, um des Volkes willen ...« Und: »Seien Sie lieber mal zu hart ... als zu milde. Glauben Sie mir, daß mir jedes Urteil auf Todesstrafe genauestens vorgetragen wird, und ich prüfe es noch mal ...«[149]

Dann ergriff Rothenberger das Wort. Er behandelte die »Steuerung der Rechtspflege«, die erfolgen müsse, »bevor das Kind in den Brunnen gefallen sei«, also vor der Hauptverhandlung. Die Justizchefs sollten sich laufend über alle wichtigen Verfahren berichten lassen. Besprechungen müßten alle 14 Tage stattfinden, und zwar auch in Bezirken mit Entfernungen über 200 Kilometern. Rothenberger erklärte dazu: »Ich bin nicht in den Fehler verfallen, das vom Hamburger Standpunkt aus zu betrachten, wo es leicht war.« Doch im Grunde bedeuteten seine Ausführungen, die er am 20.11.1942 in einem Erlaß zusam-

147 Eine Ausfertigung des Geheim-Erlasses findet sich in der Handakte Rothenbergers, siehe BA R 22/5029. Die Zahlenangaben stammen aus einem Vermerk der Abt XV in: BA, R 22/1262, fol 15.

148 Erlasse S V D 2c Nr. 1003/42 und S IV D Nr. 208/42 in: Allgemeine Erlaßsammlung des Chefs der Sicherheitspolizei und SD (BA, Bibilothek, Signatur D 567/60). Vgl. auch Diemut Majer, *»Fremdvölkische« im Dritten Reich*, Boppard am Rhein 1981, insb. S. 667–684.

149 Siehe das 143seitige Wortprotokoll der Tagung vom 29.9.1942, in: BA, R 22/4199, Zitate S. 31, 33 f, 38, 39 f.

menfaßte, die Übertragung der Hamburger Praxis auf das Reich.[150] Zudem verlangte Rothenberger die Umsetzung einer nationalsozialistischen Personalpolitik. In der Diskussion blieb jeder prinzipielle Einwand aus. Gegen die Abgabe von Strafkompetenzen und Gefangenen an SS und Polizei, die angestrebte »barbarische Härte« und die Justizlenkung erhob sich unter den höchsten deutschen Justizjuristen keinerlei Protest.[151]

Der Übergang der Zuständigkeiten bei der Strafverfolgung der »Ostvölker« vollzog sich aber nicht reibungslos. Denn die Reichsstatthalter in den »eingegliederten Ostgebieten« und das Ostministerium erhoben Einspruch. Auch Goebbels »Europa«-Kampagne wurde gestört, mit der den sieben Millionen Zwangsarbeitern im Reich suggeriert werden sollte, daß es unter deutscher Führung um einen gemeinsamen »Abwehrkampf gegen die jüdisch-bolschewistischen Horden im Osten« ginge. Thierack wandte sich daher an Himmler und versprach auf einer Tagung am 10./11.2.1943 eine »Klärung«.[152] Doch Himmler dachte gar nicht daran, Kompetenzen abzugeben, und ließ in einem Erlaß vom 30.6.1943 verlautbaren: »Der Reichsführer-SS hat mit dem Reichsjustizminister vereinbart, daß die Kriminalität unter den polnischen und sowjetrussischen Zivilarbeitern grundsätzlich durch die Polizei bekämpft wird und daß ein gerichtliches Strafverfahren nur dann stattfindet, wenn (es) die Polizei ... wünscht. Nachträglich(e) ... Änderungswünsche der Justiz ... hat der Reichsführer-SS abgelehnt.«[153]

Während Himmlers Erlaß nur den Organen von SS und Polizei zuging, wurden die Regelungen für einen Teil der Betroffenen, nämlich die Juden, zwei Tage später im Reichsgesetzblatt publiziert. Dort hieß es am 1.7.1943: *»§ 1 Strafbare Handlungen von Juden werden durch die Polizei geahndet. ... § 2 Nach dem Tode eines Juden verfällt sein Vermögen dem Reich.«* Den ersten Anstoß zu dieser Verordnung hatte Freisler am 3.8.1942 mit einer Vorlage zur »Beschränkung der Rechtsmittel in Strafsachen für Juden« gegeben. Nachdem dies anderen Ressorts nicht weit genug ging, legte Schlegelberger am 13.8.1942 einen umfassenderen Entwurf vor. Das Innenministerium ergänzte die Vorlage, bis Minister Frick sie wegen der laufenden »Judenevakuierungen« anhielt. Am 8.3.1943 kam Heydrichs Nachfolger Kaltenbrunner darauf zurück, um die Einziehung des Vermögens von Juden zu erleichtern und die Absprachen Himmlers mit Thierack »gesetzlich zu verankern«. Am 14.4.1943 fand dann eine Besprechung statt, an der neben Kaltenbrunner die Staatssekretäre Klopfer (Parteikanzlei), Kritzinger (Reichskanzlei), Stuckart (Inneres) und Rothenberger teilnahmen. Dabei wurde die zitierte 13. Verordnung zum Reichsbürgergesetz im einzelnen abgesprochen.[154]

150 Eine Ausfertigung des Erlasses findet sich in: StArch HH, 213-1, 3131 – 1a. Er war mit den von Rothenberger am 6.5.1942 für Hamburg getroffenen Regelungen weitgehend identisch.

151 Siehe das Wortprotokoll der Tagung vom 29.9.1942, in: BA, R 22/4199, Zitat Rothenbergers S. 53, Diskussion S. 71–143.

152 Protokoll der Tagung in: BA, R 22/4200, S. 23–38. Vgl. hierzu auch Ulrich Herbert, *Fremdarbeiter. Politik und Praxis des »Ausländer-Einsatzes« in der Kriegswirtschaft des Dritten Reiches,* Berlin/Bonn 1985, insb. S. 244–247.

153 Erlaß III A 5b Nr. 187V/43 – 176 – 3, in: Allgemeine Erlaß-Sammlung des Chefs der Sicherheitspolizei und SD, 2 A III f.

154 Alle Schreiben in: Nürnberger Beweisdokument NG-151. Vgl. dazu auch Josef Henke, *Das Schicksal deutscher zeitgeschichtlicher Quellen in Kriegs- und Nachkriegszeit,* in: Vierteljahrshefte für Zeitgeschichte, 30. Jahrg./1982, S. 557–620.

Rothenberger wirkte auch an der Umsetzung einer Weisung Hitlers mit, Todesurteile beschleunigt zu vollstrecken.[155] Bei einem Luftangriff am 4.9.1943 waren in der Anstalt Berlin-Plötzensee, wo noch 300 Todeskandidaten einsaßen, nämlich der Hinrichtungs-Schuppen und das dortige Fallbeil beschädigt worden. Daraufhin kam es im Ministerium zu hektischen Aktivitäten, zumal die Gnaden-Verfahren erst in 34 Fällen abgeschlossen waren. Rothenberger begann am Mittag des 7.9.1943, die übrigen Verfahren im Eiltempo »zu erledigen«. Die Namen der Delinquenten ließ er telefonisch nach Plötzensee durchgeben. Von 19.30 Uhr abends bis 8.30 Uhr morgens wurden 186 Gefangene in Gruppen zu acht Personen an den Fleischerhaken des unbeschädigten Eisen-Trägers im Hinrichtungs-Schuppen erhängt. Zu einer Unterbrechung kam es nur wegen der physischen Erschöpfung des Henkers. Bis zum 12.9.1943 wurden noch etwa 100 weitere Gefangene hingerichtet. Dabei stellte sich dann heraus, daß am 7.9.1943 vier Häftlinge zu viel erhängt worden waren, weil ihre Namen in der Hektik vom Anstaltspersonal zu einer falschen Liste notiert worden waren. Doch bei der »Gnaden-Praxis« Rothenbergers spielte auch das keine Rolle mehr. Er erklärte die Urteile kurzerhand nachträglich für vollstreckbar ... [156]

Nirgendwo wurde so offen über das Programm für den Völkermord an Juden, Zigeunern, Polen, Russen und Ukrainern gesprochen wie innerhalb der Justiz unter der Ägide Thieracks und Rothenbergers. Die Formulierung von der »Vernichtung durch Arbeit« findet sich nicht in Unterlagen der SS und Polizei, sondern nur in Protokollen und Vermerken der Justiz. Vor ihren höchsten Repräsentanten wurde auch offengelegt, was manchen Historikern bis heute Kopfzerbrechen bereitet, nämlich die zentrale Rolle Hitlers bei der »Endlösung«. Unter den Auspizien eines beispiellosen Vernichtungsprogramms war die Elite der deutschen Justiz bereit, auf die Zuständigkeit für die Strafverfolgung ganzer Bevölkerungsgruppen zu verzichten, Zehntausende rechtskräftig Verurteilter »zur Vernichtung durch Arbeit« auszuliefern, eine rigorose Justizlenkung umzusetzen, der »Urteilskorrektur« durch polizeiliche Exekutionen zuzustimmen und »barbarische Härte« im Strafverfahren zu praktizieren. So stieg auch die Zahl der verhängten Todesurteile immer weiter an. Nach einer – allerdings unvollständigen – Statistik wurde 1940 in 926, 1941 in 1.292, 1942 in 3.660 und 1943 in 5.336 Fällen auf die Todesstrafe erkannt.[157] Am Ende war die Justiz selbst ein Instrument nationalsozialistischer Menschenvernichtung geworden.

Bei der Abgabe von Strafkompetenzen und der Auslieferung von Gefangenen war zweifellos Thierack die treibende Kraft, während Rothenberger sich mehr den Maßnahmen zur Justizlenkung und der Personalpolitik widmete. Im täglichen Geschäftsbetrieb des Ministeriums wurden allerdings sowohl der Minister, als auch der Staatssekretär mit allen Vorgängen konfrontiert.[158] Rothenberger rechtfertigte die von ihm mitverantwortete Politik mit dem »Führerwillen« oder

155 Siehe das Schreiben Bormanns an Lammers vom 13.8.1943 und die Mitteilung vom 17.8.1943 in: BA, R 43 II/1538, fol. 56–61.

156 Vgl. die Listen mit von Rothenberger bestätigten Todesurteilen und die Untersuchungen zu den irrtümlichen Hinrichtungen in BA, R 22/5019. Vgl. auch Victor von Gostomski/Walter Loch, *Der Tod von Plötzensee*, Meitingen/Freysing 1969, S. 15–33.

157 RJM-Statistik aus dem Jahre 1944 in: BA, R 22/4003, fol. 74.

158 Vgl. hierzu die Vortragsnotizen in: BA, R 22/4172.

Sätzen wie »inter arma silent leges« (Im Krieg schweigen die Gesetze). Kritikern hielt er 1943 in seinem Buch »Der deutsche Richter« vor: »Alles augenblickliche Geschrei über Rechtlosigkeit, über Willkür, über Rechtsunsicherheit usw. ist mangelnde Einsicht in die gegenwärtige politische Situation.«[159] Was er 1940/41 gegenüber Gürtner und Schlegelberger kritisiert hatte, nahm er nun bei weit schwereren Verbrechen für sich selbst in Anspruch. Und mit dem »Führerwillen« oder der »politischen Situation« ließ sich natürlich alles rechtfertigen ...

4.3. Der Sturz Rothenbergers und seine Rückkehr nach Hamburg

Bei dem Justiz-Revirement im August 1942 war Thierack der Kandidat Martin Bormanns gewesen. Und als Staatssekretär hatte sich der designierte Minister seinen ehemaligen persönlichen Referenten Herbert Klemm gewünscht. Doch mit seiner Denkschrift konnte Rothenberger sich so in den Vordergrund drängen, daß Hitler ihn zum Staatssekretär ernannte. Offenbar war Thierack anfangs dennoch zu einer loyalen Kooperation bereit. Es zeigte sich aber bald, daß im Ministerium nun zwei ganz unterschiedliche Charaktere agierten: Während Rothenberger als hanseatischer »Königsrichter« auftrat und sich gern mit einem intellektuellen Touch umgab, repräsentierte Thierack den Typus des geistig wenig beweglichen Parteisoldaten. Vom »feinnervigen« Rudolf Letz wurde er schlicht »Neandertaler« genannt.[160] Als ehemaliger Präsident des Volksgerichtshofes kannte Thierack sich aber in der politischen Szene der Reichshauptstadt bestens aus und begann sofort, seine Machtposition abzusichern. Vor diesem Hintergrund konnten Konflikte zwischen Minister und Staatssekretär nicht ausblieben. Sie wurden allerdings nie offen ausgetragen, sondern führten zu einem permanenten Intrigenspiel.

Rothenberger setzte dabei vor allem auf die nun in Berlin tätigen »Hamburger Bataillone«, das langfristige Reformprogramm und seinen Rückhalt bei Hitler. Als »Amtschef« beherrschte er nicht nur das Ministerium, sondern suchte bei Reisen durch die Bezirke auch dort seine Maximen durchzusetzen. Doch das »Modell Hamburg« erwies sich im Reichsmaßstab als untauglich: Die lokalen Konflikte zwischen Justiz, Partei sowie SS und Polizei gingen weiter, und in den meisten Bezirken wurde nicht einmal die Justizlenkung praktiziert. Oft fehlte es den regionalen Justizchefs schon am Benzin, um vor Ort »Besprechungen« abzuhalten. Auch die »Justizreform« scheiterte. Zwar wurden zu ihrer Vorbereitung am 1.1.1943 drei besondere »Ämter« (Richter und Rechtspfleger, Rechtsprechung durch das Volk, Neuordnung der Gerichtsverfassung) im Ministerium gebildet.[161] Doch als Mitte 1943 die Siegeseuphorie gewichen war und nach schweren Luftangriffen auf Berlin Teile des Ministeriums ins böhmische Leitmeritz ausquartiert werden mußten, kamen die Reformarbeiten zum Erliegen. Was da-

159 Curt Rothenberger, *Der deutsche Richter*, Hamburg 1943, S. 17.

160 Zitiert nach der biographischen Skizze über Rudolf Letz von dessen Ehefrau, S. 22, in: StArch HH, 241-2, A 3838.

161 Rothenberger, *Die ersten fachlichen Maßnahmen zum Aufbau einer nationalsozialistischen Rechtspflege*, in: DJ 1943, S. 66–70.

bei die Rolle Hitlers anging, so wollte er nicht länger mit Justizproblemen behelligt werden, sondern konzentrierte sich mehr und mehr auf die Kriegsführung.

Vor diesem Hintergrund arbeitete Thierack seit Anfang 1943 auf den Sturz des Staatssekretärs hin. Martin Bormann war dabei sein natürlicher Verbündeter. Zudem hatte Himmler am 19.12.1942 die Aufnahme Rothenbergers in die SS mit der bezeichnenden Begründung abgelehnt, er sei »ein klarer Vertreter der Justiz«.[162] Thierack setzte Rothenberger unablässig zu: Mal sorgte er für eine peinliche Überprüfung von persönlichen Ausgaben, dann suchte er ihn als Nachfolger Bumkes nach Leipzig abzuschieben, mal wollte er zu seiner »Entlastung« einen zweiten Staatssekretär einsetzen, dann nannte er ihn den »Hamburger Lebemann«.[163] Doch offenbar lieferten erst die Professoren Georg Dahm und Paul Ritterbusch, die sich wegen der »einphasigen Juristenausbildung« mit Rothenberger verzankt hatten, jenen Tip, der zu seinem Sturz führen sollte.[164] Die Hochschullehrer erklärten Thierack nämlich, daß das Buch Rothenbergers ein Plagiat sei. Ganze Passagen wären aus dem Lehrbuch des in der Schweiz lebenden Rechtshistorikers Professor Hans Fehr abgeschrieben. Thierack spielte die Sache unter Hinweis auf außenpolitische Komplikationen hoch. Nun ließ Hitler den Staatssekretär fallen. Dabei dürfte entscheidend gewesen sein, daß wegen des Kriegsverlaufs ohnehin nicht mehr an eine »Justizreform« zu denken war, sondern nur noch »barbarische Härte« praktiziert werden sollte. So wurde Rothenberger am 21.12.1943 seines Amtes enthoben und in den Wartestand versetzt.

Am 27.7.1944 wandte sich der geschaßte Staatssekretär mit einer Entschuldigung an Fehr. Er schrieb, daß der historische Teil des Bandes aus einem Exposé stammte, das ein »junger Mitarbeiter« in Hamburg für ihn verfaßt hatte, ohne Zitate kenntlich zu machen. Bei der Endredaktion sei dies leider übersehen worden. Am 6.9.1944 antwortete Fehr: »... erlaube ich mir mitzuteilen, daß ich der Abschreiberei in Ihrem Buche ›Der deutsche Richter‹ keine Bedeutung beimesse. Geben Sie dem ›jungen Mitarbeiter‹ einen gehörigen Stüber und damit ist die Sache gut.«[165] Die Antwort zeigte, daß es sich bei dem Plagiats-Vorwurf gegen Rothenberger nur um einen Vorwand Thieracks handelte, um ihn loszuwerden. Zum 1.1.1944 konnte endlich Herbert Klemm an seine Stelle treten.[166] Der Sturz war für Rothenberger umso deprimierender, als nur Hans Segelken zu ihm hielt und das Ministerium verließ. Der »getreue« Rudolf Letz fungierte dagegen wei-

162 Schreiben vom Leiter des Stabes Reichsführer-SS Brandt an den Chef des SS-Personalhauptes v. Herff, in: BDC, PA Rothenberger.

163 Rothenberger, »Der Kampf ums Recht«, a.a.O., Kap. D, S. 10 f. Vgl. die einschlägigen Unterlagen, in: BDC, PA Rothenberger.

164 Zu Dahm und Ritterbusch vgl. Hubert Rottleuthner, *Kontinuität und Diskontinuität: Rechtslehrer vor und nach 1945*, Berlin 1991 (Maschinenschrift), S. 15 f, 95. Zum Streit mit Rothenberger siehe ders., »Sechzehn Monate Berlin«, a.a.O., S. 13 f.

165 Angaben zum Schreiben Rothenbergers und Abschrift der Antwort Fehrs in: BA, R 22/PA Rothenberger, Bd. 13 (Staatssekretär).

166 Herbert Klemm, geb. 1903 als Sohn eines Bankdirektors in Leipzig, 1926 Referendar, 1929 Assessor in Dresden, 1931 NSDAP, 1933 Staatsanwalt, Pers. Referent des Justizministers Thierack, 1935 Übernahme ins RJM, 1937 OStA, 1939 Ministerialrat, 1940/41 Tätigkeit beim Reichskommissar für die besetzten Niederlande, 1941 Übernahme in die Partei-Kanzlei, 1942 Ministerialdirektor, 1944 Staatssekretär im RJM, siehe BA, R 22/PA Klemm.

ter als Personalchef, auch Möller blieb Pressereferent, und Hartmann dienerte sich Herbert Klemm sogar als persönlicher Referent an. Die Mitglieder der Hamburger Seilschaft verhielten sich mithin so, wie sie es von ihrem »Chef« gelernt hatten: karrierebewußt, rücksichtslos und machtbesessen.

Rothenberger aber geriet erneut in eine schwere persönliche Krise. Mit Depressionen zog er sich für mehrere Monate in ein Bauernhaus bei Lüneburg zurück. Dort entstand Anfang 1944 ein Großteil seiner autobiographischen Aufzeichnungen. Thierack charakterisierte er jetzt folgendermaßen: »Innerlich unwahr, ungerecht, triebhaft und aufbrausend, nie abwägend und planend, jedem Kampf um Grundsätze ausweichend, nur bedacht auf Erhaltung seiner Stellung; ein rein politisch denkender, ehrgeiziger Typ eines Staatsanwalts, kein Richter.« Und über den Präsidenten des Volksgerichtshofs hieß es nun: »Uns haben verschiedene Urteile von Freisler vorgelegen, die an Oberflächlichkeit und Wildheit gegen völlig unbestrafte Leute nicht zu überbieten waren. Ich habe mehrfach die Beseitigung eines krankhaften Pathologen von dieser wichtigen Richterstelle in Deutschland verlangt – dies aber ohne Erfolg, obwohl Thierack ihn selbst für geisteskrank hielt.« Nur über sich selbst schrieb Rothenberger mit Verständnis und voller Mitleid: »Mit welchem Schwung und welchem Idealismus war ich im August 1942 an meine Aufgabe herangegangen. Wie zäh hatte ich an ihr festgehalten und in welche Abgründe der menschlichen Seele, in welche Vertierung und Gemeinheit, in welches Intrigenspiel der hohen Politik und in welche menschlichen Schwächen habe ich hineingeschaut.«[167]

Es war Karl Kaufmann, der Rothenberger dem Selbstmitleid und pseudo-religiösen Anwandlungen entriß. Denn der Gauleiter, der auch »Reichskommissar für die Seeschiffahrt (Reikosee)« war, zog ihn im Juli 1944 als Gutachter für seerechtliche Fragen heran. Im August 1944 wurde Rothenberger dann »Beauftragter für den totalen Kriegseinsatz« in Hamburg. Daneben erfolgte am 18.9.1944 – nach Zustimmung von Bormann und Thierack – die Bestellung zum Notar.[168] Rothenberger scheint sich aber kaum als solcher betätigt zu haben, sondern ging wohl ganz darin auf, für letzte sinnlose Schlachten seines »Führers« in Verwaltungen und Betrieben »Menschenmaterial auszukämmen«. Wie effektiv das war, läßt sich nicht feststellen. Es war aber sicher kein Zufall, daß Rothenberger am 12.1.1945 einem Vortrag von Carl Schmitt über »Land und Meer« in der Hamburger Musikhalle lauschte.[169] Denn als Zyniker der Macht hatten der Vortragende aus dem sauerländischen Plettenberg und der abgehalfterte hanseatische »Königsrichter« 1945 längst begonnen, in Metaphern darüber zu sinnieren, was ihren Landsleuten bis zuletzt unvorstellbar blieb, nämlich die Zeit nach Hitler ...

167 Zitate aus Rothenberger, »Der Kampf ums Recht«, a.a.O., Kap. D, S. 11 (zu Thierack); ders., »Sechzehn Monate Berlin«, a.a.O., S. 9 (zu Freisler); ders., »Der Kampf ums Recht«, a.a.O., Kap. E, S. 1 (zu seiner eigenen Rolle).

168 Schreiben Bormanns vom 14.4.1944 und Thieracks vom 18.9.1944, in: BA, R 22/PA Rothenberger, Bd. 11. Zu Rothenbergers Einsatz 1944 siehe ders., »Der Kampf ums Recht«, a.a.O., Kap. F.

169 Eintrittskarte in BA, R 22/PA Rothenberger, Bd. 15. Siehe Carl Schmitt, *Land und Meer. Eine weltpolitische Betrachtung*, Leipzig 1942. Zur Interpretation von diesem späten »Kriegswerk« Schmitts vgl. Rüther, *Carl Schmitt*, a.a.O., S. 114 f.

5. Angeklagter im Nürnberger »Juristen-Prozeß«

5.1. Die Grundlagen des Nürnberger Verfahrens

Am 7. und 8. Mai 1945 unterzeichneten Vertreter der deutschen Wehrmacht in Reims und Berlin-Karlshorst die bedingungslose Kapitulation. In Europa schwiegen die Waffen. Die alliierten Armeen beendeten den Traum von einem »Großgermanischen Reich«, der die Vernichtung aller Unliebsamen und ganzer Völker einschloß. Mit der Berliner Erklärung vom 5. Juni 1945 übernahmen die Alliierten auch die Staatsgewalt in Deutschland. Völkerrechtlich war daran neu, daß weder ein Friedensschluß noch die Annexion folgten. Vielmehr bestanden Staatsvolk und Staatsgebiet fort, während die Alliierten die Staatsgewalt ausübten. Nach der Völkerrechtslehre war das Deutsche Reich damit untergegangen. Dies wurde aber von der westdeutschen Staatsrechtslehre und Politik lange bestritten. Das Reich sollte 1945 nicht vergangen, sondern von den Alliierten nur »treuhänderisch« oder »geschäftsführend« verwaltet worden sein.[170] Die Bundesrepublik gerierte sich bis in die 60er Jahre als alleinvertretungsberechtigte »Rechtsnachfolgerin« des Dritten Reiches. Erst mit den Verträgen aus Anlaß der deutschen Vereinigung wurde davon 1990 endgültig Abstand genommen.

Das Reich war also am 5.6.1945 sang- und klanglos untergegangen. Dem kam für die Legitimation der Nürnberger Verfahren einige Bedeutung zu. Denn wenn die Alliierten selbst die Staatsgewalt innehatten und sie nicht nur »verwalteten«, dann konnten sie auch Recht setzen und Strafgewalt ausüben. Davon machten sie am 8.8.1945 im »Londoner Statut« mit der Einsetzung eines Internationalen Militärgerichtshofes für den Prozeß gegen die Hauptkriegsverbrecher Gebrauch. Am 20.12.1945 erging dann das Alliierte Kontrollratsgesetz Nr. 10. Nach dessen Art. III Abs. 2 konnte jede der vier Mächte eigene Gerichtshöfe zur Aburteilung von NS-Verbrechen bilden. Daraufhin setzte die amerikanische Militärregierung mit der Verordnung Nr. 7 vom 26.10.1946 den Militärgerichtshof Nr. III in Nürnberg ein. Er sollte die unter der NS-Herrschaft verübten Justizverbrechen aburteilen. Das Verfahrensrecht war ebenfalls in der Verordnung Nr. 7 geregelt und entsprach dem angelsächsischen Muster.[171] Statt der deutschen Inquisitionsmaxime galt der Parteiengrundsatz. Das Gericht hatte also nicht selbst die Wahrheit zu erforschen, sondern das Vorbringen der Parteien zur Grundlage seines Urteils zu machen.

Die materiellen Strafvorschriften waren dem Kontrollratsgesetz Nr. 10 zu entnehmen, dessen Art. II Abs. 1 vier umfassende Tatbestände beinhaltete: Verbrechen gegen den Frieden, Kriegsverbrechen, Verbrechen gegen die Menschlichkeit und Zugehörigkeit zu einer verbrecherischen Organisation. Kritik entzündete sich vor allem an einer rückwirkenden Anwendung der Vorschrift über Ver-

170 Zur damaligen Diskussion vgl. mit weiteren Nachweisen Reimer Hansen, *Das Ende des Dritten Reiches. Die deutsche Kapitulation 1945*, Stuttgart 1966, insb. S. 210–222.

171 Siehe Zentral-Justizamt für die Britische Zone (Hrsg.), *Das Nürnberger Juristenurteil. Vollständige Ausgabe*, Hamburg 1948 (Bibliothek des Staatsarchivs Hamburg, Signatur G 12 e/56). Im Anhang sind auch das »Londoner Statut«, das Kontrollratsgesetz Nr. 10 und die amerikanische Verordnung Nr. 7 wiedergegeben.

brechen gegen die Menschlichkeit, die der im deutschen Strafrecht zentralen Maxime »nulla poena sine lege« (keine Strafe ohne Gesetz) zu widersprechen schien. Das Völkerstrafrecht, auf das sich ja das alliierte Gesetz gründete, kannte diese Maxime allerdings so nicht. Es basierte auf allgemein anerkannten Grundsätzen und vertraglichen Vereinbarungen, die nach einer Normierung auch »rückwirkend« angewandt werden konnten. Die Alliierten hatten nie ein Hehl daraus gemacht, daß sie NS-Verbrechen ahnden wollten. Der Tatbestand des Verbrechens gegen die Menschlichkeit entsprach zudem den deutschen Strafvorschriften. Denn Freiheitsberaubung, Körperverletzung und Mord waren auch vor 1945 strafbar. Von einer Verletzung des Rückwirkungsverbots konnte daher allenfalls in einem streng formalen Sinne die Rede sein. Denn es wurden keine zur Begehungszeit straflosen Handlungen pönalisiert, sondern nur bereits bestehende Tatbestände in neuer Form angewandt.[172]

Das Augenmerk der amerikanischen Anklagevertreter richtete sich auf die schwersten Justizverbrechen und damit vor allem auf das Reichsjustizministerium sowie die Ausnahmegerichte, also den Volksgerichtshof und die Sondergerichte. Deren höchste Chargen konnten jedoch nicht mehr zur Verantwortung gezogen werden, denn Thierack hatte sich nach der Verhaftung das Leben genommen, und Freisler war im Februar 1945 bei einem Luftangriff ums Leben gekommen. Daher rückten Schlegelberger, Klemm und Rothenberger als Vertreter des Ministeriums ins Blickfeld. Rothenberger war im Mai 1945 in Hamburg verhaftet und in Neumünster-Gadeland interniert worden. Nach der Anklageerhebung am 4.1.1947 wurde er dem Gericht in Nürnberg »überstellt«. Zu seinen Mitangeklagten zählten neben Schlegelberger und Klemm die Ministerialdirektoren Altstötter und Engert, der Ministerialdirigent Mettgenberg, der Ministerialrat von Ammon sowie die Referenten Joel und Westphal; weiter wurden Oberreichsanwalt Lautz, Reichsanwalt Barnickel, Senatspräsident Nebelung und Laienrichter Petersen vom Volksgerichtshof sowie die Sondergerichtsvorsitzenden Cuhorst, Oeschey und Rothaug angeklagt.

5.2. 128 Verhandlungstage – 10.665 Seiten Verhandlungsprotokoll

Die Hauptverhandlung vor dem amerikanischen Militärgericht begann am 17.2.1947. In den Monaten bis zur Urteilsverkündung am 3./4.12.1947 kam es zur Einvernahme von 138 Zeugen, der Erörterung von 2.093 Beweisdokumenten und der Vorlage von mehreren Hundert eidesstattlichen Versicherungen. Allein die deutsche Fassung des Verhandlungsprotokolls zählte 10.665 Seiten.[173] Der Prozeß wurde so zu einem Lehrstück in deutscher Justizgeschichte. Es ist hier leider nicht möglich, den Verlauf umfassend und detailliert zu schildern. Stattdessen kann nur versucht werden, den Gang des Verfahrens für den Angeklagten Rothenberger kurz zu skizzieren.

172 Vgl. hierzu Heribert Ostendorf/Heino ter Veen, *Das »Nürnberger Juristenurteil«. Eine kommentierte Dokumentation*, Frankfurt/New York 1985, insb. S. 43–50.

173 Die Unterlagen sind vollständig überliefert in: BA, Bestand All. Proz. (Alliierte Prozesse) 1, XVII (Juristen-Prozeß).

Die ersten Vernehmungen fanden am 16., 17., 21. und 22.7.1947 statt. Bei der Befragung zur Person ging Rothenberger langatmig auf seine Verdienste ein, so daß er vom Vorsitzenden mit der Bemerkung unterbrochen wurde: »Man beschuldigt Sie hier nicht für jede gute Tat.« Die Steuerung der Rechtspraxis leugnete er nicht und erklärte: »Selbstverständlich. Eine Lenkung ist eine Lenkung.« An das »Kolafu« wollte Rothenberger sich dagegen nicht erinnern können. Es kam zu einem bezeichnenden Dialog. Frage: »Haben Sie jemals von dem Konzentrationslager Fuhlsbüttel gehört?« Antwort: »Nein. ... Fuhlsbüttel ist kein Konzentrationslager, sondern ein Gefängnis.« Frage: »Ein Gefängnis, das als Konzentrationslager geführt wurde. Haben Sie jemals von einem Mann namens Dusenschön gehört?« Antwort: »Auch daran habe ich ... keinerlei Erinnerung. Dusenschön? Nein.«[174] Nach solchen Aussagen war es für die Anklage leicht, mit Dokumenten und Zeugen das Gegenteil, also die von Rothenberger betriebene Strafvereitelung in Sachen »Kolafu« und die von ihm verfügte Amnestierung Dusenschöns, zu beweisen.

Rothenberger leugnete darüber hinaus die Beteiligung an schwersten Verbrechen. So behauptete er, bei dem Gespräch mit Himmler am 18.9.1942 der Auslieferung von Gefangenen an SS und Polizei widersprochen und die Durchführung nicht bemerkt zu haben. Auch wollte er abwesend gewesen sein, als Himmler und Thierack den Übergang der Strafkompetenzen gegen »Juden und andere Ostvölker« und das Prozedere bei der »Urteils-Korrektur« vereinbarten.[175] Durch die in seiner Handakte befindlichen Protokolle über das Gespräch vom 18.9.1942 und die mit Streckenbach darüber geführte Korrespondenz war dies jedoch eindeutig zu widerlegen. Auch was die Beteiligung an der 13. Verordnung zum Reichsbürgergesetz und den Massen-Hinrichtungen in Plötzensee anlangte, versuchte Rothenberger sich herauszureden: Er sei ganz unvorbereitet zu der Besprechung mit Kaltenbrunner gekommen, und erst Thierack habe der Verordnung hinter seinem Rücken zugestimmt. Jener habe auch in Plötzensee alles eingefädelt und die vier »versehentlichen« Hinrichtungen später »geheilt«[176]. Die Angaben Rothenbergers zu diesen Punkten waren jedoch ebenfalls eindeutig zu widerlegen.

Nachdem Lammers und Drescher schon am 22.7.1947 vernommen worden waren, hörte das Gericht am 17., 19. und 25.9.1947 fünf Zeugen für die Verteidigung und zwei Zeugen für die Anklage.[177] Verteidiger Rothenbergers war der Hamburger Rechtsanwalt Dr. Erich Wandschneider, dem Dr. Helmut Bothe assistierte. Die Verteidigung mühte sich redlich, auch Entlastendes vorzubringen. Ihr war aber das amerikanische Verfahren mit »examination«, »cross-examination« und »re-examination« fremd, das die Anklagevertreter dagegen vorzüglich beherrschten. Hier lag der einzige Schwachpunkt des ansonsten auch nach Auffassung der Verteidigung fairen Verfahrens. Ihr größtes Problem war jedoch der

174 Zitate aus dem Verhandlungsprotokoll, S. 5281 (Vorsitzender), S. 5267 (Justizlenkung) und S. 5406 (Kreuzverhör), in: BA, All. Proz. 1, XVII, A 69, A 70, A 72.

175 Vgl. Verhandlungsprotokoll, S. 5341–5348, in: Ebenda, A 71.

176 Vgl. Verhandlungsprotokoll, S. 5330–5334 (13. Durchführungs-VO), S. 5321–5326 (Plötzensee), in: Ebenda, A 70.

177 Siehe Verhandlungsprotokoll, S. 5449–5456, 5515–5524, 8594–8639, 8675–8681, 8826–8835, 8844–8852, 9089–9107, 8791–8815, 8815–8825, in: Ebenda, A 73, A 113, A 115, A 119.

Angeklagte selber. Denn in den amerikanischen Document Centers, auf die die Verteidiger ebenso zugreifen konnten wie die Anklage, ließ sich kaum Entlastendes finden. Das Belastungsmaterial war dagegen erdrückend.

Hinzu trat das Verhalten Rothenbergers. So antwortete er seinem Verteidiger zum Beispiel auf Fragen nach den Massen-Hinrichtungen in Plötzensee: »Ja, wissen Sie, ich habe immer so gerne Geige gespielt ...« Rothenberger besaß nicht die Kraft, für seine Taten einzustehen. Er wich den Fakten aus, und so war es Wandschneider und Bothe unmöglich, ihn effektiv zu verteidigen. Wiederholt trat Rothenberger unvorbereitet in den Zeugenstand, und der Eindruck, den er hinterließ, war verheerend. In Nürnberg erreichte er einen absoluten Tiefpunkt und beging auch einen Selbstmordversuch.[178] Er wollte sich die Pulsadern öffnen, schrie aber angesichts des ersten Bluts so laut, daß die Wache herbeieilte. Der hanseatische »Königsrichter«, der Menschen skrupellos »auslöschen« ließ, übte sich in Weltschmerz und Selbstmitleid, als er am Ende selber auf der Anklagebank Platz nehmen mußte.

5.3. Das Urteil

Mit Staunen und Entsetzen hatten sich die amerikanischen Richter in den Prozeßgegenstand vertieft. Vorsitzender war zunächst Carrington T. Marshall, an dessen Stelle aus Krankheitsgründen bald James T. Brand trat. Brand war Richter am Obersten Gericht des Staates Ohio. Als Beisitzer fungierten Mallory B. Blair, Richter am Appellationsgericht in Texas, und Justin W. Harding, früher Richter in Alaska und nun Hilfs-Generalstaatsanwalt des Staates Ohio.[179] Es war also nicht die Elite der amerikanischen Justizjuristen, die in Nürnberg über ihre deutschen Kollegen zu Gericht saß. Vielmehr handelte es sich um erfahrene Juristen von Berufungsgerichten in der Provinz. Vielleicht erklärt dieser Umstand das Staunen und Entsetzen der Richter über den Niedergang der Justiz in Deutschland. Vor ihnen tat sich ganz unerwartet, aber beispielhaft auf, wie ein »Volk der Dichter und Denker« den Kreis der zivilisierten Nationen verlassen hatte und binnen weniger Jahre zu einem »Volk der Richter und Henker« geworden war.

In dem 250 Druckseiten zählenden Urteil, das am 3. und 4.12.1947 in Nürnberg verkündet wurde, standen denn auch folgende zentrale Sätze: »Einfacher Mord oder Einzelfälle von Greueltaten bilden nicht den Anknüpfungspunkt für die Beschuldigung. Die Angeklagten sind solcher unermeßlichen Verbrechen beschuldigt, daß bloße Einzelfälle von Verbrechenstatbeständen im Vergleich dazu unbedeutend erscheinen. Die Beschuldigung, kurz gesagt, ist die der bewußten Teilnahme an einem über das ganze Land verbreiteten und von der Regierung organisierten System der Grausamkeit und Ungerechtigkeit und der Verletzung der Kriegsgesetze und der Gesetze der Menschlichkeit, begangen im Namen des Rechts unter der Autorität des Justizministeriums mit Hilfe der Gerichte. Der Dolch des Mörders war unter der Robe des Juristen verborgen.«[180] Das Urteil

178 Angaben nach einem Interview mit Dr. Helmut Bothe vom 19.11.1990. Niederschrift im Besitz der Projektgruppe.

179 Siehe Ostendorf/ter Veen, *»Juristenurteil«*, a.a.O., S. 11.

180 Zentral-Justizamt (Hrsg.), *Das Juristenurteil*, a.a.O., S. 43.

ging zunächst auf die völkerrechtlichen Grundlagen des Verfahrens ein (S. 7-64), schilderte dann die Rechtspraxis unter der NS-Herrschaft (S. 65–138) und befaßte sich schließlich in einem besonderen Teil mit den einzelnen Angeklagten (S. 139–245).

Was Rothenberger anging, so behandelte das Gericht zunächst dessen Maßnahmen zur Justizlenkung in Hamburg. Dann wurde auf seine Beteiligung an der Entrechtung der Juden, seine Mitwirkung an der Auslieferung von Justizgefangenen an die SS und seine Kenntnis über die Verbrechen in den Konzentrationslagern eingegangen. Das Gericht hob hervor, »daß Rothenberger in seinen Aussagen unaufrichtig war«, und am Ende der Ausführungen über ihn hieß es: »Alles in allem enthüllt das Beweismaterial eine verwickelte Persönlichkeit voller Widersprüche und innerer Konflikte. ... Er wetterte öffentlich gegen das ›Schwarze Korps‹, weil es die Gerichte angriff, und doch machte er den Richtern Vorwürfe, weil sie Recht über Parteiführer sprachen und benutzte fraglos seinen Einfluß, um Gerichtsverfahren zu färben, und zwar zu Gunsten hoher Parteibeamter und zum Nachteil von Polen und Juden. Er schrieb in gelehrter Weise zu Gunsten eines unabhängigen Richtertums und beherrschte doch die Richter in Hamburg mit eiserner Faust. Er protestierte heftig gegen die Praktiken von Partei- und Gestapo-Beamten, die sich in anhängige Strafsachen einmischten, aber er traf Vereinbarungen mit der Gestapo, der SS und dem SD, ... und dann führte er mit den ihm untergebenen Richtern die »Vorschau und Nachschau« von Urteilen durch. ...

Rothenberger fühlte sich nicht wohl bei seiner Arbeit in Berlin. In seiner Abschiedsrede beim Verlassen Hamburgs rief er überschwenglich aus, er sei in Hamburg »ein ungekrönter König« gewesen, aber er möchte uns gern glauben machen, daß er in Berlin eine Dornenkrone empfing. Bald erfuhr er von der maßlosen Roheit des Nazisystems und der grundsatzlosen Abgefeimtheit Thieracks und Himmlers ... Er konnte nicht verdauen, was er sah, und sie konnten ihn nicht verdauen. Das Beweismaterial tut zur Genüge dar, daß Rothenberger von seinen Vorgesetzten getäuscht und mißbraucht wurde; daß Beweise gegen ihn an den Haaren herbeigezogen wurden und daß er schließlich entfernt wurde, zumindest teilweise, weil er nicht brutal genug war, den Anforderungen der Stunde zu genügen. Er zog sich in das scheinbar ruhige Leben eines Hamburger Notars zurück, aber selbst dann finden wir noch, daß er ... Gauleiter Kaufmann ... half. – Der Angeklagte Rothenberger ... hat dem Programm rassischer Verfolgungen Hilfe und Vorschub geleistet, und trotz seiner vielen gegenteiligen Beteuerungen hat er wesentlich zur Entwürdigung des Justizministeriums und der Gerichte und zu ihrer Unterwerfung unter die Willkür Hitlers, der Parteischergen und der Polizei beigetragen. Er nahm an der Korruption und Beugung des Rechtssystems teil.«[181]

Knapper und klarer konnte die Rolle Curt Rothenbergers kaum beschrieben werden, als es die amerikanischen Richter taten. Die gegen ihn verhängte Strafe lautete auf sieben Jahre Haft. Über das Strafmaß, das unterhalb der von alliierten Gerichten für vergleichbare Taten verhängten Sanktionen lag, ist gelegentlich

181 Ebenda, S. 176 f.

gerätselt worden. Es kann auch hier nur vermutet werden, daß die Richter Rothenberger vielleicht zu Gute hielten, daß er 1943 entlassen wurde, weil noch skrupellosere Vertreter des NS-Regimes wie Thierack, Bormann und Himmler ihn los sein wollten. Gegen die übrigen Angeklagten im »Nürnberger Juristenprozeß« wurden viermal lebenslängliche Haftstrafen verhängt (Franz Schlegelberger, Herbert Klemm, Rudolf Oeschey, Oswald Rothaug). Vier Angeklagte erhielten zehn Jahre Haft (Ernst Lautz, Wolfgang Mettgenberg, Günther Joel, Wilhelm von Ammon), und einer wurde zu fünf Jahren Haft verurteilt (Josef Altstötter). Es gab vier Freisprüche (Paul Barnickel, Hermann Cuhorst, Günther Nebelung, Hans Petersen), ein Angeklagter wurde wegen Krankheit außer Verfolgung gesetzt (Karl Engert), und ein weiterer Angeklagter hatte sich vor Eröffnung der Hauptverhandlung das Leben genommen (Curt Westphal).[182]

6. Schleswig-holsteinischer Pensionär und Hamburger Repetitor

6.1. Begnadigung und Rehabilitation in Schleswig-Holstein

Zur Strafvollstreckung wurden die im »Juristenprozeß« Verurteilten in das Gefängnis nach Landsberg eingeliefert, das zu dieser Zeit unter amerikanischer Verwaltung stand. Die Haftbedingungen waren für damalige Verhältnisse vorzüglich. Die Gefangenen durften sich in ihren Zellen besuchen, ihnen stand eine große Bibliothek zur Verfügung, und Freistunden wurden nach Wunsch gewährt. Vor allem war die Verpflegung besser als für weite Teile der notleidenden deutschen Bevölkerung. Auch der Zustand Curt Rothenbergers besserte sich in Landsberg merklich. Dies galt umso mehr, als 1949 eine Kampagne für die Begnadigung von NS-Verbrechern einsetzte. Im Zuge dieser sogenannten »Gnaden-Arie« wurden auch die zwölf Nürnberger Nachfolge-Prozesse, zu denen der »Juristenprozeß« zählte, in der deutschen Öffentlichkeit als »Sieger-« und »Willkürjustiz« diffamiert. Die von Hilfsorganisationen der beiden großen Kirchen entfachte Kampagne war derart wirksam, daß sich ihr nicht nur die bürgerlichen Parteien CDU, FDP und DP (Deutsche Partei), sondern auch Teile der SPD anschlossen. Am Ende setzten sich sogar die höchsten Repräsentanten des neuen westdeutschen Staates, nämlich Bundespräsident Heuss und Bundeskanzler Adenauer, für die Begnadigung von NS-Verbrechern bei den Alliierten ein.[183]

Der amerikanische Hohe Kommissar John McCloy befand sich dabei in einer schwierigen Lage. Denn Begnadigungen wurden von der öffentlichen Meinung in den USA, Großbritannien und Frankreich als Aufgabe der Nürnberger Prinzipien abgelehnt. Am Ende stand eine »mittlere Linie«, die McCloy am 31.1.1951 bekanntgab. Für die Mehrzahl der Verurteilten wurden die Strafen herabgesetzt, was für viele die Entlassung bedeutete. Dagegen ergingen keine Gnadenerweise für Verurteilte, die direkt an Mordtaten beteiligt waren. McCloy ließ am 7.6.1951

182 Siehe – auch zu den Nachkriegskarrieren der Verurteilten – Ostendorf/ter Veen, *»Juristenurteil«*, a.a.O., S. 32 f.

183 Vgl. auch zum folgenden Thomas Alan Schwartz, *Die Begnadigung deutscher Kriegsverbrecher. John J. McCloy und die Häftlinge von Landsberg*, in: Vierteljahrshefte für Zeitgeschichte, 38. Jahrgang/1990, S. 375–414.

sogar die letzten Todesurteile vollstrecken. Wurde die Hinrichtung in der Bundesrepublik von Protesten begleitet, so waren es im übrigen Europa und den USA die Freilassungen. Am Ende hatten sich die Deutschen durchgesetzt. Schon gegen Ende 1958 war keiner der Verurteilten mehr in Haft. Zudem kam es 1955 auf Betreiben der Bundesregierung zur Außerkraftsetzung des Kontrollratsgesetzes Nr. 10. Damit wurde nicht nur die Verfolgung von NS-Verbrechen erschwert, sondern es entstand auch der Eindruck, die Strafverfolgung von NS-Verbrechen sei abgeschlossen. Es folgte ein »justitium«, also ein faktischer Stillstand der Rechtspflege. Erst in den sechziger Jahren begann die systematische Strafverfolgung von NS-Verbrechen.[184]

Curt Rothenberger war schon am 25.8.1950 vorzeitig aus der Haft entlassen worden und wandte sich – wie viele seiner Landsberger Kameraden – nach Schleswig-Holstein. Dort wurde am 5.9.1950 mit Dr. Walter Bartram erstmals ein ehemaliges NSDAP-Mitglied Ministerpräsident eines bundesdeutschen Landes. Vorausgegangen war ein Wahlkampf, bei dem die verhaßte »Entnazifizierung« eine entscheidende Rolle spielte. Ihre Beendigung verlangte vor allem der »Bund der Heimatvertriebenen und Entrechteten (BHE)«. Als »Entrechtete« betrachtete er in erster Linie die von Internierung und Entnazifizierung Betroffenen. In der Organisation des BHE dominierten ehemalige SS-Angehörige und an seiner Spitze standen einstige NS-Funktionäre. Mit 33 % der Stimmen wurde der BHE zum Überraschungssieger der Landtagswahl vom 9.7.1950. Anschließend kam es zur Bildung einer Koalitionsregierung mit CDU, FDP und DP (Deutsche Partei). Alle Kabinettsmitglieder mit Ausnahme des Innenministers Pagel hatten NS-Formationen angehört. Der »Neue Vorwärts« sprach von einer »Koalition aus SA, SS und NSDAP.«[185].

Die neue Regierung brachte sofort ein »Schlußgesetz« für die Entnazifizierung ein. Danach waren alle Betroffenen rückwirkend in die Kategorie V (= Entlastete) einzustufen. Auf diese Weise sollte die ganze Entnazifizierung ad absurdum geführt werden. Heftige Kontroversen waren die Folge. So führte Wilhelm Käber (SPD) am 14.3.1951 vor dem Landtag aus, »daß dieses Gesetz ... gar nicht vollständig ist. Um es zu vervollständigen, müßte man noch einen Paragraphen hinzufügen, dessen Abs. 1 vielleicht zu lauten hätte: ›Schleswig-Holstein stellt fest, daß es in Deutschland nie einen Nationalsozialismus gegeben hat.‹ und Abs. 2 vielleicht: ›Die von 1933 bis 1945 begangenen Untaten gegen Leben und Freiheit von Millionen Menschen sind eine böswillige Erfindung.‹«[186] Innenminister Dr. Dr. Paul Pagel (CDU) notierte dazu in sein Tagebuch: »Die Argumente der Opposition erscheinen mir weit stichhaltiger als die der Regierungsparteien. Man kann mit Recht allmählich von einer Renazifizierung sprechen. Merkwür-

184 Vgl. hierzu Adalbert Rückerl, *NS-Verbrechen vor Gericht. Versuch einer Vergangenheitsbewältigung*, Heidelberg 1982. Zu den fortwirkenden politischen Hemmnissen siehe Helge Grabitz, *NS-Prozesse. Psychogramme der Beteiligten*, Heidelberg 1985.

185 Vgl. Landeszentrale für politische Bildung Schleswig-Holstein (Hrsg.), *Rechtsextremismus in Schleswig-Holstein 1945–1990*, Kiel 1990, insb. S. 17–21, Zitat S. 19.

186 Wortprotokolle des Schleswig-Holsteinischen Landtages, 2. Wahlperiode (1950–1954), 9. Tagung, 14.3.1951, S. 223.

Land Schleswig-Holstein
Entnazifizierungs-Hauptausschuß

Kiel, den 8. März 1951
Lorentzendamm 35

Gesch.-Zeich.: G/584 – Schl.

Spruchentscheidung

In der Entnazifizierungssache des Herrn/XXXXX

Vor- und Zuname: Dr. Curt Rothenberger

...schrift: Klingberg /Post Pönitz

Beruf: früh. Staatssekretär geb.: 20.6.1896

hat der Entnazifizierungs-Hauptausschuß Kiel

unter Mitwirkung des Herrn Dr. Krug als Vorsitzenden

Herrn Priebsch

Herrn Plage

Herrn Burchardi

Frau Leck als Beisitzer

auf Grund der **schriftlichen** Verhandlung vom 8. März 1951 entschieden.

Der Betroffene wird in die Gruppe der

Entlasteten (V) § 5

eingestuft.

Verfahrensgebühren und Auslagen werden nicht erhoben.

gez.: Unterschriften

... Entscheidung wird 1 Monat nach Zustellung rechtskräftig, sofern nicht von dem Öffent-...n Kläger oder Betroffenen von dem nachstehenden Rechtsmittel Gebrauch gemacht wird.

Dem Betroffenen und dem Öffentlichen Kläger stehen gegen obigen Spruch gemäß § 36 des Entnazifizierungsgesetzes das Rechtsmittel des **Antrages auf mündliche Verhandlung** zu. Dieser Antrag ist **innerhalb eines Monats** nach Zustellung der vorstehenden Spruchentscheidung beim Hauptausschuß einzulegen.

Der Einreihungsbescheid bzw. das Entlastungszeugnis sowie die Aufforderung zu Zahlung der Verfahrensgebühr gehen Ihnen nach Ablauf der einmonatigen Frist zu. Eine vorherige Zustellung kann nur erfolgen, wenn Sie dem Hauptausschuß schriftlich Ihr Einverständnis mit obigem Spruch mitteilen. In diesem Falle wird der Spruch rechtskräftig.

Begründung umseitig!

LD 2000 11. 50

Das Land Schleswig-Holstein rehabilitiert Curt Rothenberger: Im Schnellgang wird er wenige Monate nach der Entlassung aus Landsberg als »Entlasteter« (= Widerstandskämpfer) eingestuft. Dabei »korrigiert« der Kieler Entnazifizierungsausschuß auch das Nürnberger Juristenurteil. Quelle: Staatsarchiv Hamburg, Abt. 221-5, Az. VG 620/60, Bd. 1.

G r ü n d e :

Der Betroffene ist fragebogenmäßig insofern belastet, als der in der Partei Mitglied seit 1933 und Gauführer im NS-Rechtswahrerbund war. Aus Gründen seines Ansehens ist sein Parteieintritt auf Veranlassung des Gauleiters K a u f m a n n im Jahre 1937 auf den 1.12.1931 zurückgestuft worden. Diese Belastung ist nicht als sehr hoch angesehen worden, insbesondere unter Berücksichtigung folgender Erwägungen:

Der Betroffene war in Hamburg führender Nationalsozialist, aber ohne die Auswüchse der Partei jemals gebilligt zu haben. Er hat vielmehr, wie man es von einem wirklichen Juristen, der die Jahrtausende des Rechts studiert hat, verlangen muss, das unabhängige Richtertum in jeder Hinsicht gestützt und auch stets die Grundsätze des Rechts vertreten. Er hat Pläne, sie der Zeit anzupassen, bis zur damals höchsten Stelle vorgetragen und verdankt diesem Umstand die Übertragung des Amtes eines Staatssekretärs im Reichsjustizministerium.

In dieser Richtung liegt die Bekämpfung der Verleumdungen des Richtertums im "Schwarzen Korps" durch den Betroffenen. Die Durchschläge seiner Berichte an das Reichsjustizministerium, wenn er die Übergriffe zusammengestellt und den Reichsjustizminister um Abhilfe gebeten hat, sind in einem Band Beiakten vereinigt, der vom Berufungsausschuss als wertvolle Entlastung angesehen wird.

Die im Nürnberger Urteil dem Betroffenen gemachten Vorwürfe, welche eine Verurteilung durch den Internationalen Gerichtshof wegen Verbrechens gegen die Menschlichkeit zu 7 Jahren Gefängnis zur Folge hatten, sind in der vom Öffentlichen Kläger in seiner Klage gemachten Zusammenstellung Gegenstand eingehender Besprechung gewesen. In allen, vom Öffentlichen Kläger aufgeführten fünf Einzelpunkten, hat sich der Berufungsausschuss die Schlußfolgerungen des Öffentlichen Klägers zu eigen gemacht.

Eine Belastung im Sinne deutschen Rechtes ist in der Verurteilung in Nürnberg nicht zu erkennen, dagegen hat der Berufungsausschuss in dem Abbüßen von fünf der sieben Jahre Gefängnis einen Umstand gesehen, der als erhebliche Sühne einer nicht erwiesenen Schuld betrachtet und dem Betroffenen zugute gerechnet werden muss.

Das Entlastungsmaterial, das der Betroffene beigebracht hat, ist ebenso umfangreich wie entlastend in jeder Hinsicht.

Im Berufungsausschuss wurden die Zeugnisse und eidesstattlichen Erklärungen ganz oder im Auszuge verlesen von

Rechtsanwalt Dr. F i s c h e r ,
Landgerichtsdirektor Dr. V a l e n t i n,
Arzt Dr. E n o c h,
Rechtsanwältin H e i t m a n n - A s h e r,
Justizobersekretär Georg D a g n e r,
Senatssyndikus E i f f e ,
Staatssekretär L a m m e r s,
Sekretärin V e l d e r,
Kammersyndikus Dr. H a a g e,
Professor Dr. S i e v e r t s,
Kaufmann B r u n s,
Generalstaatsanwalt D r e s c h e r,
Justizangesllter H i n r i c h s.

Aus sämtlichen bei den Akten befindlichen Unterlagen geht übereinstimmend und mit nicht zu übertreffender Beweiskraft hervor, dass der Betroffene eine untadelige Persönlichkeit ist, für die jeder Aussteller der Entlastungszeugnisse sich mit voller Überzeugung einsetzt.

-3-

Besonders muss hervorgehoben werden, dass der Betroffene - durch die eidesstattlichen Erklärungen nachgewiesen - sowohl in seiner Eigenschaft als Oberlandgerichts-Präsident wie auch später als Staatssekretär im Reichsjustizministerium über eine große Zahl von Juden schützend seine Hand gehalten hat.

Der Berufungsausschuss hat auf Grund des Beweismaterials festgestellt:

1.) Der Betroffene hat den Mut gehabt, jahrelang öffentlich gegen die Eingriffe der SS in die Rechtspflege und gegen die Beschimpfung deutscher Richter durch das "Schwarze Korps" Stellung zu nehmen.

2.) Der Betroffene hat versucht, Reformpläne der deutschen Justiz durchzuführen, welche die Autorität des deutschen Richterspruches gegenüber der Partei und der SS stärken sollte.

3.) Der Betroffene hat in zahlreichen Einzelfällen Gegnern des Nationalsozialismus zu ihrem Recht verholfen und ihre Belange erfolgreich vertreten.

Bei seiner Entscheidung hat der Berufungsausschuss noch berücksichtigt, dass der Betroffene 5 Jahre interniert war und mit erheblichen, dauernden Gesundheitsschäden aus der Haft entlassen worden ist. Seine Wohnung, seinen Hausstand und sein Vermögen hat er verloren.

Der Betroffene wurde daher in einstimmigem Beschluss in die Gruppe V eingestuft. Er ist damit Entlasteter im Sinne des § 6 des E-Gesetzes vom 10.2.1948.

gez.: Dr.Krug
Vorsitzender

Für die Richtigkeit:
Kiel, den 12. März 1951

Geschäftsführer

V e r t e i l e r :

1.) Spruchentscheid an: 15. März 1951

a) Betroffenen

b) Öffentl.Kläger

c) Rechtsbeistand

d) zur Akte

2.) Entlastungszeugnis an Betroffenen 15. März 1951

dig, wie selbstverständlich die alten Nazis auftreten und wie feige sie im Grunde sind, wenn man ihnen hart entgegentritt.«[187]

Sechs Tage vor der Landtags-Debatte vom 14.3.1951 stufte der Kieler Entnazifizierungs-Hauptausschuß Curt Rothenberger als »Entlasteten« ein und »korrigierte« auch gleich das Nürnberger Juristenurteil (siehe Abb. 58). So wurde ihm bescheinigt, »eine Belastung im Sinne *deutschen* Rechts« sei nicht zu erkennen und die Haftzeit sei als »erhebliche Sühne einer nicht erwiesenen Schuld« zu betrachten. Zudem hieß es, er habe, »wie man es von einem wirklichen Juristen, der die Jahrtausende des Rechts studiert hat, verlangen muß, das unabhängige Richtertum in jeder Hinsicht gestützt und auch stets die Grundsätze des Rechts vertreten«.[188] Das schleswig-holsteinische Innenministerium gewährte ihm zum 1.10.1951 auch Versorgungsbezüge als »Oberlandesgerichtspräsident a.D.« in Höhe von 1.200 DM monatlich, die bis 1959 auf 2.073,19 DM erhöht wurden. Die Zahlungen an Rothenberger stützten sich auf das am 11.5.1951 ergangene Bundesgesetz zur Ausführung von Artikel 131 Grundgesetz.[189] § 7 des »131er-Gesetzes« schrieb zwar vor, daß Ernennungen oder Beförderungen, »die wegen enger Verbindungen zum Nationalsozialismus vorgenommen wurden«, unberücksichtigt bleiben sollten. Doch in den Kieler Ministerien scherte das angesichts der »Renazifizierungs«-Politik in Schleswig-Holstein offenbar niemand.

Rothenberger verlebte nun zwei geruhsame Jahre in der Umgebung von Pönitz nördlich Lübecks. Auch Schlegelberger und Lautz, die sich in Flensburg und Lübeck niedergelassen hatten, wurden im Schnell-Gang entnazifiziert und mit hohen Pensionen versorgt. Nur einen Steinwurf von Schlegelberger entfernt wohnte der Organisator der Mordaktionen an Behinderten und Kranken, Prof. Heyde, der nun unter dem Namen »Dr. Sawade« als Gerichtsgutachter tätig war. Der Freisler-Beisitzer Hans Joachim Rehse, der Referent Eichmanns für die Deportation der Juden aus Belgien und Nordfrankreich sowie Ex-Mitarbeiter von Polizei, SS und NSDAP wurden Verwaltungs- oder Sozialrichter in Schleswig. Am dortigen Oberlandesgericht judizierten mindestens zehn hohe Kriegs- und Sonderrichter sowie der Autor des antisemitischen Buchs »Das Eindringen der Juden in die deutsche Justiz«. Die Politik der »Renazifizierung« ging so weit, daß Ministerpräsident von Hassel (CDU) sich 1956 brüstete: »Wir haben 50 % (Belastete, Anm. d. Verf.) hineingenommen, also wesentlich mehr als unser Soll.«[190] Dabei stand Schleswig-Holstein allerdings nur an der Spitze einer bundesweiten Entwicklung. Die Forderung, einen »Schlußstrich« unter die Vergangenheit zu ziehen, galt in den fünfziger Jahren als Allgemeingut. Die Westdeutschen »waren nun wieder wer« – und die NS-Zeit sollte auf sich beruhen.

187 Zitiert nach Heinz Josef Varain, *Parteien und Verbände. Eine Studie über ihren Aufbau, ihre Verflechtung und ihr Wirken in Schleswig-Holstein 1945–1958*, Köln 1964, S. 223, Anm. 903.

188 Eine Kopie der »Spruchentscheidung« findet sich in: StArch HH, Abt. 221-5 (Verwaltungsgericht), Az. VG 620/60 (Rechtsstreit der Witwe Rothenberger gegen die Hansestadt Hamburg), Bd. 1. Vgl. Holger Otten, *Entnazifizierung und politische Säuberung in Kiel*, in: Arbeitskreis demokratische Geschichte (Hrsg.), *Wir sind das Bauvolk. Kiel 1945 bis 1950*, Kiel 1985, S. 295–316.

189 Bundesgesetzblatt, Teil I (im folgenden: BGBl. I), S. 307 ff.

190 Vgl. Landeszentrale für politische Bildung Schleswig-Holstein (Hrsg.), *Rechtsextremismus*, a.a.O., S. 22–27, Zitat S. 21.

6.2. *Das Repetitorium und der Selbstmord Rothenbergers in Hamburg*

Nach zwei Jahren der Untätigkeit wurde der unterdessen 57jährige Curt Rothenberger erneut aktiv. 1953/54 nahm er in Hamburg eine Tätigkeit wieder auf, die er schon vor 1933 mit großem Erfolg ausgeübt hatte, nämlich die Veranstaltung von Repetitorien. In mehrmonatigen Kursen bimste er jungen Juristen das nötige Wissen für die juristischen Staatsprüfungen ein. Ohne große »Skripte«, in kleiner Runde und nur mit Hilfe einer Wandtafel ging Rothenberger den relevanten Stoff durch. Nach Angaben von Teilnehmern war er ein Meister der Subsumtionstechnik und Paragraphenketten, wobei er – im Gegensatz zu den meisten juristischen Hochschullehrern – auch pädagogisches Geschick besaß. Die Atmosphäre war unpolitisch, und Rothenberger soll sich jeder Polemik gegen den demokratischen und sozialen Rechtsstaat des Grundgesetzes enthalten haben. So galt sein Repetitorium bald als das beste in Hamburg, und die Gebühren lagen entsprechend hoch. Eine nicht geringe Zahl von Juristen, die heute in leitender Position tätig sind oder Beförderungsstellen innehaben, besuchten zwischen 1953 und 1959 Kurse Rothenbergers.

1954 nahm der erfolgreiche Repetitor auch seinen Wohnsitz wieder in Hamburg. Die Bearbeitung seiner Versorgungsangelegenheit ging damit an die Hansestadt über, wo seit dem Vorjahr ein bürgerlicher Koalitions-Senat aus CDU und FDP unter Bürgermeister Sieveking amtierte. Auf höchster Ebene wurde vom Senatssyndicus entschieden, daß der § 7 des »131er-Gesetzes« auch in Hamburg nicht gegen Rothenberger angewandt werden sollte. Den einstigen »Justizchef« beflügelte dies derart, daß er vom »Oberlandesgerichtspräsidenten a.D.« zum »Staatsekretär a.D.« hochgestuft werden wollte. Doch das ging wohl selbst dem bürgerlichen Koalitions-Senat zu weit, der Rothenberger abschlägig beschied.[191] Auch in der Hamburger Justiz hatte sich eine »Renazifizierung« vollzogen, die aber – im Gegensatz zu den »Flüchtlingsländern« Schleswig-Holstein und Niedersachsen – weitgehend auf »Landeskinder« begrenzt blieb. Anders war die Situation in Berlin, das bis 1990 unter alliierter Oberhoheit stand, und dem Saarland, das bis 1955 von Frankreich verwaltet wurde: Dort gelang nur wenigen NS-Juristen die Wiedereinstellung. Im bundesweiten Vergleich nahm Hamburg bei der Beschäftigung von NS-Juristen eine mittlere Position ein.[192]

Im Schatten des öffentlichen Interesses konnte Rothenberger fünf Jahre lang hohe Versorgungsbezüge einstreichen. Doch dann wurde die hanseatische Ruhe von der »Frankfurter Rundschau« gestört. Sie berichtete am 8.5.1959 unter der Überschrift »Jüdische Muttermilch war eine Beleidigung« über Rothenberger und seine Rolle vor 1945. Die Überschrift war einer »Führer-Information« entliehen, die er im April 1943 gegengezeichnet hatte (siehe Abb. 9).[193] Justizsena-

191 Schreiben des Rechtsanwalts Rothenbergers vom 30.11.1959, in: StArch HH, Abt. 221-5, Az. VG 620/60, Bd. 1, Bl. 20–35, insb. Bl. 24.

192 Vgl. Landeszentrale für politische Bildung Schleswig-Holstein (Hrsg.), *Rechtsextremismus*, a.a.O., S. 26 f. Die Rekonstruktion der Hamburger Justiz nach 1945 soll in einer zweiten Projekt-Phase noch eingehender untersucht werden; was den Grad ihrer Renazifizierung anlangt, handelt es sich um eine Einschätzung.

193 Bevor Thierack die »Führerinformation« unterschrieb, war sie von Rothenberger gegengezeichnet worden, vgl. BA, R 22/4089.

Der Reichsminister der Justiz

Führerinformation

1943 Nr. 155

Eine Volljüdin hat nach der Geburt ihres Kindes ihre Muttermilch an eine Kinderärztin verkauft und verschwiegen, daß sie Jüdin ist. Mit der Milch wurden deutschblütige Säuglinge einer Kinderklinik genährt. Die Beschuldigte wird wegen Betrugs angeklagt. Die Abnehmer der Milch sind geschädigt, weil die Muttermilch einer Jüdin nicht als Nahrung für deutsche Kinder gelten kann. Das unverschämte Verhalten der Beschuldigten ist auch eine Beleidigung. Von der Einholung entsprechender Strafanträge ist jedoch abgesehen worden, um unter den Eltern, die den wahren Sachverhalt nicht kennen, nicht nachträglich noch Beunruhigung hervorzurufen.

Die rassenhygienische Seite des Falles werde ich mit dem Reichsgesundheitsführer erörtern.

Berlin, den 27. April 1943

Thierack

Zweitschrift Nr. 2

5416

Bevor Thierack 1943 die »Führerinformation« Nr. 155 unterschrieb, zeichnete Rothenberger den gleichlautenden Entwurf ab. Die »Führerinformationen« wurden eigens in drei Exemplaren mit großen Buchstaben gesetzt, damit Hitler sie ohne Brille lesen konnte.
Quelle: Bundesarchiv, R 22, Akte 4089, fol 224.

tor Dr. Biermann-Ratjen (FDP) leitete den Bericht sofort dem Personalamt zu, das nun seinerseits Vorbereitungen traf, um Rothenberger die Rechte aus dem »131er-Gesetz« zu entziehen. In dessen § 3 war am 11.9.1957 eine neue Nr. 3a eingefügt worden, nach der alle Personen ihre Rechte aus dem Gesetz verloren, »die durch ihr Verhalten während der Herrschaft des Nationalsozialismus gegen die Grundsätze der Menschlichkeit oder Rechtsstaatlichkeit verstoßen« hatten.[194] Im Juli 1959 wurden Rothenberger und sein Rechtsanwalt darüber informiert und vom Personalamt gehört.

Am 1. September 1959, genau 20 Jahre nach dem deutschen Überfall auf Polen, nahm Curt Rothenberger sich das Leben. Er erhängte sich in dem Haus, das er in Hamburg bewohnte. Die Gründe dafür sind unbekannt. Es werden aber zwei Erklärungen kolportiert. Nach der ersten soll Rothenberger den Selbstmord begangen haben, um seiner Frau die Pension zu erhalten. Dann müßte er allerdings in einem Rechtsirrtum gehandelt haben. Denn die Ansprüche seiner Frau wären nur unangetastet geblieben, wenn ein Disziplinar-Verfahren gegen ihn hätte durchgeführt werden müssen, was gegen Verstorbene nicht möglich war. Die Aberkennung der Rechte aus dem »131er-Gesetz« setzte aber disziplinarische Maßnahmen nicht voraus. Es erscheint dabei recht unwahrscheinlich, daß Rothenberger, der sich im Beamtenrecht gut auskannte, einem Irrtum erlag. So spricht manches für die zweite Erklärung. Danach soll ein bösartiger und unheilbarer Tumor bei Rothenberger diagnostiziert worden sein, der zu einem qualvollen Exitus geführt hätte. Um den Leiden zu entgehen, soll er seinem Leben selbst ein Ende gemacht haben.

6.3. Der Rechtsstreit um die Versorgung der Witwe

Nach dem Tod Rothenbergers verging einige Zeit, bis das Verfahren um seine Rechte als »131er« fortgesetzt wurde. Das Personalamt erwog, einen Vergleich über eine Landgerichtsdirektoren-Pension zu schließen, was zu einer Reduzierung des Witwengelds von etwa 1.200 DM auf rund 800 DM geführt hätte. Die mehrheitlich sozialliberale Senatskommission für den Verwaltungsdienst beschloß aber, daß dem ehemaligen »Justizchef« die Rechte als »131er« entzogen werden sollten. Gegen den Bescheid vom 19.4.1960 erhob die Witwe nach erfolglosem Widerspruch Klage vor dem Verwaltungsgericht.[195] Die 2. Kammer machte sich die Entscheidung nicht leicht, sondern trat in eine gründliche Beweisaufnahme ein. Dabei wurden die schon im Nürnberger Juristen-Prozeß erörterten Komplexe erneut untersucht. Das Gericht arbeitete Rothenbergers vielbändige Personalakten, die Protokolle der »Vor-und Nachschau-Besprechungen«, Unterlagen des Nürnberger Juristenprozesses, mehrere Ermittlungsverfahren der Staatsanwaltschaft und Sammelvorgänge des Personalamts durch. Zudem wurden 18 Hamburger und drei auswärtige Zeugen vernommen.

Am 12.6.1961 erging das 87 maschinenschriftliche Seiten zählende Urteil. Auf 58 Seiten wurde der historische Tatbestand dargestellt. Dann folgten die Ent-

194 BGBl. I, S. 1275.
195 Bescheid über die Aberkennung der Rechte aus dem »131er«-Gesetz vom 19.5.1961 und die dagegen gerichtete Klage vom 5.7.1961, in: StArch HH, Abt. 221-5, Az. VG 620/60, Bd. 1, Bl. 1 ff.

scheidungsgründe, in denen das Gericht in Übereinstimmung mit einem Urteil des Bundesverfassungsgerichts vom 15.3.1961 den § 3 Nr. 3a des »131er-Gesetzes« für anwendbar erklärte.[196] Das Verwaltungsgericht nahm dann sogar auf das damals verpönte Allierte Kontrollratsgesetz Nr. 10 Bezug. Im einzelnen hieß es: »Diesem Gericht erscheint entscheidend, daß es Dr. Rothenberger bei der Lenkung der Rechtsprechung expressis verbis darum ging, die nationalsozialistische Anschauung unter allen Umständen zur Geltung zu bringen. Das folgt aus ... der Absicht, eine Rechtsprechung zu gewährleisten, ›wie sie der Führer namentlich in Kriegszeiten erwartet‹.« Weiter wertete das Gericht die Maßnahmen zur Strafvereitelung in Sachen »Kolafu« und die Behandlung des Armenrechts für Juden als »zurechenbare und schuldhafte Verstöße gegen die Rechtsstaatlichkeit«.[197] Die Klage der Witwe auf Fortzahlung ihrer Pension wurde abgewiesen.

Gegen das Urteil ging die Witwe Rothenberger sofort in Berufung. Der 2. Senat des Hamburgischen Oberverwaltungsgerichts legte den Parteien nun mit einem Beschluß vom 19.2.1962 den Abschluß eines Vergleichs nahe. Dabei formulierte der Senat eine hinsichtlich der Anwendbarkeit von § 3 Nr. 3a des »131er-Gesetzes« abweichende Auffassung. Das Personalamt war entschlossen, dagegen nötigenfalls das Bundesverwaltungsgericht in Berlin anzurufen. Die zuständige Senatskommission entschied aber, daß zuvor versucht werden solle, einen Vergleich über die Zahlung einer Pension von 600 DM monatlich zu schließen. Die Witwe Rothenberger und ihr Rechtsanwalt waren einverstanden.[198] Damit konnte der Rechtsstreit für erledigt erklärt werden. Die aufgeworfenen Rechtsfragen wurden keiner abschließenden Klärung zugeführt. Die Höhe der Bezüge lag allerdings noch unter denjenigen für Witwen von Richtern oder Staatsanwälten und entsprach dem Niveau des gehobenen Dienstes.

Vor dem Hintergrund der Behandlung der Witwe Roland Freislers, der im Freistaat Bayern sogar noch eine Zulage gewährt wurde, weil »ihr Mann nach 1945 in gehobener Position hätte sein können«, nimmt sich das Vorgehen der Freien und Hansestadt Hamburg gegen die Witwe Curt Rothenbergers vielleicht hartherzig aus. Wird jedoch ein anderer Vergleichsmaßstab herangezogen, nämlich derjenige der Entschädigung und Wiedergutmachung für die Opfer des NS-Regimes, so wurde die Witwe Rothenberger durch den Vergleich vom 4.1.1963 sehr gut gestellt. Die Hinterbliebenen vieler Opfer der NS-Justiz konnten bis heute keine Entschädigung erhalten.[199] Das gilt etwa für Polen, Russen, Sinti und Roma, Angehörige der dänischen Minderheit, Deserteure, Behinderte, Kranke und sogenannte »Asoziale«. Selbst die Witwen der »Männer des 20. Juli« mußten noch jahrelang um ihre Versorgung streiten. Erst in den 80er Jahren versuchten

196 Bundesverfassungsgericht, Az. 2 BvL 8/60. Vgl. auch Michael Kirn, *Verfassungsumsturz oder Rechtskontinuität. Die Stellung der Jurisprudenz nach 1945 zum Dritten Reich, insbesondere die Konflikte um die Kontinuität der Beamtenrechte und Art. 131 Grundgesetz*, Berlin 1972.

197 Urteil des Verwaltungsgerichts vom 12.6.1961, in: StArch HH, 221-5, Az. VG 620/60, Bd. 3, Bl. 399–442, Zitate S. 77 und 80.

198 Beschluß des Oberverwaltungsgerichts vom 19.2.1962 und Vergleich mit der Witwe Rothenberger vom 6.12.1962, in: StArch HH, 221-5, Az. VG 620/60, Bd. 3, Bl. 500–504 und 507.

199 Kurt R. Grossmann, *›Die Ehrenschuld‹. Kurzgeschichte der Wiedergutmachung*, Frankfurt/Berlin 1967; Christian Pross, *Wiedergutmachung. Der Kleinkrieg gegen die Opfer*, Frankfurt 1989; Ludolf Herbst/Constantin Goschler, *Wiedergutmachung in der Bundesrepublik Deutschland*, München 1989.

Länder wie Berlin und Hamburg, die Not der NS-Opfer durch »Härtefonds« zu lindern. Die Bundesregierung weigert sich jedoch bis heute, durch eine Novellierung der Entschädigungsgesetzgebung und eine Aufhebung der Schlußfristen eine angemessene Versorgung *aller* NS-Verfolgten sicherzustellen.

7. *Schlußbetrachtung*

In soziologischer Perspektive war Curt Rothenberger der Prototyp einer neuen Generation von Justizjuristen. Diese neue Generation stammte aus Beamtenfamilien des mittleren und gehobenen Dienstes. Ihren Angehörigen wurde meist schon im Elternhaus vermittelt, daß Anpassungsbereitschaft, Kontinuität und vorauseilender Gehorsam – also die zentralen Eigenschaften des deutschen Berufsbeamtentums – sich auszahlten. Gemeinsam war den neuen Justizjuristen auch die Erfahrung des sozialen Aufstiegs. Durch eine Politik zur Schaffung von mehr Chancengleichheit während der Weimarer Republik konnte sich diese Generation von sozialen Aufsteigern in Hamburg schon vor 1945 durchsetzen. Im übrigen Deutschland – der Bundesrepublik wie der DDR – vollzog sich dieser Prozeß im wesentlichen erst nach 1945. Heute stellen die Justizjuristen aus mittleren und gehobenen Beamtenfamilien rund ein Viertel der Richter, Staatsanwälte und Mitarbeiter der Justizverwaltung und sind weit überrepräsentiert.

Auch Curt Rothenberger hatte die Werte dieser Generation von Justizjuristen verinnerlicht. Er unterschied sich aber in einem Punkt von ihr, nämlich einem ausgeprägten Willen zur Macht. Seine intellektuellen Fähigkeiten hätten Rothenberger wohl auch eine »normale« Justiz-Karriere bis hin zum Senatspräsidenten gestattet. Er besaß offenbar ebenso das Zeug zum Wissenschaftler und mit seinem pädogischen Geschick insbesondere zum Hochschullehrer. Sicher hätte er auch ein glänzender Anwalt werden können. Aber es war wohl kein Zufall, daß er schon früh in die Justizverwaltung geholt wurde und hier sein eigentliches Betätigungsfeld fand. Die dort typische Mischung aus Politik, Administration und Juristerei reizte ihn. Und in diesem wohl einzigen Zweig der Hamburger Justiz, der vor 1933 keine Ressentiments gegen die demokratische Republik hegte, war Rothenberger ein loyaler Mitarbeiter. Erst als seine Berufung an das Reichsgericht scheiterte und die politischen Zeichen auf Sturm standen, wechselte er plötzlich die Fronten.

Rothenberger hatte bei einem jüdischen »Doktorvater« promoviert, das Repetitorium des wohl ersten SPD-Mitglieds in der höheren hanseatischen Richterschaft fortgeführt und über Jahre den demokratischen Politikern des Senats zugearbeitet. 1931 wandelte er sich dann offenbar über Nacht zum völkischen Antisemiten und intrigierte gegen die Repräsentanten des demokratischen »Systems«. Ab 1933 profilierte Rothenberger sich als nationalsozialistischer Spitzenjurist. Bis kurz vor Toresschluß im Jahre 1945 hielt er seinem »Führer« die Treue. Im »Nürnberger Juristenprozeß« wollte er sich dann 1947 an nichts mehr erinnern können. In seinem Hamburger Repetitorium trat er 1954 als ganz unpolitischer Jurist auf, der offenbar keine Vorbehalte gegen den demokratischen und sozialen Rechtsstaat des Grundgesetzes hegte. Politisch war Rothenberger ein Chamäleon. Grundwerte oder Überzeugungen besaß er nicht. Sein Streben galt nur dem Erwerb und der Ausübung von Macht. Dies erklärt vielleicht auch die menschlich besonders abstoßenden Züge in der Biographie Rothenbergers – nämlich sein Vorgehen gegen den »Doktorvater« Kurt Perels, der Selbstmord verübte, gegen den Förderer Johannes Meyer, der aus dem Amt gejagt wurde, und gegen die erste Ehefrau, die er nur auf Grund ihrer Herkunft geheiratet hatte und später einfach fallen ließ.

Rothenberger idealisierte »den deutschen Richter« und betrachtete sich selbst als dessen Inkarnation. Er war jedoch alles andere als ein Richter. Auch der Habitus eines Wissenschaftlers oder Anwalts lag ihm fern. Rothenberger war vielmehr der Typ des Organisators, der sich durchaus mit einem intellektuellen Touch umgeben konnte. Als Justizsenator und noch mehr als Präsident des Hanseatischen Oberlandesgerichts lief er zur Hochform an. In Hamburg schuf er auch etwas eigenständiges, nämlich das »System Rothenberger«. Es basierte auf seiner Freundschaft zu Gauleiter Kaufmann und Absprachen mit den lokalen Größen von SS und Polizei. Seine Instrumente waren permanente Besprechungen auf allen Ebenen, die laufende Berichterstattung über alle wichtigen Vorgänge und eine gezielte Personalpolitik. So kamen in den politisch sensiblen Bereichen der Strafjustiz besonders angepaßte Justizjuristen zum Einsatz, bei denen es sich oft um soziale Aufsteiger handelte. Eine entscheidende Voraussetzung für das »System Rothenberger« waren die überschaubaren und in sich abgeschlossenen Verhältnisse der rund um den Sievekingsplatz konzentrierten Hamburger Justiz.

Das »System Rothenberger« eignet sich allerdings nicht zur Entlastung der Hamburger Justiz in der NS-Zeit. Denn bei aller Lenkung betonte Rothenberger immer wieder, daß die Feststellung des Tatbestandes und damit letztlich auch die Bestimmung des Strafmaßes Sache des erkennenden Gerichts sei. Selbst wenn »der Senator« also bei einer »Vorschau« die Verhängung der Todesstrafe wünschte, blieb es doch die Entscheidung des Gerichts, ob es die Wegnahme eines Fahrrads nach einem Luftangriff als »Plünderung« subsumierte oder die Desertion eines Rüstungsarbeiters nach Frankreich als schweren Fall der »Wehrdienstentziehung« betrachtete, was jeweils die Todesstrafe nach sich zog. Wurde auf mildere Strafen erkannt, gab es bei der »Nachschau« eventuell Kritik. Als schwerste »Sanktion« drohte im Wiederholungsfall die Versetzung in eine Zivilkammer. Die Hamburger Staatsanwälte und Richter blieben so stets für ihr Tun voll verantwortlich. Und sie taten allein in den fünf Jahren von 1940 bis 1945 aus freien Stücken mehr als die gesamte SED-Justiz, die in den vierzig Jahren ihrer Existenz weniger als 200 Todesurteile verhängte.

Rothenberger empfahl sein Hamburger »System« seit 1938 als Modell für das Reich. Als er endlich einen Zugang zu Hitler gefunden hatte, ging er noch einen Schritt weiter. In seiner Denkschrift vom Frühjahr 1942 entwarf er ein Justiz-System, das zehn Jahre nach dem Ende der NS-Herrschaft in einem der beiden deutschen Teilstaaten weitgehend realisiert werden sollte. Denn die SED-Justiz verfügte seit Mitte der fünfziger Jahre über ein kleines linientreues »Richterkorps«, kannte lediglich drei Instanzen und basierte auf einer ideologisch ausgerichteten Rekrutierung und Schulung des Juristen-Nachwuchses. Es wurde auf eine ausgeprägte Laien-Gerichtsbarkeit in Wohnbezirken und Betrieben rekurriert. Die Justizlenkung der Partei- und Staatsorgane war so perfekt, daß ihr praktisch kein Einzelfall entging. Allerdings gab es kein hohes und gutbesoldetes »Richterkorps«, sondern eine eher mäßige Bezahlung und sehr viele Duckmäuserei.[200] Bis auf diesen letzten Punkt war der Entwurf Rothenbergers also durchaus realistisch.

Hitler wurde durch die Denkschrift Rothenbergers nicht nur zur Aufhebung der richterlichen Unabhängigkeit angeregt, sondern er wollte auch die Umsetzung des »Reformprogramms«. Mitte 1942 schien ihm der Sieg der deutschen Wehrmacht und damit das »Großgermanische Reich« greifbar nahe. Damit erschien alles möglich – und die Vernichtung von Unliebsamen und der Völkermord an Juden sowie Sinti und Roma war in vollem Gange. Rothenberger sollte für das so entstehende »Großreich« eine neue Justiz aufbauen. Doch angesichts des Kriegsverlaufs mußten die »Reformarbeiten« scheitern. Selbst die Übertragung des Hamburger Modells auf das alte Reich mißlang. Doch Rothenberger kämpfte um den Erhalt seiner Machtstellung. So wurde er der Protokollant des Übergangs der Strafkompetenz gegen die »Ostvölker« und der Auslieferung Zehntausender Justiz-Gefangener zur »Vernichtung durch Arbeit«. Er wirkte auch an der Verordnung über den »bürgerlichen Tod« der deutschen Juden mit. An einem Nachmittag lieferte er 186 Menschen dem Henker aus – und »heilte« anschließend die irrtümliche Hinrichtung von vier Opfern durch nachträgliche Vollstreckungsbescheide. Darüber verfiel Rothenberger keineswegs in Depressionen. Sie stellten sich erst ein, als auf die Intrigen Thieracks der Machtverlust folgte.

Als Organisator ohne irgendwelche moralischen Bindungen oder menschlichen Skrupel war Curt Rothenberger seiner Zeit voraus. Er war dabei kein dumpfer völkischer Ideologe, sondern ein Repräsentant des aktuellen Zeitgeistes. Als chronischer »Wendehals« saugte er in sich auf, was gerade »up to date« war. Und er verstand es, davon sich selbst und andere zu überzeugen. Rothenberger hätte so in jedem politischen System Karriere machen können. Er war austauschbar. Sein Beispiel zeigt, daß Gefahren für den Rechtsstaat keineswegs an den Rändern des politischen Spektrums lauern müssen. Sie können auch aus der scheinbar »unpolitischen« Mitte kommen. Die deutsche Justizgeschichte ist reich an solchen Beispielen. Der Dolch des Mörders war nicht nur bei Rothenberger unter der Robe des Juristen verborgen. Er kann auch unter ganz anderen Vorzeichen morgen wieder aufblitzen.

200 Der Befund stützt sich auf eine allererste grobe Sichtung der Hinterlassenschaft von rund 1.000.000 Akten der SED-Justiz auf den Böden des ehemaligen Stadtbezirksgerichts Berlin im Herbst 1990. Vgl. Karl Wilhelm Fricke, *Politik und Justiz in der DDR. Zur Geschichte der politischen Verfolgung 1945–1968*, Köln 1979.

Hans-Konrad Stein-Stegemann

In der »Rechtsabteilung« des »Unrechts-Staates«.

Richter und Staatsanwälte in Hamburg 1933–1945

1933 waren sie Kollegen, der Staatsanwalt Walther Bierkamp[1] und der Landgerichtsrat Lambert Leopold.[2] Beide waren in Hamburg geboren und aufgewachsen. Sie besuchten beide ein altsprachliches Gymnasium und wurden dann Juristen in Hamburg. Trotzdem lagen Welten zwischen ihnen.

Lambert Leopold wurde 1890 geboren und stammte aus einer jüdischen Kaufmannsfamilie. Im 1. Weltkrieg war er Soldat. 1921 trat er der »Liga für Menschenrechte« bei. Er berichtete später: »Die furchtbaren Jahre 1914–18 hatten mich überzeugt, es dürfe nie wieder ein Krieg über Europa hereinbrechen. Diese Überzeugung zu verbreiten und sie überall, in allen Ländern, ins Volk zu tragen, schien mir unabweisbares Gebot. Ich hörte, daß die Liga für Menschenrechte in diesem Sinne wirkte«. 1924 schloß er sich dem »Republikanischen Richterbund« an. Über seine Beweggründe schrieb Leopold: »Ich bemerkte allenthalben, wie dem jungen Staat, der unter viel redlichem Wollen aus dem Chaos von 1918 entstanden war, mit Mißgunst und Übelwollen begegnet wurde; es schien mir erforderlich, eine Atmosphäre von Wohlwollen für den Staat zu schaffen; ein offenes, aufrichtiges Bekenntnis zur Republik, deren Verfassung wir beschworen hatten, schien mir Pflicht vor allem der republikanischen Beamten«.

Unter denjenigen, die den »jungen Staat« radikal ablehnten, war dagegen Walther Bierkamp zu finden. Er wurde 1901 geboren; sein Vater arbeitete sich vom Kassierer einer Berufsgenossenschaft zum »Rechnungsdirektor« empor. Walther Bierkamp war erst 17 Jahre, als der 1. Weltkrieg zu Ende ging; er wurde nicht mehr eingezogen. 1919–21 war er Mitglied des Deutschnationalen Jugendbundes. Er wurde im »Freikorps Bahrenfeld« aktiv und nahm beim Kapp-Putsch an der »Besetzung« Hamburgs teil. 1924/25 engagierte er sich als Student in der »Nationalsozialistischen Freiheitsbewegung«, einer Auffangorganisation der NSDAP und anderer völkischer Gruppen, nachdem die NSDAP wegen des Hitler-Putsches in München 1923 verboten worden war. Als Assessor trat Bierkamp dann noch vor der sogenannten »Machtübernahme« der NSDAP bei, wurde

1 Vgl. StArch HH, Abt. 113-5 (Staatsverwaltung – Allgemeine Abteilung), BV 20 UA 33; Berlin Document Center, Personalakte Bierkamp. Vgl. Werner Präg/Wolfgang Jacobmeyer (Hrsg.), Das Diensttagebuch des deutschen Generalgouverneurs in Polen 1939–1945, Stuttgart 1975, S. 731, 733 f, 753; Angelika Ebbinghaus u.a. (Hrsg.), Heilen und Vernichten im Mustergau Hamburg, Hamburg 1984, S. 49.

2 Vgl. StArch HH, Abt. 241-2 (Justizverwaltung-Personalakten), A 1212 und Ablieferung 86 I; Abt. 314-15 (Oberfinanzpräsident – Devisenstelle).

1933 zum Staatsanwalt ernannt und betätigte sich unter anderem als Ankläger vor dem Sondergericht, das zur Aburteilung politischer Gegner unter Einschränkung der Verteidigungsrechte eingesetzt worden war.

Lambert Leopold wurde 1933 als Jude aus dem Richteramt entfernt und in den Ruhestand versetzt. Zehn Jahre später berührten sich die Lebenswege der beiden Juristen noch einmal in erschreckend-grausamer Weise. Aber nicht in Hamburg, sondern in Polen.

Bierkamp war 1937 Chef der Hamburger Kripo geworden und 1939 in die SS eingetreten. Ende Juni 1942 wurde er Chef der »Einsatzgruppe D«, die im rückwärtigen Gebiet der Heeresgruppe Süd Zehntausende ermordete. Ab Juli 1943 war Bierkamp Befehlshaber der Sicherheitspolizei und des SD (Sicherheitsdienst) in einem Teil des besetzten Polen, dem sogenannten »Generalgouvernement«. Auf einer Besprechung mit den Spitzen der Verwaltung des Generalgouvernements referierte er am 22.9.1943 über die Widerstandsbewegung in Polen und betonte: »Er werde in Zukunft dazu übergehen, auf offener Straße Exekutionen als Exempel vornehmen zu lassen«; falls in einem Betrieb »die Arbeitswilligkeit nachlasse ..., werde er die Hetzer aus den Betrieben holen, bzw. sie im Betriebe hinrichten lassen«. Auf einer Besprechung eine Woche später wies Bierkamp auf die seiner Meinung nach ungenügende Sicherheit bei Gefangenentransporten hin: »Eine Hilfe sei nur auf dem Wege möglich, daß Personen, die festgenommen und nach ihrer Vernehmung der Tat überführt worden seien, sofort an Ort und Stelle erschossen würden. Dieses Vorgehen müsse propagandistisch untermauert werden«. Bierkamp kündigte auch eine große Razzia in Warschau an: »Wer in Warschau unangemeldet lebe und sich nicht genügend ausweisen könne, müsse erschossen werden«. Am 27.10.43 stellte er den Grundsatz auf: »Für einen ermordeten Deutschen würden 10 dieser Polen hingerichtet«. Diese Besprechungen fanden in Krakau statt.

In einer anderen polnischen Stadt, in Lodz, damals Litzmannstadt genannt und in das Reichsgebiet eingegliedert, mußte seit Oktober 1941 Lambert Leopold im Ghetto eingeschlossen dahinvegetieren. Er hatte 1939 den Antrag auf Auswanderung gestellt. Aber nur sein Sohn konnte nach Schweden emigrieren. Lambert Leopold blieb in Hamburg. Am 24.10.1941 wurde er nach Litzmannstadt deportiert. Zum 31.12.1941 wurde die Zahlung der Versorgungsbezüge eingestellt. Lambert Leopold kam in Polen ums Leben. Die genauen Umstände sind nicht bekannt. Er gilt als »verschollen« ...

Die Schicksale dieser beiden Hamburger Justizjuristen waren sicherlich Extremfälle. Aber waren sie Ausnahmefälle? Wie ist die große Mehrheit der Hamburger Justizjuristen zwischen diesen Extremen einzuordnen? Waren sie mehr Täter oder mehr Opfer? Oder sind sie mit diesen Kategorien überhaupt nicht zu begreifen? Dabei ist zu reflektieren, daß diese Untersuchung von einem Historiker des Jahrgangs 1942 stammt: »Branchenfremd« und »ohne eigene Erfahrungen der Nazi-Zeit«. Eine Analyse steht in der Gefahr, zu einer Abrechung mit der »Generation der Nazi-Väter« zu verkommen. Wie also beginnen (und fortfahren)?

Es scheint sinnvoll zu sein, bei dem Bild anzusetzen, das die in der Zeit von 1933 bis 1945 tätigen Juristen selbst nach 1945 von sich entwarfen. Grundlage dafür sind die Entnazifizierungs-Akten, aber auch Memoiren und Darstellungen aus diesem Personenkreis.[3] Dabei wäre es natürlich leicht, sich über bestimmte Schutzbehauptungen (besonders in den Entnazifizierungs-Akten) lustig zu machen. Hier soll es aber darum gehen, wichtige Interpretationen und Strukturen aus der Sicht der beteiligten Justizjuristen darzustellen und sie dann im folgenden Text zu bestätigen, zu ergänzen oder zu widerlegen.

Selbstbildnisse

In den Entnazifizierungs-Verfahren zeichneten die Justizjuristen ein Bild ihrer Tätigkeit im »Dritten Reich«. Dieses Bild ist noch heute weit verbreitet. Immer wieder wird betont, daß große Bereiche der Justiz, besonders die gesamte Ziviljustiz, vom Einfluß des Nationalsozialismus frei geblieben seien. Die Unabhängigkeit der Justiz und des einzelnen Richters sei dort nicht angetastet worden. Das habe im Prinzip auch für den Bereich der Strafjustiz gegolten. Hier habe man sich bemüht, möglichst milde Urteile durchzusetzen und, wenn sich eine Verurteilung nicht umgehen ließ, den Verurteilten zu helfen. Das sei aber sicherlich nicht immer möglich gewesen. Als Hauptgrund dafür wird »der Druck von oben« genannt. Dieser Druck sei weniger vom Reichsjustizministerium (RJM) ausgegangen, auch wenn man das »Hineinregieren« dieser Instanz kritisiert. Hauptsächlich wird der Druck durch den Senator und späteren Oberlandesgerichtspräsidenten Rothenberger und seinen Stellvertreter Letz, im staatsanwaltschaftlichen Bereich auch der Einfluß des Generalstaatsanwalts Drescher und des Oberstaatsanwalts Schuberth heftig beklagt. Das bezieht sich besonders auf ihre Versuche, Einfluß auf die Strafanträge und Urteile in bestimmten politischen Prozessen zu nehmen.

Weiterhin wird bis heute behauptet, daß man durch Druck von oben zum Beispiel am Sondergericht, auch am Volksgerichtshof oder an den Gerichten in den nach 1939 besetzten Gebieten tätig werden mußte. Man sei »abgeordnet« worden. Man habe zwar versucht, möglichst schnell von diesen Tätigkeitsbereichen wieder wegzukommen, das sei aber doch nicht immer so gelungen, wie man sich das gewünscht habe. Der Druck von oben habe sich auch auf Bereiche außerhalb der eigentlich juristischen Praxis erstreckt. So wird behauptet, der Eintritt in die NSDAP sei von Rothenberger erzwungen oder auch mit allerhand Tricks durchgesetzt worden; das gelte ebenfalls für den Eintritt in die SA und SS oder die Übernahme von Ämtern in der Partei. Besonders betont wird der Druck auf die jungen Justizjuristen: Sie hätten sich praktisch überhaupt nicht wehren können, weil sie dann gar nicht eingestellt worden wären. Aber auch bei den schon verbeamteten Justizjuristen habe die Entlassung gedroht. Entlassung hätte aber den

3 Es wurden ca. 40 Entnazifizierungsakten ausgewertet, in: StArch HH, Abt. 221-11 (Staatskommissar für die Entnazifizierung und Kategorisierung). Siehe auch Hans Segelken, Amor fati, Hamburg 1970, und die biographische Skizze über Rudolf Letz in dessen Personalakte, StArch HH, 241-2, A 3838. Zur apologetischen Literatur über das Thema sind zu rechnen: Hubert Schorn, Der Richter im Dritten Reich, Frankfurt/M. 1959; Hermann Weinkauff, Die deutsche Justiz und der Nationalsozialismus, Stuttgart 1968. Vgl. hierzu Ralph Angermund, Deutsche Richterschaft 1919–1945, Frankfurt/M. 1990, S. 12 ff.

wirtschaftlichen Ruin bedeutet; ein Überwechseln in einen freien Beruf sei nicht möglich gewesen.

Insgesamt beruft man sich praktisch auf eine Art »Befehlsnotstand«, betont aber immer wieder, daß das nur die Ausnahmesituation war. Aktivitäten in politischen Prozessen hätten sich auch sonst gar nicht ausgewirkt, vor allem nicht auf Beförderungen. Hier hätten nur fachliche Leistungen und das Dienstalter gezählt. Aus der Politik habe man sich schon vor 1933 konsequent herausgehalten. Die Mitgliedschaft in der NSDAP oder SS sei nur rein formal gewesen; man habe zwar dem Druck zum Eintritt nachgegeben, sich aber sonst nicht weiter engagiert. Ja, man habe sogar zunehmend Distanz entwickelt und Kritik geübt. Die Ereignisse um den »Röhm-Putsch« (die Ermordung der SA-Führungsspitze 1934) und die »Kristallnacht« (den Pogrom gegen die Juden 1938) hätten die kritische Distanz besonders verstärkt oder hervorgerufen. Zur Gestapo habe man immer eine sehr kritisch-ablehnende Position bezogen. Man habe zwar von der Existenz der Konzentrationslager gewußt, von den Greueltaten der SS aber nie etwas erfahren. Die Judenverfolgung habe man abgelehnt. Man habe als Referendar und Assessor zu jüdischen Professoren und Anwälten ein gutes Verhältnis gehabt. Auch später habe man Kontakt zu jüdischen und anderen verfolgten Personen gehalten.

Das sei freilich im Laufe der Zeit immer schwieriger geworden. In der Kriegszeit habe man allgemein mehr Konzessionen machen müssen. In der Rechtsprechung habe nun – wie in anderen Ländern auch – härter »durchgegriffen« werden müssen, um die »innere Front« zu stabilisieren. Das sei ja der große Fehler im Ersten Weltkrieg gewesen; damals habe der Zusammenbruch der »inneren Front« fatale Konsequenzen gehabt. So habe man in den Jahren nach 1939 unter stärkerem Druck gestanden und es sei ein durchaus akzeptabler Ausweg gewesen, in der Wehrmachtsgerichtsbarkeit tätig zu werden, weil dort eine größere Distanz zur NSDAP geherrscht habe und der Druck auf die Richter geringer gewesen sei.

Und die Realität?

Wie soll man diese Aussagen bewerten? Es wäre sicherlich ein Weg, bei einer bestimmten Person Aussage und Realität – anhand der Personalakte und anderer Quellen – miteinander zu vergleichen. Das würde aber immer nur eine Person betreffen und hätte wohl nur Sinn bei prominenten und einflußreichen Juristen. Aussagen über die große Anzahl der Justizjuristen sind damit aber nicht zu erzielen. So bleibt nur der (mühselige) Weg über die statistische Erfassung sämtlicher Justizjuristen.

Dabei wird die Gruppe der zu untersuchenden Justizjuristen so gefaßt: Alle Richter und Staatsanwälte, die mindestens 2 Jahre in Hamburg tätig waren, werden untersucht. Diese Grenze wurde nicht nur gezogen, um die Zahl der zu untersuchenden Justizjuristen handhabbarer zu machen; vermieden werden sollte auch eine Ungleichgewichtigkeit zwischen dem Juristen, der 12 Jahre, und dem, der nur (zum Beispiel durch Versetzung) ein halbes Jahr in Hamburg tätig war. Durch die Eingrenzung ist gewährleistet, daß nur diejenigen Personen erfaßt werden, die wirklich Einfluß ausgeübt haben. Ausgenommen von der Untersuchung bleiben vorerst aus zeitlichen Gründen die beauftragten Staatsanwälte und Richter, die als frühere, zum Teil langjährige Rechtsanwälte aus der Untersuchungsgruppe herausfallen. Auch die Assessoren und die ebenfalls (seit 1943) mit der Wahrnehmung richterlicher Befugnisse beauftragten Referendare können aus zeitlichen Gründen nicht untersucht werden. Die Richter und Staatsanwälte, die nur in den bis zur Eingemeindung 1937 preußischen Vorstädten Altona, Wandsbek und Harburg tätig waren, wurden in die Untersuchung nicht einbezogen. Sie gehörten zwei anderen Oberlandesgerichtsbezirken (Kiel und Celle) an, was nicht nur praktisch, sondern auch justizgeschichtlich eine Miterfassung schwierig macht. Bedacht werden muß auch, daß Hamburger Justizjuristen zum Beispiel am Oberlandesgericht eine über Hamburg hinausgehende Funktion hatten, da Bremen und bis 1937 auch Lübeck mit zum Bezirk des Hanseatischen Oberlandesgerichts gehörten. Eine Einbeziehung sämtlicher Justizjuristen des Oberlandesgerichtsbezirks Hamburg, also auch der Land- und Amtsgerichte in Bremen und Lübeck, hätte aber den Rahmen der Untersuchung zu weit gespannt.

Wenn man diese Einschränkungen einbezieht, ergibt sich eine Zahl von ca. 370 Justizjuristen in der Zeit 1933-1945, die länger als zwei Jahre in Hamburg amtiert haben. Grundlage für die Untersuchung dieser Juristen sind die Personalakten und für die statistischen Feststellungen die Personalbögen dieser Justizjuristen. Diese Personalbögen enthalten die wichtigsten sozialen und politischen Daten.[4] Zusätzlich wurden gezielt zu bestimmten Personen(gruppen) die Entnazifizierungs- und die Wiedergutmachungsakten herangezogen, in beschränktem Umfang auch die dienstaufsichtlichen Ermittlungsakten der Justizbehörde und die Akten aus Prozessen vor den Verwaltungsgerichten nach 1945 (zum Beispiel um Wiederbeschäftigung oder Weiterzahlung von Pensionen). Hierdurch konnten bestimmte Lücken in den Personalakten geschlossen und weiteres wertvolles Material erschlossen werden. Die Bearbeitung auswärtiger Archivbestände konnte nur eingeschränkt erfolgen. Es wurden aber wichtige Personalakten im Berlin Document Center, der Deutschen Dienststelle (Wehrmachts-Auskunftsstelle/ WASt) in Berlin, dem Bundesarchiv Potsdam (ehemaliges Zentrales Staatsarchiv der DDR) und dem Bundesarchiv Koblenz herangezogen.[5]

4 Ralph Angermund, Richterschaft, a.a.O., weist auf die Unzuverlässigkeit mancher Personalbögen hin und bezieht sich auf ein entsprechendes Schreiben des Reichsjustizministeriums aus dem Jahr 1936. Für die vorliegende Untersuchung werden hauptsächlich die Personalbögen aus den Jahren 1939 und 1943 benutzt; sie sind wesentlich zuverlässiger, da Fehler von der Justizverwaltung selbst korrigiert wurden; nur in wenigen Einzelfällen wurden Fehler festgestellt und anhand der Angaben in den Personalakten korrigiert.

5 Die Quellenbasis ermöglicht andere Fragestellungen und Ergebnisse als die von Angermund ausgewerteten Lageberichte und RJM-Akten, siehe Angermund, Richterschaft, a.a.O., und derselbe, Die geprellten »Richterkönige«, in: Hans Mommsen/Susanne Willems (Hrsg.), Herrschaftsalltag im Dritten Reich, Düsseldorf 1988, S. 304–342. Zum OLG-Bezirk Celle liegen mehrere Untersuchungen vor, die dem hier gewählten Ansatz ähnlicher sind: Ulrich Hamann, Das OLG Celle im Dritten Reich, Justizverwaltung und Personalwesen, in: Festschrift zum 275jährigen Bestehen des OLG Celle, Celle 1986, S. 143–232; Volker Kregel, Die Personalpolitik der Justiz im 3. Reich, Diss. jur., Göttingen 1986; derselbe, Die Personalpolitik der Justiz im »Dritten Reich« am Beispiel des OLG Celle, in: Ralf Dreier/Wolfgang Sellert (Hrsg.), Recht und Justiz im »Dritten Reich«, Frankfurt/M. 1989, S. 226–240; Rainer Schröder, »...aber im Zivilrecht sind die Richter standhaft geblieben!«, Die Urteile des OLG Celle aus dem Dritten Reich, Baden-Ba-

In den folgenden Abschnitten soll in Auseinandersetzung mit den wichtigsten Aussagen aus den Entnazifizierungsverfahren ein Bild der Hamburger Justizjuristen im »Dritten Reich« entworfen werden. Als Grundlage dafür wird zunächst der statistisch »durchschnittliche« Justizjurist dieser Zeit dargestellt. Dann sollen einzelne Problembereiche genauer analysiert werden. Dabei werden die parteipolitischen Bindungen der Justizjuristen in der Weimarer Zeit, die politisch motivierten Entlassungen nach der »Machtübernahme« und das Verhältnis der Justizjuristen zu NSDAP, SA und SS dargestellt. Es folgt eine Untersuchung zu Personengruppen in bestimmten Tätigkeitsbereichen der Justiz; hauptsächlich wird analysiert, wieviele Justizjuristen sich an der politischen Strafjustiz im weiteren Sinne und an den nationalsozialistischen Verbrechen beteiligten. Anschließend sollen die Bedingungen und Strukturen für berufliche Karrieren in der NS-Zeit behandelt werden. Zusammenfassend wird dann versucht, die Grade der beruflich-politischen Anpassung zu beschreiben und ihre Ursachen offenzulegen. Schließlich sollen dann die »politisch Unzuverlässigen«, die vereinzelten Versuche des Widerstandes und das Schicksal der Verfolgten dargestellt werden.

Der statistisch »durchschnittliche« Justizjurist

Die Justizjuristen waren zu gut 80 % Richter oder überwiegend als Richter tätig. Knapp 20 % amtierten hauptsächlich oder nur als Staatsanwälte. Etwa 10 % der Justizjuristen waren nacheinander in beiden Bereichen tätig. Das wurde offenbar gern gesehen. Auf jeden Fall bemerkte der Generalstaatsanwalt Drescher 1938, »daß ein regerer Wechsel zwischen Staatsanwaltschaft und Gericht angebracht ist«.[6] Zu diesen »Wechslern« gehören so einflußreiche Hamburger Juristen wie Drescher selbst, sein Nachfolger Haack und der Landgerichtspräsident Korn sowie sein Stellvertreter Gernet.

Der Wechsel zwischen Justiz, Verwaltung, Universität und Politik war mit etwa 5 % wesentlich seltener. Er beruhte auch hauptsächlich auf einem Wechsel zwischen Justizverwaltung und Gerichten; man blieb also im eigenen Bereich. Prominente Beispiele dafür sind der Amtsgerichtspräsident Blunk und die Vizepräsidenten des Oberlandesgerichts Letz und Struve. Durch die Ernennung von Jura-Professoren zu Oberlandesgerichtsräten mit Teilzeitverpflichtung für das Richteramt wurde eine Verbindung zur Universität geschaffen; ein Wechsel zwischen diesen Berufsfeldern fand aber kaum statt. Ähnlich selten war das Abwandern von Justizjuristen in andere Bereiche. Das Überwechseln des Staatsanwalts Bierkamp zur Kripo war eine Ausnahme. Diese Aussage muß aber eingeschränkt werden. Hier werden nur die mehr als zwei Jahre in Hamburg tätigen Justizjuristen erfaßt. Sie hatten also in ihrem Beruf schon Fuß gefaßt, ein Wechsel lag nicht so nahe. Bei den nicht so lange aktiven Justizjuristen und besonders bei

den 1988, S. 247–288. Grundlage dieser Arbeiten sind aber Generalakten und Analysen der Urteilspraxis. Nur die Darstellung von Friedrich Karl Kaul, Geschichte des Reichsgerichts, Bd. 4: 1933–1945, Berlin (Ost) 1971, bezieht die soziale Herkunft und politische Ausrichtung der Reichsgerichtsräte in die Analyse ein.

6 StArch HH, 241-2, Ablieferung 86 I (Kurt Leffmann).

Tabelle 1: Altersstruktur der Justizjuristen in der NS-Zeit

Geboren	vor 1880	1880–89	1890–99	1900–09	ab 1910
Prominente Vertreter*	Arnold Engel W. Schmidt	Schmidt-Egk Erich Drescher Karl Struve Carl Blunk	Rothenberger Rudolf Letz Ferdinand Korn Hans Segelken Georg Schwarz	Hans Haack	–
Sämtliche Justizjuristen (n=357)	13 %	28 %	27 %	31 %	1 %
Demokratisch Engagierte (n=21)	14 %	43 %	29 %	14 %	–
Logenmitglieder (n=10)	–	90 %	10 %	–	–
Jüdische Juristen (n=35)	29 %	31 %	31 %	9 %	–
Frühe Nationalsozialisten (n=17)	12 %	18 %	12 %	46 %	12 %
SS-Mitglieder (n=15)	–	–	13 %	87 %	–
Juristen mit »Spitzenkarriere«	8 %	29 %	46 %	17 %	–

* *Blunk*: Amtsgerichtspräsident 1921–1941. *Drescher*: Generalstaatsanwalt 1933–1943. *Engel*: Oberlandesgerichtspräsident 1933–1935. *Haack*: Generalstaatsanwalt 1944–1945. *Korn*: Landgerichtspräsident 1937–1945. *Letz*: 1935–1942 Vizepräsident am Oberlandesgericht, 1942–1945 Ministerialdirektor im Reichsjustizministerium. *Rothenberger*: Justizsenator 1933–1935, Oberlandesgerichtspräsident 1935–1942, Staatssekretär im Reichsjustizministerium 1942–1943. *Segelken*: Amtsgerichtspräsident 1941–1942, Ministerialdirektor im Reichsjustizministerium 1942–1943. *Schmidt*: Landgerichtspräsident 1933–1936. *Schmidt-Egk*: Oberlandesgerichtspräsident 1943–1945. *Schwarz*: Amtsgerichtspräsident 1943–1945. *Struve*: 1943–1945 Vizepräsident am Oberlandesgericht.

den Assessoren sah es anders aus. Hier gab es zum Beispiel mehrere Assessoren, die direkt zur Gestapo und zum SD überwechselten.[7]

Die Begrenztheit der Analyse muß auch im Auge behalten werden, wenn es um die Altersstruktur der Justizjuristen geht. Die Justizjuristen waren zu je etwa 30 % in den Jahrzehnten zwischen 1880 und 1909 geboren. Nach 1910 war nur etwa 1 % der Angehörigen der Untersuchungsgruppe geboren; das erklärt sich durch den gewählten Auswahlmaßstab; wer nach 1910 geboren war, hatte praktisch nicht die Möglichkeit, vor 1945 zwei Jahre als Richter oder Staatsanwalt tätig zu sein. Bei den vor 1880 geborenen Justizjuristen schied ein Teil schon bald nach 1933 durch Pensionierung aus. Vor 1880 geboren waren 13 %.

Reichert man diese trockenen Zahlen mit Namen an, werden sie schon etwas interessanter. Zu den in den 70er Jahren Geborenen gehörte der Oberlandesgerichtspräsident Engel, der von 1933 bis 1935 amtierte. Zu den in den 80er Jahren Geborenen zählten Generalstaatsanwalt Drescher, Amtsgerichtspräsident Blunk und Senatspräsident Struve. Sie hatten einflußreiche Positionen, ihr Wirken blieb aber auf Hamburg beschränkt. Das war bei den in den 90er Jahren Geborenen anders. Zu ihnen gehörten Rothenberger, sein Vizepräsident Letz und Amtsgerichtspräsident Segelken, deren steile Karrieren sich bis ins Reichsjustizministerium fortsetzten. Sie waren »junge Leute«, als sie im Ministerium hohe Positionen (Staatssekretär und Ministerialdirektor) einnahmen. Die nach 1900 Geborenen konnten so hohe Posten nicht mehr erreichen, allerdings erlangten sie in Hamburg gegen Ende des »Dritten Reiches« führende Positionen wie zum Beispiel der Generalstaatsanwalt Haack. Noch ein weiterer interessanter Aspekt deutet sich hinter dem Zahlen-Gestrüpp an: Die große Mehrheit der Justizjuristen war schon in der Weimarer Republik, etwa 20 % schon im Kaiserreich in beamteter Position. Das soll in einem späteren Kapitel bei der Analyse der Karriere-Strukturen noch näher dargestellt werden. Hier soll nur kurz angedeutet werden, daß die Justizjuristen ganz verschiedenen Systemen dienten und unterschiedliche Diensteide abgelegt hatten (vgl. Abb. 1). Hieraus erklärt sich wohl auch, daß nach 1945 die Justizjuristen nicht ihren Eid entschuldigend anführten. Es hätte ja jemand fragen können: Welcher von den Eiden?

Doch zurück zu den unverfänglichen Zahlen der Statistik: Zum »statistischen Gerippe« gehört neben dem Alter die regionale Herkunft. In bezug auf die regionale Herkunft sind die angeführten Extrembeispiele Bierkamp und Leopold purer Durchschnitt. Etwa 55 % der Justizjuristen war in Hamburg (oder in den damals noch zu Preußen gehörenden späteren Hamburger Stadtteilen Altona, Wandsbek und Harburg) geboren. Ein weiterer gewichtiger Teil kam aus anderen norddeutschen Städten und Regionen.[8] Dem lag wohl weniger ein hamburgischer, bzw. hanseatischer oder norddeutscher Lokalpatriotismus zugrunde.

7 Wechsel zur Gestapo sind teilweise in den Personalnachrichten der »Deutschen Justiz« (Organ des RJM) verzeichnet. Zum Übergang in den SD siehe: StArch HH, 241-2, B 3725 und die Akte im Berlin Document Center. Vgl. auch Gunnar Boehnert, The Jurists in the SS-Führerkorps 1925–1939, in: Gerhard Hirschfeld/Lutz Kettenacker (Hrsg.), Der »Führerstaat«. Mythos und Realität, Stuttgart 1981, S. 364; vgl. die Beispiele bei Shlomo Aronson, Heydrich und die Anfänge des SD und der Gestapo, Diss. phil., Berlin 1967, S. 281 ff.

8 Eine genauere Untersuchung soll im späteren Verlauf des Projekts durch eine computer-gestützte Analyse der Personalbögen erfolgen.

Diensteid

der hamburgischen Beamten.

Ich schwöre Treue der Reichsverfassung und der Verfassung der freien und Hansestadt Hamburg, Gehorsam den Gesetzen und gewissenhafte Erledigung der mir übertragenen Dienstgeschäfte.

Diensteid

Ich schwöre: Ich werde dem Führer des deutschen Reiches und Volkes, Adolf Hitler, treu und gehorsam sein, die Gesetze beachten und meine Amtspflichten gewissenhaft erfüllen, so wahr mir Gott helfe.

In der Weimarer Zeit schworen Richter und Staatsanwälte »Treue der Reichsverfassung«, ab 1934 »Treue dem Führer«.
Quelle: StArch HH, 241-2, A 3358.

Vielmehr war das zunächst durch die Art und die finanziellen Bedingungen der Juristen-Ausbildung bedingt. Als Referendare und Assessoren wurden die Juristen lange Zeit gar nicht, später nur sehr kümmerlich bezahlt, bzw. unterstützt. Das führte dazu, daß man möglichst an den Heimatorten die juristische Ausbildung absolvierte, weil man dann bei den Eltern wohnen konnte. Nach der Verbeamtung wäre dann eine Versetzung an andere Orte möglich gewesen. Aber dagegen sprach die überdurchschnittliche Besoldung in Hamburg. Hinzu kamen Schwierigkeiten der Umgewöhnung[9] – auch auf sprachlicher Ebene: So konnte ein nach Hessen (straf-)versetzter Gerichtsassessor offensichtlich »Baba Hässelbach« überhaupt nicht verstehen. In bürokratischer »Lautverschiebung« formulierte es der Vorgesetzte in der dienstlichen Beurteilung so: der Assessor fühle sich »in Hessen nicht wohl und ist wohl auch hier auf Dauer nicht am Platze. Sein hamburgisch gefärbtes Hochdeutsch wirkt hier fremd; er selbst versteht das hessische Hochdeutsch nicht ganz gut und den Dialekt überhaupt nicht ...«[10]

Nach der regionalen soll jetzt die soziale Herkunft betrachtet werden[11]: Zuerst fällt auf, daß eine »Selbstergänzung« der Richterschaft in der Untersuchungsgruppe kaum festzustellen ist. Bei nur etwa 5 % der Justizjuristen war bereits der Vater Justizjurist (wenn man die Herkunft aus Rechtsanwalts- und Notarsfamilien hinzurechnet, erhöht sich der Anteil nur um 3 %). Weitere 5 % der Justizjuristen kamen aus Familien der höheren Verwaltungsbürokratie. Wenn man dann den Anteil der Herkunft aus Offiziers- und Gutsbesitzerfamilien hinzurechnet, kommt man auf einen Anteil der traditionellen Führungsschichten von 14 %. Mehr als doppelt so stark waren zwei andere Gruppen: Jeweils ein Drittel stellten das Bildungsbürgertum (also Ärzte, Pastoren, Rechtsanwälte, Lehrer usw.) und das kaufmännische und industrielle Bürgertum. Die mittlere und untere Beamtenschaft war mit 12 % etwas häufiger als die höhere Bürokratie vertreten.[12] Die restlichen ca. 9 % stellten der »alte Mittelstand« (Handwerksmeister, Gastwirte, Bauern) mit 6 %, der »neue Mittelstand« (kaufmännischer Angestellter, Lager-Verwalter) mit 2 % und die Unterschicht (»Maschinist«) mit 1 %.

Hinter dieser statistischen Gesamtaussage verbirgt sich im zeitlichen Ablauf ein ziemlich großer sozialer Wandel, wenn man will: eine kleine »soziale Revolu-

9 StArch HH, 241-2, B 3508, Personalbogen 1943.

10 StArch HH, 241-2, A 3305, Beurteilung 1936.

11 Dabei wird nicht das Schichtenmodell verwendet, das nach oberer und unterer Mittelschicht und nach oberer und unterer Unterschicht differenziert. Sehr häufig taucht nämlich (gerade in Hamburg) die Berufsbezeichnung »Kaufmann« auf, die eine solche Differenzierung nicht zuläßt. Benutzt werden deshalb zeitgenössische Begriffe und Bezeichnungen wie Bildungsbürgertum, »alter« Mittelstand, »neuer Mittelstand«. Damit die hier gelieferte Tabelle über die soziale Herkunft auf andere Kategorien »umrechenbar« und mit anderen Untersuchungen vergleichbar wird, wurde die Kategorie »Bildungsbürgertum« genauer aufgegliedert. So kann aus der Tabelle auch die Herkunft aus Beamtenfamilien und dem akademischen Bürgertum errechnet werden.

12 Wenn man unter dem Begriff »Beamtenschaft« auch die beamteten Gruppen aus dem Bildungsbürgertum faßt, ergibt sich folgendes Bild: Insgesamt kamen 41 % der Justizjuristen aus Beamtenfamilien; aus Familien der höheren Beamtenschaft (neben Justiz und Verwaltung auch beamtete Ärzte, Universitäts-Professoren, Studienräte und Pastoren) stammten 20 %; aus Familien der mittleren und unteren Beamtenschaft (einschließlich der Seminarlehrer) kamen 21 % der Justizjuristen, vgl. dazu auch die Zahlen bei Walther Richter, Zur soziologischen Struktur der deutschen Richterschaft, Stuttgart 1968, S. 38. Wenn man die Herkunft aus Akademikerfamilien gesondert betrachtet, ergibt sich ein Anteil von etwa 30 %.

tion«. Vergleicht man die soziale Herkunft der in den 80er Jahren Geborenen mit den in der Zeit von 1900 bis 1909 Geborenen, so schnellt der Anteil der mittleren und unteren Beamten von marginalen 2 % auf 22 % hoch![13] Bei den Vätern der in den 80er Jahren Geborenen gibt es nur einen Zollbeamten und einen Bahnhofsvorsteher. Bei den Vätern der 20 Jahre später Geborenen wimmelt es von Inspektoren und Sekretären der verschiedensten Verwaltungsbereiche. Interessant ist, daß ein beträchtlicher Anteil aus der mittleren und unteren Beamtenschaft der Justiz kam. So war der Vater eines Staatsanwalts Gefängnisbeamter in Fuhlsbüttel. Die Mechanismen der Entstehung sozialer Aufstiegswünsche werden hier besonders deutlich. Die mittlere und untere Beamtenschaft bekam fast täglich vorgeführt, daß die »eigentliche« Welt erst beim »Rat« anfing.

Ein weiterer interessanter Aspekt ist, daß diese soziale Gruppe eindeutig zu den Nutznießern des Weimarer »Systems« zählte. Die Söhne fingen in der Weimarer Zeit ihr Studium an und beendeten ihre Referendar- und Assessorenzeit meist bis 1933. Ihr Aufstieg ging eindeutig auf Kosten des kaufmännischen und industriellen Bürgertums. Der Anteil dieser Schicht sank in den untersuchten zwei Jahrzehnten von 41 % auf 28 %. Auch die alten Führungsschichten mußten »Federn lassen«: Ihr Anteil ging von 18 % auf 12 % zurück. Das betraf ebenfalls die Juristenfamilien. Stabil blieb der Anteil des Bildungsbürgertums mit 30 % und der Anteil des alten und neuen Mittelstandes und der Unterschicht mit insgesamt 9 %. Ob man die sozialen Veränderungen mit dem Schlagwort »Modernisierung« begreifen kann, erscheint mehr als zweifelhaft. Die Gruppe der mittleren und unteren Beamten war nur insofern »modern«, als ihr zahlenmäßiges Anwachsen mit dem starken Ausbau der staatlichen Tätigkeit zum Beispiel beim »modernen« Bahn-, Post- und Zollwesen zusammenhing. Im Grunde war diese Gruppe aber obrigkeitlich weitgehend eingebunden.

Noch ein anderer Aspekt soll kurz gestreift werden. Das industrielle und kaufmännische Bürgertum mußte im Laufe der geschilderten Jahrzehnte Verluste hinnehmen. Gingen sie auch auf Kosten der »Großunternehmer« oder war davon nur die mittlere oder sogar untere Schicht betroffen? Wie ist überhaupt das Verhältnis zwischen diesen Schichten bei der sozialen »Rekrutierung« der Justizjuristen zu sehen? Hier gibt es schwierige methodische Probleme der Abgrenzung. Es können daher nur Annäherungswerte genannt werden. Dabei scheint es so zu sein, daß etwa ein Viertel des kaufmännischen und industriellen Bürgertums Großunternehmen zuzuordnen ist, das heißt für Hamburg den einflußreichen und sehr vermögenden Großkaufmannsfamilien. Der Geburtsort der hier gemeinten Juristen deutet häufig schon auf diese soziale Herkunft hin: Kalkutta (Abendroth), Hongkong (Garrels), Tschifu (Hansen) und Futschau (Siemssen). Diejenigen Familien, deren (zumindestens ökonomischer) Glanz langsam verblaßte (Abendroth, Lutteroth, Rücker), zogen sich offenbar auch aus der Justiz zurück; sie finden sich unter den »Alten«, den in den 70er Jahren Geborenen,

13 Vgl. auch Richter, Zur soziologischen Struktur, a.a.O., S. 38; Angermund, Richterschaft, a.a.O., S. 30. Diese Entwicklung wirkte sich auch auf den Anteil der aus Beamtenfamilien stammenden Juristen aus. Dieser Anteil stieg von 35 % in den 80er Jahren auf 47 % bei den 1900 bis 1909 Geborenen. Dieser Anstieg ging offenbar auch auf die Kosten der Akademikerfamilien; die Herkunft aus Akademikerfamilien sank im gleichen Zeitraum von ca. 30 % auf ca. 25 %.

später aber kaum noch. Wirtschaftlich potente Familien rückten nach; unter den in den 80er und 90er Jahren Geborenen finden sich Mitglieder so bedeutender Großkaufmannsfamilien wie Garrels und Hansen (aus Lübeck: Sievers, dessen »Ahnenreihe« sich wie eine Zusammenstellung der bedeutendsten Lübecker Kaufleute und Bürgermeister liest). Unter den nach 1900 Geborenen befindet sich nur noch selten ein Mitglied einer Großkaufmannsfamilie; Siemssen ist eine Ausnahme. Bei dieser Entwicklung hat wohl auch die ökonomische Schwächung der Hamburger Großkaufmannschaft durch den Ersten Weltkrieg eine Rolle gespielt. Auf jeden Fall scheint der Aufstieg der Familien der mittleren und unteren Beamtenschaft auch auf Kosten dieser Kreise zu erfolgen.

Jetzt fehlen zum »statistischen Gerippe« nur noch zwei kurze Nachträge: die Religionszugehörigkeit und die durchschnittliche Examensnote. Bei der Konfessionszugehörigkeit ergibt sich das erwartete Bild: Die große Mehrheit der Richter und Staatsanwälte war in der evangelischen Kirche, nur 3 bis 4 % waren Katholiken. Ganz wenige bekannten sich zur jüdischen Religion, was aber hier mit dem Auswahlgrundsatz zusammenhängt: Unter den mehr als 2 Jahre nach 1933 tätigen Justizjuristen waren deshalb so wenige Juden, weil sie meist gleich 1933 entlassen wurden.[14] Interessant ist weiterhin, wie viele Justizjuristen aus der Kirche austraten. Es gab eine von der NSDAP propagandistisch stark forcierte Austrittsbewegung.[15] Sie hatte bei den Justizjuristen praktisch keinen Erfolg; nur etwa 6 % traten aus der Kirche aus. Davon müssen noch diejenigen abgezogen werden, die vor 1933 aus Steuergründen, aus sozialistischer Überzeugung oder aus anderen Motiven (z.B. anthroposophische Bindungen) die Kirche verließen. Dadurch sinkt der Prozentsatz auf etwa 4 %. Bei diesen Justizjuristen ist eine auffällige Koppelung mit ihrer SS-Zugehörigkeit festzustellen. Das soll in einem späteren Kapitel über die SS-Mitglieder unter den Justizjuristen näher dargestellt werden.

Die durchschnittliche Examensnote lag bei knapp »voll ausreichend«, was man mit einer Benotung mit »drei« gleichsetzen kann.[16] Interessant sind dabei die Justizjuristen, die überdurchschnittlich gute Examina ablegten. Mit den Noten »gut« und »ausgezeichnet« in beiden Prüfungen schlossen etwa 7% der Justizjuristen ab. Die Bedeutung solcher Noten für die berufliche Laufbahn soll später bei der Analyse der Beförderungs-Strukturen näher untersucht werden.

14 Vgl. dazu das Kapitel »Personalpolitischer ›Umbruch‹ 1933–1935«

15 Vgl. StArch HH, Abt. 213-1 (OLG-Verwaltung), 60 E – 1a/3.

16 Hier können nur Schätzungen angegeben werden. In Hamburg wurden die Staatsexamina bis in die 20er Jahre offiziell nur mit »bestanden« und »nicht bestanden« klassifiziert. Das wurde um 1900 auch recht konsequent gehandhabt. In späteren Jahren enthielten die Prüfungsakten dann genauere Benotungen. Sie orientierten sich an den in Preußen sowie in Bremen und Lübeck benutzten Noten, nämlich: Nicht bestanden, ausreichend, gut, mit Auszeichnung. In der Praxis setzten sich weitere Differenzierungen durch. So gab es in Preußen 1923 fünf Noten: Nicht bestanden, ausreichend, voll befriedigend, gut, mit Auszeichnung. Der Trend zu einer Ausdifferenzierung der Noten hielt an. 1934 wurden dann für das gesamte Reich sieben Noten vorgeschrieben: Ungenügend, unzulänglich (früher »gerade noch ausreichend«), ausreichend, befriedigend, gut (früher »voll befriedigend«), lobenswert (früher »gut«), ausgezeichnet. Vgl. Hans-Heinrich Jeschek, Die juristische Ausbildung in Preußen und im Reich, Berlin 1939; Justiz-Ministerialblatt für die preußische Gesetzgebung und Rechtspflege 1913, S. 194, und 1923, S. 588 ff; Otto Palandt/Heinrich Richter, Die Justizausbildungsordnung des Reiches, 1. Aufl., Berlin 1934, 2. Aufl., Berlin 1939; vgl. auch StArch HH, 213-1, XXVI A, Bd. 1–2.

Tabelle 2/1: Soziale Herkunft der Justizjuristen in der NS-Zeit

	Insgesamt (n=350)	*Geb. 1880er* (n=98)	*Geb. 1900er* (n=111)	*»Demokraten«* (n=21)	*Logenmitgl.* (n=10)	*Jüd. Juristen* (n=35)
Alte Führungsschichten	*14 %*	*18 %*	*12 %*	*10 %*	*10 %*	*6 %*
Aufgliederung:*						
Justiz	5 %	4 %	3 %	–	10 %	6 %
Verwaltung	5 %	9 %	5 %	–	–	–
Offiziere	3 %	4 %	4 %	10 %	–	–
Gutsbesitzer	1 %	1 %	–	–	–	–
Kaufmännisches/industrielles Bürgertum	*33 %*	*41 %*	*28 %*	*38 %*	*50 %*	*61 %*
Bildungsbürgertum	*32 %*	*30 %*	*29 %*	*29 %*	*40 %*	*33 %*
Aufgliederung:*						
Rechtsanw./Notare	3 %	2 %	1 %	–	–	–
And. freie Berufe	6 %	4 %	5 %	10 %	20 %	18 %
Ingenieure/Naturw.	3 %	2 %	4 %	–	–	–
Verlags-Buchhändler	–	–	–	–	–	3 %
Apotheker	1 %	1 %	3 %	5 %	–	–
Beamtete Ärzte	1 %	1 %	–	–	–	–
Univ.-Professoren	2 %	3 %	–	–	–	6 %
Studienräte etc.	4 %	6 %	2 %	5 %	20 %	–
Lehrer etc.	9 %	8 %	12 %	10 %	–	6 %
Pastoren	3 %	2 %	3 %	–	–	–
Mittlere und untere Beamte	*12 %*	*2 %*	*22 %*	*10 %*	–	–
Alter Mittelstand	*6 %*	*7 %*	*5 %*	*5 %*	–	–
Neuer Mittelstand	*2 %*	*2 %*	*2 %*	*5 %*	–	–
Unterschichten	*1 %*	–	*2 %*	*5 %*	–	–

Tabelle 2/2: Soziale Herkunft der Justizjuristen in der NS-Zeit

	Insgesamt (n=350)	*Frühe NSDAP* (n=17)	*SS-Mitgl.* (n=15)	*Spitzenkarriere* (n=24)
Alte Führungsschichten	*14 %*	*12 %*	*20 %*	*17 %*
Aufgliederung:*				
Justiz	5 %	–	13 %	4 %
Verwaltung	5 %	12 %	7 %	13 %
Offiziere	3 %	–	–	–
Gutsbesitzer	1 %	–	–	–
Kaufmännisches/ industrielles Bürgertum	*33 %*	*35 %*	*20 %*	*42 %*
Bildungsbürgertum	*32 %*	*29 %*	*27 %*	*29 %*
Aufgliederung:*				
Rechtsanw./Notare	3 %	–	7 %	4 %
And. freie Berufe	6 %	12 %	7 %	4 %
Ingenieure/Naturw.	3 %	6 %	7 %	4 %
Verlags-Buchhändler	–	–	–	–
Apotheker	1 %	6 %	–	–
Beamtete Ärzte	1 %	1 %	–	–
Univ.-Professoren	2 %	–	7 %	–
Studienräte etc.	4 %	6 %	–	4 %
Lehrer etc.	9 %	–	–	8 %
Pastoren	3 %	–	–	4 %
Mittlere und untere Beamte	*12 %*	*12 %*	*13 %*	*4 %*
Alter Mittelstand	*6 %*	*6 %*	*7 %*	*4 %*
Neuer Mittelstand	*2 %*	*6 %*	*13 %*	*4 %*
Unterschichten	*1 %*	–	–	–

* Da die Angaben auf volle Zahlen ab- und aufgerundet wurden, beträgt die Gesamtsumme in einzelnen Fällen nicht exakt 100 %.

So ergibt sich also als »dürres« Resultat: Der statistische Durchschnitts-Justizjurist kam aus Hamburg, war in einer Familie des kaufmännisch/industriellen Bürgertums oder des Bildungsbürgertums aufgewachsen, gehörte zur evangelischen Kirche (trat auch nicht aus) und hatte seine beiden Staatsexamen mit (knapp) »voll ausreichend« bestanden. Mit diesen Resultaten selbstgenügsam zu schließen (wie so häufig bei soziologischen Untersuchungen), ist aber nicht beabsichtigt; die Basisdaten werden im folgenden genutzt, um bei der Darstellung und Analyse des politischen Verhaltens der Justizjuristen, ihrer Karriere, ihrer »Verstrickung« in das NS-System zu weitergehenden Ergebnissen zu kommen.

Der »unabhängige« Richter und die Parteien und Verbände der Weimarer Zeit

Von der Justiz ist das Bild eines Richters gepflegt worden, der nicht nur im Gerichtssaal, sondern auch im öffentlichen Leben über den Parteien steht. Das läßt sich für Hamburg an Hand des vorliegenden Materials deutlich widerlegen. Die Justizjuristen der Jahre 1933 bis 1945 waren zu einem Drittel Mitglieder der Parteien der Weimarer Zeit gewesen. Wenn man die Mitgliedschaft in parteinahen Jugendorganisationen, Wehrverbänden etc. hinzuzählt, ergibt sich ein Anteil von fast 40 %.

Erwartungsgemäß nahm die rechtsliberale Deutsche Volkspartei (DVP) bei den Richtern der Weimarer Zeit die führende Position (13 %) ein. Überraschend (und eher peinlich für das sich weltoffen-liberal gebende Hamburg) ist der relativ hohe Anteil der konservativen Deutschnationalen Volkspartei (DNVP). Bei den am Ende der Weimarer Republik tätigen Justizjuristen betrug er 11 %, bei den im »Dritten Reich« längere Zeit tätigen Justizjuristen war die DNVP sogar mit 13 % die stärkste »Fraktion«, während die DVP nur 11 % stellte. Hier zeigten sich Auswirkungen der personalpolitischen Maßnahmen der Nationalsozialisten, aber auch der Eingemeindung der ehemals preußischen Städte Altona, Wandsbek und Harburg 1937. Das ist bei anderen Parteien ebenfalls festzustellen. Die mehr linksliberale Deutsche Demokratische Partei (DDP) lag in der Weimarer Zeit als drittstärkste Fraktion bei 8 %, später sank ihr Anteil auf 5 %. Umgekehrt waren unter den Anfang 1933 aktiven Justizjuristen nur 2 % in der NSDAP; dieser Anteil stieg später (besonders durch nun verbeamtete jüngere Justizjuristen) auf 5 %.[17] SPD und Zentrum hatten 1933 und später nur einen Anteil von 1 % und weniger. Wieviele Justizjuristen ohne feste Mitgliedschaft zum »Sympathisanten-Kreis« der einzelnen Parteien gehörten, kann beim gegenwärtigen Stand der Untersuchung nicht genau gesagt werden. Vieles deutet

17 Nach Kregel, Personalpolitik, a.a.O., S. 78 waren im OLG-Bezirk Celle von 763 Richtern und Assessoren 23 (also 3 %) vor dem 30.1.1933 in die NSDAP eingetreten; als »alte Kämpfer« (Beitritt vor 1930 und Partei-Mitgliedsnummer unter 300 000) sind sechs Personen aus dieser Gruppe zu bezeichnen. In Hamburg war dieser Anteil »alter Kämpfer« noch geringer (2 Personen). Dabei muß berücksichtigt werden, daß die hier gewählte Untersuchungsgruppe die amtierenden Richter und Staatsanwälte umfaßt. Das gilt auch für die anderen Parteien. Nach dem bisherigen Untersuchungsstand gab es in dieser Beziehung aber keine größeren Unterschiede zwischen Richtern und Staatsanwälten.

Tabelle 3: Politische Bindungen der Justizjuristen vor 1933

	Ende 1932 tätige Justizjuristen (n=300)*		1933–1945 mehr als zwei Jahre Tätige (n=370)	
Nationalsozialistische Deutsche Arbeiter Partei (NSDAP)	6	2 %	17	5 %
Deutschnationale Volkspartei (DNVP)	32	11 %	47	13 %
Deutsche Volkspartei (DVP)	38	13 %	36	10 %
Zentrum und Christliche Volkspartei	2	1 %	2	1 %
Deutsche Demokratische Partei (DDP; ab 1930: Staatspartei)	25	8 %	19	5 %
Sozialdemokratische Partei Deutschlands (SPD)	4	1 %	5	1 %
Sonstige (Deutsch-Hannoversche Partei, Volkskonservative Vereinigung, Völkischer Block)	–	–	3	1 %
Zusammen	107	36 %	129	35 %
Ohne Mitgliedschaftswechsel	100	33 %	119	32 %

* Die Quellenlage hinsichtlich der am 1.1.1933 aktiven Justizjuristen ist schlechter als für die in späterer Zeit Tätigen, da über die zwischen 1933 und 1935 Entlassenen keine detaillierten Personalbögen angelegt wurden.

darauf hin, daß ein der Mitgliederzahl entsprechender Anteil an »Sympathisanten« hinzuzählen ist.

Es wäre reizvoll, eine Kollektivbiographie dieser verschiedenen parteipolitischen Gruppen zu entwerfen. Das würde aber den Rahmen dieses Aufsatzes sprengen. Es muß genügen, die Justizjuristen, die schon vor 1933 in die NSDAP eintraten, genauer zu untersuchen und als Kontrastbild die Gruppe darzustellen, die sich in den Parteien SPD, DDP und Zentrum, im Republikanischem Richterbund und im Reichsbanner (einer Schutzorganisation für die Weimarer Republik) für demokratische Ziele einsetzten (vgl. Lebenslauf 1 und 2).[18]

Lebenslauf 1: Ein demokratisch engagierter Jurist

»Ich wurde 1907 zu Hamburg geboren als Sohn des Malers Josef G. und seiner Ehefrau ... Den ersten Unterricht erhielt ich in der Volksschule, deren vier Grundklassen ich durchlief. Ich wurde darauf in den F-Zug versetzt, der damals eingerichtet worden war, um begabten Schülern der unteren Volksschicht Gelegenheit zu geben, in weiteren fünf Jahren die Obersekundareife zu erwerben. Nach erfolgreichem Besuch dieses Zuges trat ich 1923 in die staatliche Aufbauschule zu Hamburg ein, aus deren Oberprima ich 1926 mit Reifezeugnis abging. Seitdem studiere ich Rechtswissenschaft an der Hamburgischen Universität. Eine andere Hochschule zu besuchen, war mir wirtschaftlich nicht möglich ...

Als Arbeiterkind bin ich in sehr beschränkten wirtschaftlichen Verhältnissen aufgewachsen. Mein Vater hat nie mehr als etwa 160 RM monatlich verdient und hatte mit diesem Einkommen eine vierköpfige Familie zu ernähren.

Meine Eltern haben in dieser Zeit auf jede Annehmlichkeit des Lebens verzichtet. Dabei fehlte es an allem. Die Kleidung wurde bis zum letzten aufgetragen. Wenn es im Sommer regnete, hatte weder mein Vater noch ich einen Mantel anzuziehen.

Nur der Aufopferung meiner Eltern und der nach 1918 einsetzenden ›Begabtenförderung‹ hatte ich es zu verdanken, daß mir trotzdem der Weg zum Universitätsstudium freigemacht wurde. Mein Schicksal mußte mir unter diesen Umständen wie ein Wunder erscheinen und mich mit Dankbarkeit erfüllen. Daß ich mich daher mit ganzem Herzen zum Sozialismus bekannte ..., ist selbstverständlich. Seit Beginn meines Studiums gehörte ich der sozialistischen Studentengruppe an, und an meinem zwanzigsten Geburtstag trat ich in die sozialdemokratische Partei ein«.*

(Quelle: StArch HH, 241-2, B 3319)

* Der erste Absatz stammt aus einem 1929 geschriebenen Lebenslauf. Die weiteren Absätze wurden 1946 im Rahmen des Entnazifizierungsverfahrens geschrieben.

18 Bei Doppelmitgliederschaften (zum Beispiel DDP/DVP) und nur ganz kurzer Parteimitgliedschaft wurden die betreffenden Personen nicht mit in die Untersuchungsgruppe aufgenommen; so ergibt sich die Gesamtzahl von 21 für diese Gruppe. Auch die Gruppe der frühen Nationalsozialisten ist mit 17 Personen aus dem Kreis der längere Zeit in Hamburg tätigen Justizjuristen relativ klein. Es wurden deshalb für beide Gruppen ergänzend Dokumente aus dem Kreis der kürzere Zeit in Hamburg tätigen Justizjuristen herangezogen.

Lebenslauf 2: Ein Landgerichtsrat und Träger des Goldenen Parteiabzeichens der NSDAP (Partei-Beitritt 1926)

Hamburg, den 8.1.1937

Am 27. Mai 1901 wurde ich, das mittlere von drei Geschwistern, als Sohn eines Fabrikanten in Grüna bei Chemnitz geboren. Meine Eltern trennten sich, als ich etwa 3 Jahre alt war, und wurden später geschieden. Meinen Vater habe ich kaum gekannt. 1916 ist er gestorben.

Meine Mutter zog mit ihren drei Kindern zu ihrem Vater, dem Kommerzienrat Voigtländer-Tetzner, nach Schweizerthal. Hier besuchte ich 2 Jahre die Dorfschule. Nach Übersiedelung nach Dresden besuchte ich hier noch 2 Jahre die Bürgerschule und dann ein Realgymnasium, das ich 1921 mit dem Reifezeugnis verließ.

Vom Mai 1919 bis Mai 1920 gehörte ich als Zeitfreiwilliger einem Grenzjägerregiment an und habe an den Straßenkämpfen in Dresden im März 1920 mitgemacht.

Als ich die Schule verließ, war durch die fortgeschrittene Geldentwertung an ein Studium nicht mehr zu denken, zumal ja auch kein Ernährer in der Familie war.

Ohne Lust und Liebe geriet ich in die kaufmännische Laufbahn. In Radebeul bei Dresden fand ich in einem Buchverlag eine Lehrstelle, und habe unter außerordentlich drückenden Umständen die zweijährige Lehrzeit hinter mich gebracht.

Als ich 1924, um mich zu verbessern, die Stellung wechselte, kam ich in einen Betrieb, der 4 Wochen später in Konkurs geriet. Völlig mittellos griff ich zu dem ersten, was sich mir bot, ich wurde Soldat.

Nach der Ausbildungszeit lernte ich den Truppenübungsplatz Neuhammer in Schlesien kennen und machte das erste Reichswehrmanöver in der Lausitz mit. Als ich mich 12 Jahre verpflichten sollte, beantragte ich meine Entlassung und schied im September 1924 aus.

Späterhin habe ich noch in R.v. Deckers Verlag in Berlin gearbeitet, ferner im Verlag der Schönheit, Dresden, und im N.S. Verlag für Sachsen in Dresden. Ferner im sächsischen Statistischen Landesamt und in der Landesversicherungsanstalt für Sachsen. Da ich als Nationalsozialist bekannt war, ich war 1926 Schriftführer der Ortsgruppe Dresden und 1927 einige Monate Ortsgruppenführer, hatte ich sehr unter Arbeitslosigkeit zu leiden.* Ich bin von 1926 bis 1932 im Ganzen 4 1/2 Jahre stempeln gegangen.

Am 22. April 1930 habe ich geheiratet. Am 8. Oktober 1931 wurde mir ein kräftiger und gesunder Junge geboren. Infolge Gewissenlosigkeit der Hebamme, die keinen Arzt hinzuzog, obwohl es unbedingt notwendig war, wodurch sie aber in ihrem Verdienst um 10 Mark geschmälert worden wäre, wurde meine Frau an ihrer Gesundheit schwer beschädigt. Seitdem kränkelte sie, und erst im vergangenen Jahr konnten durch eine schwere Operation die Folgen soweit beseitigt werden, daß jetzt wieder Aussicht auf Nachkommenschaft besteht.

Im März 1933 wurde ich durch Anfall einer Erbschaft in Stand gesetzt, meinen Wunsch, Jurist zu werden, noch in die Tat umzusetzen. Ich verzog deshalb nach Hamburg, wo ich das Universitätsstudium begann.

Ich bin seit 1. Juli 1933 in Hamburg ansässig, habe hier ca. 1 Jahr bei Behörden gearbeitet und bestreite meinen Lebensunterhalt zur Zeit vorzugsweise aus einem Darlehen des Studentenwerkes.
(Quelle: JB, PA Nr. 1925; StArch HH, Abl. 86 I und Entnazifizierungsakte)

* 1950 erklärte er seinen frühen Beitritt zur NSDAP so: »Diese schweren Jahre muß ich heute dafür verantwortlich machen, daß ich frühzeitig Nazi wurde. Ich hatte die soziale Not gründlich am eigenen Leibe kennengelernt und fühlte die Verpflichtung, mich für ihre Beseitigung einzusetzen. Eine streng nationale Erziehung auf der anderen Seite, von der ich nicht los kam, gab den weiteren Grund, in der Synthese Nationalismus – Sozialismus die besten Staatsgrundlagen zu erblicken. Ich wurde Nationalsozialist und setzte mich für die Verwirklichung der Ziele dieser Partei ein, bis ich 1931 durch meine Gewerkschaft, den DHV (Deutschnationaler Handlungsgehilfen-Verband) in die Anzeigenabteilung der sächsischen N.S. Zeitung in Dresden vermittelt wurde.«

Ins Auge springt zunächst die ganz unterschiedliche Altersstruktur (vgl. Tabelle 1). Beide Gruppen weichen von der oben beschriebenen »Normalverteilung« stark ab. Etwa die Hälfte der frühen Nationalsozialisten war erst nach 1900 geboren. Bei den demokratisch engagierten Justizjuristen liegt der Schwerpunkt eindeutig in den 80er Jahren, auch die 90er Jahre sind relativ häufig. In dieser Beziehung sind also Bierkamp und Leopold typische Vertreter ihrer Gruppen. Vom Alter her hatten gerade die demokratisch engagierten Justizjuristen die »Stahlgewitter« des Ersten Weltkrieg erlebt, aber ganz andere Konsequenzen gezogen als Ernst Jünger und viele Konservative. Die anfangs zitierte Äußerung von Lambert Leopold kann wohl stellvertretend für die Gruppe der demokratisch engagierten Juristen stehen. Die immerhin denkbare Erklärung, daß diese Gruppe trotz ihrer altersmäßigen Voraussetzungen die »Stahlgewitter« gar nicht abbekommen hat, läßt sich statistisch eindeutig widerlegen; die übergroße Mehrheit war »Frontkämpfer«; nur wenige waren aus gesundheitlichen oder auch aus Altersgründen nicht an der Front.

Bei der regionalen Herkunft ergeben sich ebenfalls recht große Unterschiede. Die frühen Nationalsozialisten kamen nur zu ca. 40 % aus Hamburg (während es beim »durchschnittlichen« Justizjuristen ja 55 % waren). Bei den demokratisch engagierten Justizjuristen lag die Herkunft aus Hamburg etwa bei dem Durchschnittsmaß. Das sieht zunächst nach einer kleinen Ehrenrettung für das »liberale Hamburg« aus; bei näherem Zusehen ergibt sich aber, daß hier weniger eine bestimmte Stadt, sondern die Großstadt als Faktor eine Rolle spielte. Wenn man sämtliche Herkunftsorte einbezieht, so kamen die demokratisch engagierten Justizjuristen zu etwa 85 % aus Großstädten, die frühen Nationalsozialisten nur zu knapp 50 %. Die Situation in kleineren Städten förderte offenbar die Hinwendung zum Nationalsozialismus. Überdurchschnittlich häufig lag der Geburtsort der frühen Nationalsozialisten auch in Grenzgebieten des Reiches; hier erzeugte der vorherrschende Nationalismus Affinitäten zum Nationalsozialismus.[19]

19 Vgl. Peter H. Merkl, Die alten Kämpfer der NSDAP, in: Sozialwissenschaftliches Jahrbuch für Politik 2 (1971), S. 500 f.; vgl. zu diesem Abschnitt auch Christoph Schmidt, Zu den Motiven

Betrachtet man die soziale Herkunft der beiden Gruppen (vgl. Tabelle 2), ergibt sich etwas ganz Erstaunliches: Sie gleicht sich trotz der unterschiedlichen Altersstruktur fast völlig; kleinere Unterschiede (z.B. bei der Herkunft aus den alten Führungsschichten) dürfen bei der Kleinheit der Untersuchungsgruppen nicht überinterpretiert werden. Bei den Examens-Noten ergibt sich zwischen beiden Gruppen auch kein wesentlicher Unterschied; sie liegen beide mit etwa »voll ausreichend« knapp über dem Durchschnitt der Justizjuristen. Hinsichtlich der besuchten Schulform reicht bisher das Zahlenmaterial nicht aus, um eindeutige Zusammenhänge festzustellen. Bei der Konfessions- und Religionszugehörigkeit ergeben sich (zu erwartende) Unterschiede. Bei den demokratisch engagierten Justizjuristen gibt es durchaus den Austritt aus der Kirche, aber nur selten und dann aus sozialistisch-materialistischer Überzeugung (so bei dem SPD-Mitglied und Sohn des sozialdemokratischen Lehrers und Bürgermeisters Ross). Ansonsten fällt der überdurchschnittlich hohe Anteil der Katholiken auf. Das hat nicht primär mit der Bindung an die Zentrumspartei zu tun (nur ein Richter war Mitglied dieser Partei). Es verweist in weiterem Sinne auf ein auch sonst feststellbares Nicht-Anpassungs-Potential in diesen Kreisen. Bei den frühen Nationalsozialisten kam keiner aus einer katholischen Familie; der Austritt aus der Kirche lag bei dieser Gruppe über dem Durchschnitt.

Inwieweit der Anschluß an die verschiedenen politischen Gruppierungen opportunistische Gründe hatte, ist schwierig zu beantworten. Unter den frühen Nationalsozialisten gab es zwar einzelne ausgesprochene Opportunisten; aber der Parteibeitritt besonders vor 1930 erforderte in der Regel eine Art »Mut«, da mit beruflichen Belohnungen nicht unbedingt zu rechnen war. Auch bei den demokratisch engagierten Justizjuristen gab es Opportunismus; der ab 1921 amtierende Generalstaatsanwalt (Mitglied der DDP seit Januar 1919) funktionierte nach 1933 als Oberlandesgerichtsrat so »zuverlässig« für das neue »System«, daß er später für den Volksgerichtshof vorgeschlagen wurde. Andererseits war das Engagement im Reichsbanner und im Republikanischen Richterbund ein mutiger Schritt, der eine Isolierung von der großen Mehrheit der Justizkollegen brachte.

Eine klare Widerspiegelung der politischen Ausrichtung findet sich in der Frage der Mitgliedschaft in Freikorps. Sie war bei den demokratisch engagierten Justizjuristen naturgemäß äußerst gering. Bei den frühen Nationalsozialisten war sie sehr hoch. Auch die Personen, die – wie z.B. Walther Bierkamp – aus Altersgründen nicht an der Front gewesen waren, drängten in die Freikorps, die zur Niederschlagung kommunistisch-demokratischer Revolutionsversuche eingesetzt wurden und dann 1920 mit dem Kapp-Putsch selbst die Republik beseitigen wollten.

Zusammenfassend läßt sich feststellen: Die Entscheidung für den Nationalsozialismus oder für demokratische Ziele ist bei den Untersuchungsgruppen nicht hauptsächlich von der sozialen Herkunft her motiviert. Auch das sogenannte »Fronterlebnis« hatte nicht die häufig beschworene Bedeutung. Am Beispiel des Lebenslaufs eines »Alten Kämpfers«, der sehr jung war (vgl. Lebenslauf 2), läßt

»alter Kämpfer« in der NSDAP, in: Detlef Peukert/Jürgen Reulecke (Hrsg), Die Reihen fest geschlossen. Beiträge zur Geschichte des Alltags unterm Nationalsozialismus, Wuppertal 1981, S. 21–43.

sich erkennen, daß die Koppelung von sozialer Verunsicherung (»Statusunsicherheit«) mit einer nationalen Erziehung eine wichtige Rolle spielte. Das ist bei anderen frühen Nationalsozialisten der jüngeren Generation ebenfalls festzustellen.[20] Weitere Verunsicherungen mehr persönlicher Art (»in der Fremde«, »frühzeitig verlor ich den Vater«) wirkten verstärkend. Die aggressive Struktur des Nationalsozialismus konnte als Problemlösung attraktiv werden (vgl. im Lebenslauf: »sich durchs Leben schlagen«).

Ähnliche Strukturen zeigen sich bei den älteren frühen Nationalsozialisten, obwohl sie als langjährige höhere Beamte materiell relativ abgesichert waren. Ihre starke Beeinflussung durch Nationalismus, Konservatismus, Anti-Sozialismus und Antisemitismus, die ja schon im Kaiserreich ihre Blüten erlebten, geht aus einer Liste derjenigen Organisationen hervor, denen diese Personen angehörten:

- Alldeutscher Verband
- Reichs-Hammerbund (eine antisemitische Organisation)
- Verband zur Bekämpfung der Sozialdemokratie
- Vaterlandspartei
- Deutschnationale Volkspartei
- Deutschvölkischer Schutz- und Trutzbund.

Ein früher Nationalsozialist aus der älteren »Generation« wanderte von der DVP über die DNVP zur NSDAP.

Auch die mehr sozialen Bezüge sind bezeichnend. Ein alter Kämpfer kam aus einer bayerischen Neuadelsfamilie, die in Hamburg im Südamerika-Geschäft tätig wurde. Er war Mitglied der »hochfeudalen« schlagenden Verbindung der Saxo-Borussen in Heidelberg und später Rittmeister der Reserve beim traditionsreichen Garde-Kürassier-Regiment in Berlin. Ist es da verwunderlich, daß dieser Richter Othmar von Loessl im Kaiserreich äußerst scharfe Urteile gegen Sozialdemokraten und Gewerkschafter fällte, die sich in Streiks für ihre Ziele und gegen Streikbrecher einsetzten?[21] Das sozialdemokratische »Hamburger Echo« spottete 1910 scharfzüngig, aber doch eher gutmütig über diesen Richter (Abb. 2). In der Weimarer Zeit verschärfte sich die Kritik. Ein Richter aus dieser Gruppe wurde von der kommunistischen »Hamburger Volkszeitung« als »Bluthund« bezeichnet.[22] Nach 1933 war Kritik nicht mehr möglich. Die Richter urteilten aber weiter ...

Besonders an dem Beispiel des Richters von Loessl wird deutlich, daß bei einem Teil der frühen Nationalsozialisten zwar materielle Absicherung oder sogar Wohlstand vorhanden war, daß aber durch den Zusammenbruch des Kaiser-

20 Vgl. zum Beispiel StArch HH, 241-2, B 3441; allgemein zur wirtschaftlich-sozialen Situation in der »Weimarer Zeit«: Angermund, Richterschaft, a.a.O., S. 20 ff; Michael H. Kater, Studentenschaft und Rechtsradikalismus in Deutschland 1918–1933, Hamburg 1975, S. 197, weist auch auf die allgemeine Statusunsicherheit der Studenten hin: Ihr Platz in der Rangordnung der Gesellschaft war in der Weimarer Republik nicht mehr »traditionsgebunden und fest abgesichert«; Kater hebt zudem mit Recht die Verunsicherung in der Geschlechterrolle hervor: »Mehr und mehr Kommilitoninnen machten den jungen Männern die Studienplätze streitig« (S. 198/199).

21 Vgl. StArch HH, 241-2, A 1529.

22 Siehe Bundesarchiv Koblenz (BA), Bestand R 22/Personalakte (PA) Rudolf Reuter, Protokoll über eine Unterredung vom 18.11.1934.

Wochenplauderei.

Der Parforce-Richter.

Auf stolzem Rössel
Der Herr von Lößl
Sprengt fröhlich über Stock und über Stein.
Als forscher Reiter
Riskiert er heiter
Voll Wagemut den Hals und Arm und Bein.

In rotem Fracke
Jagt zicke-zacke
Er hinter einem armen Füchslein her
Und hetzt das Tierchen
So zum Pläsierchen
Durch Moor und Heide lustig kreuz und quer.

An seinem Hute
Prangt stolz die Rute
Des Füchsleins, das er flott zu Tod gehetzt;
Es zu erreichen,
Das Siegeszeichen,
Hat Herr von Lößl alles drangesetzt.

O welche Freude,
Auf weiter Heide
Dem Fuchs zu folgen recht nach Waidmannslust!
Auf seinem Rössel
Fühlt Herr von Lößl
Des Mutes Spannkraft in der edlen Brust.

An allen Tagen
Den Fuchs zu jagen
Mit keckem Reitermut im roten Frack,
Das könnt' dem Leben
Doch Inhalt geben,
Daran fänd' Herr von Lößl stets Geschmack.

Doch nicht dem schönen
Reitsport nur frönen
Darf Herr von Lößl, wie er gerne tät';
Denn als Juriste
Steht auf der Liste
Er längst als Amtsgerichts-Kapazität.

Mit grimmen Mienen,
Dem Recht zu dienen,
Thront er, von Schöffen rechts und links flankiert.
Es mag des Armen
Sich Gott erbarmen,
Den sein Geschick vor dieses Forum führt!

Auf seinem Rössel
Sprengt Herr von Lößl
Durchs Paragraphendickicht im Galopp
Und folgt dem Wilde
(Das heißt: im Bilde!)
Und zieht vergnügt das Fell ihm übern Kopp.

Wer will es wagen,
Sich zu beklagen?
Der zeigt nur, daß er nichts vom Sport versteht!
Dem Herrn von Lößl
Auf seinem Rössel
Ist bald der Fuchs das Wild, bald der Prolet!

Spottgedicht aus dem »Hamburger Echo« vom 11.12.1910.
Quelle: StArch HH, 241-2, A1529.

reichs doch eine soziale Statusunsicherheit eintrat; denn die alte Wertschätzung »hochfeudaler« Strukturen zerbröckelte. So bestätigt sich auf andere Weise der Befund hinsichtlich der jungen »alten Kämpfer«: Streng nationale Erziehung und soziale Statusunsicherheit »machten« einen frühen Nationalsozialisten.

Die Feststellungen über die Ursachen der Hinwendung zum Nationalsozialismus oder zu demokratischen Zielen sollen noch einmal an einer kleineren »Außenseiter«-Gruppe der Weimarer Zeit überprüft und ergänzt werden: an den Logenmitgliedern (vgl. Tabelle 1–2). Von sämtlichen Justizjuristen hatten 10 (ca. 3 %) einer Loge angehört.[23] Mit 50 % waren überdurchschnittlich viele Logenmitglieder vor 1933 einer Partei beigetreten. Die parteipolitischen Präferenzen dieser Justizjuristen waren genau umgekehrt wie beim »Durchschnitts-Juristen«; bei den Logenmitgliedern rangierte die DDP an der Spitze, gefolgt von der DVP; die DNVP nahm den letzten Platz ein. Das Feindbild der Nationalsozialisten beruhte sicherlich – wenn auch nicht so ausgesprochen – auf diesen Strukturen.

Die Logenmitglieder kamen überdurchschnittlich häufig aus Großstädten und aus Familien des industriell-kaufmännischen Bürgertums und des Bildungsbürgertums. Die unteren Schichten fehlen und bei den übrigen Schichten scheinen reichere Familien zu überwiegen.[24] Vielleicht ist es typisch, daß der aus einer sehr reichen Lübecker Familie kommende Richter Siegfried Sievers Logenmitglied war.

Die Logenmitglieder waren – noch viel eindeutiger als die demokratisch engagierten Justizjuristen – hauptsächlich und zwar zu 90 % in den 80er Jahren geboren. Deutlich wird auch bei dieser Gruppe, daß das Fronterlebnis nicht durchgängig konservativ assimilierend wirkte. 80 % der Logenmitglieder waren Frontkämpfer gewesen. An den Freikorps beteiligten sie sich dagegen fast gar nicht. Offensichtlich suchte diese »Generation« nach neuen Wegen. Ein Logenmitglied berichtete rückblickend, er habe »nach dem Zusammenbruch aller Ideale nach dem Ersten Weltkrieg eine neue Grundlage für seine Lebensführung finden wollen.«[25]

Personalpolitischer »Umbruch« 1933–35

In den Jahren 1933 bis 1935 schieden insgesamt 89 Justizjuristen aus dem aktiven Dienst aus. Das bedeutete, daß etwa 30 % des Personals »ausgetauscht« wurde (dieser Prozentsatz ergibt sich annähernd, wenn man die Gesamtzahl der 1935 tätigen Richter und Staatsanwälte, etwa 300 Justizjuristen, betrachtet). Dieser hohe Prozentsatz scheint sich dadurch zu relativieren, daß knapp ein Drittel der Betroffenen durch Erreichen der gesetzlichen Altersgrenze ausschied. Dies wurde aber dadurch bewirkt, daß die Altersgrenze gesetzlich auf 65 Jahre gesenkt wur-

23 Das bezieht sich auf die nach 1933 über zwei Jahre tätigen Justizjuristen; die Logenmitglieder aus den nicht so lange tätigen und aus dem Dienst entfernten Justizjuristen-Gruppen sollen im weiteren Verlauf der Arbeit einbezogen werden; hinzuweisen ist schon jetzt auf den jüdischen Staatsanwalt Leonhard Stein, der im August 1942 in Lodz/Litzmannsstadt umkam; er war Präsident der jüdischen Freimauer-Loge »Nehemia-Nobel-Loge«.

24 In dem mehr agrarisch bestimmten OLG-Bezirk Celle gab es 1936 nach Hamann, OLG Celle, a.a.O., S. 183, nur drei Logenmitglieder unter den Richtern und Assessoren.

25 StArch HH, 221-11, Günther Löhmann.

de.[26] Das bedeutete für Hamburg, daß (justiz)politisch mißliebige Spitzenjuristen wie der Oberlandesgerichtspräsident Kiesselbach und der Präsident des Strafsenats Grisebach ausscheiden mußten. Auch die jüdischen Richter Delbanco, Gorden und Max Hinrichsen waren betroffen. Andererseits führte die allgemeine Senkung der Altersgrenze in einigen Fällen auch dazu, daß (justiz)politisch genehme Personen wie der Sonderrichter Steinike und der »alte Kämpfer« von Loessl in diesen Jahren in Pension gingen.

Mindestens 60 % der ausgeschiedenen Justizjuristen wurden jedoch vor Erreichung der Altersgrenze aus dem Dienst gedrängt (bei etwa 5 % sind die Gründe nicht genau feststellbar). Grundlage dafür waren das »Gesetz zur Wiederherstellung des Berufsbeamtentums« vom 7.4.1933 und das »Reichsbürgergesetz« vom 15.9.1935. Die in § 4 des Berufsbeamtengesetzes vorgesehene Pensionierung aus politischen Gründen wurde in Hamburg nur selten angewandt;[27] insgesamt schieden sieben Justizjuristen aus solchen Ursachen aus. Dabei ist ein Richter mitgezählt, der erst aus politischen Gründen entlassen wurde, dessen Entlassung dann aber im »Gnadenwege« zurückgenommen wurde und der dann sein Ausscheiden aus dem Dienst selbst beantragen »durfte«.[28] Zwölf Justizjuristen wurden nach § 6 des Berufsbeamtengesetzes aus beruflich-gesundheitlichen Gründen pensioniert. Diese Begründung und der § 6 wurden bei anderen Justizjuristen aber auch nur vorgeschoben, um politisch mißliebige und vor allem jüdische Justizjuristen aus dem Dienst zu drängen. So wurden nach § 3 und § 6 des Berufsbeamtengesetzes und nach dem »Reichsbürgergesetz« insgesamt 35 jüdische Justizjuristen entlassen. Diese Gruppe stellte also mit etwa 40 % den Großteil der 1933 bis 1935 ausgeschiedenen Justizjuristen.[29]

Maßnahmen gegen jüdische Justizjuristen erfolgten teilweise vor Eintreten gesetzlicher Regelungen und fast immer in rüder Form. Die Staatsanwälte Guckenheimer und Stein wurden bereits vor Inkrafttreten des Berufsbeamtengesetzes beurlaubt. Die geplante Entlassung nach § 3 des Berufsbeamtengesetzes wurde Betroffenen lapidar mitgeteilt und hinzugesetzt: »es wird Ihnen anheimgegeben, sich hierzu <u>binnen 3 Tagen</u> zu äußern« (Unterstreichung im Original).[30] Falls jüdische Richter nicht gleich beurlaubt wurden, versetzte man sie auf jeden Fall in die Ziviljustiz.[31] Senatspräsident Falk wurde 1935 nach Verkündung des »Reichs-

26 Das geschah in Hamburg durch Landesgesetz vom 3.5.1933 entsprechend reichsgesetzlichen Regelungen. Die gesetzlichen Regelungen sollen hier und im folgenden nicht detailliert dargestellt werden; für diesen Zusammenhang wird auf Kregel, Personalpolitik, a.a.O., verwiesen.

27 In Preußen waren solche Entlassungen wesentlich häufiger, vgl. Hamann, OLG Celle, a.a.O., S. 175.

28 Es handelt sich um den Richter Walther Mosich, der als »Ludendorffer« den Eid auf den »Führer« verweigert hatte, vgl. StArch HH, 241-2, B 2007 und Ablieferung 86 III.

29 Die offiziellen Zahlen sind teilweise nicht zuverlässig. Die gesundheitlich-beruflichen Gründe des § 6 konnten nur vorgeschoben sein. Ein eigener Antrag auf Dienstentlassung konnte – wie der »Fall Mosich« zeigt – auch aus politischen Gründen erzwungen sein. Dem Richter Paul Wohlwill wurde als »Nichtarier« die Entlassung nach § 6 des Berufsbeamtengesetzes angedroht, wenn er sich nicht mit einer vorzeitigen »normalen« Pensionierung einverstanden erklären würde (vgl. StArch HH, 241-2, A 1526). Auch das »Ausscheiden durch Tod« konnte politische Hintergründe haben, vgl. StArch HH, 213-1, XXXVII B, Bd. 11: Disziplinarische Vorgänge Mai 1934.

30 Vgl. StArch HH, 241-2, B 1202; das wurde auch am OLG Celle so praktiziert, vgl. Hamann, OLG Celle, a.a.O., S. 162.

31 Vgl. StArch HH, 241-2, A 3669, und Ablieferung 86 I (Fritz Valentin). In einem mutigen Schrei-

bürgergesetzes« aus einer Beratung seines Senats geholt und sollte die Arbeit sofort einstellen.[32] Die Fürsprache von Kollegen[33] und Gnadengesuche an die höchsten Instanzen[34] waren in diesen Fällen zwecklos.

Die Gruppe der 35 entlassenen jüdischen Justizjuristen soll jetzt genauer dargestellt werden. Bei ihrer Entlassung waren gut 50 % in der Eingangsstufe (Land- oder Amtsgerichtsrat, Staatsanwalt), 40 % in der 1. Beförderungsstufe (Oberlandesgerichtsrat, Land- oder Amtsgerichtsdirektor, Erster Staatsanwalt) und knapp 10 % in der 2. Beförderungsstufe (ab Senatspräsident und Oberstaatsanwalt). Diese 2. Beförderungsstufe hatten lediglich die Senatspräsidenten Arndt und Falk sowie Oberstaatsanwalt Guckenheimer erreicht. Das entsprach in etwa der allgemeien Struktur bei sämtlichen Juristen; die von den Nationalsozialisten behauptete bevorzugte Beförderung von Juden in der »Systemzeit« 1918-1932 widerlegt sich so. Der Anteil der jüdischen Juristen an der Gesamtheit der Justizjuristen war aber mit gut 10 % relativ hoch (im Vergleich zu ihrem Anteil an der Gesamtbevölkerung).

Die Altersstruktur der jüdischen Justizjuristen (vgl. Tabelle 1) entsprach der »Normalverteilung«, wenn man bedenkt, daß ja nach 1933 keine jüdischen Justizjuristen mehr eingestellt wurden, die Jahrgänge ab 1900 also nicht mehr vertreten sein konnten. Bei der regionalen Herkunft ist eine starke Abweichung festzustellen: Die jüdischen Justizjuristen kamen zu knapp 90 % aus Hamburg! Hier konnten sie sich auf eine relativ starke jüdische Bevölkerung stützen, die auch in der Hamburger Wirtschaft eine wichtige Rolle spielte. Dementsprechend stammten mit ca. 60 % auch überdurchschnittlich viele jüdische Justizjuristen aus Familien des kaufmännischen und industriellen Bürgertums (vgl. Tabelle 2); die bedeutenden jüdischen Unternehmerfamilien sind aber kaum vertreten. Die Herkunft aus Familien des Bildungsbürgertums entsprach mit einem Drittel dem allgemeinen Durchschnitt. Nur 6 % der jüdischen Justizjuristen kam dagegen aus Familien der alten Führungsschichten und bezeichnenderweise waren ihre Väter Justizjuristen in Beförderungspositionen. Aus Familien des alten und neuen Mittelstands oder aus der Unterschicht kam kein jüdischer Justizjurist. Das alles spiegelt die soziale Struktur, aber auch die Problematik der jüdischen Bevölkerung in Hamburg weitgehend wider. Antikapitalistische und antisemitische Ressentiments konnten sich hieran entzünden.

Ein weiterer Ursprung für Neid- und Konkurrenzgefühle war offenbar, daß die jüdischen Justizjuristen überdurchschnittlich gute Schul- und Ausbildungsnoten aufzuweisen hatten. Im Abitur erreichten sie einen »Schnitt« von 2,4. In den beiden juristischen Staatsprüfungen lagen sie deutlich über der Benotung »voll ausreichend«, während die Justizjuristen durchschnittlich nur knapp diese Note erreichten. Dabei spielte sicher das Bewußtsein eine Rolle, daß bei den vor-

ben vom 28.3.1934 an die Landesjustizverwaltung widersprach Valentin der Mitteilung, daß er auf eigenen Antrag aus der Strafjustiz ausgeschieden sei; vgl. auch die Personalakten B 3685 und Ablieferung 87 I (Gerhard Braun), B 1515 (Hermann Feiner), A 1196 (Franz Marcus).

32 Vgl. die Schilderung bei Hans Segelken, Amor fati, a.a.O., S. 176 ff; die Entlassung erfolgte auf telegraphische Anweisung des RJM, vgl. Kregel, Personalpolitik, a.a.O., S. 49.

33 Vgl. StArch HH, 241-2, A 1959 (Gustav Uhde); der »Mischling« Uhde setzte sich 1933 für den jüdischen Richterkollegen Franz Marcus ein.

34 Vgl. die Gesuche Rudolf Wohlwills, StArch HH, 241-2, A 1621.

handenen Diskriminierungen jüdische Bewerber um Staatsstellungen besondere Leistungen zeigen mußten. Das führte offenbar zu verstärkten Anstrengungen. Relativ viele jüdische Abiturienten hatten als Fleiß-Note »sehr gut«. Eine wichtige Rolle spielte zweifellos auch die Herkunft aus Familien des »höheren« Bürgertums: Hier war das entsprechende Leistungsbewußtsein verbreitet, und »Bildungsgüter« konnten schon in der frühen Erziehung vermittelt werden.

Bezeichnend dafür ist auch, auf welche Schulen die jüdischen Justizjuristen gegangen waren. Nur knapp 10 % besuchten eine Oberrealschule. Dabei spielte auch die Altersstruktur eine Rolle, da viele Mitglieder dieser Gruppe schon in den 70er und 80er Jahren geboren waren, die Gründung und der Besuch von Oberrealschulen aber erst seit der Jahrhundertwende einsetzten. Eine soziale Komponente ist aber ebenfalls vorhanden: Das »höhere« Bürgertum schickte seine Söhne auf das Gymnasium. Dabei spiegelte sich der einsetzende Trend zum Realgymnasium wider: Ca. 20 % der jüdischen Justizjuristen hatten eine solche Schule besucht. Gut 70 % waren aber Schüler des humanistischen Gymnasiums gewesen. Das »Johanneum« als Hamburger Traditions- und »Elite«-Schule wurde häufig besucht, aber doppelt so viele jüdische Justizjuristen waren auf dem neu gegründeten Wilhelm-Gymnasium gewesen.

Insgesamt war der Assimilationsprozeß bei den Familien jüdischer Justizjuristen relativ weit fortgeschritten. Knapp zwei Drittel waren zum evangelischen Glauben konvertiert; zum Teil hatten schon die Eltern diesen Schritt getan. Eingeschränkt zeigte sich das auch bei den Heiratspartnern: Schätzungsweise ein Drittel hatte außerhalb des Judentums geheiratet; dabei sind diejenigen Justizjuristen einbezogen, deren Väter schon diesen Schritt getan hatten und die von den Nationalsozialisten deshalb als »Mischlinge« eingestuft wurden (die Juristen Beit, Rée und Vidal). Äußerliches Zeichen für die Assimilierung konnte auch die Änderung der Vor- und Familiennamen sein. So hatte schon der Großvater der drei entlassenen Juristen aus der Familie Wohlwill seinen Namen von Wolf in Wohlwill geändert; der Vater des Richters Islar führte zunächst den Familiennamen Israel; der Vater des Richters Martens war der Senatspräsident Cohen. Dieser Schritt wurde aber doch von relativ wenigen Familien vollzogen. Eine Distanz zur völligen Anpassung ist unübersehbar.

Der Oberlandesgerichtsrat Rudolf Wohlwill zur Geschichte seiner Familie

»Meinem Großvater, Dr. Emanuel Wohlwill, Lehrer und später Leiter einer höheren Knabenschule, ist bereits am 26. Juni 1834 von der Patriotischen Gesellschaft in Hamburg, die derzeit der Sammmelpunkt aller vaterländisch gesinnten Kreise war, in Anerkennung seiner Verdienste die Ehrenmitgliedschaft verliehen worden (die Urkunde ist im Familienbesitz) ...

Mein Vater war Historiker und Professor der Geschichte. Seit seiner Jugendzeit ist er in Wort und Schrift für Deutschlands Einheit und Grösse eingetreten. (Daß ihm bereits als Primaner der damalige preussische Gesandte in Hamburg, von Bülow, den Unterricht seines Sohnes, des späteren Reichskanzlers, anvertraut hat, sei nur nebenbei erwähnt).

Die Erziehung des deutschen Volkes zu vaterländischer Gesinnung war die Lebensaufgabe meines Vaters. Dafür, daß seine Tätigkeit nicht ohne Erfolg war, liegen zahlreiche Zeugnisse von Zeitgenossen vor. Erwähnt sei unter anderem, daß er der erste war, der 1870 eine Geschichte des Elsaß geschrieben hat, um das deutsche Volk mit dem deutschen Ursprung des Landes vertraut zu machen. Das Buch, dessen Reinertrag für die Verwundeten und Hinterbliebenen der gefallenen deutschen Krieger bestimmt war ...‹, ist besonders auch von Treitschke begrüßt. In einem mir vorliegenden Briefe vom 1.11.1870 schreibt dieser nach Empfang der 1. Auflage an meinem Vater: ›Möge die Arbeit mit dazu beitragen, den Elsässern das Bewußtsein ihrer Vorzeit zu erwecken und den übrigen Deutschen ein Verständnis zu geben für den Schatz, den unsere Waffen uns wieder schenkten.‹ ...

Besonders am Herzen lag meinem Vater die Wehrhaftmachung des deutschen Volkes. Es ist daher erklärlich, daß, als es um die Jahrhundertwende galt, das deutsche Volk von der Notwendigkeit einer starken deutschen Flotte zu überzeugen, das Reichsmarineamt die Mitwirkung meines Vaters erbat. Daß sie nicht ohne Erfolg war, beweist das an ihn gerichtete Denkschreiben des Admirals Tirpitz.«

Quelle: StArch HH, 241-2, A 1621, Schreiben vom 21.11.1935.

Das ist auch auf politischem Gebiet festzustellen. Die jüdischen Justizjuristen fühlten sich in der Regel durchaus als »gute Deutsche«(vgl. den Bericht des Oberlandesgerichtsrats Rudolf Wohlwill). Im Ersten Weltkrieg hatten sich viele von ihnen freiwillig gemeldet, an der Front gestanden und waren mit dem »Eisernen Kreuz« ausgezeichnet worden. Die Mitgliedschaft in Freikorps war dagegen sehr selten. Ähnliches zeigt sich in der parteipolitischen Orientierung. Wenn man sich überhaupt parteipolitisch engagierte, ging man zu den liberalen Parteien, wobei die mehr rechtsliberale und nationale DVP eher etwas beliebter war als die DDP. Nur ein jüdischer Justizjurist, Lambert Leopold, wurde im Republikanischen Richterbund aktiv. Auch die Mitgliedschaft in Logen war ganz selten; zu nennen ist nur der Staatsanwalt Stein, der Präsident einer jüdischen Freimaurer-Loge war. Auf der anderen Seite war eine nationale und konservative Über-Anpassung aber ebenfalls selten; es blieb eine Ausnahme, daß ein jüdischer Richter öffentlich das nationalistische Volksbegehren gegen den Young-Plan unterstützte.[35] Hier ist freilich auch zu bedenken, daß die in nationalistischen und konservativen Kreisen häufig verbreiteten antisemitischen Ressentiments eine nähere Beziehung erschwerten.

Die Entlassungen der jüdischen Justizjuristen waren nur die Spitze eines »Diskriminierungs-Blocks«. Stark benachteiligt waren auch die sogenannten »Mischlinge«, wenn sie nicht schon zwischen 1933 und 1935 entlassen wurden. Bei den »Mischlingen« differenzierte man verschiedene Grade und bestimmte sie nach der NS-Rassenlehre in komplizierter Kasuistik. Vereinfacht kann man sagen: Als Mischling 1. Grades galt, wer zwei jüdische Großeltern, als Mischling 2. Grades, wer ein jüdisches Großeltern-Teil hatte. »12,5%igen jüdischen Blutseinschlag« hatte jemand, unter dessen Urgroßeltern sich eine jüdische Person befand. Dabei wurde als Jude angesehen, wer zur jüdischen Religionsgemeinschaft gehört

35 Vgl. StArch HH, 241-2, A 3669 und Ablieferung 86 I (Fritz Valentin).

hatte (auch wenn er später konvertierte). Besonders gegen Ende des »Dritten Reiches« erwogene Pläne zur Entlassung der »Mischlinge 1. Grades« kamen nicht mehr zur Ausführung. Dafür wurden sie aber stark benachteiligt: Sie wurden nicht befördert, durften in Kammern keinen Vorsitz führen und wurden in die Ziviljustiz versetzt. Das galt eingeschränkt auch für Logenmitglieder, die höhere Funktionen in der Loge gehabt hatten, und für ehemalige Mitglieder der SPD und der DDP/Staatspartei. Bei den Referendaren und Assessoren wurden weniger Rücksichten genommen. Die jüdischen Referendare und Assessoren mußten 1933 ausscheiden, bzw. wurden nicht mehr zu den Prüfungen oder zum Referendariat zugelassen. Das wurde später auch auf »Mischlinge« ausgedehnt; so wurde der »Halbjude« Adolf Remé 1937 aus dem Referendariat entfernt.[36]

Von diesen Entlassungen waren auch Frauen betroffen. So wurden die Assessorinnen Cläre Meyer, die am Vormundschaftsgericht tätig war, und Lilli Melchior, die bei einem Anwalt arbeitete, wegen ihrer jüdischen Abstammung 1933 entlassen.[37] Später wurden gesetzliche Bestimmungen getroffen, die jeder Frau die Tätigkeit als Richterin oder Staatsanwältin unmöglich machten.[38] So verzeichnete die »Deutsche Justiz«, das Organ des Reichsjustizministeriums, 1937, daß eine Landgerichtsrätin in Schweidnitz und 1938 eine Amtsgerichtsrätin in Dresden entlassen worden waren.[39] In Hamburg aber stellte sich das Problem so nicht: Hier war in der Weimarer Zeit keine Frau Richterin oder Staatsanwältin geworden ...

Zum Eintritt in die NSDAP gezwungen?

1933 traten große Teile der nicht entlassenen Justizjuristen in die NSDAP ein. Das ist zwar nicht sehr aussagekräftig, weil dieser Beitritt auch formal bleiben konnte. Aber im Hinblick auf die nach 1945 aufgestellten Behauptungen ist die Frage des Beitritts doch interessant. Insgesamt schlossen sich noch 1933 etwa 53 % der Hamburger Justizjuristen der NSDAP an (5 % waren schon vor 1933 eingetreten). Das ist zwar ein hoher Prozentsatz, aber von einem Beitritts-Zwang kann natürlich bei der großen Zahl nicht beitretender Justizjuristen keine Rede sein. Auch für einzelne Gruppen innerhalb der Justizjuristen gab es diesen Zwang nicht. Diejenigen Justizjuristen, die 1933 Referendare oder Assessoren waren, traten nur zu einem unbedeutend größeren Anteil, nämlich zu 62 %, in die NSDAP ein.

Wenn wir die verschiedenen Rangstufen der Justizjuristen (bezogen auf das Jahr 1933) betrachten, ergibt sich folgendes (für den Verfasser überraschendes) Bild: Die Justizjuristen der Eingangsstufe (Amtsgerichtsräte und andere) traten

36 Vgl. StArch HH, 241-2, A 3427 (Friedrich Prieß), Entnazifizierungs-Dokumente. Siehe zum gesamten Abschnitt auch: Gutachten des Instituts für Zeitgeschichte, Bd. 1, München 1958, S. 66 ff, und Bd. 2, Stuttgart 1966, S. 29 ff.

37 Vgl. Schicksal jüdischer Juristen in Hamburg im Dritten Reich, in: Vorträge und Aufsätze, hrsg. vom Verein für Hamburgische Geschichte, Heft 27, Hamburg 1985, S. 11.

38 Vgl. Juristinnen in Deutschland. Eine Dokumentation (1900–1984), hrsg. vom Deutschen Juristinnenbund, München 1984; Anne-Gudrun Meier-Scherling, Die Benachteiligung der Juristin zwischen 1933 und 1945, in: Deutsche Richter-Zeitung 1975, S. 10 ff.

39 Vgl. Deutsche Justiz 1937, S. 1914, und 1938, S. 491.

Tabelle 4: Politische Profile nach Tätigkeitsbereichen

	»Durchschnitts-Jurist« (n=370)	*Strafrichter am LG 1939* (n=40)	*Zivilrichter am LG 1939* (n=59)
Parteimitglieder vor 1933	*32 %*	*33 %*	*33 %*
Mit Mitgliedschaftswechsel:			
NSDAP	5 %	10 %	–
DNVP	13 %	10 %	17 %
DVP	10 %	18 %	12 %
Zentrum u. Christl. VP	1 %	–	–
DDP	5 %	–	5 %
SPD	1 %	–	–
Sonstige	1 %	1 %	–
NSDAP-Mitglieder	*85 %*	*92 %*	*85 %*
Beitritt vor 1933	5 %	10 %	–
Beitritt 1933	53 %	63 %	58 %
Beitritt 1937	24 %	20 %	22 %
Beitritt ab 1938	3 %	–	5 %
Amtsträger der NSDAP	*29 %*	*61 %*	*29 %*
Niedrige Ämter	10 %	25 %	16 %
Mittlere Ämter	10 %	18 %	5 %
Höhere Ämter	9 %	18 %	8 %
SS-Mitgliedschaft	*4 %*	*5 %*	*3 %*
»Mischlinge«	*3 %*	–	*7 %*
Ehem. Logenmitglieder	*3 %*	–	*2 %*

zu 66 % 1933 in die NSDAP ein; in der 1. Beförderungsstufe (Landgerichtsdirektoren und andere) sank dieser Anteil auf 42 %; bei den Spitzenpositionen war der Anteil wohl wieder höher; immerhin trat zum Beispiel der Senatspräsident Hermann Sievers 1933 nicht in die NSDAP ein.

Wie ist das zu erklären? Verschiedene Ursachen bieten sich an: Vielleicht war es die – schon festgestellte – Statussicherheit bei den Personen der 1. Beförderungsstufe und entsprechend die Statusunsicherheit besonders bei den Referendaren und Assessoren, die ihr Verhalten erklärt. Aber warum der hohe Anteil von Neu-Mitgliedern bei den Beamten der Eingangsstufe? Sie waren ja als Beamte auf Lebenszeit abgesichert. Spielten hier Karriere-Wünsche und Opportunismus eine verstärkte Rolle? Diese Fragen werden später wieder aufgenommen. Zunächst soll ein anderer Zusammenhang verfolgt werden: Die Beziehung zwischen der bereits analysierten Parteizugehörigkeit in der Weimarer »System«-Zeit und dem frühen oder späten Eintritt in die NSDAP.

Ein klarer Zusammenhang zeigt sich zwischen dem Beitritt zur NSDAP 1933 und der früheren Mitgliedschaft in der DVP: 1933 traten fast alle DVP-Mitglieder in die NSDAP ein.[40] Bei den Justizjuristen, die Mitglieder der DNVP waren, ist ein distanzierteres Verhältnis zur NSDAP festzustellen. Nur ca. 40 % traten gleich 1933 in die NSDAP ein, die Mehrheit ließ sich also Zeit, trat erst später oder gar nicht ein. Das beruhte teilweise sicherlich darauf, daß die DNVP ja seit der »Harzburger Front« im Bündnis mit der NSDAP stand und daß der Führer der DNVP Hugenberg als Minister in der ersten Hitler-Regierung saß. So konnten viele DNVP-Justizjuristen sich sicher fühlen und den Beitritt zur NSDAP nicht so wichtig nehmen: Ihre »nationale« Zuverlässigkeit schien ja unbezweifelbar.[41] Später soll gezeigt werden, daß damit aber nicht alles erklärt werden kann; es gab offenbar auch eine Form der »konservativen Verweigerung«.

Noch etwas verwickelter sind die Verhältnisse bei den demokratisch engagierten Juristen. Auch hier traten – wie bei den DNVP-Mitgliedern – etwa 40 % gleich 1933 zur NSDAP über. Die Mehrheit wahrte Distanz. Das war aber teilweise eine »erzwungene« Distanz. Personen, die sich in demokratischer Richtung allzu sehr und an prominenter Stelle engagiert hatten, mußten davon ausgehen, daß sie sowieso abgelehnt würden. Das galt auch für die Söhne von »System-Größen«. Hinzu kam bei einzelnen Personen, daß sie nicht den Anschein erwecken wollten, »jetzt aus Opportunitätsgründen den Antrag auf Aufnahme in die Partei« zu stellen.[42]

Ab 1.5.1933 gab es bei der NSDAP zunächst eine Aufnahme-Sperre. Nach ihrer Aufhebung kam es 1937 zu einer 2. Beitritts-Welle. Nun trat von den Justizjuristen noch einmal ein knappes Viertel in die NSDAP ein. Offensichtlich verstärkte sich 1937 der Druck auf die Justizjuristen ohne feste Planstellen, besonders die Assessoren: Von 14 erfaßten Personen dieser Gruppe trat nur ein Justizjurist 1937 nicht in die NSDAP ein; er war noch Referendar, bzw. machte 1937

40 Das beruhte nicht auf einem kollektiven Beitritt, vgl. Werner Jochmann, Gesellschaftliche Gleichschaltung in Hamburg 1933, in: Ursula Büttner/Werner Jochmann (Hrsg), Zwischen Demokratie und Diktatur, Hamburg 1984, S. 104.

41 Vgl. dazu auch Jochmann, ebenda, S. 105 f.

42 Vgl. StArch HH, 241-2, A 3167, NSDAP-Aufnahmeantrag 1940.

sein 2. Staatsexamen, und erklärte dann kurz vor seiner Ernennung zum Landgerichtsrat 1940 seinen Parteieintritt. Von den Beamten der Eingangsstufe, die noch nicht Mitglieder der NSDAP waren, stellten nun ca. 58 % einen Aufnahmeantrag, von den Beamten der 1. Beförderungsstufe »nur« etwa 47 %. Die für 1933 festgestellten Strukturen treten also wieder auf. Von den Beamten der Spitzenpositionen erklärten 1937 alle, die noch nicht Mitglied der NSDAP waren, ihren Beitritt. In den Jahren 1938 bis 1941 traten noch einmal ca. 3 % der Justizjuristen in die NSDAP ein. So waren im Laufe der Zeit 85 % der Justizjuristen beigetreten.[43]

Aber immerhin 15 %, also etwa 55 der 370 untersuchten Justizjuristen, waren nicht in der Partei. Dieser relativ hohe Prozentsatz erklärt sich aber daraus, daß bestimmte Personen und Personengruppen auch gar nicht Mitglied werden konnten oder wieder aus der Partei ausgeschlossen wurden. Hier ist zunächst die Gruppe der Logenmitglieder zu nennen (10 Justizjuristen). Wenn allerdings keine höheren Logengrade erreicht worden waren, konnte durch ein Gnadengesuch beim »Führer« eine Ausnahmeregelung erlangt werden (vgl. den Fall des Volksgerichtsrats Löhmann).[44] »Mischlinge« oder mit jüdischen Partnern verheiratete Justizjuristen waren zum Teil 1933 oder früher in die NSDAP aufgenommen worden. Erst mit den geforderten »Arier«-Nachweisen kamen dann die Probleme: Die betreffenden Personen traten nun entweder selbst aus oder wurden förmlich durch Parteigerichtsverfahren ausgeschlossen. Bisher sind fünf derartige Fälle bekannt geworden. Es bestand für die betreffenden Personen (wie für »einfache« Logenmitglieder) noch die Möglichkeit, ein »Gnadengesuch« an den »Führer« zu richten. Das scheint aber bei »Mischlingen« (zumindestens 1. Grades) aussichtslos gewesen zu sein.[45] Bei Ehen mit »nichtarischen« Frauen wurden wohl nicht so strenge Maßstäbe angelegt. Auf jeden Fall durfte ein »alter Kämpfer« trotz einer solchen Heirat in der Partei bleiben; ein Gnadengesuch war hier erfolgreich.[46] Insgesamt wurden aus rassistischen Gründen etwa 15 Justizjuristen nicht in die NSDAP aufgenommen, bzw. wieder ausgeschlossen.

Von den Parteiausschlüssen wurden auch Justizjuristen betroffen, die sich im Sinne des Regimes bewährt hatten. So mußte ein Erster Staatsanwalt, der vor 1933 der DNVP angehört hatte und 1933 in die NSDAP eingetreten war, 1943 als »Mischling« aus der Partei ausscheiden, obwohl er in politischen Verfahren äußerst scharf auftrat und zum Volksgerichtsrat vorgeschlagen worden war. Sein »Gnadengesuch« an den »Führer« hatte er bereits 1936 eingereicht, es war aber Anfang 1943 abgelehnt worden.[47] Auch ein Landgerichtsrat, früher DNVP-Mitglied und 1933 in die Partei eingetreten, Richter am Sondergericht, mußte wieder aus der NSDAP ausscheiden. Der Vorgesetzte schrieb 1943 in seiner Beurteilung, der Richter sei »etwas starrköpfig und schwierig zu behandeln ... Ich führe diese seine Einstellung immer noch auf den Beschluß des Gaugerichts über den

43 Hamburg lag damit wohl über den entsprechenden Anteilen im OLG-Bezirk Celle und im Reich, vgl. Hamann, OLG Celle, a.a.O., S. 198 f; Kregel, Personalpolitik, a.a.O., S. 79.

44 Vgl. StArch HH, 241-2, B 3839, Entnazifizierungs-Dokumente.

45 Vgl. StArch HH, 241-2, A 3231.

46 Vgl. StArch HH, 241-2, B 3328, »Führer«-Entscheidung vom 5.2.1936.

47 Vgl. StArch HH, 241-2, B 3438.

Ausschluß aus der Partei und auch auf die Tatsache zurück, daß er aus der Wehrmacht als Offiziersanwärter wegen seiner Abstammung hat ausscheiden müssen. Er hat sehr stark darunter gelitten, daß er für sein Volk nicht mehr mit der Waffe in der Hand hat eintreten dürfen. Ich hoffe, daß er sich jetzt nach seiner erneuten Einberufung insoweit wieder mehr wird mäßigen können. Charakterlich ist er einwandfrei. Politisch halte ich ihn für absolut zuverlässig. Er ist während des Krieges in der Partei als Blockleiter tätig gewesen und hat in seiner Freizeit fanatisch für die Partei gearbeitet«.[48] Das ist in einem kleinen Bereich ein Beispiel dafür, wie irrational und auch ineffizient das NS-System durch seine ins Extrem gesteigerte Rassenideologie wurde. Abgeschwächt gilt das insgesamt für die Verfolgung der Juden und »Mischlinge« in der Justiz. Unter ihnen waren ausgezeichnete Juristen. Selbst der Oberlandesgerichtspräsident mußte zum Beispiel einem »Mischling« in die offizielle Beurteilung schreiben, dieser genieße als Vorsitzender einer Kammer für Handelssachen »in Kaufmannskreisen besonderes Ansehen«.[49]

Neben den Personen, die aus rassistischen Gründen nicht in die NSDAP aufgenommen oder wieder ausgeschlossen wurden, sind die Justizjuristen zu nennen, die aus politischen Gründen so behandelt wurden. Ihre Zahl ist allerdings sehr gering. Bisher ist nur ein Justizjurist bekannt, der aus politischen Gründen (mangelhafte politische Aktivität) wieder aus der Partei ausgeschlossen wurde (und das erst, nachdem er nach Schwerin versetzt wurde). Bei drei weiteren Justizjuristen ist bekannt, daß sie aus politischen Gründen gar nicht erst aufgenommen wurden. Es gibt auch Hinweise darauf, daß etwa fünf Justizjuristen wegen mehr persönlicher Eigenschaften oder wegen des Verhaltens ihrer Ehefrauen nicht in die NSDAP aufgenommen wurden. Schließlich sind etwa fünf Justizjuristen zu nennen, die durch frühzeitige Pensionierung oder Tod zwar nach 1933 mehr als 2 Jahre tätig waren, aber von der 2. Eintrittswelle 1937 gar nicht mehr betroffen waren.

So reduziert sich die Zahl der Justizjuristen, die aus freier Entscheidung und mit dem entsprechenden Risiko den Eintritt in die NSDAP verweigerten, auf etwa 15 Personen (knapp 5 % sämtlicher Justizjuristen). Diese Justizjuristen waren zweifellos einem stärkeren Druck ausgesetzt. Das zeigte sich unter anderem daran, daß sie ihre Entscheidung in wiederholten Gesprächen mit ihren Vorgesetzten rechtfertigen mußten. Diesem Druck hatten andere »Vorgeladene« nicht widerstanden; sie traten der NSDAP bei.[50] Diese Justizjuristen beharrten aber auf ihrem Standpunkt. Dabei wurden oft Gesundheits- und Altersgründe angeführt. Einzelne Justizjuristen wagten aber auch offenere Worte. Ein Richter wies klar und bestimmt auf »weltanschauliche Gegensätze« hin;[51] ein anderer Richter gab zu Protokoll, er wolle »sich nur ungern vom persönlichen, nicht in der Öffentlichkeit erfolgenden Verkehr mit früheren jüdischen Richtern (Lassally, Rud.

48 Vgl. StArch HH, 241-2, B 3252, A 3212.
49 Vgl. StArch HH, 241-2, A 1959, Personalbogen.
50 Vgl. StArch HH, 241-2, B 3254, B 3450.
51 Vgl. StArch HH, 241-2, A 3181.

Wohlwill) lösen«.[52] Wer den Parteibeitritt verweigerte, wurde nicht mehr befördert.

Ansonsten geschah diesen Justizjuristen aber nachweisbar nichts. Damit ist der Behauptung vieler Justizjuristen nach 1945, daß man in die NSDAP eintreten mußte, der Boden auch statistisch entzogen. Man »mußte« nur auf die Karriere verzichten ...

Blockwarte, Zellenleiter und andere Leiter

Wieviele Justizjuristen nicht nur einfache Mitglieder der NSDAP waren, sondern mehr oder weniger höhere Ämter bekleideten, ist ein weiterer interessanter Punkt, weil nach 1945 immer wieder behauptet wurde, man sei nur formal Mitglied in der NSDAP gewesen.

Von den Parteimitgliedern hatten knapp 30 % ein Amt in der NSDAP; solche Aktivitäten wurden von der Justizleitung gefördert und positiv in den Beurteilungen vermerkt. 10 % der Mitglieder hatten das niedrige Amt eines Blockwarts (oder dessen Stellvertreters) inne. Weitere 10 % waren Zellenleiter (dem mehrere Blockwarte unterstanden) oder Amtsleiter in einer Ortsgruppenorganisation (zahlreiche Zellen bildeten eine Ortsgruppe). 9 % (das heißt insgesamt etwa 30 der längere Zeit tätigen Justizjuristen) hatten ein höheres Amt inne: Ortsgruppenleiter, Leiter einer Hauptstelle in einem Kreis (dem mehrere Ortsgruppen zugeordnet waren) oder des Gaues (zu dem mehrere Kreise gehörten), Mitglied eines Parteigerichts auf Kreis- oder Gau-Ebene. Auf dieser höheren Ebene waren zahlreiche »frühe Nationalsozialisten« tätig, so zum Beispiel Becher, Rüther, Westphal und Walden. Aber auch »neue Leute« hatten wichtigere Funktionen; so war der spätere Generalstaatsanwalt Haack Kreisrechtsamtsleiter und der Oberlandesgerichtsrat Meinhof Leiter im Rassepolitischen Amt des Gaues Hamburg. Es scheint aber so zu sein, daß höhere Ämter in der NSDAP mit steigendem Rang in der Justiz seltener wurden. So kam es vor, daß ein gestandener Senatspräsident als »kleiner« Blockwart von Tür zu Tür ging, um die Beiträge für die NSDAP zu kassieren. Das mußte den Anschein erwecken, als ob die »alten« Herrschafts-Eliten nach dem »Umbruch« nicht mehr ihre frühere Rolle spielen konnten. Dieser Eindruck war dem NS-System sicherlich erwünscht. Ähnlich wie in der NSDAP wurden auch in der SA und der SS Strukturen aufgebaut, die zunächst einmal mit den herkömmlichen gesellschaftlichen Abstufungen nicht übereinstimmten.

Mitgliedschaft in SA und SS

SA und SS wurden als »Gliederungen« der NSDAP bezeichnet; der Beitritt erfolgte aber unabhängig von der Mitgliedschaft in der Partei. Die SA hatte vor 1933 eine relativ große Rolle gespielt. Nach der Ermordung der SA-Führungsspitze 1934 nahm ihre Bedeutung allerdings immer mehr ab. Ähnlich wie bei der NSDAP gab es 1933 eine Eintrittswelle bei der SA, an der sich vor allem jüngere

52 Vgl. StArch HH, 241-2, B 3182.

Juristen beteiligten, die ja in der SA als paramilitärischer Organisation auch sehr erwünscht waren. Dabei wurde auch »von oben« Druck ausgeübt, besonders auf die Referendare und Assessoren, die noch um ihre Anstellungen bangen mußten. Das galt ebenfalls für die Zeit bis 1939. Bei den schon in Planstellen eingewiesenen Justizjuristen ist die Mitgliedschaft in der SA seltener. Der einsetzende Machtverlust der SA relativierte auch die Frage der Mitgliedschaft. Unter den führenden Justizjuristen gab es einzelne Inhaber höherer SA-Ränge, zum Beispiel Drescher und Struve. Das war aber eine eher formale Sache. Zwar wurden noch in der Kriegszeit einzelne Justizjuristen ziemlich ultimativ aufgefordert, zum SA-Dienst zu erscheinen. So lehnte ein zum Ministerialrat aufgestiegener Hamburger Jurist die Teilnahme am SA-Dienst unter Hinweis auf seine dienstlichen Belastungen ab und erhielt darauf von einem SA-Obersturmbannführer ein Schreiben, in dem es hieß: »Ich kann mir nicht vorstellen, daß Sie sich bewußt abseits jeder Volksgemeinschaft stellen, also asozial sind und Befehle und Erlasse des Führers sabotieren«. Der Ministeralrat beschwerte sich und erhielt darauf ein Entschuldigungsschreiben der Obersten SA-Führung.[53] Die Zeit der SA war also vorbei.

Dem Machtverlust der SA entprach die anwachsende Bedeutung der SS nach 1933. Das Verhältnis der Hamburger Justizjuristen zur SS soll jetzt näher untersucht werden. Knapp 5 % der Hamburger Justizjuristen waren »Fördermitglieder der SS«. Das klingt aus heutiger Sicht ziemlich makaber. Bei näherer Betrachtung der realen Funktion und des Kreises dieser Fördermitglieder verändert sich jedoch die Bewertung. Denn fördernde Mitglieder der SS wurden meist etwas ältere Justizjuristen, die auf diese Weise keinen aktiven Dienst in SS- oder auch SA-Einheiten leisten mußten. Verlangt wurde nur ein monatlicher Geldbeitrag von geringer Höhe. Und offensichtlich war es der SS auch ziemlich egal, von wem das Geld kam. Auf jeden Fall sind zwei Justizjuristen, deren Aufnahme in die Partei ausdrücklich abgelehnt wurde, in der Gruppe der Fördermitglieder zu finden. Diese Gruppe ist insgesamt völlig heterogen. Neben Nicht-Mitgliedern sind Justizjuristen in dieser Gruppe, die 1933 oder auch erst 1937 in die Partei eintraten; ein »alter Kämpfer« ist ebenfalls darunter. Von ihrer Tätigkeit in der Justiz her ergeben sich ebenfalls vollkommen verschiedene Ausrichtungen: Vom Mitglied des Volksgerichtshofes bis zum unauffälligen Zivilrichter ist alles vertreten.[54] Bei allen ist aber ein relativ starker Opportunismus festzustellen: Mit den Mordaktionen im Zuge der Röhm-Affäre war der Charakter der SS ziemlich klar geworden; hier auch nur geringe finanzielle Beiträge zu leisten, war eine problematische Sache, zumal – anders als bei der Frage des Parteieintritts – keinerlei Druck von oben ausgeübt wurde, Fördermitglied der SS zu werden. Der Entschluß dazu beruhte vielmehr häufig auf Bequemlichkeit und dem Bedürfnis nach Absicherung oder beruflichem Aufstieg.

Neben diesen Fördermitgliedern waren weitere 15 Juristen (also knapp 5 %) aus dem Kreis der längere Zeit in Hamburg tätigen Justizjuristen Mitglieder der SS. Drei von ihnen wurden nach 1938/39 hauptamtlich in der SS tätig; Walther

53 Vgl. StArch HH, 241-2, A 3281.

54 Vgl. auch Gutachten des Instituts für Zeitgeschichte, Bd. 1, a.a.O., S. 350f.

Bierkamp bekam also noch »Kollegen«. Die übrigen zwölf Justizjuristen waren nur neben- oder ehrenamtliche Mitglieder der SS. Von sämtlichen SS-Mitgliedern hatte etwa die Hälfte nur untere Ränge (bis zum Oberscharführer) inne. Drei Justizjuristen stiegen bis zum Untersturmführer, zwei zum Obersturmführer und je einer zum Hauptsturmführer, Sturmbannführer und Brigadeführer auf. Die Justizjuristen mit höheren SS-Rängen waren durch ihre Tätigkeit als politische Strafrichter, durch ihren Aufstieg in hohe Funktionen im Reichsjustizministerium oder durch direkte Tätigkeit innerhalb der SS ganz anders in das NS-System einbezogen als die »Fördermitglieder«. Deshalb soll jetzt die Gruppe der SS-Mitglieder näher untersucht werden[55] (vgl. dazu die Tabellen 1–2).

Noch stärker als die Gruppe der frühen Nationalsozialisten war die Gruppe der SS-Männer eine junge »Truppe«: Nur etwa 15 % waren in den 90er Jahren, die übrigen erst nach 1900 geboren! Das hing sicherlich mit dem von der SS geforderten aktiven Dienst zusammen, vor dem ältere Justizjuristen häufiger zurückschreckten. Es ist aber auch ein erneuter Hinweis darauf, daß die NS-Ideologie und das Elite-Denken der SS bei den Jüngeren auf besonders fruchtbaren Boden fielen. Bei der regionalen Herkunft fällt auf, daß die SS-Mitglieder zwar durchschnittlich häufig in Hamburg geboren waren, daß sie aber anders als die demokratisch engagierten Justizjuristen nicht eigentlich mit der Großstadt eng verbunden waren; die nicht in Hamburg geborenen SS-Mitglieder stammten ganz selten aus Großstädten, und häufiger trat eine Bindung an ländliche Verhältnisse über Verwandtschaftsbeziehungen oder auch nur als Sentimentalität hervor. Ein in der Großstadt aufgewachsener SS-Mann war zum Beispiel in der bündischen Jugend aktiv und Führer einer Ortsguppe des Deutschen Pfadfinderbundes.[56] Ein von agrarisch-ländlicher Romantik umwitterter Antikapitalismus, den NSDAP und SS ja propagandistisch einsetzten, mußte hier attraktiv wirken.

Das wirkte wohl auch deshalb besonders gut, weil die soziale Herkunft aus Familien des kaufmännischen oder industriellen Bürgertums im Vergleich zum Durchschnitts-Juristen und auch zum frühen Nationalsozialisten mit 18 % relativ niedrig war. Die Herkunft aus Familien des Bildungsbürgertums und der mittleren und unteren Beamtenschaft entsprach dagegen den durchschnittlichen Werten. Leicht überrepräsentiert war die Herkunft aus Familien des neuen Mittelstandes und der alten Führungsschichten, wobei nur die Bürokratie vertreten war. Das weist darauf hin, daß in den Familien der höheren Bürokratie die eindeutig nationale und autoritätshörige Erziehung vorherrschend war. Das galt weitgehend auch für Familien des mittleren und unteren Beamtentums. Ein Sohn und SS-Mann aus einer solchen Familie sagte nach 45 von sich selbst, er wäre »in einem streng gebundenen und einfachen Familienleben auferzogen«; sein Vater, ein mittlerer Finanzbeamter, gab im Entnazifizierungsverfahren des Sohnes zu Protokoll: »Als Beamter des Staates habe ich die Anforderungen der jeweiligen Regierungen, die gesetzlich die Macht in Händen hatten, stets befolgt.

55 Da die Untersuchungsgruppe relativ klein ist (15 längere Zeit in Hamburg tätige Justizjuristen), wurden ergänzend Dokumente aus dem Kreis der SS-Mitglieder unter den kürzere Zeit in Hamburg tätigen Justizjuristen mit herangezogen.

56 Vgl. Justizbehörde, PA Nr. 1889.

Nach den damals bekannt gemachten Erklärungen war auch die NSDAP legal zur Regierung gelangt«.[57]

Die unter dem Durchschnitt liegende Herkunft aus Familien des kaufmännischen und industriellen Bürgertums verweist noch auf einen anderen Zusammenhang: Die schwierige ökonomische Situation vieler Mitglieder dieser Gruppe.[58] Ihre Ausbildungszeit fiel oft in eine Zeit wirtschaftlicher Krisen (die Inflationsjahre 1922/23, die Weltwirtschaftskrise ab 1929). Deshalb durchliefen zahlreiche SS-Mitglieder vor ihrem Studium eine kaufmännische Lehre und arbeiteten während des Studiums als Werkstudenten (unter anderem im Hafen). Sie waren ganz offensichtlich auf die seit der Weimarer Zeit in Hamburg an Referendare gezahlten Unterhaltszuschüsse stark angewiesen. Die ökonomisch-soziale Verunsicherung und Bedrohung trug – ähnlich wie bei den frühen Nationalsozialisten – sicherlich zur Bindung an die SS bei. Bei einzelnen jüngeren Juristen war ganz deutlich, daß sie über die Mitgliedschaft in der SS ihre Anstellung sichern und damit aus ihren ökonomischen Schwierigkeiten herauskommen wollten. Vielleicht war das auch schon Motiv für ihre oft überdurchschnittlichen schulischen Leistungen. Die Mitglieder dieser Gruppe erreichten eine relativ gute Durchschnitts-Note beim Abitur, viele wurden von der mündlichen Prüfung befreit. Häufig hatten sie die Oberrealschule besucht. Der Anteil der Absolventen eines humanistischen Gymnasiums war dementsprechend relativ niedrig.

Trotz ihrer guten schulischen Leistungen lagen die SS-Mitglieder beim 1. Staatsexamen mit ihren Noten unter dem Durchschnitt. Dann ergab sich aber eine starke Verbesserung: Beim 2. Staatsexamen lagen die Mitglieder dieser Gruppe eindeutig über den Durchschnittswerten. Als Grund für das Ergebnis des 1. Examens ist sicher die schwierige ökonomische Situation während des Studiums zu nennen. Vielleicht waren die Chancen für Absolventen der Oberrealschulen auch nicht so gut. Bei der Verbesserung der Noten im 2. Staatsexamen spielten auch politische Gründe mit: Die Mehrheit dieser Gruppe machte das 2. Examen erst nach 1933. In einem Fall ist deutlich nachzuweisen, daß gute Prüfungsergebnisse politisch bedingt waren (vgl. Abb. 3). Der Kandidat hatte in der Klausur im Öffentlichen Recht die »Schutzhaft«-Problematik zu behandeln und erhielt trotz der juristischen Bedenken eines Prüfers von den beiden anderen die (politische) Note »gut«.[59]

Ein Teil der SS-Mitglieder hatte – wie die frühen Parteimitglieder – eine eindeutig nationale Erziehung erhalten; hier gab es auch die Prägung durch Freikorps-Erlebnisse (eine maßgebliche Beeinflussung durch das »Fronterlebnis« des 1. Weltkriegs scheidet durch die Altersstruktur aus). So nahm ein Mitglied dieser Gruppe 1919 als Angehöriger des Freikorps Bahrenfeld »an den Kämpfen gegen Spartakisten auf St. Pauli und am Hamburger Rathaus« teil.[60] Ein anderer SS-Mann berichtet: »Von Dezember 1919 bis April 1920 habe ich dem hauptsäch-

57 Vgl. Justizbehörde, PA Nr. 969.

58 Vgl. dazu auch Ruth Bettina Birn, Die Höheren SS- und Polizeiführer, Düsseldorf 1986, S. 354 f; Michael H. Kater, Zum gegenseitigen Verhältnis von SA und SS in der Sozialgeschichte des Nationalsozialismus von 1925–1939, in: Vierteljahrschrift für Sozial- und Wirtschaftsgeschichte 62 (1975), S. 349–379.

59 Justizbehörde, PA Nr. 979.

60 StArch HH, 241-2, B 3261, und Berlin Document Center, PA.

K 3/62.

A u f g a b e .

1. X wird von hamburgischen Polizeibeamten in Schutzhaft genommen und in ein Konzentrationslager abgeführt,

a) weil er eine französische Zeitung mit Greuelmärchen-Material versorgt hat,

b) weil er mit einem höheren Polizeibeamten eine persönliche Meinungsverschiedenheit gehabt hat.

Wie ist das Vorgehen der Polizeibeamten in beiden Fällen rechtlich zu beurteilen ? Welche Rechtsbehelfe stehen dem X zur Verfügung ?

2. X glaubt, Grund zu haben, sich über die Behandlung im Konzentrationslager beschweren zu können. Welche Rechtsbehelfe hat er ?

Hilfmittel:

1. Perels,
2. Weimarer Verf.,
3. VO.d.RPräs.zum Schutze von Volk und Staat vom 28.Febr.1933 (RGBl.I Nr.17),
4. Hamb.Landesverwaltungsgesetz vom 14.Sept.1933 (HGVBl.Nr.88),
5. Erste VO.zur Ausführung des hamb.LVG. vom 29.Sept.1933 (HGVBl.Nr.92),
6. Hamb.Gesetz zur Änderung des VGG. vom 23.Juni 1933 (HGVBl.Nr.60),
7. Hamb.Gesetz zur Änderung des VGG.vom 27.Jan.1934 (HGVBl.Nr.7)

Diese Aufgabe ist mit der fertiggestellten Arbeit zurückzugeben und von den Kandidaten nicht abzuschreiben.

Klausurarbeit aus dem Öffentlichen Recht (2. Staatsprüfung 1934).
Quelle: Justizbehörde, PA Nr. 979.

Beurteilung:

I. VOTUM.

Die Ausführungen des Referendars sind zutreffend, zum Teil sogar recht verständig. Eine Ausnahme besteht nur insoweit, als der Verfasser annimmt, daß der X auch in das Konzentrationslager wegen seiner persönlichen Meinungsverschiedenheiten mit dem Polizeioffizier gebracht werden könne.
Diese Ausführungen sind unzutreffend.
Mit der Rücksicht auf diesen nicht unbedenklichen Fehler ist die Arbeit nur »Ausreichend«.

Hbg. 13.4.34
(OLGRat) Hansen

II. VOTUM.

Ich halte den Fehler deshalb nicht für so schwerwiegend, weil aus den Erwägungen des Verf. hervorgehen dürfte, daß er bei der gegebenen Sachlage der »Meinungsverschiedenheit« einen gewissen politischen Charakter gefährlicher Art glaubt beimessen zu sollen. Andererseits zeigen die Ausführungen des Verf., daß er den Grundzug der Regelung und ihre Bedeutung der nat.soz. Auffassung von der Stellung des Staates entsprechend würdigt.
Daher bin ich für »gut«.

Hbg. 15.4.34
(Rechtsanwalt Prof. Dr.) Fischer

III: VOTUM.

Ohne Bedenken: »gut«

21.4.34
(Senatspräsident) Sievers

lich von Studenten aufgestellten Zeitfreiwilligenbataillon in Rostock angehört, das nach militärischer Ausbildung in den Kapptagen im März 1920 unter Lettow-Vorbeck eingesetzt worden ist und bei Katelbogen bei Bützow in Mecklenburg ein Gefecht mit roten Truppen bestanden hat, jedoch infolge der Übermacht und wegen des Scheiterns des Kapp-Unternehmens kapitulieren mußte«.[61] Ein anderes SS-Mitglied wurde noch als Schüler im Rahmen der »Technischen Nothilfe« 1923 gegen einen Landarbeiterstreik in Eckernförde eingesetzt.[62]

Bei einem anderen Teil dieser Gruppe ist ein starker Wechsel der politischen Anschauungen festzustellen. Bei einzelnen war der Vater Freimaurer oder Mitglied der DDP, und sie selbst engagierten sich in der DVP und DDP oder sogar SPD. Daher erfolgte der Eintritt in die NSDAP manchmal erst 1937. Der frühe Eintritt in die SS war eindeutig darauf zurückzuführen, daß aus ökonomischen Gründen eine berufliche Absicherung erreicht werden sollte.[63] Auch bei anderen Justizjuristen galt die SS im Vergleich zur eher »pöbelhaften« SA als die diszipliniertere und »bessere« Truppe. Wenn man als junger Jurist aufsteigen und zu den »Besseren« gehören wollte, empfahl sich der Eintritt in die SS.

So war die Mitgliedschaft in der SS häufig Mittel zum Zweck. Das wird auch dadurch bestätigt, daß die Karriere innerhalb der SS nur bei einer relativ kleinen Gruppe auf der Tätigkeit innerhalb der Organisation beruhte. Für die Mehrzahl der Inhaber höherer SS-Ränge galt, daß diese Ränge eher eine Angleichung an die in der Justiz erreichten Positionen waren. So schrieb der Höhere SS- und Polizei-Führer Querner im Oktober 1942 an den Chef des SS-Personalhauptamtes, Staatssekretär Rothenberger habe »gelegentlich eines Zusammenseins darum gebeten, zwei seiner engsten Mitarbeiter in einen ihrer jetzigen Dienststellung entsprechenden SS-Rang zu befördern; Rothenberger legt, wie er mir sagt, großen Wert darauf, daß seine engsten Mitarbeiter nicht in Beamtenuniform, sondern in SS-Uniform auftreten«.[64] Der Wunsch wurde erfüllt. Auf diesem Wege erhielt der Ministerialdirektor Rudolf Letz den Rang eines SS-Sturmbannführers, obwohl er wichtigen SS-Normen nicht entsprach: er war Mitglied der evangelischen Kirche und hatte keine Kinder.[65]

Auch bei den »hauptberuflichen« SS-Männern ist taktisches und opportunistisches Verhalten festzustellen. Walther Bierkamp trat erst 1941 aus der Kirche aus, als seine Beförderung zu einem höheren SS-Rang wegen seiner kirchlichen Bindung abgelehnt worden war; einen Monat nach seinem Kirchenaustritt wurde er dann zum SS-Standartenführer ernannt. Auch andere SS-Mitglieder gaben einem solchen Druck nach; etwa zwei Drittel der SS-Männer unter den Justizjuristen trat aus der Kirche aus. So prägten taktische und opportunistische Einstellungen das Verhältnis der SS-Mitglieder unter den Justizjuristen zu »ihrer« Organisation.

61 StArch HH, 241-2, B 3456.

62 Justizbehörde, PA Nr. 1849, und Berlin Document Center, PA.

63 Vgl. zum Beispiel StArch HH, 241-2, A 3345.

64 Berlin Document Center, PA Rudolf Letz. Zur Aufnahme von »Prominenz« in die SS vgl. Boehnert, Jurists in the SS-Führerkorps, a.a.O., S. 368 f.

65 Vgl. dazu Birn, Die Höheren SS- und Polizeiführer, a.a.O., S. 358.

Für Juristen gab es einen beruflichen Fachverband: Den Nationalsozialistischen Rechtswahrerbund (NSRB), der bis Mai 1935 als Bund Nationalsozialistischer Deutscher Juristen (BNSDJ) firmierte. Hier war eine Mitgliedschaft fast obligatorisch. Nur in den ersten Jahren des »Dritten Reichs« konnte man sich – ähnlich wie bei der Frage des Parteieintritts – abseits halten. Dann setzte ein starker Druck zum Beitritt ein. Er wurde noch dadurch verstärkt, daß der Hamburger Oberlandesgerichtspräsident Rothenberger in Personalunion »Gauführer« des NSRB war.[66] So schrieb Rothenberger im März 1936 an einen Richter: »Ich bitte Sie, mir mitzuteilen, welche Hinderungsgründe Ihrer Aufnahme in den BNSDJ entgegenstanden«. Der Richter antwortete: »In der Annahme, daß der Beitritt zu dem BNSDJ nicht unbedingt erforderlich ist, habe ich mit Rücksicht auf meine geschwächte Gesundheit (Herzleiden), die mir den Besuch der regelmäßigen Bundesversammlungen erheblich erschweren würde, von einer Bewerbung um die Aufnahme abgesehen«. Daraufhin wurde der Richter vorgeladen. Rothenbergers Stellvertreter Letz fertigte darüber folgende Aktennotiz an: »Weisungsgemäß habe ich mit Richter H. die Angelegenheit erörtert und ihn darauf hingewiesen, daß aus seinem Verhalten geschlossen werden könne

1. eine grundsätzlich ablehnende Stellungnahme gegenüber dem NSRB und dem heutigen Staat,
2. auf einen Gesundheitszustand, der es ihm nicht ermögliche, seine Dienstpflichten ordnungsgemäß zu erfüllen«.

Das hatte einen ziemlich drohenden Unterton. Aber als der Richter beide Vermutungen wortreich bestritt, ließ sich Letz doch etwas milder stimmen. Die Sache wurde Rothenberger noch einmal vorgelegt, dann aber zu den Akten gegeben. Der Richter trat auch später nicht dem NSRB bei.[67] Das blieb aber eine Ausnahme.

Auch Justizjuristen, die sich gegen einen Beitritt zur NSDAP erfolgreich wehrten, traten dem NSRB bei, weil es sich hier ja um einen Berufsverband handelte. Zwar wurde über Vorträge im NSRB versucht, weltanschaulich und justizpolitisch zu indoktrinieren. Aber man konnte auch fehlen oder bei Diskussionen mal ein kritisches Wort riskieren.[68] Ausschlüsse aus dem NSRB wegen politischen »Fehlverhaltens« sind bisher nicht bekannt geworden. Allerdings gibt es einen Fall, in dem Rothenberger so etwas erwogen haben soll.[69] Der NSRB wurde aber als Mittel zur rassischen Diskriminierung benutzt. Anfang 1944 kam »von oben« die Anweisung, daß die »Mischlinge 1. Grades« aus dem Verband ausscheiden müßten.

66 Im OLG Celle wurde nach anfänglichen Reibereien zwischen NSRB und Justiz der NSRB vom Personalreferenten des OLG »übernommen«, vgl. Hamann, OLG Celle, a.a.O., S. 201, 208.

67 StArch HH, 241-2, B 3198.

68 Zu diesem Abschnitt vgl.: Justizbehörde, PA Nr. 985; StArch HH, 241-2, Ablieferung 86 I (Max Kappauf).

69 Vgl. StArch HH, Abt. 241-2, A 3358, Entnazifizierungs-Dokumente. Die disziplinarischen Befugnisse des NSRB waren seit 1937 eingeschränkt. Nach einer Vereinbarung zwischen Justizminister Gürtner und dem Stellvertreter des »Führers« Rudolf Heß durften Maßnahmen erst ergriffen werden, wenn zuvor ein Disziplinarverfahren auf dienstlichem Wege durch das Reichsjustizministerium eingeleitet worden war, vgl. Angermund, Richterschaft, a.a.O., S. 85.

Der Chefpräsident Schmidt-Egk wollte – laut Aktenvermerk – den betroffenen Oberlandesgerichtsrat R. »bei gegebener Gelegenheit auf die Maßnahme vorbereiten«.[70]

Die Mitgliedschaft in der NSV (Nationalsozialistische Volkswohlfahrt) war in ähnlicher Weise wie beim NSRB fast obligatorisch. Es gab aber auch hier einzelne Justizjuristen, die erst sehr spät oder gar nicht in diesen Verband eintraten. Dabei wurde der Beitritt ebenfalls »von oben« mit Aufforderungen und Vorladungen unterstützt. Die Gruppe der Nicht-Mitglieder war weitgehend identisch mit den Personen, die auch einen Beitritt zur NSDAP ablehnten. Bezeichnend für den »Druck von oben« ist sicherlich, daß kein Justizjurist die Mitgliedschaft sowohl in der NSDAP als auch im NSRB *und* der NSV ablehnen konnte; eine »Kröte« mußte geschluckt werden ...

Neben diesen Verbänden erlangte im Laufe der Kriegsvorbereitungen und des Weltkrieges der RLB (Reichs-Luftschutz-Bund) noch eine gewisse Bedeutung. Auch hier war die Mitarbeit »sehr erwünscht«. Schließich gab es noch zahlreiche weitere Verbände, die keine größere politische Bedeutung hatten. Das reichte vom NSFK (Nationalsozialistisches Flieger-Korps) bis zum RdK (Reichsbund der Kinderreichen). Mitgliedschaften wurden in den Personalakten genau verzeichnet, auch Posten und Funktionen detailliert gemeldet.

Tätigkeitsbereiche in der Justiz: Das Problem der Mitwirkung an der politischen Strafjustiz und den nationalsozialistischen Verbrechen

Die Ziviljustiz war vom Geschäftsanfall her und durch die Zahl der Richter gegenüber der Strafjustiz der eindeutig »gewichtigere« Teil. Das politische Profil der in der Zivil- und Strafjustiz tätigen Juristen war dabei durchaus unterschiedlich (vgl. Tabelle 4). So waren 1939 am Landgericht zum Beispiel die »frühen Nationalsozialisten« nur in der Strafjustiz, ehemalige Logenmitglieder, »Mischlinge« und demokratisch engagierte Richter nur in der Ziviljustiz zu finden. Der Prozentsatz der Richter, die nicht der NSDAP beitraten, war dementsprechend in der Ziviljustiz größer als in der Strafjustiz. Die Strafrichter hatten häufiger Ämter und höhere Funktionen in der NSDAP als die Zivilrichter. Die Strafrichter waren vor 1933 im Gegensatz zum Durchschnitts-Juristen und zum Zivilrichter doppelt so häufig in der DVP wie in der DNVP. An diesen Unterschieden hatte die Personalpolitik Rothenbergers und des Reichsjustizministeriums sicherlich einen wichtigen Anteil. Aus den Personalakten sind zahlreiche Fälle der Versetzung aus der Strafjustiz in die Ziviljustiz bekannt. Dabei sind zunächst die Versetzungen von Juden, »Mischlingen« und Freimaurern zu nennen. Häufiger wurden politisch nicht so »zuverlässige« Richter aus der Strafjustiz in die Ziviljustiz versetzt. Das beruhte hauptsächlich auf der Initiative Rothenbergers.[71]

Es wäre reizvoll, auch das »politische Profil« der Oberlandesgerichtsräte, speziell der Mitglieder der Strafsenate, und der Amtsgerichtsräte, und hier eventuell der Grundbuchrichter als ganz »unpolitisch« geltender Juristen, zu untersuchen.

70 Vgl. StArch HH, 241-2, A 3231.

71 Vgl. StArch HH, 241-2, A 3179, A 3495, B 2029, B 3198, B 3249, B 3841 und Ablieferung 87 I: Wilhelm Fromm.

Auch die Unterschiede zwischen Richtern und Staatsanwälten wären sicher ein dankbares Thema. Hier soll jedoch zunächst nur das Personal der »politischen Strafjustiz im weiteren Sinne« etwas näher beleuchtet werden. Unter diesem Begriff werden nicht nur die Hoch- und Landesverratssenate des Oberlandesgerichts erfaßt, sondern auch die Kammern des Sondergerichts und die 6. Strafkammer des Landgerichts, die hauptsächlich sogenannte »Rassenschande-Fälle« aburteilte. Einbezogen werden auch die Staatsanwälte, die Anklagen vor diesen Gerichten vertraten. Beim Personal der politischen Strafjustiz im weiteren Sinne fällt auf, daß frühe Nationalsozialisten besonders beim Sondergericht (so Becher, Bierkamp, Paul Groth, Kubel und Rüger), aber auch in »Rassenschande-Sachen« (Dauwes, Rüger) tätig wurden. Ähnliches gilt für die SS-Mitglieder: Beim Sondergericht wurden unter anderem Bayer, Bierkamp, Carl Günther, Heitmann und Kleykamp aktiv; in »Rassenschande-Sachen« sind zu nennen: Carl Günther, Kleykamp, Erich Möller und Schön.[72]

In der Ziviljustiz gab es allerdings auch Tendenzen zur »Politisierung«. Besonders die Rechtsstellung und Behandlung der Juden ist in diesem Zusammenhang zu nennen. Hier sollen nur zwei Beispiele angeführt werden: Bereits 1934 erließ ein Amtsgerichtsrat ein Urteil, das im Widerspruch zu den Regelungen des BGB der Mutter das Sorgerecht für ihr Kind entzog, weil sie einen »Rassefremden« geheiratet hatte.[73] In einer dienstlichen Beurteilung aus dem Jahre 1935 hieß es, daß ein Assessor W. »der völkischen Entwicklung größtes Verständnis entgegenbringt; das zeigte sich vor allen Dingen bei der Behandlung von Ehesachen, in denen rassehygienische Fragen eine Rolle spielten«.[74] Diese Problematik kann hier nicht weiter verfolgt werden. Die anstehende Frage soll von einem anderen Ansatzpunkt her angegangen werden. Gab es personell als festgefügten Block eigentlich »die« Ziviljustiz, die – wie nach 1945 immer wieder behauptet – doch vollkommen (oder zumindestens sehr weitgehend) »sauber« blieb? Gab es nicht durch Ausbildungswege und Berufslaufbahn, durch freiwillige Meldungen, Abordnungen und Versetzungen zumindestens eine »Durchmischung« von Zivil- und Strafjustiz? Wurden so nicht sehr viele Justizjuristen in die politische Strafjustiz und die Verbrechen des NS-Systems mit einbezogen?

Man kann davon ausgehen, daß fast jeder Justizjurist zumindest über Vertretungen und kürzere Tätigkeiten als Assessor in der Strafjustiz tätig war. Die Beteiligung an der politischen Strafjustiz im weiteren Sinne ist dabei teilweise schwierig zu ermitteln. In den Entnazifizierungsverfahren versuchten viele Richter, diese Beteiligung möglichst nicht anzusprechen oder durch Umschreibungen zu verharmlosen. Das ging bis an die Grenze des Zynismus. So schrieb ein Richter 1947, daß er zeitweise »als Beisitzer in der Strafkammer VI (hauptsächlich Verkehrssachen) verwendet« wurde: das war die »Rassenschande«-Kammer![75] In vielen Fällen wurde die Beteiligung an der politischen Strafjustiz erst

72 Hans Robinsohn, Justiz als politische Verfolgung, Stuttgart 1977, S. 143 ff, setzt hier falsche Akzente.

73 Vgl. StArch HH, 241-2, B 3240, Bericht vom 26.1.1934.

74 Vgl. StArch HH, 241-2, A 3345, Beurteilung vom 16.12.1935.

75 Diese Kammer wurde dazu eingesetzt, den seit 1935 verbotenen außerehelichen »Verkehr« zwischen »Ariern« und Juden abzuurteilen. Das Zitat stammt aus: StArch HH, 241-2, B 3456, Entnazifizierungs-Dokumente.

seit Ende der 50er Jahre bekannt. Dabei meinten einige der Beteiligten, die »volle Wahrheit« auch jetzt nur stückweise preisgeben zu sollen. Nach dem bisher erreichten – noch nicht vollständigen – Wissensstand ist davon auszugehen, daß mindestens 50 bis 60 % der Hamburger Justizjuristen in der politischen Strafjustiz im weiteren Sinne tätig waren, wenn auch oft nur kürzere Zeit.

Durch Tätigkeiten in der politischen Strafjustiz außerhalb Hamburgs erhöht sich dieser Prozentsatz nur geringfügig. Die Abordnungen und Versetzungen an den Volksgerichtshof waren insgesamt selten. Etwa zehn Justizjuristen sind hier zu nennen. Dabei gab es durchaus den Wechsel von der Ziviljustiz an den Volksgerichtshof.[76] Eine genauere Untersuchung kann hier nicht erfolgen. Einige »Auffälligkeiten« sollen aber kurz angesprochen werden. »Spitzenjuristen« (nach den Examina und der bisherigen Karriere) gingen aus Hamburg kaum an den Volksgerichtshof; es gab sogar direkte Ablehnungen. Hier machte Rothenberger auch kaum Druck.[77] Es scheint einen gewissen juristischen »Lokalpatriotismus« gegeben zu haben: Die guten Kräfte wollte man »im Lande« behalten. Bei den Versetzungen an den Volksgerichtshof zeigt sich sogar ansatzweise der Charakter einer Strafversetzung; so wurde ein Richter, der gerade eine Disziplinarstrafe bekommen hatte, zum Volksgerichtshof geschickt.[78]

Ähnliches ist über die Tätigkeit Hamburger Justizjuristen in den besetzten oder annektierten Gebieten 1939 bis 1945 zu sagen. Die Zahl der Beteiligten war ebenfalls nicht sehr groß. Von den längere Zeit in Hamburg tätigen Justizjuristen sind zehn zu nennen; hinzu kommen aus dem Kreis der kürzere Zeit in Hamburg besonders als Assessoren tätigen Juristen noch einmal etwa zehn Personen. Der Schwerpunkt der Tätigkeit lag in den ins Reichsgebiet eingegliederten ehemaligen polnischen Gebieten und im Generalgouvernement. Es gab aber auch Aktivitäten im sogenannten Protektorat Böhmen und Mähren, in den besetzten Gebieten der Sowjetunion und vereinzelt in den besetzten westlichen Ländern wie zum Beispiel den Niederlanden. Auch die Gruppe der dort tätig gewordenen Juristen kann hier nicht genauer untersucht werden.[79] Es fällt auf, daß »Spitzenjuristen« etwas häufiger vertreten sind; so war der spätere Generalstaatsanwalt Haack zeitweilig an Sondergerichten im Protektorat tätig.[80]

Inwieweit konnte man sich nun gegen solche »Einsätze« wehren? Bei kurzzeitigen Vertretungen und Abordnungen war ein Widerspruch sicher kaum möglich. Hier ging es den Behörden-Chefs darum, kurzfristig »Löcher zu stopfen«. So ergingen kurzerhand entsprechende dienstliche Anordnungen. Bei längeren Abordnungen war das aber selten der Fall. Hier gab es zwar den Gesichtspunkt der »Erziehung«: So konnte eine Abordnung an das Sondergericht oder sogar

76 Vgl. StArch HH, 241-2, B 3450 und Ablieferung 87 I, Beurteilung von 1943.

77 Vgl. StArch HH, 241-2, B 3839, Entnazifizierungs-Dokumente.

78 Siehe Anm. 76. Vgl. auch StArch HH, 241-2, A 3305.

79 In den entsprechenden Personalakten finden sich teilweise sehr interessante Tätigkeitsberichte, die von diesen Justizjuristen an ihre früheren Dienstvorgesetzten in Hamburg geschickt wurden. Die Berichte sollen in einer späteren Veröffentlichung ausgewertet werden. Zur Tätigkeit von Justizjuristen im besetzten Polen vgl. insbesondere: Christoph U. Schminck-Gustavus, NS-Justiz und Besatzungsterror, in: Norman Paech und Gerhard Stuby (Hrsg.), Wider die herrschende Meinung. Beiträge für Wolfgang Abendroth, Frankfurt/M. 1982, S. 13 ff.

80 Vgl. StArch HH, 241-2, Ablieferung 86 I (Hans Haack).

den Volksgerichtshof in bestimmten Fällen auch Personen treffen, die sich disziplinarisch und politisch »abweichend« verhalten hatten.[81] Sicher waren jüngere Juristen einem stärkeren Druck ausgesetzt als ihre älteren Kollegen. Insgesamt gilt aber, daß längere Tätigkeiten in der im weiteren Sinne politischen Strafjustiz mit Zustimmung der Betroffenen erfolgten – oder sogar auf deren Wunsch.[82] So ließ sich zum Beispiel ein Zivilrichter gleich 1933 auf eigenen Wunsch in die Strafjustiz versetzen und wurde am Sondergericht tätig. Für ihn war es dort offensichtlich so angenehm, daß er dann beim Volksgerichtshof seine Tätigkeit fortsetzte.[83] Es gab auch relativ viele Bewerbungen um Stellen »im Osten«.[84] Auf der anderen Seite hatten konsequent betriebene Anträge auf Versetzung in die Ziviljustiz oder in weniger »gefährliche« Bereiche der Strafjustiz fast immer Erfolg. Dabei waren sonstige gute berufliche Leistungen und auch eine höhere Dienststellung sicher hilfreich; sie spielten aber keine ausschlaggebende Rolle; es kam auf den Willen der einzelnen an.[85] Es lag auch offensichtlich nicht im Interesse der Vorgesetzten, daß die politische Strafjustiz von »Unwilligen« ausgeübt wurde.[86]

Außerdem gab es grundsätzlich die Möglichkeit, dem vorhandenen Druck durch Antrag auf Versetzung in einen anderen Oberlandesgerichtsbezirk oder durch Ausscheiden aus dem Justizdienst zu begegnen. Eine Versetzung konnte zum Beispiel relativ erfolgreich damit begründet werden, daß man das (meteorologische) Klima in Hamburg nicht vertrage. Es gab durchaus den Übergang aus Richter-Funktionen zum Rechtsanwalt und Notar (Mosich, Riebow), in die »freie Wirtschaft« (Jaeschke) oder in die staatliche Verwaltung (Winckelmann, Berg).[87] Dabei waren teilweise Unbequemlichkeiten und starke finanzielle Verluste hinzunehmen; besonders die Tätigkeit als Rechtsanwalt war wegen der »Juristenschwemme« Anfang der 30er Jahre sicher erschwert. Daß diese Möglichkeit aber so selten realisiert wurde, wirft doch ein bezeichnendes Licht auf die nach 1945 behaupteten »ernsthaften« Versuche der Justizjuristen, sich der »Verstrickung« in die »politische Strafjustiz« zu entziehen.

Eine weitere »Problemzone« war die Tätigkeit der Justizjuristen innerhalb der Wehrmachtsjustiz. Von den längere Zeit in Hamburg tätigen Juristen wurden gut 10 % als Kriegsrichter aktiv; dabei war die Beteiligung an Todesurteilen gegen Deserteure fast »zwangsläufig«.[88] Einzelne Juristen erreichten auch höhere Positionen; ein Hamburger Justizjurist war am Zentralgericht des Heeres und am Reichskriegsgericht tätig.[89] Diese Gruppe konnte ebenfalls nicht detaillierter un-

81 Siehe Anm. 76 und 96; Vgl. auch StArch HH, 241-2, B 3439.

82 Vgl. auch Robinsohn, Justiz als politische Verfolgung, a.a.O., S. 148.

83 Vgl. StArch HH, 241-2, B 3839.

84 Vgl. zum Beispiel StArch HH, 231-1, 916/17, 1a/3.

85 Vgl. zum Beispiel Segelken, Amor fati, a.a.O., S. 182 ff; siehe auch Hamann, OLG Celle, a.a.O., S. 171, 226.

86 Vgl. StArch HH, 241-2, A 3382 und Ablieferung 86 I, rückblickender Bericht von 1969.

87 Vgl. die entsprechenden Personalakten im StArch HH und die Personalkarteien der Justizbehörde. Ein solcher Übergang war freilich nicht immer unproblematisch; so wechselte ein Hamburger Justizjurist in die Reichskanzlei, ein anderer in die Parteikanzlei.

88 Vgl. StArch HH, 241-2, A 3765, B 3456 und Ablieferung 86 I (Stoldt).

89 Siehe StArch HH, 241-2, B 3209; vgl. zu diesem Bereich auch die entsprechenden Ermittlungsakten in der Justizbehörde.

tersucht werden. Eine Durchsicht von Personalakten der Marinerichter erbrachte aber erste Hinweise. Offensichtlich hatten selbst die Juristen, die in Hamburg in der politischen Strafjustiz tätig waren und als überzeugte Nationalsozialisten galten, »Eingewöhnungsschwierigkeiten« bei der Kriegsgerichtsbarkeit. Auf jeden Fall beurteilten die Vorgesetzten ihre Urteilspraxis häufig als »zu milde«. Ob hier auch Vorurteile gegen »Zivilisten« eine Rolle spielten, muß dahingestellt bleiben. Hinzuzufügen ist allerdings, daß sich die »Zivilisten« offenbar schnell anpaßten. Nach einiger Zeit wurden sie meist positiver beurteilt.[90] Auch wer nicht Wehrmachtsrichter war, konnte als Offizier und juristisch Vorgebildeter bei Standgerichten eingesetzt werden. Hier ist die »Dunkelziffer« besonders hoch. Solche Fälle wurden teilweise erst in den 60er Jahren bekannt.[91]

Bei den Kriegssrichtern ist zu bedenken, daß diese Juristen häufig schon vor 1939 in der politischen Strafjustiz im weiteren Sinne tätig waren. Offensichtlich forderte die Wehrmachtsführung besonders diese Juristen an. Es gab aber auch einige Juristen, die aus dem Zivilbereich in die Militärjustiz wechselten. Schätzungsweise wurden auf diese Weise zusätzlich knapp 5 % der Hamburger Justizjuristen in die politische Strafjustiz einbezogen. Das beruhte teilweise auf freiwilligen Bewerbungen, vereinzelt schon vor 1939. Aber auch wenn man eingezogen wurde, gab es Möglichkeiten, sich zu entziehen, zum Beispiel durch Versetzungsanträge zu bestimmten Truppenteilen.

Es gab auch einzelne Fälle, in denen Justizjuristen als Soldaten und Offiziere an Verbrechen der Wehrmacht beteiligt waren. Auch das wurde oft erst spät bekannt. So wurde 1962 Anklage gegen einen Hamburger Justizjuristen erhoben, weil er als Wehrmachts-Angehöriger an der Erschießung von Juden in der Sowjetunion beteiligt war.[92] Das waren zwar Ausnahmefälle. Sie zeigen aber, wie weitgehend die »Verstrickung« auch im Wehrmachtsbereich sein konnte.

Nun soll noch dargestellt werden, inwieweit Hamburger Justizjuristen in die Aktivitäten und Verbrechen der SS einbezogen waren.[93] Hier muß betont werden, daß es einen irgendwie gearteten »Zwang« zur Mitgliedschaft in der SS nicht gab. Auch Justizjuristen, die 1933 in die SS eingetreten waren und schon untere Führungsränge erreicht hatten, konnten sich zur Wehrmacht melden und so der Einberufung zur Waffen-SS entgehen; das war bei einigen SS-Mitgliedern der Fall. Andere SS-Mitglieder waren nach Beginn des Krieges in »SS-Totenkopf-Verbänden«. Das ist bei vier Hamburger Justizjuristen nachgewiesen. Ein Hambur-

90 Vgl. zum Beispiel StArch HH, 241-2, B 3441 und die entsprechenden Personalakte in der Deutschen Dienststelle (WASt), Berlin.

91 Vgl. Justizbehörde, PA Nr. 2005.

92 Vgl. Justizbehörde, PA Nr. 1999.

93 Die Aktivitäten von Justizjuristen in der SA sollen hier nicht näher betrachtet werden; das bedeutet aber nicht, daß sie unproblematisch waren. Hans Segelken, Amor fati, a.a.O., S. 158, berichtet über Märsche seiner SA-Einheit durch die Stadt: »Dann kam es vor, daß harmlose Passanten durch aus der Marschkolonne herausspringende SA-Leute schamlos belästigt, bloßgestellt und erniedrigt wurden. Etwa in der Weise, daß ganz friedliche Straßenbenutzer plötzlich gestellt und durch Zupacken, Festhalten, Püffe, auch Schläge ins Gesicht, Fußtritte etc. gewaltsam dazu genötigt wurden, mit Front zur vorbeimarschierenden SA-Einheit stehenzubleiben und durch Erheben des rechten Armes der vorangetragenen Hakenkreuzfahne den Hitlergruß zu erweisen. Erst recht wurde das von Juden oder Personen, die man dafür hielt, mit begleitenden häßlichsten Schimpfworten und Mißhandlungen erzwungen. Als im SA-Sturm Mitmarschierender mußte ich das mit ansehen...«.

ger Justizjurist wurde 1940 der Wachmannschaft des Konzentrationslagers Auschwitz zugeteilt.[94]

Zur Mitarbeit Hamburger Justizjuristen im SD (Sicherheitsdienst der SS) ist anzumerken, daß mindestens 15 Hamburger Richter und Staatsanwälte, meistens SS-Mitglieder, Sachberichte an den SD lieferten; sie stritten nach 1945 recht glaubwürdig eine Bespitzelung von Kollegen für den SD ab.[95] Bekannt ist allerdings – zumindestens für einige Jahre – der offizielle »SD-Vertrauensmann für alle richterlichen Beamten«: Es war ein sehr enger Mitarbeiter Rothenbergers, mit glänzenden Examina, sehr jung, schon mit 31 Jahren Oberlandesgerichtsrat, SS-Mitglied (vgl. Lebenslauf 3).

Vier Hamburger Justizjuristen waren an SS-Gerichten tätig. Ähnlich wie bei den Marine-Kriegsrichtern ergaben sich offensichtlich anfangs Anpassungsschwierigkeiten: Über einen SS-Mann wurde 1940 in der Beurteilung »geklagt«: »Zu gutmütig«, »mangelnde Härte«, »stellt zu große Überlegungen an«.[96] Auch sonst gab es »Schwierigkeiten«: Ein ehemaliger Staatsanwalt wurde von einem SS-Gericht zum anderen versetzt; nach sieben verschiedenen Stationen landete er schließlich in der SS-Standortverwaltung Weimar-Buchenwald, die auf dem Ettersberg in unmittelbarer Nachbarschaft des Konzentrationslagers untergebracht und auch laufend mit Belangen des Lagers befaßt war. Er hatte vom Chef des Hauptamtes SS-Gericht eine Diziplinarstrafe erhalten, weil er sich als Angehöriger des Stabes des HSSPF Rußland-Mitte in stark betrunkenem Zustand zu »Tätlichkeiten« gegen einen Polizeiwachtmeister und zu »Ausschreitungen gegen Eigentum und körperliche Sicherheit ... seiner weißrussischen Quartiersgeber hatte hinreißen lassen.« Weiter hieß es in der SS-eigenen moralischen Unmoral: »Derartige Ausschreitungen gegen russische Landeseinwohner sind, soweit diese sich loyal verhalten, keineswegs zu billigen«.[97]

Größeren Einfluß in der SS erreichte kaum ein Hamburger Justizjurist. Zwar fungierte ein Jurist als »persönlicher Referent des Höheren SS- und Polizei-Führers Ost« – was erst Anfang der 60er Jahre bekannt wurde.[98] Er war sicherlich ein Mitwisser, hatte aber keine Befehlsgewalt oder gar Machtstellung. Nur der ehemalige Staatsanwalt Bierkamp erreichte eine wirklich einflußreiche Position.

Karrieren

In der Zeit von 1933 bis 1945 konnten etwa 37 % der über zwei Jahre in Hamburg tätigen Justizjuristen eine Beförderung erreichen. Die meisten stiegen dabei von der Eingangsstufe in die 1. Beförderungsstufe auf. Der Anteil der beförderten Justizjuristen erhöht sich noch auf etwas über 40 %, wenn man die Beförderungen nach dem Wechsel in die Verwaltung, Militärjustiz oder SS hinzurechnet. In der Weimarer Zeit waren die Beförderungs-Chancen offenbar geringer gewesen; damals wurden nur etwa 25 bis 30 % der Justizjuristen befördert. Die besseren Kar-

94 Vgl. Justizbehörde, PA Nr. 1889.
95 Vgl. zum Beispiel StArch HH, 241-2, A 3303 und Entnazifizierungs-Akte.
96 Vgl. Justizbehörde, PA Nr. 1169 und die entsprechende Akte im Document Center.
97 Vgl. StArch HH, 241-2, B 3383 und die entsprechende Akte im Document Center.
98 Vgl. Justizbehörde, PA Nr. 979 und die entsprechende Akte im Document Center.

riere-Bedingungen nach 1933 haben das Regime für die Justizjuristen sicherlich nicht unattraktiver gemacht. Daß diese Verbesserung unter anderem darauf beruhte, daß zahlreiche jüdische und politisch unliebsame »Kollegen« entlassen wurden, stand für sie auf einem anderen Blatt ...

Neben der großen Gruppe von Justizjuristen, die nach 1933 befördert wurde, blieben auch Juristen tätig, die schon in der Weimarer Zeit und in Ausnahmefällen bereits im Kaiserreich befördert worden waren. Das waren immerhin etwa 17 % der längere Zeit in Hamburg nach 1933 tätigen Justizjuristen. Demnach verblieben etwa 45 % der Justizjuristen in der Eingangsstufe. Dabei ist zu berücksichtigen, daß viele Juristen überhaupt erst in den letzen Jahren der Weimarer Republik oder nach 1933 eingestellt wurden – wie ja auch aus der Altersstruktur zu ersehen ist.[99] So stellten die jungen Justizjuristen an den in der Eingangsstufe »Verbliebenen« ein gutes Drittel. Etwa die Hälfte war schon seit der Weimarer Zeit, ca. 15 % waren seit dem Kaiserreich in der Eingangsstufe tätig.

Es soll zunächst näher untersucht werden, in welchen Formen und unter welchen Bedingungen eine »einfache« Karriere (z.B. vom Landgerichtsrat zum Landgerichtsdirektor) nach 1933 verlief. In den Jahren 1933 bis 1935 blieb das durchschnittliche »Beförderungsalter« auf der Höhe der Weimarer Zeit: Nach ca. 14 Jahren rückte man in der Regel von der Eingangsstufe in die 1. Beförderungsstufe auf. Abweichungen von dieser Regel sind natürlich besonders interessant. Dabei zeigt sich, daß die größte Differenz »nach oben« mit 22 Dienstjahren in der Eingangsstufe bei einem frühen Nationalsozialisten festzustellen ist: Er wurde nach 1933 (endlich) belohnt.[100] Die größte Abweichung »nach unten« mit 8 Jahren ist bei einem Justizjuristen festzustellen, der wegen seiner genauen Kenntnisse über die Organisation und das Personal der KPD als Spezialist bei der »Bekämpfung« von Kommunisten galt.[101] Hier zeigt sich die Instrumentalisierung von Beförderungen für politische Zwecke. Im Zeitraum 1933 bis 1935 galt das aber trotz der angeführten Beispiele nur eingeschränkt. Zwar wurde kein Justizjurist befördert, der sich vor 1933 in demokratischer Richtung engagiert hatte;[102] offensichtlich wurde auch der Eintritt in die NSDAP belohnt. Aber unter den 19 Beförderten sind immerhin vier Juristen, die nicht in die Partei eintraten, wieder ausgeschlossen wurden oder erst sehr spät ihren Beitritt zur NSDAP erklärten. Ein sogenannter »Mischling« wurde sogar zum Oberlandesgerichtsrat befördert.[103]

In den Jahren 1936 bis 1939 wurde der durchschnittliche Beförderungs-Rhythmus kürzer: Nach 12 Jahren wurde in der Regel die 1. Beförderungsstufe erreicht; das galt auch für die Jahre 1940 bis 1945. Dadurch wurde der im Vergleich zur Weimar Zeit höhere Anteil der »Beförderten« unter den Justizjuristen erreicht. Auch in diesen Jahren bieten die Abweichungen vom durchschnittlichen Beförderungs-Zeitraum bezeichnende Einblicke: Die Abweichungen »nach un-

99 Es handelte sich um insgesamt knapp 100 Justizjuristen, von denen ungefähr ein Drittel bis 1945 noch befördert wurde.

100 Vgl. StArch HH, 241-2, Personalbogen 1973 und Entnazifizierungs-Akte.

101 Vgl. StArch HH, 241-2, B 2010, Beurteilungsbogen.

102 Der Reichsinnenminister hatte am 8.6.1934 die Beförderung von Beamten, die der SPD oder Staatspartei (DDP) angehört hatten, untersagt, vgl. Kregel, Personalpolitik, a.a.O., S. 66.

103 Vgl. StArch HH, 241-2, A 3231.

den »Vierzigern«, als ihr großer Aufstieg begann. Durch die nach 1900 Geborenen (Gramm, Haack, Meyer-Lüerßen und Prieß) verstärkte sich der Anteil der »Jungen« auf fast zwei Drittel. Vor 1890 war also nur ein gutes Drittel dieser »Aufsteiger« geboren, davon die meisten in den 80er Jahren, nur wenige (Hofmann und Marwege) in den 70er Jahren. Bei der regionalen Herkunft dieser Juristen-Gruppe ergeben sich keine größeren Abweichungen vom Durchschnitt; keinesfalls ist hier ein »Hamburger Lokalpatriotismus« nachweisbar, eher eine leicht gegenläufige Tendenz. Bei der sozialen Herkunft ist ähnliches festzustellen (vgl. Tabelle 2); zwar gab es Abweichungen vom allgemeinen Durchschnitt, hier muß aber die Altersstruktur dieser Gruppe einbezogen werden: Die Prozentsätze gleichen fast exakt den Werten, die für die Juristen der 80er Jahre ermittelt wurden. Offenbar sind die 80er und 90er Jahre als Einheit aufzufassen; erst nach 1900 kam es zu den dargestellten größeren Veränderungen. Auch bei den Abiturzeugnissen und den Noten des 1. und 2. Staatsexamens ergeben sich keine größeren Abweichungen vom Durchschnitt. Allenfalls ist festzustellen, daß sich die Noten vom 1. zum 2. Examen deutlich verbesserten. Das könnte ein Hinweis darauf sein, daß sich in dieser Gruppe die guten Leistungen hauptsächlich in der Praxis zeigten. Es fällt jedenfalls auf, daß viele dieser Justizjuristen mit steiler Karriere auch schon vor 1933 beruflich sehr gut beurteilt wurden. Bezeichnend dafür ist vielleicht, daß der Amtsgerichtspräsident Blunk vor 1933 über Rudolf Letz gesagt haben soll: »Letz kann alles!«. Letz hatte das 1. Examen nur mit »ausreichend« bestanden.[109]

Bevor diese Gedanken weiterverfolgt werden, ist aber die Frage zu klären, ob nicht die »großen« Karrieren eindeutig auf politische Ursachen zurückzuführen sind. Das kann in dieser Zuspitzung verneint werden: Es gab höchstens einen etwas deutlicheren Zug zur Anpassung als bei den »Durchschnitts-Juristen«. Unter den Juristen mit Spitzenkarriere waren zwei Juristen, die schon vor 1933 der NSDAP beigetreten waren; die anderen Juristen traten häufiger als der Durchschnitt schon 1933 in die Partei ein und hatten wohl auch teilweise etwas höhere Ämter in der Partei und den angeschlossenen Verbänden (was zum Beispiel beim NSRB aber auf die berufliche Funktion zurückzuführen war). Den beiden frühen Nationalsozialisten standen zwei Juristen gegenüber, die erst 1940/41 in die Partei eintraten (Gramm und Labriga). In bezug auf die Mitgliedschaft in der SS ist ähnliches zu sagen; der berufliche Aufstieg wurde dadurch in keinem Fall wesentlich bedingt; bei Rudolf Letz zum Beispiel spiegelte sein hoher SS-Rang als Sturmbannführer in erster Linie seine Stellung als Ministeraldirektor wider. Auffällig ist in dieser Gruppe allenfalls die relativ häufige »Fördermitgliedschaft« in der SS; das verweist wiederum auf eine etwas stärkere Anpassung. Auch die politischen Aktivitäten vor 1933 ergeben kein anderes Bild: Drei Juristen aus dieser Gruppe waren in der DNVP, zwei in der DVP; einer war sogar Logenmitglied gewesen (und konnte durch ein erfolgreiches Gnadengesuch beim »Führer« diese »Scharte auswetzen«). Auch wenn man die »Frontkämpfer«- und Freikorps-Aktivitäten betrachtet, ergibt sich nichts wirklich Auffälliges. So wird man wieder auf die berufliche Ebene verwiesen.

109 Vgl. StArch HH, 241-2, A 3838, biographische Skizze.

Hier stellt sich die Frage, ob die Mitglieder dieser Gruppe nicht vielleicht durch Beteiligung an der im weiteren Sinne politischen Strafjustiz ein »Übersoll« leisteten, das ihre Karriere »erklärt«. Das war bei mehreren Mitgliedern dieser Gruppe zweifellos der Fall. So waren Haack, Korn und Stoldt Vorsitzende am Sondergericht. Zahlreiche weitere Mitglieder dieser Gruppe – zum Beispiel Rudolf Letz – waren kurzzeitig in der politischen Strafjustiz tätig. Auf der anderen Seite gab es aber auch »Spitzenjuristen«, die als »reine Zivilisten« Karriere machten. Ansatzweise scheint sich eine Auseinanderentwicklung in den Karrierewegen zu ergeben: Auf der einen Seite der Aufstieg zum Volksgerichtsrat, überwiegend politisch bedingt, auf der anderen Seite der traditionelle Karriereweg des »Prädikats-Juristen«: Nach glänzenden Examina Aufstieg zum Präsidenten eines Zivilsenats oder zum Reichsgerichtsrat, politisch sehr zurückhaltend.[110] Hier muß allerdings gefragt werden, ob das so neu war: Gab es nicht auch in Weimar politische Karrieren – zum Beispiel bei dem damaligen Generalstaatsanwalt Franz Lang und dem Landgerichtspräsidenten Johannes Meyer? Und wurden glänzende Examina nicht immer irgendwie belohnt?

So ergeben sich als wichtige Kriterien: berufliche Leistung verbunden mit politischer Anpassung. Diese Anpassungsbereitschaft ist aber nicht mit Opportunismus gleichzusetzen. Es bieten sich eher Begriffe wie »Aufstiegswille« oder »Reiz der Macht« an. Zum »Karrieristen« hielt man bewußt Distanz. So wurde in diesen Kreisen durchaus davon geredet, daß man ja »eigentlich« gerne bis zur Pensionierung Amtsrichter geblieben wäre, um dann – wie Rudolf Letz es formulierte – »am Bodensee zu leben und mit einer silbernen Schere Rosen zu schneiden«.[111] Die ironische Färbung der Worte zeigt, daß etwas anderes angesagt war. Man wollte etwas leisten, etwas »machen«. Aber mit Selbstbewußtsein und »Würde« – so wie man es verstand. Es ist kein Zufall, daß bei den Beurteilungen höherer Hamburger Justizjuristen auch folgende Bemerkungen zu finden sind: » ... gilt allgemein als der Typ eines besonders geraden hanseatischen Richters ... ein Kavalier ohne Furcht und Tadel«.[112] Es läßt sich beobachten, daß in der Justiz traditionell gepflegte »Idealvorstellungen« des Richters, der als »natürliche Autorität« und »eindrucksvolle Erscheinung« gesehen wurde, mit den nationalsozialistischen »Führer-Vorstellungen« eine »unheilige« Allianz eingingen. In diesem Bereich sind die meisten Juristen mit »Spitzenkarrieren« einzuordnen. Es finden sich auch zahlreiche Beispiele aus dem Bereich der »einfachen« Karrieren.

Lebenslauf 3: Hans Hartmann – ein Mann macht Karriere

Hans Hartmann wurde 1908 in Hamburg als Sohn eines Kaufmanns geboren. Er besuchte ein Realgymnasium. 1927 machte er Abitur; seine Noten lagen etwas über dem Durchschnitt, er wurde von der mündlichen Prüfung

110 Das galt nicht für Karrieren, die ins RJM führten. Helmut Heinrichs versucht in einer biographischen Skizze, den Ministerialrat Hans Gramm als unpolitischen »Zivilisten« darzustellen, in: Juristen im Porträt. Festschrift zum 225jährigen Jubiläum des Verlages C.H. Beck, München 1988, S. 373–377. Das stimmt mit den Angaben in der Personalakte Gramm allerdings nicht überein, vgl. StArch HH, Abt. 241-2, A 3281.

111 Vgl. StArch HH, 241-2, A 3838, biographische Skizze.

112 Vgl. StArch HH, 241-2, A 3197, Beurteilungsbögen.

denen Einschätzungen der »Einsatzbereitschaft für den NS-Staat« ausgegangen. Dabei faßten die jeweiligen Vorgesetzten politische und berufliche »Leistungen« formelhaft zusammen,[117] und es lassen sich verschiedene Gruppen bilden, die jetzt dargestellt werden sollen. Die Prozentanteile können beim gegenwärtigen Stand der Untersuchung nur grob geschätzt werden.

1. »Rückhaltlose Einsatzbereitschaft«: Diese und ähnliche Formulierungen wie »fanatisch«, »sehr einsatzbereit« und vereinzelt sogar »rücksichtslos« werden bei etwa 15 % der Justizjuristen benutzt; hier finden sich ein Teil der »alten Kämpfer«, einige SS-Leute und Vorsitzende von Sondergerichts-Kammern.

2. »Unbedingte Zuverlässigkeit«: Diese und ähnliche Formulierungen wie »absolut zuverlässig«, »fest auf dem Boden des heutigen Staates« sind als Abstufung zu der 1. Gruppe zu begreifen, bedeuteten aber keinen prinzipiellen Unterschied. Auch hier sind viele »politische Aktivisten« zu finden, die aber doch »gewisse Skrupel« hatten. Es gab Kritikbereitschaft gegenüber einzelnen Erscheinungen der NS-Herrschaft. So wurden zum Beispiel der Machtanspruch der SS und Polizei sowie ihre Eingriffe in die Justiz kritisiert; das geschah aber hauptsächlich aus Konkurrenz- und Selbsterhaltungsgründen; die moralische Ebene fehlte fast völlig; das NS-Regime wurde prinzipiell bejaht.[118] Insgesamt war diese Kritik mehr die Widerspiegelung taktischer Gegensätze innerhalb der »Bewegung«. Zu dieser Gruppe sind etwa ein Viertel der Justizjuristen zu rechnen.

Aus dem Briefwechsel von zwei Richtern am Sondergericht

Brief vom 6.3.1943:

Nun noch etwas, was mir sehr am Herzen liegt: neulich hörte ich hier in Reinbek von der Schwägerin des Dr. O., dass dieser jetzt noch im K.Z. Oranienburg sitzen soll. Er ist danach jetzt drei Jahre in Haft. Dabei haben wir ihn doch damals ganz gut zugedeckt mit einem Jahr Gefängnis! Ich verstehe so etwas nicht. Wozu sind denn die Gerichte eigentlich noch da?! Ich halte diese Art des Vorgehens auch unter Berücksichtigung der Kriegsverhältnisse einfach für unmöglich! Für sein gewiss ungewaschenes bittersüsses Mündchen hat er nun seine Wucht längst weg. Wir haben den Mann doch wahrhaftig nicht sanft angefasst! Es handelt sich doch bei dem Mann nicht um einen Staatsverbrecher, der für die Kriegszeit hinter Schloss und Riegel gehört. Kann man doch weiss Gott nicht sagen! Der Dr. O. aus Reinbek hat

117 Hamann, OLG Celle, a.a.O., S. 202, und Kregel, Personalpolitik, a.a.O., S. 67 f halten diese Charakterisierungen für formelhaft-nichtssagend. Sie beziehen sich aber auf Formeln in den Beförderungs-Vorschlägen, die tatsächlich häufig unpräzise und auch übertrieben positiv sind, um einen »genehmen« Kandidaten »durchzudrücken«. Die Grundlage der folgenden Ausführungen sind die sehr viel differenzierteren und zuverlässigeren dienstlichen Beurteilungen aus den Jahren 1937, 1939 und 1943.

118 Eine solche »Kritik« war relativ häufig, vgl. Hammann, OLG Celle, a.a.O., S. 227; Angermund, Richterschaft, a.a.O., S. 178 f. Diese Kritik darf aber nicht überbewertet werden; auch der Staatsanwalt Bierkamp kritisierte 1934 die Mißhandlung von KZ-Häftlingen. Dies verkennt Lothar Gruchmann, Justiz im Dritten Reich 1933–1940, München 1988, S. 313; der dort positiv dargestellte Oberstaatsanwalt war der NSDAP informell vor 1933 beigetreten und der Verfasser des auf den nächsten Seiten abgedruckten Lob-Gedichtes auf den »Führer«. Auch die in dem Sammelband der Redaktion Kritische Justiz (Hrsg.), Streitbare Juristen, a.a.O., S. 307 ff, geschilderten Aktivitäten eines bayerischen Staatsanwalts müssen solange skeptisch beurteilt werden, wie die Personalakte des betreffenden Juristen nicht vollständig ausgewertet wurde.

bisher alle möglichen Hebel in Bewegung gesetzt, hat aber nichts erreichen können. Können Sie da nicht irgendwo einmal einhaken? Kann der Reinbeker O., der sehr häufig in Berlin ist, Sie nicht einmal aufsuchen? Ich glaube, dass man als erkennender Richter die Pflicht hat, diesen Fall zu einem vernünftigen Ende zu bringen.

Antwort vom 20.4.1943:
Die Angelegenheit Dr. O. hat mich doch immerhin so interessiert, daß ich Ihren Brief sofort dem Staatssekretär habe vorlegen lassen. Soweit ich von Dr. Hartmann unterrichtet bin, ist die Sache hier irgendwie aufgegriffen worden. Ich bitte Sie, dies aber streng vertraulich zu behandeln und zu keinem Menschen darüber zu sprechen. Die Sache selbst finde ich unerhört und bezeichnend. Mit einem Jahr war der Mann von uns gut bedient und wenn einer anderen Seite das zu wenig erschien, so hätte ein Zuschlag von 6 Monaten ja auch genügt, daß er aber heute noch im KZ. sitzt, ist mit nichts zu rechtfertigen. Ganz abgesehen davon, daß er längst hätte Soldat sein können.*
Quelle: StArch HH, 241-2, B 3276, Entnazifizierungsakte

* Dr. O. war wegen Vergehens gegen das Heimtücke-Gesetz von den beiden Richtern verurteilt worden; der eine Richter war unterdessen mit Rothenberger nach Berlin gegangen.

3. »Positive Haltung«: Sie konnte auch mit Formulierungen wie »arbeitet politisch mit«, »Parteimitglied« oder »Nationalsozialist« umschrieben werden. Diese Gruppe umfaßte etwa 10 % der Justizjuristen. So ergibt sich, daß etwa die Hälfte der Justizjuristen »positiv« bis »rückhaltlos« bejahend zum NS-System standen.[119]

4. »Bedenkenfreie Einstellung«: Hier überwiegen vorsichtige Charakterisierungen wie: »ich zweifele nicht, daß ...«, »bedenkenfrei«. In dieser Gruppe sind wohl die eigentlichen »Mitläufer« zu finden. Sie ist relativ groß und umfaßt etwa 35 % der Juristen.

Insgesamt sind diese Prozentsätze der politisch-juristischen Anpassung mit knapp 90 % sämtlicher Justizjuristen sehr hoch. Es fragt sich, welche Ursachen sich dafür benennen lassen. Hier ist zunächst das Problem des Opportunismus zu diskutieren. In den Personalakten finden sich doch recht viele – zum Teil erschreckende – Beispiele (vgl. das Loblied auf den »Führer« Abb. 4). Zu erwähnen sind auch die Versicherungen einzelner Justizjuristen nach 1933, schon vor 1933 mit dem Nationalsozialismus sympathisiert zu haben.[120] Es finden sich auch einzelne sehr devot-opportunistische Briefe an Rothenberger in den Akten.[121] Auf einzelne Opportunisten zum Beispiel unter den frühen Nationalsozialisten, aber auch unter den demokratisch engagierten Justizjuristen ist bereits hingewiesen worden. Noch etwas stärker war dieser Opportunismus unter den

119 Hier sind auch die Juristen zu finden, denen in den dienstlichen Beurteilungen »Verständnis für die Weiterentwicklung des Rechts im Sinne des Nationalsozialismus« attestiert wurde. Sie praktizierten den »vorauseilenden Gehorsam« auf juristisch-fachlichem Gebiet. Diese nicht sehr große Gruppe soll im weiteren Verlauf des Projekts genauer untersucht werden.

120 Vgl. zum Beispiel StArch HH, 241-2, B 3499 und Ablieferung 86 I: Staatsanwalt M.

121 Vgl. StArch HH, 241-2, B 2029, Brief vom 3.12.1935.

Ein gesicherter Zusammenhang zwischen Überanpassung und »sozialen Aufsteigern« ist dagegen bisher nicht erkennbar gewesen. Vielleicht gab es ihn im Bereich der »mittleren« Karrieren, die noch nicht genauer untersucht werden konnten.[126] Bei den »sozialen Aufsteigern« konnten aber auch Bindungen gerade an das Weimarer »System« entstehen, das ja ihren Aufstieg häufig erst ermöglicht hatte. Über den »Umweg« des »schlechten Gewissens« war dann Überanpassung möglich, aber nicht die Regel. Die Analyse einzelner Gruppen innerhalb der Justizjuristen (zum Beispiel der frühen Nationalsozialisten und der SS-Mitglieder) verweist eher auf einen anderen Zusammenhang: Die Gefährdung der sozialen Position (ob sie nun weiter »unten« oder weiter »oben« angesiedelt war) führte in Verbindung mit einer streng nationalen Erziehung zu verstärkter Anpassung. Bezeichnend ist, daß auch bei der Gruppe der Justizjuristen mit »Spitzenkarriere« in den Anfängen der Ausbildungszeit sehr häufig materielle Unsicherheit vorhanden war. Und umgekehrt waren unter den »Überangepaßten« nur sehr selten Mitglieder bedeutender Hamburger Kaufmannsfamilien: Das hatte »man« nun wirklich nicht nötig! Die soziale Verunsicherung ist freilich weit zu fassen. Sie muß selbst die »Statusgefährdung« der Justiz als Institution einbeziehen, wie sie in der Hitler-Rede vom April 1942 deutlich wurde[127] oder in einer Äußerung des Gauleiters Terboven gegenüber einem Hamburger Staatsanwalt: »Sie sind Jurist und haben sowieso immer nur Bedenken«.[128] Da war man nur zu leicht bereit, alle Bedenken bei Seite zu stellen ...

Gegenüber diesen Ursachen[129] war der in den Entnazifizierungsverfahren so hervorgehobene Druck Rothenbergers und auch des Reichsjustizministeriums nebensächlich. Zwar verstand es Rothenberger, durch eine äußerst geschickte Mischung von verständnisvoll-gütigem Verhalten[130] und fast brutalem »Durchgreifen«[131] die Anpassung voranzutreiben; auch das Reichsjustizministerium übte sicherlich einen gewissen Druck aus. Aber die verstärkte Anpassung der Justizjuristen hatte in erster Linie tieferliegende Ursachen.

Politische Unzuverlässigkeit, Verweigerung und Versuche des Widerstands

In den dienstlichen Beurteilungen wurde bei etwa 10 bis 15 % der Justizjuristen von den Vorgesetzten die politische Zuverlässigkeit in irgendeiner Form angezweifelt oder direkte Kritik am politischen Verhalten geübt. Das geschah in Redewendungen wie »auffallend passiv«, »politisch wenig interessiert«; es findet sich auch die schon fast ironisch anmutende Kennzeichnung: »bemüht sich red-

126 Vgl. die Thesen bei Kater, SA und SS, a.a.O., S. 378.

127 Siehe dazu Angermund, Richterschaft, a.a.O., S. 249 ff.

128 StArch HH, 241-2, B 3312, und Entnazifizierungs-Akte, Bericht über die Tätigkeit in Norwegen, S. 47.

129 Bestimmte Anpassungs-Faktoren konnten bisher noch nicht ausreichend genau untersucht werden, so zum Beispiel der Einfluß der besuchten Schulform und der »schlagenden« Verbindungen.

130 Vgl. zum Beispiel StArch HH, 241-2, A 3162, Brief vom 6.11.1937; Rothenberger setzte sich auch häufig für die sozialen und ökonomischen Belange von Richtern ein, selbst wenn sie aus politischen oder rassistischen Gründen entlassen worden waren.

131 Vgl. zum Beispiel die Form der Entlassung des jüdischen Senatspräsidenten Falk.

lich, in die Gedankengänge des Nationalsozialismus einzudringen«; teilweise wurde auch auf frühere Bedenken direkt hingewiesen und hinzugesetzt, daß in der letzten Zeit »Nachteiliges nicht bekannt geworden ist«.

Der Anteil dieser Gruppe war ähnlich groß wie der Prozentsatz der nicht in die NSDAP aufgenommenen Justizjuristen. Beide Gruppen dürfen aber nicht gleichgesetzt werden; unter den Nicht-Mitgliedern befanden sich – wie schon ausgeführt – auch Juristen, die sich politisch und beruflich relativ angepaßt verhielten, aber zum Beispiel wegen ihrer früheren Logenzugehörigkeit, wegen der Aktivitäten ihres Vaters in der Weimarer Zeit oder aus rassistischen Gründen nicht in die NSDAP aufgenommen, bzw. wieder ausgeschlossen wurden.[132] Die kleinere Gruppe der konsequenten Nicht-Mitglieder ist zum großen Teil auch bei dieser Gruppe der politisch Unzuverlässigen zu finden; es gab aber auch einzelne Personen aus diesem Kreis, die sich durch berufliche Anpassung und Beteiligung an der politischen Strafjustiz im weiteren Sinne das Prädikat der politischen Zuverlässigkeit »verdienten«.[133] Das ist in den Entnazifizierungsverfahren nicht berücksichtigt worden; dort galt die Nicht-Mitgliedschaft in der NSDAP fast immer als vollkommen »entlastend«. Neben die unangepaßten Nicht-Mitglieder traten Juristen, die trotz ihrer Mitgliedschaft in der NSDAP und ihren Verbänden als politisch unzuverlässig oder zumindestens uninteressiert eingeschätzt wurden. Das sind die »formalen« Mitgliedschaften, die sonst statistisch schwer greifbar sind; sie sind auf jeden Fall nicht identisch mit den Parteimitgliedern, die kein Amt in der Partei übernahmen; diese Gruppe war ja sehr groß (fast die Hälfte aller Justizjuristen). Nach dem bisherigen Untersuchungsstand waren knapp 10 % der Justizjuristen nur »formale« Mitglieder.

Für eine Charakterisierung als »politisch unzuverlässig« war die Mitgliedschaft in Parteien des Weimarer »Systems« nur selten ausschlaggebend. Durch einen möglichst rechtzeitigen Beitritt zur NSDAP konnten zudem Gesinnungswandel und »Zuverlässigkeit« signalisiert werden. Das war nur für diejenigen sehr schwierig, die höhere Funktionen in der SPD oder DDP übernommen hatten oder dem Reichsbanner und dem Republikanischen Richterbund beigetreten waren. In diesen Fällen erfolgte nur selten eine Aufnahme in die NSDAP, und die Betreffenden wurden nach 1933 zumindest noch kritisch beobachtet. Durch beruflich-politische Anpassung war es in Einzelfällen allerdings auch hier möglich, das Prädikat der »politischen Zuverlässigkeit« zu erwerben.

Daran wird deutlich, daß die Frage der parteipolitischen Mitgliedschaft für die Einschätzung der politischen Zuverlässigkeit zwar wichtig, aber nicht allein ausschlaggebend war. Andere Kriterien aus den Bereichen des beruflichen und privaten Verhaltens kamen hinzu. Sie sollen im folgenden kurz dargestellt werden: Im Sinne des Regimes war es folgerichtig, wenn jeder, der gegen Gesetze oder politisch ausgerichtete dienstliche Anweisungen verstieß, als politisch unzuverlässig galt. Als Beispiel sei angeführt, daß jeder Richter den Sitzungssaal mit dem »Deutschen Gruß« betreten mußte. Ab 1934 war der Diensteid auf den »Führer« abzulegen. Bei politischen Äußerungen mußten die Bestimmungen des »Heimtücke«-Gesetzes und anderer gesetzlicher Vorschriften beachtet werden. Politi-

132 Vgl. zum Beispiel StArch HH, 241-2, A 3212.

133 Vgl. zum Beispiel StArch HH, 241-2, B 1969, B 3439.

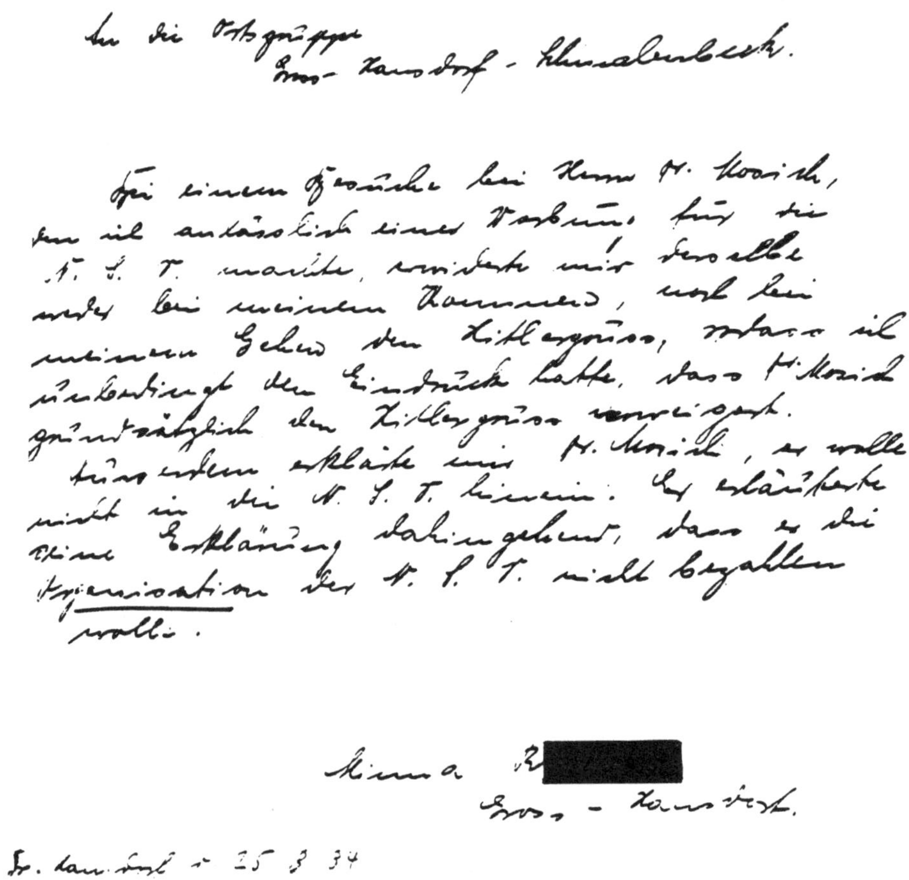

An die Ortsgruppe
Gross-Hansdorf - Schmalenbeck.

Bei einem Besuche bei Herrn Dr. Kosich, den ich anlässlich eines Verkaufs für die N.S.V. machte, erwiderte mir derselbe weder bei meinem Kommen, noch bei meinem Gehen den Hitlergruss, sodass ich unbedingt den Eindruck hatte, dass Dr. Kosich grundsätzlich den Hitlergruss verweigert.
Ausserdem erklärte mir Dr. Kosich, er wolle nicht in die N.S.V. hinein. Er erläuterte seine Erklärung dahingehend, dass er die Organisation der N.S.V. nicht bezahlen wolle.

Minna R[redacted]
Gross-Hansdorf.

Gr. Hansdorf d. 25.3.34

Bericht an die Ortsgruppe der NSDAP.
Quelle: StArch HH, 241-2, A 2007.

eine Art »Klassenhaß« zeigte sich.[145] Durch diese Beschwerden und Denunziationen wurde neben dem beruflichen Bereich auch der allgemein-politische und private Bereich einer Art »Vor- und Nachschau« unterzogen (vgl. Abb. 5).

In der Regel wurden Beschwerden und Denunziationen an den Oberlandesgerichtspäsidenten weitergeleitet. Zu eigenständigen »Strafmaßnahmen« der Partei kam es so praktisch nicht.[146] Das galt auch für die Gestapo. Sie nahm zwar manchmal Ermittlungen vor, führte auch einzelne Verhöre durch. Dann wurde die Sache aber meist an Rothenberger weitergegeben und innerhalb der Justiz geregelt.[147] Nur aus der letzten Zeit des »Dritten Reichs« ist bisher ein Fall bekannt geworden, wo die Gestapo die Bestrafung unerwünschten Handelns in die eigenen Hände nahm und drei Wochen Polizeihaft vollstreckte. Das ließ sich aber die Justiz nun doch nicht bieten. Es wurden alle Hebel in Bewegung gesetzt, der Reichsjustizminister schaltete sich ein und erreichte dann wirklich, daß Himmler persönlich eine »Entschuldigung« abgab.[148]

Die Justizleitung versuchte also, mit ihren eigenen Mitteln das erwünschte Verhalten durchzusetzen. Das soll jetzt an einigen Beispielen gezeigt werden. Als ein Amtsgerichtsrat die Teilnahme an einem Schulungskurs abgelehnt hatte, wurde folgende Aktennotiz angefertigt: Dr. R. habe seine Teilnahme an einer Schulung im Januar 1935 mit der Begründung abgelehnt, er leide »an einer beiderseitigen Lungenentzündung und habe bei kalter Witterung Stiche, außerdem müsse er sich überhaupt vorsehen. Da Dr. R. im Dezember 1934 seine Ablehnung mit Zahnschmerzen begründet hatte, rief ich nochmals bei ihm an und fragte ihn, ob er bereit sei, sich durch einen beamteten Arzt untersuchen zu lassen«.[149] Wenn Spenden verweigert wurden oder allzu gering ausfielen, wurden die betreffenden Justizjuristen »vorgeladen« und mußten sich rechtfertigen. Die Entschuldigung mit wirtschaftlichen Schwierigkeiten zählte nicht. Als einem Richter bei der Aufforderung, eine Spende zu leisten, die Bemerkung entfuhr: »Sie müssen mit Sammeln aber auch mal Pause machen!«, wurde ihm das vom Landgerichtspräsidenten in einer Unterredung »ernstlich« vorgehalten und er mußte versichern, er werde »in Zukunft sich jeder Äußerung enthalten, die einer Mißdeutung Platz läßt«.[150] Versäumnisse beim Flaggen der Privatwohnung oder des Wohnhauses wurden über die Gauleitung den Vorgesetzten der Justizjuristen gemeldet. Ein detailliertes Verhör und Vorwürfe waren die Folge. Der Landsgerichtsdirektor Schumacher berichtete nach Ende des »Dritten Reiches«, Rothenberger habe ihm bei einer solchen Vorladung gesagt, »er verstände nicht, daß es mir nicht die Brust gesprengt hätte, von der Erlaubnis des Führers, die Haken-

145 Vgl. StArch HH, 241-2, A 2023, B 3185, B 3225.

146 Bei einem Richter wurde ein Parteiausschlußverfahren auf Kreisebene in Gang gesetzt; das Verfahren versandete aber; die Akten waren – angeblich – verlorengegangen, vgl. StArch HH, 241-2, B 3185.

147 Vgl. StArch HH, 241-2, B 3185, A 3181.

148 Vgl. StArch HH, 241-2, A 3179.

149 Vgl. StArch HH, 241-2, B 2017; vgl. auch B 3439.

150 Vgl. StArch HH, 241-2, A 3179, vgl. auch A 3669, B 2027, B 3254, B 3483, B 3841. Eine prinzipielle Verweigerung von Spenden war allerdings risikoreich; sie konnte nach einer Entscheidung des Reichsdisziplinarhofes ein Dienstvergehen sein, das die Entlassung rechtfertigte, vgl. Ingo Müller, Politische Justiz in der Kontinuität, in: Eine Zeit, in der die Falschen verurteilt werden. Heinrich Hannover zum 60. Geburtstag, Hamburg 1985, S. 114.

es Versetzungen und Beförderungsstopps. Zu Zwangspensionierungen kam es aber äußerst selten und allenfalls einige Jahre vor dem normalen Ruhestandsalter.[157] Entlassungen ohne Pensionszahlungen gab es praktisch überhaupt nicht. Dabei machte sich auch ein mäßigender Einfluß des Reichsjustizministeriums auf die Hamburger Justizleitung deutlich bemerkbar.[158]

So ergibt sich auch hier, daß zwar Druck »von oben« ausgeübt wurde, daß aber das Verhalten der Justizjuristen durch andere Ursachen wesentlich stärker bestimmt wurde. Diese Ursachen sind beim gegenwärtigen Stand der Untersuchung noch nicht genau genug faßbar. Es ergeben sich aber einige wichtige Hinweise, wenn man den Personenkreis der »politisch Unzuverlässigen« genauer betrachtet. Die älteren Justizjuristen sind hier eindeutig überrepräsentiert.[159] Das hängt sicherlich damit zusammen, daß sie eine abgesicherte berufliche Position hatten und von daher auch selbstbewußter agieren konnten. Auffallend ist auch, daß relativ viele Mitglieder der DNVP in dieser Gruppe zu finden waren. Hier spielten konkurrenzartige Auseinandersetzungen im »rechten Lager« eine Rolle, die zu Zurücksetzungen einzelner deutschnationaler Justizjuristen führten. Ein solcher Richter war zum Beispiel bei der »Machtübernahme« strafversetzt worden. 1939 stellte der Vorgesetzte in einer dienstlichen Beurteilung fest: »Er hat immer noch seine Ablösung als Amtsgerichtsdirektor nicht restlos überwunden.« Und 1943 hieß es, der Richter finde nicht den vollen Anschluß an die Bewegung »wegen seiner früheren politischen Erlebnisse.«[160] Bei diesen Justizjuristen ist auch die Mitgliedschaft im »Stahlhelm«, einer DNVP-nahen Soldaten- und Wehr-Organisation, häufig festzustellen. Nach 1933 setzten viele »Stahlhelmer« der »Gleichschaltung« hinhaltenden und zähen Widerstand entgegen. Während alle anderen wichtigen politischen Organisationen schon 1933 »gleichgeschaltet« wurden, hielt sich der »Stahlhelm« noch bis 1935. Die Führer des »Stahlhelms« galten deshalb nach 1933 häufig als »unzuverlässig«.[161]

Hier zeigte sich also eine konservative »Verweigerung« und es wundert auch nicht, daß diese konservative Haltung mit einer Herkunft aus den alten Führungsschichten und dem »alten« Mittelstand zusammengeht. Diese konservative Verweigerung hatte nichts mit demokratisch-fortschrittlichen Inhalten oder zumindestens demokratischer Toleranz zu tun. Ein Mitglied dieser Gruppe hatte noch als Richter im Kaiserreich einen Sozialdemokraten in einer Urteilsbegründung einen »Schurken« genannt, was nun selbst seinen Vorgesetzten zu weit ging und sie zu einer Ermahnung veranlaßte.[162] Auf der anderen Seite hatten diese Konservativen aber die Weimarer Demokratie nicht aktiv bekämpft: Die Mitgliedschaft in Freikorps ist verschwindend gering, obwohl fast alle »Frontkämpfer« gewesen waren.

So wird die Widersprüchlichkeit des konservativen »Lagers« deutlich: Auf der einen Seite gab es direkte Verbindungslinien zum Nationalsozialismus; das zeig-

157 Vgl. StArch HH, 241-2, B 3481.

158 Vgl. StArch HH, 241-2, A 3305, B 3225, B 3439.

159 Vgl. auch Angermund, Richterschaft, a.a.O., S. 103, 131 f, 215 f.

160 Vgl. StArch HH, 241-2, A 3495.

161 Vgl. StArch HH, 241-2, A 2023, A 3334; das trug auch zu Schwierigkeiten bei der Karriere bei, vgl. A 3258.

162 Vgl. StArch HH, 241-2, A 3511.

te sich bei den frühen Nationalsozialisten recht deutlich. Auf der anderen Seite gab es auch eine Art »wertkonservativer« Verweigerung, die auf der Ebene des Widerstandes bei einem Teil der Männer des 20. Juli (Attentatsversuch auf Hitler 1944) zu finden ist.

Ein anderes Motiv der Verweigerung war bei einzelnen Personen sicherlich ihre christliche Überzeugung.[163] So liegt der Anteil der Katholiken bei dieser Gruppe ganz deutlich über dem Durchschnitt. Das war auch den vorgesetzten Behörden klar. In der dienstlichen Beurteilung über einen Richter heißt es: »Er ist katholisch und hat früher dem Zentrum nahegestanden, woraus sich eine gewisse Zurückhaltung auf politischem Gebiet erklärt.«[164] Ähnliches ist über die demokratisch-engagierte Haltung zu sagen. Hier gab es neben Personen, die den Weg der Anpassung wählten, auch andere, die versuchten, von ihrer alten Überzeugung wenigstens noch Teile im beruflichen und besonders im privaten Bereich zu bewahren.[165]

Schließlich ist noch ein zweifellos auch sehr wirksames, mehr persönlich-privates Motiv zu nennen: Die Abwehr starrer und verpflichtender Bindungen. »Eigenwilligkeit« oder sogar »Querköpfigkeit« wurde von den Vorgesetzten recht häufig für das Verhalten der politisch Unzuverlässigen verantwortlich gemacht.[166] Das war ein sehr einfaches Erklärungsmuster, das den Bereich der Politik aus dem Spiel ließ und so relativ »ungefährlich« war. Aber nähere Kenntnisse über diese Personen bestätigen doch häufig die dienstlichen Beurteilungen. Dabei muß einschränkend betont werden, daß eine solche Eigenwilligkeit in negativer Form bis zum Querulantentum und zur Opposition »gegen alles und jedes«, auch gegen das Weimarer »System« ging.[167] Sie schützte auch nicht unbedingt vor beruflicher Überanpassung im Bereich der politischen Strafjustiz im weiteren Sinne. Auch unter »alten Kämpfern« gab es sehr eigenwillige Charaktere. Nur wenn sich die Eigenwilligkeit mit demokratischen, christlichen oder wertkonservativen Überzeugungen verband, wurde aus ihr ein Gefühl und Bewußtsein für selbstbestimmtes und menschenwürdiges Handeln. Und erst das machte wirklich »immun« gegen das System. So erklärt sich auch der geringe Prozentsatz der »politisch Unzuverlässigen«. Gerade diese »Verbindung« wurde durch die Erziehung und Ausbildung der meisten Justizjuristen nicht hergestellt.

Die übergroße Mehrheit der Justizjuristen bejahte das NS-Regime oder paßte sich an. Dabei erklärt der Druck »von oben« nur sehr wenig. Er war wesentlich geringer als häufig behauptet und dementsprechend waren die Handlungsspielräume relativ groß. Das wurde z.B. bei der Verweigerung des Beitritts zur NSDAP sehr deutlich. Den Juristen, die immerhin so etwas wagten, geschah nachweisbar nichts; sie mußten nur auf Beförderungen verzichten. Das erschien aber den meisten Justizjuristen als ein zu großes Opfer. Der Aufstiegswille war sehr ver-

163 Das ist auch in anderen OLG-Bezirken feststellbar. Das bekannteste Beispiel ist der Amtsrichter Kreyssig, der gegen die »Euthanasie«-Morde protestierte, vgl. Redaktion Kritische Justiz (Hrsg.), Streitbare Juristen, a.a.O., S. 342 ff.

164 Vgl. StArch HH, 241-2, B 3164 und Ablieferung 87 I.

165 Vgl. StArch HH, 241-2, B 2027.

166 Vgl. zum Beispiel StArch HH, 241-2, A 3162, B 3225.

167 Vgl. zum Beispiel StArch HH, 241-2, A 3179, auch B 3439.

breitet. Opportunistische Anpassung zeigte sich. Dieser Faktor darf aber auch nicht überschätzt werden: In der Weimarer Zeit paßten sich die Hamburger Justizjuristen wesentlich weniger an; das wird am hohen Anteil der DNVP-Mitglieder sehr deutlich. Die Anpassung hatte offenbar tiefer liegende Ursachen. Am Beispiel der Gruppe der frühen Nationalsozialisten zeigt sich, daß die Hinwendung zum Nationalsozialismus weitgehend durch Statusunsicherheit und nationale Erziehung bedingt war. Und genau das galt auch für die Mehrheit der Justizjuristen.

Nur einzelne Gruppen versuchten eine andere Orientierung. Bei der Untersuchung der demokratisch engagierten Juristen, der Logenmitglieder und der jüdischen Justizjuristen ergibt sich, daß die in den 80er Jahren des 19. Jahrhunderts geborenen Justizjuristen häufiger neue Wege suchten. Für sie war durch den Weltkrieg und das Ende des Kaiserreichs die »alte Welt« des Nationalismus und Militarismus endgültig zusammengebrochen; die »neue Welt« sollte grundsätzlich anders sein. Bei den nach 1900 geborenen Justizjuristen findet man dagegen ganz andere Orientierungen; der Anteil dieser »Generation« an den Gruppen der frühen Nationalsozialisten und SS-Mitglieder ist auffallend hoch. Im Sinne dieser politischen Entscheidungen waren also Lambert Leopold und Walther Bierkamp »typisch«.

Die jungen Justizjuristen waren im Kaiserreich nicht »heimisch« geworden, aber auch nicht in der Weimarer Republik, die durch wirtschaftliche und politische Krisen gefährdet war. Sie klammerten sich an die alten Werte des Nationalismus und Militarismus, die ihnen durch das Elternhaus vermittelt worden waren. Der Begriff »Generationen-Konflikt« paßt deshalb kaum. Eher versuchten die älteren, in den 80er Jahren geborenen Justizjuristen, gegen die »Welt der Väter« aufzustehen. Aber sie blieben eine kleine Minderheit. Sie engagierten sich zwar in demokratischer Richtung, konnten aber kaum etwas ausrichten. Nach 1933 bröckelte diese Gruppe weiter ab. Es gab unangepaßtes Verhalten, aber kaum offenere Kritik oder gar Widerstand. Dieser geringe »Einsatz« kontrastiert ziemlich grell mit dem grausamen Schicksal der Opfer des NS-Regimes.

Emigration und Verfolgung der jüdischen Justizjuristen

Die entlassenen jüdischen Justizjuristen waren seit 1935 einem zunehmenden Druck ausgesetzt:[168] Das reichte von der Kürzung der Pensionszahlungen bis zur Bespitzelung und Verhaftung durch die Gestapo. Die Emigration als Rettungsweg wurde ein immer drängenderer Gedanke. Der Progrom gegen die Juden 1938 gab dann häufig den letzten Anstoß. Bis zum Kriegsausbruch ging etwa die Hälfte der entlassenen jüdischen Richter und Staatsanwälte in die Emigration. Die meisten wählten England als Zufluchtsort, einige auch die USA. Einzelne verschlug es nach Argentinien (Guckenheimer) oder sogar nach Indonesien (Gerhard Braun). Andere wurden von den Hitler-Armeen wieder eingeholt: Der

168 Vgl. zu diesem gesamten Abschnitt: Horst Göppinger, Juristen jüdischer Abstammung im »Dritten Reich«, München 1990; Gedenkbuch – Opfer der Verfolgung der Juden unter der nationalsozialistischen Gewaltherrschaft in Deutschland 1933–45, 2 Bde., Frankfurt/M. 1986; vgl. auch die Personalakten der im Text angeführten Juristen im Hamburger Staatsarchiv.

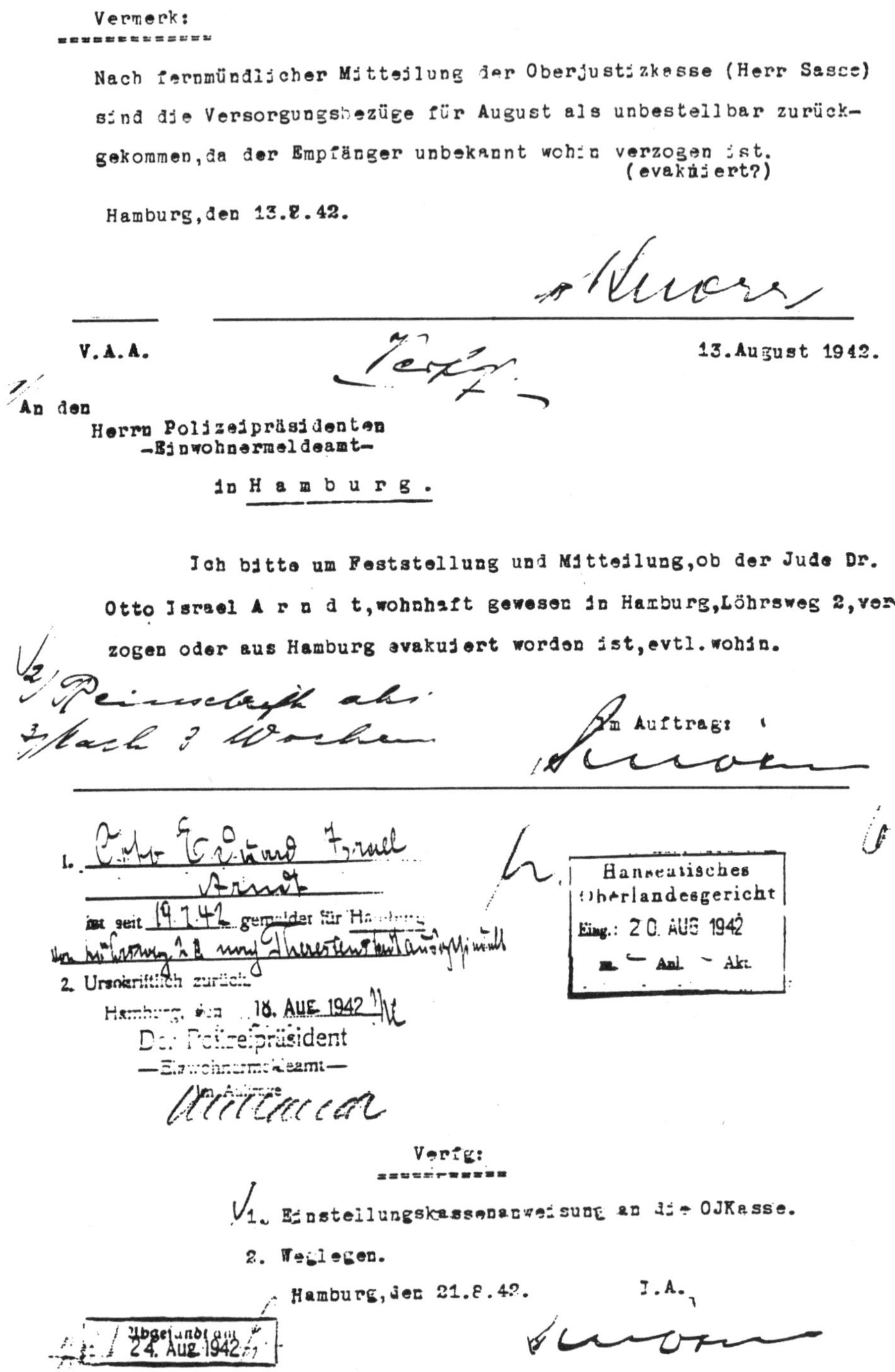

Vermerk:

Nach fernmündlicher Mitteilung der Oberjustizkasse (Herr Sasse) sind die Versorgungsbezüge für August als unbestellbar zurückgekommen, da der Empfänger unbekannt wohin verzogen ist. (evakuiert?)

Hamburg, den 13.8.42.

V.A.A. 13. August 1942.

1/ An den
Herrn Polizeipräsidenten
-Einwohnermeldeamt-
in H a m b u r g .

Ich bitte um Feststellung und Mitteilung, ob der Jude Dr. Otto Israel A r n d t, wohnhaft gewesen in Hamburg, Löhrsweg 2, verzogen oder aus Hamburg evakuiert worden ist, evtl. wohin.

2/ Reinschrift ab.
3/ Nach 3 Wochen

Im Auftrag:

1. Otto Eduard Israel Arndt
ist seit 19.7.42 gemeldet für Hamburg
[illegible]
2. Urschriftlich zurück
Hamburg, den 18. AUG. 1942
Der Polizeipräsident
— Einwohnermeldeamt —
Im Auftrage

Hanseatisches Oberlandesgericht
Eing.: 20. AUG 1942
m. — Anl. — Akt.

Verfg:

1. Einstellungskassenanweisung an die OJKasse.
2. Weglegen.

Hamburg, den 21.8.42. I.A.

Abgesandt am 24. Aug. 1942

Die Bürokratie »registriert« die Deportation eines jüdischen Richters.
Quelle: StArch HH, 241-2, A 1225.

Richter Marcus mußte von Dänemark nach Schweden fliehen; der Richter Daus wurde in Norwegen von der Gestapo verhaftet.

Für die in Hamburg gebliebenen jüdischen Richter und Staatsanwälte spitzte sich die Lage nach Kriegsausbruch weiter zu. Vor dem Schlimmsten bewahrt blieben die sogenannten »Mischlinge«. Aber sie waren – wie der Richter Alfred Islar berichtet – »auf Schritt und Tritt allen nur denkbaren Beschränkungen durch die Gestapo unterworfen«.[169] 1944 wurden sie häufig zu Zwangsarbeiten eingesetzt. Der Richter Gerhard Rée berichtet: »Am 27. Oktober 1944 sollte ich mich auftragsgemäss zusammen mit anderen Halbjuden in einem Lager einfinden, das jedoch zwei Tage vor diesem Datum durch Luftangriff zerstört wurde. Es ist später von einer Internierung in ein Lager Abstand genommen worden, aber ausschliesslich, weil keine Baracken und dergleichen frei waren. Gedroht wurde mit der Unterbringung in ein Lager dauernd. Ich habe in der Zeit vom 27.10.1944 bis 27.3.1945 dauernd Arbeiten niedriger Art verrichten müssen, wie Strassenreinigung, Kistenpacken, Mauersteine auf- und abladen und dergleichen, und zwar zusammen mit anderen Halbjuden oder mit den arischen Ehegatten von Jüdinnen. Ich bin von diesem Einsatz nur durch ein ärztliches Attest freigekommen, da ich mit meinen fast 60 Jahren den Anforderungen körperlich nicht gewachsen war. Die ganze Aktion stand unter der Leitung der Gestapo.«[170]

Die als »Volljuden« vom NS-Regime klassifizierten Richter und Staatsanwälte versuchten teilweise noch nach Kriegsbeginn ihr Schicksal durch eine Auswanderung zu wenden. Es war vergeblich. Ende Oktober 1941 wurden die Justizjuristen Hoffmann, Leopold und Stein zusammen mit anderen Hamburger Juden nach Lodz (Litzmannstadt) deportiert. Im Juli 1942 wurden die Richter Arndt und Rudolphi nach Theresienstadt verschleppt (vgl. Abb. 6). Sie mußten dort im Ghetto unter schlimmsten Umständen leben. Zunächst kam noch vereinzelt ein Brief, dann waren nur noch formularmäßige Lebenszeichen möglich, schließlich verstummten sie. Nur einer überlebte das Grauen.

Franz Daus kam im KZ Sachsenhausen um.
Wilhelm Prochownick kam in Hamburg-Fuhlsbüttel ums Leben.
Richard Hoffmann kam in Litzmannstadt um.
Lambert Leopold kam in Litzmannstadt ums Leben.
Walther Rudolphi wurde in Auschwitz ermordet.
Leonhard Stein kam in Litzmannstadt ums Leben.

»Aber von den Massenmorden haben wir Juristen nichts gewußt«

Diese Behauptung ist in einem ganz eingeschränkten Sinne sicherlich richtig: Von dem ganzen Ausmaß des Völkermords an den Juden wußte kaum ein Justizjurist. Es fragt sich aber zunächst, ob nicht andere Verbrechen des NS-Systems durchaus breiter bekannt waren und es an Spitzfindigkeit grenzt, sich bei Kenntnis dieser Verbrechen mit dem Nichtwissen an dem ganzen Umfang eines anderen Verbrechens »aus der Affäre zu ziehen«. Diese Kenntnis war nun zweifellos

169 Vgl. StArch HH, 241-2, B 3648 und Ablieferung 87 I.
170 Vgl. StArch HH, 241-2, B 3170; vgl. auch Anm. 169.

bei vielen Justizjuristen vorhanden. Zu nennen sind: Die zahllosen Mißhandlungen und Morde in Konzentrationslagern, die Folterungen der Gestapo,[171] die »Euthanasie«-Morde,[172] die Verbrechen der Waffen-SS,[173] die Erschießungen sowjetrussischer Kriegsgefangener,[174] die brutale Unterdrückung der Polen in den besetzten Gebieten,[175] die Deportationen der Juden.[176] Auch wenn bestimmte Verbrechen nicht selbst beobachtet und nicht genau bekannt wurden, auf der Gerüchte-Ebene erfuhr sie fast jeder.[177] Dann ging es darum, ob man nachfragte und mehr wissen wollte, oder ob man sich verschloß und Gerüchte als Gerüchte abtat. Das scheint eines der wichtigsten Probleme zu sein: das Nicht-Wissen-Wollen.

An einem Beispiel läßt sich das vielleicht deutlicher machen: Es gab »von oben« organisierte Besuche von Richtern und Staatsanwälten im Konzentationslager Neuengamme.[178] Wie ein Teilnehmer später berichtete, konnte man sich beim Besuch selbst mit der von der Lagerleitung präsentierten Fassade zufrieden geben; man konnte aber auch (versehentlich) eine im offiziellen Programm nicht vorgesehene Baracke besuchen und (vorsichtig) kritische Fragen stellen – zum Beispiel ob Strafen in Form der körperlichen Züchtigung erfolgten. Wenn man an dem Besuch nicht selbst teilgenommen hatte, konnte man sich mit der Äußerung eines Teilnehmers beim Kantinen-Essen zufrieden geben, die aus Angst vor falschen Zuhörern schönfärberisch verkürzt war. Man konnte allerdings auch im persönlichen Gespräch mehr wissen wollen ...[179]

Auch auf dem »Dienstwege« erreichten die Justiz Nachrichten, die auf geschehende Verbrechen hindeuteten. Man konnte diese Nachrichten bürokratisch zu den Akten legen, man konnte aber auch mehr wissen wollen ...Über Bekanntschaften und Freundschaften trafen ebenfalls solche Nachrichten ein. Rudolf Letz war mit dem jüdischen Staatsanwalt Leonhard Stein gut bekannt oder sogar befreundet gewesen. Kurz vor der Deportation 1941 wandte sich Stein hilfesuchend an Letz, der ja zum Vizepräsidenten des Hanseatischen Oberlandesgerichts aufgestiegen war. Es war umsonst. Vergessen konnte man so etwas nicht einfach. In den letzten Tagen des »Dritten Reichs« erinnerte sich Letz an den Freund, »der im Versinken noch nach mir rief« (Brief vom 1.4.1945).[180]

Das Nicht-Wissen-Wollen beruhte in einzelnen Fällen auch darauf, daß man von den Leiden der anderen profitierte. So zogen einzelne Justizjuristen in Woh-

171 Vgl. zum Beispiel StArch HH, 241-2, B 3249, B 3441 und B 3447, Entnazifizierungs-Dokumente.

172 Vormundschaftsrichter wurden häufig mit diesem Problem konfrontiert, vgl. Anm. 163; siehe auch Helmut Kramer, OLG-Präsidenten und Generalstaatsanwälte als Gehilfen der NS-»Euthanasie«, in: Kritische Justiz 1984, S. 25 ff.

173 Vgl. zum Beispiel StArch HH, 241-2, A 3303 und Entnazifizierungs-Akte.

174 Vgl. zum Beispiel StArch HH, 221-11, Akte Hans Segelken.

175 Die »im Osten« tätigen Justizjuristen sahen das selbst und berichteten teilweise ihren Kollegen und Vorgesetzten in Hamburg, vgl. Angermund, Richterschaft, a.a.O., S. 191.

176 Vgl. Anm. 173 und 181.

177 Vgl. zum Beispiel StArch HH, 241-2, B 3456, Entnazifizierungs-Dokumente.

178 Vgl. Werner Johe, Neuengamme. Zur Geschichte der Konzentrationslager in Hamburg, Hamburg 1981, S. 64; das war offenbar in anderen OLG-Bezirken nicht möglich, vgl. Angermund, Richterschaft, a.a.O., S. 196 f.

179 Die Schilderung stützt sich auf Aktenstücke in der Personalakte StArch HH, 241-2, B 3353 und der Entnazifizierungsakte.

180 StArch HH, 241-2, A 3838, biographische Skizze.

nungen ein, die »durch Judenabschiebung frei geworden waren«.[181] Auch die Entlassungen 1933-35 nützten zumindestens indirekt vielen Justizjuristen. Aber das Nicht-Wissen-Wollen beruhte wohl hauptsächlich auf Bequemlichkeit und auf der Angst vor den Konsequenzen des Wissens!

Nach 1945 war das nicht mehr aufrechtzuerhalten. Nun mußte man zur Kenntnis nehmen, daß man, auch wenn man die besten Absichten hatte, doch nur in der »Rechtsabteilung« des »Unrechts-Staates« gewesen war und vor allem »legal an seiner Verwirklichung mitgewirkt« hatte (Rudolf Letz).[182]

Das klingt nach einem »harten Urteil« und nach .... Selbstgerechtigkeit. Könnte nicht ein Historiker des Jahrgangs 1972 kommen, »fremd in diesem unseren Lande« und »ohne eigene Erfahrung der Wohlstandsgesellschaft«, und uns vorwerfen, daß auch wir nicht wissen wollen, daß Millionen Menschen in der »Dritten Welt« verhungern? Welche Selbstbildnisse werden wir dann entwerfen?! Und wird der Historiker nicht zu dem »harten« Urteil kommen müssen, daß wir das millionenfache Elend verdrängen, weil wir selbst davon profitieren, weil wir zu bequem sind und Angst haben vor den Konsequenzen des Wissens ....

181 StArch HH, 241-2, Ablieferung 86 IV: Staatsanwalt P.
182 Brief vom 28.3.45, vgl. Anm. 180.

Hans-Christian Lassen

Der Kampf gegen Homosexualität, Abtreibung und »Rassenschande«

Sexualdelikte vor Gericht in Hamburg 1933 bis 1939

1. Einführung

Diese Arbeit befaßt sich aus zeitgeschichtlicher Sicht mit einer Materie, die bis heute mit vielen Tabus behaftet ist, nämlich der Strafverfolgung von Sexualdelikten in der NS-Zeit. Dabei drangen Polizisten, Mediziner und Juristen meist völlig ungeniert, aber unter ideologischen Vorzeichen in die Intimsphäre der Betroffenen ein. Die Folgen waren mit Gefängnis- und Zuchthausstrafen, Zwangskastrationen und Sicherungsverwahrung, Einweisungen in psychiatrische Tötungsanstalten und Deportationen in Konzentrationslager oft verheerend. Mit einem Anteil von rund zehn Prozent an sämtlichen Strafverfahren spielten die Sexualdelikte in der NS-Zeit auch im Justizalltag eine wichtige Rolle. Dennoch ist der justizförmige Kampf gegen abweichendes Sexualverhalten von der zeit- und rechtsgeschichtlichen Forschung bislang nie umfassend thematisiert worden.

Auf welche Weise und unter welchen Voraussetzungen sich die Verfolgung von Sexualstraftaten vor Hamburger Gerichten in der NS-Zeit vollzog, soll im folgenden auf empirischer Grundlage untersucht und dargestellt worden. Es wird gefragt, wie sich das Menschenbild des Nationalsozialismus auf den Bereich der Sexualdelikte auswirkte. Um zu einer Antwort zu gelangen, wurden zunächst 5.000 von der Staatsanwaltschaft unter fortlaufenden, sogenannten Reponierungsnummern des Jahrganges 1938 archivierte Prozeßakten ausgewertet; dabei sind die Sexualstraftaten betreffenden Akten besonders gründlich durchgesehen worden. Später wurden zur Ergänzung Beispiele aus anderen Jahrgängen in thematisch gezielter Auswahl hinzugezogen.

Die Untersuchung beginnt mit einer Schilderung der ideologischen Haltung des Nationalsozialismus zur Sexualität und zur Sexualkriminalität allgemein. Damit soll versucht werden, gleichsam tatbestandsübergreifende Gemeinsamkeiten in der Behandlung dieser Deliktsgruppe aufzuzeigen sowie die dahinterstehenden Motive. Anschließend folgt eine statistische Aufbereitung des vorgefundenen Materials, soweit dies an Hand der vorgefundenen Quellen zu leisten war. Besonders intensiv wird dann auf die Verfolgung der Homosexualität zwischen 1933 bis 1939 eingegangen. Die Breite der Darstellung rechtfertigt sich durch die hohe Zahl der Verfahren und die offenkundige Verfolgungsintensität im Bereich des § 175 StGB während der NS-Zeit. Ähnlich verhält es sich mit dem unmittelbar bevölkerungspolitisch relevanten Abtreibungstatbestand (§ 218 StGB), der deshalb im nächsten Abschnitt behandelt wird. Damit wird gleichzeitig der Tatsache Rechnung getragen, daß diese beiden Normen auch in der heutigen rechtspolitischen Auseinandersetzung noch größere Bedeutung zukommt. An Hand des Tatbestandes »Unzucht mit Kindern« (§ 176 Z. 3 StGB) wird dann ein Delikt untersucht, das weniger unter politisch-weltanschaulichen Prämissen stand und steht und insofern einen gewissen Kontrast zu den vorher genannten Delikten bietet: Es ist quasi ein »normales« Sexualdelikt. Sodann sollen die übrigen einschlägigen Tatbestände in ihren Besonderheiten abgehandelt werden. Als NS-typisches, weil ganz neu unter rein ideologischen Vorzeichen eingeführtes Delikt, wird schließlich auch die sogenannte »Rassenschande« erörtert.

2. Die ideologischen Hintergründe

Die Behandlung von Sexualdelikten in der NS-Zeit ist unlösbar mit den allgemeinen weltanschaulichen Grundlagen des Nationalsozialismus verbunden, die wiederum ihre wesentlichen Voraussetzungen in den persönlichen Auffassungen Hitlers bis in Einzelfragen hinein haben.

Hitlers Weltanschauung fußte wesentlich auf drei Grundzielen,[1] und zwar:

1. Eroberung von neuem Lebensraum für die Deutschen,
2. Entfernung der Juden aus den Schlüsselpositionen der Gesellschaft, schließlich aus Deutschland überhaupt mit dem Endziel ihrer physischen Vernichtung. Dabei prangerten die NS-Politiker »jüdischen Geist« an, den sie metaphorisch einer schweren Krankheit des Volksganzen, des »Volkskörpers«, gleichsetzten; es gebe eine Art »Rassentuberkulose«, man müsse demzufolge die »Bazillen« vernichten.[2]
3. Zweckgebundener Einsatz aller staatlichen Institutionen für das Endziel, die rassisch geprägte Vorrangstellung des deutschen Volkes, welche es mit allen Mitteln zu erreichen gelte.

Die für die NS-Ideologie zentrale Rassentheorie ging von der inneren Abgeschlossenheit der Arten sämtlicher Lebewesen der Erde aus. Der Begriff der Arten wurde dabei auf unwissenschaftliche Weise mit dem Rassebegriff gleichgesetzt oder vermischt, was zu zum Teil grotesken Vergleichen führte. So solle sich, laut Hitler, zum Beispiel Fuchs nur mit Fuchs paaren, und dieser Gedanke sollte, auf die Menschenrassen übertragen, deren Vermischung ausschließen. Fast erübrigt sich hier zu erläutern, daß einmal Fortpflanzung innerhalb einer biologischen Art angesprochen, aber mit derjenigen zwischen verschiedenen (Tier-)Arten verwechselt wird:[3] z.B. bleibt die Verbindung zwischen »Ariern« und Juden selbstverständlich eine Beziehung innerhalb der Art Mensch; das Hitlersche Beispiel paßt nicht.

1 Vgl. die Darstellung bei Eberhard Jaeckel: Hitlers Weltanschauung. Entwurf einer Herrschaft, 2. Aufl., Stuttgart 1983.

2 Ebenda, S. 58.

3 Ebenda, S. 99.

Im Rassenkampf sollten die Deutschen nach Hitlers Auffassung hart sein und erkennen, »daß es die Aufgabe vor allem der germanischen Staaten ist, in erster Linie dafür zu sorgen, daß einer weiteren Bastardisierung grundsätzlich Einhalt geboten wird ... Ein völkischer Staat wird damit in erster Linie die Ehe aus dem Niveau einer dauernden Rassenschande herauszuheben haben, um ihr die Weihe jener Institution zu geben, die berufen ist, Ebenbilder des Herrn zu zeugen und nicht Mißgeburten zwischen Mensch und Affe.«[4] Mit diesem Hitler-Zitat ist auch ideologisch eine Brücke zu dem Bereich von Moral und Sitte geschlagen. Dabei ist immer im Auge zu behalten, daß die theoretischen Ausführungen Hitlers und anderer NS-Repräsentanten nur scheinbar biologisch-wissenschaftliches Terrain betreffen. Im Register zu »Mein Kampf« taucht weder der Name Darwin noch der Begriff Evolution (oder ein Synonym) auf. Vielmehr benutzten die Nationalsozialisten stets vorfabrizierte technische Wert- und Unwertskalen. Wissenschaft diente so nur noch der Abstützung bereits normierter und energisch umgesetzter ideologischer Vorgaben. Es wurde behauptet, »die Natur« bedinge den Sieg des Stärkeren und die Vernichtung der Schwachen. Daraus werde sich am Ende eine »Höherzüchtung« der Menschen ergeben.[5]

Die Instrumentalisierung der deutschen Innenpolitik für diese Ziele seit 1933 ging von der Voraussetzung aus, es sei vorrangige Aufgabe der Politik, die Geburtenzahlen zu erhöhen und gleichzeitig den sogenannten »Volkswert« zu verbessern durch Unterbindung und Bestrafung sexuellen Verkehrs zwischen deutschen »Ariern« und »Nichtariern«, d.h. vor allem Juden. Der Geburtenzuwachs seinerseits würde dann, in der Konsequenz der NS-Ideologie, den Drang und die Fähigkeit zu territorialer Expansion verstärken. Im Rahmen dieser kollektivistischen Zielsetzung kam es zu einer völligen Hintansetzung der Belange des Individuums im privatesten und intimsten Bereich des Lebens. Die ideologisierte Sexualpolitik sollte die ungestörte Selektion angepasster und deshalb erwünschter Eigenschaften und die Nichtweitergabe »negativer Gene« im Erbgang verhindern, sowie schließlich, etwa durch konsequentes Verbot und Verfolgung von Abtreibungen, ein stetiges Wachstum der Geburtenzahlen sicherstellen.

Hitler selbst hatte sich schon in »Mein Kampf« ausführlich und heftig gegen die »politische, sittliche und moralische Verseuchung des Volkes«, gegen eine »Vergiftung des Volkskörpers« gewandt,[6] so bei der Thematisierung der Bekämpfung der Syphilis. In diesen Passagen zeigte sich indes darüber hinaus die Einstellung Hitlers zu Fragen der Sexualität, die widersprüchlich und eigenartig war. Er polemisierte über Seiten gegen die »Mammonisierung des Paarungstriebes« wie einer »nur mehr finanziellen Zweckmäßigkeit der Ehe.« Dazu komme noch eine »ebenso lächerliche wie verlogene Prüderie«,[7] die bei realistischer Betrachtung der natürlichen Gegebenheiten nur dazu führe, daß im Verborgenen abseitigere Wege der Sexualität beschritten würden und Prostitution gefördert werde. Es sei deshalb u.a. notwendig, mit großzügigen sozialpolitischen Maßnahmen

4 Adolf Hitler, Mein Kampf, 583./587. Aufl., München 1941, S. 444/445.
5 Jaeckel, Weltanschauung, a.a.O., S. 103.
6 Hitler, Mein Kampf, a.a.O., S. 269.
7 Ebenda, S. 270.

Heiraten besonders der Männer in ganz jungen Jahren zu ermöglichen.[8] So solle verhindert werden, »daß außerdem noch eine möglichst große Einschränkung der Zeugung an sich erfolgt, so daß der Natur jede Auslese unterbunden wird, da natürlich jedes auch noch so elende Wesen erhalten werden muß.«[9] Überhaupt solle das Schwache und Hinfällige in den Individuen durch äußeren Zwang rechtzeitig zum Verschwinden gebracht werden: »Der Junge, der in Sport und Turnen zu einer eisernen Abhärtung gebracht wird, unterliegt dem Bedürfnis sinnlicher Befriedigung weniger als der ausschließlich mit geistiger Kost gefütterte Stubenhocker.«[10] Das öffentliche Leben sei ein »Treibhaus sexueller Vorstellungen und Reize.«[11]

In diesen Ertüchtigungskonzepten setzte sich eine asketische Tendenz bürgerlich-protestantischer Herkunft auf einer biologistischen, rassenpolitischen Ebene fort. Außerdem zeigten sich aber auch innere Widersprüche der Rassenideologie überhaupt: Einerseits war die »arische« Rasse angeblich an sich wertvoll, überlegen, stark etc., also quasi aus sich heraus zum Sieg prädestiniert, anderseits herrschte in geradezu paranoider Weise Angst vor – angeblich doch minderwertigen – Außenseitern, die erstaunlicherweise in der Lage sein sollten, den »arischen Herrenmenschen« aus seiner kulturellen Höhe herabzuziehen. Nur mit rücksichtslosem Zwang, so Hitler, könne es gelingen, daß »defekten Menschen die Zeugung anderer defekter Nachkommen unmöglich«[12] gemacht werde. Andererseits sei eine bloße Reglementierung der Prostitution nicht ausreichend, nur etwa der Ausbreitung von Geschlechtskrankheiten präventiv zu begegnen. Vielmehr müsse die innere Einstellung der »Gemeinschaft« und des einzelnen solche Erscheinungen unmöglich machen.[13]

Aus der sexualpolitischen Verpflichtung der NS-Innenpolitik, analog zur Warenproduktion im wirtschaftlichen Bereich »Menschenmaterial« in ausreichender Zahl und Qualität zu erzeugen, resultierte die ideologische Festlegung bezüglich der Sexualdelikte und abweichendem Sexualverhalten besonders auch im Justizbereich. Jedes auf Geburtenbeschränkung ausgehende oder eine solche bewirkende Verhalten mußte unter dieser Voraussetzung unzulässig und verboten sein, bestand doch nach NS-Meinung international eine permanente Wettbewerbssituation der Geburtenziffern, und das NS-inspirierte Strafrecht duldete kein Ausscheren einzelner aus diesem Konkurrenzkampf.

Entsprechend sind Äußerungen wie die nachfolgend zitierten des SS-Führers Heinrich Himmler aus dem Frühjahr 1937 betreffs der Verfolgung von Homosexuellen zu werten:[14] »Die homosexuellen Männer sind Staatsfeinde und als solche zu behandeln. Es geht um die Gesundung der deutschen Volkskörpers, um die Erhaltung und Stärkung der deutschen Volkskraft.« Es sei ein Ziel, »in Zukunft die Fälle der Homosexualität und der Abtreibungen zu verringern, so daß

8 Ebenda, S. 274.

9 Ebenda, S. 275.

10 Ebenda, S. 277.

11 Ebenda, S. 278.

12 Ebenda, S. 279.

13 Ebenda, S. 281/282. Hitlers eigenes Verhalten im privaten Bereich war im Gegensatz zu solchen pragmatisch klingenden Äußerungen von außerordentlicher Prüderie und Diskretion.

14 Äußerungen Hitlers zur Homosexualität sind – eigenartigerweise – nicht überliefert.

der durch diese Delikte verursachte Geburtenausfall auf ein Minimum herabgedrückt würde ... Wenn ich ein bis zwei Millionen Homosexuelle annehme, so ergibt das, daß ungefähr 7, 8, 10 % der Männer in Deutschland homosexuell sind. Das bedeutet, wenn das so bleibt, daß unser Volk an dieser Seuche kaputtgeht. Ein Volk wird es auf die Dauer nicht aushalten, daß sein Geschlechtshaushalt und Gleichgewicht derartig gestört ist. Wenn Sie weiter die Tatsache noch in Rechnung stellen ..., daß wir bei einer gleichbleibenden Zahl von Frauen rund 2 Millionen Männer zu wenig haben, die im Krieg gefallen sind, dann können Sie sich vorstellen, wie dieses Übergewicht von 2 Millionen Homosexuellen und 2 Millionen Gefallenen, also rund 4 Millionen fehlender geschlechtsfähiger Männer, den Geschlechtshaushalt Deutschlands in Unordnung bringt und zu einer Katastrophe wird.«[15]

Sexualität ist also nach dieser Auffassung keine Privatangelegenheit, sondern Staatssache, weil Bevölkerungspolitik: »Es gibt unter Homosexuellen Leute, die stehen auf dem Standpunkt: was ich mache, geht niemanden etwas an, das ist meine Privatangelegenheit. Alle Dinge, die sich auf dem geschlechtlichen Sektor bewegen, sind jedoch keine Privatangelegenheit eines einzelnen, sondern sie bedeuten das Leben und das Sterben eines Volkes, bedeuten die Weltmacht und die Verschweizerung. Das Volk, das sehr viele Kinder hat, hat die Anwartschaft auf die Weltmacht und die Weltbeherrschung.«[16] Im Zusammenhang mit diesem rein erbbiologischen und demographischen Verständnis von Sexualität erscheinen auch die einschlägigen Veränderungen im legislativen Bereich plausibel.

Mit dem Gesetz zur Verhütung erbkranken Nachwuchses vom 14.7.1933 (RGBl. I, S. 529) wurde der Weg zu massenhaften Sterilisierungen Kranker oder »Asozialer« freigemacht. Daneben traten aber auch Gesetze und Verordnungen zur Förderung früher Eheschließungen und des Eigenheimbaus. Das überkommene Gesetz zur Bekämpfung der Geschlechtskrankheiten vom 18.2.1927 (RGBl. I, S. 61) lieferte bereits das Instrumentarium zur Reglementierung der Prostitution,[17] wobei sich auf diesem Sektor eine bezeichnende Doppelmoral etwa darin ausdrückt, daß für die Wehrmacht oder Fremdarbeiter ganz »realistisch« eigens Bordelle eingerichtet wurden;[18] wie noch zu zeigen sein wird, ging auch die Strafjustiz in Hamburg stillschweigend wie selbstverständlich von der weiteren Existenz des Phänomens Straßenprostitution aus. – Überhaupt bleibt zu beachten, daß die Diskriminierung unangepaßten (Sexual-)Verhaltens nicht erst 1933 begann, sondern etwa seit der Jahrhundertwende sozialdarwinistische Gedanken zur »wissenschaftlichen« Verbesserung des »Gesellschaftskörpers« Verbreitung fanden.[19] Nicht nur Rechtsradikale versprachen sich eine Auflösung sozialer Widersprüche und gesellschaftlicher Mißstände aus einer Kombination von sozialpädagogischen und »rassehygienischen« Maßnahmen.[20]

15 Zitiert bei Hans-Georg Stümke, Homosexuelle in Deutschland, München 1989, S. 113.

16 Ebenda.

17 Dazu Klaus Scherer: »Asozial« im 3. Reich. Die vergessenen Verfolgten, Münster 1990, S. 79 f.

18 Vgl. Gaby Zürn, »A. ist Prostituiertentyp«, in: Projektgruppe für die vergessenen Opfer des NS-Regimes in Hamburg (Hrsg.) »Verachtet – verfolgt – vernichtet« – zu den »vergessenen« Opfern des NS-Regimes, Hamburg 1986, S. 147.

19 Detlev Peukert, Volksgenossen und Gemeinschaftsfremde, Köln 1982, S. 263.

20 Ebenda, S. 264.

Hinter allen Kernstücken der NS-Gesetzgebung und Justiz im Bereich der Sittlichkeitsdelikte steht eine ungemein verächtliche und geringe Einschätzung des Individuums. Diesem wird indirekt unterstellt, es werde jede nicht durch schärfste gesetzliche Bestimmungen unterbundene Möglichkeit nutzen, seine Triebe auszuleben. Dabei wurde dann in letzter Konzequenz auch nicht zwischen »Ariern« und »Nichtariern« unterschieden, sondern das gleiche, durchgängige anthropologische Mißtrauen durchzieht auch die Vorgehensweise gegen abweichlerische »Volksgenossen«. Dies wiederum ist ein typisches Kennzeichen einer auf totale Kontrolle ausgerichteten bürokratischen Diktatur.

Bei der folgenden Untersuchung wird ein Hauptaugenmerk darauf gerichtet werden, inwieweit sich die bevölkerungspolitischen Vorgaben der geschilderten Ideologie bei der Handhabung der Sexualdelikte durch hamburgische Gerichte ausgewirkt haben (z.B. für die §§ 175, 218 StGB).[21] Dann kann ein Vergleich mit Delikten versucht werden (z.B. §§ 176 I 3 StGB: Unzucht mit Kindern unter 14 Jahren, 177: Notzucht u.a.), die lediglich einen Verstoß gegen die hergebrachte gesellschaftliche Sittenordnung enthalten, ohne einen potentiellen Geburtenrückgang zu verursachen.

3. Auswertung der Akten über Sexualdelikte aus dem Reponierungsjahrgang 1938

Auf die Strafakten des Jahrgangs 1938 mit den Reponierungsnummern 1 bis 5000 stützt sich diese Arbeit in ihren wesentlichen Teilen.[22] Bei den 5000 verzeichneten Akten fehlten 97, darunter mit großer Wahrscheinlichkeit zahlreiche »Rassenschande«-Verfahren. Für die Sexualdelikte im engeren Sinne (§§ 171-184 StGB) ergaben sich die umseitig folgenden Zahlen (s. Tabelle 1).

Damit entfielen fast exakt 10 % der Gesamtzahl der ausgewerteten 5000 fortlaufenden Nummern des Reponierungsjahrganges 1938 auf Sexualdelikte.

Um ein vollständigeres Bild zu erreichen, wurden für die Reponierungsjahrgänge 1935-37 und 1939 anhand vorhandener Verzeichnungsbögen unter besonders interessanten inhaltlichen Aspekten auch einzelne Akten zu den Tatbeständen der §§ 175, 175a, 176 I 3, 183 und 218 StGB sowie »Rassenschande«-Fälle verwertet.

4. Auswertung greifbarer Kriminalstatistiken

Nach Kriegsbeginn wurden die Statistiken nicht fortgesetzt. Alle Tabellen belegen die überragende Bedeutung des Homosexualität als Verfolgungsobjekt von Polizei und Justiz im erfaßten Zeitraum. Dagegen tritt die Abtreibungssanktionierung quantitativ zurück.

21 Alle Paragraphen-Angaben in dieser Arbeit beziehen sich auf die in der NS-Zeit geltenden Fassungen der Normen; spätere Änderungen werden, soweit sie gemeint sind, eigens hervorgehoben.

22 Reponierungsnummer bedeutet, daß die Akten im Archiv der Staatsanwaltschaft mit einem entsprechenden Stempel versehen abgelegt wurden; dies bedeutet nicht, daß Aktenzeichen oder Urteilsdatum in dem Reponierungsjahrgang liegen.

Tabelle 1: Deliktverteilung Rep-Nr. 1–5000 1938

Delikt	Akten	Prozent
Homosexualität (§§ 175, 175a StGB)	268	53,8 %
Unzucht mit Kindern (§ 176 I Z. 3 StGB)[23]	69	13,9 %
Exhibitionismus (§ 183 StGB)	32	6,4 %
Zuhälterei (§ 181a StGB)	30	6,0 %
Kuppelei (§ 180 StGB)	25	5,0 %
Notzucht (§ 177 StGB)	4	0,8 %
Blutschande (§ 173 StGB)[24]	4	0,8 %
Ehebruch (§ 172 StGB)	3	0,6 %
Unzucht mit Abhängigen, etc. (§ 174 StGB)[25]	2	0,4 %
Verführung (§ 182 StGB)	1	0,2 %
Sodomie (§ 175b StGB)	1	0,2 %
Bigamie (§ 171 StGB)	1	0,2 %
Verbreitung von Pornographie (§ 184 StGB)	1	0,2 %
Aus der Sexualsphäre stammende, deshalb hier mitthematisierte Tatbestände:		
Abtreibung (§ 218 StGB)	41	8,3 %
»Rassenschande« (§§ 2, 5 II »Blutschutzgesetz«)	16	3,2 %
Sexualdelikte insgesamt	498	

23 Um Doppelzählung zu vermeiden, wurden homosexuelle Handlungen gegen Jugendliche unter 14 Jahren nur unter §§ 175, 175a gezählt.

24 »Blutschande« wurde, wenn sie nur als konkurrierender Tatbestand eingriff, bei dem »Haupttatbestand« gezählt (z.B. §§ 176 I Z. 3 oder 174 I Z. 1).

25 Gleiches Vorgehen wie unter Anm. 24 geschildert.

Tabelle 2: Anklagestatistik: Sexualdelikte für den OLG-Bezirk Hamburg 1937–1939[26] (Vj=Vierteljahr)

	Sexualdelikte insgesamt	davon §§ 175, 175a StGB		§ 218 StGB	»Rassen-schande«
1937, 1. Vj	341	231	67,7 %	46	20
1937, 2. Vj	310	213	68,7 %	103	9
1937, 4. Vj[27]	311	178	57,2 %	–	22
1938, 1. Vj	373	219	58,7 %	108	27
1939, 2. Vj	300	171	57,0 %	65	39
1938, 3. Vj	362	214	59,1 %	50	30
1938, 4. Vj	298	193	64,8 %	56	22
1939, 1. Vj	403	270	67,0 %	110	30
1939, 2. Vj	378	234	61,9 %	80	26

Tabelle 3: Polizeistatistik: verübte (nicht aufgeklärte!) Sexualdelikte in Hamburg 1937–1939[28]

	Sexualdelikte ohne §§ 175, 175a, 176 I 3	– § 176 I 3	– §§ 175, 175a
1937, 1. Vj.	222	193	431
1937, 2. Vj.	230	254	607
1937, 4. Vj.	304	284	530
1938, 1. Vj.	299	220	1194
1938, 2. Vj.	213	245	923
1938, 3. Vj.	298	343	600
1938, 4. Vj.	232	374	835

26 Quelle: Bundesarchiv Koblenz (BA), R 22/1163.

27 3. Vierteljahr 1937 fehlt.

28 BA, a.a.O..

Über zeitliche Veränderungen in der Verfolgungsintensität lassen sich Aufschlüsse anhand der Reichskriminalstatistik einmal für 1935, dann für 1937 gewinnen.[29] Für die Homosexualität ergibt sich hier ein sprunghafter Anstieg von 2385 angeklagten Fällen (1935) auf 9167 (1937). Dieser Anstieg reflektiert deutlich die – noch darzustellenden – Verschärfungen des Jahres 1935 in Gesetzgebung und Rechtssprechung. Von den Angeklagten des Jahres 1937 wurden 8270 rechtskräftig verurteilt, d.h. es gab weniger als 1000 Freisprüche oder Verfahrenseinstellungen. Die – eigens ausgewiesene – Zahl der verurteilten Juden betrug 59 Personen (1937). Der Anstieg der Verurteilten wegen Unzucht mit Kindern (§ 176 I 3 StGB) von 1935 bis 1937 ist charakteristisch geringer (von 7527 auf 8150 Personen), die Zahl der Freisprüche mit über 1000 im Jahr 1937 etwas höher als bezüglich § 175 StGB. Notzuchtfälle gingen sogar leicht zurück (1935: 857, 1937: 801 Fälle). In der Frequenz davor lagen noch (1937) Kuppelei 1657, Zuhälterei 1122 Fälle. Hervorstehend sind noch die Zahlen für Abtreibung (§ 218 StGB): Lag dieser Wert auf Reichsebene 1935 noch bei 3035 Fällen, stieg er 2 Jahre später auf 6362 Fälle an. Da auf diesem Sektor keine Gesetzesänderung erfolgt war, muß es sich um eine Intensivierung der Verfolgung handeln, zumal eine tatsächliche Zunahme von Abtreibungsfällen angesichts verschärfter Propaganda als extrem unwahrscheinlich erscheint. Wegen »Rassenschande« wurden 1937 512 Personen, darunter 355 Juden, bestraft. Z.T. großzügige Amnestiegesetze (3 Gesetze für den Zeitraum 1935–38) beeinflußten die Kriminalstatistik bezüglich milder Freiheitsstrafen, d.h. Haftstrafen unter einem Monat deutlich, z.B. bei homosexuellen »Ersttätern«.[30]

Eine Analyse aus dem Jahre 1938[31] stellt im Bereich des §§ 175, 175a StGB auf Reichsebene von 1936 auf 1937 einen Zuwachs von rund 35 % bei den angeklagten Delikten fest: Es sei jedoch verfehlt, daraus ein Ansteigen der Homosexualität allgemein herzuleiten: »Denn Polizei und Staatsanwaltschaft sind im Laufe der Zeit gegen diese für die Volkskraft besonders schädliche sittliche Verfehlung mit ständig steigendem Nachdruck vorgegangen.« Und bezüglich der Abtreibungszahlen habe sich »die innere Einstellung zur Abtreibung ... seit der Machtübernahme grundlegend gewandelt. Die Organe des neuen Staates ... haben ... in sinnvoller Ergänzung der großen bevölkerungspolitischen Maßnahmen mit aller Energie einen planmäßigen Kampf gegen die Abtreibung ... eingeleitet, dessen Ergebnisse jetzt in der Anklagestatistik in Erscheinung treten.« Zusammenfassend läßt sich sagen, daß ein erstaunlich hoher Anteil an den selbst für diese Arbeit ausgewerteten Akten Sexualdelikte im weiteren Sinne betrifft (fast genau 10%). Innerhalb der Sexualdelikte fällt wiederum die beträchtliche Quote der Prozesse gegen Homosexuelle ins Auge (ca. 60% der die Sexualsphäre betreffenden Strafverfahren). Diese Befunde werden durch die reichsweite und regionale Kriminalstatistik bestätigt.

29 Quelle: Statistisches Jahrbuch für das Deutsche Reich 1938.

30 Vgl. »Die deutsche Strafrechtspflege seit 1933 in Zahlen«, in: Deutsche Justiz 1938, S. 800.

31 Stolzenberg, Entwicklung der Kriminalität, in: Deutsche Justiz 1938, S. 934.

5. Voraussetzungen der Verfolgung von Homosexualität 1938/39

Die Verfolgung der Homosexuellen beruhte letztlich auf dem verschwommenen, durch des NS-Regime hartnäckig angestrebten Ziel einer homogenen »Volksgemeinschaft«[32], in der soziale Unterschiede eingeebnet werden sollten und man Außenseiter nicht zu dulden bräuchte. Dies implizierte zwangsläufig repressive Maßnahmen gegenüber nonkonformem Verhalten.[33] Dabei blieb während der ganzen Dauer des Regimes streitig und unklar, welches die wissenschaftlichen Grundlagen zu sein hatten; ob z.B. die Homosexualität auf Anlagefaktoren oder Umweltbedingungen zurückzuführen sei.[34] Das ist in seiner Inkonsequenz umso erstaunlicher, als es sich dabei um eine innerhalb der biologistischen NS-Weltanschauung durchaus belangvolle Differenzierung handelt. Letztlich setzte sich aber offiziell immer die am übergeordneten Ziel des ungestörten Bevölkerungswachstums orientierte Betrachtungsweise durch, die nicht nach den Gründen für eine nonkonforme Veranlagung fragte, sondern allenfalls therapeutische Möglichkeiten in Erwägung zog, dies allerdings neben den strafrechtlichen Sanktionen selten.[35]

Ein wichtiger Faktor der Homosexuellenverfolgung ist auch in ganz persönlichen Motiven und Aversionen führender NS-Politiker wie auch breiter Bevölkerungskreise zu sehen. So kommt in Äußerungen Himmlers[36] geradezu eine »Homophobie« zum Ausdruck, die sich einerseits in einem ostentativen Abscheu vor »sexuell Anormalen«, anderseits durch ein starkes, z.T. fast obsessives Interesse an diesen Randgruppen manifestierte. Dieses Interesse wurde dann durch weltanschaulich Argumente gleichsam auf eine rationalere Ebene gehoben. Das danach zugrundegelegte Zahlenmaterial über die Vorbereitung des Phänomens Homosexualität differierte häufig ganz erheblich und läßt erkennen, daß diese Schätzungen auf unsicherer empirischer Grundlage beruhten. Sie sollten vor allem als propagandistische Untermauerung dienen, um harte Gegenmaßnahmen zu rechtfertigen.[37] Auf der anderen Seite schwanken neuere Schätzungen zu wichtigen Teilaspekten, etwa dem Stichwort: »Homosexuelle im Konzentrationslager« kaum weniger.[38] Die schwankende und ungenaue theoretische Durchdringung des Problems bewirkte, daß die Gerichte willkürlich anmutende Unterscheidungen zwischen den Betroffenen verwendeten. So bestrafte man etwa als habituell homosexuell angesehene Männer teils härter, z.T. aber auch mit dem Argument milder, sie hätten angesichts ihrer Veranlagung nicht anders han-

32 Siehe dazu Peukert, Volksgemeinschaft, a.a.O., S. 19/20, Fn. 20.

33 Ähnlich Jellonek, Homosexuelle unter dem Hakenkreuz, Paderborn 1990, S. 27/28.

34 Vgl. aus neuerer Sicht Eberhard Schorsch, Sexualstraftäter, Pfullingen 1971, S. 190 ff, sowie Scherer, »Asozial«, a.a.O., S. 81.

35 Jellonek, Homosexuelle, a.a.O., S. 171 ff, zur Psychotherapie gegenüber Homosexuellen nach 1933.

36 Siehe oben S. 5.

37 Zu den Zahlen vgl. Jellonek, Homosexuelle, a.a.O., S. 27/28.

38 Vgl. Jellonek, Homosexuelle, a.a.O., S. 33: »5000–10.000 Personen«; Scherer, S. 81: »bis 1944 50.000 Verurteilungen, davon ca. 10.000 im Konzentrationslager«; Stümke, Verfolgt, a.a.O., S. 55: 5000–15.000 Personen. Nach den Verfahrensstadien (z.B. Schutzhaft oder nachträgliche Vorbeugehaft) wird nicht differenziert; vgl. auch Lautmann/Grikschat/Schmidt, S. 325 ff.

deln können. Bisexuelle und unsicher Orientierte sollten dagegen mit strafrechtlichen Mitteln »umerzogen«, für Ehe und Fortpflanzung tauglich gemacht werden.[39] Dabei war den Staatsorganen wohl bewußt, daß Homosexualität ein sozial nicht schichtgebundenes Phänomen ist. Man setzte voraus, daß nur ein Bruchteil der homosexuell Veranlagten »auffällig« in der Öffentlichkeit werden würde und auf diesen »asozialen«, also offen nichtangepaßten Personenkreis sollte sich die Strafverfolgung konzentrieren.[40]

Bei der institutionellen Ausgestaltung der Verfolgung ist die sogenannte Röhm-Affäre ein wichtiges Datum. Dem 30.6.1934 mit der Ermordung Ernst Röhms und einer Gruppe von – teils ebenfalls homosexuellen – SA-Führungsleuten folgte eine schlagartige Ausrichtung der Aufmerksamkeit der nationalsozialistischen Politik auf den Tatbestand der Homosexualität. Vorher waren Homosexuelle in der NSDAP oder deren Unterorganisationen zwar nicht ausdrücklich toleriert worden, ihre Präsenz wurde jedoch in der Regel stillschweigend übergangen. Es kam nun plötzlich zu fast paranoiden Reaktionen, die mit politischen Machtkämpfen (z.B. SS gegen SA) und Streit um einflußreiche Ämter eine untrennbare Verbindung eingingen. Homosexualität erhielt so den Beigeschmack des politisch unzuverlässigen, wenn nicht gar hochverräterischen. Hitler gab sofort den »Befehl zur rücksichtslosen Ausrottung dieser Pestbeule«. Er wolle »in Zukunft nicht mehr dulden, daß Millionen anständiger Menschen durch einzelne krankhafte veranlagte Wesen belastet und kompromittiert werden«.[41] Damit war der Auslöser zum Beginn der eigentlichen Homosexuellen-Verfolgung von Hitler persönlich gegeben.

Auf Reichsebene wurde die zentrale Erfassung der Namen und Personaldaten von Homosexuellen eingeleitet. Im Herbst 1934, also kurz nach der Röhm-Affäre, wurde ein »Sonderdezernat Homosexualität« beim Geheimen Staatspolizeiamt (Gestapa) in Berlin eingerichtet. Der Zweck war vorrangig die Bekämpfung von Homosexuellen in Staatsorganen und der Partei.[42] Nachdem im Jahre 1935 Gesetzeslage und höchstrichterliche Rechtsprechung sich drastisch verschärft hatten, wurde auf polizeilicher Ebene im Oktober 1936 die »Reichszentrale zur Bekämpfung der Homosexualität und der Abtreibung« gegründet, die ihren Sitz beim Preußischen Landeskriminalpolizeiamt in Berlin hatte. Daneben wurde bei der Gestapo Berlin ein Sonderreferat II S eingerichtet. Beide Dienststellen hatten in SS-Sturmbannführer Meisinger denselben Leiter. Die Kompetenzen waren so gegeneinander abgegrenzt, daß die Gestapo im Nachklang der Röhm-Affäre vor allem die politischen Aspekte der Homosexualität untersuchen sollte. Die Datenerfassung der Reichszentrale konzentrierte sich auf Fälle des § 175a StGB mit Beschuldigten, die typusgemäß als »Jugendverführer« und »Strichjungen« bezeichnet wurden. In Hamburg scheint hingegen auf lokaler Ebene der ganze Deliktsbereich in der Kompetenz der Gestapo gelegen zu haben, bis er im Sommer 1937 nach Abschluß der Sondermaßnahmen zur Homosexualitätsbekämpfung an die Kripo abgegeben wurde.

39 Fallbeispiele werden später geschildert.
40 Siehe Scherer, »Asozial«, a.a.O., S. 82.
41 Vgl. Jellonek, Homosexuelle, a.a.O., S. 97 ff.
42 Stümke, Verfolgt, a.a.O., S. 54/55; S. auch Jellonek, Homosexuelle, a.a.O., S. 100 ff.

Im August 1936 bildete das Geheime Staatspolizeiamt für die beiden Millionenstädte Berlin und Hamburg, die über eine ausgeprägte homosexuelle Subkultur verfügten, Sonderkommandos[43] (»Kommandos zur besonderen Verwendung«, in Hamburg: »Sonderkommando Nord der Preußischen Gestapo mit Sitz in Altona«, zu Spuren ihrer Aktivität siehe Fallbeispiele). Das Kommando war relativ kurze Zeit in Hamburg tätig und die aus den vorliegenden Akten ersichtliche Vorgehensweise läßt gegenüber der üblichen Ermittlungspraxis keine Besonderheiten erkennen. Immerhin wurde hier noch einmal die zentrale Bedeutung des Deliktsbereichs für das Regime deutlich. Für das Gebiet der Abtreibung fehlen jegliche konkreten Hinweise auf ähnliche institutionelle Besonderheiten im Polizeibereich.

6. Rechtsprechung und Gesetzesänderungen zu § 175 StGB seit 1933

In der ständigen Judikatur des Reichsgerichts (RG) bis zum Jahre 1933 herrschte eine tendenziell restriktive Auslegung bezüglich des Strafbarkeitsbereiches vor. Pönalisiert war danach lediglich eine sogenannte beischlafähnliche homosexuelle Handlung (ständige Rechtsprechung seit 1879).[44] Dieser zur Abgrenzung entwickelte Terminus schuf aber seinerseits wieder erhebliche Definitionsschwierigkeiten. So wurde in Einzelfällen zunehmend »bloße Widernatürlichkeit« als genügend angesehen. Wichtig bleibt festzuhalten, daß es immer zu einer körperlichen Berührung des Partners kommen mußte.[45] Deshalb wurde sogenannte wechselseitige Onanie ohne Körperkontakt als nicht tatbestandsmäßig angesehen.[46] Ab 1933 verschlechterte sich die rechtliche Situation der Homosexuellen schrittweise drastisch. Bis 1935 wurde keinerlei höchstrichterliche Rechtsprechung zu § 175 StGB mehr publiziert. Erst eine Entscheidung des Reichsgerichts von August 1935 kurz vor Änderung des StGB stellte ausdrücklich die wechselseitige Onanie unter Strafe, nicht dagegen einfache körperliche Berührungen.[47]

Mit Gesetz vom 28.6.1935 (RGBl. I, S. 839) wurde der Verbrechenstatbestand § 175a StGB geschaffen, mit den praktisch ungemein relevanten Ziffern 3 und 4 (homosexuelle Handlungen mit Personen unter 21 Jahren, männliche Prostitution).[48] Seit der bereits erwähnten Entscheidung des Reichsgerichts vom August 1935 reichte bereits aus, daß die Handlung geeignet war, das allgemeine Scham- und Sittlichkeitsgefühl zu verletzen und den Körper eines anderen als Mittel zu benutzen, Lust zu erregen oder zu befriedigen. Nun genügte z.B. schon das Fassen nach den Genitalien des Partners über der Kleidung.[49] Später wurde auch noch das Erfordernis der körperlichen Berührung fallengelassen.[50] Mit diesen

43 Vgl. Jellonek, Homosexuelle, a.a.O., S. 122 ff, insb. S. 129.

44 Vgl. Entscheidungen des Reichsgerichts in Strafsachen (im folgenden: RGSt.) Bd. 1, S. 395.

45 Reichsgericht (RG) in: Juristische Wochenschrift (JW) 1913, S. 935.

46 RGSt. Bd. 6, S. 211.

47 RG, in: JW 1935, S. 2732; siehe auch RGSt.Bd. 70, S. 277.

48 Siehe Niederreuther, Zum Begriff der Erwerbsmäßigkeit im Sinne des § 175a Ziffer 4 StGB, in: Deutsche Justiz 1937, S. 994.

49 RG in: JW 1939, S. 90.

50 RGSt. Bd. 73, S. 78.

Gesetzesänderungen und der Verschärfung der polizeilichen Fahndung waren die Voraussetzungen in Hamburg wie im übrigen Reichsgebiet geschaffen, die Gerichte in immer größeren Umfange für die Homosexualitätsbekämpfung zu instrumentalisieren.[51] Der NS-Jurist Rudolf Klare, der die einzige zeitgenössische Monographie zu diesem Thema veröffentlichte, faßte unter juristischen Aspekten alle damals ventilierten Gesichtspunkte zusammen und forderte bezeichnenderweise noch weitergehendere strafrechtliche Verschärfungen.[52]

7. Tabellarische Auswertung der Akten über Homosexualität aus dem Reponierungsjahrgang 1938, Nr. 1 bis 5000

268 Akten betrafen Fälle nach §§ 175 oder 175a StGB, davon enfielen auf das Landgericht als 1. Instanz 86 Akten, auf das Amtsgericht 182 Fälle. Bei den LG-Fällen handelt es sich in der Regel um Anklagen gemäß § 175a StGB.

Die Verteilung auf die Kammern des Landgerichts Hamburg weist bestimmte Häufungen auf:

Tabelle 4: Verteilung der Verfahren wegen § 175 StGB Rep-Nr. 1–5000 38 auf die Spruchkörper des Landgerichts

Große Strafkammern	1	2	3	4	5	6	7	8	9
Fälle	21	2	4	8	23	0	23	3	2

Die geringe Beteiligung einiger Kammern ist offenbar darauf zurückzuführen, daß diese großenteils in Berufungsverfahren tätig wurden. Die 6. Kammer verhandelte schwerpunktmäßig »Rassenschande«-Sachen und bestimmte Wirtschaftsdelikte. Bei Verurteilungen nach § 175a StGB entfielen 36 Fälle auf Ziffer 3 (minderjährige Partner), nur 13 Fälle auf Ziffer 4 (Strichjungen). Für den OLG-Bezirk Düsseldorf liegen stark abweichende Zahlen vor.[53]

Zum Vergleich die Zahlen im Bereich § 176 I Z. 3 StGB ohne Homosexuelle:

Tabelle 5: Verteilung der Verfahren wegen § 176 I Z. 3 StGB Rep-Nr. 1–5000/38 auf die Spruchkörper des Landgerichts

Kammern	1	2	3	4	5	6	7	8	9
Fälle	23	2	0	1	17	0	23	2	1

Bei den Amtsrichtern gab es dagegen eine deutliche Häufung bei bestimmten Namen, selbst wenn nicht alle Richter den ganzen Zeitraum hindurch judizier-

51 Zur Geschichte des § 175 StGB im Detail Jürgen Baumann, Paragraph 175, Berlin/Neuwied 1968.

52 Rudolf Klare, Homosexualität und Strafrecht, Hamburg 1937.

53 Jellonek, Homosexuelle, a.a.O., S. 3/4: Mehr als 2/3 Fälle nach § 175 a Z. 4 StGB.

ten. Die unterschiedlichen Fallzahlen konten nach Rückgriff auf die Richter-Personalakten geklärt werden. Offenbar waren die Richter mit hoher Fallzahl als sogenannte Schnellrichter im beschleunigten Verfahren gemäß § 212 StPO tätig. Ausweislich der Beurteilungen war die dortige Tätigkeit durchaus als Auszeichnung und Kennzeichen für energisches »Durchgreifen« zu werten.[54]

Tabelle 6: Das Strafmaß in Verfahren wegen Homosexualität Rep-Nr. 1–5000/1938

Freisprüche		8 Fälle	3,0 %
Sonstige Straffreiheit[55]		18 Fälle	6,8 %
Geldstrafen		2 Fälle	0,7 %
Freiheitsstrafen		239 Fälle	89,5 %
Davon	Tage bis 6 Monate Haft	98 Fälle	41,0 %
	Mehr als 6 Monate bis 1 Jahr Haft	81 Fälle	33,9 %
	Mehr als 1 Jahr bis 2 Jahre Haft	46 Fälle	19,2 %
	Mehr als 2 Jahre Haft	14 Fälle	5,9 %
Davon: Zuchthausstrafe 5 Fälle, Sicherungsverwahrung 2 Fälle, Anstaltseinweisung (§ 42 b StGB) 1 Fall			

Es ist ein deutlicher Gipfel bei den kürzeren bis mittleren Freiheitsstrafen zu erkennen. Zuchthausstrafen kommen hier kaum vor.[55] Es ist noch zu beachten, daß viele Homosexuelle wegen der besonderen Verfolgungsintensität der Jahre seit 1935 oft mehrmals vor Gericht standen und sich in der Höhe jeweils steigernde Haftstrafen verbüßen mußten, bis sie schließlich in einem Bereich von 1–2 Jahre Haft anlangten; ganz anders sind dagegen die Fälle der Ersttäter etwa gemäß § 175a, Ziffer 3 StGB gelagert, die sofort in diese Kategorie gelangten. Auffallend ist auch die zahlenmäßig geringe Verhängung von Maßregeln der Sicherung und Besserung; so kam z.B. eine zwangsweise Kastration nach § 42 k StGB im untersuchten fortlaufenden Aktenbestand überhaupt nicht vor, im Gegensatz zu anderen Reponierungsjahrgängen (vgl. die folgende Einzelfalldarstellung!)

Ergebnis: Es kommt zu einer Häufung bei der unteren Mittelschicht und der oberen Unterschicht, wobei wohl ein gewisser Selektionseffekt dadurch eintrat, daß nur ganz offene Homosexualität an Örtlichkeiten (Pissoirs, Speziallokale) zur Festnahme führte, die überdurchschnittlich von den unteren Schichten frequentiert wurden, während es für sozial Bessergestellte diskretere Kontaktmöglichkeiten gegeben haben mag.[56]

54 Vgl. auch Curt Rothenberger, Das Schnellgericht in Hamburg, in: Deutsche Justiz 1941, 721 ff.

55 Unter anderem Amnestie vor dem Urteil, Einstellung, Absehen von Strafe nach JGG oder § 175 II StGB.

56 Ähnlich Scherer, »Asozial«, a.a.O., S. 82 zum Ergebnis etwa von Polizeirazzien.

Tabelle 7: Initiierung von Verfahren nach § 175 StGB Rep-Nr. 1–5000/38

Das Strafverfahren wurde ausgelöst durch:		
Name im Polizeiverhör durch Sexualpartner angegeben	172 Fälle	64,2 %
Durch dritte Personen (Denunziationen, Nachbarn, Arbeitgeber, Hoteliers etc.)	46 Fälle	17,2 %
»Opfer«, d.h. unfreiwillige Objekte homosexueller Annährungsversuche, oft in Verbindung mit der Polizei und »Fallenstellung«	22 Fälle	8,2 %
Polizeiliche Ermittlungen (Razzien, u.a.)	22 Fälle	8,2 %
Selbstanzeigen	3 Fälle	1,1 %
Unklar	3 Fälle	1,1 %

Tabelle 8: Soziale Schichtenzugehörigkeit der Angeklagten nach § 175 StGB Rep-Nr. 1–5000/38

Oberschicht:	1 Fall	0,4 %
Selbständige, über 20 Beschäftigte	1 Fall	
Obere Mittelschicht:	23 Fälle	8,8 %
Selbständige, unter 20 Beschäftigte	17 Fälle	
Freiberufler	4 Fälle	
Leitende Angestellte	1 Fall	
Höhere Beamte	1 Fall	
Untere Mittelschicht:	98 Fälle	37,7 %
Angestellte, nicht leitend	87 Fälle	
Kleine Beamte	4 Fälle	
Studenten/Schüler	3 Fälle	
Rentner	3 Fälle	
Handelsvertreter	1 Fall	
Obere Unterschicht:	109 Fälle	41,9 %
Industriearbeiter	66 Fälle	
Handwerker, nicht selbständig	31 Fälle	
Kleine Ladeninhaber, Gastwirte	12 Fälle	
Untere Unterschicht:	29 Fälle	11,2 %
Seeleute	23 Fälle	
Landarbeiter	3 Fälle	
Hausierer, Berufslose	3 Fälle	
Ohne Angabe oder unklar	8 Fälle	

8. Exemplarische Auswertung der Akten zum Tatbestand der Homosexualität

Der typische Verfahrensablauf gestaltete sich folgendermaßen: Nach der Initiierung der Strafverfahren durch Zeugenaussagen, Aussagen anderer Beschuldigter, Strafanzeigen Dritter etc. (s.o. Tabelle zum Verfahrensbeginn) folgte ein polizeiliches Ermittlungsverfahren, dessen Länge sich im wesentlichen danach bemaß, ob der Beschuldigte nach dem Eindruck des ermittelnden Beamten bereits voll geständig war, das heißt seine sämtlichen Sexualpartner angegeben hatte. Träger des Ermittlungsverfahrens war bis zum Spätsommer 1937 die Geheime Staatspolizei, wobei die »Inspektion 8« der Gestapo für die Homosexuellenverfolgung speziell zuständig war. Später ging die Kompetenz an die Kriminalpolizei zurück, und zwar an das 24. Kriminalkommissariat.[57]

Zeitweilig war in Hamburg zwecks besonderer Intensivierung der Fahndung das »Kommando zur besonderen Verwendung« der Gestapo tätig (s.o.). Es hatte seinen Sitz bis zum Ende seiner Tätigkeit in Altona.[58] Auf den Tätigkeitsumfang und die Effizienz dieser Gestapo-Sonderaktion lassen sich allenfalls indirekt Schlüsse aus den ausgewerteten Prozeßakten ziehen, da die Polizeiunterlagen vernichtet wurden. Hinweise ergeben sich jedoch weiter auch aus der z.T. sprunghaft gestiegenen Anklagestatistik wegen § 175 in der näheren Folgezeit. Eine Isolierung der Sondertruppe aus dem Geflecht der übrigen Kausalfaktoren erscheint aber wegen der schlechten Quellenlage im Polizeibereich als ausgeschlossen. Immerhin wurden noch nach Ende der Aktion gelegentlich Gestapo-Beamte aus Berlin zu den Folgeprozessen als Zeugen geladen, um z.B. über das Verhalten der Angeklagten im Polizeiverhör auszusagen.

Der Verdächtige wurde in der Regel mehrfach ausführlich zur Sache vernommen mit dem Ziel, einerseits eine umfassende Anklage gegen ihn zu ermöglichen, andererseits die Namen seiner Sexualpartner herauszufinden, um alsbald gegen diese ein gesondertes Verfahren einzuleiten. Verfahren 2 Js 6559/38c: Dr. St., Arzt an der Frauenklinik Altona, wurde nach Aussage eines Partners festgenommen. Die Akte enthält ein detailliertes 13seitiges Vernehmungsprotokoll des 24. Kriminalkommissariates, das mit einem Lebenslauf des Beschuldigten beginnt, was in anderen Deliktsbereichen völlig ungebräuchlich war. In diesem Fall wurden sogar Fragen und Antworten wörtlich protokolliert. So erhält man ein Bild der beharrlichen Verhörtechnik der über die Materie offenbar gut informierten Kriminalbeamten. Sie glaubten dem Beschuldigten z.B. nicht, daß er bei seiner ersten homosexuellen Handlung gleich Analverkehr praktizierte. Auch die Aussage des Dr. St., aus Angst vor Geschlechtskrankheiten homosexuell geworden zu sein, nahm man ihm nicht ab: diese Gefahr sei bei den von ihm gepflegten Sexualpraktiken mindestens ebenso groß; gerade als Arzt müsse er dies wissen. Auf die Behauptung des Beschuldigten, er habe heterosexuelle Bezie-

57 Ebenfalls eine Spezial-Dienststelle außerhalb des üblichen Sittendezernats (»Sitte« = 20. Kommissariat).

58 Vgl. 2 Js 2091/36, Urteil vom 12.1.1937 (Rep-Nr. 712/38); 2 Js 3481/36c, Urteil vom 8.2.1937 (Rep-Nr. 4833/38); 2 Js 3265/36c, Urteil vom 5.1.1937, Berufungs-Urteil vom 8.3.1937 (Rep-Nr. 4894/37); 2 Js 2506/36c, Urteil vom 24.11.1936 (Rep-Nr. 7420/37).

hungen gehabt, folgt sogleich die Aufforderung: »Nennen Sie Frauen, mit denen Sie in letzter Zeit geschlechtlich verkehrt haben. Verschanzen Sie sich aber nicht wieder hinter dem Ehrenmann. Für Sie geht es um Sein oder Nichtsein.« (Urteil in der Berufung: 1 Jahr Gefängnis)[59]

Leugneten die Beschuldigten, wurde gegen sie in der Regel ein »Schutzhaftbefehl« erlassen, d.h. sie wurden in ein Konzentrationslager (meist nach Fuhlsbüttel) gebracht.

Weitere Verhörtechniken waren die Inaussichtstellung von Vergünstigungen (z.B. Anrechnung der Untersuchungshaft), Zermürbung durch die Vielzahl der Verhöre mit immer wieder den gleichen Fragen und die Gegenüberstellung mit geständigen, aus der Haft vorgeführten Zeugen. Notfalls wurden beschriebene Örtlichkeiten aufgesucht, um die Aussagen zu verifizieren. Weitere Erleichterungen der Ermittlung ergaben sich aus Spezialkarteien der Polizei, nämlich einer Kartei über Strichjungen und einer allgemeinen Homosexuellen-Kartei.[60] Schließlich waren die Homosexuellen-Lokale der Gestapo bekannt und wurden so – vor ihrer Schließung – zu einem einfachen Objekt von Observierung und Razzien. Folgende Lokale tauchen z.B. in den Ermittlungen immer wieder auf: »Drei Sterne« (Hütten), »Tante Lene« (Theaterstr.), »Schwarzes Meer« (Bleichenbrücke), der »Alsterpavillon«, »Tuskulum« (Alsterdamm), »Monte Carlo« (Bergstr.), »Marienburg« (Marienstr.), »Spielsalon Minulla« (Reeperbahn). Ferner bestimmte Bedürfnisanstalten (sogenannte »Klappen«), hier vor allem am Millerntor.

Das Aussageverhalten der Beschuldigten variierte von totalem Leugnen,[61] was wegen der vielen Belastungszeugen oft zwecklos blieb, über Teilgeständnisse[62] bis zu seitenlangen generellen Geständnissen über alle Sexualpartner. Gelegentlich wurden Geständnisse in den weiteren Verfahrensstadien widerrufen. Dieses Verhalten war nicht völlig aussichtslos, da es Fälle gab, in denen das Gericht z.B. die Erpressung von Geständnissen mit unzulässigen Drohungen beanstandete. Verfahren 2 Js 3298/37c: Freispruch nach Widerruf der Geständnisse bei der richterlichen Vernehmung: »Ein ausreichender Beweis ist aber nicht erbracht worden. Das frühere polizeiliche Geständnis ... ist möglicherweise tatsächlich durch Angst vor langer Haft beeinflußt worden.«[63]

Insgesamt läßt sich sagen, daß es sich im Ergebnis, vor allem der Strafhöhe nach, auszahlte, allem psychischen und physischen Druck standzuhalten und entweder ganz zu leugnen oder nur einzelne, bereits bewiesene Taten zu gestehen.[64] Die Polizei nahm im Rahmen der Homosexuellen-Verfolgung eine sehr

59 Urteil vom 20.12.1938, Berufungs-Urteil vom 11.2.1939 (Rep-Nr. 2113/39).

60 Vgl. 2 Js 2091/36, Urteil vom 12.1.1937 (Rep-Nr. 712/38); 2 Js 944/38c, Urteil vom 7.5.1938 (Rep.-Nr. 4984/38).

61 Vgl. 2 Js 6521/37c, Urteil vom 3.12.1937 (Rep-Nr. 1029/38); 94 Js 5/37, Urteil vom 2.6.1937, Berufungs-Urteil vom 6.8.1937 (Rep-Nr. 1254/38); 2 Js 52/38c, Urteil vom 27.1.1938 (Rep-Nr. 1397/38); 2 Js 7261/37c, Urteil vom 7.1.38 (Rep-Nr. 1978/38); 2 Js 1091/38c, Urteil vom 8.4.1938 (Rep-Nr. 4244/38); 2 Js 1543/38c, Urteil vom 6.4.1938 (Rep-Nr. 4245/38).

62 Vgl. 7 Js 813/36, Urteil vom 12.3.1937 (Rep-Nr.56/38); 2 Js 1543/38c, Urteil vom 6.4.1938 (Rep-Nr. 4245/38).

63 Urteil vom 6.8.1937 (Rep-Nr. 527/38).

64 Beispiele sind auch: 2 Js 8615/37c, Urteil vom 17.1.1938 (Rep-Nr. 1053/38); 2 Js 7120/37c, Urteil vom 13.1.1938 (1090/38).

starke Position ein, da die Staatsanwaltschaft kaum in die Ermittlungen eingriff und die Polizei durch Verhängung von »Schutzhaft« nahezu autonom operieren und bis zum Erlaß eines richterlichen Haftbefehls mit dem Verdächtigen nach Belieben verfahren konnte. Das Selbstbewußtsein der Beamten kommt in häufigen vorverurteilenden Abschlußvermerken in den Akten zum Ausdruck.[65]

Die Schutzhaftbefehle ergingen formularmäßig und schlossen mit dem Satz:[66] »Gegen diesen Schutzhaftbefehl ist eine Beschwerde nicht zulässig.« Zu den zahlreichen Verhören wurde der »Schutzhäftling« aus dem Konzentrationslager Fuhlsbüttel zum Sitz der Gestapo in das Stadthaus (heute: Baubehörde) gebracht. Zwischen den Verhören verging oft ein langer Zeitraum, während dessen die Beschuldigten praktisch völlig von der Außenwelt abgeschnitten waren. Verfahren 2 Js 8736/37c: Friseur G. saß vom 22.10. bis 7.12.1937 in »Schutzhaft«; erst am 3.1.1938 meldete sich ein Verteidiger; nach drei langen Verhören fand die Hauptverhandlung am 2.2.1938 statt.[67] Angaben über Folterungen während der »Schutzhaft« finden sich wesentlich seltener als die Angabe, während der Verhöre bedroht worden zu sein. Die Gefangenen mußten einen »Verpflichtungsschein« unterschreiben, der ihnen Stillschweigen über alles bei der Gestapo Wahrgenommene auferlegte.[68]

Mit Erlaß eines richterlichen Haftbefehls war für den Beschuldigten mehr Rechtssicherheit erreicht, allerdings hatte er dann meist schon jeden Widerstand aufgegeben und nach anfänglichem Leugnen detailliert gestanden. Es war keine Seltenheit, daß ein Verdächtiger die Namen von 20 und mehr Sexualpartnern preisgab.[69] Der Haftbefehl war mit der Beschwerde anfechtbar. Gemäß § 60 StGB konnten »Schutz-« und U-Haft bei geständigen Tätern auf die Strafe angerechnet werden.[70] Die Hauptverhandlungen fanden vor dem Amtsrichter oder – in Fällen des § 175a StGB – vor einer Großen Strafkammer des Landgerichts statt. Die Polizei bemühte sich meist erfolgreich um die Zustimmung der Beschuldigten zu einer Anklage vor dem Schnellgericht gemäß § 212 StPO, wo unter anderem 24stündige Ladungsfristen galten.[71] Stets erfolgte der Ausschluß der Öffentlichkeit »wegen Gefährdung der Sittlichkeit«, was, bei aller sachlichen Berechtigung, gleichsam zu Geheimverfahren führte. Soweit ein Verteidiger tätig wurde,

65 Siehe etwa Rep-Nr. 2 Js 428/38c, Urteil vom 28.2.1938 (Rep-Nr. 2756/38); 2 Js 970/38c, Urteil vom 24.3.1938 (Rep-Nr. 3288/38).

66 Zur Schutzhaft: Lothar Gruchmann, Justiz im Dritten Reich 1933-1940, München 1988, S. 583-632; für Hamburg: Henning Timpke (Hrsg.), Dokumente zur Gleichschaltung des Landes Hamburg 1933, Frankfurt 1967, S. 227 ff.

67 Urteil vom 2.2.1938 (Rep-Nr. 2041/38). Zu den Einflußmöglichkeiten der Strafverteidigung in der NS-Zeit vgl. Stefan König, Vom Dienst am Recht. Rechtsanwälte als Strafverteidiger im Nationalsozialismus, Köln 1987.

68 Zu Mißhandlungen durch die Gestapo siehe aber 7 Js 813/36, Urteil vom 12.3.1937 (Rep-Nr. 56/38); 2 Js 846/37c, Urteil vom 7.9.1937 (Rep-Nr. 6766/37); 2 Js 3446/36c, Urteil vom 7.4.1937 (Rep-Nr. 3101/37). Beispiel für eine »Verpflichtungserklärung« in: 2 Js 3481/36c, Urteil vom 8.2.1937 (Rep-Nr. 4833/38).

69 Vgl. nur die Fälle 2 Js 3854/36c, Urteil vom 22.12.1936 (Rep-Nr. 709/38); 2 Js 3829/36c, Urteil vom 22.12.1936 (Rep-Nr. 710/38); 2 Js 1138/37c, Urteil vom 2.11.1937 (Rep-Nr. 913/38); 2 Js 2101/38c, Urteil vom 14.4.1938 (Rep-Nr. 4246/38).

70 Abgelehnt zum Beispiel in 2 Js 8541/37c, Urteil vom 20.12.1937 (Rep-Nr. 463/38).

71 Zustimmung trotz Bestreiten in der Sache z.B. in 2 Js 2091/36, Urteil vom 12.1.1937 (Rep-Nr. 712/38).

war dieser wegen der für den Mandanten meist katastrophalen Beweislage darauf beschränkt, für eine »milde Bestrafung« zu plädieren und später das Gnadenverfahren zu betreiben.[72]

Ein Vergleich der Anträge der Staatsanwaltschaft mit den vom Gericht verhängten Strafen ergibt das Bild einer weitgehenden gegenseitigen Unabhängigkeit. In einer großen Zahl von Fällen blieb das Gericht erheblich unter den Anträgen der Staatsanwälte.[73] Seltener überbot umgekehrt das Gericht die Anklagevertretung.[74] Freisprüche waren in Prozessen nach § 175 StGB selten,[75] was wahrscheinlich mit der gründlichen Vorbereitung der Verfahren, der intensiven Fahndung und dem Auftreten nicht zu widerlegender Belastungzeugen zusammenhing (vgl. ferner die Tabelle 6 zur Strafhöhe). Eine besondere Rolle spielten die Gutachten der medizinischen Sachverständigen, da bei der Fallauswertung kein einziges Beispiel auftauchte, in dem sich Staatsanwaltschaft und Gericht nicht ganz eng an die Auffassung der Mediziner, z.B. in der Frage der Zurechnungsfähigkeit, gehalten hätten. Dies war für viele Angeklagte verhängnisvoll, weil die naturwissenschaftlich-sozialdarwinistisch orientierten Gutachter Schuldminderungsgründe möglichst auszuschließen pflegten. Kamen sie doch zur Anwendung des § 51 StGB, so verbanden sie diese Diagnose meist mit der Befürwortung schärfster »Maßregeln« (z.B. Anstaltseinweisung, Kastration u.a.). Die Häufigkeit der Begutachtung war im Bereich des § 175 StGB geringer als bei anderen Sexualdelikten, da Homosexualität interessanterweise letztlich nicht als Krankheit gewertet wurde. Der Anlaß für die Einholung eines Gutachtens ist gelegentlich schwer einsehbar.[76]

Anders 2 Js 9573/37c: Kaufmann R. war wegen »Geistesschwäche und Verschwendungssucht« entmündigt worden. Amtsarzt (»Physikus«) Dr. K. begutachtete ihn vor seiner Verurteilung zu 7 Monaten Gefängnis wegen zahlreicher homosexueller Handlungen: R. sei ein »gefühlsarmer, oberflächlicher, willensschwacher, triebhafter, homosexueller Psychopath«. Vermindert zurechnungsfähig sei der Angeklagte dennoch nicht gewesen. Die Verwendung des Begriffes »Psychopath« ist typisch für die medizinischen Gutachten der NS-Jahre.[77] Er war hinreichend vage, um nahezu jedes nonkonforme Verhalten zu stigmatisieren und sprachlich durch Hinzufügen weiterer Adjektive negativ zu verstärken. – Dem R. im Beispiel kam zu Hilfe, daß nach Ansicht des Gerichts »ein ausgespro-

72 Anträge auf Beiordnung eines Offizialverteidigers in 2 Js 6728/37c, Urteil vom 1.12.1937 (Rep-Nr. 150/38); 2 Js 2091/36, Urteil vom 12.1.1937 (Rep-Nr. 712/38); zur Verteidigertätigkeit instruktiv 2 Js 7552/37c, Urteil vom 9.11.1937 (Rep-Nr. 1653/38).

73 Vgl. 2 Js 2091/36, Urteil vom 12.1.1937 (Rep-Nr. 712/38); 2 Js 1486/38c, Urteil vom 17.3.1938 (Rep-Nr. 3283/38), 8 statt 18 Monate Gefängnis; 2 Js 2244/38c, Urteil vom 8.4.38 (Rep-Nr. 4860/38); 2 Js 1094/38c, Urteil vom 1.4.1938 (Rep-Nr. 4861/38); 2 Js 944/38c, Urteil vom 7.5.1938 (Rep-Nr. 4984/38), 2 statt 4 Jahre Zuchthaus.

74 Beispiel 2 Js 7120/37c, Urteil vom 13.1.1938 (Rep-Nr. 1090/38).

75 Instruktive Beispiele 2 Js 1078/38c, Urteil vom 8.4.1936 (Rep-Nr. 4563/38); 2 Js 968/38c, Urteil vom 6.8.1938, Revisions-Entscheidung vom 8.12.1938 (Rep-Nr. 1757/39).

76 Vgl. 2 Js 2814/37c, Urteil vom 1.9.1937 (Rep-Nr. 492/38); 2 Js 6299/37c, Urteil vom 1.2.1938 (Rep-Nr. 1659/38); andere 2 Js 1004/38c, Urteil vom 8.4.1938 (Rep-Nr. 4991/38): Suizidversuch vor der Tat (!); 2 Js 905/37c, Urteil vom 21.1.1938 (Rep-Nr. 2752/38): »luetische Spätfolgen«; der Angeklagte starb in der Tötungsanstalt Meseritz (!).

77 Siehe dazu Dieter Dölling, Kriminologie im »Dritten Reich«, in: Ralf Dreier/Wolfgang Sellert, Recht und Justiz im »Dritten Reich«, Frankfurt/M. 1989, S. 200 f.

chen Homosexueller milder zu beurteilen ist, als ein Mensch, der nicht eine solche Veranlagung hat, sondern bald mit einer Frau, bald mit einem Mann geschlechtlich verkehrt.« Abhilfe war nach Ansicht des Gutachters nur durch »freiwillige Entmannung« möglich.[78]

In dem Verfahren 2 Js 585/38c werden Fachausdrücke willkürlich gemischt: Es liege »Debilität mäßigen Grades« und eine »schizoide Psychose« vor, so die Anstalt Langenhorn (später Ochsenzoll). Der Amtsarzt konstatiert dagegen, eine »Geisteskrankheit im eigentlichen Sinne« sei nicht zu erkennen. Der angeklagte Seemann S. sei »inzwischen unfruchtbar gemacht« worden, »wohl nach dem Gesetz zur Verhütung erbkranken Nachwuchses«, denn beide Eltern seien durch Selbstmord gestorben. Typisch ist hier auch die Berücksichtigung der Erbreihe; die Homosexualität fügt sich hier für den Sachverständigen als weiteres Degenerationsmerkmal ein. Die Akte wurde, wie die meisten gravierende Sexualdelikte betreffenden, per Vermerk zur »Forschungssache« erklärt.[79] 2 Js 939/37c: Arbeiter W., zu 6 Monaten Gefängnis verurteilt, stammte aus »erblich schwer belasteter Familie«, so Amtsarzt Dr. L.: Er sei eine »minderwertige Persönlichkeit« und »geistesschwach«. Immerhin habe er sich selbst den Lebensunterhalt verdient. Diese Feststellung ist häufig als mildernder Umstand angeführt. Sie demonstriert das rein utilitaristische Menschenbild von Ärzten und Gerichten: Wenigstens durch Hilfsarbeit nützt der Angeklagte noch der »Gemeinschaft«, er ist keine »Ballastexistenz«. Dem W. wurde verminderte Zurechnungsfähigkeit zugebilligt, eine Anstaltseinweisung lediglich angedroht. Seinen Antrag auf freiwillige Entmannung zog er später wieder zurück.[80] – 2 Js 2488/36b: Der Jugendliche Sch. (Jg. 1920) machte dem Jugendrichter einen »sehr weichen, wabbeligen und undurchsichtigen Eindruck. Er wirkt durch und durch feige und erbärmlich und bietet den typisch weichlichen, unaufrichtigen und haltlosen Eindruck von Homosexuellen.«[81]

Das Verfahren 6 Js 294/36a (gegen Jurist Dr. L.) enthält ein 23 1/2 seitiges Gutachten mit Ausführungen zur theoretischen Einordnung der Homosexualität in der NS-Zeit (Urteil: 9 Monate Gefängnis). Dem ehemaligen Richter wurde bescheinigt, er mache »einen typisch neurasthenischen Eindruck ... ein von Hause aus psychopathischer Mensch«. Es bestehe eine »sich frühzeitig manifestierende konstitutionelle Homosexualität«. Dr. L. wurde die »Sublimierung« seiner Triebe durch Beschäftigung mit Kunst und Wissenschaft geraten, »wie das häufig der Fall ist bei Psychopathen.«[82] Weniger als in anderen Bereichen finden sich auch Berichte der Gerichtshilfe mit z.T. laienhaften juristischen und psychologischen Einschätzungen und vorverurteilender Tendenz.

Auf dem Gebiet der sogenannten Maßregeln der Sicherung und Besserung (§§ 42a bis n StGB), neu eingeführt im Jahre 1933 (nach Vorarbeiten aus Wei-

78 Urteil vom 24.2.1938 (Rep-Nr. 24.2.1938).

79 Urteil vom 25.3.1938 (Rep-Nr. 3485/38). Vgl. auch 2 Js 9830/37c, Urteil vom 21.4.1938 (Rep-Nr. 3646/38): Die Akte ging 1944 an das Archiv des »Kaiser-Wilhelm-Instituts für Genealogie und Demographie.«

80 Urteil vom 21.3.1938 (Rep-Nr. 4248/38).

81 Urteil vom 5.11.1936 (Rep.-Nr. 4709/39).

82 Urteil vom 1.10.1936 (Rep-Nr. 9493/36). Siehe auch 2 Js 5598/37c (Rep-Nr. 3657/39), »erblich belasteter Psychopath«.

marer Zeit), war sehr wichtig, daß § 42 k StGB eine Entmannung Homosexueller auch bei vielfacher Betätigung oder nach § 175a StGB im Sinne des »Gewohnheitsverbrecher«-Begriffs (vgl. § 20a StGB) nicht erlaubte. Lediglich auf dem Umweg über eine Idealkonkurrenz mit § 176 I Nr. 3 StGB bei Begehung an unter 14jährigen Knaben war der Weg zur Kastration frei, ferner auch – groteskerweise – über das relativ harmlose Delikt des § 183 StGB (Exhibitionismus).[83] 2 Js 8596/37c: Der arbeits- und obdachlose M. hatte einen 12jährigen Jungen in einen Keller gelockt, um sich an ihm zu vergehen. M. war einschlägig vorbestraft, so daß er gemäß § 20a StGB als »gefährlicher Gewohnheitsverbrecher« galt. Dennoch lehnte das Landgericht die Entmannung wegen »Ungewißheit der Triebrichtung ab«, ebenso die beantragte Einweisung in eine Heilanstalt. Allein die Sicherungsverwahrung des Angeklagten »gewährleiste Disziplin und das Anhalten zu regelrechter Arbeit.« M. wurde 1942 »an die Polizei abgegeben« und verfiel damit einem ungewissen Schicksal.[84] Oft versuchten Polizei, Staatsanwaltschaft und Ärzte, die – rechtlich unproblematische – freiwillige Kastration zu erreichen[85], vor allem durch Inaussichtstellung vorzeitiger Begnadigung. – 2 Js 5012/38c: Der Angeklagte wurde wegen »Hypersexualität« entmannt, eine angeordnete Sicherungsverwahrung danach aufgehoben.[86]

In den ausgewerteten Akten des Reponierungs-Jahrganges 1938 fand sich kein Fall der Zwangskastration eines Homosexuellen.[87] Die Sicherungsverwahrung (§ 42e StGB) wurde dagegen häufig verhängt und bedeutete in der Regel Haft auf unbestimmte Dauer. Die Zweckerreichung wurde nur in 3-Jahresabständen geprüft, wobei nach Kriegsbeginn Pauschalierungen an der Tagesordnung waren.[88] 2 Js 8913/37c: Tiefbauarbeiter H., der von 1898-1937 bereits insgesamt 21 Jahre und 6 Wochen wegen Sexualdelikten in Haft verbracht hatte, wurde nun erneut zu 2 Jahren Zuchthaus und Sicherungsverwahrung verurteilt. 1942 wurde er in das Konzentrationslager Mauthausen gebracht, wo er verschollen ist.[89] Die Einweisung in eine Heil- und Pflegeanstalt (§ 42 b StGB) muß wegen ihrer faktischen Irreversibilität und der Vernichtungsaktionen gegen Geisteskranke nach Analyse der Akten als besonders gefährlich für die Angeklagten gewertet werden.

83 Siehe Eduard Kohlrausch, Strafgesetzbuch mit Nebengesetzen und Erläuterungen, 36. Aufl., Berlin 1941, § 176, Anm. 10; § 42 k, Anm. 1, 2a; Jellonek, Homosexuelle, a.a.O., S. 140 ff; aus heutiger Sicht vgl. Wolfgang Bemer/Edda Karlick-Bolten: Verlaufsformen der Sexualkriminalität, Stuttgart 1986, S. 101.

84 Urteil vom 12.2.1938 (Rep-Nr. 1989/38).

85 Diese war seit 1933 durch Änderung des § 14 des Gesetzes zur Verhütung erbkranken Nachwuchses eigens erleichtert worden.

86 Urteil vom 24.2.1939 (Rep-Nr. 2752/39). Siehe auch: 2 Js 5533/38c, Urteil vom 10.1.1939 (Rep-Nr. 5387/39).

87 Dagegen Beispiele aus früheren Jahrgängen, jeweils in Verbindung mit § 176 Ziffer 3 StGB: VIIb 378/34, Urteil vom 3.5.1934 (Rep.-Nr.718/34); V G 1439/33, Urteil vom 20.9.1933 bis 10.12.1934, Revisions-Entscheidung vom 28.2.1935 (Rep-Nr. 566/33); 4 Js 1608/36b, Urteil vom 16.11.1936 (Rep-Nr. 9707/36); 2 Js 3463/36c, Urteil vom 15.4.37 (Rep-Nr. 3372/37); 2 Js 3935/37c, Urteil vom 5.10.1937 (Rep-Nr. 7914/37); 2 Js 4081/38c, Urteil vom 9.3.1939 (Rep-Nr. 3125/39); 2 Js 3534/38c, Urteil vom 4.11.1938 (Rep-Nr. 724/39).

88 Siehe Mitteilung vom 5.11.40 in 3 Js 352/36b, Urteil vom 27.8.1936 (Rep-Nr. 8684/36).

89 Urteil vom 14.2.1938 (Rep-Nr. 1814/38). Weitere Beispiele: 2 Js 3172/38c, Urteil vom 13.12.1938 (Rep-Nr. 248/39): 6 Jahre Zuchthaus und Sicherungsverwahrung SV; VIIa 7562/32, Urteil vom 5.8.1935 (Rep-Nr. 366/35): Gutachten der kriminalbiologischen Untersuchungsstelle Werl.

2 Js 905/37c: Dreher B. war wegen wechselseitiger homosexueller Onanie festgenommen werden und hatte einen geistig verwirrten Eindruck gemacht. Er kam nicht wieder frei. 1943 erfolgte seine »Verlegung« in die Tötungsanstalt Meseritz-Obrawalde, 70 km östlich von Frankfurt an der Oder. Dort starb er nach ganz kurzer Zeit »infolge Lähmungsirreseins«.[90]

3 Js 515/36b: B. onanierte vor Jungen und forderte diese auf mitzumachen; er nahm auch sexuelle Handlungen mit Tieren vor. Die Einweisung wurde nach 1945 mehrfach bestätigt.[91] Der Fall zeigt insofern, daß man sich hüten muß, heute überhart erscheinende Urteile voreilig als NS-typisch zu qualifizieren. Besonders seit dem 9.3.1937, dem Beginn einer Aktion gegen »gemeingefährliche Sittlichkeitsverbrecher«, wurden solche Täter verstärkt in »polizeiliche Vorbeugehaft« genommen,[92] darunter auch Homosexuelle im Bereich der §§ 175a Nr. 3, 176 I 3 StGB. Die Vorbeugehaft wurde zu einem wichtigen Instrument ausgebaut, um z.B. aus der Haft entlassene pädophile Homosexuelle anschließend »an die Polizei abzugeben.« Formal blieben die §§ 175, 175a StGB aus dem Anwendungsbereich dieser Maßnahmen wieder ausgeschlossen. Doch im weiteren Kriegsverlauf wurden auf Grund der Vereinbarung zwischen Himmler und Reichsjustizminister Thierack vom 18.9.1942 Zehntausende von Strafgefangenen zur »Vernichtung durch Arbeit« in die Konzentrationslager »überstellt.«[93] Der Aktion fielen auch zahllose Homosexuelle zum Opfer.

2 Js 7120/37L: Lagerarbeiter B. wurde gemäß § 175a Z. 3 StGB zu 3 Jahren Gefängnis verurteilt. Nach Strafverbüßung 1940 wurde er »mit Sammeltransport in das Polizeigefängnis Hamburg (Hütten) überführt.« Ein Gnadengesuch seiner Frau wurde durch die »Kanzlei des Führers« unter Hinweis auf »polizeiliche Vorbeugungshaft« abschlägig beschieden.[94] – 2 Js 2835/37c: Der »Strichjunge« J. war bereits auf eigenen Antrag entmannt worden. Trotzdem wurde er in Vorbeugehaft genommen. Es schloß sich ein Disput zwischen Oberstaatsanwalt Dr. Schuberth und dem Chef des Reichskriminalpolizeiamtes, Arthur Nebe, an: Schuberth meinte, die Bereitwilligkeit der Homosexuellen, sich kastrieren zu lassen, verdiene gefördert zu werden. Doch Nebe obsiegte: J. habe sich ohnehin physisch rein passiv betätigt; ihm müsse angesichts seines langjährigen asozialen Verhaltens seine Arbeitsscheu ausgetrieben werden.[95] – 2 Js 1675/39c: K. saß 6 Monate in »Vorbeugehaft« im Konzentrationslager Fuhlsbüttel, die – terminologisch unscharf – offensichtlich an die Stelle der »Schutzhaft« getreten war; weitere Stationen: Konzentrationslager Sachsenhausen (über 1 Jahr), wo K. homosexuelle Beziehungen mit 3 Männern und ein regelrechtes Dauerverhältnis hatte; U-Haft und Verurteilung zu 1 1/2 Jahren und 6 Wochen Haft; danach »Abgabe an die Polizei«.[96]

90 Urteil vom 21.1.1938 (Rep-Nr. 2752/38).

91 Urteil vom 14.8.1936 (Rep-Nr. 8634/36).

92 Vgl. Karl-Leo Terhorst: Polizeiliche planmäßige Überwachung und polizeiliche Vorbeugungshaft im Dritten Reich, Heidelberg 1985, S. 79 ff; zur »Sonderaktion« S. 109.

93 Ebenda, S. 168.

94 Urteil vom 13.1.1938 (Rep-Nr. 1090/38).

95 Urteil vom 12.7.1937 (Rep-Nr. 5528/37).

96 Urteil vom 24.4.1939 (Rep-Nr. 3400/39). Weitere Beispiele 2 Js 3451/36c, Urteil vom 25.11.1936 (Rep-Nr. 1808/38): Transvestit mit 4 Jahren und 9 Monaten Zuchthausstrafe (!); 2

Gegenüber Jugendlichen im Anwendungsbereich des JGG wurde im Urteil häufig das »Absehen von Strafe« und Verfahrenseinstellung ausgesprochen, verbunden mit einer Verwarnung. Das galt jedoch nicht für »Strichjungen« (§ 175a Z. 4 StGB), gegen die reguläre und hohe Haftstrafen verhängt wurden. Z.T. wurden die Urteile mit polizeilichen Auflagen verbunden.[97] 3 Js 2118/35b: Dem 1939 aus der Strafhaft entlassenen B. wurde durch Beschluß des OLG unter anderem aufgegeben, sich einmal wöchentlich bei der Polizei zu melden, Wohnungsänderungen anzuzeigen, Hamburg nicht ohne polizeiliche Erlaubnis zu verlassen, Kinderspielplätze nicht zu betreten, sich nicht in der Nähe von Schulen aufzuhalten, nicht mit Kindern und Jugendlichen zu verkehren sowie nicht öffentliche Bedürfnisanstalten und Wandelhallen der Bahnhöfe zu betreten.[98]

Die allermeisten Angeklagten nahmen das Urteil der 1. Instanz hin. Einige, insbesondere wenn sie durch Wahlverteidiger vertreten waren, gingen in die Berufung oder legten Revision ein. Auf die Revisionen reagierte das Reichsgericht selten; normalerweise verwarf es Revisionen als »offensichtlich unbegründet«, ohne dies weiter auszuführen. Anders zum Beispiel 94 Ds 5/37: Kaufmann W. kämpfte in drei Instanzen gegen seine Verurteilung. Er hatte einen Matrosen in sexueller Absicht angesprochen; seine Handlungsweise bewegte sich selbst bei schärfsten Maßstäben im Vorfeld homosexueller Betätigung. Gegen den Freispruch des Angeklagten ging die Staatsanwaltschaft in die Berufung, das OLG bestätigte das Urteil des Landgerichts (1 Monat Haft) unter Bezug auf die Rechtsprechung des Reichsgerichts zum Begriff »Unzucht treiben«.[99]

Eine Berufung barg das Risiko einer noch schärferen Verurteilung in sich (reformatio in peius).[100] Begnadigungen waren in der NS-Zeit die einzige Möglichkeit, vorzeitig aus der Haft entlassen zu werden. Eine von vornherein zur Bewährung ausgesetzte Haftstrafe gab es nicht; die Frist mußte buchstäblich bis zur letzten Minute »abgesessen« werden. § 23 StGB ermöglichte zwar formal eine »vorläufige Entlassung«, war jedoch »praktisch kaum mehr in Anwendung«.[101] Die meisten Akten enthalten ein »Gnadenheft«, in dem sich Stellungnahmen und Gnadengesuche verschiedener Beteiligter finden. Eine negative Entscheidung wurde in einem kurzen Standardschreiben durch den Oberstaatsanwalt Dr. Schuberth mitgeteilt.[102] Ansonsten wurde eine Bewährungsfrist festgesetzt. Das Verfahren beruhte auf der Gnadenordnung vom 6.2.1935.[103]

Js 944/38c, Urteil vom 7.5.1938 (Rep-Nr. 4984/38); 2 Js 8736/37c, Urteil vom 2.2.1938 (Rep-Nr. 2041/38): Konzentrationslager Oranienburg; 7 Js 2346/35b, Urteil vom 16.6.1936 (Rep-Nr. 8397/36): Konzentrationslager Mauthausen und Dachau.

97 Urteil vom 13.2.1936, Revisions-Entscheidung vom 2.4.1936, Urteil vom 21.7.1936 (Rep-Nr. 9484/36). Zu »gerichtlichen Auflagen« vgl. auch Terhorst, Überwachung, a.a.O..

98 Ähnlich 2 Js 1541/38c, Urteil vom 8.4.1938 (Rep-Nr. 4431/38); 2 Js 9526/37c, Urteil vom 8.4.1938 (Rep-Nr. 4993/38).

99 Urteil vom 2.6.1937, Berufungs-Urteil vom 6.8.1937 (Rep-Nr. 1254/38). Vgl. RGSt. Bd. 70, S. 224.

100 Dies galt seit der Neufassung des § 331 StPO durch Art. 1 Z. 4a des Gesetzes vom 28.6.1935 (RGBl. I, S. 844). Beispiele: 5 Js 1154/36c, Urteil vom 9.9.1936 (Rep-Nr. 1595/38); 4 Js 1640/36c, Urteil vom 4.11.1936, Berufungs-Urteil vom 30.12.1936 (Rep-Nr. 3408/38); 2 Js 484/38c, Urteil vom 11.2.1938, Berufungs-Urteil vom 28.3.1938 (Rep-Nr. 3348/38); erfolgreiche Berufung 2 Js 6559/38c, Urteil vom 11.2.1939 (Rep-Nr. 2113/39).

101 Vgl. Kohlrausch, StGB, a.a.O., § 23 StGB, Anm. 1.

102 Beispiele: 2 Js 3481/36c, Urteil vom 8.2.1937 (Rep-Nr. 4833/38); 2 Js 8142737c, Urteil vom

Die juristische Qualifizierung homosexueller Handlungen wurde durch die rechtlichen Änderungen des Jahres 1935 für die Gerichte erheblich einfacher, da der § 175 StGB auf fast alle nur denkbaren Verhaltensweisen mit homoerotischem Charakter ausgedehnt worden war. Schon »Berührungen in wollüstiger Absicht« reichten zur Tatbestandserfüllung aus.[104] Die Grenzen zwischen Vorbereitung, Versuch und Vollendung wurden dadurch fließend. 2 Js 24/38c: M. lud einen 13jährigen Jungen zur Autofahrt »in ein schön einsames Lokal« ein, faßte ihn um die Taille und drückte seine Hand. Urteil: 9 Monate Gefängnis. Das RG führte in der Revision aus, ein freiwilliger Rücktritt vom Versuch sei wegen des Widerstandes des Jungen nicht gegeben.[105]

In der praktisch wichtigen Vorschrift § 175a Z. 3 StGB war häufig der Begriff der »Verführung« zweifelhaft, etwa in Js 5245/37c: N. nahm bei einem betrunkenen Minderjährigen den Analverkehr vor. Hier wendete das Landgericht eine durch § 2 StGB[106] ausdrücklich erlaubte strafrechtliche Analogie zu Lasten des Angeklagten an, die das Reichsgericht billigte. N. wurde zu 1 Jahr und 6 Wochen Zuchthaus verurteilt: »Der § 175a Nr. 3 StGB stellt ... materiell insbesondere auf die Tatsache ab, daß ein erwachsener Mensch auf einen Minderjährigen derartig einwirkt, daß dieser sich schließlich in seiner Unerfahrenheit zur Unzucht mißbrauchen läßt ... Da die gesunde Volksanschauung im vorliegenden Falle die Bestrafung des Täters mit Zuchthaus fordert, hat das Gericht keine Bedenken gehabt, den Angeklagten ... zu verurteilen«. Der Begriff »Verführung« wurde also analog angewandt.[107] In 2 Js 8172/38c griff § 176 I Z. 3 StGB ein. Friseur N. hatte einen 12jährigen mongoloiden Jungen unsittlich berührt. Das Gericht berücksichtigte, daß der Junge keinen entgegenstehenden Willen habe bilden können.[108]

Eine Auswertung der Urteilsgründe demonstriert besonders plastisch das Eindringen der NS-Ideologie in den Alltag der Strafjustiz. Immer wieder tauchte dabei die Röhm-Affäre als zeitlicher Wendepunkt in den Entscheidungen auf: 2 Js 474/37c: »Weder die Röhmaffäre 1934, noch die Verschärfung der Gesetzesbestimmungen 1935 haben ihn (den Angeklagten, Anm. d. Verf.) veranlaßt, mit seinem Treiben aufzuhören.«[109] – 2 Js 2079/38c: »Er ist seit dem Durchbruch der nationalen Revolution wiederholt genügend gewarnt worden. Durch die Röhm-Revolte 1934, die Franziskaner-Presse und die wiederholten ausführlichen Be-

23.12.1937 (Rep-Nr. 1394/38): Ehefrau eines Homosexuellen; 2 Js 5207/37c, Urteil vom 30.12.1937 (Rep-Nr. 584/38): Geschwister des Verurteilten. Kurios 2 Js 6729/37c, Urteil vom 23.12.1937 (Rep-Nr. 585/38): »Hafturlaub« für einen homosexuellen Übersetzer (Urteil: 3 Jahre Haft) zur »Übersetzung politisch wichtiger Bücher ... höchstens bis Kriegsende«.

103 Deutsche Justiz 1935, S. 203.

104 Siehe 2 Js 6728/37c, Urteil vom 1.12.1937 (Rep-Nr. 150/38); 2 Js 334/39c, Urteil vom 27.2.1939 (Rep-Nr. 2704/39): noch mit dem Terminus »beischlafsähnliche Handlungen« operierend; 7 Js 813/36, Urteil vom 12.3.1937 (Rep-Nr. 56/38); 2 Js 134/38c, Urteil vom 4.3.1938 (Rep-Nr. 2234/38).

105 Urteil vom 5.3.1938 (Rep-Nr. 5987/38).

106 In der Fassung des Gesetzes vom 28.6.1935 (RGBl. I, S. 839).

107 Urteil vom 4.11.1937, Revisions-Entscheidung vom 6.1.1938 (Rep-Nr. 2837/38).

108 Urteil vom 23.3.1939 (Rep-Nr. 3123/39). Zum Begriff »Verführung« siehe Js 9526/37c, Urteil vom 8.4.1938 (Rep-Nr. 4993/38).

109 Urteil vom 10.2.1937 (Rep-Nr. 3372/38).

richterstattungen über das straffe Eingreifen des Dritten Reiches gegen gleichgeschlechtliche Betätigung ist der Angeklagte jahrelang hinreichend gewarnt worden.«[110] – 2 Js 1491/38c verweist auf »die energische, im Sommer 1936 einsetzende Verfolgung gleichgeschlechtlicher Vergehen.«[111]

Ein weiterer Topos ist die angebliche Zunahme der Homosexualität. – 2 Js 2091/36: »Die Vergehen gegen § 175 StGB haben einen erschreckenden Umfang angenommen. Die Gerichte müssen ihr Teil dazu beitragen, um das deutsche Volk von dieser Entartungserscheinung, die wie eine Seuche um sich gegriffen hat, zu befreien. Der Schutz der Volksgesundheit und der Sauberkeit des öffentlichen Lebens verlangt ein scharfes Einschreiten ...«[112]

Eine Übersicht über Strafschärfungs – und Milderungsgründe läßt ebenfalls immer wiederkehrende Argumentationsstrukturen erkennen. Milde herrscht gegenüber den Angeklagten, die überzeugend gelobten, heterosexuell zu werden oder schon Anstrengungen in diese Richtung unternommen hatten. Dazu wurden sogar private Briefe ausgewertet und Zeugen gehört, um die »Läuterung« der Angeklagten zu belegen.[113] Ein »offenes«, weitgehendes Geständnis nützte den Angeklagten nicht immer, da detaillierte Angaben über promiskuitives Sexualverhalten im Gegenteil eine erhebliche Strafschärfung nach sich zogen.[114] Strafmildernd wirkte auch, wenn die homosexuellen Handlungen »innerhalb des Milieus« blieben, also z.B. die Partner »Strichjungen« waren oder sonst dem Angeklagten »entgegenkamen«.[115] Hier lag ja keine »Verführung« von Jugendlichen vor. Auch die für das NS-Strafrecht kennzeichnende Schaffung eines »Tätertypus« taucht hier auf.

Charakteristische Adjektive wie »weich«, »schwächlich«, »passiv« verwendeten die Richter häufig, um das Erscheinungsbild von Homosexuellen zu beschrei-

110 Urteil vom 2.4.1938 (Rep-Nr. 3648/38).

111 Urteil vom 1.4.1938 (Rep-Nr. 3780/38). Siehe auch 2 Js 2093/36c, Urteil vom 25.8.1936, Berufungs-Urteil vom 21.10.1936 (Rep-Nr. 9489/36): Homosexualität als »Staatsgefahr«.

112 Urteil vom 12.1.1937 (Rep-Nr. 712/38). Ganz ähnlich 5 Js 1154/36c, Urteil vom 9.9.1936 (Rep-Nr. 1595/38); 2 Js 8305/37c, Urteil vom 18.1.1938 (Rep-Nr. 1045/38);? 4485/35; 2 Js 2101/38c, Urteil vom 14.4.1938 (Rep-Nr. 4246/38); 2 Js 1020/38c, Urteil vom 28.4.1938 (Rep-Nr. 4424/38); 2 Js 3545/37c, Urteil vom 7.12.1937 (Rep-Nr. 327/38); 2 Js 9387/37c, Urteil vom 25.2.1938 (Rep-Nr. 2037/38); 2 Js 1445/38c, Urteil vom 19.3.1938 (Rep-Nr. 3893/38).

113 2 Js 6728/37c, Urteil vom 1.12.1937 (Rep-Nr. 150/38); 2 Js 4775/38c, Urteil vom 15.12.1938 (Rep-Nr. 1395/38); 2 Js 52/38c, Urteil vom 27.1.1938 (Rep-Nr. 1397/38); 2 Js 7552/37c, Urteil vom 9.11.1937 (Rep-Nr. 1653/38); 2 Js 566/38c, Urteil vom 1.2.1938 (Rep-Nr. 1831/38); 2 Js 440/38, Urteil vom 14.2.1938 (Rep-Nr.2376/38); 2 Js 462/38c, Urteil vom 3.3.1938 (Rep-Nr. 2749/38); 2 Js 921/38c, Urteil vom 17.3.1938 (Rep-Nr. 3164/38); 2 Js 1486/38c, Urteil vom 17.3.1938 (Rep-Nr. 3283/38); 2 Js 484/38c, Urteil vom 11.2.1938, Berufungs-Urteil vom 28.3.1938 (Rep-Nr. 3348/38); 2 Js 1091/38c, Urteil vom 8.4.1938 (Rep-Nr. 4244/38); 2 Js 1677/38c, Urteil vom 7.4.1938 (Rep-Nr. 4428/38); 2 Js 344/39c, Urteil vom 22.6.1939 (Rep-Nr. 6467/39).

114 Siehe 2 Js 7936/37c, Urteil vom 16.12.1937 (Rep-Nr. 66/38); 2 Js 6186/37c, Urteil vom 28.10.1937 (Rep-Nr. 1026/38); 2 Js 8142/37c, Urteil vom 23.12.1937 (Rep-Nr. 1394/38); 2 Js 8245/37c, Urteil vom 21.1.1938 (Rep-Nr. 1744/38); 2 Js 8599/37c, Urteil vom 27.1.1938 (Rep-Nr. 1747/38); 2 Js 9513/37c, Urteil vom 31.1.1938 (Rep-Nr. 1810/38); 2 Js 566/38c, Urteil vom 1.2.1938 (Rep-Nr. 1831/38); 2 Js 2477/38c, Urteil vom 2.5.1938 (Rep-Nr. 4420/38); 2 Js 2244/38c, Urteil vom 8.4.1938 (Rep-Nr. 4860/38).

115 Zu »Strichjungen«: 2 Js 7936/37c, Urteil vom 16.12.1937 (Rep-Nr. 66/38); 2 Js 423/38c, Urteil vom 17.3.1938 (Rep-Nr. 2835/38). Zum »Entgegenkommen«: 2 Js 458/38c, Urteil vom 31.3.1938 (Rep-Nr. 3469/38); 2 Js 2054/38c, Urteil vom 19.3.1938 (Rep-Nr. 4176/38); 2 Js 1007/38c, Urteil vom 23.3.1938 (Rep-Nr. 4857/38): Brüder des Angeklagten; 8 Js 1057/36a, Urteil vom 27.11.1936 (Rep-Nr. 10097/36): Patient der Alsterdorfer Anstalten.

Amtsgericht in Hamburg

Es wird gebeten, in allen Eingaben in dieser Sache das nachstehende Aktenzeichen anzugeben.

Aktenzeichen:

2 Js. 2093/36 C(84/234/36)

Eingaben ohne Rückporto bleiben unbeantwortet.

Urteil

Im Namen des Deutschen Volkes!

In der Strafsache gegen

den kaufmännischen Angestellten

Adolf Erich J[geschwärzt]

geboren am [geschwärzt] 1907 in Kiel

hat das **Amtsgericht in Hamburg**, Abteilung 84 als Schöffengericht in der Sitzung vom 25. August 1936, an welcher teilgenommen haben:

1. Richter Dr. R i e b o w
   als Vorsitzender,
2. R. Bertram
3. F. Dotti
   als Schöffen,
4. Staatsanwalt Siemssen
   als Beamter der Staatsanwaltschaft
5. Justizinspektor Raabe
   als Urkundsbeamter der Geschäftsstelle,

für Recht erkannt:

Der Angeklagte wird wegen fortgesetzten Vergehens gegen § 175 STGB alter und neuer Fassung zu 18 (achtzehn) Monaten Gefängnis verurteilt und hat die Kosten des Verfahrens zu tragen.

Die Schutzhaft und die Untersuchungshaft werden angerechnet.

Gründe :

AG. Nr. 36 S f. Rubr. (6000. 5. 35.)
Urteilsausfertigung (§ 275 StPO.)

Quelle: Archiv der Staatsanwaltschaft beim Landgericht Hamburg, Strafakte C 84 234/36, Rep.-Nr. 9489/36.

G r ü n d e:

Gegen den Angeklagten Erich J., geboren 1907, ist gemäß § 212 StPO mündlich Anklage vor dem Schnellschöffengericht eröffnet worden wegen fortgesetzten Vergehens gegen § 175 StGB alter und neuer Fassung, begangen in den Jahren 1931 bis 1936.

J. hat die Knaben-Mittelschule bis zur ersten Klasse besucht. Dann hat er 2 1/2 Jahre bei der Schleswig-Holsteinischen Bank gelernt. Aus Gesundheitsgründen hat er aber den Beruf gewechselt und hat im Anschluß daran 2 Jahre als Gärtner gelernt. Dann ist er doch wieder kaufmännisch tätig geworden. Zuletzt hat er als Kontorist in einer Schrot-Großhandlung gearbeitet. Er hat dort RM 165,00 im Monat verdient.

J., der einen ausgesprochen weiblichen und femininen Eindruck macht, hat angegeben, er sei immer homosexuell eingestellt gewesen. Nur einmal habe er mit einer Frau verkehrt, seiner Neigung habe das aber nicht entsprochen.

Zum ersten Mal will J. im Jahre 1931 mit einem Mann eine Geschlechtshandlung vorgenommen haben. Er behauptet, daß dieser – ein Unbekannter – bei ihm in dem freien Gelände in der Isebeckerstraße onaniert hätte.

Im Herbst 1931 hat J. abermals mit einem Mann, der sich Karl O. genannt haben soll, geschlechtlich verkehrt, und zwar in der Form, daß O bei ihm onanierte, und in der Form des Mundverkehrs.

Im Jahre 1933 hat J. mehrfach gleichgeschlechtlichen Verkehr mit einem gewissen R. gehabt. Er behauptet, es sei drei- bis viermal teils in seiner Wohnung, teils in der Wohnung von R. zum Mundverkehr gekommen. R. habe das Geschlechtsteil des J. in seinen Mund genommen und daran bis zum Samenerguß gesaugt.

Im Jahre 1934 hat J. dreimal mit einem Albrecht W. homosexuellen Geschlechtsverkehr gehabt. Dieser Verkehr geschah in der Form des sogenannten Schenkelverkehrs. Die Kontrahenten haben ihr Geschlechtsteil gegen die Schenkel des anderen gedrückt bis zum Samenerguß. Die Beziehungen zwischen J. und W. sind auseinandergegangen, weil J. den W. mit einem anderen Mann zusammen hat gehen sehen. W. soll J. nicht gegrüßt haben. J. schildert den Vorgang in seiner weichlich-weibischen Art, so daß man den deutlichen Eindruck gewinnt, daß er hier die Rolle einer eifersüchtigen Frau gespielt hat.

Im Jahre 1933 hat J. außerdem mit dem Inhaber eines Damen-Mode-Ateliers in der Großen Theaterstraße in Form wechselseitiger Onanie verkehrt.

Im Juni 1935 hat J. den ebenfalls homosexuellen Studienrat F. kennengelernt. F. ist Studienrat in Oldenburg und hat sich ab und zu nach Hamburg begeben, um hier seinen perversen Neigungen nachgehen zu können. Im Juni 1935 haben F. und J. zum erstenmal mit einander verkehrt. Es war im Volkspark in Altona. F. hat bei J. bis zum Samenerguß onaniert. Zwischen J. und F. hat sich dann ein regelrechtes Liebesverhältnis entwickelt. J. hat darüber in der Hauptverhandlung wörtlich gesagt: »Ich liebe F.«. Im ganzen ist er nach den Angaben des J. 15 bis 20 Mal zum gleichgeschlechtlichen Verkehr gekommen. Regelmäßig hat F. sein Geschlechtsteil zwischen die Schenkel des J. gesteckt und bis zum Samenerguß stoßartige Bewegungen gemacht. Seltener, aber gelegentlich, hat J. die gleiche Handlung bei F. vorgenommen. Sowohl Ostern wie Pfingsten 1936 hat J. den F. in Sandkrug bei Oldenburg besucht. Beide Male ist dort der gleichgeschlechtliche Verkehr in Form des wechselseitigen Mundverkehrs vorgenommen worden. Jeder hat das Geschlechtsteil des Partners in den Mund genommen und daran bis zum Samenerguß gesaugt.

J. ist voll geständig. Eine Beweiserhebung über den Tatbestand erschien nicht erforderlich. Es ist aber in der Hauptverhandlung der Leiter des Sonderkommandos Nord des Geheimen Staatspolizeiamts Berlin, Kriminal-Kommissar Kanthack, vernommen worden. Der Zeuge hat etwa ausgeführt, daß sich nach den Vorgängen des Juni 1934 (Röhm-Affäre) herausgestellt hätte, daß die Homosexualität eine Staatsgefahr großen Umfangs geworden sei. Die Gründe dafür seien in erster Linie in der Sittenverrohung der Nachkriegszeit zu suchen. Der Bund für Menschenrechte, an dessen Spitze der bekannte jüdische Arzt Dr. Magnus Hirschfeld gestanden habe, hätte einen bedenklichen Einfluß auf das öffentliche Leben in der Reichshauptstadt ausgeübt. Man hätte sogar versucht, auf Polizei und Justiz Einfluß zu gewinnen zum Schutze der Homosexuellen. Nach den Erfahrungen des Zeugen sei wirkliche Homosexualität relativ selten. Der wirkliche Homosexuelle sei an sich keine erfreuliche Erscheinung, er sei leicht allen möglichen Einflüssen ausgesetzt und bedeutete auch eine Gefahr für die Jugend. Weit gefährlicher aber seien die sogenannten bisexuellen Leute, die mit Frauen verkehren könnten und möchten, häufig sogar verheiratet seien und doch außerdem sich homosexuell betätigen. Geborene Bisexuelle gäbe es aber noch seltener als geborene Homosexuelle. Meist seien diese Leute durch irgendein homosexuelles Erlebnis von ihrer Triebrichtung abgeglitten. Das dem Zeugen unterstehende Sonderkommando des Geheimen Staatspolizei-Amtes habe in jüngster Zeit die Ermittlungen gegen die homosexuellen Franziskaner durchgeführt. Durch einen nach Berlin hineinspielenden Erpressungsfall sei man auf Hamburg aufmerksam geworden. In Hamburg habe man festgestellt, daß eine ganze Reihe von Verkehrslokalen der Homosexuellen bis in die letzte Zeit ihren Betrieb weitergeführt habe. Das Sonderkommando habe bisher vier derartige Lokale ausgehoben und geschlossen.

Der Angeklagte J. ist schuldig des fortgesetzten Vergehens gegen § 175 alter und neuer Fassung. J. hat offensichtlich alle Einzelhandlungen vorgenommen aus dem einheitlichen Vorsatz heraus, bei sich bietender Gelegenheit und Auftreten der Lust sich homosexuell zu betätigen. Der Annahme eines Fortsetzungszusammenhanges steht auch die Tatsache nicht entgegen, daß J. sich mit verschiedenen Partnern eingelassen hat. Es sei in dieser Beziehung hingewiesen auf eine Entscheidung des Reichsgerichts aus jüngster Zeit – veröffentlicht in Heft 25 der Juristischen Wochenschrift 1936, Seite 1674 ff. § 175 soll nicht in erster Linie höchstpersönliche Rechtsgüter des einzelnen schützen, sondern vorwiegend das Interesse der Gesamtheit an der Ordnung des Zusammenlebens innerhalb der Volksgemeinschaft und an der Erhaltung der körperlichen und geistigen Gesundheit des Volkes, auch auf dem Gebiet der geschlechtlichen Betätigung. Auch eine fortgesetzte Handlung gegen den § 175 StGB alter und neuer Fassung gleichzeitig ist möglich. Wenn der Wortlaut beider Gesetzesnormen auch verschieden ist, so ist doch nach der heutigen Rechtsprechung auch die wechselseitige Onanie, die nach früherer Rechtsprechung nicht bestraft wurde, auch zu bestrafen auf Grund des § 175 StGB alter Fassung. Nach der neueren Rechtsprechung, der beizutreten ist, ist auch wechselseitige Onanie »widernatürliche Unzucht« im Sinne des § 175 StGB alter Fassung. Da somit praktisch gesehen die alte und neue Fassung des § 175 StGB die gleichen Tatbestände unter Strafe stellen, so ist eine Verurteilung wegen fortgesetzter Zuwiderhandlung gegen beide Gesetzesnormen geboten.

Die Vergehen gegen des § 175 StGB haben einen erschreckenden Umfang angenommen. Anklagebehörde und Gerichte müssen ihr Teil dazu beitragen, um das deutsche Volk von dieser Entartungserscheinung, die wie eine Seuche um sich gegriffen hat, zu befreien. Der Schutz der Volksgesundheit und der Sauberkeit des öffentlichen Lebens verlangt ein scharfes Einschreiten gegen Elemente, durch die andere in Gefahr kommen, geschlechtlich abzuirren.

J. hat lange Jahre hindurch mit verschiedenen Bekannten perverse homosexuelle Handlungen vorgenommen, bis in die letzte Zeit hinein. Weder die Röhm-Affäre 1934 noch die Verschärfung der Gesetzesbestimmungen 1935, die allen Homosexuellen bestimmt bekannt geworden ist, haben ihn veranlaßt, mit diesem Treiben aufzuhören. Bei J. kommt straferschwerend hinzu, daß er nicht nur wechselseitige Onanie betrieben, sondern die besonders ekelhafte Form des Mundverkehrs ausgeübt hat. Andererseits muß ihm zugute gehalten werden, daß er kaum mit Unbekannten oder Strichjungen sich eingelassen hat, sondern immer nur mit Männern, die ihm persönlich bekannt waren. So ekelhaft es einen Normaldenkenden berührt, daß J. sein Verhältnis zu Fischer als »Liebe« bezeichnete, so muß doch wohl ein derartiges auf persönliche Zuneigung beruhendes Verhältnis als weniger strafwürdig angesehen werden, als wenn ein Mann wahllos mit verschiedenen Strichjungen sich einläßt.

Bei J. muß auch berücksichtigt werden, was auch der Zeuge Kanthack anerkannt hat, daß er wohl als wirklich Urhomosexueller und als Reinhomosexueller angesehen werden kann. Seine ganz weiche, mädchenhafte Art läßt erkennen, daß er der Typ des geborenen Homosexuellen ist. Wäre er das nicht, dann hätte das bei der Strafzumessung in hohem Maße erschwerend berücksichtig werden müssen. Immerhin muß aus den oben angeführten allgemeinen Erwägungen und in Anbetracht des großen Umfangs, den die perverse Betätigung von J. angenommen hat, auf eine schwere Strafe erkannt werden. Unter Berücksichtigung aller Umstände ist auf eine Strafe von 18 Monaten Gefängnis erkannt worden. Die Schutzhaft und die Untersuchungshaft sind dem Angeklagten, der voll geständig ist, in voller Höhe angerechnet worden.

gez. Riebow.

ben. 2 Js 2127/36c: Studienrat F. sei »Ur-Homosexueller« und »Rein-Homosexueller«, ... »seine ganze weiche, mädchenhafte Art ... läßt erkennen, daß er der Typ des geborenen Homosexuellen ist. Wäre er das nicht, so hätte dies bei der Strafzumessung in hohem Maße weiter erschwerend berücksichtigt werden müssen«.[116] Teilweise wurde aus den gleichen Äußerlichkeiten auf »schwachen Sexualtrieb«[117] geschlossen, dann wieder Härte befürwortet: 2 Js 6186/37c: »Es erschien ... geboten, den haltlosen und willensschwachen Angeklagten scharf anzufassen«.[118]

Weitere häufig vorkommende Milderungsgründe waren: jugendliches oder hohes Alter des Angeklagten, Krankheiten, geistige Defekte oder Trunkenheit bei Begehung der homosexuellen Handlungen[119]; mutmaßliche »Ersttäter«[120]; bürgerliche »fleißige« Lebenshaltung im übrigen, ordentliches Berufsleben[121]; Affekthandlungen, »Entgleisungen«[122], sogenannte Geschlechtsnot, d.h. Fehlen einer Partnerin oder auf See.[123] Begehung der sexuellen Handlungen vor der rechtlichen Verschärfung 1935: diese habe der Angeklagte noch nicht erwägen können.[124] Dieser Umstand hatte Einfluß auf das Aussageverhalten der Beschuldigten, die versuchten, die Vorfälle zurückzudatieren.

116 Urteil vom 15.9.1936 (Rep-Nr. 8581/36). Ähnlich 2 Js 3545/37c, Urteil vom 7.12.1937 (Rep-Nr. 327/38); 2 Js 3829/36c, Urteil vom 22.12.1936 (Rep-Nr. 710/38); 2 Js 8149/37c, Urteil vom 23.11.1937, Berufungs-Urteil vom 7.1.1938 (Rep-Nr. 1056/38); 2 Js 9573/37c, Urteil vom 24.2.1938 (Rep-Nr. 2251/38); 2 Js 407/38c, Urteil vom 3.3.1938 (Rep-Nr. 2381/38); 2 Js 967/38c, Urteil vom 1.3.1938 (Rep-Nr. 3027/38); 2 Js 991/38c, Urteil vom 21.3.1938 (Rep-Nr. 3281/38); 2 Js 2244/38c, Urteil vom 8.4.1938 (Rep-Nr. 4860/38); 2 Js 1045/38c, Urteil vom 28.3.1938 (Rep-Nr. 3468/38): »Zaghaft«, »ängstlich«, »weinerliches, schlappes Auftreten vor Gericht«.

117 2 Js 9526/37c, Urteil vom 8.4.1938 (Rep-Nr. 4992/38).

118 Urteil vom 28.10.1937 (Rep-Nr. 1026/38).

119 Jugendliches Alter: 2 Js 7679/37c, Urteil vom 1.12.1937 (Rep-Nr. 306/38); 2 Js 9453/37c, Urteil vom 1.2.1938 (Rep-Nr. 1030/38); 2 Js 1069/38c, Urteil vom 31.3.1938 (Rep-Nr. 3368/38); 2 Js 415/38c, Urteil vom 5.4.1938 (Rep-Nr. 3474/38): »Strichjunge«. Hohes Alter: 2 Js 8241/37c, Urteil vom 6.12.1937 (Rep-Nr. 320/38); 2 Js 9697/37c, Urteil vom 17.1.1938 (Rep-Nr. 1033/38); 2 Js 1617/38c, Urteil vom 31.3.1938 (Rep-Nr. 3589/38); 2 Js 8597/37c, Urteil vom 14.4.1938 (Rep-Nr. 3936/38). Krankheiten: 2 Js 6521/37c, Urteil vom 3.12.1937 (Rep-Nr. 1029/38). Geistige Defekte: 2 Js 7117/37c, Urteil vom 13.12.1937 (Rep-Nr. 323/38); 2 Js 52/38c, Urteil vom 27.1.1938 (Rep-Nr. 1394/38); 2 Js 9113/37c, Urteil vom 5.2.1938 (Rep-Nr. 2229/38); 2 Js 1069/38c, Urteil vom 31.3.1938 (Rep-Nr. 3368/38); 2 Js 8597/37c, Urteil vom 14.4.1938 (Rep-Nr. 3936/38). Trunkenheit: 2 Js 818/37c, Urteil vom 17.12.1937 (Rep-Nr. 607/38); 2 Js 9391/37c, Urteil vom 1.2.1938 (Rep-Nr. 1756/38); 2 Js 8544/37c, Urteil vom 16.2.1938 (Rep-Nr. 3035/38); 2 Js 1458/38c, Urteil vom 31.3.1938 (Rep-Nr. 3469/38).

120 Siehe 2 Js 6745/37c, Urteil vom 30.11.1937 (Rep-Nr. 325/38); 2 Js 8305/37c, Urteil vom 18.1.1938 (Rep-Nr. 1045/38); 5 Js 7154/36c, Urteil vom 9.9.1936 (Rep-Nr. 1595/38); 2 Js 2477/38c, Urteil vom 2.5.1938 (Rep-Nr. 4420/38).

121 Siehe 2 Js 9453/37c, Urteil vom 1.2.1938 (Rep-Nr. 1030/38); 2 Js 967/38c, Urteil vom 1.3.1938 (Rep-Nr. 3027/39); 2 Js 1486/38c, Urteil vom 17.3.1938 (Rep-Nr. 3283/38); 2 Js 1094/38c, Urteil vom 1.4.1938 (Rep-Nr. 4861/38).

122 Siehe 2 Js 7552/37c, Urteil vom 9.11.1937 (Rep-Nr. 1653/38); 2 Js 1045/38c, Urteil vom 28.3.1938 (Rep-Nr. 3468/38); 2 Js 1004/38c, Urteil vom 8.4.1938 (Rep-Nr. 4991/38).

123 Siehe 2 Js 9389/37, Urteil vom 21.1.1938 (Rep-Nr. 11104/38); 2 Js 9391/37c, Urteil vom 1.2.1938 (Rep-Nr. 1756/38); 2 Js 8596/37c, Urteil vom 12.2.1938 (Rep-Nr. 1985/38); 2 Js 1465/38c, Urteil vom 21.3.1938 (Rep-Nr. 3111/38).

124 Siehe Rep-Nr. 2 Js 8142/37c, Urteil vom 23.1.1937 (Rep-Nr. 1394/38); 2 Js 8316/37c, Urteil vom 27.1.1938 (Rep-Nr. 1399/38); 2 Js 2321/37c, Urteil vom 16.6.1937 (Rep-Nr. 1976/38); 2 Js 908/38c, Urteil vom 21.3.1938 (Rep-Nr. 3438/38); 2 Js 1543/38c, Urteil vom 6.4.1938 (Rep-Nr. 4245/38).

Strafschärfend wirkten unter anderem einschlägige Vorstrafen, wobei es wegen der Fahndungsintensität und der Eigenart des Delikts nicht ausbleiben konnte, daß viele Homosexuelle schon kurz nach einer Haftentlassung erneut festgenommen wurden.[125] Pädophile wurden schon aufgrund § 175a Z. 3 StGB besonders hart bestraft; sie entsprachen aus NS-Sicht dem Typus des »Jugendverderbers«: 2 Js 1020/38c: Der Angeklagte (Jg. 1881, »Halbjude«) habe sich »in schamloser Weise an der deutschen Jugend vergangen. Die Schäden, die er angerichtet hat, sind gar nicht wieder gutzumachen... er ist ein Jugendverderber.« (Urteil: 3 Jahre Zuchthaus).[126]

Strafschärfend wurde weiter die Feststellung homosexueller Aktivitäten über einen besonders langen Zeitraum oder mit hoher Partnerzahl[127] eingestuft. Die »besonders ekelhafte Form des Afterverkehrs« sowie der Oralverkehr erregten den Abscheu der Richter und sprachen für hohe Strafen.[128] Die Beschuldigten versuchten deshalb, möglichst nur onanistische Handlungen zu gestehen. Außerdem wurden angeführt: fehlendes Geständnis, homosexuelles Verhalten trotz Heirat, sadistische Handlungsweise, vor allem Flagellanten.[129]

9. Einzelne Tätergruppen

Männliche Prostituierte, sogenannte Strichjungen, wurden nach dem Verbrechenstatbestand § 175a Z. 4 StGB mit hohen Freiheitsstrafen belegt. Dabei wurde keine Rücksicht auf die Tatsache genommen, daß in der NS-Zeit entgegen verbreiteten Vorstellungen vielfach krasse soziale Not herrschte. Strichjungen waren in erster Linie derart sozial deklassierte Heterosexuelle, arbeits- oder obdachlos. Insofern bestehen deutliche Parallelen zur weiblichen Prostitution. 2 Js 4000/36:

125 Siehe 2 Js 8491/37c, Urteil vom 27.1.1938 (Rep-Nr. 1393/38); 2 Js 9497/37c, Urteil vom 31.1.1938 (Rep-Nr. 1396/38); 2 Js 129/38c, Urteil vom 7.2.1938 (Rep-Nr. 2001/38); 2 Js 1426/38c, Urteil vom 11.3.1938 (Rep-Nr. 2830/38); 2 Js 819/38c, Urteil vom 7.3.1938 (Rep-Nr. 4985/38).

126 Urteil vom 28.4.1938 (Rep-Nr. 4424/38). Siehe auch 2 Js 3276/36c und 2 Js 505/37c, Urteil vom 24.3.1937 (Rep-Nr. 2641/37): Lehrer mit schriftlicher »Lebensbeichte«.

127 Langer Zeitraum: 2 Js 1465/38c, Urteil vom 21.3.1938 (Rep-Nr. 3111/38); 2 Js 3058/38c, Urteil vom 2.5.1938 (Rep-Nr. 4992/38).Hohe Partnerzahl: 2 Js 3854/36c, Urteil vom 22.12.1936 (Rep-Nr. 709/38); 2 Js 3829/36c, Urteil vom 12.1.1937 (Rep-Nr. 710/38); 2 Js 1138/37c, Urteil vom 21.1.1937 (Rep-Nr. 913/38); 2 Js 2101/38c, Urteil vom 14.4.1938 (Rep-Nr. 4246/38).

128 Zitat aus 2 Js 8541/37c, Urteil vom 20.12.1937 (Rep-Nr. 463/38); siehe ebenso 2 Js 3829/36c, Urteil vom 12.1.1937 (Rep-Nr. 710/38); 2 Js 8535/37c, Urteil vom 8.12.1937 (Rep-Nr. 1028/38); 2 Js 7120/37c, Urteil vom 13.1.1938 (Rep-Nr. 1090/38); 2 Js 9497/37c, Urteil vom 31.1.1938 (Rep-Nr. 1396/38); 2 Js 52/38c, Urteil vom 27.1.1938 (Rep-Nr. 1397/38); 2 Js 8996/37c, Urteil vom 8.2.1938 (Rep-Nr. 1816/38); 2 Js 1053/38c, Urteil vom 7.3.1938 (Rep-Nr. 2758/38); 2 Js 967/38c, Urteil vom 1.3.1938 (Rep-Nr. 3027/38); 2 Js 3517/36l, Urteil vom 27.5.1937 (Rep-Nr. 4709/38).

129 Fehlendes Geständnis: Rep.-Nr. 2 Js 8541/37c, Urteil vom 20.12.1937 (Rep-Nr. 463/38); 2 Js 2091/36, Urteil vom 12.1.1937 (Rep-Nr. 712/38); 2 Js 6774/37c, Urteil vom 20.1.1938 (Rep-Nr. 1093/38); 2 Js 9680/37c, Urteil vom 24.2.1938 (Rep-Nr. 353/38). Homosexualität trotz Heirat: 2 Js 8142/37c, Urteil vom 23.12.1937 (Rep-Nr. 1394/38); 2 Js 484/38c, Urteil vom 11.2.1938; Berufungs-Urteil vom 28.3.1938 (Rep-Nr. 3348/38); 2 Js 2079/38c, Urteil vom 2.4.1938 (Rep-Nr. 3648/38): Bisexualität; 2 Js 1466/38c, Urteil vom 31.8.1938 (Rep-Nr. 3549/38); 2 Js 1645/38c, Urteil vom 31.3.1938 (Rep-Nr. 3945/38).Sadismus: 2 Js 4731/37c, Urteil vom 16.8.1937, Revisions-Entscheidung vom 9.12.1937, Urteil vom 9.2.1938 (Rep-Nr. 1315/38); 2 Js 6218/37c, Urteil vom 9.12.1937, Berufungs-Urteil vom 9.2.1938 (Rep-Nr. 1980/38); 2 Js 6492/37c, Urteil vom 6.12.1937, Revisions-Entscheidung vom 14.2.1937 (Rep-Nr. 2033/38); 2 Js 9456/37c, Urteil vom 17.2.1938 (Rep-Nr. 2139/38): in Verbindung mit §§ 223 a, 226 StGB.

Arbeiter W. (Jg. 1915, wegen Bettelns vorbestraft) wurde vom Amtsgericht zu 1 Jahr 3 Monaten Gefängnis verurteilt; er sei bereit gewesen, für 2 Reichsmark »die gewünschten schweinischen Handlungen zu begehen«, es liege »Minderwertigkeit in charakterlicher Beziehung« vor ... »es wäre falsch, mit derartigen Personen langes Federlesen zu machen.«[130]

Die Gerichte hatten oft Schwierigkeiten, den Nachweis der »Gewerbsmäßigkeit« homosexueller Tätigkeit zu erbringen.[131] Die Notlage der Angeklagten wurde meist nur floskelhaft erwähnt, häufig unter Hinweis darauf, man hätte mit etwas Mühe ja Arbeit finden können (z.B. »auf dem Lande«). In 2 Js 4731/37c hatte der Partner einen Strichjungen mit einem Rohrstock geschlagen. Der Strichjunge, so das Gericht, »war schon verdorben«. Es bestehe ein großes Angebot von Leuten, »die sich aus Arbeitsscheu bereit finden, ein solches Lasterleben zu führen«.[132] Dagegen 2 Js 8499/37c: Der Angeklagte sei bereits einmal freiwillig aufs Land gegangen. Es sei »immer noch mit der Möglichkeit zu rechnen, daß er in reiferen Jahren zu der Volksgemeinschaft zurückfindet« (Urteil: 2 1/2 Jahre Gefängnis).[133]

Homosexuelle Juden wurden in der NS-Zeit gleich doppelt diskriminiert. – 2 Js 983/38c: T. wurde in den polizeilichen Ermittlungsakten wiederholt, und mit Rotstift hervorgehoben, als »Volljude« bezeichnet. Das Amtsgericht unterließ im Gegensatz dazu jeden Hinweis auf die Abstammung des Angeklagten (Urteil: 1 Jahr Gefängnis).[134] Auch in anderen Akten bestimmte sich offenbar die Strafhöhe gegen die jüdischen Angeklagten mehr nach der Zahl der ermittelten homosexuellen Handlungen und der Art der vorgenommenen Sexualpraktiken. Nur die Polizei betont regelmäßig die »nichtarische« Herkunft. Ein letzter Beweis für die Richtigkeit dieser Einschätzung läßt sich aber naturgemäß nicht führen; auch bei den Richtern mag antisemitisches Gedankengut – verbal gut verborgen – im Hintergrund eine Rolle gespielt haben.[135] Aus den Reponierungsjahrgängen 1935 bis 1937 und 1939 wurden 12 weitere Akten durchgesehen, in denen homosexuelle Juden angeklagt waren. Sie bestätigten ausnahmslos den oben geschilderten Eindruck.

Ähnliches gilt auch für die Behandlung von Ausländern.[136] Bei längeren Freiheitsstrafen wurde die Möglichkeit genutzt, Häftlinge abzuschieben. 2 Js

130 Urteil vom 8.1.1937 (Rep-Nr. 3383/38).

131 Siehe 2 Js 8276/37c, Urteil vom 11.1.1938 (Rep-Nr. 1108/38).

132 Urteil vom 16.8.1937, Revisions-Entscheidung vom 9.12.1937, Urteil vom 9.2.1938 (Rep.-Nr. 1315/38).

133 Urteil vom 27.1.1938 (Rep-Nr. 1393/38). Weitere Beispiele 2 Js 7679/37c, Urteil vom 1.12.1937 (Rep-Nr. 306/38); 2 Js 6745/37c, Urteil vom 30.11.1937 (Rep-Nr. 325/389; 2 Js 6186/37c, Urteil vom 28.10.1937 (Rep-Nr. 1026/38); 2 Js 8157/37c, Urteil vom 4.1.1938 (Rep-Nr. 1048/38); 2 Js 5490/37c, Urteil vom 20.1.1938 (Rep-Nr. 1054/38); 2 Js 8245/37c, Urteil vom 21.1.1938 (Rep-Nr. 1744/38); 2 Js 1005/38c, Urteil vom 7.3.1938 (Rep-Nr. 3117/38); 2 Js 4000/36, Urteil vom 8.1.1937 (Rep-Nr. 3383/38); 2 Js 415/38c, Urteil vom 5.4.1938 (Rep-Nr. 3474/38); 2 Js 2027/37, Urteil vom 1.7.1937 (Rep-Nr. 4707/38).

134 Urteil vom 12.3.1938 (Rep-Nr. 3124/38).

135 Siehe 2 Js 885/38c, Urteil vom 14.4.1938 (Rep-Nr. 3946/38); 2 Js 2379/38c, Urteil vom 19.4.1938 (Rep-Nr. 4174/38); sowie 2 Js 2477/38c, Urteil vom 2.5.1938 (Rep-Nr. 4420/38) und 2 Js 1020/38c, Urteil vom 28.4.1938 (Rep-Nr. 4424/38): »Halbjuden«; 2 Js 2586/39c, Urteil vom 3.7.1939 (Rep-Nr 5195/39): »Homosexueller polnischer Jude«, 1940 »an die Polizei abgegeben«.

136 Zum Beispiel: 2 Js 7710/37c, Urteil vom 27.11.1937 (Rep-Nr. 311/38): US-Bürger.

564/37c: Bei G. (Jahrgang 1885) stellte sich während des Verfahrens nach § 175a Z. 3 StGB heraus, daß er jugoslawischer Staatsbürger war. Er mußte 3 Jahre Zuchthaus verbüßen, kam aber nicht mehr wie vorgesehen in Sicherungsverwahrung, sondern wurde abgeschoben.[137]

Über angeklagte Homosexuelle, die auch in politische Verfahren verwickelt waren, liegt nicht genug Material vor, um sichere Aussagen zu stützen. In 2 Js 462/37 spielte Zugehörigkeit zur KPD und zum Rotfrontkämpferbund (RFB) eine Rolle, das Strafmaß (1 Jahr Gefängnis) bewegte sich aber im Rahmen des damals Üblichen.

Anders verhielt es sich häufig, wenn die Angeklagten Funktionäre der NSDAP, ihr nachgeordneter Organisationen oder Amtsträger waren.[138] 2 Js 423/38c: H. wurde zu 1 Jahr 3 Monate Gefängnis verurteilt. »Straferschwerend fiel ... ins Gewicht, daß den Angeklagten, einen ehemaligen SA-Führer und Träger des goldenen Parteiabzeichens, weder der Ausschluß aus der SA, noch andererseits die große Milde des Parteigerichts zur Selbstbesinnung zu bringen vermochte«. H. hatte sich »einige Monate nach der Röhm-Revolte« an Minderjährigen »vergangen«.[139] – 2 Js 2639/36c: U. (Urteil: 3 Jahre Gefängnis) hatte von einem »Homo-Treffpunkt« der SS an einer Straßenbahn-Endhaltestelle erzählt. Dies löste eine intensive, aber erfolglose Fahndungstätigkeit der Gestapo aus. Die Angst vor Homosexualität in den eigenen Reihen steckte tief im Unterbewußtsein der Machthaber.[140] – 2 Js 7879/38c: Der homosexuelle C. hatte behauptet, »Blutordensträger« der NSDAP zu sein. Die Partei versuchte während des Gerichtsverfahrens, sogar seine einfache Parteimitgliedschaft in Abrede zu stellen.[141] – 2 Js 3765/37c: Das Gericht führte aus, dem SS-Mann D. (Urteil: 1 Jahr 2 Monate Gefängnis) »mußte bekannt sein, daß früher die 175er zunächst ins Konzentrationslager kamen und sich teilweise unter Bewachung von SS-Leuten befanden und nun unterhält der Angeklagte selber solch ein strafwürdiges Verhältnis mit einem Homosexuellen. Er selbst wird über die damalige Röhm-Affäre gut unterrichtet sein und ihm wird bekannt sein, wie der Führer über derartige Dinge denkt«.[142]

Zusammenfassend läßt sich sagen, daß die Mitgliedschaft in NS-Organisationen in der Regel[143] nicht zu einer Besserstellung, sondern im Gegenteil zur Verschärfung der Maßstäbe gegenüber den homosexuellen Angeklagten führte. Dies gilt jedenfalls für die zur Anklage gelangten Verfahren. Es bleibt aber unbekannt, wie viele derartige Sachverhalte schon im Vorwege eingestellt oder nur durch ein Parteigericht der NSDAP geahndet wurden.

Bei den Angeklagten aus der Mittelschicht ergibt sich der Eindruck, daß die Verfahren im Durchschnitt mit größerer Sorgfalt geführt und beispielsweise biographische Details eher zum Vorteil der Angeklagten berücksichtigt wurden (Mi-

137 Urteil vom 31.5.1937 (Rep-Nr. 4809/37).

138 Urteil vom 9.2.1937 (Rep-Nr. 16/38).

139 Urteil vom 17.3.1938 (Rep-Nr. 2835/38). Siehe auch: Urteil vom 21.4.1936 (Rep-Nr. 7394/36).

140 Urteil vom 22.9.1936 (Rep-Nr. 8659/36).

141 Urteil vom 7.10.1939 (Rep-Nr. 9621/39).

142 Urteil vom 6.10.1938 (Rep-Nr. 709/39).

143 Weitere Fälle 2 Js 6745/37c, Urteil vom 30.11.1937 (Rep-Nr. 325/38): SS; 5 Js 1497/37, Urteil vom 13.12.1937 (Rep-Nr.527/38): SS; 11 Js 162/37, Urteil vom 13.7.1937 (Rep-Nr. 741/38): HJ; 11 Js 1158/36, Urteil vom 1.7.1937 (Rep-Nr. 6514/37): HJ.

litärdienst, Einsatz im 1. Weltkrieg, berufliche Karriere, politischer Einsatz): 2 Js 3298/37c: L., »Arztsohn«, leitender Angestellter und bis 1936 SS-Mitglied, wurde – an sich schon ungewöhnlich – freigesprochen. Das Gericht betrachtete klare, belastende Zeugenaussagen als nicht beweiskräftig oder unschlüssig, Geständnisse bei der Polizei als unter Druck entstanden. Einschlägige Vorgänge wurden überhaupt nicht berücksichtigt.[144] – 2 Js 9355/37c: Ein »Geschäftsführer« wird relativ milde bestraft (4 Monate Gefängnis); die Richter stellen fest, »die gute Schulbildung hätte das Hemmungsvermögen des Angeklagten ausprägen müssen«.[145] – 2 Js 9513/37c: Gutsverwalter Freiherr M. von B. (Urteil: 6 Monate Gefängnis) gestand mehr homosexuelle Handlungen, als ihm überhaupt zur Last gelegt wurden, unter anderem Analverkehr. Das Gericht hielt ihm »seelische Depression« zugute: Ein Arzt habe ihm gesagt, er könne keine Kinder zeugen.[146] Dagegen 2 Js 6492/37c: Bürovorsteher A., »der aus gutem Hause stammt, hat angesichts seiner widerlichen Handlungen und seines verlogenen Charakters – seine Schweinereien hat er teilweise als Versuch zur Ertüchtigung der deutschen Jugend getarnt – eine fühlbare Strafe verdient«, (Urteil: 1 Jahr 3 Monate Gefängnis), hatte A. sich doch NS-typischer Redewendungen und Methoden bedient.[147] Im übrigen sind die erwähnten Bevorzugungen außerordentlich subtil in den Urteilen verborgen und schwer exakt nachweisbar. Viele Beispiele[148] zeigen aber, daß oft soziale Verbundenheitsgefühle der Richterschaft echten oder gespielten Abscheu von sexuellen Verhaltensweisen modifizierten.

Transvestiten, die in der Weimarer Republik eher tolerant behandelt worden waren, wurden nach 1933 hart bestraft. – 2 Js 2106/36c: Dem Transvestiten K. wurde 1926 von der Polizei ausdrücklich das Tragen von Frauenkleidern gestattet. (Urteil 1936: 1 1/2 Jahre Gefängnis).[149] – 2 Js 3451/36c: B. wurde zu 2 1/2 Jahren Zuchthaus verurteilt, allerdings primär unter dem Aspekt der Prostitution, die häufig mit Transvestitismus zusammenfiel. Nach Haftverbüßung wurde B. 1941 in polizeiliche Vorbeugungshaft genommen.[150]

Im Falle von Erpressungen auf homosexueller Grundlage (§ 253 StGB) gingen die Gerichte in Hamburg scharf gegen die Täter vor. Die Erpressungsopfer, denen bei Vernehmungen oft Strafmilderungen zugesagt worden waren, wurden dennoch wie üblich bestraft. – 2 Js 9498/37c: Die beiden Angeklagten (Urteil: je 9 Monate Gefängnis) wollten einen homosexuellen Angestellten im Heuerbüro

144 Urteil vom 6.8.1937 (Rep-Nr. 527/38). Anders 2 Js 5207/37c, Urteil vom 30.12.1937 (Rep-Nr. 584/38): Bankprokurist.

145 Urteil vom 5.1.1938 (Rep-Nr. 1060/38).

146 Urteil vom 31.1.1938 (Rep-Nr. 1810/38).

147 Urteil vom 6.12.1937, Revisions-Entscheidung vom 14.2.1938 (Rep-Nr. 2033/38).

148 2 Js 2814/37c, Urteil vom 1.9.1937 (Rep.-Nr. 492/38); 94 Ds 5/37, Urteil vom 2.6.1937, Berufungs-Urteil vom 6.8.1937 (Rep-Nr. 1254/38); 2 Js 9511/37c, Urteil vom 14.2.1938 (Rep-Nr. 2002/38): Kaufleute; 2 Js 8265/37c, Urteil vom 2.2.1938 (Rep-Nr. 2379/38): Rittergutsbesitzer, Freispruch (!); 2 Js 1672/38c, Urteil vom 25.3.1938 (Rep-Nr. 3555/38): Arzt; 2 Js 2826/36c, Urteil vom 6.3.1937 (Rep-Nr. 2111/37): Arzt; 2 Js 2506/36c, Urteil vom 24.11.1936 (Rep-Nr. 7420/37): Makler; 2 Js 968/38c, Urteil vom 6.8.1938, Revisions-Entscheidung vom 8.12.1938 (Rep-Nr. 757/39): Lehrer; 2 Js 2373/38c, Urteil vom 2.8.1938 (Rep-Nr. 367/39): Arzt.

149 Urteil vom 9.4.1936 (Rep-Nr. 9295/36).

150 Urteil vom 25.11.1936 (Rep-Nr. 1808/38). Zu Transvestiten siehe auch 2 Js 8541/37c, Urteil vom 20.12.1937 (Rep-Nr. 463/38); 2 Js 1466/38c, Urteil vom 31.3.1938 (Rep-Nr. 3549/38).

der Hapag verführen und dann »abkochen«. Das Opfer bot an, 150 RM zu zahlen; bei der Geldübergabe erfolgte der Zugriff der Kripo. Das Gericht erregte sich in erster Linie über den Hapag-Angestellten: »H. ist ein Volksschädling und er ist auch durch sein ganzes übles Verhalten der Anlaß zu der später versuchten Erpressung gewesen«.[151]

2 Js 134/37c: Frau N. (Urteil: 4 1/2 Jahre Gefängnis) erpreßte mit Hilfe ihres Sohnes, der als »Lockvogel« fungierte, systematisch Homosexuelle. Unter anderem war der jüdische Anwalt Dr. Herbert S. ihr Opfer. Ihm gegenüber berief sich die Angeklagte auf die nationalsozialistischen Werte. Das Landgericht führte aus: »Die Erpressung auf homosexueller Grundlage bedarf einer ganz besonders scharfen Ahndung. Es ist zur Genüge bekannt, daß schon die Strafverfolgung aller solcher Personen, die homosexuell veranlagt sind, ... über eine große Zahl Familien das größte Unglück bringt, daß es sich bei vielen dieser Strafverfolgten um krankhaft veranlagte Menschen handelt, die teilweise ein ganzes Leben lang ... gegen ihre krankhafte Veranlagung gerungen haben und schließlich derselben doch zum Opfer gefallen sind«: Der Sohn der N. wurde zu 2 Jahren 10 Monaten Gefängnis verurteilt.[152]

10. Ausblick

In den Kriegsjahren gingen die Verurteilungszahlen für Homosexuelle offenbar stark zurück. Dies lag zum einen am schwindenden Interesse der Machthaber an dieser Deliktsgruppe angesichts der militärischen Gegebenheiten; möglichst viele Männer sollten eingezogen werden. Zum anderen treten an Stelle der von ordentlichen Gerichten verhängten Freiheitsstrafen zudem »effektivere« und geheim einsetzbare Sanktionsformen praeter legem wie die polizeiliche Vorbeugehaft. Diese ermöglichte es, Homosexuelle auf unbestimmte Zeit in Konzentrationslagern festzuhalten und sie zu Zwangsarbeit heranzuziehen. Hierzu kamen die Arbeiten an einem wegen der militärischen Niederlage nicht mehr fertiggestellten sogenannten Gemeinschaftsfremdengesetz. Danach sollten praktisch alle früher entweder als kriminell oder »asozial« bezeichneten Personengruppen mit dem Terminus »gemeinschaftsfremd« versehen werden (neben Homosexuellen z.B. auch Prostituierte, Obdachlose, »Arbeitsscheue«, Leistungsschwache u.a.). Diese Menschen hätten »vom Richter als lästige Gemeinschaftsfremde der Polizei überwiesen« werden können, in letzter Konzequenz zwecks »Vernichtung durch Arbeit«, wie eine ab 1942 in der Justiz gebräuchliche und nach 1945 vielzitierte Handlungsformel lautete. Dieses Gesetz hätte die völlige Rechtlosigkeit homosexueller Angeklagter besiegelt.[153]

Für die Zeit nach 1945 ergeben sich aus analysierten Akten die – meist vergeblichen – Versuche verurteilter Homosexueller, juristisch rehabilitiert zu werden. 2 Js 2477/38c: D. betrieb ohne Erfolg ein Wiederaufnahmeverfahren. Ihm

151 Urteil vom 24.2.1938 (Rep-Nr. 2228/38).

152 Urteil vom 2.7.1937 (Rep-Nr. 2245/38): Weitere Erpressungsfälle 2 Js 983/38c, Urteil vom 12.3.1938 (Rep-Nr. 3124/38); 2 Js 854/38c, Urteil vom 3.3.1938 (Rep-Nr. 3163/38); 6 Js 575/36, Urteil vom 13.5.1936, Berufungs-Urteil vom 29.7.1936 (Rep-Nr. 3377/38).

153 Näheres siehe bei Terhorst, Überwachung, a.a.O., S. 168.

wird ein »reines Führungszeugnis« erteilt; gegenüber Privaten gelte er als unbestraft, gegenüber Behörden werde »beschränkte Auskunft erteilt«.[154] – 2 Js 819/38c: Durch Beschluß des Landgerichts wurden zwei Gefängnisstrafen des Angeklagten nach § 175 StGB im Strafmaß »zurückgeführt«. Nach alliiertem Recht habe der Angeklagte nicht höher bestraft werden dürfen als vor 1933 gemäß § 175 alter Fassung; für eine weitere Haftstrafe wurde eine Änderung abgelehnt.[155] – 2 Js 2127/36: F. blieb seiner Rechte aus einer Tätigkeit als Studienrat verlustig; er wurde auch nicht wieder eingestellt.[156] – 2 Js 7119/37c: Im Jahre 1960 scheiterte endgültig der Wiederaufnahmeantrag des Angeklagten; diesen hatte er mit den seinerzeitigen polizeilichen Vernehmungsmethoden (z.B. Drohung mit dauernder Konzentrationslager-Haft) begründet.[157]

2 Js 2351/39c: Im Wiederaufnahmeverfahren wurden der damalige vernehmende Kripo-Beamte und der Staatsanwalt Siemssen[158] gehört: Die Vernehmung sei korrekt gewesen, mit Vorbeugehaft sei sicher nicht gedroht worden usw.. Das Landgericht meinte anschließend: »Der Angeklagte versuchte vergebens, sich als Opfer des 3. Reiches hinzustellen«. Er sei zu Recht verurteilt worden.[159]

11. »Erhaltung des gesunden Volkskörpers« – der § 218 in der NS-Zeit

Die Einbeziehung des Abtreibungstatbestandes in den Themenbereich »Sexualdelikte« erschien angebracht, da er auf die sexuelle Sphäre des Lebens bezogen ist und die Nationalsozialisten sich dieser Norm bedienten, um eine Bevölkerungspolitik zu forcieren, die zu Geburtenüberschüssen und einem reichhaltigen »Menschenmaterial« für Krieg und Eroberung führen sollte.

Der Verfahrensablauf bei Fällen (gewerbsmäßiger) Abtreibung soll anhand typischer Beispiele veranschaulicht werden. 6 Js 2265/37: Ende Oktober 1937 ermittelte das 2. Kriminalkommissariat in einer Abtreibungssache und überprüfte zu diesem Zweck Fehlgeburtsmeldungen aus dem Raum Bergedorf. Offenbar wurde dazu jede in Frage kommende Frau vernommen. Dabei wurde die Angeklagte Frau M. als Abtreiberin genannt. Bei einer Wohnungsdurchsuchung stellte die Kripo das Handwerkszeug der M. sicher, eine sogenannte Mutterdusche oder Irrigator. Nach mehreren Verhören hatte die Polizei die Namen weiterer Frauen, bei denen die M. Abtreibungen vorgenommen hatte und die ihre Ärzte von der Schweigepflicht entbanden. In der Regel verliefen nämlich derartige Hausabtreibungen nicht komplikationslos. Einspritzungen von Seifenlauge führten, oft mehrmals wiederholt, zu heftigen Blutungen, Krämpfen und Fieber. Die

154 Urteil vom 2.5.1938 (Rep-Nr. 4420/38).
155 Urteil vom 7.3.1938 (Rep-Nr. 4985/38).
156 Urteil vom 15.9.1936 (Rep.-Nr. 858/36).
157 Urteil vom 26.11.1937 (Rep-Nr. 9210/37).
158 Leiter eines Sonderdezernats »Homosexualität« bei der Staatsanwaltschaft und Anklagevertreter in einer Vielzahl von Verfahren; Jahrgang 1901. Laut Personalakte (Staatsarchiv Hamburg) Großmutter als Chinesin »nichtarisch«. Laut Beurteilung »unbedingt zuverlässiger, stets einsatzbereiter Kämpfer für den nationalsozialistischen Staat«. 1949 Berufung zum Oberstaatsanwalt.
159 Urteil vom 17.8.1939, Wiederaufnahme-Entscheidung vom 27.4.1948 (Rep-Nr. 6720/39). Weitere Beispiele: 2 Js 6728/37c, Urteil vom 1.12.1937 (Rep-Nr. 150/38); 2 Js 8736/37c, Urteil vom 2.2.1938 (Rep-Nr. 2041/38).

betroffene Frau mußte sich dann in ein Krankenhaus zur »Ausräumung« begeben, wo wieder eine Anzeige drohte. In diesem Fall hatte die Abtreibung in der Wohnung der M. auf der Erde mit verschmutztem Seifenwasser stattgefunden; die Frau war im 2. oder 3. Monat schwanger gewesen. Sie gab an, sie habe, wie bei M. üblich, an diese 30 Reichsmark gezahlt. Gegen M. wurde ein Haftbefehl erlassen. Inzwischen stellte die Kripo weitere »vertrauliche Nachforschungen« an, erhielt jedoch keine Hinweise auf andere als die zehn von M. eingestandenen Abtreibungsfälle: »Es hat den Anschein, als ob die M. nur einen bestimmten Kundenkreis gehabt hat«. Ende November 1937 fand ein abschließendes, ausführlich protokolliertes Verhör statt. Unter anderem ging es zwecks Nachweis des Merkmals »gewerbsmäßig« um die als »Abtreiberlohn« gezahlten Geldbeträge. Über alle Beteiligten waren unterdessen Gerichtshilfe-Berichte gefertigt worden, die sich mit deren sozialen Verhältnissen befaßten und im Ton neutral gehalten sind (z.B. Personenstand, wirtschaftliche Lage).

Im März 1938 standen schließlich sechs Frauen vor dem Schwurgericht, d.h. vor drei Berufsrichtern und sechs Geschworenen. Diese Besetzung war für den Verbrechenstatbestand der gewerbsmäßigen Abtreibung vorgesehen. Die drei ehemals Schwangeren, die hatten abtreiben lassen, fielen nach Auffassung des Gerichts unter ein Amnestiegesetz, da eine Strafe unter einem Monat Haft zu erwarten gewesen sei, ebenso die der Beihilfe angeklagten Frauen, die die Adresse der M. an die Schwangeren vermittelt hatten. Die Angeklagte M. wurde zu 2 Jahren 9 Monaten Zuchthaus und 3jähriger Aberkennung der bürgerlichen Ehrenrechte verurteilt. Zwar sei sie »nicht die gewerbsmäßige Abtreiberin übelster Sorte ... ohne Rücksicht auf die Gesundheit und die Einkommensverhältnisse ihrer Opfer«. Jedoch habe sie z.B. gebrauchtes Waschwasser benutzt und es sei gravierend, daß sie »trotz der Bekämpfung der Abtreibung durch den heutigen Staat auch in den Jahren 1935-36 abgetrieben« habe; auch habe bei ihr selbst keine soziale Notlage bestanden. M. mußte die Strafe bis April 1940 im Frauenzuchthaus Lübeck-Lauerhof verbüßen. Danach wurde sie auf Bewährung begnadigt.[160]

Der Ermittlungsaufwand der Polizei richtete sich danach, ob eine Anklage wegen gewerbsmäßiger Abtreibung zu erwarten war; diese Akten sind denn auch wegen der Vielzahl der vernommenen Personen für die damalige Zeit außerordentlich umfangreich.[161] Vor dem Amtsgericht wurde im Verfahren 4 Js 2365/36b ein »Heilgehilfe« zu 8 Monaten Gefängnis verurteilt. Ihm konnte nur eine Abtreibung aus Gefälligkeit nachgewiesen werden. Er wurde detailliert über seine – hygienisch einwandfreie – Vorgehensweise befragt.[162] Die Kripo-Beamten hatten im Laufe der Zeit beträchtliche Spezialkenntnisse erworben, z.B. heißt es betreffend einer vorgenommenen Uterus-Massage: »Wer hat Ihnen die Massage empfohlen? ... Die von Ihnen bisher dargestellte Arbeitsweise stimmt aber nicht.« Der Angeklagte mußte schließlich gestehen, einen Katheter gebraucht zu haben. Der Nachweis der Gewerbsmäßigkeit[163] fiel der Staatsanwaltschaft jedoch im all-

160 Urteil vom 31.3.1938 (Rep-Nr. 4988/38).

161 Beispiele: 5 Js 517/37, Urteil vom 22.12.1937 (Rep-Nr. 2045/38); 6 Ks 4/37, Urteil vom 22.11.1937 (Rep-Nr. 914/38); 3 Js 1334/37, Urteil vom 11.2.1938 (Rep-Nr. 2231/38).

162 Urteil vom 5.8.1937 (Rep-Nr. 3359/38).

163 Instruktiv dazu auch 4 Js 694/37, Urteil vom 18.11.1937 (Rep-Nr. 1981/38): Gewerbsmäßikeit verneint.

gemeinen nicht schwer, da ähnlich wie in Verfahren wegen Homosexualität in einer Art Kettenreaktion immer neue Namen und Adressen der Polizei bekannt wurden. Hinzu kommt, daß die ehemaligen »Kundinnen« der Angeklagten sich nicht scheuten, die durchschnittlich ziemlich hohen Geldbeträge, die sie in ihrer Not hatten zahlen müssen, genau anzugeben. Eine Übersicht über die erhaltenen Prozeßakten der Jahre 1935-39 zeigt, daß für gewerbsmäßige Abtreibung ein Strafmaß zwischen 3 und 5 Jahren Zuchthaus – die Zuchthausstrafe war nach dem Gesetz obligatorisch – durchaus normal war, während sich die Strafen für Selbstabtreibung und Frauen, die abtreiben ließen, im Rahmen von Wochen und im Höchstfall etwa 2 Monaten Gefängnis bewegten.[164]

8 Js 587/35: Gegen den Vertreter für »Hygieneartikel« St. beantragte die Staatsanwaltschaft 10 Jahre Zuchthaus, das Schwurgericht entschied auf 6 Jahre. St. war einschlägig vorbestraft, es lief noch eine Bewährungsfrist. Das Gericht stand auf dem »Standpunkt, daß in der heutigen Zeit für gewerbsmäßige Abtreibung mildernde Umstände ausgeschlossen sind. Führer und Reichsregierung wollen im Interesse einer gesicherten wirtschaftlichen, politischen und militärischen Zukunft unseres Volkes eine starke Bevölkerungszunahme. In den Jahren des Weltkrieges und vor der Umwälzung ist ein sehr großer Geburtenausfall eingetreten, der, wenn er nicht durch Vermehrung von Geburten wieder wettgemacht wird, die Zukunft des deutschen Volkes erheblich in Frage stellen wird. Führerwille ist Volkswille. Und die Gerichte sind dazu berufen, diesem Führer- und Volkswillen zum Siege zu verhelfen, indem sie durch harte Zuchthausstrafen diejenigen Verbrecher, die die Fortpflanzungsfähigkeit des Volkes vermindern ... bestrafen«. St. hatte sich bis 1935 betätigt, »also zu einer Zeit, wo das ganze Volk ... bevölkerungspolitisch im gekennzeichneten nationalsozialistischen Sinne aufgeklärt worden war«. Die Strafe müsse »schwer sein, damit endlich die Mädchen und Frauen sich dessen bewußt werden, was sie ihrem Volke schuldig sind«.[165] Politisch motiviert war mindestens teilweise auch das Urteil (4 Jahre Zuchthaus) in dem Verfahren 6 Js 565/35 gegen Rosa L., ehemaliges KPD-Mitglied: »Die kommunistische Ideenwelt beeinflußte ihr Denken, die Propaganda gegen § 218 gehörte auch zu ihrer Tätigkeit.«[166]

Selbstabtreibungen wurden entgegen ideologischer Rhetorik überwiegend unter Abwägung der sozialen und psychischen Notlage der Frauen beurteilt, was auch durch die schon selbst schmerzhaften und qualvollen Abtreibungshandlungen nahelag. 3 Js 1390/37: D. spritzte sich »Chemikalien«, die sie von einem Medizinstudenten erhalten hatte.[167] – In 4 PLs 2135/37 war nicht einmal eine vollendete Abtreibung nachweisbar, da die Angeklagte sich nicht anders zu helfen gewußt hatte, als heiße Bäder und Duschen einzusetzen, worauf es auch tatsächlich zu Blutungen und Abort kam. Der Kausalzusammenhang blieb allerdings zweifelhaft.[168] – 4 Js 197/37: Die Arbeiterin E., die ein Verhältnis mit einem verheirateten Mann gehabt hatte, wendete heiße Bäder und Chinintabletten an.

164 Statistisch nicht verifiziert.
165 Urteil vom 25.10.1935 (Rep-Nr. 1022/36).
166 Urteil vom 5.7.1935 (Rep-Nr. 3397/35).
167 Urteil vom 12.8.1937 (Rep-Nr. 352/38).
168 Urteil vom 20.10.1937 (Rep-Nr. 517/38).

Den ausgetretenen Embryo warf sie erst in einen Zinkeimer, dann in die Mülltonne (Urteil: 1 Monat Gefängnis).[169] Das häufigste Abtreibungsmittel war ein sogenannter Irrigator[170], ferner Tabletten[171] und Bäder[172]. Die Beteiligungsformen reichten von der Mittäterschaft[173] über die Anstiftung – häufig durch den Erzeuger – bis zu Beihilfeformen, z.B. Vermittlung der oder Assistenz bei der Abtreibungshandlung.

Interessant ist die Verfolgung von Ärzten als gewerbsmäßigen Abtreibern: 4 Js 674/37: Durch Beschluß des Landgerichts wurden unter anderem zwei 2 Ärzte »aus dem tatsächlichen Grunde des mangelnden Beweises außer Verfolgung gesetzt«. Die gutachterlich gehörten Ärzte waren ihren Kollegen gegenüber offensichtlich wohlwollend eingestellt. Bei dem Angeklagten Dr. H. diagnostizierte Dr. Meywerk (Leiter der »Kriminalbiologischen Forschungsstelle«) gar besorgt eine »beginnende Haftpsychose«. Auch müsse »bei den Gepflogenheiten der Zeitspanne 1919-1933 ... zugegeben werden, daß sich Dr. H. in diesen Fällen im Groben korrekt verhalten hat, wenn er auch ... vorsichtiger hätte vorgehen können«.[174] Verfahren VIIa 3909/34: Der jüdische Arzt Dr. C. wurde freigesprochen: Es hätten bei der Schwangeren bereits Blutungen bestanden, die Schwangerschaft sei also eventuell bereits abgebrochen gewesen, als Dr. C. tätig wurde. Das Landgericht erwähnte nirgends, daß Dr. C. Jude sei, obgleich eine von dem Schwängerer entlassene Angestellte mit dem Hinweis Anzeige erstattet hatte, dieser habe einen jüdischen Arzt mit einer Abtreibung beauftragt, sei ein »Judenfreund« und inseriere z.B. auch in »jüdischen Blättern«. Wie so häufig war also der Ausgangspunkt des Verfahrens eine gehässige anonyme Denunziation aus der Bevölkerung.[175]

Hauptverfahren 5 Ks 8/37: Ein Zahnarzt verleitete seine schwangere Freundin zur Abtreibung. Zunächst wandte er sich auch an einen jüdischen Arzt, der aber ablehnte. Der Zahnarzt wurde zu 6 Monaten Gefängnis wegen Anstiftung zur Abtreibung verurteilt; »gerade er als SA-Mann« habe »einen jüdischen Arzt zu einer unerlaubten Handlung veranlassen wollen«. Er verlor seine Kassenzulassung und wurde aus der SA ausgeschlossen. In einem – abgelehnten – Gnadengesuch beschrieb er seine »Existenzvernichtung«.[176] In 7 Js 2001/36a erstattete ein Arzt, der eine »Ausräumung« vorgenommen hatte, Anzeige gegen die Abtreiberin, die zu 2 Jahren Zuchthaus verurteilt wurde.[177] In 3 Js 1924/37 wurde eine Jüdin zu 6 Wochen Gefängnis verurteilt, die nach eigenen Angaben mit vielen, z.T. unbekannten Männern Geschlechtsverkehr gehabt hatte. Die Kripo zog sofort eigene Schlüsse: »Die Angaben der C. betreffend ihres Schwängerers erscheinen un-

169 Urteil vom 2.11.1937 (Rep-Nr. 1901/38).

170 Gefäß mit angeschlossenem Schlauch, 7 Js 2001/36a, Urteil vom 16.8.1937 (Rep-Nr. 505/38); 2 Js 366/37a, Urteil vom 13.10.1937 Rep-Nr. 588/38); 8 Js 1981/36a, Urteil vom 15.2.1937 (Rep-Nr. 627/38) u.a.

171 4 PLs 727/38, Urteil vom 7.5.1938 (Rep-Nr. 4633/38).

172 7 Js 2188/37, Urteil vom 30.3.1938 (Rep-Nr. 3478/38): Sagrotanlösung (!).

173 8 Js 1981/36a, Urteil vom 15.2.1937 (Rep-Nr. 627/38): stark ideologische Urteilsbegründung.

174 Urteil vom 29.10.1937 (Rep-Nr. 3361/38).

175 Urteil vom 23.2.1935 (Rep-Nr. L 255/35).

176 Urteil vom 26.1.1938 (Rep-Nr. 3470/39).

177 Urteil vom 16.8.1937 (Rep.-Nr. 505/38).

glaubhaft. Es ist mit Bestimmtheit anzunehmen, daß sie mit einem deutschblütigen Mann Geschlechtsverkehr hatte, dessen Namen sie absichtlich verschweigt. Da ein Verdacht wegen Rassenschande begründet erscheint, wurde dem 23. Kriminalkommissariat eine Durchschrift zu weiteren Ermittlungen übersandt«. Hier überschnitt sich also der § 218 mit den berüchtigten »Nürnberger Gesetzen«.[178]

Die ideologische Durchdringung der Abtreibungsurteile ist nicht minder stark als in den Homosexualitäts-Fällen. Allerdings fehlen Hinweise auf besondere institutionelle Vorkehrungen oder Verfolgungswellen, jedenfalls für den Bereich Hamburgs bis 1939.[179] 8 Js 1981/36a: »Es ist genügend durch Presse und in sonst aufklärender Weise darauf hingewiesen, daß der Schutz des keimenden Lebens heute mehr denn je im Vordergrund steht und daß bevölkerungspolitisch und blutsmäßig gesehen, alles gefördert werden muß, was nicht nur einer Erhaltung, sondern einer Vermehrung des gesunden Volkskörpers dient«.[180] In 4 Js 1011/37 hieß es, wegen der »Beeinträchtigung volklicher (sic!) Belange« müßten im Bereich des § 218 StGB scharfe Strafzumessungsregeln gelten. Nur unter ganz engen Voraussetzungen gebe es mildernde Umstände. Bei der Schwangeren müsse erkennbar eine besondere Notlage vorgelegen haben, bei der Abtreiberin ebenfalls eine »einem Notstand sich annäherende Lage«; die Abtreiber müßten hygienisch einwandfrei unter Vermeidung von Gesundheitsrisiken gearbeitet haben. Die Angeklagte habe aus Mitgefühl, ohne Entgelt gehandelt; sie habe keine »Schlepperinnen« eingespannt und nicht annonciert, ihren Kundenkreis vielmehr auf Bekannte eingeschränkt; schließlich habe die Angeklagte im übrigen ein »vorbildliches Familienleben« geführt. Urteil: 2 Jahre Gefängnis.[181]

Ein anderer mildernder Umstand war, daß die Schwangere sonst ein nichteheliches Kind zur Welt gebracht hätte. Der Makel der »unehelichen« Geburt lag zur damaligen Zeit noch fast wie eine Selbstverständlichkeit den sozialen Anschauungen breitester Bevölkerungskreise zugrunde. So verschloß sich auch die Richterschaft nicht dem Argument, es sei vielleicht besser, nicht als unehelich geboren zu sein. Interessant ist, daß diese althergebrachte Meinung mit der NS-Ideologie, in diesem Bereich wirklich revolutionär, in Konflikt geriet. Unter dem Aspekt der Bevölkerungsvermehrung war es nämlich gleichgültig, ob ein Kind in oder außerhalb einer Ehe zur Welt kam, im Gegenteil waren auch nichteheliche Geburten unbedingt zu fördern.

Die hamburgischen Richter dachten meist nicht so: 2 Js 366/37a: Es sei »auch heute noch die Lage des uneheliche geborenen Kindes, aber insbesondere auch ... der unehelichen Mutter, unverändert ungünstig.«[182] 5 Js 1088/37 (Schwurgericht): »An eine baldige Heirat war ... noch nicht zu denken. Anderseits ist die Angeklagte selbst unehelich geboren. Sie wußte daher, was ihren Kindern bevorstand, falls ihr Verlobter sie nicht heiraten würde. Diese Beweggründe

178 Urteil vom 9.12.1937 (Rep-Nr. 1049/38).

179 Laut Personalakte Staatsanwalt Wollmann (Staatsarchiv Hamburg) soll dieser Ende 1938 das »neu eingerichtete Sonderdezernat für Abtreibungssachen« übernommen haben.

180 Urteil vom 15.2.1937 (Rep-Nr. 627/38).

181 Urteil vom 12.1.1938 (Rep-Nr. 3545/38). Ideologische Begründung auch bereits in 8 Js 1528/36b, Urteil vom 2.4.1937 (Rep-Nr. 3894/38).

182 Urteil vom 13.10.1937 (Rep-Nr. 588/38).

erscheinen immerhin menschlich verständlich«.[183] 6 Js 238/37a: »Die Beweggründe« der beiden Angeklagten Polinnen seien »bis zu einem gewissen Grad verständlich. Anderseits hat eine Ehefrau weniger Anlaß zu einem Eingriff als eine unverheiratete Frau, deren Bedrängnis naturgemäß eine viel größere ist«.[184]

In 2 Js 731/37a hatte Amtsrichter Dr. E. die Zeichen der Zeit erkannt: »Sie (die Angeklagte) hat offensichtlich aus dem Grunde die Tat begangen, weil sie die Schande fürchtete. Jedoch muß die Angst vor törichten Vorurteilen und vor der aus überwundenen Anschauungen herrührenden Verächtlichmachung der unehelichen Geburt gegenüber dem Wunder und den Pflichten der Mutterschaft und dem Gedanken der Erhaltung der Volkskraft des deutschen Volkes zurücktreten«. In der Berufung wurde die Angeklagte freigesprochen. Sie hatte standhaft eine Abtreibungsabsicht bestritten.[185]

Rein altruistische Abtreibungen wurden durchgehend milder bestraft als solche aus kommerziellen Motiven.[186] Bei den Strafschärfungsgründen sind zunächst einschlägige Vorstrafen zu nennen, hier vor allem auch aus der Zeit vor der NS-Machtübernahme, die sich bei der nun viel schärferen Verfolgung nachteilig auswirkten. 7 Js 2095/36b: »Krankenbehandler« Sch. war schon einmal einschlägig vorbestraft worden. »Im Laufe politischer Ermittlungen« stieß die Gestapo auf weitere Abtreibungsfälle. Sch. wurde zu 5 Jahren Zuchthaus allein aus § 218 StGB verurteilt.[187]

Harte Strafen erhielten ferner Angeklagte, die laienhaft ohne medizinische Vorkenntnisse, lediglich mit Hilfe von Buchwissen und Hörensagen, tätig wurden.[188] 6 Js 172/37a: Die Angeklagte habe nicht aus Not gehandelt, sondern ein »flottes Leben« geführt. Sie habe besonders unsachgemäße Eingriffe selbst noch nach Anzeigeerstattung – durch einen verärgerten Liebhaber – fortgesetzt. Das Urteil nach 8monatiger Verfahrensdauer lautete auf 5 1/2 Jahre Zuchthaus.[189] – 6 Js 2265/37: Die Angeklagte M. (Jahrgang 1890) hatte ihre Kenntnisse aus einem »medizinischen Hausbuch«. Sie verwendete zur Abtreibung eine »Mutterspritze« (Irrigator). Urteil: 2 Jahre 9 Monate Zuchthaus.[190]

Im übrigen wurde jeder Angeklagte nach NS-Gepflogenheit auf seine »Brauchbarkeit« für die Gemeinschaft analysiert. 2 Js 790/37c: St., nach Ansicht des Gerichts »arbeitsscheu und unzuverlässig«, stiftete seine Freundin Sch. zur Abtreibung an. Diese wurde mit 6 Wochen, St. mit 6 Monaten Gefängnis bestraft. Schon der vernehmende Kriminalbeamte hatte per Vermerk wegen »ehrloser

183 Urteil vom 15.12.1937 (Rep-Nr. 2759/38).

184 Urteil vom 5.4.1937 (Rep-Nr. 3214/38). Siehe auch 3 Js 1993/37, Urteil vom 3.12.1937 (Rep-Nr. 3350/38).

185 Urteil vom 14.12.1937 (Rep-Nr. 2055/38).

186 Vgl. 3 Js 1927/37, Urteil vom 1.12.1937 (Rep-Nr. 1051/38); 2 Js 700/37c, Urteil vom 19.11.1937 (Rep-Nr. 1752/38).

187 Urteil vom 23.7.1937 (Rep-Nr. 506/38). Siehe auch: 2 Js 366/37a Urteil vom 13.10.1939 (Rep-Nr. 588/38).

188 Beispiel 5 Js 1340/37, Urteil vom 5.1.1938 (Rep-Nr. 4172/38): 4 Jahre 3 Monate Zuchthaus – voll verbüßt bis 1941.

189 Urteil vom 13.11.1937 (Rep-Nr. 3472/38).

190 Urteil vom 31.3.1938 (Rep-Nr. 4988/38).

Gesinnung« eine »exemplarische Bestrafung« des St. angeregt; dieser habe die Sch. und sich selbst »aus reiner Rachsucht und Gehässigkeit« angezeigt.[191]

Schließlich trug die Forderung von Wucherhonoraren seitens der gewerbsmäßigen Täter zur Straferhöhung bei. 3 Js 1028/37: D. habe »die Abtreibungspraxis ihrer flüchtigen und steckbrieflich gesuchten Mutter übernommen und fortgesetzt.« Sie habe »nach den Gründen für die Abtreibung überhaupt nicht gefragt«, aber »enorme Preise ... ohne Rücksicht auf die Vermögensverhältnisse ihrer Kundinnen« verlangt. Dazu komme »die verstockte und freche Art ihrer Verteidigung«. D. mußte die erkannten 2 1/2 Jahre Zuchthaus voll verbüßen.[192]

Zusammenfassend gesagt, zeigt sich auf dem Gebiet des § 218 StGB einerseits die Tendenz zu drakonischer Bestrafung professioneller Abtreibungen, andererseits relative Milde gegenüber Schwangeren in Notlagen. Politisch sollte die Förderung auch von nichtehelichen Geburten die – weiter intensiv verfolgten – Abtreibungen unnötig machen.

12. Unzucht mit Kindern unter 14 Jahren (§ 176 Z. 3 StGB)

Diese Strafvorschrift bietet deswegen eine interessante Vergleichsmöglichkeit mit der Handhabung des § 175 StGB im Hamburg der NS-Zeit, weil sie – auch heute noch fast unverändert gültig – sozusagen für ein »normales« Sexualdelikt steht, das keinen bevölkerungspolitischen Hintergrund hatte wie im Falle der Homosexualität und Abtreibung. Stattdessen war – und ist – hier die verständlicherweise besonders scharfe Verurteilung und die Erregung einer breiten Öffentlichkeit zu beachten.[193] Soweit es sich um homosexuelle Pädophilie handelt, die – wie gezeigt – durch § 175a Z. 3 StGB besonders sanktioniert wurde, ist diese bereits im Kapitel über § 175 StGB abgehandelt worden, so daß hier nur Delikte an weiblichen Opfern dargestellt werden.[194] In allen 69 Fällen entschied das Landgericht, und zwar duch die Kammern 1, 5 und 7 »als Jugendschutzkammern«.

Aus der letzten Tabelle ergibt sich eine auffällig von der Durchschnittskriminalität abweichende Altersverteilung mit vielen älteren Tätern. Auch die soziale Stellung der Täter ist im Vergleich zum Bereich Homosexualität deutlich zu den Unterschichten hin verschoben.

Die Prozesse fanden ausschließlich vor einer großen Strafkammer des Landgerichts statt. Am Beginn der polizeilichen Ermittlungen stand meistens die Strafanzeige der Eltern des Tatopfers; daneben kam es auch zu Anzeigen dritter Personen, die z.B. beobachtet hatten, wie der Angeklagte Kinder ansprach, mit ihnen in Hauseingängen verschwand, exhibitionistische Handlungen vornahm und ähnliches. Die Ermittlungen führte das Sittendezernat der Kripo durch, abgesehen von den Fällen des §§ 175a Z. 3 StGB i.V.m. 176 I Z. 3 StGB. Hier wurde die Spezialzuständigkeit der Gestapo bzw. Kripo (24. Kommissariat) wirksam. Als Tathandlung kam die »Vornahme einer unzüchtigen Handlung mit einem Kin-

191 Urteil vom 14.1.1938 (Rep-Nr. 1998/38).

192 Urteil vom 22.12.1937 (Rep.-Nr. 2330/38). Vgl. Fall 7 Js 2001/36a, Urteil vom 16.8.1937 (Rep-Nr. 505/38).

193 Vgl. Schorsch, Sexualstraftäter, a.a.O., S. 126 ff.

194 Ebenda, S. 156, 163.

Tabelle 9: Das Strafmaß in Verfahren wegen Unzucht mit Kindern (§ 176 I Z. 3 StGB) – nur weibliche Opfer Rep-Nrn. 1–5000/1938

Freisprüche		17	24,7 %
Unterbringung in einer Heilanstalt (§ 42b)		6	8,7 %
Freiheitsstrafen		46	66,6 %
Davon	Haft bis 1 Jahr	19	41,3 %
	Haft 1 bis 2 Jahre	15	32,6 %
	Haft 2 bis 3 Jahre	7	15,2 %
	Haft 3 bis 4 Jahre	4	8,7 %
	Haft mehr als 4 Jahre	1	2,2 %
Darunter	Zuchthausstrafen	12	26,1 %
	Kastration (§ 42k)	1	2,2 %
	Sicherungsverwahrung (§ 42e)	1	2,2 %

Tabelle 10: Berufe der Angeklagten nach § 176 I Z. 3 StGB Rep-Nrn. 1–5000/1938:

Arbeiter	32	46,4 %
Landarbeiter	2	2,9 %
Seeleute	4	5,8 %
Handwerker	8	11,6 %
Angestellte, nicht leitend	13	18,8 %
Kleine Ladeninhaber, Gastwirte	3	4,3 %
Rentner	3	4,3 %
Selbständig, bis 20 Beschäftigte	2	2,9 %
Berufslose	1	1,5 %
Ohne Angabe	1	1,5 %

Tabelle 11: Alter der Angeklagten nach § 176 I Z. 3 StGB Rep-Nrn. 1–5000/1938:

40 Jahre und jünger	27	39,1 %
40 bis 50 Jahre	17	24,7 %
50 bis 60 Jahre	13	18,8 %
60 bis 70 Jahre	10	14,5 %
älter als 70 Jahre	2	2,9 %

de« oder die Verleitung des Kindes zur Vornahme oder Duldung einer solchen in Betracht.[195] Dadurch war der Anwendungsbereich der Norm weit gesteckt.[196] 2 Js 6719/37c: Exhibition des Gliedes vor Kindern und – erfolglose – Aufforderung an diese, sich auch zu entblößen, erfüllte den Tatbestand voll, d.h. es lag nicht lediglich Versuch vor.[197] Im übrigen stand als Auffangtatbestand – etwa bei rein verbalen Äußerungen – § 185 StGB (tätliche Beleidigung) zur Verfügung[198]. – 9 Js 916/37: Nach einem sorgfältig geführten Indizienprozeß wurde G. freigesprochen. »Eine eigentliche und vollendete Unzuchtshandlung, welche aus sich heraus zu einem zwingenden Schluß auf die Absichten des Angeklagten führt«, sei nicht bewiesen. Abschließen der Tür, Auf-den-Schoß-Nehmen eines kleinen Mädchens und Betasten (allerdings nicht im Genitalbereich) reiche nicht aus; es wurde also im Zweifel für den Angeklagten entschieden, obwohl G. wenige Monate zuvor schon einmal unter einem ähnlichen Vorwurf vor dem Landgericht gestanden hatte. Das Gericht war der Ansicht, nach einem Mord an einem Kind habe »in der Bevölkerung eine Psychose« geherrscht.[199]

Aus der Eigenart des Delikts ergibt sich eine Häufung von Fällen, in denen Opfer und Täter verwandt waren oder eng zusammenlebten, und die Konkurrenz mit dem Tatbeständen »Blutschande« (§ 173 StGB), Unzucht mit Abhängigen (§ 174 Z. 1 StGB), z.B. bei Pflegekindern oder Stieftöchtern.[200] 2 Js 7228/37b: R. schlief in angetrunkenem Zustand mit seiner Schwester. Das Landgericht schloß nach Einholung eines psychiatrischen Gutachtens eine geistige Störung aus und verneinte trotz der Alkoholisierung des Täters auch, insofern typisch für die ausgewerteten Entscheidungen, verminderte Zurechnungsfähigkeit (§ 51 II StGB). Der Angeklagte wurde zu 6 Monaten Gefängnis verurteilt, da die ungünstigen, beengten Wohnverhältnisse, wie sie in einem Bericht der Gerichtshilfe geschildert worden waren, schuldmindernd berücksichtigt wurden.[201] – 2 Js 388/37c: B. schlief zweimal mit der 13jährigen Tochter aus der ersten Ehe seiner Frau, eine häufig vorkommende Konstellation. Wieder dienten die sozialen Verhältnisse als mildernde Umstände (anders als im Bereich § 175 StGB). »In der Familie des Angeklagten herrschten keine strengen Anschauungen in bezug auf geschlechtliche Dinge«; die Wohnverhältnisse hätten den Angeklagten in große Versuchung gebracht, zumal seine Frau kränklich gewesen sei. Urteil: 1 1/2 Jahre Gefängnis.[202] Davon hebt sich in der Gewichtung ein Fall wie 7 Js 1314/37 ab. Sch. wurde zu 6 Jahren Zuchthaus verurteilt, entging aber überraschenderweise einer Maßregel wie z.B. der Kastration (§ 42 k StGB), die das Gericht im Gegen-

195 Vgl. Kohlrausch, StGB, a.a.O., § 176, Anm. 8.

196 Zum Beispiel: 7 Js 1848/37, Urteil vom 15.11.1937 (Rep-Nrn. 458/38): Einfache Berührung, 2 Js 388/37c, Urteil vom 5.11.1937 (Rep-Nr. 688/38); 4 Js 290/38, Urteil vom 19.3.1938 (Rep-Nr. 3427/38): Geschlechtsverkehr.

197 Urteil vom 23.12.1937 (Rep-Nr. 2122/38).

198 Siehe 4 Js 842/37, Urteil vom 25.8.1937 (Rep-Nr. 4846/38).

199 Urteil vom 17.2.1938 (Rep-Nr. 2792/38).

200 Beispiel: 8 Js 970/36a, Urteil vom 10.1.1936 (Rep-Nr. 918/38): Stieftöchter; 4 Js 1978/37, Urteil vom 20.1.1938, (Rep-Nr. 1099/38): Tochter; 7 Js 2101/37, Urteil vom 7.1.1938 (Rep-Nr. 1762/38): Stieftochter; 6 Js 2708/37, Urteil vom 17.2.1938 (Rep-Nr. 2130/38): Stieftöchter; 8 Js 143/37b Urteil vom 3.5.1937, (Rep-Nr. 2140/38): »debile« Tochter.

201 Urteil vom 17.12.1937 (Rep-Nr. 314/38).

202 Urteil vom 5.11.1937 (Rep-Nr. 688/38).

satz zu vielen ganz ähnlich gelagerten Fällen überhaupt nicht in Betracht zog. Sch. hatte sich an fünf seiner Kinder fortgesetzt sexuell vergangen. »Der Angeklagte ist ein ... selten roher, selten hemmungsloser, völlig vertierter Sexualverbrecher. Bei der Beurteilung seiner Persönlichkeit, seiner kriminellen Energie und seiner Gefährlichkeit müssen auch seine bereits verjährten Schandtaten herangezogen werden. Mildernde Umstände sind nach keiner Richtung hervorgetreten«.[203] 6 Js 482/37: Postschaffner P., der seine Tochter im Alkoholrausch mißbraucht hatte, wurde § 51 I StGB (Unzurechnungsfähigkeit) zugebilligt. Da er sich vorsätzlich in Vollrausch versetzt habe, verurteilte das Gericht ihn trotzdem zu 1 Jahr 10 Monaten Gefängnis.[204]

Schutzhaft wurde gegen Täter nach § 176 StGB grundsätzlich nicht verhängt. Vielmehr erging bei dringendem Tatverdacht ein regulärer richterlicher Haftbefehl. Da es galt, auf die kindliche Psyche und die Vorstellungswelt der Tatopfer einzugehen, wurden die Zeugenvernehmungen prinzipiell von psychologisch behutsam vorgehenden weiblichen Kripo-Beamten durchgeführt. Über die Vernehmung wurde ein ausführliches Protokoll erstellt, da es später auf die genauere Wiedergabe einzelner Formulierungen ankommen konnte.[205] Hinzu traten Gutachten des Jugendamtes[206] oder Schulgutachten von Lehrkräften des Tatopfers.[207] Damit wollte man ermitteln, ob die Kinder in der Lage waren, zuverlässige Aussagen zu machen oder zu Ausschmückungen neigten. Auffallend häufig sind Freisprüche, die sich daraus ergaben, daß die Aussagen der Opfer als nicht glaubhaft angesehen wurden. Es hing also angesichts der Höhe zu erwartender Haftstrafen von diesen Beurteilungen für die Angeklagten sehr viel ab. – 6 Js 1688/38: Drogist N. hatte angeblich eine 13jährige unsittlich berührt. Er wurde zu 7 Monaten Gefängnis verurteilt. Sein Wahlverteidiger erreichte die Wiederaufnahme des Verfahrens gemäß § 359 StPO. Über die Belastungszeugin wurde ein psychiatrisches Gutachten des Jugendamtes angefertigt. Darin wurde festgestellt, die Zeugin trete auch in der Schule durch Geltungsdrang und frei erfundene Geschichten hervor. Ihr Vater – die Eltern wurden ebenfalls in die Untersuchung einbezogen! – »sei läppisch, pseudo-dement«, die Mutter »geistig etwas primitiv«, die Zeugin selbst »debil«: Der Angeklagte wurde freigesprochen.[208] – 7 Js 1382/37: Das Landgericht erklärte die minderjährigen Zeuginnen schlicht für unglaubwürdig. Sie hätten harmlose Gesten übertrieben und sexuell gedeutet.[209]

203 Urteil vom 1.12.1937 (Rep-Nr. 378/38).

204 Urteil vom 24.9.1937 (Rep-Nr. 2051/38).

205 Vgl. 3 Js 2093/37, Urteil vom 4.1.1938 (Rep-Nr. 1050/38); 8 Js 143/37b, Urteil vom 3.5.1937 (Rep-Nr. 2140/38).

206 Zum Beispiel: 6 Js 1668/38, Urteil vom 2.11.1937, Wiederaufnahme-Entscheidung vom 6.10.38 (Rep-Nr. 312/38); 4 Js II 4561/34, Urteile vom 9.8.1935 und24.9.1935 (Rep-Nr. 2497/38).

207 Vgl. etwa 8 Js 970/36a, Urteil vom 10.1.1936 (Rep-Nr. 918/38).

208 Urteil vom 2.11.1937, Wiederaufnahme-Entscheidung vom 6.10.1938 (Rep-Nr. 312/38).

209 Urteil vom 8.1.1938 (Rep-Nr. 602/38). Siehe auch: 9 Js 759/37, Urteil vom 8.2.1938 (Rep-Nr. 1903/38); Rep-Nr. 9 Js 633/37, Urteil vom 8.1.1938 (Rep-Nr. 1173/38); 3 Js 2206/37, Urteil vom 7.12.1937 (Rep-Nr. 639/38); 3 Js 1966/37, Urteil vom 23.12.1937 (Rep-Nr. 903/38); 4 Js 215/37b, Urteil vom 20.1.1938 (Rep-Nr. 1745/38); 9 Js 415/37, Urteil vom 7.12.1937 (Rep-Nr. 1898/38); 9 Js 916/37, Urteil vom 17.2.1938 (Rep-Nr. 2792/38); 7 Js 2656/37, Urteil vom 25.3.1938 (Rep-Nr. 4855/38); 2 Js 905/38c, Urteil vom 11.3.1938 (Rep-Nr. 3664/38).

Psychiatrische Gutachten wurden im Bereich des § 176 StGB wesentlich häufiger herangezogen als bei § 175 StGB, da man die Homosexualität entgegen vielfältigen Bekundungen nicht als eigentlich krankhaft ansah, während dies bei Pädophilie näher lag. Die Gutachten wurden für die Angeklagten sehr wichtig, da die Sachverständigen häufig sogenannte Maßregeln der Sicherung und Besserung vorschlugen. 7 Js 296/36: Die von der Staatsanwaltschaft beantragte Kastration (§ 42 k StGB) befürwortete der Sachverständige Dr. D. in der Hauptverhandlung nicht: Der Trieb werde auch nach der Entmannung bestehenbleiben, da nicht von den »Geschlechtsdrüsen, sondern vom Gehirn ausgehend«. Es bestehe kein Anhaltspunkt für »psychische Abartigkeit im Sinne einer Psychopathie oder sexueller Perversion«. Das Landgericht verwarf auch andere Maßregeln (Sicherungsverwahrung!), da die schwere Strafe (1 1/2 Jahre Gefängnis) bereits ausreichend abschreckend sei.[210] – 2 Js 5418/37c: F. wurde als »hochgradig schwachsinnig« eingestuft. Er sei auf dem Stand eines 8jährigen. Nach jahrzehntelangem Anstaltsaufenthalt (Friedrichsberg, Langenhorn/Ochsenzoll) wurde noch 1961 die Einschätzung von 1937 bestätigt. Dem Abtransport in ein Todeslager wie Meseritz entging F. offenbar dadurch, daß er kleinere, mechanische Arbeiten verrichten konnte.[211] – 4 Js 1978/37: Versuche, den Angeklagten wegen »Hypersexualität« zur freiwilligen Kastration zu bewegen, schlugen fehl. Vor der Anwendung des § 42 StGB hatten Gutachter und Gericht offensichtliche Skrupel wegen der tiefgreifenden verstümmelnden Wirkung dieses Eingriffs. H. habe »widerliche Handlungen an Kindern im Sexualrausch begangen«. Ihm wurden trotzdem mildernde Umstände wegen seines »strebsamen und ordentlichen Lebenswandels« zugebilligt.[212]

In dem Verfahren 3 Js 2150/36b war der bekannte Psychiater Bürger-Prinz[213] als Gutachter beteiligt: Der Angeklagte sei kein gefährlicher Sittenverbrecher, sein Geschlechtsleben sei inzwischen »wieder in normale Bahnen gekommen«. Ausschlaggebend sei seine »geringe vitale Durchschlagskraft« gewesen. Er sei ein »abartiger Charakter«, § 51 aber nicht erfüllt. Urteil: 6 Monate Gefängnis.[214] – 5 Js 1333/37: Bei H., der sich an drei minderjährigen Mädchen sexuell vergangen hatte (darunter eine regelrechte Vergewaltigung), wurde Schizophrenie diagnostiziert. Zum Tathergang konnte H. nichts aussagen; »paranoide Wahnideen« traten immer wieder auf. Ohne Haftstrafe wurde der Angeklagte gemäß § 42 b StGB in eine Heilanstalt eingewiesen.[215]

Mitunter hatte ein Gutachten auch für das wirkliche oder vermeintliche Unzuchtsopfer negative Folgen. In 8 Js 143/37b wurde der Angeklagte vom Vorwurf der »Blutschande« mit seiner Tochter freigesprochen, nachdem »Physikus« Dr.

210 Urteil vom 20.4.1937 (Rep-Nr. 464/38). Siehe auch 5 Js 1137/37, Urteil vom 23.12.1937 (Rep-Nr. 495/38): Einweisung in Trinkerheilanstalt.

211 Urteil vom 18.12.1937 (Rep-Nr. 586/38).

212 Urteil vom 20.1.1938 (Rep-Nr. 1099/38).

213 Ausführlich zu Bürger-Prinz: Van den Bussche (Hrsg.), Medizinische Wissenschaft im »Dritten Reich«. Kontinuität, Anpassung und Opposition an der Hamburger Medizinischen Fakultät, Hamburg 1989.

214 Urteil vom 23.8.1937 (Rep-Nr. 1739/38). Weiteres Gutachten zu § 176: 5 Js 803/37, Urteil vom 13.1.1937 (Rep-Nr. 1032/38): »Weichlicher, willensschwacher Psychopath«.

215 Urteil vom 5.2.1938 (Rep.-Nr. 4559/38).

K. diese begutachtet hatte. Danach war die 16jährige Gertrud W., so das Landgericht, »reif für eine Sterilisierung und Entmündigung«. Sie hatte sich in der Hauptverhandlung in Widersprüche verwickelt und war mit ihren Eltern verfeindet. Nach dem Prozeß wurde die Sterilisation der Gertrud W. laut Aktenvermerk tatsächlich von der Gesundheitsbehörde betrieben.[216]

Im Reponierungsjahrgang 1938 (nur Nr. 1-5000) fand sich keine Anordnung einer Zwangskastration, dagegen in erhaltenen Akten der Jahrgänge seit 1935 durchaus nicht selten (1935: 15 Akten!). Tendenziell scheinen die hamburgischen Gerichte sich dieser Maßregel unmittelbar nach der Einführung besonders unbedenklich bedient zu haben, zum Teil noch nachträglich in sogenannten Sicherungsverfahren. 8 Js 1138/35b: Seemann V. wurde zu drei Jahren Haft und Kastration verurteilt. Er sei eine »allgemein minderwertige Persönlichkeit mit hysterischer Färbung.« V. hatte seine zwei Töchter und deren Freundin sexuell mißbraucht. Die Gerichtshilfe hatte bereits vorher die Tonart gegen den Angeklagten vorgegeben: Die ganze Familie V. sei ein »typisch asozialer, moralisch und sittlich minderwertiger Personenkreis. Die Fürsorgeakten (würden) ein ausgezeichnetes Studienobjekt für wissenschaftliche Zwecke sein ... (es seien) Kostgänger der Fürsorgeorgane ... es handelt sich also um einen Familienkomplex, dessen Fortpflanzung im Interesse der Volksgesundung unterbunden werden müßte.« Was das Gericht mit der Kastration des V. denn auch tat.[217] – 5 Js 688/35b: K. wurde kastriert und zu 6 Jahren Zuchthaus verurteilt, daneben seine Ehefrau zu 3 Jahren Gefängnis, da sie im Sinne des damaligen Kuppeleitatbestandes die sexuellen Beziehungen ihres Ehemannes zu ihrer Tochter aus erster Ehe, die aus Verzweiflung Selbstmord begangen hatte, geduldet und zum Teil sogar gefördert hatte.[218]

Zur Vorbereitung einer Entmannung gab es neben dem eigentlichen Gutachten eigens rote Vordrucke eines Spezialfragebogens für Sexualtäter. Dieser enthielt zum Beispiel Rubriken wie:

»... IV. 1. Sexuelle Entwicklung ...
2. Sexuelles Verhalten als Erwachsener
3. Die sexualpsychischen Ursachen der Straftat (allgemeine körperlich-seelische Minderwertigkeit, psychischer Infantilismus, ungeeigneter oder fehlender Geschlechtspartner usw.)«.

Ein Beispiel hierfür ist das Verfahren 5 Js 1188/37: »Er übte mit Ehefrau coitus interruptus aus, wurde dadurch »nervös«, fand nicht die rechte Befriedigung im Verkehr mit seiner Frau, hatte aber Hemmungen vor Verkehr mit anderen Frauen aus Angst vor Infektion und moralischen Hemmungen und ließ sich deshalb mit den Kindern ein, war sexuell häufig gereizt.«[219]

»... 4. Sexuelles Verhalten bei der Straftat
5. Eigenes Urteil des Untersuchten über sein Geschlechtsleben und über die in Aussicht stehende Entmannung.«

216 Urteil vom 3.5.1937 (Rep.-Nr. 2140/38).
217 Urteil vom 31.1.1936 (Rep.-Nr. 1615/36).
218 Urteil vom 28.11.1935 (Rep.-Nr. 5202/36).
219 Urteil vom 29.9.1938 (Rep.-Nr. 4560/38).

Es folgte schließlich der Vorschlag des Arztes: Bei Verwendung obigen Fragebogens wohl ausnahmslos die Kastration »im Interesse der Volksgemeinschaft.« Trotzdem zwangen die Fragebögen die Gutachter zu eingehender Anamnese; nicht einmal das geschah dagegen im Durchschnittsfall.

Nicht zu unterschätzen ist die Wirkung, die die Kastrationsandrohung als Abschreckungsmittel spielen sollte, was angesichts der Triebdynamik bei Sexualtätern eher eine vergebliche Hoffnung gewesen sein dürfte. Dennoch drohten die Gerichte immer wieder mit der Maßregel des § 42 k. In 3 Js 843/36 wurde kumulativ eine Haftstrafe, Kastration und Einweisung in eine Heilanstalt angeordnet.[220]

Für die Strafzumessung galten ähnliche Kriterien wie zu § 175 StGB. »Sexueller Notstand«, d.h. akuter Triebdruck, wurde von den Gerichten durchaus strafmildernd berücksichtigt. In 3 Js 2150/36b folgte das Gericht z.B. dem Gutachter Bürger-Prinz, der geschrieben hatte: »D. geriet trotz seiner nicht hoch zu veranschlagenden sexuellen Appetenz in eine gewisse Bedrängnis mit seiner Trieberfüllung.«[221] Auch Gelegenheitstaten und »Ausrutscher« wurden bei sonst einwandfreiem Lebenswandel nicht allzu hart bestraft.[222] – 4 Js 290/38: Das 11jährige Opfer sei »in geschlechtlicher Hinsicht völlig verdorben«; das Mädchen habe schon andere Sexualpartner gehabt, der Angeklagte sei also nicht als »Verführer« anzusehen (Urteil 1 Jahr 3 Monate Gefängnis).[223]

Besonders die Wirkung auf das kindliche Opfer bezogen die Richter in ihre Abwägung ein, etwa die Frage eines psychischen Dauerschadens.[224] Straferschwerend schlug besonders das Vorliegen eines groben Vertrauensbruches zu Buche, wenn die Eltern das Kind dem Täter anvertraut hatten,[225] sowie schwere Tatfolgen, zum Beispiel Infizierung des Opfers mit einer Geschlechtskrankheit.[226] 8 Js 1332/37: Der Angeklagte infizierte seine Stieftochter mit Tripper; außerdem habe eine »seelische Schädigung ein Kind getroffen, das nach seinen Geistesanlagen und seiner Wesensart einen besonders wertvollen Nachwuchs für die Volksgemeinschaft bedeutet«. Das Gericht schlug so eine Brücke zwischen der Sorge um Individualrechtsgüter und kollektivistischem Nutzdenken.[227] Ähnlich konnten auch brutale Täter günstiger aus einem Prozeß hervorgehen, wenn sie sonst einen »ordentlichen Lebenswandel« vorzuweisen hatten, der durch

220 Urteil vom 1.9.1936 (Rep-Nr. 8402/36).

221 Urteil vom 23.8.1937 (Rep-Nr. 1739/38).

222 3 Js 2040/37, Urteil vom 25.11.1937 (Rep-Nr. 640/38); 3 Js 2093/37, Urteil vom 4.1.1938 (Rep-Nr.1050/38); 2 Js 52/38c, Urteil vom 27.1.1938 (Rep-Nr. 1097/38): Kein Widerstand durch eine Hilfsschülerin; 2 Js 437/38c, Urteil vom 7.2.1938 (Rep-Nr. 1992/38); 3 Js 2150/36b, Urteil vom 23.8.1937 (Rep-Nr. 1739/38); 5 Js 803/37, Urteil vom 13.1.1937 (Rep-Nr. 1032/38); 8 Js 57/37b, Urteil vom 15.3.1937 (Rep-Nr. 3295/38); 2 Js 13/38, Urteil vom 24.2.1938 (Rep-Nr. 3426/38); 4 Js 167/38, Urteil vom 2.4.1838 (Rep-Nr. 4848/38).

223 Urteil vom 19.3.1938 (Rep-Nr. 3427/38).

224 Vgl. 3 Js 2150/36b, Urteil vom 23.8.1937 (Rep-Nr. 1739/38).

225 Siehe 3 Js 2040/37, Urteil vom 25.11.1937 (Rep-Nr. 640/38); 6 Js 2320/37, Urteil vom 9.2.1938, Revisions-Entscheidung vom 11.4.1938 (Rep-Nr. 4771/38).

226 Zum Beispiel: 2 Js 1/37, Urteil vom 27.5.1937 (Rep-Nr. 473/38).

227 Urteil vom 6.11.1937 (Rep-Nr. 899/38). Ähnlich 3 Js 1903/37, Urteil vom 15.1.1938 (Rep-Nr. 1737/38).

»Strebsamkeit« geprägt war.[228] Weitere Erschwerungsgründe: Mißbrauch über einen längeren Zeitraum[229] und geringes Alter des Opfers.[230]

Besondere Tätergruppen:

Jugendliche – 2 Js 2488/36b: Ein 15jähriger versuchte, ein 5jähriges Mädchen sexuell zu mißbrauchen. Es wurde ein Bericht der Jugendgerichtshilfe erstellt; der Prozeß verlief gemäß JGG. Der Täter erhielt eine Gefängnisstrafe von 1 Monat und Meldeauflagen.[231]

Mitglieder von NS-Organisationen – 6 Js 2408/37: M. wurde 1933 »nach der Machtergreifung« NSDAP-Mitglied und »politischer Leiter«. Im Tatbestand hieß es ferner, daß die NSV ihm ein Baudarlehen gewährt habe, um ein Siedlungshaus in Volksdorf zu erwerben. Dies erhöhte in den Augen der Richter den Maßstab an das Verhalten des Angeklagten: »Ferner fällt auch sehr schwer ins Gewicht, daß der Angeklagte Amtsträger der Partei war und das ihm von dieser in so reichem Maße zuteil gewordene Wohlwollen so schmählich gedankt hat«. (Urteil: 3 1/2 Jahre Zuchthaus; der Angeklagte hatte mit seiner 13jährigen Stieftochter geschlechtlich verkehrt).[232]

4 Js 4561/34: 5 SA-Leute, davon 3 geständig, hatten mit 12 bis 14jährigen Mädchen (»moralisch bereits verwahrlost«) sexuelle Beziehungen. Die Angeklagten wurden zu Gefängnisstrafen zwischen 8 Monaten und 3 Jahren verurteilt. Bezüglich eines Angeklagten hieß es: »Zugunsten des Angeklagten hat das Gericht auch berücksichtigt, daß er viele Jahre hindurch sich für die nationalsozialistische Bewegung eingesetzt hat. Wenn es auch richtig ist, daß er als SA-Mann und Oberscharführer besondere Veranlassung zu vorbildlichem Verhalten hatte, so meint das Gericht doch, daß auf dem Gebiete der geschlechtlichen Sittlichkeit von jungen Männern im allgemeinen nicht gerade eine besondere Vorbildlichkeit erwartet werden kann«.[233]

Begnadigungen in Fällen des § 176 Z. 3 StGB gehörten noch stärker als bezüglich des § 175 StGB zu den Seltenheiten. Die Täter konnten noch von Glück sagen, wenn sie nur ihre Haftstrafe ohne Maßregelverhängung verbüßen mußten und nicht im Anschluß »an die Polizei abgegeben« wurden.

13. Exhibitionismus (§ 183 StGB)

Voraussetzung für dieses Delikt (Überschrift im damals gültigen StGB: Öffentliche Erregung eines geschlechtlichen Ärgernisses) war das Vorliegen einer »unzüchtigen Handlung«. Diese mußte »öffentlich« vorgenommen werden, d.h. wenigstens potentiell einem größeren Personenkreis sichtbar gemacht worden sein.

228 Siehe 4 Js 1978/37, Urteil vom 20.1.1938 (Rep-Nr. 1099/38); 2 Js 437/38c, Urteil vom 7.2.1938 (Rep-Nr. 1992/38); 2 Js 13/38, Urteil vom 24.2.1938 (Rep-Nr. 3426/38); 4 Js 167/38, Urteil vom 2.4.1938 (Rep-Nr. 4848/38).

229 Vgl. 8 Js 970/36a, Urteil vom 10.1.1936 (Rep-Nr. 918/38): 7jährige.

230 Beispiel: 2 Js 388/37c, Urteil vom 5.11.1937 (Rep-Nr. 688/38); 2 Js 905/38c, Urteil vom 11.3.1938 (Rep-Nr. 3664/38).

231 Urteil vom 5.11.1936 (Rep-Nr. 4702/38).

232 Urzeil vom 17.2.1938 (Rep-Nr. 2130/38). Ähnlicher Maßstab 2 Js 134/37c, Urteil vom 2.7.1937 (Rep-Nr. 2245/38): 5 Jahre Zuchthaus.

233 Urteile vom 18.9. und 24.9.1935 (Rep-Nr. 2497/38).

Dieses Sexualdelikt ist, von der Rechtsgutverletzung her gesehen, eines mit dem geringsten Unrechtsgehalt, da es sich um ein reines Distanzdelikt handelt, eine berührungslose Tat. Die Rechtsgutverletzung ist psychisch, von der schockartigen Wahrnehmung des Opfers, vermittelt. Das Delikt wird meist von selbstunsicheren, gehemmten Tätern begangen, die die Exhibition als Tabuverletzung und befreienden Durchbruch erleben.[234] Zu untersuchen war, wie die Justiz in der NS-Zeit mit diesem Deliktskomplex, der in der Öffentlichkeit auch heutzutage unverhältnismäßig gravierend bewertet wird, umging. Die Anklage wurde in der überwiegenden Zahl der Fälle vor dem Amtsgericht erhoben. Vereinzelt tauchen im Reponierungsjahrgang 1938 auch Urteile des Landgerichts »als Jugendschutzkammer« auf, wenn das Tatopfer minderjährig war (Altersgrenze damals: 21 Jahre!). Eine Rolle scheint dabei aber auch die ins Auge gefaßte Verhängung von Maßregeln der Sicherung und Besserung gespielt zu haben.

Vorab ist auf eine bei der Aburteilung von Exhibitionisten in der NS-Zeit erstaunliche Tatsache hinzuweisen: Dieses Delikt entwickelte sich neben § 176 Z. 3 StGB zu einem Hauptanwendungsbereich des § 42 k StGB, das heißt der im Urteil richterlich angeordneten Entmannung. Dieser Zusammenhang ergab sich durch die ausdrückliche Einbeziehung des § 183 StGB in der Aufzählung des § 42 k StGB, obgleich ja von einem besonders schweren Sexualdelikt keine Rede sein konnte. Es ist also eine auffällige Diskrepanz zwischen Regelverstoß und Sanktionierung zu konstatieren, waren doch die im Hauptverfahren in erster Linie ausgeworfenen Haftstrafen durchweg eher niedrig. Sie bewegten sich zwischen mehreren Wochen bis zu etwa 1 Jahr Gefängnis.[235] Selten waren Freisprüche mangels Beweises[236] oder Geldstrafen, wie überhaupt Geldstrafen im Bereich Sexualdelikte so gut wie nicht vorkamen, es sei denn im – hier nicht anwendbaren – Strafbefehlsverfahren. 7 PLs 1849/36c: Geldstrafe 80,- RM. »An und für sich gehören Leute, die sich in so schamloser Weise vergehen, ins Gefängnis«. Dem Angeklagten wurde aber die Tatsache, daß er unbestraft war, verheiratet war, ein Kind hatte sowie seine Arbeitsamkeit strafmildernd angerechnet.[237]

Das Mißverhältnis von Verstoß und Sanktion bei § 183 StGB erklärt sich aus der gleichsam medizinisch-klinischen, scheinbar ethisch neutralen Anwendung der Maßregelvorschriften, besonders aber des § 42 k StGB, durch Gutachter und Gericht. Die Kastration wurde nicht im eigentlichen Sinne als Strafe, auch nicht als Nebenstrafe, gesehen, sondern wie ein notwendiger therapeutischer Eingriff, der auch zum besten des Verurteilten geschah, um diesen in die »Volksgemeinschaft« zu reintegrieren. Diese Sichtweise wurde noch dadurch bestärkt, daß es sich bei exhibitionistischen Handlungen häufig um suchtartige Verlaufsformen mit erhöhter Rückfallgefahr handelt.[238]

234 Schorsch, Sexualstraftäter, a.a.O., S. 99 f.

235 Die Einschätzung stützt sich wiederum auf die Rep-Nrn. 1-5000/1938 und die Durchsicht der vorhandenen Verzeichungsbögen der Akten 1935 bis 1939.

236 Siehe 7 Js 1578/37, Urteil vom 22.12.1937 (Rep-Nr. 1062/38).

237 Urteil vom 1.10.1936 (Rep-Nr. 4350/38).

238 Vgl. Begründung in 3 Js 1753/35b, Urteile vom 29.8.35 und 25.11.1935, Berufungs-Urteil vom 18.2.1936 (Rep-Nr. 6135/36).

Vertraulich! Nur für den Dienstgebrauch!

Vollstreckungsbehörde:
Staatsanwaltschaft Hamburg
Abt. III in Altona

Deren Aktenzeichen:
9 KMs 8/37

Der Überwiesene ist in ~~xxxxxxxxx~~ Straf- haft und — ~~xxxxxxxxx~~ (Name der Vollzugsanstalt)

~~xxxxxxxx~~ — befindet sich bereits dort — D 1963

Überweisung zur Entmannung

Zur Ausführung der rechtskräftig angeordneten Entmannung wird de m (Name der Vollzugsanstalt)
Lazarett des UG. Hamburg überwiesen:

1. Familienname und Vornamen: Walter D [geschwärzt]

2. Beruf: Kraftwagenführer

3. Zeit und Ort der Geburt: 19.1.1907 in Hamburg

4. Wohnort und Wohnung oder letzter Aufenthaltsort: Hamburg, [geschwärzt] z.Zt. in Hamburg in Strafhaft - D 1963

5. Urteil (Verkündungszeit, Gericht, Aktenzeichen, Haupt- und Nebenstrafen, Maßregeln der Sicherung und Besserung, Bezeichnung der Straftat und des Strafgesetzes):
vom 31.8.1937 der Gr. Strafkammer 8 des Landgerichts Hamburg in Altona - 9 KMs. 8/37 - 8 Mon. Gefgs. und Entmannung wegen Erreg. öffentl. Ärgernisses

6. Voraussichtliches Strafende: 24.12.1937

Über die Ausführung der Entmannung einschließlich der Nachbehandlung ersuche ich auf der Rückseite der beiden übersandten Stücke des Überweisungsbogens berichten zu lassen. Das eine Stück des Überweisungsbogens ist an mich zurückzusenden, das andere der zuständigen Kriminalbiologischen Sammelstelle zu übermitteln.

— Nach Beendigung der Nachbehandlung ist der Überwiesene ~~in d~~ (Name der Vollzugsanstalt) dort in Strafhaft zurück- ~~über~~zuführen, ~~de das Aufnahmeersuchen von hier aus ergeht. Von der Überführung bitte ich mich bei Rücksendung des einen Stückes des~~ Von der Rückführung bitte ich mich bei Rücks.d.einen Stückes d. Überweisungsbogens zu benachrichtigen. —

Altona, den 21. Okt. 1937

An
die Hamburgischen Gefangenenanstalten,
Hamburg.

Der Oberstaatsanwalt
I. A.
[Unterschrift]

Hierzu ein zweites Stück
des Überweisungsbogens
und ein Ärztlicher Bericht (Bogen A).

Entmannung. Bogen B.

Quelle: Archiv der Staatsanwaltschaft beim Landgericht Hamburg, Strafakte 9 KMs 8/37, Rep.-Nr. 447/38.

Ärztlicher Bericht über die Ausführung der Entmannung

Den Überwiesenen Walter D[redacted], geb. [redacted] 1907 habe ich, der unterzeichnete ausführende Arzt, am 28. Oktober 1937 – unter Zuziehung des mitunterzeichneten beamteten Arztes Oberregierungsmedizinalrat (Amtsbezeichnung) Prof. Dr. Callsen entmannt.

Art der Ausführung (Art der Narkose? Operationsmethode): Lokal-Anaesthesie 3cm. langer Querschnitt unterhalb der Peniswurzel

Verhalten des Überwiesenen (Einverständnis, Anwendung von Zwang, gegebenenfalls welcher Art?) o.B.

Der zur Entmannung notwendige Eingriff verlief – regelrecht – ~~insofern nicht regelrecht~~, als

Die Wunde heilte in 30 Tagen – ~~ohne~~ – mit – Nebenerscheinungen – und zwar – Stumpfhaematom

Die Nachbehandlung war am 6. Dezember 1937 beendet.

Ausfallerscheinungen:

Gewicht vor dem Eingriffe (früh nüchtern): 57,1 Kg.

Gewicht nach dem Eingriffe (früh nüchtern):

Histologischer Befund der Hoden, festgestellt durch Prosektor Dr. Koopmann

Hamburg, den 6. Dezember 1937.

zugezogener beamteter Arzt

ausführender Arzt (u. U. mit Amtsbezeichnung) Dr. Schaedel (Dr. Schaedel). Gefängnisarzt.

– Der Überwiesene ist am 24. 12. 1937 ~~19 mittels – Sammel- – Einzel- – transports in d (Name der Vollzugsanstalt) übergeführt worden.~~ aus der Strafhaft entlassen und der Polizeibehörde zugeführt wo[rden].

Hamburg, den ~~6. Dezember 193~~ 12. Januar 1938.

Staatsanwaltschaft b. d. Landgericht Hamburg Abteilung [illegible] 16. JAN. 1938 Anl. Abschr.

An die Staatsanwaltschaft Hamburg Abt. III Altona

Der Vorsteher

Prof. Müller

Oberregierungsmedizinalrat

Quelle: Archiv der Staatsanwaltschaft beim Landgericht Hamburg, Strafakte 11 KLs 33/37, Rep.-Nr. 302/38.

9 Js 37/37: Fahrer Walter D. (Jahrgang 1907), in den Jahren 1934 und 1935 dreimal einschlägig vorbestraft, onanierte 1937 wieder vor den Augen einer Schülerin. Er wurde dabei beobachtet und von Passanten festgenommen. Das Landgericht, beraten durch einen psychiatrischen Sachverständigen, hielt den Angeklagten für einen »weichen, willensschwachen Menschen« ohne »geistige oder körperliche Abartigkeiten im Sinne des § 51 StGB.« Er sei »gefährlicher Gewohnheitsverbrecher« (vgl. § 20a StGB), insbesondere eine Gefahr für Kinder. Den Gesichtspunkt, daß D. arbeitslos gewesen war, kommentierte das Gericht mit dem Rat, er hätte Sport treiben sollen. Wiederholungsgefahr und besondere Gemeingefährlichkeit führten Sachverständigen und Gericht zur Anordnung der Kastration. Diese wurde Ende Oktober 1937 durch den Gefängnisarzt des Untersuchungsgefängnisses Dr. Sch. unter Zuziehung des »Oberregierungsmedizinalrates« Prof. Dr. C. unter Lokalanästhesie ausgeführt und auf einem speziellen Formular protokolliert. Der Antrag des Verteidigers, »von der Entmannung abzusehen«, war ebenso vergeblich gewesen wie Anträge der Mutter des Angeklagten auf Begnadigung.[239]

Daß die Härte der Rechtsanwendung insoweit uneinheitlich und unberechenbar war, zeigt daneben Rep-Nr. 466/38: L. wurde noch einen Tag vor seiner Hauptverhandlung als Exhibitionist rückfällig. Er wurde zu 1 Jahr Gefängnis verurteilt, eine Kastration anscheinend nicht einmal erwogen. Möglicherweise liegt ein Grund darin, daß kein – kastrationsfreudiger – Mediziner gutachterlich eingeschaltet worden war[240], womit sich wieder die Beteiligung von Ärzten am Strafverfahren als Gefahr für die Angeklagten gezeigt hätte.

6 Js 2055/37: Der Angeklagte exhibierte sich vor Kindern in den Wallanlagen (Urteil: 1 Jahr 3 Monate Gefängnis). In diesem Fall hatte das Landgericht einen Gutachter hinzugezogen mit der Konsequenz, daß § 42 k StGB zumindest erwogen wurde: »Für die Entscheidung über vielleicht später erforderliche weitere Maßnahmen wie Entmannung oder Einweisung in eine Heilanstalt reichen die bisherigen Vorgänge nicht aus; hier muß erst die weitere Entwicklung abgewartet werden. Als derzeitige erbärztliche Maßnahme kann lediglich die Sterilisation gemäß Gesetz zur Verhütung erbkranken Nachwuchses wegen angeborenen moralischen Schwachsinns getroffen werden ... ein diesbezüglicher Antrag wird gleichzeitig an das Erbgesundheitsgericht gestellt«. In den Urteilsgründen ist die Kastration überhaupt nicht mehr erwähnt.[241] In 7 Js 1578/37 wurde nicht nur der Kastrationsantrag der Staatsanwaltschaft zurückgewiesen, sondern der Angeklagte wurde freigesprochen. Obwohl er einschlägig erheblich vorbestraft war, scheute das Gericht davor zurück, die mehrfach modifizierten Aussagen einiger Kinder einem Schuldspruch zugrundezulegen; die Kinder waren von ihren Lehrern bereits in einem Schulgutachten als unglaubwürdig bezeichnet worden.[242] – 6 Js 2718/37: Der Verurteilte (6 Monate Gefängnis) ließ sich »auf dringendes An-

239 Urteil vom 31.8.1937 (Rep-Nr. 447/38).
240 Ähnliche 5 PLs 1281/37, Urteil vom 2.8.1937 (Rep-Nr. 1621/38).
241 Urteil vom 15.1.1938 (Rep-Nr. 915/38).
242 Urteil vom 22.12.1937 (Rep-Nr. 1062/38).

raten« freiwillig kastrieren. Einer Aktennotiz zufolge wurde ein Strafrest daraufhin auf Bewährung erlassen.[243]

Manche Täter kamen nur dadurch relativ glimpflich davon, daß die Sachverständigen ihren Ehrgeiz in ein Therapiekonzept legten: 4 Js 2057/37: Amtsarzt Dr. K. verordnete dem Angeklagten »Schutzkleidung«, d.h. offenbar Hosen ohne Schlitz, eine Art zusammenhängenden Anzug. Außerdem versuchte er, die Ehefrau in eine sexuelle Therapie einzubeziehen. Obwohl der Angeklagte G. einschlägige Vorstrafen aufwies, glaubte der Amtsrichter in Übereinstimmung mit dem Arzt, hier einen minderschweren Fall vor sich zu haben, »zumal es (das Gericht, Anm. des Verf.) überzeugt ist, daß eine lange Freiheitsstrafe wegen der damit verbundenen geschlechtlichen Enthaltsamkeit das Leiden des Angeklagten nur verschlechtern, nicht aber bessern könnte«. Wieder zeigte sich, daß die Angeklagten oft mehr den Medizinern als den Juristen auf der Richterbank auf Gedeih und Verderb ausgeliefert waren.[244] 3 Js 1866/36b: Unternehmer Dr. B. wurde nach Einholung eines 30seitigen Gutachtens des Krankenhauses Langenhorn freigesprochen, obwohl die bereits erwähnte »Schutzkleidung« auch bei ihm keinen Erfolg gebracht hatte. Das Gericht ließ sich u.a. über die »erschütternde Ahnentafel« mit mehreren Suizidfällen und psychischen Erkrankungen aus. Das Merkmal »öffentlich« aus § 183 StGB wurde jedoch als nicht erfüllt angesehen, d.h. die Handlung konnte nicht »von unbestimmt welchen und wievielen Personen wahrgenommen werden«; an sich hätte dazu schon die bloße Möglichkeit gereicht.[245]

Ähnlich die Begründung in 3 Js 2566/37: Der Angeklagte hatte sich im S-Bahn-Abteil vor einer jungen Frau entblößt. Das Gericht führte aus, der Zug sei leer gewesen, es sei nicht mit weiteren Personen zu rechnen gewesen, das Delikt damit nicht öffentlich begangen. Der Täter wurde dennoch bestraft – nach § 185 StGB: Der Zeugin sei »die Verletzung ihrer Ehre sehr nahe gegangen.« Dazu war jedenfalls die Stellung eines Strafantrages erforderlich.[246] In 6 Js 1829/36b diente § 183 StGB als Auffangtatbestand für den verneinten § 176 Z. 3 StGB: P. hatte sich als Führer im Museum für Hamburgische Geschichte an Schülerinnen herangedrängt und »koitusähnliche Bewegungen« vollführt.[247] Neben der Exhibition des Gliedes kam als Tathandlung des § 183 StGB auch der öffentlich vollzogene Geschlechtsverkehr in Frage.[248] Bei Einzeltätern handelte es sich um das bloße Vorzeigen des Gliedes oder auch gleichzeitige Onanie.[249]

Die mildernden Umstände entsprechen in ihrer Struktur den bereits bei den anderen Delikten angegebenen. Einschlägige Vorstrafen, hier wegen des teilwei-

243 Urteil vom 5.4.1938 (Rep-Nr. 3434/38). Weiteres Beispiel für § 42 k StGB: 7 Js 1612/36b, Urteil vom 19.10.1936 (Rep-Nr. 370/37).

244 Urteil vom 13.1.1938 (Rep-Nr. 3358/38).

245 Urteil vom 24.4.1937, Revisions-Entscheidung vom 27.9.1937 (Rep-Nr. 7649/37). Vgl. Kohlrausch, StGB, a.a.O., § 183 StGB, Anm. 2.

246 Urteil vom 19.2.1938 (Rep-Nr. 3347/38). Fehlender Strafantrag in 3 Js 1866/36b, Urteil vom 24.4.1937, Revisions-Entscheidung vom 27.9.1937 (Rep-Nr. 7649/37): deshalb Freispruch; siehe auch 6 Js 1405/36a, Urteil vom 9.11.1936 (Rep-Nr. 4223/38): § 183 verneint, da die Opfer selbst Interesse gezeigt hatten.

247 Urteil vom 30.1.1937, Berufungs-Urteil vom 15.4.1937 (Rep-Nr. 751/38).

248 Beispiel 9 Js 514/37, Urteil vom 18.11.1937 (Rep-Nr. 1179/38): Landgerichts-Urteil!

249 Vgl. Rep-Nr.? 2412/38; 7 PLs 1849/36c, Urteil vom 1.10.1936 (Rep-Nr. 4350/38).

se suchtähnlichen Verlaufs der sexuellen Gewohnheit häufig anzutreffen, verschärften das Strafmaß und beschworen die Gefahr der Kastration herauf.[250] Jugendliche Täter konnten kaum mit Milde rechnen: Im Hauptverfahren 84 Ds 34/37 wurde der 17jährige Angeklagte trotz Geltung des JGG nach Erwachsenenstrafrecht zu 1 Jahr 3 Monate Gefängnis verurteilt. Der Angeklagte habe »sich nicht entblödet, sich schräg dem Schulhof der Mädchenschule gegenüber aufzustellen und sich zu zeigen ... Gerade in der heutigen Zeit, in der vom Führer und allen maßgebenden Stellen der höchste Wert gelegt wird und gelegt werden muß darauf, daß die Jugend psychisch, physisch, moralisch und besonders auf dem Sexualgebiet gesund und unberührt aufwächst, erscheint das Vergehen des Angeklagten besonders frivol und ungeheuerlich«.[251] Rechtsmittel wurden insbesondere wegen der Schwierigkeiten des Tatbestandsmerkmal »öffentlich« und wegen unklarer Beweislage eingelegt.[252]

14. Tätliche Beleidigung (§ 185 StGB)

Diese juristische Konstruktion ermöglichte die Bestrafung sehr heterogener sexueller Handlungen vor allem aus dem Vorfeld der Spezialtatbestände. Geschütztes Rechtsgut war demnach die »Geschlechtsehre« der geschädigten Person. Beispiele für die Anwendungsbereich: verbale Äußerungen obszönen Inhalts,[253] heterosexuelle Belästigungen,[254] Ansprechen in homoerotischer Absicht; Aufforderung an Unbekannten, sich homosexuell zu betätigen; Griff an die Genitalien eines Toiletten-Besuchers (noch nicht strafbar gemäß § 175 StGB).[255]

2 Js 908/38c: Kaufmann Otto O., Jude, sprach vor einem Kino ein minderjähriges »arisches BDM-Mädchen« an. Er bestritt, mit seiner Annäherung eine sexuelle Absicht verbunden zu haben. Die Staatsanwaltschaft meinte in ihrer Anklageschrift: »Immerhin ist die Aufforderung eines Volljuden an ein arisches Mädchen, mit ihm ein Kino aufzusuchen, als eine Beleidigung anzusehen und auch von der Zeugin D. als solche aufgefaßt.« Es wurde Anklage vor dem Landgericht erhoben, es kam jedoch nicht zur Hauptverhandlung, da der Vater des Mädchens seinen Strafantrag zurückzog.[256] – In 2 Js 26/38c fungierte § 185 als Auffangnorm für § 176 Z. 3 StGB, da der Täter das Mädchen unwiderlegbar für

250 5 PLs 128/37, Urteil vom 2.8.1937 (Rep-Nr. 1621/38); 4 Js 2037/37, Urteil vom 13.1.1938 (Rep-Nr. 3358/38).

251 Urteil vom 11.2.1937 (Rep-Nr. 4824/38).

252 Vgl. 6 Js 1829/36b, Urteil vom 30.1.1937, Berufungs-Urteil vom 15.4.1937 (Rep-Nr. 751/38); 8 Js 1056/37, Urteil vom 13.8.1937, Berufungs-Urteil vom 1.10.1937 (Rep-Nr. 2255/38).

253 Siehe 5 PLs 865/37, Urteil vom 14.6.1937, 5 Ns 76/37, Urteil vom 6.11.1937 (Rep-Nr. 1616/38): »SS-Vertrauensmann«.

254 9 Js 735/37, Urteil vom 31.8.1937 (Rep-Nr. 689/38): gegenüber weiblichem Lehrling am Arbeitsplatz; 2 Js 565/38c, Urteil vom 9.2.1938 (Rep-Nr. 1822/38); 6 Js 1856/37, Urteil vom 25.1.1938 (Rep-Nr. 2243/38): Ansprechen eines 10jährigen; 10 Js 775/37, Urteil vom 12.11.1937 (Rep-Nr. 2546/38): Ansprechen einer Ehefrau.

255 2 Js 82/38c, Urteil vom 28.2.1938 (Rep-Nr. 2631/38): homosexueller Exhibitionismus; 2 Js 950/37c, Urteil vom 9.4.1938 (Rep-Nr. 3588/38); 5 Js 832/35, Urteil vom 31.8.1935 (Rep-Nr. 1832/38): NSDAP-Mitglied; 2 Js 922/38c, Urteil vom 26.3.1938 (Rep-Nr. 3161/38): Verfahrenseinstellung.

256 Urteil vom 21.3.1938 (Rep-Nr. 3436/38).

älter als 14 Jahre gehalten hatte und somit ein sogenannter Tatbestandsirrtum vorlag.[257]

15. Zuhälterei und Kuppelei

Diese Tatbestände sind durch die Bekämpfung und Reglementierung der Prostitution in der NS-Zeit geprägt. Personen aus dem Prostitutionsmilieu waren unmittelbar und stark gefährdet, da sie als »asozial« gelten. Sie waren damit Objekte vieler Eliminierungsansätze der Regimes von der polizeilichen Vorbeugehaft bis hin zur dauerhaften Ausschaltung durch das geplante Gemeinschaftsfremdengesetz.

Prostituierte waren einerseits Zielgruppe fürsorgerischer Maßnahmen (z.B. im »Versorgungsheim Farmsen«), andererseits Opfer »seuchenhygienischer und erbbiologischer« Politik,[258] z.B. durch Zwangssterilisierung nach dem »Gesetz zur Verhütung erbkranken Nachwuchses«, Entmündigung und Sammelvormundschaften der Wohlfahrtsbehörde. Dazu kam die verschärfte Anwendung des seit 1927 bestehenden Gesetzes zur Bekämpfung der Geschlechtskrankheiten; es wurde seit 1934 auch dann immer Strafanzeige erstattet, wenn Prostituierte nicht der regelmäßigen Kontrollpflicht nachkamen (vgl. § 327 StGB). Die »Kasernierung« in bestimmten Straßen und Häusern, 1927 aufgehoben, wurde von den Nationalsozialisten praktisch sofort wieder eingeführt und strafrechtlich sanktioniert (vgl. § 361 Z. 6 a-c StGB). Freigegeben wurden die Herbertstraße (St. Pauli), die Winkelstraße im Gängeviertel, die Straße Kalkhof beim Gänsemarkt und der Grützmachergang in St. Georg.

Darin spiegelt sich eine widersprüchliche Haltung der Nazis gegenüber dem Phänomen der Prostitution. Einerseits bürgerlicher Abscheu vor dem Milieu und die Furcht vor seinem Ausufern; auf der anderen Seite eine gesundheitspolitisch verbrämte realistische Einstellung gegenüber der reglementierten Prostitution. Diese wurde als notwendiges Übel akzeptiert, solange der Staat sie jederzeit unter Kontrolle hatte und alles auf bestimmte anrüchige Stadtviertel beschränkt blieb. Bei »Asozialität« oder – eine häufige ärztliche Formel – »moralischem Schwachsinn«[259] gab es immer noch als ultima ratio die Entmündigung und Anstaltsunterbringung der betroffenen Frauen.

Die Strafe für Zuhälterei war gemäß § 181a StGB auf Zuchthaus bis zu 5 Jahren festgesetzt. Zuhälter war, wer von einer Prostituierten »unter Ausbeutung ihres unsittlichen Gewerbes ganz oder teilweise den Lebensunterhalt bezieht«, einer Prostituierten Schutz gewährt oder »sonst förderlich« war. Dieser Tatbestand war in seiner Struktur einfacher, aber auch weiter als die heutige Regelung, machte aber dennoch die Überführung von Zuhältern aus Beweismangel oft schwierig. Eine Durchsicht der verzeichneten Urteile wegen Zuhälterei von 1935 bis 1939

257 Urteil vom 2.3.1938 (Rep-Nr. 3784/38).

258 Vgl. Gaby Zürn, »Prostituiertentyp«, in: Projektgruppe (Hrsg.), »Verachtet...«, S. 129 ff; Andrea Brücks/Christiane Rothmaler, »In dubio pro Volksgemeinschaft«. Das »Gesetz zur Verhütung erbkranken Nachwuchses in Hamburg, in: Angelika Ebbinghaus/Heidrun Kaupen-Haas/Karl Heinz Roth (Hrsg.), Heilen und Vernichten im Mustergau Hamburg, Hamburg 1984, S. 30.

259 Siehe ebenda, S. 35.

ergibt denn auch eine Vielzahl von Freisprüchen. Wurde der Beweis der Prostitutionsausbeutung dagegen einmal erbracht, erkannten die Gerichte in Hamburg auf hohe Zuchthausstrafen, die zum Teil den gesetzlichen Strafrahmen voll ausschöpften, sowie auf Sicherungsverwahrung (§ 42e StGB), wenn die Angeklagten im Wiederholungsfalle zu »gefährlichen Gewohnheitsverbrechern« (§ 20a StGB) erklärt werden konnten. Eine Analyse der Freisprüche aus dem Reponierungsjahrgang 1938 legt die Vermutung nahe, daß diese sowohl aus einer tatsächlich diffusen Beweislage, als auch aus dem geschickten Aussageverhalten der Angeklagten und als Zeugen gehörten Prostituierten resultierten. Auch die NS-Justiz konnte dagegen mit bloßer Härte wenig ausrichten.

8 Js 158/37a: Dem kaufmännischen Angestellten T. wurde vorgeworfen, von seiner Ehefrau, die er als Prostituierte in einem Bordell in der Winkelstraße (Gängeviertel) kennengelernt hatte, mehrfach Geldbeträge angenommen zu haben. Davon hatte der Angeklagte Kinokarten für beide sowie Lebensmittel gekauft. Das Landgericht sah darin noch keine Zuhälterei und sprach ihn frei. Das Reichsgericht verwarf die Revision der Staatsanwaltschaft: T. sei »bei Ausübung« des Gewerbes seiner Frau nicht fördernd tätig gewesen; diese habe ihren »Lohn« immer zunächst gespart und erst später indirekt auch den Angeklagten daran partizipieren lassen.[260]

Ein großer Teil der durchgesehenen Strafakten bez. § 181a StGB betrifft derartige Konstellationen, in denen es nicht um erhebliche Bereicherungen der Angeklagten ging, sondern um das nackte Überleben unter katastrophalen Wohn- und Arbeitsverhältnissen. Dort stellte der »Dirnenlohn« gerade das Existenzminimum für Prostituierte und ihren Partner dar.[261] 5 Js 820/37: Angeklagter und Prostituierte gaben sich häufig gegenseitig »einen aus« oder gingen gemeinsam essen. Das Landgericht konnte keine Ausbeutung oder die Erlangung eines »fortlaufenden Lebensunterhaltes« für den Angeklagten feststellen.[262] 5 Js 182/38: Der Pole K. lebte mit einer Prostituierten zusammen, die laut Auskunft von Informanten der Polizei nur sporadisch im Langen Gang (Gängeviertel) »arbeitete«. »Es mag sein«, so das Gericht, »daß der Angeklagte kein anderes Bestreben gehabt hat, als bei der Zeugin ein Unterkommen zu haben und mit ihr ein gewisses Gemeinschaftsleben zu führen. Für einen vorbestraften und aus Deutschland ausgewiesenen Mann war es sicherlich schwierig, eine einigermaßen sichere Zuflucht zu finden«. Es sei nicht widerlegbar, daß der Angeklagte von der Herkunft des Geldes aus »Gewerbsunzucht« nichts gewußt habe.[263]

Die Gerichte erließen im Ermittlungsverfahren möglichst frühzeitig Haftbefehle, um die in diesem Deliktsbereich besonders große Verdunkelungsgefahr abzuwenden.[264]

260 Urteil vom 14.4.1937, Revisions-Entscheidung vom 22.11.1937 (Rep-Nr. 461/38).

261 Siehe 5 Js 1497/37, Urteil vom 13.12.1937 (Rep-Nr. 525/38); 8 Js 115/37b, Urteil vom 7.6.1937, Revisions-Entscheidung vom 3.12.1937 (Rep-Nr. 608/38): erfolglose Revision der StA beim RG; 8 Js 1413/37, Urteil vom 9.12.1937 (Rep-Nr. 604/38); 5 Js 2228/37, Urteil vom 28.2.1938 (Rep-Nr. 3169/38); 7 Js 55/38, Urteil vom 5.4.1938 (Rep-Nr. 3291/38): weder Prostitution noch Zuhälterei beweisbar.

262 Urteil vom 30.12.1937 (Rep-Nr. 1055/38).

263 Urteil vom 2.3.1938 (Rep-Nr. 2241/38).

264 Muster in 5 Js 2123/37, Urteil vom 14.3.1938 (Rep-Nr. 3028/38).

Viele Zuhälter beuteten ihre Ehefrauen bei eigener Arbeitslosigkeit finanziell aus. 6 Js 2291/37: N., einschlägig vorbestraft, hatte seine Frau erst in die Winkel-, dann die Herbertstraße »anschaffen geschickt.« Noch eine weitere Frau lieferte Bargeldbeträge zum Lebensunterhalt des Täters ab. Er wurde unter mildernden Umständen zu 1 Jahr 9 Monaten Gefängnis verurteilt. Die erhaltenen Geldbeträge seien nicht sehr hoch gewesen und »freiwillig« gegeben worden. N. habe die Frauen »nicht zur Unzucht gebracht«, sondern sie waren bereits tätig gewesen, als er sie kennenlernte. Er habe auch kein Geld ausdrücklich gefordert, vielmehr im Gegenteil darauf hingewirkt, daß seine Frau »solide werden« solle. Straferschwerend wurde die »Arbeitsscheu« des Angeklagten aufgeführt. Im November 1939 versuchte ein Rechtsanwalt, N. aus der »polizeilichen Vorbeugehaft« freizubekommen, die nach völliger Verbüßung seiner Haftstrafe begonnen hatte. Aus der Akte ist nicht ersichtlich, wie das »Gesuch auf Entlassung« beschieden wurde, doch waren die Aussichten, nach Kriegsausbruch im September 1939 aus der Polizeihaft wieder entlassen zu werden, außerordentlich schlecht.[265]

9 Js 12/37: NSDAP-Mitglied H., arbeitslos, betätigte sich über längere Zeit als Zuhälter seiner Ehefrau. Im Prüfungsbericht der Wohlfahrtsbehörde, der zu den Prozeßakten genommen wurde, lautete die Einschätzung der Sachlage bereits deutlich: »Bei solchen Kreaturen ist Unterbringung in geschlossener Fürsorge oder in einem Arbeitshaus das einzigste (sic!) Mittel«. H. verstarb während der Haft.[266] – 6 Js 376/38: M. wurde zu 3 Jahren Gefängnis verurteilt. Er habe seine Frau nur zwecks Ausbeutung geheiratet; auf der anderen Seite habe er sie nicht direkt zur Prostitution angehalten. Er habe die Tat begonnen (im Sinne eines rechtlichen Fortsetzungszusammenhanges), »als die Arbeitslosigkeit groß war, unter dem Einfluß der damals bestehenden Sittenlosigkeit«. Auch die »unglückliche Jugend« des Angeklagten wird strafmildernd erwähnt.[267] Der Verweis auf Sittenlosigkeit und moralische Verwilderung, die angeblich während der Weimarer Republik geherrscht habe, ist ein häufig wiederkehrender Begründungstopos in den Strafurteilen. Er zählte offenbar zu den wenigen historischen Generalisierungen, die eindeutig zum Vorteil der Angeklagten ausschlagen konnten, wie dies bereits in einem Abtreibungsfall gegenüber einem Arzt gezeigt werden konnte. Die Verhaltensmaßstäbe für die Zeit vor der »Machtergreifung« 1933 (auch als »Systemzeit« verketzert) und besonders während der Wirtschaftskrise Ende der 20er Jahre wurden von den Gerichten niedriger gesteckt als bei späterem abweichenden Verhalten oder besonderen Notsituationen (z.B. Arbeitslosigkeit).

Eine Maßregel traf den Angeklagten im Verfahren 4 Js 1262/35b: G., der seine Ehefrau zur Prostitution im »Gängeviertel« angehalten hatte, wurde durch psychiatrisches Gutachten für »schwachsinnig« erklärt und gemäß § 42 b StGB in eine Heilanstalt eingewiesen. Bereits 1935 war G. sterilisiert worden, wie sich überhaupt eine vorausgegangene Zwangssterilisierung zur akuten Bedrohung für den Betroffenen auswirkte, wenn er später noch einmal mit dem Gesetz in Kon-

265 Urteil vom 9.12.1937 (Rep-Nr. 1401/38).
266 Urteil vom 3.8.1937 (Rep-Nr. 2793/38).
267 Urteil vom 12.4.1938 (Rep-Nr. 3587/38).

flikt geriet, da er »erbbiologisch« bereits als minderwertig stigmatisiert worden war.[268]

In 3 Js 1508/37 nützte dem Angeklagten die gutachterliche Feststellung, er sei »aktiver Schwachsinniger (Imbeziller), ... der sich für die Unterbringung in einer auf solche abwegigen Individuen besonders eingestellten Anstalt eignet«, nichts in bezug auf seine Schuldfähigkeit. Das Landgericht wendete § 51 StGB nämlich trotzdem nicht an, ein seltenes Beispiel dafür, daß das Gericht dem Befund eines medizinischen Sachverständigen nicht gefolgt ist. Die Norm sei, so das Gericht, nicht anwendbar bei einem nicht komplizierten strafbaren Verhalten wie dem des Zuhälters. Der Angeklagte sei ein »aktiver, triebhafter Schwachsinniger, der sich seit seiner ersten Bestrafung aber genügend Lebenswissen angeeignet hat«. Schließlich legte das Gericht der »zuständigen Behörde« noch die Sterilisierung und Entmündigung des Angeklagten nahe (Urteil: 3 Monate Gefängnis).[269] Wieder stößt man auf ein Paradox der NS-beeinflußten Strafrechtsprechung: die primären Strafen erscheinen oft sehr hart, in Wahrheit lauerten weit größere Gefahren für den Angeklagten in dem quasi-therapeutisch konzipierten Maßregelvollzug.

Gleichzeitige Begehung von Kuppelei und Zuhälterei war möglich,[270] wenn die Prostitution in der (Ehe-) Wohnung der Angeklagten ausgeübt wurde, was bei den damaligen beengten Wohnverhältnissen keine Seltenheit war (siehe dazu das Kapitel »Kuppelei«).

Häufig vorkommende Milderungsgründe: Alkoholismus,[271] gelegentlich auch schlechte soziale Situation.[272] 4 Js 1074/37: H. war gelernter Verkäufer, dann Gelegenheitsarbeiter, schließlich dauernd arbeitslos. Er ließ sich von einer befreundeten Prostituierten das zum Lebensunterhalt etwa erforderliche Minimum geben; er lebte auch mit ihr, der Jüdin K., zusammen. Dadurch kam während der Ermittlungen wegen Zuhälterei auch ein Verfahren wegen »Rassenschande« zustande. Dazu wurde ein ausführliches Ermittlungsprotokoll gefertigt. Das Verfahren wurde schließlich eingestellt, da H. glaubhaft versicherte, er habe von der jüdischen Abstammung der K. nichts gewußt. (Urteil wegen § 181a StGB: 6 Monate Gefängnis).[273] – In 8 Js 1431/37 kam wieder die Neigung des NS-Strafrechts zu Typisierungen zum Tragen. Dem Chinesen T. wurde zugute gehalten, daß er wegen Devisenvergehen von der Abschiebung bedroht und somit in einer persönlichen Notlage gewesen sei. Er habe ein »gutes Leumundszeugnis« und sei nicht »der Typ eines Zuhälters«.[274]

Strafschärfend erscheint in den Urteilsgründen – plausiblerweise – vor allem Gewaltanwendung gegen Prostituierte, Erpressung zur Prostitutionsausübung

268 Urteil vom 4.10.1937 (Rep-Nr. 2050/38).
269 Urteil vom 5.9.1937 (Rep-Nr. 902/38).
270 Siehe Beispiel 3 Js 1059/37, Urteil vom 2.10.1937 (Rep-Nr. 410/38).
271 Vgl. 6 Js 1682/37, Urteil vom 16.11.1937 (Rep-Nr. 1106/38).
272 6 Js 2291/37, Urteil vom 9.12.1937 (Rep-Nr. 1401/38); 4 Js 485/37, Urteil vom 20.10.1937 (Rep-Nr. 2237/38); 5 Js 182/38, Urteil vom 2.3.1938 (Rep-Nr. 2241/38); 7 Js 148/37, Urteil vom 6.3.1938 (Rep-Nr. 2375/38); 5 Js 2228737, Urteil vom 28.2.1938 (Rep-Nr. 3169/38).
273 Urteil vom 25.2.1938 (Rep-Nr. 2339/38).
274 Urteil vom 4.1.1938 (Rep-Nr. 3891/38).

oder – noch weit gravierender – zur Prostitutionsaufnahme.[275] 5 Js 2123/37: Der Angeklagte habe die Prostituierte »sogar mißhandelt, um von ihr größere Unzuchtsbeträge zu erhalten. Seine Arbeitslosigkeit kann nicht als strafmildernd in Betracht kommen. Bei der gerichtsbekannten Arbeitsmarktlage hätte der Angeklagte als Melker jederzeit eine Dauerstellung erhalten können«. So erscheint denn auch »Arbeitsscheu« als typusmäßiges Merkmal des Zuhälters.[276] – 6 Js 862/37: Neben der Hauptstrafe von 3 Jahren Zuchthaus drohte dem Angeklagten die Sicherungsverwahrung. Jedoch differenzierte das Landgericht die Vorstrafen des Angeklagten im Sinne des § 20a StGB. Zwar sei er »ein arbeitsscheuer und gewalttätiger Mensch, der das Gängeviertel unsicher macht«. Doch seien diejenigen Vorstrafen nicht der Beurteilung als »Gewohnheitsverbrecher« zugrunde zu legen, »die er aus Not begangen hat«.[277]

Das Delikt Kuppelei (§ 180 StGB, in schweren Fällen auch § 181 StGB) beging, wer durch »Vermittlung oder durch Gewährung oder Verschaffung von Gelegenheit der Unzucht Vorschub leistet«, insbesondere durch Betrieb eines Bordells. Durch die Reglementierung der Prostitution in bestimmten Bezirken seit 1933 war die Vorschrift für diesen Bereich faktisch gar nicht in Geltung.[278] Der Tatbestand hatte einen weiten Anwendungsbereich mit vielen rechtlichen Zweifelsfragen. Besonders aus der damaligen Situation in der städtischen Wohnraumversorgung ergaben sich nahezu zwangsläufig Verstöße. So war Untervermietung bei großen Mietwohnungen, aber auch durch ihrerseits schon beengt wohnende Hauptmieter weit verbreitet. 4 PLs 1968/37: Die 71jährige Angeklagte vermietete Zimmer an Prostituierte unter, um selbst überhaupt die Miete bezahlen zu können; z.T. war sie bei der »Gewerbeausübung« in dem Zimmer selbst anwesend. Urteil: 10 Tage Gefängnis, später Begnadigung.[279]

Die Betreiberinnen der »Absteigen« waren meist in fortgeschrittenem Alter, was sie jedoch nicht vor – wenn auch kurzen – Haftstrafen bewahrte. 7 Js 187/38: Die Angeklagte vermietete Räume ihrer 6-Zimmer-Wohnung am Alten Steinweg zum »Absteigen« unter. Pro Benutzung waren –,50 RM zu entrichten. Urteil: 3 Wochen Haft.[280] Bei gewerbsmäßiger Zimmervermietung, gegen Persionsinhaber u.ä. wurde selten ein Gewerbeverbot nach § 42 l StGB ausgesprochen, das die völlige wirtschaftliche Existenzvernichtung zur Folge haben konnte. 5 Js 37/36b: Eine 6 monatige Haftstrafe für die Angeklagte wurde auf deren Berufung hin zu 9 Monaten Gefängnis erhöht und ihr wurde für 5 Jahre jegliche Zimmervermietung untersagt.[281]

Die meisten »Kuppler(innen)« nahmen 1–2 RM für das »Absteigen«. Da die

275 Beispiel: 8 Js 184/37a, Urteile vom 10.5.1937 und 21.5.1937 (Rep-Nr. 2380/38).

276 Urteil vom 14.3.1938 (Rep-Nr. 3028). Siehe auch 9 KLs 19/37, Urteil vom 3.8.1937 (Rep-Nr. 2793/38); 6 Js 239/38, Urteil vom 24.3.1938 (Rep-Nr. 3473/38); 3 Js 1798/1937, Urteil vom 4.2.1938 (Rep-Nr. 4238/38): zur Typisierung Dölling, Kriminologie, in: Dreier/Sellert (Hrsg.), Recht, a.a.O., S. 203.

277 Urteile vom 12.8. und 28.10.1937, Revisions-Entscheidung vom 10.1.1938 (Rep-Nr. 3437/38).

278 Andere Ansicht Kohlrausch, StGB, a.a.O., § 180 StGB, Anm. 1.

279 Urteil vom 22.5.1937 (Rep-Nr. 219/38).

280 Urteil vom 28.3.1938 (Rep-Nr. 3179/38). Siehe auch: 8 Js 778/37a, Urteil vom 20.7.1937 (Rep-Nr. 3486/38).

281 Urteil vom 30.6.1936, Berufungs-Urteil vom 18.9.1936 (Rep-Nr. 3525/38).

meist weiblichen Angeklagten wegen ihres Alters und der sozialen Begleitumstände auf das Vermieten angewiesen waren, kam es zu vielfachen Wiederholungstaten bereits Vorbestrafter, die das Strafmaß erheblich nach oben verschoben. Als zu schützendes Rechtsgut wurde die »Volksgesundheit« angeführt.[282] Bei noch nicht einschlägig bekannten Betrieben oder geringfügigen Verstößen reagierten die Gerichte mit Geldstrafen.[283] In einigen Fällen wurden die Verfahren auch nach Amnestiegesetzen eingestellt.[284] Hatte die gewerbsmäßige Kuppelei einen besonders großen Umfang angenommen, erhöhte dies naturgemäß das Strafmaß. 6 Js 2714/37: In einem Hotel am Dragonerstall vermittelte die Angeklagte »Absteigen« auch an homosexuelle Paare, was zu getrennten Ermittlungen des 20. (»Sitte«) und 24. Kriminalkommissariats (Homosexualität) führte. Die Angeklagte wurde zu 7 Monaten Gefängnis verurteilt (Antrag der StA: 15 Monate). Es handle sich bei der Pension »um einen richtigen, alten Kuppelbetrieb«.[285]

Die Beweisschwierigkeiten der Staatsanwaltschaft waren wegen des Aussageverhaltens der Beteiligten oft erheblich, besonders wenn ein Bordellbetrieb geschickt als Pension getarnt war.[286] 8 PLs 1203/37: Mühsam hatten die Kripobeamten zu ermitteln versucht, wie oft die Angeklagte persönlich kurzzeitig immer wieder auftauchenden Paaren die Haustür öffnete. Der Nachweis der Kuppelei gelang nicht – es kam zum Freispruch.[287] Durch Polizeistreifen, Observation und Razzien konnten die nötigen Beweismittel beschafft werden. 8 Js 2/38: In einer Absteige am Steindamm wurde bei einer polizeilichen »Überholung« ein Richter im Ruhestand mit einer jüdischen Prostituierten angetroffen; es kam zu einem gesonderten Ermittlungsverfahren wegen »Rassenschande«.[288]

Sprichwörtliche Kuppeleifälle, in denen Eltern oder Bekannte Minderjährigen Gelegenheit zum Beischlaf geben etc., kamen in der hier zugrundeliegenden Aktenauswahl nicht vor. – Strukturell ganz abweichend gelagert, aber die Spannweite des Kuppelei-Paragraphen verdeutlichend ist eine andere Konstellation: Ein Ehemann duldet, daß seine Frau und deren Freundin in der gemeinsamen Ehewohnung lesbischen Geschlechtsverkehr ausüben. 6 Js 559/37: Der Ehemann wurde wegen schwerer Kuppelei (§§ 180, 181 S. 2 StGB) zu 3 Monaten Gefängnis verurteilt. Die Linie der Rechtsprechung war durch ein einschlägiges Urteil des Reichsgerichts[289] vorgegeben. – 6 Js 1861/37: Der Angeklagte hatte seine Ehefrau in Kenntnis von deren homosexueller Veranlagung geheiratet. Beide be-

282 Siehe 4 PLs 883/37, Urteil vom 2.6.1937 (Rep-Nr. 215/38); 8 Js 778/37a, Urteil vom 20.7.1937 (Rep-Nr. 3486/38).

283 11 Js 162/37, Urteil vom 13.7.1937 (Rep.-Nr. 740/38): Hotel in der Kirchenallee; 8 Js 2/38, Urteil vom 7.2.1938 (Rep-Nr. 2270/38): Steindamm.

284 6 Js 1861/37, Urteil vom 17.3.1938 (Rep.-Nr. 4242/38); 7 Js 141/38, Urteil vom 9.5.1938 (Rep-Nr. 4775/38).

285 Urteil vom 29.1.1938 (Rep-Nr. 4853/38).

286 Siehe 5 Js 1229/37, Urteil vom 11.10.1937 (Rep-Nr. 1031/38): 9-Zimmer-«Pension« am Alsterufer.

287 Urteil vom 17.9.1937 (Rep-Nr. 1257/38).

288 Urteil vom 7.2.1938 (Rep-Nr. 2270/38).Siehe auch 4 PLs 1968/37, Urteil vom 22.5.1937 (Rep-Nr. 219/38); 8 Js 1697736c, Urteil vom 14.12.1936 (Rep-Nr. 4534/38).

289 Urteil vom 3.2.1938 (Rep-Nr. 2500/38). Zur Entscheidung des Reichsgerichts siehe: Deutsche Justiz 1937, S. 466; ganz ähnlich 6 Js 44/38, Urteil vom 22.3.1938 (Rep-Nr. 3777/38).

suchten gemeinsam homosexuelle Lokale. Der Ehemann war bei dem lesbischen Verkehr seiner Frau häufig anwesend. Das Landgericht (!) stellte seine Verpflichtung als Ehemann fest, die homosexuellen Handlungen in seiner Wohnung zu verhindern. Nach durchgeführter Scheidung des Paares wurde das Verfahren durch Amnestie eingestellt: der Angeklagte sei seiner Frau, die intelligenter und willensstärker gewesen sei als er, »hörig« gewesen.[290]

16. Übrige Delikte aus dem Bereich der Prostitution

§ 327 StGB: Verstoß gegen Kontrollpflicht. 5 Js 173/37a: Die Angeklagte sollte sich zweimal wöchentlich beim Gesundheitsamt Besenbinderhof zur Untersuchung vorstellen. Sie behauptete, krank gewesen zu sein. Urteil: 2 Monate Gefängnis »nach Schutzhaftverbüßung«.[291] Es handelt sich um einen der seltenen Hinweise in den Strafakten, daß die Gestapo auch gegen Prostituierte mit sogenannter Schutzhaft vorging, das heißt, daß sie für kürzere Zeiträume mit gesundheitspolizeilichen Begründungen in ein Konzentrationslager gebracht wurden.

§ 361 Z. 6 StGB war juristisch als Übertretung ausgestaltet. Die eigentlichen Härten spielten sich auch hier außerhalb des justizförmigen Verfahrens ab. Verfahren 131 Es 1043/37: Urteil 3 Wochen Haft wegen Sperrbezirksüberschreitung. Die Akte enthielt den Vermerk, daß die Prostituierte »wie folgt in Schutzhaft genommen werden mußte: ...« (es folgt eine Liste von 5 Schutzhaftfristen von je 8-26 Tagen innerhalb eines Jahres!)[292].

17. Notzucht (§ 177 StGB)

Dieses Sexualdelikt findet sich in den ausgewerteten Strafakten erstaunlich selten. Es ist zu vermuten, daß wegen der strengen gesellschaftlichen Normen und der Schuldzuweisungen an die Tatopfer die Dunkelziffer bei Vergewaltigungen eher noch höher lag als heute.[293] 7 Js 306/37b: Der »Polizeiwachtmeister a.D.« Sch. gab sich als Polizist aus, lockte mindestens 8 Frauen in seine Wohnung im Grindelviertel und vergewaltigte sie dort, nachdem er sie vorher teilweise betrunken gemacht oder betäubt hatte. Der Angeklagte wurde durch einen Amtsarzt umfassend psychiatrisch begutachtet. Das Urteil (8 Jahre Zuchthaus u.a. auch noch wegen Heiratsbetruges) umfaßt eine 45seitige Begründung. Mildernde Umstände wurden dem Sch. nicht zugebilligt; er sei ein »brutaler Lüstling, ein Psychopath, ein moralisch völlig minderwertiges Individuum«.[294]

Die Gefahr vorschneller Feststellung NS-typischer Härte in Strafurteilen zeigt sich hier insofern deutlich, als der Angeklagte nach seiner Entlassung aus dem Zuchthaus 1950 ein Kind vergewaltigte und zu Sicherungsverwahrung verurteilt

290 Urteil vom 17.3.1938 (Rep-Nr. 4242/38).

291 Urteil vom 15.3.1937 (Rep-Nr. 1605/38). Ähnlich 6 PLs 1175/35b, Urteil vom 25.3.1936 (Rep-Nr. 4215/38): 3 monatige Haftstrafe.

292 Urteil vom 13.4.1938 (Rep-Nr. 4186/38).

293 Zum Täterprofil bei § 177 StGB siehe Schorsch, Sexualstraftäter, a.a.O., S. 200 ff.

294 Urteil vom 25.10.1937 (Rep-Nr. 1829/38).

wurde. Dabei stellte 1955 das Landgericht Hamburg ausdrücklich die Rechtmäßigkeit und Angemessenheit der Entscheidung aus dem Jahre 1937 noch einmal klar. Es »hat die weitere Entwicklung des Antragstellers mit selten wahrzunehmender Deutlichkeit gezeigt, daß er in dem Urteil völlig richtig, allenfalls noch zu günstig beurteilt wurde«.

Oft bestätigten die Gerichte eine Befürchtung vergewaltigter Frauen. 5 Js 1939/36: Der Angeklagte wurde freigesprochen. Das Opfer sei kräftig gewesen, Widerstand also möglich. Es werde für das Gericht »die Erfahrungstatsache bestätigt, daß eine vollendete Notzucht kaum jemals möglich ist«. Nach wie vor bestehe ein erheblicher Tatverdacht, doch habe sich die Zeugin mindestens in einem Aussagepunkt in Widersprüche verwickelt.[295] Auch in 7 Js 304/36 verneinte das Landgericht das Merkmal »Gewalt« in § 177 StGB, weil die total verschreckten Frauen dem Angeklagten, der sie auf einem Baumschulengelände vom Fahrrad zog und zum Geschlechtsverkehr aufforderte, keinen oder minimalen Widerstand entgegensetzten. Es kam trotzdem zu einer Verurteilung zu 1 Jahr 4 Monaten Gefängnis wegen »tätlicher Beleidigung« (§ 185 StGB). Den Vorschlag eines ärztlichen Gutachters, den Angeklagten gemäß § 42 k StGB zu kastrieren, griffen Staatsanwaltschaft und Gericht nicht auf.[296] Im Verfahren 3 Js 863/35 war der Täter laut Gutachten schizophren. Er wurde gemäß § 42 b StGB in die Heilanstalt eingewiesen und 1942 in die Tötungsanstalt Meseritz-Obrawalde gebracht.[297] Die beiden übrigen näher analysierten Notzucht-Fälle spielten sich im familiären Umkreis ab (Konkurrenz mit Blutschande, § 173 StGB).[298] Allgemeine Schlüsse lassen sich wegen der geringen Fallzahl nicht ziehen, auch nicht nach kursorischer Durchsicht der weiteren Jahrgänge bis 1939.

18. Übrige Sexualdelikte aus dem StGB

Es handelt sich hier um die Auswertung von Einzelfällen, die der Vollständigkeit halber exemplarisch veranschaulicht werden sollen.

Verführung (§ 182 StGB) stellt die Verleitung eines unter 16jährigen Mädchens zum Geschlechtsverkehr nach Stellung eines Antrages unter Strafe. 8 PLs 1863/37; der Fall lief über zwei Instanzen. Der Angeklagte hatte mit einem 14jährigen Mädchen, das ihm nach seinen Angaben »direkt nachgelaufen« sei, zweimal geschlafen; die Mutter des Mädchens zeigte die Sache an. Nach eingehender Beweisaufnahme verurteilte das Amtsgericht den Angeklagten zu 5 Monaten Gefängnis. Auf seine Berufung hin sprach das Landgericht ihn unter Hinweis auf eine Entscheidung des Reichsgerichts frei: Er habe bestimmt angenommen, das Mädchen sei schon »bescholten« gewesen, was eine vorsätzliche Tat ausschließe.[299] Als Vergleich dazu 7 Js 577/36a: Schauspieler R. wurde wegen Ver-

295 Urteil vom 16.11.1937, Wiederaufnahme-Entscheidung vom 24.11.1938 (Rep-Nr. 1101/38).

296 Urteil vom 3.6.1937 (Rep-Nr. 1702/38). Ähnlich 7 Js 2334/37, Urteil vom 6.1.1938 (Rep-Nr. 2000/38): gegenüber schwachsinnigem Opfer – Verurteilung nur aus § 223 a StGB.

297 Urteil vom 4.10.1935 (Rep-Nr. 4467/38).

298 Siehe 7 Js 1535/37, Urteil vom 20.1.1938 (Rep-Nr. 917/38); 5 Js 1405/37, Urteil vom 9.12.1937 (Rep-Nr. 1318/38).

299 Urteil vom 22.9.1937, Berufungs-Urteil vom 29.11.1937 (Rep-Nr. 435/38). Die Entscheidung des Reichsgerichts findet sich in: Deutsche Richterzeitung 1935, S. 48.

führung in zwei Fällen zu 1 Jahr 10 Monaten Gefängnis verurteilt. Die Norm erfüllte hier, zusammen mit § 185 StGB (»tätliche Beleidigung«), eine wichtige Funktion als Auffangtatbestand. R. ließ eine Reihe von Mädchen »vorsprechen« und verführte bei entsprechender Bereitschaft zwei von ihnen. § 176 Ziff. 3 StGB war nicht anwendbar, da dem Angeklagten nicht zu widerlegen war, daß die Mädchen äußerlich älter als 14 wirkten. Das Landgericht führte aus, R. habe »sich an der Jugend vergangen und das Sexualleben zweier unbescholtener Mädchen auf das schwerste gefährdet. Eine schlimmere Beleidigung, als er den beiden Kindern zugefügt hat, läßt sich kaum denken«. § 182 StGB fungierte also bei Bedarf auch als Jugendschutznorm.[300]

Unzucht mit Abhängigen (§ 174 StGB). Diese Vorschrift kam fast ausschließlich in Konkurrenz mit anderen Normen vor (z.B. §§ 176, 173 StGB). In seltenen Fällen blieb ein eigenständiger Regelungsbereich offen. 3 Js 245/36: Eine lesbisch veranlagte Krankenschwester machte während der Behandlung Patientinnen drogenabhängig (»Morphinismus«), um mit ihnen leichter sexuelle Beziehungen anknüpfen zu können (vgl. § 174 Z. 3: »Medizinalperson«). Die Angeklagte wurde außerdem auch wegen Unterschlagung von Morphiumampullen verurteilt (§§ 246, 266 StGB). Der Fall ist insofern interessant, als er eine Stellungnahme des Landgerichts zur Frage der weiblichen Homosexualität enthält: »Lesbische Beziehungen unter Frauen sind zwar nicht strafbar. Die von der Angeklagten an der Ehefrau M. vorgenommenen Handlungen stellen sich aber als unzüchtige, gegen das allgemeine Scham- und Sittlichkeitsgefühl verstoßende Handlungen dar. Die Anregung zu diesen lesbischen Scenen ging von der Angeklagtn aus«. Urteil: 9 Monate Gefängnis, Geldstrafe und Berufsverbot für 5 Jahre, beschränkt auf weibliche Patienten.[301]

Sodomie (§ 175 b StGB) war von der »Reform« des § 175 StGB unberührt geblieben,[302] wegen der geminderten Bedeutung der Landwirtschaft aber ohnehin selten geworden.[303] Erforderlich waren »beischlafähnliche Handlungen«. 2 Js 8345/37c: Ein Landarbeiter beging sexuelle Handlungen mit einem Schäferhund. Strafe: 6 Monate Gefängnis. »Derartige ekelhafte Perversitäten müssen auf das schärfste bekämpft werden. Auch der Angeklagte, der offensichtlich ein etwas stumpfer Mensch ist, wird erkennen müssen, daß er von derartig widernatürlichem Tun ablassen muß, wenn er nicht in Zukunft mit den schwersten Strafen und schließlich mit der Sicherungsverwahrung rechnen will«.[304]

Bigamie (§ 171 StGB). Beispiel: 7 Js 376/37, immerhin vor dem Landgericht verhandelt. Ein tschechischer Staatsbürger wurde zur Mindeststrafe von 6 Monaten Gefängnis verurteilt, die er allerdings voll verbüßen mußte. Er hatte 1920 in Hamburg eine zweite Ehe abgeschlossen, obwohl seine erste Ehefrau erst 1935 starb, was der Angeklagte auch wußte.[305]

300 Urteil vom 30.7.1936 (Rep-Nr. 8104/36).
301 Urteil vom 11.5.1937 (Rep-Nr. 465/38).
302 Siehe Kohlrausch, StGB, a.a.O., § 175 b, Anm. 1.
303 Vgl. Baumann, § 175, a.a.O., S. 59-61.
304 Urteil vom 27.12.1937 (Rep-Nr. 457/38).
305 Urteil vom 21.9.1937 (Rep-Nr. 1997/38).

Ehebruch (§ 172 StGB) wurde auf Antrag des »betrogenen« Ehepartners verfolgt. 7 PLs 1406/37: Der Mann erhält eine 6 wöchige Haftstrafe, die Frau eine Geldstrafe; dem Angeklagten, so das Gericht, müsse »durch eine empfindliche Strafe klar gemacht werden, daß ein solches Verhalten von der Gemeinschaft nicht geduldet wird«. Diese Wertung berührt schon allein aufgrund von weithin der Bevölkerung bekanntgewordenen Ehebrüchen Prominenter (z.B. Propagandaminister Goebbels) selbst für die damalige Zeit antiquiert.[306] – 7 PLs 252/38: An dem Ehebruch war eine Jüdin beteiligt, die zu 6 Wochen Gefängnis verurteilt wurde; gegen den männlichen Partner wurde wegen »Rassenschande« ermittelt.[307]

Vorbereitung von Pornographie (§ 184 StGB). 2 PLs 3443/35c: Karten mit obszönen Darstellungen wurden von den Angeklagten in Trödlerläden oder Bordellen (Herbertstr., Winkelstr., Kalkhof) verkauft. Das Urteil ist überraschend ausführlich gehalten und die verhängten Strafen sind – wohl wegen einschlägiger Vorstrafen – relativ hoch (1 Jahr Gefängnis und 600,- RM Geldstrafe; 2 1/2 Monate Gefängnis).[308]

19. »Rassenschande«

Das Gesetz zum Schutze des deutschen Blutes und der deutschen Ehre vom 15.9.1935 (RGBl. I., S. 1146) stellte den Versuch dar, sexuelle Beziehungen zwischen Juden und »Ariern« (im Gesetzeswortlaut: »Staatsangehörigen deutschen oder artverwandten Blutes«) völlig zu unterbinden, sowohl in der Ehe (§ 1 bezog sich auf Eheschließung nach 1935), als auch außerehelich (§ 2). Die Strafdrohung, die sich nur gegen den beteiligten Mann richtete, egal ob dieser Jude oder Nichtjude war, war sehr unbestimmt (»Gefängnis oder Zuchthaus«). In der Praxis zögerten die Richter des Landgerichts Hamburg zunächst, drakonische Strafen zu verhängen, so daß sich das Reichsjustizministerium und der OLG-Präsident Rothenberger einschalteten.[309] Nach dieser massiven Einflußnahme von außen ergingen dann jedoch vermehrt die gewünschten Urteile.

Für den Bereich Hamburg ist dieser aus den sogenannten Nürnberger Gesetzen resultierende Komplex von Unrechtsurteilen bereits eingehend untersucht worden,[310] weshalb die Behandlung dieses Sexualdeliktes im weiteren Sinne hier etwas verkürzter erfolgen kann, als es seiner politisch-ideologischen Bedeutung nach und für das Verständnis des NS-Strafrechts ohne weiteres angemessen wäre. Wichtig ist insbesondere die Tatsache, daß Hamburg auf diesem Sektor eine im Vergleich mit anderen OLG-Bezirken besonders scharfe Strafverfolgung betrieben hat.[311] Der Gesetzgeber hatte minutiös bestimmt, wer als Jude zu gelten hat-

306 Urteil vom 30.8.1937 (Rep-Nr. 1940/38).
307 Urteil vom 15.3.1938 (Rep-Nr. 4586/38).
308 Urteil vom 4.2.1936, Berufungs-Urteil vom 8.5.1936 (Rep-Nr. 3790/38).
309 Schreiben des RJM vom 11.10.1937 und Rothenbergers vom 11.11.1937, zitiert bei Hans Robinsohn, Justiz als politische Verfolgung. Die Rechtsprechung in »Rassenschandefällen« beim Landgericht Hamburg 1936-43, Stuttgart 1977, S. 126 ff.
310 Ebenda.
311 Ebenda, S. 21: Vergleich mit Frankfurt/M.

te.[312] Der Angeklagte hatte im Zweifel seine »Deutschblütigkeit« zu beweisen.[313] Es galt also de facto eine willkürliche Umkehr der strafprozessualen Beweislast.

Mühe bereitete den Juristen die Eingrenzung derjenigen Handlungen, die im Sinne der Gesetzes als »außerehelicher Verkehr« anzusehen waren. »Ersatzhandlungen« für den Beischlaf sollten dazugehören, nicht aber »Liebeswerbungen (Küsse, Spaziergänge), die die Frau zum Geschlechtsverkehr geneigt machen sollen, sich aber nach natürlicher Auffassung nicht als geschlechtliche Beteiligung darstellen«.[314] Die »konkrete Schutzwürdigkeit« der beteiligten Frau (z.B. Prostituierte) sollte keine Rolle spielen,[315] auch nicht – was nach der ratio legis erstaunt – die »konkrete Möglichkeit der Erzeugung mischrassiger Nachkommen« (z.B. Beischlaf mit einem 11jährigen Mädchen).[316]

Die Festlegung der Strafhöhe richtete sich maßgeblich danach, ob der Angeklagte Jude oder Nichtjude war. Robinsohn kommt in seiner Untersuchung für den OLG-Bezirk Hamburg auf eine Quote von 68 % Zuchthausstrafen für Juden, dagegen nur von 23 % bei »Ariern«.[317] Im übrigen gelangt er zu dem Ergebnis, daß Reiche, Gebildete und Angehörige der Mittelschicht allgemein größere Chancen hatten, milde beurteilt zu werden oder straffrei auszugehen.[318] Dieser Eindruck läßt sich wegen der großen Zahl vernichteter Akten statistisch nur schwer belegen, er deckt sich aber auffallend mit dem in der vorliegenden Arbeit erzielten Resultat für den Bereich der Homosexualität. Auch dort unterschied sich meist schon die Diktion der Urteilsgründe bei sozial gut Situierten von derjenigen in Entscheidungen gegen Homosexuelle aus der Unterschicht. Statistisch relevant ist hierbei aber, daß reiche jüdische Bürger zunehmend ins Ausland emigriert waren.

Eine annähernd exakte Auswertung ist nicht möglich, da zahlreiche »Rassenschande«-Akten einer planmäßigen Vernichtungsaktion der Justiz im Jahre 1945 zum Opfer gefallen sind. Einige davon konnten jedoch später durch Urteilsabschriften wenigstens in groben Zügen rekonstruiert werden. Auch für den Reponierungsjahrgang 1938 Nr. 1-5000 schließt die relativ geringe Zahl der erhaltenen Fälle (davon ein Großteil unvollständig) eine zusammenfassende Analyse aus.

Zur Veranschaulichung des Deliktstypus und der Verfolgungspraxis in Hamburg mag 11 Js 1900/36 dienen, eine Akte, die aus nicht aufzuklärenden Gründen der Vernichtung entgangen ist: Der jüdische Kaufmann Ludwig F. wurde gemäß §§ 2,5 II »Blutschutzgesetz« zu 10 Monaten Gefängnis verurteilt. Nach einer Autofahrt mit vier Personen hatten der Angeklagte und eine ihm bekannte Verkäuferin, die Zeugin H.,[319] entgegen ursprünglichen Plänen in einer Pension

312 Durch die 1. VO zum Reichsbürgergesetz vom 14.11.35 (RGBl. I, S. 1333).

313 Robinsohn, Justiz, a.a.O., S. 31.

314 RG in: JW 1938, S. 2339; vgl. auch RGSt. 73, S. 94; Kohlrausch, StGB, a.a.O., Blutschutzgesetz § 2, Anm. 1 a E.

315 RGSt. 71, S. 5.

316 RGSt. 71, S. 129.

317 Ebenda, S. 71.

318 Ebenda, S. 72.

319 Da die beteiligte Frau selbst nicht strafbar war, konnte sie als Zeugin ohne Aussageverweigerungsrecht vernommen werden.

Vernehmung der Kriminalpolizeileitstelle Hamburg in einem »Rassenschande«-Verfahren vom 7.12.1936

Die Zeugin Frl. H. wurde aus dem Geschäft geholt und bis zu ihrer Vernehmung im Arrestposten untergebracht. Anschließend an die Vernehmung der Sch. wurde die im Erkennungsblatte näher bezeichnete H. zur Sache befragt und machte folgende Angaben:

Frage: Sind Sie rein arischer Abstammung oder sind Ihnen Umstände bekannt, daß dieses nicht der Fall ist?.
Antwort: Ja, alle Vorfahren meinerseits, das heißt Eltern und beide Großelternpaare, sind arischer Abstammung, und somit ich auch.
F: Wie lange sind Sie im Geschäft des F.?
A: Am 1.12.1935 bin ich in das Geschäft eingestellt worden.
F: Wie ist das Verhältnis zu F.?.
A: Wir arbeiten sehr gut zusammen.
F: Haben Sie mit F. ein Verhältnis?
A: Nein, das habe ich nicht.
F: Haben Sie mit F. einmal Zärtlichkeiten ausgetauscht oder mit ihm geschlechtlich verkehrt?
A: Nein, das haben wir nicht.
F: Haben Sie mit F. eine Fahrt nach Schneverdingen gemacht?
A: Ja, an einem Sonnabend als Frau Sch. in Urlaub ging. Es war im Sommer 1936.
F: Haben Sie nicht mit in einem Zimmer, wo F. schlief, geschlafen?
A: Ja, das habe ich, Frau Sch. hatte das Zimmer gemietet und da kein Zimmer mehr frei war, haben Frau Sch. und ich und Herr Sch. und F. zusammen in einem Zimmer geschlafen.
F: Wie wurden die Betten belegt?
A: Frau Sch. und ich schliefen in einem Bett, während F. und Herr Sch. im anderen Bett schliefen.

Der H. werden die Aussagen der Frau Sch. vorgelegt und sie wird darauf hingewiesen die Wahrheit zu sagen.
Frage: Die ganzen Umstände liegen so, daß es nicht anders sein kann, Sie müssen mit F. verkehrt haben, wollen Sie nicht doch lieber die Wahrheit sagen?
Antwort: Ich will jetzt zugeben, daß ich in dieser Nacht in Schneverdingen in dieser Pension mit Schröder geschlechtlich verkehrt habe.
F: Haben Sie nur einmal in der Nacht zusammen verkehrt oder hat F. in der Nacht oder am Morgen öfters sein Geschlechtsteil bei ihnen eingeführt?
A: Nein, nur einmal.
F: Wie ist es zum Verkehr gekommen, waren Sie damit einverstanden, denn Sie sollen ohne Widerrede in das Bett des F. gestiegen sein?
A: Als wir im Laufe des Abend zusammen sprachen, wer zusammen im Bett

schlafen sollte, wurden wir uns darüber einig, daß die beiden Männer und wir beiden Frauen zusammen schlafen wollten. Als ich dann in das Zimmer kam, lag F. schon in einem Bett, und ich fragte Frau Sch. wie das nun werden soll, ob ich mich zu F. ins Bett legen solle. Sie gab mir durch Kopfbewegungen zu verstehen, daß ich das tun könnte, und ich nahm an, daß sie mit ihrem Mann schlafen wollte. Ich habe dann Frau Sch. gebeten, mir ein Nachthemd zu geben, so wie wir es vorher verabredet hatten.

F: Haben Sie sich im Zimmer ausgezogen oder haben Sie Kleidungsstücke anbehalten?

A: Ich habe mein Hemd, welches sehr kurz ist, anbehalten; das Nachthemd habe ich übergezogen.

F: Haben Sie Ihre Hose anbehalten?

A: Nein, sie habe ich ausgezogen.

F: Wollten Sie mit F. geschlechtlich verkehren und haben alles so eingerichtet, warum wehrten Sie sich nicht gegen das Zusammenschlafen?

A: Ich habe mich mit dem Gedanken ins Bett gelegt, auf keinen Fall mit F. geschlechtlich zu verkehren.

F: Wie ist es denn doch dazu gekommen?

A: Ich habe erst eine ganze Zeit wach im Bett gelegen und glaubte, das F. schon schlief. Plötzlich drehte sich F. um und faßte mich am Arm an. Ich sagte zu F.: »Ich denke Sie schlafen schon?« darauf sagte F.: »Nein, das tue ich nicht«.

F: Hat er Sie nun angefaßt und wo, schildern Sie doch weiter?

A: F. faßte mich nun an die Brust und zwar über dem Hemd. Als ich nun merkte, daß F. eventuell mit mir verkehren wollte, habe ich ihm gesagt, daß ich dieses nicht haben wollte. F. gab darauf keine Antwort. Darauf kam er zu mir und küsste mich. Ich habe dieses erwidert. Darauf faßte mich F. an das Geschlechtsteil. Ich merkte nun, daß er mich gebrauchen wolle und habe F. gesagt: »Sie müssen aber aufpassen«, damit meinte ich, daß er sich so vorsehen solle, damit ich nicht schwanger werde.

F: Wie ist der Verkehr ausgeübt worden?

A: Von vorne ist der Verkehr ausgeübt worden und zwar hat sich F. auf mich gelegt, und ich habe ihm gestattet sein Geschlechtsteil bei mir in die Scheide einzuführen.

F: Hat F. ein Schutzmittel gebraucht?

A: Nein, das hat er nicht, deshalb habe ich ihm auch gesagt, er solle sich vorsehen.

F: Hat F. beim Samenerguß sein Geschlechtsteil herausgezogen?.

A: Ja, er hat, als es bei ihm kam, herausgezogen. F. hatte einen Schlafanzug an und vielleicht hat er den Erguß in das Kleidungsstück laufen lassen.

F: Hat F. lange mit Ihnen verkehrt bis er fertig war, das heißt, wie lange hatte es gedauert, bis er fertig wurde?

A: Es hat nicht lange gedauert, F. hat nur etwa 3 bis 4 Mal seine Bewegungen gemacht und dann war er schon fertig.

F: Sind Sie bei dem Verkehr befriedigt worden?.
A: Nein, nicht.
F: Sind Sie normal veranlagt und haben Sie schon Verkehr gehabt, wo Sie befriedigt worden sind?
A: Ich bin ganz normal veranlagt und habe auch beim Geschlechtsverkehr schon Befriedigung gefunden.
F: Da Sie nun nicht befriedigt wurden, liegt die Vermutung nahe, daß Sie noch mehrmals mit F. verkehrten, wie ist das?
A: Ich habe wohl gedacht, daß F. noch einmal kommt und mit mir verkehren wird, ich muß berichtigen, ich dachte, es ist schade, daß ich nicht befriedigt worden bin. Wir haben uns aber dann gleich Gute Nacht gewünscht und sind eingeschlafen.
F: Haben Sie nachdem mit F. noch einmal geschlechtlich verkehrt oder haben mit ihm Zärtlichkeiten ausgetauscht?
A: Nein, ich bin nicht wieder mit F. zusammen gewesen, und es ist auch nicht zum Verkehr gekommen. Auch haben wir keine Zärtlichkeiten ausgetauscht.
F: Kennen Sie die Blutschutzgesetze?
A: Ich habe manchmal etwas davon gehört, aber etwas bestimmtes weiß ich nicht, wohl weiß ich, daß Juden und Arier nicht geschlechtlich verkehren dürfen.
F: Haben Sie mit F. nicht einmal darüber gesprochen, denn Sie wissen doch, daß F. Jude ist?
A: Wohl ist bekannt, daß F. Jude ist, aber ich habe niemals mit ihm über das Blutschutzgesetz gesprochen.
F: Hat F. Ihnen einmal etwas in dieser Richtung gesagt?
A: Nein, wir haben nie darüber gesprochen und haben auch die Schneverdinger Sache nicht wieder berührt. Ich dachte, daß es vergessen würde, und ich weiter in meiner Stellung bleiben könnte.
F: Warum haben Sie dem F. überhaupt den Beischlaf gestattet?!
A: Ich habe im Moment nicht nachgedacht und muß sagen, daß ich seit langer Zeit keinen Mann gehabt hatte und schließlich auch das Bedürfnis zum Verkehr hatte.
F: Haben Sie nun auch alles richtig und der Wahrheit entprechend angegeben, wissen Sie, was der Eid vor Gericht bedeutet?
A: Ja, und ich kann nur sagen, daß ich die reine Wahrheit gesagt habe. Ich bin auch über die Bedeutung eines Eides vor Gericht aufgeklärt worden und kann nun sagen, daß ich meine Angaben auch unter Eid vor Gericht aufrecht erhalten kann, denn sie entsprechen tatsächlich der Wahrheit.
F: Haben Sie Urkunden über Ihre Abstammung im Besitz?
A: Ich bin der Meinung, daß ich eine Geburtsurkunde habe, die ich zur Akte geben werde.

v. g. u.

gez. Ella H.

zusammen in einem Zimmer übernachtet. Bei dieser Gelegenheit war es zum Geschlechtsverkehr gekommen. Das Ermittlungsverfahren wurde zunächst durch die Gestapo, dann durch das auf »Rassenschande« spezialisierte 37., später durch das 23. Kriminalkommissariat geführt. Die Aussagen der Beteiligten wurden wörtlich nach Fragen und Antworten getrennt protokolliert, noch erheblich genauer als in den Ermittlungen gegen Homosexuelle. Auffallend ist die Detailverliebtheit der Kripobeamten bei der Dokumentation der sexuellen Vorgänge. Die Akribie war derart extrem, daß sich der heutige Leser fragen muß, ob bei dieser Breite der Darstellung nicht unmittelbar relevanter Fragen auch eine quasi voyeuristische Komponente durchscheint.

So wurde die Zeugin H. unter anderem gefragt: »Hat er (der Angeklagte) Sie nun angefaßt und wo, schildern Sie doch weiter?! ... Wie ist der Verkehr ausgeübt worden? ... Hat F. beim Samenerguß sein Geschlechtsteil herausgezogen? ... Wie lange hat es gedauert bis er fertig wurde? ... Sind Sie bei dem Verkehr befriedigt worden? ... Sind Sie normal veranlagt und haben Sie schon Verkehr gehabt, wo (sic!) Sie befriedigt worden sind? ... usw. »

In seitenlang niedergeschriebenen, das heißt wohl oft stundenlangen Verhören ermittelte die Kripo die intimsten Einzelheiten der sexuellen Handlungen. Wichtig war stets der Nachweis, daß der Angeklagte die Nürnberger Gesetze gekannt hatte, was aber wegen ihrer Propagierung durch die gelenkte Presse in der Regel einfach unterstellt wurde. Zweitens war die Kenntnis der jüdischen Herkunft in der eigenen Person oder des Partners festzustellen, um den subjektiven Tatbestand der »Rassenschande« zu begründen. Damit verbunden war die Beschaffung der Urkunden über die Abstammung des Angeklagten bzw. der jüdischen Partnerin. In einer Art formularmäßiger Ahnentafel mit Geburts- und Sterbedaten der Vorfahren wurde über mehrere Generationen nach jüdischen Familienmitgliedern geforscht. Das Ergebnis wurde dann nach der 1. VO zum Reichsbürgergesetz beurteilt.

Die Aburteilung der »Rassenschande«-Fälle oblag bei dem Landgericht Hamburg vorwiegend der 6. großen Strafkammer; in obigem Beispiel führte Dr. Ehlert den Vorsitz. Der Umfang der Urteilsbegründungen bleibt hinter den Ermittlungsprotokollen zurück, die voyeuristische Detailfreude der Polizisten kehrt allenfalls eingeschränkt wieder. F. im obigen Beispiel wurden mildernde Umstände zugebilligt, das Strafmaß blieb unter dem Durchschnitt: Es sei zu berücksichtigen, daß der Angeklagte »zu dem Verbrechen durch Umstände gekommen ist, die er nicht von vornherein beabsichtigt hatte«; alle Beteiligten der Autofahrt hätten gewußt, daß F. Jude sei. Er habe nach Inkrafttreten der Nürnberger Gesetze die »Charakterstärke« besessen, die sexuellen Beziehungen zu einer anderen »Arierin« abzubrechen, sie aber weiter finanziell unterstützt. »Auf der anderen Seite mußte gegen ihn verwertet werden, daß er die Nürnberger Gesetze ganz genau kannte und sich trotzdem über sie hinwegsetzte«.[320]

Urteile aus anderen Jahrgängen verdeutlichen die brutale Härte der »Rassenschande«-Rechtsprechung des Landgerichts Hamburg. 11 Js 2195/36: Der »Ari-

320 Urteil vom 6.8.1937 (Rep-Nr. 302/38).

er« M. wurde für ein reines Liebesverhältnis mit einer »Volljüdin« von der 6. Strafkammer zu 1 Jahr 4 Monaten Gefängnis verurteilt. Diese Beziehung hatte bereits 1935 begonnen und wurde lediglich fortgesetzt. Das Gericht traute dem Angeklagten großzügig zu, daß er »nunmehr künftig zur Gemeinschaft des 3. Reiches gehört«.[321] Dagegen ein radikales Urteil gegen einen Juden in 11 Js 615/38: Der jüdische Friseur M. wurde zur Höchststrafe von 15 Jahren Zuchthaus und anschließender Sicherungsverwahrung verurteilt. Er stand allerdings auch wegen Unzucht mit Minderjährigen (§ 176 Z. 3 StGB) vor Gericht und hatte eine Vielzahl von sexuellen Handlungen, teilweise mit Nötigungscharakter, gestanden. Im Vordergrund standen allerdings 4 Fälle von »Rassenschande«, die das Urteil prägten. Interessant ist noch die Überlegung des Landgerichts, eine Entmannung nach § 42 k StGB sei in diesem Deliktsbereich gesetzlich ausgeschlossen, da diese »kein Sittlichkeitsverbrechen« sei. Auch eine Analogie zu Lasten des Angeklagten gem. § 2 StGB verbiete sich.[322]

20. Schlußwort

Zusammenfassend läßt sich sagen, daß zwischen 1933 und 1939 in Hamburg eine rücksichtslose und akribisch umfassende Strafverfolgung von Homosexuellen stattfand. Die hamburgische Justiz erwies sich dabei als williges und effektives Vollzugsorgan ideologischer Grundsatzentscheidungen, die allerdings bereits vorher, besonders im Jahre 1935, auf Reichsebene gefallen waren. Die Zahl der angezeigten, durchermittelten und schließlich auch angeklagten Taten nach § 175 StGB stieg seit 1933 kontinuierlich an, besonders intensiviert durch zwei zeitliche Zäsuren: durch die »Röhm-Affäre« vom Juni 1934 und durch die Gesetzesänderungen seit 1.9.1935 mit der Schaffung des Verbrechenstatbestandes § 175 a StGB. Das Bild einer kontinuierlich intensiven Verfolgungstätigkeit bis 1939 können dabei zeitlich begrenzte, signifikante Maßnahmen wie die Entsendung des Gestapo-Sonderkommandos Nord nach Hamburg nicht spürbar akzentuieren. In den erhaltenen Statistiken, die für diese Arbeit ausgewertet wurden, ist jedenfalls nach der spektakulären Zunahme des Jahres 1935 kein deutlicher Gipfelpunkt zu erkennen.

Ähnliche Tendenzen waren auf dem Gebiet der Abtreibung (§ 218 StGB) festzustellen. Hier sollte ganz direkt mit der Geburtenzahl im Sinne eines »Gebärzwanges« Politik gemacht werden, und jeder der hier störend eingriff, vor allem der gewerbsmäßige »Abtreiber«, wurde sehr hart bestraft. – Dagegen ist die Behandlung der anderen Sexualdelikte vor allem wegen der extensiven Anwendung der sogenannten Maßregeln der Besserung und Sicherung, eingeführt durch das Gesetz gegen Gewohnheitsverbrecher, auffällig (z.B. bei Exhibitionismus, Unzucht mit Kindern). Ferner bezeugen viele Dokumente, u.a. aus dem Bereich der Psychiatrie (Sachverständigengutachten) die fraglos akzeptierte Umsetzung eines biologischen, oft auch sozialdarwinistischen Welt- und Menschenbildes in die – juristische – Tat. Hier gab es eine, bisher kaum wahrgenommene,

321 Urteil vom 30.4.1937 (Rep-Nr. 5806/37).

322 Urteil vom 24.5.1939 (Rep.-Nr. 7506 – Ersatzakte: Nur Urteil vorhanden!).

Verquickung von Medizin und Justiz. Dies sollte jedoch nicht vergessen lassen, daß es Richter und Staatsanwälte – in diesem Fall Angehörige der hamburgischen Justiz – waren, die zwölf Jahre hindurch zahllose Angeklagte übermäßig oder ganz und gar grundlos drangsalierten und für Jahre in Gefängnisse, Zuchthäuser oder Straflager schickten.

Am erstaunlichsten ist vielleicht der gefundene Anteil der Sexualdelikte an den verhandelten Fällen und unter den Sexualdelikten wiederum der außerordentlich hohe Prozentsatz der Homosexualitäts-Fälle. Hierin lag offenbar, neben den rein politischen und den Äußerungsdelikten (z.B. »Heimtücke«) ein Schwerpunkt des justiziellen Ehrgeizes des NS-Regimes überhaupt. Nach dem vorliegenden Befund erscheint es ausgeschlossen, einzelne Richter oder Strafkammern des Landgerichts als besonders rücksichtslos oder milde herauszustreichen. Eine Ausnahme bildet hier die 6. Strafkammer des Landgerichts allein schon aufgrund ihrer thematischen Spezialisierung auf »Rassenschande«-Fälle. Im übrigen ergibt sich das Bild einer durchaus willfährigen, selten übereifrigen Spruchpraxis. Vieles, was sich in den Akten präsentiert, ist aber auch normaler Justizalltag und dürfte – etwa im Vergleich zur Lage in der Weimarer Republik – wenig Besonderheiten aufweisen. Natürlich bleibt für den heutigen Betrachter die sehr autoritäre, für soziale Realitäten blinde allgemeine Denk- und Sprechweise der Beteiligten befremdlich.

Trotz dieser deutlichen Befunde erscheint es nicht angängig, der Großstadt Hamburg eine Vorreiterrolle bei der Bekämpfung der Homosexualität oder der Sexualdelikte generell einzuräumen, da die Vergleichsmaßstäbe fehlen,[323] andererseits die drakonische Härte bei der Anwendung der damaligen Gesetze schon aus Vorgängen auf Reichsebene resultierte, so daß die hamburgischen Richter, hätten sie gegensteuern wollen, mindestens ein Karriererisiko eingegangen wären. Dies führt letztlich nur wieder zu dem altbekannten Problem von Widerstand und Mitläufertum. Lediglich bei der Verfolgung der »Rassenschande« nahm Hamburg eine Sonderstellung ein. Hier existieren auch exakte Vergleiche.[324] So hatte Köln – relativ gesehen – mehr jüdische Einwohner als Hamburg; Hamburg verfolgte aber dreimal so viele Fälle nach dem »Blutschutz-Gesetz«. Noch deutlichere Zahlen liegen für Frankfurt am Main vor, wo die Verfolgungsintensität wiederum nur halb so groß war wie in Köln.

Ein interessantes Ergebnis ist auch die sorgfältige Nuancierung der Urteile in Strafmaß und Diktion aufgrund der sozialen Schichtenzugehörigkeit der Angeklagten. Hier setzten sich ungeachtet der offiziell propagierten harmonisierenden »Volksgemeinschafts«-Ideologie tradierte gesellschaftliche Spannungen und Abgrenzungsbestrebungen fort.

Das Verhalten der Kriminalbeamten erscheint durchweg gröber, gehässiger und rücksichtsloser zu sein als das Verhalten der Justiz. Dies ist aber meist schon durch die aus vielen Akten deutlich hervorstechende sprachliche Unbedarftheit der einfachen Beamten zu erklären, die zu griffigen Pauschalierungen und vorurteilsbehafteten Ausdrücken neigten.

323 Es müßte die Rechtsprechung in einer ähnlich großen Stadt (z.B. Berlin) mit vergleichbarer Sozialstruktur, auch was die homosexuelle Subkultur u.a. anlangt, untersucht werden.

324 Robinsohn, Justiz, a.a.O., S. 20 f.

Ob sich diese Befunde auch für die weitere Zeit ab 1939 und die insofern hochinteressanten Kriegsjahre erhärten lassen, und welche Auswirkungen Lenkungsmaßnahmen auf lokaler Ebene, etwa die von Rothenberger initiierten sogenannten Vor- und Nachschauen von Prozessen,[325] auf die Justiz hatten, mag einer späteren Fortsetzung dieser Arbeit vorbehalten bleiben.

325 Siehe Johe, Die gleichgeschaltete Justiz. Organisation des Rechtswesens und Politisierung der Rechtsprechung 1933-1945, dargestellt am Beispiel des Oberlandesgerichtsbezirks Hamburg, Frankfurt/M. 1967, S. 180 ff.

Gunther Schmitz

Wider die »Miesmacher«, »Nörgler« und »Kritikaster«

Zur strafrechtlichen Verfolgung politischer Äußerungen in Hamburg 1933 bis 1939. Mit einem Ausblick auf die Kriegszeit

Im Frühjahr 1934 startete die NSDAP eine Kampagne gegen »Miesmacher«, »Nörgler« und »Kritikaster«, den sogenannten »Muckerer-Feldzug«.[1] Anlaß war die punktuelle Häufung kritischer Stimmen aus der Bevölkerung zu Einzelmaßnahmen der Partei und Regierung. Die Tagesberichte der Stapostellen und Landräte geben darüber Auskunft. So schrieb zum Beispiel die Stapostelle Harburg-Wilhelmsburg am 1.6.1934: »Im verflossenen Monat mußte von der Staatspolizeistelle ganz besonders scharf gegen die Miesmacher und Nörgler vorgegangen werden. Im engen Zusammenarbeiten mit der P.O. (Politischen Organisation, Anm. d. Verf.) der NSDAP ist es der Staatspolizeistelle gelungen, mehrere ganz üble Gerüchtemacher, die sich nicht etwa nur in den Kreisen, die der Partei feindlich gegenüber gestanden haben oder noch heute stehen, sondern auch in den eigenen Kreisen der Partei befinden, dingfest zu machen.«[2]

Der »Muckerer-Feldzug« nahm schließlich solche Formen an, daß sich die Berliner Zentralinstanzen beunruhigt zeigten. In getrennten Erlassen versuchten das Reichsjustizministerium (RJM), das Reichsinnenministerium (RMI) und das Geheime Staatspolizeiamt (Gestapa) dem mit der Kampagne verbundenen Denunziantentum entgegenzuwirken.[3]

1 *Deutschland-Berichte der Sozialdemokratischen Partei Deutschlands (Sopade) 1934–1940*, 7 Bde., Nachdruck Salzhausen/Frankfurt 1980, hier: 1. Jahrgang/1934, S. 105 f: »Die Miesmacher-Aktion«. Vgl. auch Ian Kershaw, *Der Hitler-Mythos. Volksmeinung und Propaganda im Dritten Reich*, Stuttgart 1980, S. 60, 81.

2 Niedersächsisches Hauptstaatsarchiv Hannover (Nds. HStArch Han.), Bestand 80/Lüneburg III, Akte XXV, 5, Bl. 3f. Weiter hieß es in einem Lagebericht des kommissarischen Landrates des Landkreises Harburg vom 27.6.1934: »Auch der nun beendete Kampf gegen die Miesmacher und Nörgler hat oftmals nicht den beabsichtigten Erfolg gehabt, da manche örtlichen Redner nicht den richtigen Ton gefunden haben und dadurch die Stimmung im ungünstigen Sinne der zweiten Revolution beeinflußten. Wie ich schon wiederholt ausgeführt habe, hat die Propagandaaktion gegen die Reaktion und gegen die Kritikaster und Nörgler mit dazu geführt, dass auch jede gerechtfertigte Beschwerde gegen Übergriffe und Anpöbeleien aus persönlichen Gründen wie auch das Einschreiten der Behörden als Reaktion und Nörgelei aufgefaßt wird.« Siehe: Nds. HStArch Han., 80/Lüneburg III, XXV 5, Bl. 36.

3 Vgl. nur das Schreiben des Gestapa vom 7.5.1934, in dem es unter anderem hieß: »Unter Bezugnahme auf die Verfügung, die der Herr Preußische Justizminister am 21. März 1934 ... zur Bekämpfung des Denunziantentums erlassen hat, ersuche ich ergebenst, die Polizeibehörden anzuweisen, gegen die leichtfertige Erstattung ungerechtfertigter Anzeigen ... vorzugehen. Es muß mit allem Nachdruck dafür gesorgt werden, daß die des deutschen Volkes und des nationalsozialistischen Staates unwürdige Erscheinung des Denunziantentums verschwindet.« Siehe: Bundesarchiv Koblenz (BA), Bestand R 58 (Reichssicherheitshauptamt), Akte 1083, Bl. 34.

1. Zur Einführung

Welche Äußerungen wurden den »Miesmachern«, »Nörglern« und »Kritikastern« vorgeworfen? Tatsachenbehauptungen oder Werturteile, die nach der »Heimtücke-Verordnung« von 1933 oder den Bestimmungen des Strafgesetzbuches verfolgt werden konnten, waren es in der Regel nicht. Vielmehr handelte es sich meist um spontane Unmutsäußerungen, die sich aus ganz konkreten Situationen ergaben.

Diese Fälle sind von der zeitgeschichtlichen Forschung bislang kaum beachtet worden.[4] Selbst hinsichtlich der zu Zehntausenden in den Archiven überlieferten »Heimtücke«-Verfahren liegen bisher nur vereinzelte Studien vor. Hinzuweisen ist etwa auf die immanent-analytische Studie von Peter Hüttenberger, dessen Rekurs auf die Sprechakttheorie allerdings nicht zu überzeugen vermag.[5] Einzelne Entscheidungen sind in der von Bernd Schimmler besorgten Edition einiger Berliner Sondergerichtsurteile nachzulesen.[6] Referierende Darstellungen finden sich in der Arbeit von Anna Blumberg-Ebel und der von Hans Wrobel bearbeiteten Publikation sämtlicher Bremer Sondergerichtsurteile.[7] Zur Einbettung von Erkenntnissen aus Justizakten der NS-Zeit in eine regionalgeschichtliche Gesamtdarstellung sind bislang jedoch nur Inge Marßolek und Rene Ott in ihrem Werk »Bremen im Dritten Reich« fortgeschritten.[8]

Im folgenden sollen erstmals auch politische Äußerungsdelikte näher untersucht werden, die nicht als »Heimtücke« vor den Sondergerichten zur Aburteilung gelangten, sondern als »Grober Unfug« vor den Amtsgerichten angeklagt wurden. Für Hamburg ist eine solche Untersuchung auf Grund des besonderen Glücksfalles möglich, daß hier rund 100.000 Strafakten aus der NS-Zeit erhalten geblieben sind. Vor allem die Strafakten der Land- und Amtsgerichte aus den

4 Ein Strafbefehl wegen «Groben Unfugs« gegen den ersten Bundesjustizminister Thomas Dehler, der den »Deutschen Gruß« verweigert hatte, findet sich allerdings in: Der Bundesminister der Justiz (Hrsg.), *Justiz und Nationalsozialismus. Katalog* (zur gleichnamigen Ausstellung), Köln 1989, S. 177 ff.

5 Peter Hüttenberger, *Heimtückefälle vor dem Sondergericht München 1933–1939*, in: Martin Broszat u.a. (Hrsg.), Bayern in der NS-Zeit. Herrschaft und Gesellschaft im Konflikt, Bd. 4, München/Wien 1981. Der unter anderem von John R. Searle, *Sprechakte. Ein sprachphilosophischer Essay*, Frankfurt/Main 1971 (Erstveröffentlichung 1969), entwickelte Ansatz fand später Eingang in linguistische Arbeiten zur Sprachpragmatik und vor allem bei Jürgen Habermas/Niklas Luhmann, *Theorie der Gesellschaft oder Sozialtechnologie*, Frankfurt/Main 1971. Hier werden zwei Formen der Kommunikation oder »Rede« unterschieden: 1. Kommunikatives Handeln (Interaktion), 2. Diskurs. »Dort wird die Geltung von Sinnzusammenhängen naiv vorausgesetzt, um Informationen (handlungsbezogene Erfahrungen) auszutauschen; hier werden problematisierte Geltungsansprüche zum Thema gemacht, aber keine Informationen ausgetauscht.« Siehe: A.a.O., S. 115. Ziel des Diskurses ist der Konsens. Er soll in einer idealen, herrschaftsfreien Sprechsituation erreicht werden. Bei »heimtückischen Äußerungen« ging es nicht um das Ziel, gemeinsam Lösungen zu finden. Allenfalls könnte vereinzelt von beginnenden, dann aber abgebrochenen Diskussionen gesprochen werden. Deshalb ist die von Hüttenberger gewählte Bezeichnung verfehlt.

6 Bernd Schimmler, *Recht ohne Gerechtigkeit. Zur Tätigkeit der Berliner Sondergerichte im Nationalsozialismus*, Berlin 1984.

7 Anna Blumberg-Ebel, *Sondergerichtsbarkeit und »Politischer Katholizismus« im Dritten Reich*, Mainz 1990; Der Senator für Justiz und Verfassung (Hrsg.), *Strafjustiz im totalen Krieg. Aus den Akten des Sondergerichts Bremen 1940–1945*, Bd. 1, Bremen 1991.

8 Inge Marßolek/Rene Ott, *Bremen im Dritten Reich. Anpassung – Widerstand – Verfolgung*, Bremen 1986.

Jahren von 1933 bis 1945 wurden in anderen Oberlandesgerichtsbezirken längst ganz oder zum weitüberwiegenden Teil vernichtet. Die daher wohl einmalige Hamburger Überlieferung wird seit 1987 verzeichnet und für die Abgabe an das Staatsarchiv vorbereitet. Seit Anfang 1991 erfolgt die Erfassung der Akten computergestützt. Der vorliegende Beitrag ist ein Nebenprodukt der jahrelangen Verzeichnungsarbeiten des Verfassers. Herangezogen wurden alle bearbeiteten Akten aus den Jahren 1935 bis 1937 und 1939, die Äußerungsdelikte betreffen. Dabei handelte es sich um insgesamt 161 Verfahren, von denen 109 nach § 360 Ziff. 11 StGB als »Grober Unfug« vor den Amtsgerichten angeklagt wurden.[9]

Die Begrenzung des Untersuchungszeitraums auf die Jahre 1935 bis 1939 hat äußerliche Gründe. Denn bislang wurden nur die Akten aus den Jahrgängen 1935 bis 1937 und 1939 vollständig erfaßt. Während so gut wie alle Land- und Amtsgerichtssachen erhalten geblieben sind, ist ein nicht unerheblicher Teil der Sondergerichtsakten im April 1945 gezielt vernichtet worden.[10] Leider fehlen für die Jahrgänge 1935 bis 1939 alle Hauptverfahrensregister, so daß die Anzahl der tatsächlich durchgeführten Verfahren und ihr Ausgang nicht mehr festgestellt werden kann. Zur Abrundung ist daher auch auf Akten rekurriert worden, die erst zwischen 1946 und 1949 reponiert wurden.[11] Darüber hinaus wurden Verfahren wegen nationalsozialistischer Gewaltverbrechen aus den Jahren 1945 bis 1968 herangezogen, in denen es um Denunziationen auf Grund politischer Äußerungen ging, die bis zu Verurteilungen wegen »Wehrkraftzersetzung« führen konnten. Einige Erkenntnisse aus diesen Verfahren haben in das Kapitel »Ausblick: Die Kriegsjahre« Eingang gefunden.

Im Mittelpunkt der Untersuchung steht die Strafverfolgung alltäglicher Meinungsbekundungen, die als abweichend von der veröffentlichten Meinung verstanden wurden. Solche Meinungsbekundungen konnten sowohl durch sprachliche Äußerungen im privaten oder öffentlichen Kontext, als auch durch nonverbale Äußerungen wie zum Beispiel das demonstrative Nichterweisen des Hitler-Grußes erfolgen. Die Repression von Meinungsbekundungen stützte sich auf verschiedene Gesetze und Verordnungen, die so allgemein gefaßt waren, daß nach ihrer Inkraftsetzung laufend divergierende Interpretationen erfolgten. So konnten gleichartige Äußerungen von der Staatsanwaltschaft als »Grober Unfug« vor dem Amtsgericht oder nach dem Heimtücke-Gesetz vor dem Sondergericht zur Anklage gebracht werden. In einzelnen Fällen wurden sie sogar als Vorbereitung zum Hochverrat verfolgt. Ab 1943 bestand darüber hinaus die Möglichkeit der Anklageerhebung wegen »Wehrkraftzersetzung« vor dem Volksgerichtshof oder einem Oberlandesgericht. Die Konsequenzen waren für die Angeklagten von existentieller Bedeutung. Denn vor dem Amtsgericht konnten sie mit Geldstrafen davonkommen, das Sondergericht verhängte in der Regel Gefängnis-, das Oberlandesgericht Zuchthaus- und der Volksgerichtshof Todesstra-

9 In den übrigen Verfahren wurde Anklage aufgrund des Heimtücke-Gesetzes, bzw. der »Heimtücke-Verordnung«, nach den §§ 134 a oder b StGB wegen »Beschimpfung des Reiches oder der NSDAP«, nach § 164 StGB wegen »Falscher Anschuldigung« oder nach § 185 StGB wegen »Beleidigung« erhoben.

10 Die Vernichtungsverfügung des Oberstaatsanwalts Dr. Schuberth vom 12.4.1945 ist überliefert im Archiv der Staatsanwaltschaft bei dem Landgericht Hamburg, Generalakte 1452.

11 Dabei handelt es sich um insgesamt 289 Verfahren, darunter auch 37 Sondergerichtssachen.

fen. Für die Betroffenen folgte daraus eine allgemeine Rechtsunsicherheit, da Verfolgungsinstanz und Interpretation der Rechtsvorschriften unklar blieben und mithin auch unkalkulierbar waren.

Die folgende Untersuchung befaßt sich zunächst mit den normativen Grundlagen für die Verfolgung von politischen Äußerungen und den durch Änderungen der Straftatbestände verursachten fachlichen Diskussionen in den juristischen Fachzeitschriften. Anschließend wird kurz auf den üblichen Verfahrensablauf eingegangen. Im Mittelpunkt der Arbeit steht dann die Verwendung des Straftatbestandes »Grober Unfug« in der Hamburger Justizpraxis. Dabei soll auch die Spannweite von nonverbalen Äußerungen bis hin zu längeren Kommentierungen tagespolitischer Ereignisse aufgezeigt werden. An Hand eines ausführlich dargestellten Falls wird weiter versucht, die Geschehnisse in die Alltagswirklichkeit des Nationalsozialismus einzuordnen. Untersucht werden auch die Berufs- und Altersstruktur der Verfolgten und der Umfang der Verfolgung, soweit dies die Quellen zulassen. Schließlich soll ein Ausblick auf die Kriegszeit die weitere Entwicklung andeuten, an deren Ende mit der völligen Auflösung des hergebrachten Normengeflechts die nackte Willkür stand.

2. *Die normativen Grundlagen der Verfolgung*

Als am Tage von Potsdam, dem 21.3.1933, der neugewählte Reichstag in der Garnisonskirche zu Potsdam – unter Beteiligung der beiden christlichen Kirchen – feierlich eröffnet wurde, und Reichspräsident von Hindenburg in symbolischer Handlung allein in die Gruft zum Grabe Friedrichs des Großen hinabstieg, wurden zwei Verordnungen verkündet, die das Rechtsleben in Deutschland nachhaltig verändern sollten:

1. Die Verordnung des Reichspräsidenten zur Abwehr heimtückischer Angriffe gegen die Regierung der nationalen Erhebung – die sogenannte »Heimtücke-Verordnung« (RGBl. I, S. 135);
2. Die Verordnung der Reichsregierung über die Bildung von Sondergerichten (RGBl. I, S. 136).

Beide Verordnungen wurden in den folgenden Jahren durch Nachfolgegesetze und -verordnungen verändert und in ihrem Anwendungsbereich erweitert. An die Stelle der »Heimtücke-Verordnung« trat am 20.12.1934 das »Gesetz gegen heimtückische Angriffe auf Staat und Partei und zum Schutze der Parteiuniformen« (RGBl. I, S. 1269). Während es im § 3 der »Heimtücke-Verordnung« lediglich hieß:

»Wer vorsätzlich eine unwahre oder gröblich entstellte Behauptung tatsächlicher Art aufstellt oder verbreitet, die geeignet ist, das Wohl des Reichs oder das Ansehen der Reichsregierung oder einer Landesregierung oder der hinter diesen Regierungen stehenden Parteien oder Verbände schwer zu schädigen, wird, soweit nicht in anderen Vorschriften eine schwerere Strafe angedroht ist, mit Gefängnis bis zu zwei Jahren und, wenn er die Behauptung öffentlich aufstellt oder verbreitet, mit Gefängnis nicht unter drei Monaten bestraft.«

erweiterte das Heimtückegesetz in seinem § 2 den Strafbarkeitsbereich:

»Wer öffentlich gehässige, hetzerische oder von niedriger Gesinnung zeugende Äußerungen über leitende Persönlichkeiten des Staates oder der NSDAP, über ihre Anordnungen oder die von ihnen geschaffenen Einrichtungen macht, die geeignet sind, das Vertrauen des Volkes zur politischen Führung zu untergraben, wird mit Gefängnis bestraft«.

Nach § 2 des Heimtückegesetzes war eine strafrechtliche Verfolgung nur möglich, wenn eine Anordnung des Reichsministers der Justiz, dem berichtet werden mußte, vorlag.[12] Richtete sich die Tat allerdings gegen eine leitende Persönlichkeit der NSDAP, konnte der Justizminister nur »im Einvernehmen mit dem Stellvertreter des Führers« handeln (§ 2 Abs. 3 HG). Spätere inhaltliche Erweiterungen des Heimtückegesetzes im Jahre 1935 betrafen den Kreis derjenigen, die als »leitende Persönlichkeiten des Staates oder der NSDAP« im Sinne des § 2 betrachtet wurden (RGBl I, S. 276), und die nähere Charakterisierung dessen, was nach §§ 3 und 5 unter Uniform oder Abzeichen verstanden wurde (RGBl. I, S. 387). Die Verfolgung von Straftaten nach den §§ 3 bis 5 des Heimtückegesetzes ist nicht Gegenstand dieser Untersuchung. Für die Aburteilung von Heimtückefällen waren ausschließlich die Sondergerichte zuständig.[13]

Neben den neugeschaffenen »Heimtücke«-Vorschriften konnten sich Staatsanwaltschaften und Gerichte zur Verfolgung abweichender Meinungsbekundungen auch der hergebrachten Bestimmungen des Reichsstrafgesetzbuches vom 15.5.1871 bedienen. So wurden politische Äußerungen häufig nur als »Übertretungen« unter § 360 Ziffer 11 StGB subsumiert. Danach konnte mit Geldstrafe bis zu 150 Reichsmark oder mit Haft (bis zu sechs Wochen Dauer) bestraft werden, »wer ungebührlicherweise ruhestörenden Lärm erregt oder wer groben Unfug verübt«. Nach dem in der NS-Zeit wohl gebräuchlichsten Handkommentar zum Strafgesetzbuch von Lange/Kohlrausch sollte der Tatbestand des »Groben Unfugs« immer dann gegeben sein, wenn durch »grob ungebührliches Verhalten« nicht nur »das Publikum beunruhigt oder belästigt«, sondern auch eine »Störung oder Gefährdung des äußeren Bestandes der öffentlichen Ordnung« eingetreten war.[14] Dabei liegt es auf der Hand, daß sich derart offene Tatbestände exakten juristischen Definitionen weitgehend entzogen und damit für die Bestrafung abweichenden politischen Verhaltens prädestiniert waren.

Darüber hinaus wurde gelegentlich auch auf die Vorschriften der §§ 134 a und b StGB zurückgegriffen. Nach § 134 a StGB konnte mit Gefängnis bestraft werden, »wer öffentlich das Reich oder eines seiner Länder, ihre Verfassung, ihre Farben oder Flaggen oder die deutsche Wehrmacht beschimpft oder böswillig und mit Überlegung verächtlich macht.« Dieselbe Strafandrohung enthielt § 134 b StGB für denjenigen, der »öffentlich die NSDAP, ihre Gliederungen, ihre Ho-

12 Vgl. die Allgemeine Verfügung (AV) des RJM vom 7.8.1935, in: Deutsche Justiz (DJ) 1935, S. 1126. – Auch die Strafverfolgung aus § 1 Heimtücke-Gesetz war an ein eingeschränktes Zustimmungserfordernis geknüpft (§ 1, Abs. 3 des Gesetzes).

13 Siehe Verordnung der Reichsregierung über die Bildung von Sondergerichten vom 21. März 1933, § 2 (RGBl. I, S. 136). Vereinzelt kam es allerdings auch zu Verfahren wegen »heimtückischer« Äußerungen vor den Amtsgerichten, die durch den am 6.5.1933 neu in die »Heimtücke-Verordnung« eingefügten § 3a ermöglicht wurden (RGBl. I, S. 259). Beispielfälle enthalten folgende Akten: 2 Js 586/37a, Urteil vom 20.4.1934 (Rep-Nr. 6976/37);, VIIa 845/34, Urteil vom 4.3.1935 (Rep-Nr. 1801/35); Sond. 33/35, Urteil vom 29.3.1935 (Rep-Nr. 1093/35).

14 Eduard Kohlrausch, *Strafgesetzbuch mit Nebengesetzen und Erläuterungen*, 36. Aufl., Berlin 1941, Anm. 13 zu § 360 StGB.

heitszeichen, ihre Standarten oder Fahnen, ihre Abzeichen oder Auszeichnungen beschimpft oder böswillig und mit Überlegung verächtlich macht.« Nach der Kommentierung von Lange/Kohlrausch sollte der durch Gesetz vom 28.6.1935 (RGBl. I, S. 839 ff) neu eingefügte § 134 b »die Einheit von Partei und Staat sinnfällig zum Ausdruck« bringen.[15] In der Rechtspraxis spielten die §§ 134 a und b StGB allerdings keine große Rolle, sondern wurden meist von den Vorschriften des Heimtücke-Gesetzes – mit der daraus folgenden Zuständigkeit der Sondergerichte – oder der Bestimmung des § 360 Ziffer 11 StGB verdrängt, wobei »Grober Unfug« stets vor den Amtsgerichten anzuklagen war.

3. Auslegungsprobleme und Konkurrenzfragen

Wie schon dargelegt, waren die Straftatbestände der einschlägigen Vorschriften weitgehend unpräzise. Dies galt und gilt auch für die hergebrachten Bestimmungen des Strafgesetzbuches über Beleidigung, üble Nachrede oder Verleumdung. In der NS-Zeit aber wurde die Unbestimmtheit der Tatbestände im Bereich der Äußerungsdelikte als Mittel zur Verfolgung politischer Zwecke instrumentalisiert. Dies führte in der strafrechtlichen Praxis zu massiven Abgrenzungs- und Auslegungsproblemen, was sich in den Erläuterungen und Kommentaren der juristischen Fachzeitschriften widerspiegelt.

Sogar das Reichsjustizministerium sah sich mit seiner Allgemeinen Verfügung vom 7.8.1935 veranlaßt, in die Diskussion einzugreifen: »Aus § 2 Abs. 3 des Gesetzes vom 20.12.1934 ergibt sich, daß nach der Ansicht des Gesetzgebers keineswegs jede Äußerung, die den Tatbestand des § 2 erfüllt, verfolgt werden soll. Wie die amtliche Begründung hervorhebt, soll vielmehr die Verfolgung, um die Waffe im Kampf gegen Staatsfeinde nicht abzustumpfen, im allgemeinen nur eintreten, wenn die Straflosigkeit der Tat im Interesse des Gemeinwohls und des Ansehens von Staat und Partei nicht tragbar wäre. In anderen Fällen ist der nationalsozialistische Staat stark genug, über törichtes Gerede von Nörglern und Besserwissern hinwegsehen zu können; auch widerspricht es dem ausdrücklichen Willen des Führers, daß sich auf dem Boden des § 2 Abs. 2 ein verächtliches Angebertum entwickelt.«[16]

Sollte also »törichtes Gerede von Nörglern und Besserwissern« nicht durch die Sondergerichte abgeurteilt werden, so konnten die Staatsanwaltschaften doch Anklage wegen »Groben Unfugs« vor den Amtsgerichten erheben. Denn entsprechende Äußerungen wurden als gröblicher Verstoß »gegen die allgemeine Verkehrssitte, gegen die Gesellschaftsordnung« oder als Gefährdung bzw. Verletzung der öffentlichen Ordnung verstanden. Gesetzeskonkurrenz zu Bestimmungen des Heimtückegesetzes sollte »nur dann gegeben sein, wenn die Tatbestände der beiden Strafandrohungen sich decken würden ... Das ist hier aber keineswegs der Fall; denn beide Gesetze schützen verschiedene Rechtsgüter, § 360 Ziff. 11 StGB das Publikum oder die öffentliche Ordnung, das Heim-

15 Ebenda, Anm. 1 zu § 134 b StGB.
16 DJ 1935, S. 1126.

tücke-G. das Wohl des Reiches, seine Regierung, die NSDAP und ihre Gliederungen.«[17]

Die Kommentare zu den Tatbestands- und Konkurrenzfragen im offiziellen Organ des Reichsjustizministeriums, der Deutschen Justiz (DJ), beschäftigten sich hauptsächlich mit fünf Komplexen, die im folgenden kurz dargestellt werden.

3.1. Zur Abgrenzung der §§ 1 und 2 des Heimtückegesetzes

Entsprach der Tatbestand des § 1 des Gesetzes im wesentlichen dem § 3 der »Heimtücke-Verordnung« vom 21.3.1933, indem beide *Tatsachenbehauptungen* unter Strafe stellten, wurde durch den § 2 des neuen Gesetzes eine, wie es hieß, bis dahin oft bedauerte Lücke geschlossen. Nun konnten auch *Werturteile* verfolgt werden. Dazu bemerkte der damalige Staatsanwalt Eduard Dreher: »§ 2 HGes. trifft nämlich nur solche Äußerungen, die aus einer bestimmten inneren Einstellung des Täters, Gehässigkeit, niedriger Gesinnung, Böswilligkeit oder dem Willen zur Hetze entspringen. Das Gesetz kämpft hier also gegen Schmähungen, die nicht nur durch ihren Gegenstand politisch bedeutsam erscheinen, sondern auch durch eine Gesinnung des Täters charakterisiert sind, die in der Überschrift des Gesetzes mit dem Ausdruck »heimtückisch« gekennzeichnet ist.«[18]

In einem Aufsatz über »Zweifelsfragen aus dem Heimtückegesetz« hieß es: »Auch für die Frage, ob § 1 oder 2 vorliegt, (wird) der *Wille* des Äußernden von entscheidender Bedeutung sein, namentlich dann, wenn die Äußerung bei objektiver Betrachtung dunkel und unklar erscheint. Wollte der Urheber ein bestimmtes Gerücht als Gegenstand eigenen Wissens hinstellen oder Mitteilungen von dritter Seite weitergeben, anderen etwas *erzählen,* so liegen die Voraussetzungen des § 1 vor; wollte er dagegen *schimpfen,* seinem Unmut, seiner Verbitterung, seiner staatsfeindlichen Gesinnung Luft machen, so dürften die Voraussetzungen des § 2 gegeben sein.«[19]

Diskursiv wurde die Frage behandelt, ob der § 2 im Verhältnis zu § 1 die subsidiäre Strafbestimmung sei. So schrieb der Ministerialdirigent im Reichsjustizministerium Dr. Crohne: »Maßgeblich bleibt der nach der Gesetzesgeschichte unzweifelhaft subsidiäre Charakter des § 2 gegenüber § 1, der es nicht verträgt, daß zwar für ›öffentliche‹ Äußerungen, die an sich nach § 1 und § 2 strafbar wären, das Strafmaß des § 1, für ›nichtöffentliche‹ dagegen das des § 2 entscheiden soll. Hinzu kommt, daß § 1 gegenüber § 2 die schärfere Bestimmung dargestellt, da § 2 zur Strafverfolgung eine besondere Anordnung des Reichsjustizministers erfordert.«[20]

Anderer Auffassung war Eduard Dreher: »Einmal hat die Handhabung des HGes. gezeigt, daß der Tatbestand des § 2 den des § 1 sehr bald praktisch überragte und diesem gegenüber der bei weitem umfassendere ist. § 2 trifft ja nicht

17 DJ 1935, S. 1126.

18 Eduard Dreher, *Konkurrenzverhältnisse im Heimtückegesetz vom 20. Dezember 1934,* in: DJ 1940, S. 1189 f.

19 Werner Becker, *Einige Zweifelsfragen aus dem Heimtückegesetz,* in: DJ 1936, S. 643.

20 Wilhelm Crohne, *Streitfragen aus dem Heimtücke-Gesetz (HG),* in: DJ 1935, S. 1407.

nur Meinungsäußerungen, sondern auch wahre Tatsachenbehauptungen, die in gehässiger Weise vorgebracht werden. Innerhalb der strafwürdigen politischen Äußerungen dürfte § 1 den verhältnismäßig kleineren Sektor herausschneiden, so daß man, wenn man schon an Gesetzeseinheit denken sollte, eher geneigt wäre, § 1 als lex specialis gegenüber dem § 2 anzusprechen. Dem steht aber die Wesensverschiedenheit der beiden Vorschriften entgegen, die m.E. auch die Annahme eines Subsidiaritätsverhältnisses hindert.«[21]

3.2. Zur Auslegung von § 1 Heimtückegesetz

In zahlreichen Fällen wurden Briefe ins Ausland abgefangen, in denen sogenannte Tatsachenbehauptungen im Sinne des § 1 Heimtückegesetzes aufgestellt worden waren. Diskutiert wurde in diesem Zusammenhang die Frage, ob hierin nur ein strafloser Versuch oder ein vollendetes Vergehen vorläge: »Unser kommendes Strafrecht soll noch in weit stärkerem Maße den Grundsatz eines Willensstrafrechts verwirklichen. Für die Beurteilung des verbrecherischen Willens ist es aber völlig gleichgültig, ob die das Wohl des Reichs schwer gefährdende Behauptung ihren Weg ins Ausland gefunden hat oder ob es einem glücklichen Zufall zu danken ist, daß die Greuelmeldung nicht über die Grenzen gelangte«.[22]

3.3. Zur Unterscheidung von »Heimtücke« und »Grobem Unfug«

Die Strafbestimmungen des § 2 Heimtückegesetz und des § 360 Ziff. 11 StGB konkurrierten »ideell; Gesetzeskonkurrenz liegt deshalb nicht vor, weil beide Gesetzesbestimmungen dem Schutze verschiedener Rechtsgüter dienen. Während § 2 HeimtG. in erster Linie das Vertrauen des Volkes zur politischen Führung sichern und schützen will, dient § 360 Ziffer 11 dem Schutze des Publikums im Interesse des ungestörten Zusammenlebens der Volksgenossen und im Interesse der öffentlichen Ordnung«.[23] – Den Betroffenen blieben die Feinheiten dieser Erörterung natürlich verschlossen. Aber auch die Staatsanwaltschaften klagten bei gleichen Äußerungen nach unterschiedlichen Strafvorschriften an, wie die Beispiele in dieser Arbeit zeigen werden.

3.4. Zum Verhältnis von Heimtückegesetz und den §§ 134 a und b StGB

Während zur Zeit der Weimarer Republik die Staatsform vor Angriffen geschützt werden sollte, sollte nun die sogenannte »Lebenswirklichkeit von Reich und Staat« das Schutzgut sein. Die Begriffe Reich und Staat wurden personalisiert: »Dabei fragt es sich, ob die öffentliche Beschimpfung oder böswillige Verächtlichmachung der Person des Führers auch einen Angriff gegen das Reich im Sinne des § 134 a StGB darstellt... Inzwischen hat man längst erkannt, daß die Trennung der Person des Führers als Repräsentanten des Reichs und als Führers der

21 Dreher, *Konkurrenzverhältnisse*, a.a.O., S. 1189 f.
22 Becker, *Zweifelsfragen Heimtücke*, a.a.O., S. 643.
23 Werner Becker, *Zweifelsfragen aus der sondergerichtlichen Praxis*, in: DJ 1937, S. 1284 ff.

NSDAP nicht mehr aufrechterhalten werden kann ... In diesem Sinne hat sich das Reichsgericht am 17.9.1935 auf den Standpunkt gestellt, daß derjenige, der den Führer und Reichskanzler öffentlich verunglimpfe, damit zugleich dem vom Führer verkörperten Deutschen Reich Eintrag tue.«[24] Schutzgut des § 134 b StGB sollte im übrigen nach der amtlichen Begründung die NSDAP als solche sein, während ihre leitenden Persönlichkeiten dem besonderen strafrechtlichen Schutz des § 2 Heimtücke-Gesetz unterstanden.

3.5. Zur Zuständigkeit der Sondergerichte für die Aburteilung von Straftaten im Vollrausch

Da der § 330 a StGB (Vollrausch) erst im November 1933 in das Strafgesetzbuch eingefügt wurde, konnte die Verordnung über die Bildung von Sondergerichten vom März 1933 über die Zuständigkeit für die Aburteilung dieses Delikts nichts enthalten. Weil aber viele politische Unmutsäußerungen im Zustande der Trunkenheit gemacht wurden, stellte sich die Frage, ob für solche Fälle gleichwohl die Sondergerichte zuständig sein sollten: »Es ist also darauf abzustellen, ob der Gesetzgeber die Zuständigkeit des Sondergerichts gewollt haben würde, wenn es eine dem § 330 a StGB entsprechende Bestimmung zur Zeit des Erlasses der Sondergerichtsverordnung schon gegeben hätte. Dies ist unbedenklich zu bejahen«.[25]

4. Zum Ablauf der Verfahren

Die erhaltenen Verfahrensakten, in denen wegen »Groben Unfugs« vor den Amtsgerichten Anklage erhoben wurde, sind relativ dünn und umfassen selten mehr als 20 Blatt. Am Anfang findet sich meist eine Anzeige oder Anzeigeaufnahme der Schutz- oder Ordnungspolizei. Von dort wurde der jeweilige Vorgang wegen seines politischen Charakters dann regelmäßig an die Geheime Staatspolizei (Gestapo) weitergeleitet. Selten kam es zur Anzeigeerstattung unmittelbar bei der Gestapo. Die Gestapo führte die Ermittlungen fort und nahm den oder die Beschuldigte/n meist in Polizei- oder »Schutzhaft«. Anschließend gab sie den Vorgang an die Staatsanwaltschaft ab.

Meist wurden die Vorgänge an die Geschäftsstelle 11 der Staatsanwaltschaft adressiert, die für gewöhnliche politische Verfahren zuständig war. Ließ der Fall jedoch einen besonderen politischen Hintergrund vermuten – etwa weil der Beschuldigte früher einer linksgerichteten Partei oder Organisation angehört hatte -, so wurde der Oberstaatsanwalt als Leiter der Anklagebehörde beim Sondergericht unmittelbar informiert. Der Oberstaatsanwalt holte dann über seinen Verbindungsreferenten zur NSDAP einen Bericht über den Beschuldigten beim zuständigen Kreisleiter der NSDAP ein. Dabei wurde nach dem Lebenswandel, den wirtschaftlichen Verhältnissen, der politischen Einstellung, dem Ruf und dem Verhalten des oder der Beschuldigten nach der »Machtergreifung« gefragt.

24 DJ 1937, S. 1286.
25 Kramer, *Zweifelsfragen aus der sondergerichtlichen Praxis*, in: DJ 1937, S. 1954 ff.

In einem vorgefertigten Fragebogen sollten die Kreisleiter unter anderem zu folgenden Punkten Stellung nehmen (die kursiv wiedergegebenen Antworten sind einem Beispielfall entnommen:)

> FRAGEBOGEN
> Es ist Auskunft zu erteilen über:
> Name: ...
> Gegenstand des Verfahrens: *Verg. ./. Heimt. Gesetz*
> In dem zu erstattenden Bericht sind insbesondere Aufklärungen zu folgenden Fragen erwünscht
> I. Zum persönlichen Ruf:
> 1. Was ist über den Lebenswandel des Angeklagten bekannt:
> *... ist ein ordnungsliebender Mensch.*
> b. Wie hat er sich nach dem 30.1.33 eingestellt?
> Wird die Hakenkreuzfahne gezeigt? *nein*
> Beteiligt er sich an Spenden für die NSV und WHW?
> *Die Ehefrau spendet fürs WHW*
> Wird der deutsche Gruß erwiesen? *nein*
> Beteiligt er sich an irgendwelchen Organisationen? *nein*
> Ist er bei irgendwelchen Gelegenheiten in die Erscheinung getreten? *nein*
> 2. In welchen wirtschaftlichen Verhältnissen lebt der Angeklagte?
> a. Wird öffentliche Unterstützung bezogen? *nein*
> ...
> 3. Welchen Ruf genießt der Angeklagte
> a. In der Nachbarschaft (hilfsbereit, streitsüchtig, usw.)?
> *Durch seine ablehnende Einstellung zur NSDAP nicht beliebt.*
> b. Auf seiner Arbeitsstelle (Auskunft des Betriebsobmannes ist erwünscht)?
> *Ist ein Meckerer und Miesmacher erster Güte.*
> II. Was ist über die politische Einstellung des Angeklagten bekannt?
> *Er erkennt die Maßnahmen des 3. Reiches nicht an.*[26]

Bei der Staatsanwaltschaft erfolgte anschließend die eigentliche »Weichenstellung« hinsichtlich des weiteren Vorgehens gegen den oder die Beschuldigte/n. Denn von der Staatsanwaltschaft wurde entschieden, ob wegen »Groben Unfugs« aus § 360 Ziff. 11 StGB, nach dem Heimtückegesetz oder gar wegen Vorbereitung zum Hochverrat Anklage erhoben werden sollte. In der Regel sind die damit in Zusammenhang stehenden Erwägungen allerdings nur in kurzen handschriftlichen Notizen festgehalten, die sich in den Handakten finden. Wurde dabei ein Verdacht auf Vorbereitung zum Hochverrat angenommen, so war das Verfahren an den Oberreichsanwalt beim Volksgerichtshof abzugeben.[27] Sollte Anklage aus dem Heimtückegesetz erhoben werden, mußte zuvor dem Reichsjustizministeri-

26 Fragebogen aus dem Verfahren 11 Js Sond. 1127/39, Urteil vom 16.2.1940 (Rep-Nr. 773/40).
27 Art. III, § 3 des Gesetzes zur Änderung von Vorschriften des Strafrechts und des Strafverfahrens vom 24.4.1934, RGBl. I, S. 341.

um Bericht erstattet werden.[28] In Zweifelsfragen erfolgte zudem die Einschaltung des Generalstaatsanwalts.

In den Fällen, in denen wegen »Groben Unfugs« Anklage erhoben wurde, stellte die Staatsanwaltschaft beim Amtsgericht meist auch den Antrag, die Sache im Schnellverfahren zu erledigen. Solchen Anträgen wurde nahezu durchweg stattgegeben. In den Akten finden sich dann nur noch die Ladungen zur Hauptverhandlung, ein dürres Sitzungsprotokoll und ein meist zwei- bis dreiseitiges, maschinenschriftliches Urteil. Die Verfahrensakten enden in der Regel mit Mitteilungen über Strafantritt und -ende bei Freiheitsstrafen oder Quittungen über die Einzahlung bestimmter Beträge bei Geldstrafen.

5. Nonverbale Äußerungen/Interjektionen

»Rot-Front«- oder »Heil Moskau«-Rufe, das stumme Heben der Faust, das Singen der Internationale oder anderer kommunistischer Lieder waren tradierte Rituale aus der »Kampfzeit«.[29] Sie fanden ihre Fortsetzung nach dem 30.1.1933, wenn sich einzelne Personen – meist in angetrunkenem Zustand – »Luft machen« wollten, sei es, daß sie sich durch Uniformträger herausgefordert fühlten, beim Abgang aus »Verkehrslokalen« ein Signal setzen oder einfach provozieren wollten. Widerstand in Form der Erweisung des kommunistischen Grußes läßt sich lediglich in einem Fall erkennen: Bei der Beisetzung der Frau V., von der man wußte, daß sie Kommunistin gewesen war, erhoben einige Teilnehmer der Trauerfeier die rechte Faust zum »Rot-Front«-Gruß, bis der Sarg verschwunden war.[30]

Unmutsäußerungen dieser Art sind auch von anderen, in der juristischen Literatur erörterten Beispielen her bekannt: »Der Angeklagte hat in einer Wirtschaft in Anwesenheit mehrerer Personen auf den Gruß eines die Wirtschaft betretenden Gastes ›Heil Hitler‹ von seinem Tisch aus deutlich erwidert ›Heil London‹. Er ist wegen groben Unfugs verurteilt worden. Seine Revision wurde zurückgewiesen. Die Ansicht der Revision, der Ruf ›Heil London‹ als Erwiderung des Grußes ›Heil Hitler‹ stelle keine Herabsetzung des Deutschen Grußes dar, kann nicht gebilligt werden. Der Gruß ›Heil Hitler‹ ist für die überwiegende Mehrheit des deutschen Volkes nicht nur Ausdruck für die tiefe Verehrung der Persönlichkeit des Führers, er ist darüber hinaus auch zum äußeren Symbol der wiederhergestellten Ehre und des erwachten nationalen Bewußtseins des deutschen Volkes überhaupt geworden. Gerade deshalb nennt das Volk den Gruß ›Heil Hitler‹ den Deutschen Gruß. Wenn nun schon die bloße Verweigerung bzw. Unterlassung der Erwiderung des Deutschen Grußes von jedem deutschen Volksgenossen, der diesen Namen verdient, als störend und belästigend empfun-

28 § 2 Abs. 3 Heimtücke-Gesetz. Allgemeine Verfügung (AV) des RJM vom 7.8.1935, in: Deutsche Justiz 1935, S. 1126.

29 Auf einem Werbemarsch der SA in Ottensen wurden zum Beispiel am 11.7.1932 zwei Zuschauer, die »Heil Moskau« gerufen hatten, niedergeschlagen; vgl. Wolfgang Kopitzsch: *Der »Altonaer Blutsonntag«*, in: Arno Herzig/Dieter Langewiesche/Arnold Sywottek (Hrsg.), Arbeiter in Hamburg, Hamburg 1983, S. 511.

30 11 Js Sond. 968/35, Urteil vom 24.5.1935 (Rep-Nr. 4781/35).

Abb. 1

Kommunistische Agitation im Gängeviertel 1932.
Quelle: Archiv der Staatsanwaltschaft Hamburg, Strafakte 11 Js Sond. 1342/35, Rep.-Nr. 6682/36.

den wird, so muß dies erst recht für den Austausch des Deutschen Grußes mit dem Namen einer ausländischen Hauptstadt gelten«.[31]

Rufe dieser Art konnten auch als Vorbereitung zum Hochverrat abgeurteilt werden, wie folgender Fall zeigt: »Am 20.1.1934 befand sich der Zeuge G. auf der Sonnenstraße in M. in einem Gespräch mit einem Arbeitskollegen. In dieser Straße, die früher in dem Rufe stand, fast nur kommunistische Bewohner zu haben, befanden sich zu gleicher Zeit noch mehrere Gruppen von Personen auf der Straße. Der Angeklagte ging an dem Zeugen vorüber und rief diesem und dessen Arbeitskollegen den Gruß »Heil Moskau« zu. Nach kurzer Zeit kam der Angeklagte zurück, begrüßte die Zeugen wiederum mit dem Gruße »Heil Moskau«, und als er aufgefordert wurde, derartige Äußerungen zu unterlassen, erwiderte er: ›Wo ich Funken hinstreue, da gehen sie auch auf.‹ Des weiteren erging er sich in Beschimpfungen über die Reichsregierung. Der Angeklagte wurde wegen Vorbereitung zum Hochverrat nach § 80 StGB a.F. verurteilt. Aus den Gründen: Die KPD. erstrebt die gewaltsame Änderung der Verfassung des Deutschen Reiches und die Errichtung einer Arbeiter- und Bauernrepublik nach sowjetischem Muster. Zur Vorbereitung dieses Ziels bedienen sich die Anhänger der KPD. der verschiedensten Mittel. Eine besondere Art der Werbung stellt die Auslösung von Unzufriedenheit mit der bestehenden Regierung und die Verbreitung kommunistischer Ideen von Person zu Person dar. Zu diesem Zweck wird auch in aller Öffentlichkeit das Zusammengehörigkeitsgefühl der früheren Gesinnungsgenossen durch Anwendung des kommunistischen Grußes und ähnlicher Äußerungen gestärkt«.[32]

Von den 109 in Hamburg erhaltenen Strafverfahren, in denen die Angeklagten wegen »Groben Unfugs« verurteilt wurden, handeln 24 von »Rot-Front«- und »Heil Moskau«-Rufen sowie dem Singen kommunistischer Lieder. Auch wer irgendwo Parolen niederschrieb, konnte verurteilt werden. Ein Ewerführer aus Hamburg hinterließ zum Beispiel die Parole »Buttsche-Rot Front« an der Toilettenwand des Schuppens 46. Er erhielt zwei Wochen Haft. Fünf Tage Haft erhielt ein Arbeiter, der beim Abbruch der Siedlung Groß Borstel »KPD« an ein Holzhaus gemalt hatte.[33] Auch nichtverbale Äußerungen kamen vor Gericht. Nachdem eine Frau sich beim Vorübergehen an einer Geschäftsstelle der NSDAP, aus deren offenem Fenster durch einen Rundfunklautsprecher eine Hitlerrede übertragen wurde, ostentativ die Finger in die Ohren gesteckt hatte, wurde sie deshalb bestraft.[34] Groben Unfugs wegen wurde auch der Malermeister W. aus Hamburg zu drei Wochen Haft verurteilt. Er hatte Anschläge der NSDAP und der DAF von seiner Haustür entfernt. Im Urteil hieß es:

31 OLG Köln, in: DJ 1937, S. 286. Überliefert sind auch andere Rufe: So soll ein Zuhörer in der Berliner Staatsoper »Heil Mozart!« gerufen haben, als bekannt wurde, daß der langjährige Generalmusikdirektor Erich Kleiber zur Emigration gezwungen worden war. Vgl. Gabriele Toepser-Ziegert (Bearb.), *NS-Presseanweisungen der Vorkriegszeit. Edition und Dokumentation*, Bd. 3, 1. Teil: 1935, München/London/New York/Oxford/Paris 1987, S. 78.

32 OLG Hamm, in: DJ 1934, S. 1094.

33 11 Js 1594/38, Urteil vom 29.11.1938 (Rep-Nr. 181/39); 11 Js 2034/35, Urteil vom 5.11.1935 (Rep-Nr. 5006/35).

34 KG, 1. Strafsenat, Urteil vom 8.1.1935, in: DJ 1935, S. 117.

»Das Gericht hat die Überzeugung erlangt, daß er durch Abreißen der Anschläge seiner feindseligen Einstellung gegenüber dem heutigen Staat hat Luft machen wollen ... Die Beweisaufnahme hat im übrigen ergeben, daß der Angeklagte sich bei Sammlungen und Amtsträgern der Partei oder der DAF gegenüber stets ablehnend verhalten hat. Er hat auch ohne stichhaltigen Grund an der Wahl zum Großdeutschen Reichstag am 10. April 1938 nicht teilgenommen. Der Angeklagte hat seine Nichtteilnahme an der Wahl damit zu entschuldigen versucht, daß er sich über das angeblich unkorrekte Verhalten eines Wahlschleppers geärgert habe ...« Der Verbindungsreferent der NSDAP zur Staatsanwaltschaft hatte W. auf Anfrage ganz anders beurteilt: »In Nachbarskreisen, ebenso von seinem Blockleiter, wird W. als ein ruhiger, strebsamer und nüchterner Vg. (Volksgenosse, Anm. d. Verf.) bezeichnet«.[35]

Nachdem das Reichsinnenministerium am 26.4.1935 den Erlaß herausgegeben hatte, »daß beim Spielen oder Singen des Deutschland- und des Horst-Wessel-Liedes anläßlich öffentlicher Veranstaltungen im Freien von den nichtuniformierten männlichen Teilnehmern neben der Erweisung des deutschen Grußes auch die Kopfbedeckung abzunehmen ist«,[36] wurde sogar das Nichterweisen des »Deutschen Grußes« als »Grober Unfug« bestraft. In den Hamburger Strafakten gibt es dafür fünf Beispiele. Weil er eine vorbeimarschierende Gruppe der Partei und der DAF nicht grüßte, wurde ein Angeklagter zu 40 RM Geldstrafe verurteilt. Jemand, der den Arm nicht hob, als nach einer öffentlichen Versammlung der NSDAP das »Hoch auf den Führer« erbracht und das Horst-Wessel-Lied gesungen wurde, erhielt sechs Wochen Haft. Jeweils zwei Wochen Haft erhielten der Straßenbahn-Schaffner N. und der arbeitslose Kapitän A.. N. behielt bei einer »Führerparade« auf dem Heiligengeistfeld seine Kopfbedeckung auf, A. erhob beim Auslaufen des KdF-Schiffes »Monte Olivia« nicht den Arm. Bei einer Feier zur Verleihung des Mütterehrenkreuzes, als am Schluß das »Sieg Heil« auf den »Führer« gerufen wurde, hoben zwei Söhne einer geehrten Mutter nicht ihre Arme. Dafür mußten sie vier beziehungsweise sechs Wochen in Haft.[37]

6. Verbale Äußerungen

Die meisten Verurteilungen nach der Strafvorschrift über »Groben Unfug« betrafen verbale Äußerungen. Die folgende Tabelle gestattet eine Übersicht.

Während ein Rückgang bei Heimtückeanklagen erst ab 1937 zu vermerken war (vgl. Kapitel 10: »Umfang und Intensität der Verfolgung«), gingen die Verfahren wegen »Groben Unfugs« in Hamburg seit 1936 auffallend zurück. Über beide Straftatbestände – ohne jedoch zwischen ihnen zu differenzieren – berichtete das Reichsjustizministerium regelmäßig in seiner Zeitschrift »Deutsche Justiz«. Als Erklärungen für den Rückgang der Anklagen wurden darin vor allem zwei Gesichtspunkte hervorgehoben. Einmal bezog man sich auf eine zuneh-

35 8 PLs 2487/38, Urteil vom 23.1.1939 (Rep-Nr. 4758/39).

36 DJ 1935, S. 694, 1020.

37 11 Js 415/36, Urteil vom 23.1.1936 (Rep-Nr. 6732/36); 11 Js 876/36, Urteil vom 9.6.1936 (Rep-Nr. 8527/36); 11 Js 694/37, Urteil vom 8.7.1937 (Rep-Nr. 6961/37); 11 Js 1528/37, Urteil vom 3.9.1937 (Rep-Nr. 7992/37); 11 Js 1296/39b, Urteil vom 16.6.1939 (Rep-Nr. 5564/39).

Verurteilungen	1935	1936	1937	1938	1939
Verbale Äußerungen, verurteilt nach § 360 Ziff. 11 StGB	25	11	8	–	4
Nonverbale Äußerungen, Interjektionen, verurteilt nach § 360 Ziff. 11 StGB	13	6	7	2	4
Verbale Äußerungen (Beschimpfung des Reichs), verurteilt nach § 134 a StGB	6	1	–	–	–
Verbale Äußerungen im Vollrausch, verurteilt nach § 330 a StGB	2	3	–	–	1
Interjektionen im Vollrausch, verurteilt nach § 330 a StGB	–	–	1	–	1[38]

mend abgewogene gesellschaftspolitische Verantwortung bei der Anordnung der Strafverfolgung: Es ... »soll jedesmal geprüft werden, ob nicht trotz der Häßlichkeit der Äußerung mit Rücksicht auf die Person des Täters sowie Zeit und Ort der Tat dem Volksempfinden eine Verzeihung tragbar und ausreichend erscheint.«[39] Zum anderen konstatierte man eine Änderung der Inhalte heimtückischer Äußerungen von »regelrechter Greuelpropaganda« hin zu »inhaltslosen Meckereien am Biertisch«, so daß trotz Zunahme der Anzeigen die Anordnung der Strafverfolgung eingeschränkt wurde.[40]

Für diese »Biertisch«-Deutung spricht manches. So wurden von den Hamburger Fällen »Groben Unfugs« 38 Äußerungen in angetrunkenem Zustand getan, davon 15 in Wirtschaften. Lediglich neun Äußerungen erfolgten in nüchternem Zustand. Die wenigen – insgesamt 40 – erhaltenen Hamburger »Heimtücke«-Verfahren aus der Vorkriegszeit ergeben ein ähnliches Bild: In sieben Fällen waren die Angeklagten angetrunken, zu fünf Äußerungen kam es dabei in Gastwirtschaften. Hinzu kommen fünf weitere Äußerungen, die in Kneipen fielen, bei denen aus den Akten aber nicht ersichtlich ist, ob die Angeklagten angetrunken waren. Bei den zehn überlieferten Sondergerichtsurteilen nach §§ 134 a und b StGB waren alle Angeklagten angetrunken; dabei war es in sechs Fällen zu Äuße-

38 In Hamburg wurden die Akten nach Reponierungsnummern archiviert, entgegen der sonst üblichen Praxis der Ablage nach den Aktenzeichen des Ermittlungs- oder Hauptverfahrens. Deshalb finden sich in den einzelnen Reponierungsjahrgängen Vorgänge unterschiedlicher Jahre.

39 Crohne, *Streitfragen*, a.a.O., S. 1406.

40 Wilhelm Crohne, *Die Strafrechtspflege 1937*, in: DJ 1938, S. 7 ff.

rungen in Wirtschaften gekommen.[41] Neben zahlreichen Gelegenheitsäußerungen und dem »Sich-Luft-Machen« stechen zwei Äußerungsimpulse besonders hervor:

1. Äußerungen im Zusammenhang mit Reden Hitlers, der Gauleiter oder von Nachrichtensendungen im Radio;
2. Äußerungen im Zusammenhang mit Verärgerung oder Unzufriedenheit über die wirtschaftliche Lage.

Im folgenden sollen einige Beispiele solcher Äußerungen zur Veranschaulichung vorgestellt werden:

- Gastwirtschaft. Übertragung einer »Führerrede«:
  »Welcher Strauchritter spricht denn jetzt wieder, ach so, das ist ja Adolf Hitler; er verkohlt das Volk; die Leute haben nichts zu fressen und schreien noch immer Heil Hitler.«
  Urteil: 4 Wochen Haft.[42]
- Konditorei Alter Steinweg. Runkfunkübertragung der Saarrede Gauleiter Bürckels, 9.1.1935:
  Es sei nicht zu begreifen, »daß man solchen Quatsch noch anhöre und daß die Geschäfte für eine solche Übertragung noch die Radioapparate anstellen«.
  Auf einen Obertruppführer der SA deutend: »Die Hunde habe ich gefressen!«
  Angeklagter singt: »Wir lieben die blaue See und nicht die NSDAP.«
  Urteil: 1 Woche Haft.[43]
- Wirtschaft Schulterblatt. Rundfunknachrichten über den Spanischen Bürgerkrieg mit Kommentar:

Rundfunk:	Kommentar:
Wenn in Deutschland eine Volksfrontregierung wäre, hätten wir hier auch Bürgerkrieg.	»Dot kriegt wi so wi so«
Deutsche Schiffe in Spanien	»Wat dot se dor?«
Dampfer »Kamerun« kein Kriegsmaterial an Bord	»Heppt se doch hatt«
Erschießung von Geiseln durch Rote	»Dat ist ganz recht, dat dat se dat mokt«

  Urteil: 4 Wochen Haft.[44]
- Adolf Hitler-Platz. Aufmarschierende SS-Verfügungstruppe.
  Äußerung: »Dat ist ne Gemeinheit, dat mutt man sich nu gefallen loten, mit opgeplanten Sidengewehr marschiert de hier lang.« – Übertragung einer Rede aus Nürnberg: »Wir sind Nationalsozialisten!« Äußerung: »Wir sind aber keine!«

41 Vgl. Kramer, *Einige Zweifelsfragen aus dem Heimtückegesetz*, in: DJ 1936, S. 644: »Der Typ des Bierbankpolitikers und der Kaffeeklatschbase, die vielfach ohne politische Motive sich zu gehässigen Bemerkungen hinreißen lassen, ist scharf zu unterscheiden vom Typ des ernst zu nehmenden Staatsfeindes, des Agitators, der bewußtermaßen eine zersetzende Stimmungsmache gegen den neuen Staat und die ihn tragende Bewegung betreibt. Im Volke, auch bei vielen unteren Partei- und Staatsdienststellen herrscht hierfür, wie der tägliche Eingang der Anklagebehörden bei den Sondergerichten zeigt, noch nicht das wünschenswerte Verständnis.«

42 11 Js 1109/35, Urteil vom 20.6.1935 (Rep-Nr. 2151/35).

43 11 Js 106/35, Urteil vom 28.1.1935 (Rep-Nr. 2740/36).

44 11 Js 1935/36, Urteil vom 24.11.1936 (Rep-Nr. 2432/37).

Urteil: 60 RM Geldstrafe.[45]

- Vor Konfitürengeschäft Bartelstraße, vormittags:
  »Hier müssen die Mädchen arbeiten von früh bis abends, sie verdienen nichts und abends müssen sie auf den Strich gehen, damit sie leben können. Das nennt sich heute die Regierung.«
  Urteil: 2 Wochen Haft.[46]
- Gastwirtschaft gegenüber einem Politischen Leiter der DAF:
  »Heil Moskau«. »Ihr werdet niemals Träger des Staates sein, Arschlöcher seid Ihr. Meister und Gesellen werdet Ihr niemals zusammenbringen.«
  Urteil: 3 Wochen Haft.[47]
- Straßenbahn auf dem Wege zur Pflichtarbeit nach Geburtstagsfeier. Angebliche Äußerungen:
  Er sei sich bewußt, zu welcher Klasse er gehöre. Heute würden 52 Stunden Arbeit für RM 16 verlangt; man dürfe aber nichts sagen, sonst würde einem die Rübe abgehackt. Wir sollten uns mal beruhigen, noch sei die KPD nicht tot. Der Tag würde kommen, an dem die KPD einmal selbst Rüben abhacken würde. Da würden wir noch staunen. Am Blutsonntag in Altona habe er zwei Brüder verloren, die feige um die Ecke gebracht worden seien. Es müßten zwar noch viele Tausend daran glauben; aber das mache nichts; die Saat würde um so herrlicher aufgehen und daher sei er auch zu jeder Zeit gern bereit, auch seine Rübe abhacken zu lassen.
  Urteil: 3 Wochen Haft.[48]
- Vor Zeitungsauslage: Meldung der Hochzeit Görings in Anwesenheit Hitlers:
  »Die drei leben mal wieder in ihrem Fett, und der Prolet kann weiter zu Grunde gehen.«
  Urteil: 3 Wochen Haft.[49]
- Kino Süderstraße. Wochenschau: Göring beschert zu Weihnachten Kinder :
  »Hermann kann auch anders. Ich war heute bei der Wohlfahrt. Ich habe nichts bekommen. Ich bin ja auch geistig minderwertig, aber lot man, dat giwt ja bald Krieg. Dann wollen wir mal sehen, wo die mit ihrem Ehrendolch abbleiben.«
  Urteil: 3 Wochen Haft.[50]
- Wohlfahrtsstelle. Angeklagter beantragte Ausgehhose, erhielt aber lediglich Arbeitshose. Beim Verlassen des Zimmers Erwiderung auf Hitler-Gruß:
  »Heil Hitler ist Mist. Rot Front.«
  Urteil: 6 Wochen Haft.[51]

45 11 Js 1550/36, Urteil vom 5.10.1936 (Rep-Nr. 8104/40).

46 11 Js 1621/35, Urteil vom 21.9.1935 (Rep-Nr. 4395/35).

47 11 Js 1691/35, Urteil vom 18.10.1935 (Rep-Nr. 5700/35.)

48 11 Js 3661/34, Urteil vom 25.4.1935, Berufungs-Urteil vom 5.7.1935 (Rep-Nr. 227/36). Der Angeklagte bestritt die Äußerungen vor der Polizei, gegenüber der Gestapo und in beiden Gerichtsverhandlungen. Es gab nur einen einzigen Belastungszeugen, der die Äußerungen vernommen haben wollte. Beiden Verurteilungen lagen sehr einseitige Beweiswürdigungen durch die offenbar voreingenommenen Gerichte zu Grunde.

49 11 Js 1087/35, Urteil vom 3.7.1935 (Rep-Nr. 322/36).

50 11 Js 2076/35, Urteil vom 21.2.1936 (Rep-Nr. 3703/36).

51 11 Js 1715/36, Urteil vom 24.10.1936 (Rep-Nr. 1276/37).

- Nach Feierabend in der Hochbahn:
  Schimpft auf die Regierung, »daß die Bonzen den Arbeitern ihre Fettpakete und Schmalzstullen geben sollten, dann brauchte niemand trockenes Brot zu essen. Statt den Frauen Ehrenkreuze zu geben, sollte man sie lieber finanziell unterstützen, zumal man ihnen ja doch die Zahl der Kinder vorschreibe. Seine 18jährige Tochter hätte ihm zwar gesagt, daß man opfern müßte, das sei aber großer Quatsch, denn er arbeite nicht um zu opfern, sondern um zu genießen. Wenn es mal wieder Krieg gäbe, dann würden sich die Arbeiter schon den Staat erkämpfen, den sie haben wollen.«
  Urteil: 4 Wochen Haft.[52]
- Nach Zechtour an Bord einer Barkasse:
  Der US-amerikanische Seemann G. pfiff die Internationale und erwiderte auf eine diesbezügliche Zurechtweisung: »Fucking Hitler.« Im Urteil hieß es: »In der Nacht vom 7. auf 8. September 1935 (Sonnabend auf Sonntag) hatte der Angeklagte mit Kameraden auf St. Pauli gezecht und benutzte um 2 Uhr 30 morgens die Fähre 7, um an Bord seines Schiffes zu gehen. Der Angeklagte war ziemlich angetrunken. Nachdem der Angeklagte an Bord der Fähre zunächst Bruchstücke einiger deutscher Lieder gesungen hatte, begann er die Internationale zu pfeifen. Als der Angeklagte nun von dem gleichfalls an Bord der Fähre befindlichen Zeugen W. darauf hingewiesen wurde, daß derartige Lieder in Deutschland unerwünscht seien, daß es hier nur eines gebe, und zwar ›Heil Hitler‹, sagte der Angeklagte mit verächtlicher Miene ›Focking Hitler‹. Eine eindeutige Klärung dieses Ausdruckes ist dem Gericht nicht möglich gewesen. Man kann aber doch wohl als feststehend annehmen, daß es ein Ausdruck ist, der in amerikanischen und englischen Seemannskreisen zwar sehr häufig, aber doch auch in herabsetzender Weise gebraucht wird. Eine gänzlich einwandfreie Übersetzung war auch dem beeidigten Dolmetscher Kapitän O. nicht möglich.«
  Urteil: 4 Wochen Haft.[53]

Daß die kommunistische Vergangenheit eines Angeklagten zu weitgehender Ausschöpfung des Strafrahmens, die Mitgliedschaft in einer NS-Formation dagegen oftmals zu milder Bestrafung führte, zeigen die beiden folgenden Fälle:

- Der stark angetrunkene Seemann P. fragte vor dem neu eröffneten Mädchenheim Rothe Soodstraße einen SA-Mann, ob dort nicht mehr das internationale Seemannsheim sei. Als der SA-Mann dies verneinte, fing er sofort an, laut zu schimpfen. Er äußerte dabei unter anderem: »Das Haus ist mit unseren Geldern bezahlt. Man hat es uns gestohlen. Ich werde mich aber im Ausland dafür rächen. Die SA-Leute sind alle Lumpen und Schweinehunde.« Die Äußerungen wurden vom Amtsgericht als Kollektivbeleidigung der SA gewertet und unter § 185 StGB subsumiert. Zur Strafzumessung hieß es, gegen den Seemann P. falle erschwerend ins Gewicht, daß er 1933 zu neun Monaten Ge-

52 11 Js 1164/39, Urteil vom 26.5.1939 (Rep-Nr. 7878/39).
53 11 Js 1700/35, Urteil vom 14.9.1935 (Rep-Nr. 4015/35).

fängnis verurteilt wurde, weil er im Hamburger Hafen kommunistische Flugblätter verteilt hatte.
Urteil: 6 Monate Gefängnis.[54]

- Der kaufmännische Angestellte R., SA-Mann, hatte zusammen mit einem Kameraden Passanten belästigt, indem er »alberne Redensarten« führte, wie das Gericht befand, und ihnen den Weg versperrte. Als ein Passant erklärte »Unser Führer würde ein solches Benehmen bestimmt nicht billigen«, versetzte R. ihm mehrere Faustschläge ins Gesicht. Obwohl R. sich schon einmal ähnlich aufgeführt hatte und das Gericht ihm ein »rüpelhaftes Benehmen« attestierte, hieß es im Urteil: »Mildernd fielen die Jugend sowie die völlige Unbescholtenheit des Angeklagten ins Gewicht.«
  Urteil: 120 RM Geldstrafe; Reststrafe von 40 RM erlassen.[55]

7. Beispiele aus Urteilsbegründungen

Selbst die Sanktionierung dieser nonkonformen Äußerungen – durchweg Bagatellsachen – wurde eingehend begründet. Dabei unterschied sich die Rechtsprechung der Amtsgerichte offenbar kaum von derjenigen anderer Gerichte. Mit weitschweifigen politischen Ausführungen wurden die Verurteilungen gerechtfertigt. Die folgenden Beispiele aus Urteilsbegründungen geben das Spektrum entsprechender Kraftanstrengungen Hamburger Richter wieder:

- »Es ist mehrfach in der Rechtsprechung ausgeführt worden, daß durch solche Meckereien und Stänkereien der äußere Bestand der öffentlichen Ordnung erheblich gefährdet wird, da das Deutsche Volk in seiner überwiegenden Mehrheit nicht gewillt ist, solche oder ähnliche Meckereien oder Stänkereien ruhig hinzunehmen. Es ist sehr wohl möglich, daß Volksgenossen darüber in eine derartige Erregung geraten, daß sie den Meckerer durch eine wohl verdiente Tracht Prügel darüber belehren wollen, daß er sich durch sein Verhalten außerhalb der Volksgemeinschaft stellt, wenn er, wie hier, in einem öffentlichen Lokal in einer ganz besonders erhebenden Stunde sich ungebührlich aufführt. Die hierdurch verursachten Folgen führen aber zu einer Störung des äußeren Bestandes der öffentlichen Ordnung.«[56]
- »Die Behauptung, die deutsche Regierung und das deutsche Volk wollten den Krieg, ist eine der infamsten Beschimpfungen des deutschen Reiches, die überhaupt denkbar ist; ganz besonders in einem Zeitpunkt (April 1935, Anm. d. Verf.), in dem die Weltöffentlichkeit nur allzu geneigt ist, nach dem System des Versailler Vertrages alle Schuld auf Deutschland abzuschieben.«
  (Der Angeklagte wurde wegen Vollrausches zu 150 RM Geldstrafe verurteilt. Er hatte in einer Wirtschaft in der Langen Reihe geäußert: »Deutschland sei das kriegslüsternste Volk der Welt. Wenn das so weiterginge, hätten wir am 1. Juni Krieg!«).[57]

54 11 Js 3418/34, Urteil vom 9.4.1935 (Rep-Nr. 142/36).
55 11 Js 679/35, Urteil vom 13.5.1935 (Rep-Nr. 148/36).
56 11 Js 106/35, Urteil vom 28.1.1935 (Rep-Nr. 2740/36).
57 11 Js 985/35, Urteil vom 31.5.1935 (Rep-Nr. 5757/36).

Abb. 2

Blick auf die Stammkneipe Ernst Thälmanns 1932.
Quelle: Archiv der Staatsanwaltschaft Hamburg, Strafakte 11 Js Sond. 1346/35, Rep.-Nr. 6682/36.

- »Ihm war vorzuhalten, daß es sich am 27.3.1936 bei der Führerrede nur darum handelte, von allen Volksgenossen eine Bestätigung der Handlungsweise des Führers zu erhalten in dem Sinne, daß das zu Deutschland gehörige Rheinland wieder vollkommen von allen Bestimmungen des Versailler Vertrages frei würde, anläßlich des Vertragsbruches seitens der französischen Regierung, die durch ihr unstatthaftes Bündnis mit der Sowjetregierung, wie vor dem Weltkriege, die militärische Umklammerung Deutschlands in die Wege geleitet hatte. Es handelte sich also nur um die Geltendmachung eines Rechts des Deutschen Volkes, in dem zum Deutschen Reich gehörigen Rheinland frei schalten und walten zu können. Der Angeklagte hatte also aus sich heraus nicht den geringsten Anlaß, aus etwa irgendwelchen innenpolitischen Gründen bei dieser Gelegenheit gegen die nationalsozialistische Regierung gewissermaßen durch seine Worte zu demonstrieren.«
  (Der Angeklagte wurde wegen »Groben Unfugs« zu 6 Wochen Haft verurteilt. Er hatte auf dem Gelände von Blohm & Voss anläßlich der Übertragung der »Führerrede« am 27.3.1936 geäußert: »Wo ist hier KPD?«).[58]

Die Beobachtungen Hüttenbergers, daß von den Verfolgungen wegen »Heimtücke« vorwiegend die »kleinen Leute« betroffen waren, setzten sich nach unten, also bei der Verfolgung wegen »Groben Unfugs«, fort. Von den 113 Angeklagten der 109 Verfahren waren:

Arbeiter in Industrie und Gewerbe:	40 = 35,4 %
Seeleute:	5 = 4,4 %
Nicht selbständige Handwerker:	19 = 16,8 %
Kleine Rentner:	2 = 1,7 %
Handelsvertreter:	6 = 5,3 %
Zusammen:	72 = 63,7 %

Angestellte waren in 16 Fällen betroffen, Hausfrauen in drei Fällen, und in einem Fall fehlt die Berufsangabe, so daß 21 Fälle (= 18,5 %) übrig bleiben, die der oberen Mittelschicht zugeordnet werden können. Darunter waren 13 Selbständige mit weniger als 20 Beschäftigten wie Kohlenhändler, Ewerführer, Kaufleute, Funkoffiziere und Kapitäne. Altersmäßig überwogen die 40- bis 50-Jährigen (40 Fälle), gefolgt von den 30- bis 40-Jährigen (31 Fälle).

8. Heimtückefälle – Verurteilungen vor dem Sondergericht

Die Überlieferung von Heimtückesachen in Hamburg ist dürftig, weil die entsprechenden Akten als Sondergerichts-Verfahren zu einem großen Teil in den letzten Wochen der NS Herrschaft gezielt vernichtet worden sind. Vergleiche mit den Verfahren wegen »Groben Unfugs« und Beleidigung, die vor den Amtsgerichten verhandelt wurden, sind daher nur bedingt möglich. Gleichwohl läßt sich ein Bild über die Heimtücke-Verfahren gewinnen, da nicht nur einzelne Akten der Vernichtung entgangen sind, sondern nach Kriegsende im Zusammenhang mit Wiedergutmachungsfragen, Straftilgungen und sonstigen Anfragen oft sogenannte Notakten angelegt wurden, die in der Regel auch Urteilsabschriften ent-

58 11 Js 582/36, Urteil vom 14.4.1936 (Rep-Nr. 7200/36).

halten. Allgemein läßt sich feststellen, daß Heimtücke-Verfahren meist längere Ausführungen zu Grunde lagen, als dies bei Vorgängen der Fall war, die als »Grober Unfug« abgeurteilt wurden. Im folgenden sollen einige Beispiele heimtückischer Äußerungen vorgestellt werden, die in etwa das Spektrum der in Hamburg überlieferten Fälle wiedergeben:

- Der 31 Jahre alte Angeklagte G., Matrose, »erschien nach dem Besuch verschiedener anderer Wirtschaften am 26. November 1934 um 23.30 Uhr in angetrunkenem Zustand in der Gastwirtschaft Schröder in der Markusstraße und äußerte sich ohne jede Veranlassung dahin, das Winterhilfswerk sei ein großer Schwindel und eine Schweinerei. Das gesammelte Geld werde von den hohen Herren verpraßt und vertan; die Regierung gebe es auch für Kriegszwecke aus. Ab Mitte Januar werde ganz bestimmt Krieg kommen. ... G. verließ die Wirtschaft mit dem Gruß: Rot Front!.« In der Urteilsbegründung hieß es: »Der Ruf ›Rot Front!‹ stellt keine besondere strafbare Handlung dar, sondern charakterisiert nur die kommunistische Einstellung des Angeklagten, aus welcher heraus er gehandelt hat. G. hat sich eines Vergehens gegen § 1 des Gesetzes vom 20. Dezember 1934 schuldig gemacht; dies ist anzuwenden, weil es gegenüber der Verordnung vom 21. März 1933 das mildeste Gesetz ist (§ 2 Abs. 2 StGB).[59] ... Bei der Zumessung der Strafe war für das Gericht entscheidend, daß der Angeklagte aus seiner staatsfeindlichen Einstellung heraus gehandelt hat und eine unwahre Behauptung aufgestellt hat, wie sie gemeiner wohl kaum gedacht werden kann. Solchen Saboteuren des nationalsozialistischen Aufbauwerks gegenüber ist keine Milde am Platze; sie verdienen eine harte Strafe«.
  Urteil: 1 Jahr Gefängnis.[60]
- Der 33 Jahre alte Angeklagte D., Maler, war von 1920 bis 1922 Mitglied der DNVP und gehörte dem deutsch-völkischen Schutz- und Trutzbund sowie dem Bund nationalgesinnter Soldaten an. Von 1925 bis 1932 war er Mitglied der NSDAP und der SA, wurde aber verschiedener Vorstrafen wegen ausgeschlossen. D. äußerte sich angeblich abfällig über Goebbels, indem er gesagt haben soll, Goebbels sei in einer Jesuitenschule erzogen worden. Außerdem meinte er, der frühere Reichsminister Dr. Hugenberg sei im Zusammenhang »mit den Vorgängen des 30. Juni 1934« erschossen worden. Im Urteil heißt es: »Der Angeklagte hat sich eines Vergehens gegen § 1 Gesetz vom 20. Dezember 1934 gegen heimtückische Angriffe auf Staat und Partei usw. schuldig gemacht. Dr. Alfred Hugenberg hat als Führer des bürgerlichen Nationalismus sich zum mindestens in seinem Schulter an Schulter mit der NSDAP geführten außenpolitischen Kampf gegen das Diktat von Versailles Verdienste um Deutschland erworben; er wurde am 30. Januar in das Kabinett der nationalen Erhebung berufen. Der Führer und Reichskanzler erkannte bei Hugenbergs Ausscheiden aus der Reichsregierung dessen Verdienste an; im gleichen Sinne zollte die maßgebende nationalsozialistische Presse Hugenberg ihre Anerkennung. Dieser genießt auch heute noch in nicht ... unbedingt auf dem Boden

59 § 2 II S. 2 StGB lautete: »Bei Verschiedenheit des Gesetzes von der Zeit der begangenen Handlung bis zu deren Aburteilung ist das mildeste Gesetz anzuwenden«.

60 11 Js Sond. 1552/34, Urteil vom 14.1.1935 (Rep-Nr. L 61/35).

der NSDAP stehenden Kreisen eine seinen Verdiensten entsprechende Achtung, wenn andere nationalsozialistische Kreise ihn auch als reaktionären Kapitalisten ablehnen ... Die Behauptung, Hugenberg sei im Zusammenhang mit den Vorgängen des 30. Juni 1934 erschossen worden, ist völlig neu und, soweit dem Hanseatischen Sondergericht aus seiner Praxis bekannt ist, noch nicht aufgestellt und verbreitet worden ...«
Urteil: 1 Monat Gefängnis.[61]

- Der Hüttenarbeiter G. soll einer entfernten Verwandten gegenüber, als die Nachricht über die Beisetzung der beim Bombardement des Panzerschiffes »Deutschland« im Spanischen Bürgerkrieg getöteten Besatzungsmitglieder bekannt geworden war, gesagt haben: »Dor harrn noch veel mehr in de Luft fleegen mußt«. Auf den Einwand der Frau, ihr Sohn sei auch bei der Marine, meinte er: »Wat dot see dor«. Im Urteil heißt es dazu: »Für die Strafzumessung ist es beachtlich, daß die Äußerung des Angeklagten nicht einer Augenblicksstimmung entsprungen ist, sondern seiner ständig geistigen Einstellung entspricht. Er war 1926 4 Monate lang Mitglied der SPD. Der KPD will er zwar nie angehört haben. Daß er dem Dritten Reich ablehnend gegenübersteht, ergibt sich aber daraus, daß er außer in der DAF in keiner politischen Organisation ist, daß er nach seiner eigenen Angabe keine Hakenkreuzfahne besitzt und daß er nach Bekunden der Zeugen D. und J. im Betriebe als politisch unzuverlässig bekannt ist. Bezeichnend ist, daß er auf die Frage des Vorsitzenden, ob er Pazifist sei, keine klare Antwort gab. Unglaubhaft ist seine Behauptung, er habe 1934 beim Besuch des Linienschiffs »Schlesien«, als das Deutschland- und Horst-Wessel-Lied gespielt wurde, nur versehentlich nicht die Hand zum deutschen Gruß erhoben. Wer sich so, wie der Angeklagte, aus der deutschen Volksgemeinschaft ausschließt und für einen schweren Verlust unserer Kriegsmarine nur gehässige Worte hat, verdient schwere Strafe«.
  Urteil: 1 Jahr Gefängnis aus § 2 des Heimtückegesetzes.[62]
- Der Töpfergeselle R. war mit Ofenarbeiten in einem privaten Haushalt beschäftigt. Laut Urteil verhielt er sich dabei folgendermaßen: »Zunächst zeigte er auf das Führerbild, das in der Wohnung hing, und fragte die Zeugin, ob das ihr Mann sei ... dann fragte er sie, ob sie mit Frau Göring verwandt oder verschwägert sei; dabei fügte er hinzu, man dürfte ja heute die Schnauze nicht mehr auftun. Weiter sagte er, der Staat verlange heute von jedem, daß er einen Beruf erlerne, ›nun mal eins, hat der Hitler Minister gelernt?‹ ... die Bonzen da oben sollten mal die Arbeit für 40 oder 70 Pfg. 4 Wochen lang machen, dann wüßten sie, was arbeiten heiße; sie sollten ihn mal ranlassen, er wolle gar nicht mehr Geld haben, aber er wolle nur, daß die Bonzen da oben arbeiten; und die Schweine, die fett gemacht würden, die würden von den Bonzen da oben selbst aufgefressen, angefangen bei Göring. ... Wenn ich nur so einen Braunen auf der Straße sehe, dann steht es einem hier (zeigt an die Kehle) ...«
  In der Urteilsbegründung führte das Sondergericht aus: »Zwar hat der Angeklagte diese Äußerungen nicht öffentlich, sondern jeweils in den verschiede-

61 11 Js 272/35, Urteil vom 22.5.1935 (Rep-Nr. 1610/36).
62 11 Js Sond. 945/37, Urteil vom 15.12.1937 (Rep-Nr. 491/38).

nen Wohnungen gegenüber den einzelnen Zeuginnen gemacht. Da er diese Zeuginnen nicht kannte und er wußte, daß sie als Frauen von Beamten bzw. Staatsangestellten nationalsozialistischer Gesinnung sind, mußte er aber damit rechnen, daß diese Zeuginnen seine niederträchtigen, nicht nur gehässigen, hetzerischen und von niedriger Gesinnung zeugenden, sondern böswilligen Äußerungen ihren Ehemännern erzählen und, daß diese solche Äußerungen dann an die zuständigen Stellen weiterleiten würden. So ist es denn auch tatsächlich geschehen. Seine Böswilligkeit ... ergibt sich nicht nur aus der Zahl und dem besonders niederträchtigen Inhalte und Wortlaute der Äußerungen, sondern auch aus der Tatsache, daß er vor der Machtübernahme dem RFB angehörte und diese kommunistische Einstellung heute noch bei ihm vorhanden ist ... Seine, erst nach anfänglichem Leugnen, zugegebene Zugehörigkeit zum RFB in den Jahren 1926 bis 1928 zeigt, daß er sich damals der kommunistischen Irrlehre verschrieben hatte ... Er ist heute noch staatsfeindlich eingestellt ... Es kann ihm ... nicht mildernd zugute gehalten werden, daß er für eine Familie von 7 Kindern zu sorgen hat und deshalb in schweren wirtschaftlichen Verhältnissen gewesen ist. Von seiner Frau und seinen Kindern lebt er getrennt. Er ist niemals ein so guter Ehemann und Vater gewesen, als welcher er jetzt erscheinen will ...«.
Urteil: 2 Jahre Gefängnis.[63]

– Frau von B. war schon einmal im November 1935 vom Sondergericht Altona zu drei Monaten Gefängnis verurteilt worden, weil sie gesagt hatte: »Solange die Regierung besteht, werden Unschuldige verurteilt«. Sie war die Mutter zweier Kommunisten, die zu langjährigen Freiheitsstrafen verurteilt worden waren. Der eine von ihnen war angeblich am Überfall auf das Adler-Hotel beteiligt.[64] Im Urteil des Sondergerichts gegen die Mutter hieß es 1939: » ... Als der Abschluß des Münchner Abkommens in den Morgenstunden des 30. September 1938 allgemein bekannt wurde, löste diese Nachricht im deutschen Volke eine große Freude und tiefe Dankbarkeit aus, daß der Welt der Friede erhalten geblieben war. Spontan wurde überall geflaggt. Die Angeklagte ging am Morgen dieses Tages in die Krämerei der Zeugin H. in Altona. Fräulein H. ist Mitglied der Frauenschaft. In ihrer Hochstimmung über das Ergebnis von München gab sie ihrer Freude dadurch Ausdruck, daß sie zu der Angeklagten sagte: »Ist es nicht herrlich, was unser Führer wieder vollbracht hat?« Die Angeklagte erwiderte: »Hoffentlich läßt er nun auch die Gefangenen wieder frei«. Die Zeugin fragte: »Welche Gefangenen meinen Sie?« Die Angeklagte entgegnete: »Die politischen Gefangenen, die unschuldig sitzen«. Die Zeugin sagte: »Darauf brauchen Sie nicht zu warten, außerdem sind sie (die politischen Gefangenen) nicht unschuldig«. Die Angeklagte erwiderte: »Nicht unschuldig? Das werden wir ja sehen. Dafür wird der Führer seine Strafe schon kriegen. Der Himmel wird ihn schon rächen ...«. Die Zeugin sagte: »Adolf Hit-

63 11 Js Sond. 879/38, Urteil vom 2.12.1938 (Rep-Nr. 3532/35).

64 Am 21.2.1933 hatten Angehörige des Roten Frontkämpferbundes und der Roten Marine das SA-Verkehrslokal im Adler-Hotel an der Schanzenstraße überfallen. In einem aufwendigen Prozeß, in dem auch wegen dreier Überfälle aus dem Jahre 1932 Anklage erhoben worden war, verhängte das Hanseatische Sondergericht acht Todesurteile und zahlreiche hohe Zuchthausstrafen (11 Js Sond. 651/33, Urteil vom 2.5.1934, Rep-Nr. 8413/47).

ler kämpft für eine gerechte Sache und hat den Segen des Himmels mit sich«. Die Angeklagte erwiderte: »Überhaupt, was hat er sich da einzumischen? Das geht uns ja garnichts an, was die da unten machen«. Die Zeugin sagte: »Das muß doch jedem leid tun. Die armen Sudetendeutschen müssen entsetzlich leiden. Die Tschechen hausen wie die Bluthunde«. Die Angeklagte antwortete erregt: »Wie können Sie sagen Bluthunde. Das ist sehr richtig, was die Tschechen machen«. Die Zeugin wurde ebenfalls erregt und wies die Angeklagte zurecht: »Nun ist es aber genug, machen Sie, daß Sie raus kommen«. Die Angeklagte sagte: »Was haben die Nazis denn damals getan? Doch genau dasselbe. Die Kommunisten mußten auch stillhalten und wurden gepeinigt, als die Nazis ans Ruder kamen«. Die Zeugin sagte: »Gott sei Dank haben wir damit aufgehört«. Die Angeklagte antwortete: »Sie zeigen ja eine feine Gesinnung. Bei Ihnen habe ich das letzte Mal gekauft«. Die Zeugin sagte: »Hoffentlich! Auf solche Kunden verzichte ich gern! Raus!«. Die Angeklagte entgegnete: »Sie treiben sich ja die Kundschaften selbst vor die Tür, Sie alter gemeiner Nazi, Sie«. ... Die Angeklagte ist ihrer Einstellung nach auch heute noch Kommunistin. Sie haßt den nationalsozialistischen Staat, weil er ihre beiden Söhne ... hart verurteilt und aus der deutschen Volksgemeinschaft ausgeschlossen hat. ... Es ist durchaus verständlich, daß die Angeklagte als frühere Kommunistin ... sich innerlich nicht umgestellt hat, und daß ihr Muttergefühl so ausgeprägt ist, daß sie den Nationalsozialismus ihr ganzes Leben lang abgelehnt und mit ihm nichts mehr zu tun haben will. Das kann man ihr nicht übel nehmen. Der Nationalsozialistische Staat muß aber verlangen, daß die Angeklagte ihre staatsfeindliche Einstellung für sich behält, und kann es zu seiner eigenen Sicherheit nicht dulden, daß die Angeklagte das Schicksal ihrer Söhne anderen Volksgenossen als eine Verurteilung Unschuldiger hinstellt und aus dieser Einstellung heraus in gemeinster Weise gegen den Führer und den Nationalsozialismus hetzt ....«.

Urteil: 6 Monate Gefängnis.[65]

Die Sondergerichte wurden vom Senator und Oberlandesgerichtspräsidenten Rothenberger mit ausgesuchten Parteileuten besetzt. Das spiegelt sich auch in den Formulierungen ihrer Urteile wider, deren Tendenz in der Regel politischer ist als bei den Amtsgerichten. Dabei fällt auf, daß sich unter den Heimtücke-Verfahren keine zur Röhm-Affäre und zu den Novemberpogromen von 1938 finden. Dies hat seinen Grund darin, daß das Regime die Verfolgung dieser Äußerungen nur sehr eingeschränkt zuließ, weil es das Bekanntwerden genauerer Details befürchtete. Später wurden auch Äußerungen im Zusammenhang mit den Mordaktionen an Behinderten und Kranken von der Verfolgung ausgenommen.[66]

65 11 Js Sond. 1564/38, Urteil vom 23.2.1939 (Rep-Nr. 2503/39).

66 Vgl. Lothar Gruchmann, *Justiz im Dritten Reich. Anpassung und Unterwerfung in der Ära Gürtner*, München 1988, S. 476 und 495, sowie den »Bericht über die Präsidentenbesprechung« am 1.2.1939 in Hamburg (Staatsarchiv Hamburg (StArch HH), Abt. 213-1 (OLG-Verwaltung), Abl. 7, Akte 3131 1 c 7, Bl. 32–26), bei der Rothenberger erklärte: »Was die Heimtückeverfahren wegen Äußerungen über den 9.–11. November anlangte, so könne u.U. das Gericht vor die Notwendigkeit gestellt werden, einen Wahrheitsbeweis erheben zu müssen. In solchen Fällen sei zu berichten«. Maßnahmen zur Justizlenkung dieser Art fanden auch vor und nach dem angegebenen Zeitpunkt statt. Vgl. nur das Protokoll der Lenkungs-Besprechung beim OLG-Präsiden-

9. Ein Briefschreiber vor dem Sondergericht

Hier soll noch näher auf einen zeitgeschichtlich besonders interessanten Fall eingegangen werden. Dem Verfahren vor dem Hanseatischen Sondergericht in Hamburg lag der im folgenden wiedergegebene Brief zu Grunde, den der Angeklagte an seine Verwandten in Buenos Aires adressiert hatte:

»Bremen, den 24. August 1938

Lieber Josef und Berta!
Will hiermit Euren Brief vom 24.7. beantworten. Habe nämlich denselben mit größter Spannung erwartet, wenn er nun auch nicht meinen Wünschen entspricht; denn Schwierigkeiten in Bezug Auswandern wurden mir aus leicht erklärlichen Gründen auch hier durch die Gestapo gemacht. Daß sich die demokratischen Staaten gegen jede Einwanderung aus den Diktaturstaaten sichern, ist auch sehr verständlich, und somit wäre also keine Möglichkeit mehr, nach drüben zu kommen. Ich habe eben die schönsten Gelegenheiten tatenlos verstreichen lassen, und jetzt ist es zu spät. Man ist hier der Willkür unserer Machthaber ausgeliefert, ohne die Möglichkeit, sich an irgendeine Stelle mit halbwegs Aussicht auf Erfolg wenden zu können. Die persönlichen Rechte werden mit Füßen getreten, und wer es wagt, etwa dagegen zu protestieren, wird als Meckerer, Meuterer und dergleichen mehr bezeichnet, die man eben durch Konzentrationslager und ähnliche Zwangsarbeitslager mundtot macht. Auch ich bin ja von der allmächtigen Gestapo zum Staatsfeind mit intellektuellem Einschlag, dem nur nichts nachzuweisen wäre, gestempelt worden. Es fehlt ihnen also nur die direkte Handhabe, mich ebenfalls ins K.Z.Lager zu stecken. Wenn nun dieser Brief durch die Zensur gelesen wird, dann haben sie allerdings eine solche, aber es fehlt dann immer noch das Moment der allgemeinen Verbreitung im Ausland. Ihr seht also, daß zwischen GPU in Rußland und Gestapo in Deutschland in der Anwendung der Mittel keinerlei Unterschied besteht, nur der Zweck ist entgegengesetzt. Man hat mir die Seefahrt entzogen, nachdem ich über 11 Jahre darin tätig war und sogar sehr gute Zeugnisse darüber besitze. Und weshalb? Nur weil ich meinen Erfahrungen entsprechend in einer sogenannten freien und geheimen Wahl abgestimmt habe. Wegen einer belanglosen Äußerung hat man mir außer 6 Monaten Gefäng-

ten in Hamburg vom 23.10.1943: »... frühere Äußerungen des Führers und leitender Persönlichkeiten von Partei und Staat, wie zum Beispiel »Stalingrad werde unter allen Umständen gehalten werden« (seien) als Heimtücke strafbar ..., wenn sie unter Umständen wiederholt würden, die darauf schließen ließen, daß sie in hetzerischer Absicht gemacht worden sind. Es käme eben entscheidend auf die Umstände an, unter denen diese früheren Äußerungen des Führers zitiert würden. Auf diese besonderen Umstände müsse natürlich auch in den Urteilsbegründungen abgestellt werden. Es sei selbstverständlich zu vermeiden, daß in der Begründung gesagt werde, der Führer habe sich geirrt«. (StArch HH, Abt. 213-1, Abl. 7, 3131 E – 1 f 1, Bl. 2–6); vgl. RJM an OStA Hamburg, 4.9.1937: »... Die Strafverfolgung aus § 2 des Gesetzes vom 20. Dezember 1934 wird angeordnet. Die Äußerung über die Röhmrevolte ersuche ich jedoch nicht zum Gegenstand der Anklage zu machen.« (11 Js Sond. 553/37, Urteil vom 24.11.1937, Rep-Nr. 8562/37).

nis noch 545 RM Gerichtskosten gemacht, und das von einem Staat, der unter Führung einer Arbeiterpartei steht. Fürwahr, die Politik dieser Regierung in Theorie und Praxis ist so widersinnig, daß man auf Schritt und Tritt darüber fällt. Schreiben und erzählen tun sie immer, daß alles, was sie machen, nur auf das Wohl des Volkes ausgerichtet wäre – in der Tat aber meinen sie nur sich selbst und eben die Klasse, die niemals die Not am eigenen Körper erfahren hat. Man braucht nur unter den Arbeitern zu horchen, so sagen viele, daß sie früher mit der Unterstützung ebensoviel hatten, wie heute mit Arbeiten, weil ja der Lebensunterhalt jetzt auch viel teurer als damals geworden ist, was hauptsächlich durch die vielen direkten und indirekten Steuern, Zölle und sonstigen Abgaben verursacht wird. Man hat ja, wenn man nicht ganz einseitig ist, Verständnis für Notwendigkeiten, aber unter den Beamten herrscht größtenteils jetzt die Auffassung, daß das Volk für sie und nicht sie für das Volk da wären, von dem sie doch eigentlich bezahlt werden. In erster Linie meine ich natürlich damit Polizei und Gerichtsbeamte. So war ich beispielsweise gestern bei der Rechtsabteilung der Deutschen Arbeitsfront und habe gefragt, ob sie etwas für mich tun könnten, damit ich wieder weiterfahren könne. Ich erklärte dem Beamten den Sachverhalt, worauf er sich telefonisch mit dem zuständigen Beamten der Gestapo in Verbindung setzte. Da nur der Schreibtisch zwischen uns war, konnte ich ganz gut direkt verstehen, was dieser Herr Isecke – das ist nämlich der Name des Stapobeamten – sagte, und das war so schlecht, daß daraufhin kein Hund mehr ein Stück Brot von mir nehmen würde. Er führte ungefähr dasselbe aus, wie schon anfangs erwähnt, und daß für mich die Seefahrt nie mehr in Frage kommen würde, und dann bezeichnete er es als Frechheit von mir, daß ich zu ihm gesagt habe, es wäre sehr schade, daß es in Deutschland nicht eine Stelle gäbe, bei der man sich gegen die Beschlüsse der Gestapo beschweren könne. Man sieht also, daß schon die Forderung seines Rechts von Vertretern der staatlichen Organe als Frechheit bezeichnet wird. Rücksichtslos setzen sie sich über Post-, Bank- und Wahlgeheimnis hinweg – ich spreche hier nämlich aus eigener Erfahrung – und verlangen dann noch Begeisterung für sich. Es ist ja wahr, daß Großes unter Hitlers Herrschaft gemacht wurde und auch noch wird. Wir haben eine starke Wehrmacht, die ganz modern zu Land, Wasser und Luft aufgebaut ist. Wenn aber die Überzeugung dafür fehlt, wofür all das eingesetzt werden soll, dann ist dies alles nur altes Eisen, und dafür sorgt vor allem die Gestapo, dafür, daß der Einfluß der Idee auf Herz und Gemüt das beabsichtigte Gegenteil bewirkt. Solange man ohne K.Z.Lager nicht auszukommen glaubt, solange erhält sich auch die Anklage gegen die Machthaber, daß sie sich nur durch Druck und Zwang am Ruder halten. Neuerdings war ein Tages- oder Wochenspruch von Hitler angeschlagen, der lautet: Deutschland wird entweder Weltmacht oder überhaupt nicht sein. Da uns aber kein Land etwas schenken wird, denn der Fall Österreich ist nur einmalig, und die uns hauptsächlich fehlenden Rohstoffe hat es uns ja auch nicht gebracht, müssen wir, um von einer Großmacht zur Weltmacht zu kommen, eben Gewalt einsetzen. Man will ganz sicher auch hier keinen Krieg, aber man braucht ihn. Es ist eine zwangsläufige Entwicklung wie alle bisherigen größeren Ereignisse. Ihr habt es ja dann gut; denn Ihr könnt in Ruhe beobachten, was sich hier ereignet. Aber wir müssen, ob wir wollen oder nicht, uns daran beteiligen. Ich habe Euch nun viel über die politische Lage hier geschrieben und könnte dieses Thema auch noch stundenlang fortsetzen, aber Ihr werdet auch vieles über die hier herrschende Situation aus Euren Zeitungen ersehen, soweit dieselben sachlich und objektiv berichten. Unsere Presse glaubt nämlich, daß seit 1933 unsere Gehirne verkalkt wären – solche Berichte servieren sie uns mitunter, gerade als wie wenn man nichts aus der Zeit von 1914–1933 behalten hätte. Aber eben damit besorgen sie durch ihre Einseitigkeit die beste Propaganda für die Opposition; denn beim Vergleich zwischen Schein und Sein wirken sie wie der Wind auf das Feuer. Ihre Vertrauensposten, wie Amtswalter, Stützpunktleiter und dergleichen, sind vielfach von Augendienern besetzt, die nur möglichst ihren eigenen Vorteil wahrnehmen und sonst nur noch hin und wieder sich durch Denunzieren bemerkbar machen; dabei sind sie gänzlich unfähig, überzeugend in ihren Reden zu den Tagesereignissen Stellung zu nehmen. Bei zwei von diesen Vorbildern, die mich schon denunziert haben, ergaben sich hinterher noch größere Unstimmigkeiten im Dienst oder Vertrauensbrüche. Der letztere war Steward auf D. »Smyrna«. Er ging eine Reise nach mir von Bord, wobei sich Unterschlagungen und Betrügereien von über 700 RM – selbst an Parteigeldern – ergeben haben. Aber das ist für die zuständigen Stellen nicht so gefährlich als wenn ich am 1. Mai nicht laut genug das Deutschland- und Horst-Wessel-Lied singe oder dabei den Arm nicht hoch genug hatte. Dieses und daß ich an Hitlers Geburtstagsfeier nicht teilnahm, sind nämlich die Argumente, die derselbe bei der Gestapo gegen mich vorbrachte und für dieselbe ausreichten, mir die Seefahrt zu entziehen und mir die Möglichkeit zu nehmen, im Ausland staatsfeindlich zu wirken; denn im Inland kann man einen ja leicht mundtot machen, aber ins Ausland soll ja vor allem einer, der aus eigener Erfahrung spricht, nicht hinkommen; dies kann man wirklich nur als Beweis ihrer Schwäche bewerten. Dabei hatte ich niemals im Ausland von diesen Möglichkeiten Gebrauch gemacht, weil ich da eben doch in erster Linie Deutscher war. Ich habe meinen Dienst nach bestem Wissen und Können versehen, und das weitere ließ ich die Sorge anderer sein, währenddessen ich selbst Parteigenossen in ihrem Suff hören konnte, die alles andere als Lobreden auf Deutschland anstimmten. Bis jetzt habe ich aushilfsweise hier im Hafen gearbeitet, und das wäre auch so einigermaßen mit dem Verdienst gegangen; denn wenn ich jeden Tag eine Schicht hatte, so blieben mir doch 40 RM Reinverdienst. Aber jetzt wurde mir vom Arbeitsamt gesagt, daß ich nicht mehr für den Hafen vermittelt werden dürfte, da ich als angelernter Metallarbeiter gelte. Ich wurde darauf zur Hansa Loyd Autofabrik geschickt, wo ich nur für 76 Pfg. Stundenlohn arbeite. Daß ich mich dabei verschlechterte, ist dem Arbeitsamt gleichgültig. Es wird einem keine freie Wahl gelassen, da hinzugehen, wo es einem am besten zusagt; denn dann wird man einfach nicht mehr vermittelt, und es heißt dann Arbeit verweigert, was nun noch bestraft werden

kann; denn man hat sich gegen den Vierjahresplan vergangen. Aber trotz alledem werde ich nicht lange da sein; denn durch die Seefahrtszeit kann ich mich sowieso schwer an einen festen Platz gewöhnen, und gefallen tut es mir da überhaupt nicht. Aber so ist es heute hier: Was man will, darf man nicht, und was man soll, will man nicht. Für meine persönlichen Bedürfnisse brauche ich zwar kein Geld, und um etwas Größeres zu unternehmen, werden mir als markierter Staatsfeind von den Behörden doch nur Schwierigkeiten gemacht, so daß ich da lieber gar nicht erst den Versuch mache. Denn ich muß mich jede Woche zweimal bei der Gestapo melden, und wenn ich woanders hingehe, wird dort auch gleich wieder die zuständige Stelle informiert. Ihr seht also, wie man eigentlich hier der reinste Sklave ist, und wenn es Euch drüben gut geht, dann kommt nur nicht dauernd hierher; denn Ihr würdet Euch bald nur Selbstvorwürfe machen. Betr. Auswandern ist mir noch eine Möglichkeit, die zum Beispiel in USA für Seeleute besteht, eingefallen. Könnt Ihr Euch in dieser Hinsicht mal erkundigen? Danach können fremde Seeleute auf amerikanischen Schiffen arbeiten, wenn dieselben nach anderen Ländern als USA fahren. Außerdem haben sie auch 6 Wochen Landaufenthaltsgenehmigung. Wenn Ihr mir wieder schreibt und Ihr habt nach drei Monaten keine Antwort von mir, dann könnt Ihr annehmen, daß ich im K.Z. oder einem sonstigen Freiheitsberaubungsinstitut des 3. Reiches bin, wenn nicht noch Schlimmeres zu befürchten ist. Denn mit den augenblicklichen Methoden werden sie meinen Sinn nicht ändern, ziehe ich lieber alle Konsequenzen. Hoffe, daß Euch dieser Brief gesund erreicht und wünsche Euch auch weiterhin viel Glück. Wenn ich nur noch einmal zu Euch könnte. Die Adresse könnt Ihr wieder gleich schreiben. Anni habe ich vor vier Wochen auch geschrieben, es ist aber nichts wiedergekommen. Sie hat wohl vor lauter Verliebtheit gar keine Zeit mehr. Lege Euch ein Paßbild bei, das ich erst kürzlich habe machen lassen.
Also nochmals herzliche Grüße
Alfons.«

Alfons S. war 1931 in die NSDAP eingetreten, verlor aber bald das Interesse an der Partei. 1936 nahm er wieder Verbindung zu ihr auf, leistete Nachzahlungen, wurde aber dennoch im Juni 1936 ausgeschlossen, weil er sich nicht an Sammlungen des WHW beteiligte und abfällige Äußerungen über die Sammlungen gemacht hatte. 1937 war Alfons S. wegen des Verdachts kommunistischer Mundpropaganda verhaftet worden, vom Hanseatischen Oberlandesgericht aber lediglich wegen Vergehens gegen § 1 Heimtücke-Gesetz zu 6 Monaten Gefängnis verurteilt worden. Er hatte geäußert, daß in der deutschen Presse über die Ereignisse in Spanien, insbesondere über angebliche Greueltaten der Bolschewisten, planmäßig falsch berichtet werde, und daß die Nachrichten deutscher Zeitungen über die spanischen Zustände Hetzereien seien. Wegen des oben wiedergegebenen Briefes wurde Alfons S. am 8.3.1939 vom Hanseatischen Sondergericht in Hamburg zu einer Strafe von 9 Monaten Gefängnis verurteilt. Nach der Strafverbüßung kam er in »Schutzhaft«. Über sein weiteres Schicksal ist nichts bekannt.[67]

Unmutsäußerungen der Art, wie sie der vorstehende Brief enthält, sind in der Hamburger Aktenüberlieferung äußerst selten. Im vorliegenden Fall wurde ja der Versuch unternommen, am persönlichen Schicksal entlang eine umfassende Kritik des nationalsozialistischen Regimes zu liefern, während in der Regel heimtückische Äußerungen spontaner Verärgerung oder dem Mißmut über konkrete Erlebnisse – zum Beispiel wirtschaftliche Notlagen oder außenpolitische Ereignisse – entsprangen. Sie beschränkten sich in der Mehrzahl der Fälle auf einen kleinen Sektor der Lebenswirklichkeit.

Das ist auch nicht verwunderlich, denn eine prinzipielle Ablehnung des nationalsozialistischen Herrschaftssystems hatte andere Wurzeln. Bei den »Bibelforschern« (Zeugen Jehovas) zum Beispiel, die um die Jahreswende 1936/1937 und Mitte 1937 zentral gesteuerte Flugblattaktionen gestartet hatten, war es die Abwehr gegen den verabsolutierten Herrschaftsanspruch des Staates. Bei vielen Kommunisten war es die Verlängerung ihrer politischen Agitation auch über das Verbot ihrer Organisationen hinaus. Bei den Kirchen, insbesondere der katholischen Kirche in ländlichen Regionen, war es das Zurwehrsetzen gegen die Kirchenverfolgung des Dritten Reiches. In diesen Fällen reagierte auch das Regime anders. Es verfolgte Oppositionelle in der Regel nach den Bestimmungen der Notverordnung vom 28.2.1933 »gegen Verrat am Deutschen Volke und hochverräterische Umtriebe« (RGBl. I, S. 85) oder den Regelungen des Strafgesetzbuches über die Vorbereitung zum Hochverrat. Die heimtückischen Äußerungen aus den untersuchten Jahrgängen lassen dagegen mehrheitlich keine grundsätzlich oppositionelle Haltung gegen das NS-Regime erkennen.

Wie die Untersuchungen von Marlis Steinert, Ian Kershaw und Hans Dieter Schäfer zeigen, war zwar die Zustimmung zum nationalsozialistischen Regime weit weniger euphorisch, als man es zunächst annehmen mag.[68] Aber abwartendes oder kritisches Verhalten hatte seine Ursache meist in ganz konkreten sozialpolitischen Maßnahmen. Angestellte, kleine Beamte oder Handwerker beklagten das geringe Einkommen bei zunehmender Verknappung und Verteuerung der Güter des täglichen Bedarfs. Die Arbeiterschaft fühlte sich unter anderem im Zusammenhang mit den Maßnahmen des Vierjahresplans durch die Einschränkungen ihrer Bewegungsfreiheit beengt. Der Landwirtschaft machte die zunehmende Landflucht im Zuge der forcierten Industrialisierung zu schaffen. Außerdem unterlag sie Beschränkungen in der Produktions- und Vertriebsplanung. Hinzu kamen allgemeine Vorbehalte gegen die Kirchenpolitik und die antisemitischen Gewaltmaßnahmen des Regimes.

Ganz anders sah es auf dem Gebiet der Außenpolitik aus. Die einzelnen Schritte zur Revision des Versailler Vertrages bis zum »Anschluß« Österreichs brachten dem Regime überwiegende Zustimmung. Lediglich die kurze Phase der Sudetenkrise, in der die Kriegsfurcht weit verbreitet war, unterbrach den allgemeinen Konsens. Die Krisenlösung jedoch vertiefte die Zustimmung zu den Maßnahmen

67 11 Js 1386/38, Urteil vom 8.3.1939 (Rep-Nr. 3418/39).

68 Vgl.: Marlis Steinert, *Hitlers Krieg und die Deutschen. Stimmung und Haltung der deutschen Bevölkerung im Zweiten Weltkrieg*, Düsseldorf/Wien 1970; Kershaw, *Der Hitler-Mythos*; Hans Dieter Schäfer, *Das gespaltene Bewußtsein. Deutsche Kultur und Lebenswirklichkeit 1933–1945*, Frankfurt/Berlin/Wien 1981.

der Regierung, insbesondere aber zur Person Hitlers. Die persönliche Bewunderung für ihn übertraf das Prestige des Regimes bei weitem.[69] Bis zum Überfall auf die Sowjetunion und die Kriegswende vor Moskau und in Stalingrad konnte Hitler sich auf die begeisterte Zustimmung des weit überwiegenden Teils der deutschen Bevölkerung stützen.

10. Umfang und Intensität der Verfolgung

Heimtückesachen wurden in erheblichem Umfang verfolgt. Für das Jahr 1937 liegen die genauen Zahlenangaben vor: Danach sind bei der Gestapo 17.168 Fälle angezeigt worden, von denen 7.408 zur Anklage gelangten – das sind ca. 43 %.[70] Der strafrechtlichen Verfolgung waren verschiedene Zwischenstationen vorgeschaltet:

1. Eigenständige Maßnahmen der Gestapo in Form von Inschutzhaftnahmen, Geldbußen oder sogenannten »Warnungen«;71
2. Anordnungen der Strafverfolgung aus § 2 Heimtücke-Gesetz durch das Reichsjustizministerium, gegebenenfalls nach Zustimmung des Stellvertreters des Führers.

Leider läßt sich auch für 1937 nicht feststellen, in wievielen Fällen das Reichsjustizministerium und der Stab des Stellvertreters des Führers eingeschaltet wurden bzw. wie groß die Zahl der Ermittlungsverfahren nach § 2 Heimtücke-Gesetz war.

Was den Umfang der vom Reichsjustizministerium angeordneten Strafverfolgung aus § 2 Heimtücke-Gesetz anlangte, so führte dazu Ministerialdirigent Dr. Crohne 1935 in der Deutschen Justiz aus: »... während der Reichsjustizminister in etwa 50 % der mitgeteilten Fälle eine Strafverfolgung abgelehnt hat, hat der Stellvertreter des Führers in weiteren etwa 15 % die Zustimmung versagt.«[72] Zur Entscheidungspraxis des Reichsjustizministeriums hieß es in einem weiteren Beitrag Crohnes: »Im übrigen ist immer wieder der im RJM von Anfang an betonte Grundsatz wiederholt worden, ein Grundsatz, der in einer kürzlichen Rücksprache unseres Ministers auch vom Führer ausdrücklich gebilligt wurde, es solle bei erstmaligen Sündern grundsätzlich von einem Strafverfahren abgesehen werden und eine Verwarnung genügen, außer wenn es sich um besonders niederträchtige Verdächtigungen oder unbelehrbare Staatsfeinde handle; dagegen sollten rückfällige Greuellügner grundsätzlich verfolgt werden, außer wenn die Zeit und

69 Steinert, *Hitlers Krieg*, a.a.O. S. 51–87.

70 Bundesarchiv (BA), Bestand R 58 (Reichssicherheitshauptamt), Akte 722, Bl. 77 »Zusammenstellung der im Jahre 1937 bekannt gewordenen Verstöße gegen das ›Gesetz gegen heimtückische Angriffe auf Staat und Partei und zum Schutze der Parteiuniformen‹«; BA, Bestand R 22 (Reichsjustizministerium), Akte 1163, Bl. 50 »Anklagestatistik des RJM für das Jahr 1937«.

71 Vgl. die Anweisung Himmlers vom 6.7.1936 »Betr.: Erteilung von Verwarnungen durch Behörden der Geheimen Staatspolizei«: »... Um die Gefahr einer Verwechslung mit den von der Staatsanwaltschaft erteilten ›Verwarnungen‹ auszuschließen, sind die entsprechenden Maßnahmen der Staatspolizei möglichst in einer anderen Form zu treffen und als ›Warnungen‹ zu bezeichnen.« Zitiert nach: BA, R 58/243, Bl. 155–158.

72 DJ 1935, S. 1406 f. Der Zustimmung des Stellvertreters des »Führers« bedurfte die Strafverfolgung von Verstößen gegen die §§ 1, 4, 5 Heimtücke-Gesetz, sofern das Schutzobjekt NSDAP betroffen war.

Gelegenheit der Äußerung, der Zustand des Schuldigen und seine sonstige zuverlässige Haltung eine nochmalige Verwarnung genügend erscheinen ließe. Die Heimtückesachen waren seit 1935 in einer dauernden Zunahme begriffen; es scheint so, als ob der Herbst 1936 den Kulminationspunkt bedeutet hat und seitdem ein leichtes Abnehmen eingetreten ist.«[73]

Den Maßgaben Hitlers entsprach auch ein Rundschreiben Himmlers vom 28.12.1936 an die Dienststellen der Geheimen Staatspolizei:

»Der Reichsführer SS
und Chef der Deutschen Polizei
im Reichsministerium des Innern. Berlin, den 28. Dez. 1936

...

a) An das Geheime Staatspolizeiamt in *Berlin*
b) An alle Staatspolizeileitstellen und Staatspolizeistellen.

Betr.: Richtlinien für die Strafverfolgung nach dem Heimtückegesetz.

Der Führer und Reichskanzler hat bei einem Vortrage des Herrn Reichsministers der Justiz über die Auswirkungen des Heimtückegesetzes ernste Bedenken wegen des grossen Umfangs der Strafverfolgungen geäussert und befohlen, daß die Prüfung, ob der Strafverfolgung zugestimmt werden soll oder nicht, unter folgenden Gesichtspunkten vorgenommen werden soll:

1. Hat ein Beschuldigter zum ersten Male sich nach dem Heimtückegesetz strafbar gemacht, ist grundsätzlich zu prüfen, ob nicht schon eine Verwarnung eine ausreichende Maßnahme ist, um einer Wiederholung vorzubeugen.
2. Im übrigen sollen bei der Frage, ob eine Verwarnung genügen könne, entscheiden einmal die Persönlichkeit des Täters und ferner die Begleitumstände, unter denen die Äusserungen gefallen sind (Trunkenheit, Entgleisung aus Verärgerung, unüberlegte Geschwätzigkeit, Beeinflussbarkeit der Zuhörer u.a.). Entsprechendes gilt für die Anwendung des § 134 b StGB. Diese Richtlinien müssen auch von den Behörden der Geheimen Staatspolizei beachtet werden, insbesondere bei der Anordnung der Schutzhaft wegen staatsfeindlicher Äusserungen. Es ist deshalb bei der Prüfung, ob Schutzhaft angeordnet werden soll oder nicht, in erster Linie auf die Person des Täters abzustellen und erst in zweiter Linie der Inhalt der Äusserung zu berücksichtigen ...«[74]

Hitlers dem Reichsjustizminister gegenüber geäußerte Bedenken stützten sich auf die ihm zur Kenntnis gegebenen Anklagestatistiken des Reichsjustizministeriums. Nachdem Himmler in den Richtlinien vom 28.12.1936 darauf eingegan-

73 Wilhelm Crohne, *»Die Strafrechtspflege 1936«* in: DJ 1937, S. 7 f.; vgl. auch die Ausführungen Freislers in der Sitzung der Großen Strafprozeßkommission vom 1.12.1938: »Die Heimtückesachen nehmen außerdem ständig ab, teils weil man nicht jedes unbedachte Wort vor das Gericht bringt, teils weil auch die Freude an staatsgefährdenden »Witzen«, wenn ich einmal so sagen darf, außerordentlich nachgelassen hat.« Zitiert nach Gruchmann, *Justiz im Dritten Reich,* a.a.O., S. 951, Anm. 37.

74 BA, R 58/243, Bl. 180 f.

gen war, reagierte auch das Gestapa prompt mit Erlaß von 24.1.1937, in dem es monatliche Berichte über Verstöße gegen das Heimtückegesetz von den Stapoleit- und Stapostellen abforderte.

Von der Verfolgung besonders betroffen blieben sogenannte Marxisten und sonstige »Staatsfeinde«. Davon gibt zum Beispiel folgender Tagesbericht der Stapostelle Frankfurt/Oder vom 4.3.1935 Zeugnis: »Im übrigen sei festgestellt, das sich die Strafandrohung des Gesetzes gegen heimtückische Angriffe auf Staat und Partei und zum Schutze der Parteiuniformen vom 20.12.34 abschreckend und damit ausserordentlich beruhigend ausgewirkt haben. Bei den in Konzentrationslagern gewesenen Marxisten und sonstigen Staatsfeinden hat sich die Inhaftierung ebenfalls günstig ausgewirkt. Sie leben ruhig und zurückgezogen, bleiben aber unter ständiger unauffälliger Kontrolle.«[75]

Eine Anzeigestatistik in Heimtückesachen durch die Gestapo war für die Jahre nach 1937 nicht auffindbar. Sollte tatsächlich keine mehr erstellt worden sein, wäre die Anfertigung der Statistik für 1937 eine einmalige Aktion nach der Intervention Hitlers vom Dezember 1936 gewesen. Die Anklagestatistik des Reichsjustizministeriums, die Vergehen nach dem Heimtückegesetz und nach § 134 StGB unter einer Rubrik faßte, endete mit Ausbruch des Krieges. Danach wurden angeklagt:

1936	7809	Personen
1937	7408	"
1938	3392	"
1939 (nur 1. und 2. Vierteljahr)	1966	"

Für 1935 ist nur die Statistik für das 4. Vierteljahr mit 1845 Angeklagten überliefert. Politische Sachen, die nach § 360 Z. 11 StGB angeklagt waren, wurden in keiner Statistik erfaßt.[76]

11. Ausblick: Die Kriegsjahre

Die Verschärfung der Verfolgung abweichender Meinungsbekundungen nach Kriegsbeginn wurde durch Maßnahmen der SS und Polizei eingeleitet. Dazu zählten die von Heydrich am 3.9.1939 erlassenen »Grundsätze der inneren Staatssicherung während des Krieges«:

> »Um den für die Verwirklichung der Ziele des Führers notwendigen einheitlichen Einsatz aller Kräfte des Volkes gegen jede Störung und Zersetzung zu sichern, wurden für den Vollzug der Aufgabe der inneren Staatssicherung die folgenden Grundsätze aufgestellt, nach denen die Tätigkeit der Sicherheitsorgane des Reiches sich zu richten hat:
> 1. Jeder Versuch, die Geschlossenheit und den Kampfwillen des deutschen

75 BA, R 58/1569, Bl. 301.

76 Vgl. Schreiben Westphals, RJM, an das Reichssicherheitshauptamt vom 28.4.1943: »... Die Anklagestatistik wird seit Kriegsbeginn nicht mehr geführt...«, in: BA, R 22/1164, Bl. 34. Nur für 1933 wurde die Zahl von 3794 nach der Heimtücke-Verordnung rechtskräftig Verurteilten genannt, vgl.: Die Kriminalität im Deutschen Reich (ohne Saarland) im Jahre 1933, in: DJ 1936, S. 618.

Volkes zu zersetzen, ist rücksichtslos zu unterdrücken, insbesondere ist gegen jede Person sofort durch Festnahme einzuschreiten, die in ihren Äußerungen am Sieg des deutschen Volkes zweifelt oder das Recht des Krieges in Frage stellt.

2. Dagegen sind mit psychologischem Verständnis und mit erzieherisch bestärkendem Bemühen diejenigen Volksgenossen zu behandeln, die aus äußerer oder innerer Not oder in Augenblicken der Schwäche sich Entgleisungen irgendwelcher Art zuschulden kommen lassen.
3. Besonderes Augenmerk ist auf alle Versuche zu richten, in der Öffentlichkeit – Gastwirtschaften, öffentlichen Verkehrsmitteln usw.- andere Personen in volks- und reichsfeindlichem Sinne zu beeinflussen.

...

5. Gegen Denunzianten, die aus persönlichen Gründen ungerechtfertigte oder übertriebene Anzeigen gegen Volksgenossen erstatten, ist an Ort und Stelle in geeigneter Weise – durch eindringliche Verwarnung und in böswilligen Fällen durch Verbringung in ein Konzentrationslager einzuschreiten ...«[77]

Daneben versuchte Heydrich – auf Anregung Himmlers – die flächendeckende allgemeine Überwachung der Bevölkerung zu perfektionieren. So legte er am 18.9.1939 den Entwurf einer Verordnung über die Volksmeldepflicht dem Ministerrat für die Reichsverteidigung vor. In der Begründung hieß es, daß die Verordnung »den Zweck verfolgen soll, das deutsche Volk weitgehend zur Mitarbeit an den Aufgaben der Geheimen Staatspolizei heranzuziehen.« Am 4.10.1939 leitete Reichinnenminister Frick den von ihm schon unterzeichneten Entwurf über den Reichsminister und Chef der Reichskanzlei Lammers an den Ministerrat für die Reichsverteidigung und das OKH mit der Bitte um Beschlußfassung weiter.[78] Der Entwurf hatte folgenden Wortlaut (Auszug):

»Um jeden deutschen Volksgenossen zur aktiven Mitwirkung an der den Reichssicherheitsorganen obliegenden Aufgabe der inneren Sicherung des Reiches und der einigen kampfbereiten Volksgemeinschaft gegen reichs- und staatsfeindliche Handlungen jeder Art heranzuziehen, wird verordnet:

§ 1 Jeder Deutsche Mann und jede deutsche Frau in allen der Reichshoheit unterstehenden Gebieten ist vom vollendeten 18. Lebensjahr ab verpflichtet, die folgenden Vorgänge, sobald sie durch eigene Wahrnehmung festgestellt sind, den in § 3 bezeichneten Stellen zu melden:

1. Alle Verbrechen im Sinne der Strafgesetze und alle Vergehen, die nach gesundem Volksempfinden geeignet sind, die Geschlossenheit und den Kampfwillen des deutschen Volkes zu schwächen, einschließlich der Versuchs- und Vorbereitungshandlungen ...«[79]

77 BA, R 58/243, Bl. 278 ff.
78 BA, Bestand R 43 II (Reichskanzlei), Akte 1264a, Bl. 99, 103.
79 BA, R 43 II/1264a, Bl. 104.

Die Stellungnahmen der angeschriebenen Stellen waren durchweg ablehnend. Die Bedenken wurden zusammenfassend in einer Notiz der Reichskanzlei vom 14.10.1939 vermerkt. Darin hieß es:

»Gegen den Entwurf einer Verordnung über den Volksmeldedienst sind bisher Bedenken geltend gemacht worden:

a) vom Generalbevollmächtigten für die Wirtschaft: Die Verordnung werde einen seelischen Druck erzeugen, der die Widerstandskraft des deutschen Volkes schwächen werde,

b) vom Oberkommando der Wehrmacht: Der vorgesehene neue Meldeweg passe für die Truppe nicht; ferner sei eine bedauerliche Rückwirkung auf die Truppe unvermeidlich, wenn Angehörige der Soldaten unter die Verordnung fielen,

c) vom Reichsjustizminister: Die Verordnung würde ihren Zweck nie erreichen, ein widerliches Denunziantentum großziehen und den Eindruck der Geschlossenheit von Führer und Volk nur trüben. Sowohl der Umfang der anzuzeigenden Taten wie der Kreis der anzeigepflichtigen Personen sei zu weit. Wichtiger sei eine Erweiterung des § 139 StGB, der eine Anzeigepflicht für Verbrechen in Vorbereitung vorsieht,

d) vom Reichminister für Volksaufklärung und Propaganda: Durch die Verordnung würde ein Denunziantentum gezüchtet werden, gegen das die Bestrafung der falschen Anzeige nur ein unvollkommenes Abwehrmittel bietet,

e) vom Preußischen Finanzminister: Die Verordnung gehe zu weit. Vertrauensverhältnisse müßten von der Anzeigepflicht ausgenommen, die Anzeigepflicht ganz allgemein auf Verbrechen beschränkt, ferner auch die leichtfertige (nicht nur grob fahrlässige) Falschmeldung bestraft werden.

Ferner hat der Stellverteter des Führers seine Bedenken gegen den Entwurf angemeldet; die Oberbefehlshaber des Heeres und der Kriegsmarine haben ihre Bedenken dem Generalfeldmarschall unmittelbar mitgeteilt.«[80]

Daraufhin ließ Göring als Vorsitzender des Ministerrats zur Reichsverteidigung am 19.10.1939 fernmündlich der Reichskanzlei mitteilen, daß »mit Rücksicht auf die von allen Seiten geäußerten Bedenken« der Entwurf als erledigt angesehen werden solle. Frick zog die Vorlage daraufhin formell zurück. Damit war zwar Heydrichs Initiative zur Einführung einer generellen »Meldepflicht« hinsichtlich politischer Äußerungen gescheitert, aber in den Folgejahren kam es gleichwohl zu einer Ausweitung des Normenvorrats zur Verfolgung abweichender Meinungsbekundungen. War schon vor 1939 für die Angeklagten unsicher, nach welcher Strafvorschrift – vom »Groben Unfug« bis zur Vorbereitung zum Hochverrat – sie angeklagt oder verurteilt würden, so verschärfte sich die Situation vor allem durch die mit der Mobilmachung in Kraft getretene »Kriegssonderstrafrechtsverordnung« vom 17.8.1938, die am 26.8.1939 veröffentlicht wurde (RGBl I, S. 1455). Dort hieß es unter anderem:

80 BA, R 43 II/1264a, Bl. 118.

»§ 5 Zersetzung der Wehrkraft.

(1) Wegen Zersetzung der Wehrkraft wird mit dem Tode bestraft:

1 Wer öffentlich dazu auffordert oder anreizt, die Erfüllung der Dienstpflicht in der deutschen oder einer verbündeten Wehrmacht zu verweigern, oder sonst öffentlich den Willen des deutschen oder verbündeten Volkes zur wehrhaften Selbstbehauptung zu lähmen oder zu zersetzen sucht. ...«

Für Verfahren nach § 5 Abs. 1 Nr. 1 KSSVO war auf Grund einer Spezialzuweisung bis zum 18. Mai 1940 zunächst das Reichskriegsgericht allein zuständig.[81] Anschließend ging die Strafverfolgungskompetenz für Fälle der »Wehrkraftzersetzung« an die ordentliche Gerichtsbarkeit über.[82] Mit einer weiteren Verordnung vom 29. Januar 1943 wechselte die Zuständigkeit schließlich zum Volksgerichtshof.[83] Der dortige Oberreichsanwalt konnte Verfahren wegen »Wehrkraftzersetzung« aber auch abgeben und vor den politischen Strafsenaten bestimmter Oberlandesgerichte anklagen lassen.[84] Ein solcher politischer Strafsenat bestand während der NS-Zeit auch beim Hanseatischen Oberlandesgericht in Hamburg.[85]

Da sich die Straftatbestände des »Groben Unfugs«, der »Heimtücke« und der »Wehrkraftzersetzung« kaum voneinander abgrenzen ließen, wurde die strafrechtliche Praxis während des Krieges zunehmend von »Elementen des Zufalls und der Willkür« geprägt.[86] Die in der Regel entscheidende »Weichenstellung« erfolgte weiterhin bei den einzelnen Staatsanwaltschaften und im vorgesetzten Reichsjustizministerium. Für die Beschuldigten war es angesichts der vollkommen offenen Tatbestände aber von existentieller Bedeutung, vor welchem Gericht sie angeklagt wurden.[87] Das Reichsjustizministerium bemühte sich im wei-

81 § 2 Nr. 4. d) i.V.m. § 14 Abs. 1 Nr. 9 der Kriegsstrafverfahrensordnung (KStVO) vom 17.8.1938, veröffentlicht am 26.8.1939 (RGBl. I, S. 1457 ff). Vgl. in diesem Zusammenhang: Norbert Haase, *Aus der Praxis des Reichskriegsgerichts*, in: Vierteljahrshefte für Zeitgeschichte, 39. Jahrg./1991, S. 379–411; Manfred Messerschmidt/Fritz Wüllner, *Die Wehrmachtsjustiz im Dienste des Nationalsozialismus. Zerstörung einer Legende*, Baden-Baden 1987; Detlef Garbe, *»In jedem Einzelfall ... bis zur Todesstrafe«. Der Militärstrafrechtler Erich Schwinge. Ein deutsches Juristenleben*, Hamburg 1989.

82 Art. 1 der Siebenten VO zur KStVO vom 18.5.1940 (RGBl. I, S. 787 ff). In bedeutsamen Fällen der Wehrkraftzersetzung konnte das Verfahren an den Oberreichsanwalt abgegeben werden, der gemäß § 9 der Zuständigkeits-VO vom 21.2.1940 (RGBl. I, S. 405) Anklage vor dem Besonderen Senat des Reichsgerichts erheben konnte. In dieser Regelung war bereits die Entwicklung zur nächsten und letzten Zuständigkeitsveränderung angelegt, die zu einer weiteren Zentralisierung und Politisierung der Strafverfolgung wegen Wehrkraftzersetzung führte.

83 Art. 1 der VO zur Ergänzung und Änderung der Zuständigkeitsverordnung vom 29.1.1943 (RGBl. I, S. 76).

84 Art. 2 der VO zur Ergänzung und Änderung der Zuständigkeitsverordnung vom 29.1.1943 (RGBl. I, S. 76).

85 Vgl. aus nationalsozialistischer Perspektive Albert Schmidt, *Entwicklung und Rechtsprechung des politischen Strafsenats*, in: Curt Rothenberger (Hrsg.), Das Hanseatische Oberlandesgericht. Gedenkschrift zu seinem 60jährigen Bestehen, Hamburg 1939, S. 169 ff.

86 Klaus Bästlein, *Als Recht zu Unrecht wurde. Zur Entwicklung der Strafjustiz im Nationalsozialismus*, in: Aus Politik und Zeitgeschichte (Beilage zur Wochenzeitung Das Parlament), B 13–14/1989 vom 24.3.1989, S. 14.

87 Amtsgericht (Grober Unfug), Sondergericht (Heimtücke), seit Januar 1943 Volksgerichtshof oder Oberlandesgericht (Wehrkraftzersetzung) – vorher: Reichskriegsgericht, dann ordentliche Gerichtsbarkeit.

teren Kriegsverlauf vergeblich, klare Kriterien für die Abgrenzung von »Zersetzungs- und Heimtückesachen« vorzugeben. Doch selbst die Schaffung eines »Zersetzungssonderreferats« im RJM blieb erfolglos. Schließlich sollte bei einer Tagung der Oberlandesgerichtspräsidenten und Generalstaatsanwälte am 3./4.2.1944 an Hand einer Fallsammlung Klarheit über die Abgrenzung der politischen Äußerungsdelikte geschaffen werden. Doch auch dieser Versuch scheiterte kläglich – und es blieb bei willkürlichen Einzelfallentscheidungen.[88]

Über einige Hamburger Fälle von »Wehrkraftzersetzung« geben Strafverfahren aus den Nachkriegsjahren Auskunft, in denen wegen Verbrechen gegen die Menschlichkeit Anklage gegen Denunzianten erhoben wurde. Vier dieser Fälle sollen hier noch kurz vorgestellt werden. Sie decken – von ihrem Ausgang her – auch das Spektrum der Schicksale der Verfolgten ab:

11.1. Der Fall des Amandus K.

Nach der Ausbombung im Jahre 1943 wurde Frau S. mit ihren verheirateten Töchtern P. und M. von der Familie K. aufgenommen. Herr K. machte bei verschiedenen Gelegenheiten aus seiner antinationalsozialistischen Einstellung kein Hehl. Zum Eklat kam es, als der wegen einer schweren Kriegsbeschädigung aus der Wehrmacht entlassene Th., der Ehemann einer weiteren Tochter der Frau S., seine Schwiegermutter im Hause der Familie K. besuchte. Th., in der HJ erzogen, war überzeugter Nationalsozialist. Vor diesem Hintergrund kam es zu einer Konfrontation mit Herrn K., der mehrmals äußerte, er dulde keine »Nazischweine« in seiner Wohnung. Als Th. bekannt wurde, daß K. es abgelehnt hatte, gerettete Gegenstände des gleichfalls ausgebombten Ehepaares Th. bei sich aufzunehmen, ging er zur Polizei und wollte deswegen eine Anzeige erstatten; dabei gab er auch die Titulierung »Nazischwein« durch K. an. Daraufhin wurde er an die Gestapo in der Dammtorstraße verwiesen. Dort gab er seine Schwägerinnen, die Frauen P. und M., als Zeuginnen an. Diese legten dann bei ihren Vernehmungen dem K. eine Reihe staatsfeindlicher Äußerungen zur Last. K. wurde daraufhin im Oktober 1943 von der Gestapo vernommen und am 28.10.1943 inhaftiert. Nach dem Erlaß eines Haftbefehls durch den Vorsitzenden des Sondergerichts am 8.11.1943 wurde K. vom Polizeigefängnis in die Untersuchungshaftanstalt überführt. Die Staatsanwaltschaft gab das Verfahren jedoch an den Oberreichsanwalt in Berlin ab, der am 17.2.1944 die Anklage aus § 5 Abs. 1 Nr. 1 Kriegssonderstrafrechtsverordnung und den §§ 80 Abs. 2, 91 b StGB erhob. In der Anklageschrift des Oberreichsanwalts hieß es:

»Der Angeschuldigte ist als alter Marxist ein Gegner des Nationalsozialismus. Seiner feindlichen Einstellung gegen ihn gab er besonders gegenüber den Geschwistern Anna M. und Th. Ausdruck, die er im Juni 1943 als Bombengeschädigte in seiner Wohnung aufnehmen mußte. Er schimpfte über die heutige Regierung, nannte sie ›Hunde‹ und ›Schweine‹ und redete sich dabei vor der Zeugin M. so in Wut, daß diese vor Angst das Zimmer verließ. Bei der Durchgabe der deutschen Runkfunknachrichten stellte er die Meldungen als unglaubhaft hin,

88 Bästlein, Als Recht zu Unrecht wurde, a.a.O., S. 15.

zeigte aber sichtlich seine Freude, wenn gemeldet wurde, daß die deutschen Truppen eine Stadt in Feindesland aufgegeben hatten. Er äußerte dann ferner die Vermutung, daß die betreffende Stadt schon mindestens acht Tage vorher aufgegeben sei und daß dies erst jetzt bekannt gegeben werde, um das deutsche Volk zu ›verdummen‹. Oft nahm er in seiner Wut sein Taschenmesser, klappte es auf, fuchtelte damit in der Luft herum und sagte dabei: ›Wenn wir erst da sind (oder dran sind)‹. Wiederholt drohte er, daß die ›Nazis‹ alle umgebracht würden, und er dabei mithelfen wolle. Ein andermal erzählte er bei einer solchen Gelegenheit, daß er in Niendorf und in einem Hause an der Eimsbüttler Chaussee Revolver und Munition versteckt habe. Zu der Zeugin P. und deren damals gerade von der Wehrmacht auf Urlaub befindlichen Ehemann erklärte er gelegentlich eines Gesprächs über die Terrorangriffe: ›Ich warte darauf, daß die Amerikaner kommen, um die Nazis zu beseitigen. Ich will dann diesen Freunden helfen.‹ Gleich in den ersten Tagen ihres Aufenthalts beim Angeschuldigten sagte er beim Gespräch über den Verlust der Wohnung und der Sachen der Zeugin: ›Wir haben Euch damals ja schon immer auf Flugblättern bekanntgegeben: Wer Hitler wählt, wählt Tod und Verderben.‹«

Der Termin für die Hauptverhandlung gegen Amandus K. vor dem Volksgerichtshof wurde auf den 5.4.1944 anberaumt. Es kam jedoch nicht mehr zur Hauptverhandlung: Amandus K. hatte sich am 17.3.1944 in seiner Zelle erhängt.[89]

11.2. Der Fall des Montagemeisters G.

G. arbeitete bei der Firma Rud. Otto Meyer. Er war im Betrieb seiner negativen Einstellung zum Nationalsozialismus wegen bekannt. Im Juli 1943 äußerte er in einem Gespräch, der Krieg sei für Deutschland verloren; der Verbrecher Hitler trage die Schuld an Deutschlands Unglück. Angezeigt wurde G. durch den Betriebsobmann der Firma, der seit 1937 Mitglied der NSDAP war. Vom Volksgerichtshof wurde G. am 13.4.1944 wegen Wehrkraftzersetzung zu sieben Jahren Zuchthaus verurteilt. Er starb im Oktober 1944 im Zuchthaus Celle.[90]

11.3. Der Fall des Hundehändlers T.

Einer Kundin gegenüber, die ihren Hund zum Trimmen brachte, äußerte T. bei deren zweiten Besuch im Dezember 1943: Der Führer und die gesamte Regierung, die für den Krieg verantwortlich seien, müßten an die Wand gestellt werden; es sei ungerecht, die Juden zu vertreiben, und es wäre unerhört, alte Leute aus Hamburg nach Polen zu evakuieren, wo sie von Banden erschossen würden.

T. wußte nicht, daß die Kundin mit einem SS-Offizier verheiratet war. Die Frau ging umgehend zur Dienststelle ihres Mannes und erzählte diesem im Beisein eines anderen SS-Offiziers den Vorfall. Weil ihr Mann persönliche und dienstliche Nachteile befürchtete, wenn er den Fall nicht zur Anzeige brächte, setzte er ein Schreiben an den Höheren SS- und Polizeiführer auf, das dann über die Gestapo

89 14 Js 387/47, Urteil vom 26.8.1948 (Rep-Nr. 4324/49).
90 14 Js 561/47, Urteil vom 23.10.1951 (Rep-Nr. 21788/51).

und die Staatsanwaltschaft in Hamburg an den Oberreichsanwalt beim Volksgerichtshof gelangte. Anfang Januar 1944 wurde T. verhaftet, nach Berlin gebracht, vor dem Volksgerichtshof angeklagt und zum Tode verurteilt. Am 10. Juli 1944 folgte die justizförmige Ermordung.[91]

11.4. Der Fall des Gewerbeschullehrers H.

Der als unpolitisch geltende 57jährige H. hatte sich 1944 im Kollegium mehrfach dahin geäußert, daß er nicht mehr an einen Sieg Deutschlands glaube. Als am 25.8.1944 das Gespräch auf die militärische Lage kam, äußerte H. etwa folgendes: Wer heute noch nicht glaube, daß wir den Krieg verlieren, müsse ein Idiot sein. Wenn wir den Krieg verlieren, könnten wir wenigstens wieder frei reden. Die Bolschewisten würden nicht hierherkommen, das ließen die Engländer und Amerikaner nicht zu. Auch wenn wir den Krieg verlieren, garantiere ich, daß ich in zwei Jahren wieder Auto fahren kann.

Denunziant war der Kollege He., der der SA angehörte. Da etwa ein Jahr vorher ein anderer Kollege, dem vorgeworfen wurde, kommunistische Flugblätter verteilt zu haben, zum Tode verurteilt worden war, befürchtete He., daß bei Bekanntwerden der Äußerungen von H. die gesamte Lehrerschaft der Schule in Mißkredit gebracht werden könnte, zumal der Schuldiener im Verdacht stand, Spitzeldienste für die Gestapo zu leisten. He. informierte daraufhin den Vertreter des abwesenden Schulleiters, der sich aber außerstande sah, die Sache intern zu regeln und deshalb den zuständigen Oberschulrat informierte. Der wiederum wollte aus der Angelegenheit keinen offiziellen Vorgang machen und versprach sich Rückendeckung vom Leiter der Schulverwaltung. Die Sache blieb aber nicht vertraulich, da ein weiterer leitender Beamter der Behörde eingeweiht wurde. So kam es zu zwei Vernehmungen des Beschuldigten und des Denunzianten in der Schulbehörde. Daraufhin wurde dem Reichsstatthalter Mitteilung gemacht, der im September ein förmliches Dienststrafverfahren gegen H. einleitete und gleichzeitig die Gestapo verständigte. Nach der dritten Vernehmung durch die Gestapo wurde H. ins Polizeigefängnis Fuhlsbüttel gebracht, obwohl sich bei den Vernehmungen auch für die Gestapo herausgestellt hatte, daß die Äußerungen nicht besonders gravierend gewesen waren. Die Gestapo gab den Vorgang nicht an die Staatsanwaltschaft weiter, sondern verhängte eine dreimonatige Polizeihaft gegen H., die er im KZ Neuengamme verbüßen sollte.

Als sich die Ehefrau am 4.12.1944 nach der Haftdauer ihres Mannes erkundigte, wurde ihr gesagt, ihr Ehemann würde am 15. Januar 1945 entlassen werden. Tatsächlich war er jedoch schon am Vortage, also am 3. Dezember 1944, angeblich an Magen- und Darmkatarrh, im KZ Neuengamme ums Leben gekommen.[92]

91 14 Js 410/48, Urteil vom 16.3.1951 (Rep-Nr. 10522/54).
92 14 Js 504/47, Urteil vom 28.8.1950 (Rep-Nr. 21309/54).

12. Schlußbetrachtung

Die bisher in der Forschung nicht beachteten Verfahren wegen »Groben Unfugs« vor den Amtsgerichten ermöglichen Einblicke in die Alltagswelt der »kleinen Leute« unter der NS-Herrschaft. Dabei handelt es sich wie bei den »Heimtücke«-Verfahren natürlich nur um einen Ausschnitt der Wirklichkeit. Dennoch sind gewisse Generalisierungen erlaubt, denn die Untersuchungen zur allgemeinen Stimmung und politischen Haltung der Bevölkerung in den 30er Jahren bieten ein ähnliches Bild.[93]

Abweichende Meinungsbekundungen wurden in der Regel nicht von einer prinzipiell oppositionellen Haltung gegen die Partei, das Regime oder die Person Adolf Hitlers getragen, sondern durch konkrete Vorgänge, persönliche Erlebnisse und bestimmte Situationen evoziert. Dabei traten einige Triebfedern besonders häufig zu Tage: Einmal war es die wirtschaftliche Not einzelner, die sie zu Kommentaren veranlaßte, wenn ihnen zum Beispiel auf Ämtern ihre Situation unmittelbar ins Bewußtsein gerufen wurde. Zum anderen waren es subjektiv empfundene Provokationen, die zu abweichenden politischen Äußerungen führten. Dafür gab es verschiedene Ursachen. So wurden von der extremen Linken Rituale der »Kampfzeit« beibehalten – wie zum Beispiel die »Heil Moskau«-Rufe. Das arrogante Auftreten von NS-Funktionären löste ebenso wie großsprecherische Rundfunkmeldungen Gegenreaktionen aus. Die neuen Kulthandlungen des NS-Regimes von der Entbietung des »Deutschen Grußes« bis zum Strammstehen beim Abspielen des »Deutschland-« und »Horst-Wessel-« Liedes wurden als Zumutungen empfunden, denen man sich zu entziehen suchte. Dabei war es bezeichnend, daß viele sich erst unter Alkoholeinfluß zu Handlungen hinreißen ließen, die sie sonst unterlassen hätten.

In Hamburg als einer der traditionellen Hochburgen der deutschen Arbeiterbewegung mag es häufiger zu abweichenden politischen Meinungsbekundungen gekommen sein als in den agrarisch geprägten Regionen Schleswig-Holsteins, Niedersachsens oder Mecklenburgs, wo die NSDAP schon vor 1933 ihre größten Wahlerfolge verbuchen konnte. Dies darf jedoch nicht darüber hinwegtäuschen, daß die Zustimmung der Bevölkerung zum NS-Regime auch in Hamburg – und zwar sogar in weiten Teilen der Arbeiterschaft – Ende der 30er Jahre überwältigend war. Die Verfolgung abweichender politischer Äußerungen konnte ein vergleichsweise kleiner Stab von Gestapo-Mitarbeitern im Zusammenwirken mit den hergebrachten Justizorganen gewährleisten. Das NS-Regime bedurfte hierzu keines allgegenwärtigen Apparats zur Überwachung der Bevölkerung.[94] Eine Anfrage des Oberstaatsanwalts beim zuständigen Kreisleiter der NSDAP reichte aus, um ein »Persönlichkeitsprofil« über den jeweiligen Beschuldigten zu erhalten, wie der oben wiedergegebene Fragebogen zeigt.

Vor diesem Hintergrund nimmt es nicht Wunder, daß der »Muckerer-Feldzug« von 1934 auf höchster Ebene eher zur Beunruhigung führte. Schließlich

93 Vgl. Steinert, *Hitlers Krieg*, a.a.O.; Kershaw, *Der Hitler-Mythos*, a.a.O.; Hans Dieter Schäfer, *Das gespaltene Bewußtsein*, a.a.O..

94 Zum Phänomen des Denunziantentums siehe Robert Gellately, *The Gestapo and German Society. Enforcing Racial Policy 1933–1945*, Oxford 1990.

war es Hitler selbst, der Ende 1936 verlangte, daß dem weitverbreiteten Denunziantentum Einhalt geboten werden sollte. Das NS-Regime brauchte keine »informellen Mitarbeiter«, es mußte seine zahllosen Zuträger aus der Bevölkerung vielmehr zur Zurückhaltung ermahnen. Deshalb scheiterte auch die Initiative Heydrichs, nach Kriegsbeginn eine umfassende »Volksmeldepficht« hinsichtlich abweichender politischer Äußerungen zu konstituieren.

Viele der hier geschilderten Einzelbeispiele abweichender Meinungsbekundungen aus den 30er Jahren können bei der ersten Lektüre vielleicht zur Verwunderung oder sogar zur Erheiterung Anlaß bieten. Dabei darf allerdings nicht übersehen werden, daß eine direkte Linie vom »Muckerer-Feldzug« des Jahres 1934 zum offenen Justiz-Terror des Jahres 1944 führte. Die Übergänge von Recht zu Unrecht waren auch unter der NS-Herrschaft fließend. Es begann mit der Instrumentalisierung der Strafvorschrift über »Groben Unfug« für politische Zwecke und der Anwendung der neuen, weitgehend unbestimmten Vorschriften der »Heimtücke-Verordnung« und des Heimtücke-Gesetzes. Daneben traten schon in den 30er Jahren Verurteilungen zu langjährigen Freiheitsstrafen wegen bloßer Meinungsäußerungen nach den Strafbestimmungen über die »Vorbereitung zum Hochverrat«. Ab 1943 wurden schließlich auch in Hamburg hemmungslos Todesurteile in Freislerscher Diktion wegen »Wehrkraftzersetzung« gesprochen.

Rechtstechnisch gelang es dabei zu keinem Zeitpunkt, die Straftatbestände des »Groben Unfugs«, der »heimtückischen Äußerung«, der »Vorbereitung zum Hochverrat« und der »Wehrkraftzersetzung« eindeutig gegeneinander abzugrenzen. Die eigentliche »Weichenstellung« hinsichtlich der Verfahren vollzog sich bei den Staatsanwaltschaften und im Reichsjustizministerium. Denn je nach dem, auf Grund welcher Vorschriften und vor welchem Gericht Anklage erhoben wurde, entschied sich auch das Schicksal der Verfolgten. Da klare Kriterien für die Behandlung der einzelnen Fälle fehlten, bestimmten Zufälle oder rein subjektive Wertungen die Einordnung der Verfahren. Am Ende stand die nackte Willkür.

Die hier wiedergegebenen Urteilsbegründungen aus Verfahren wegen »Groben Unfugs« vor den Amtsgerichten zeigen, daß offenbar nicht nur die Richter herausgehobener Instanzen wie des Volksgerichtshofes und der Sondergerichte von der Notwendigkeit der Verfolgung abweichender Meinungsbekundungen überzeugt waren. Mit erheblichem rhetorischen Aufwand und hohem persönlichen Engagement urteilten vielmehr auch »kleine Amtsrichter« nonkonforme politische Äußerungen ab und schöpften dabei den vorgegebenen Strafrahmen in der Regel fast voll aus. Auch diese Amtsrichter waren ja ein Teil jener deutschen Gesellschaft, die sich mit dem NS-Regime und vor allem der Politik Hitlers identifizierte.

Das Wesensmerkmal der strafrechtlichen Verfolgung politischer Äußerungen unter der nationalsozialistischen Herrschaft lag in der Auflösung des hergebrachten Gefüges juristischer Definitionen und Argumentationsweisen durch weitgehend offene Tatbestände und unbestimmte Zuständigkeiten. Für die Betroffenen folgte daraus eine allgemeine Rechtsunsicherheit, da weder die Interpretation von Rechtsvorschriften noch der Verfahrensgang kalkulierbar waren.

Ohne Übertreibung läßt sich feststellen, daß die Justiz damit einen nicht unbedeutenden Beitrag zur präventiven Verhaltensnormierung unter der NS-Herrschaft leistete.

Wolfgang Sarodnick

»Dieses Haus muß ein Haus des Schreckens werden ...«

Strafvollzug in Hamburg 1933 bis 1945

Eine möglichst realistische Darstellung des Strafvollzuges in der heutigen Zeit stößt zumeist schon deshalb auf Schwierigkeiten, weil dieses wenig transparente und komplexe Gebilde in den Medien überwiegend tendenziös und emotional gefärbt beschrieben wird und damit bei Außenstehenden falsche Vorstellungen auslöst oder Vorurteile bestätigt. Umso schwieriger wird das Unternehmen, wenn der zu untersuchende Zeitraum etwa 50 Jahre zurückliegt und das vorhandene Material nicht in sich geschlossen vorliegt und nur bruchstückhafte und unvollständige Eindrücke und Schlußfolgerungen zuläßt. Andererseits erscheint der Versuch notwendig, ein erstes Bild über den Strafvollzug in der Zeit von 1933 bis 1945 zu entwerfen, da die Forschung diesen Bereich auffälligerweise bisher im wesentlichen ausgeklammert oder vernachlässigt hat und möglicherweise die Konzentrationslager nicht zu Unrecht zunächst alle Aufmerksamkeit auf sich gezogen haben. Selbst in dem so umfangreichen Werk von Lothar Gruchmann über »Justiz im Dritten Reich« bleibt der Strafvollzug außerhalb der Betrachtung.[1]

Für die vorliegende Untersuchung standen die Generalakten der Justizbehörde Hamburg über den Strafvollzug zur Verfügung. Darüber hinaus konnten die Akten der ehemaligen Gefängnisbehörde und die im Staatsarchiv Hamburg lagernden Unterlagen der Staatsanwaltschaft bei dem Hanseatischen Oberlandesgericht über den Strafvollzug herangezogen werden. Da es in der Kürze der Zeit unmöglich war, das gesamte Material zu sichten, wurde eine umfangreiche Auswahl nach der jeweiligen Inhaltsangabe der Akten getroffen.

In erster Linie wird Bezug genommen auf die beiden großen Hamburger Anstalten Fuhlsbüttel und die Untersuchungshaftanstalt. Da aber auch auswärtige

1 Lothar Gruchmann, Justiz im Dritten Reich, München 1988. 1991 wurde erstmals ein kurzer Überblick zum Strafvollzug in der NS-Zeit publiziert: Christiane Hottes, Grauen und Normalität. Zum Strafvollzug im Dritten Reich, in: Ortstermin Hamm. Zur Justiz im Dritten Reich, hrsg. vom Oberstadtdirektor der Stadt Hamm, Hamm 1991, S. 63–70. Eine Besonderheit stellte ab 1941 der Strafvollzug nach dem sogenannten »Polenstrafrecht« dar, zu dem eine Detailstudie vorliegt: Elisabeth Kinder, Das »Stammlager Sosnowitz«, in: Friedrich Kahlenberg, Aus der Arbeit der Archive. Festschrift für Hans Booms, Boppard am Rhein 1988, S. 603–623. Zum Schicksal norwegischer NN-Gefangener während des Krieges in Schleswig-Holstein liegt ebenfalls eine Publikation vor: Rolf Schwarz/Harald Jenner, Gefangen in Schleswig-Holstein, hrsg. von der Stadt Rendsburg, Rendsburg 1990. Siehe hierzu und zum Strafvollzug während des Krieges in Hamburg auch die autobiographischen Aufzeichnungen von Hiltgunt Zassenhaus, Ein Baum blüht im November. Bericht aus den Jahren des Zweiten Weltkriegs, Hamburg 1974.

Anstalten wie Bremen, Lübeck, Braunschweig und Oldenburg in die Hamburger Zuständigkeit fielen, werden auch aus diesen Bereichen Beispiele genannt. Schwerpunkt der Untersuchung ist die Zeit des Nationalsozialismus. Die Zäsur, die diese Zeit in der vollzuglichen Entwicklung darstellte, wird aber erst dann richtig faßbar, wenn die Entwicklung des Strafvollzuges bis zum Jahr 1933 dargestellt wird, so daß zunächst mit einer Beschreibung dieser Zeit begonnen werden soll. Es wird in der Schlußbetrachtung auch deutlich, daß der zeitliche Bogen der Untersuchung außerordentlich weit gespannt werden mußte, weil die verheerenden Auswirkungen der Unterbrechung der Vollzugsentwicklung durch den Nationalsozialismus nur auf diese Weise deutlich werden. So hat das bereits in der Weimarer Republik vorbereitete Strafvollzugsgesetz bis zum Jahre 1977 auf sich warten lassen.

1. Die Zeit vor 1933

Die entscheidenden Reformen im Hamburger Strafvollzug in den 20er Jahren gingen von Christian Koch aus, der von 1919 bis 1933 Mitglied der Bürgerschaft und seit 1920 als herausragender Verfechter eines humanen Strafvollzugs Direktor der hamburgischen Gefangenenanstalten war. Von 1931 bis 1933 war er Präsident des Strafvollzugsamts der Länder Hamburg, Bremen, Lübeck, Braunschweig und Oldenburg. Er schaffte die körperliche Züchtigung und ähnliche auf die Zerstörung der Persönlichkeit ausgerichtete Maßnahmen ab, trennte sich vom damals vorherrschenden Vergeltungsgedanken und leitete den Erziehungsvollzug ein, da er erkannte, daß geistloses Strafen ohne Erfolg bleiben mußte. Auf seine Initiative geht die Einrichtung der Jugendanstalt Hahnöfersand und der offenen Anstalt Glasmoor zurück. Ebenso entwickelte Koch die Hamburger Dienst- und Vollzugsordnung (DVO) vom 24. Oktober 1924.[2] Danach war der Gefangene »während seiner Strafzeit so vorzubereiten, daß er sich seiner Verantwortung der Allgemeinheit gegenüber bewußt wird und willens und imstande ist, nach seiner Entlassung ein besserer Mensch zu sein als er vor seiner Haft war.«

Damit erhielt der Gedanke der Besserung noch einen besonderen Akzent über § 48 der Grundsätze für den Vollzug der Freiheitsstrafe vom 7. Juni 1923 hinaus. Dort hieß es: »Durch den Vollzug der Freiheitsstrafen sollen die Gefangenen, soweit es erforderlich ist, an Ordnung und Arbeit gewöhnt und sittlich so gefestigt werden, daß sie nicht wieder rückfällig werden«. Einen weiteren wichtigen Grundsatz enthielt § 49: »Die Gefangenen sind ernst, gerecht und menschlich zu behandeln. Ihr Ehrgefühl ist zu schonen und zu stärken«. Um dem Erziehungsgedanken am besten Rechnung tragen zu können, wurde der Strafvollzug in Stufen eingeführt.[3]

Im § 130 der Grundsätze heißt es: »Bei längeren Strafen ist der Vollzug in Stufen anzustreben. Er soll die sittliche Hebung dadurch fördern, daß dem Gefan-

2 Staatsarchiv Hamburg (StArch), Hamburgische Beamtenzeitung, Mai 1978, und Senator Kramer, Geschichte des Hamburger Gefängniswesens. Vortrag gehalten in der Deputationssitzung der Gefängnisbehörde am 29.6.1963, Hamburg o.J. (als Manuskript gedruckt).

3 Justizbehörde Hamburg (JB), Az. 4430 – 1d, Dienst- und Vollzugsordnung; StArch, Abt. 242 – 1II Gefängnisverwaltung, Abl. 5, Az. 1/1 – 5 Grundsätze für den Strafvollzug.

genen Ziele gesetzt werden, die es ihm lohnend erscheinen lassen, seinen Willen anzuspannen oder zu beherrschen. Der Vollzug in Stufen soll auf der Grundlage aufgebaut sein, daß der Strafvollzug je nach dem Fortschreiten der inneren Wandlung des Gefangenen seiner Strenge entkleidet und durch Vergünstigungen, die nach Art und Grad allmählich gesteigert werden, gemildert und schließlich so weit erleichtert wird, daß er den Übergang in die Freiheit vorbereitet«.

Etwas abgewandelt, aber das Vollzugsziel noch stärker herausstellend, formulierte Christian Koch 1926 unter Nr. 4 der Hausordnung für die hamburgischen Gefangenenanstalten in den Ausführungsbestimmungen zur Dienst- und Vollzugsordnung: »Bei Gefängnisstrafen und Zuchthausstrafen von längerer Dauer als 3 Monaten wird der Strafvollzug in Stufen durchgeführt. Durch diese Stufen soll ein allmählicher Übergang von dem Leben in der Anstalt zu dem Leben in der Freiheit verwirklicht werden. Vergünstigungen, die bei guter Arbeitsleistung und Führung eintreten und in allmählich steigendem Maße gewährt werden, sollen dem Gefangenen zu einer stärkeren Anspannung und Beherrschung seines Willens bestimmen und dadurch seine Erziehung zur Selbständigkeit und Verantwortung fördern helfen«.[4]

Die Gefangenen der verschiedenen Stufen waren durch unterschiedliche Halstücher gekennzeichnet, später durch Bänder am Unterarm. Der Verbleib in den 3 Stufen war durch Mindestfristen geregelt. Verboten waren in der untersten Stufe Turn- und Bewegungsspiele, Zeitungen, Spiele, Selbstbeschäftigung, Schmuck in der Zelle, Rauchen. Die Bewegung im Freien war täglich auf eine halbe Stunde festgesetzt, wobei sogenannte Zellengefangene (diese befanden sich in Einzelunterbringung) in einer Reihe, einzeln mit Abstand gehen mußten, und das Sprechen verboten war. Besuch fand für die Gefangenen monatlich, für die Zuchthausgefangenen alle 2 Monate für die Dauer von 15 Minuten statt. Im gleichen Rhythmus durften Privatbriefe abgesandt werden, und wöchentlich durfte ein Buch aus der Anstaltsbücherei ausgeliehen werden. In der nächsten Stufe wurden die zeitlichen Abstände kürzer, und es kamen Vergünstigungen hinzu wie Bilder und Blumen, sportliche Aktivitäten, Benutzung eines Leseraums, Zeitungen (außer kommunistischen und nationalsozialistischen Blättern), Raucherlaubnis, schließlich auch eigene Wäsche und Kleidung und Beleuchtung in der Zelle eine Stunde über den Einschluß hinaus.[5]

In den Grundsätzen von 1923 taucht zwar im 10. Abschnitt neben der Entlassung bereits das Wort »Urlaub« auf. In den folgenden §§ 216-224 wird aber nur die Entlassung geregelt. Dagegen wird die Möglichkeit einer Urlaubsgewährung unter Nr. 29 der Hausordnung für die hamburgischen Gefangenenanstalten von 1926 erwähnt: »Der Gefangene hat das Recht, sich wegen Beurlaubung an die Strafvollstreckungsbehörde zu wenden. Der Direktor der hamburgischen Strafanstalten ist befugt, Strafgefangene bis zur Dauer von einer Woche unter Vorbehalt des Widerrufs zu beurlauben, wenn dringende Gründe es gebieten, und es nach der Lage des Falles nicht angängig erscheint, zuvor die Entscheidung der Strafvollstreckungsbehörde einzuholen. Er hat von der Beurlaubung die Straf-

4 StArch, Abt. 242-1^{II} Gefängnisverwaltung, Abl. 5, Az.35/51 Sondervorschriften.

5 StArch,.Abt. 242-1^{II} Gefängnisverwaltung, Abl. 6, Az. L 2 Stufensystem.

vollstreckungsbehörde sofort zu benachrichtigen und ihr die weitere Entscheidung zu überlassen«.[6] Ein weiterer Schritt in der Urlaubsentwicklung im Vollzug wurde durch eine Verfügung des Präsidenten Christian Koch vom 14.1.33 erreicht, nach der der Urlaub im Stufenvollzug folgendermaßen geregelt war: Männliche Gefangene mit zeitiger Freiheitsstrafe in der 3. Stufe konnten beurlaubt werden, wenn die Hälfte der Strafzeit, mindestens aber 1 Jahr verbüßt war. Der Urlaub durfte pro Jahr zwei Wochen nicht übersteigen und war regelmäßig nur einheitlich zu erteilen. So wurde eine Art Regelurlaub, wenn auch gegen Widerstände durchgesetzt, weil der Sinn der Beurlaubung von Gefangenen schon damals richtig erkannt worden war. Um so erstaunlicher ist es, daß heutzutage immer noch Zweifel an derartigen Entscheidungen auftauchen und mißlungene Beurlaubungen erregte Diskussionen in der Öffentlichkeit auslösen, die dieses wichtige Vollzugsinstrument in Frage stellen wollen.

Beachtlich ist auch, daß nach § 17 der Grundsätze von 1923 bereits Anstaltsbeiräte eingesetzt wurden: »Bei den Anstalten können nach Anordnung der Landesregierung oder der obersten Aufsichtsbehörde Beiräte aus Vertrauenspersonen außerhalb des Beamtenkörpers gebildet werden. Aufgabe der Beiräte ist es, an der Überwachung des Strafvollzugs ehrenamtlich mitzuwirken«.[7] Zu den Behandlungsgrundsätzen gehörte konsequenterweise, die Aufsichtsbeamten stärker in das vollzugliche Geschehen nach den neuen Gesichtspunkten mit einzubeziehen, um z.B. in regelmäßigen Beamtenbesprechungen das Interesse am Schicksal der einzelnen Gefangenen und am Strafvollzug zu wecken (§ 15). Gefangene waren möglichst oft vom höheren Dienst in den Hafträumen zu besuchen, um ihr Vertrauen zu gewinnen (§ 54). Der Gefangene war berechtigt, sich über Maßnahmen des Strafvollzugs zu beschweren (§ 147).

Daß der Erziehungs- und Besserungsgedanke Vorrang vor der allgemeinen Bestrafung des Gefangenen bekommen hatte, wird auch in der Verwendung der Begriffe deutlich, wenn zum Beispiel der Präsident Christian Koch 1931 in einem Schreiben an die Anstalt in Bremen ganz bewußt differenzierte zwischen Strafanstalt und Gefangenenanstalt und sich für Gefangenenanstalt aussprach.[8]

Ähnliches fand in den 70er Jahren im Zusammenhang mit dem Strafvollzugsgesetz seine Wiederholung, als nicht mehr von Strafanstalten, sondern von Justizvollzugsanstalten gesprochen wurde.

Wie ernst die Einflußnahme auf die Persönlichkeit eines Gefangenen genommen wurde, wird an der Preußischen Verordnung über den Strafvollzug in Stufen vom 7.6.1929 deutlich, die auch für Hamburg Gültigkeit hatte und 1932 unter Aufsicht und auf Initiative von Koch auf die Gemeinschaftsländer Braunschweig, Bremen und Oldenburg ausgedehnt wurde.[9] Hier hieß es, daß eine systematische Erforschung der Persönlichkeit des Gefangenen eventuell durch eine besondere Forschungsstelle unter Verwendung allen verfügbaren Materials einzuleiten war, um Anlagen, Fähigkeiten und Neigungen auszuloten und eine

6 Siehe Anm. 4.
7 Siehe Anm. 3.
8 StArch, Abt. 242-1^{II} Gefängnisverwaltung, Abl. 6, Az. C/25–28 DVO, Verschärfung des Vollzugs.
9 StArch, Abt. 242-1^{II} Gefängnisverwaltung, Abl. 6, Az. K 5 Maßregeln zur Sicherung und Besserung.

bestmögliche Förderung festzustellen. Entsprechend diesen Bestrebungen wurde ab Herbst 1929 in der Aufnahmeanstalt in Hamburg eine »Kriminalbiologische Abteilung« unter der Leitung von Dr. Clemenz eingerichtet, der 1930 in einem Bericht den diagnostischen Aspekt als notwendige Grundlage für jede weitere vollzugliche Entscheidung hervorhob: »Da jede Erziehungsarbeit, die mehr als Dressur sein will, individuelle Behandlungen des zu Erziehenden verlangt, so muß möglichste Einsicht in die Wesensbesonderheit jedes einzelnen Gefangenen erstrebt werden«. Hervorgehoben wird, daß das Urteil der »Unverbesserlichkeit« nur außerordentlich vorsichtig und abgesichert getroffen werden darf.[10]

Im § 62 der Grundsätze heißt es: »Regelmäßige Beschäftigung der Gefangenen ist die Grundlage eines geordneten Strafvollzugs. Alle Gefangenen sind deshalb zur Arbeit anzuhalten, soweit das Gesetz es zuläßt. Auch Gefangenen, die zur Arbeit nicht verpflichtet sind, ist auf ihren Antrag Arbeit zuzuweisen«. Die große Arbeitslosigkeit in Deutschland machte sich natürlich auch in den Anstalten bemerkbar. Dennoch standen 1931 außer den Arbeiten in den eigenen Werkstätten Tätigkeiten für Fremdunternehmen wie Tütenkleben, Sortierarbeiten, Anfertigen von Bürsten, Matten oder Drahtschlaufen zur Verfügung.[11] Gefangene mit längerer Strafdauer ohne Beruf sollten nach Möglichkeit eine Ausbildung erhalten, die ihren Fähigkeiten entsprach. 1929 kamen »Spitzenverdiener« in den Fuhlsbütteler Anstalten auf einen Monatslohn von zum Beispiel 27,20 RM in der Druckerei, 30,10 RM in der Bäckerei oder 41,95 RM in der Schuhmacherei. Hierbei handelt es sich aber um Ausnahmen, denn ansonsten lag der Verdienst weit unter 20 RM. Im Vergleich hierzu kostete 1930 nach der Steuererhöhung ein Paket Tabak 40 Pfennige und eine Packung Zigarettenpapier 45 Pfennige.[12]

Nach der Ordnung der Arbeitsbelohnung für die hamburgischen Gefangenenanstalten vom Mai 32 lag der Normallohn pro Tag zwischen 12 und 16 Pfennigen und der Höchstlohn zwischen 20 und 26 Pfennigen bei 60 stündiger Arbeitszeit pro Woche.[13] Eine zusätzliche Schwierigkeit bestand darin, überhaupt Arbeit vermitteln zu können. Bezeichnend hierfür ist ein Bericht der Anstalt Wolfenbüttel aus dem Jahre 1931 an den Präsidenten des Hamburger Strafvollzugsamtes: »Infolge des zunehmenden Beschäftigungsmangels und der Herabsetzung der Arbeitsbelohnung reicht das Hausgeld jetzt kaum noch für die nötigsten Sachen des täglichen Gebrauchs, wie Zahnputzmittel, Rasierklingen und so weiter. Zusatznahrungs- und Genußmittel können sich meist nur noch diejenigen Gefangenen beschaffen, die sich durch Fleiß und tadellose Führung auszeichnen«.[14] Von der Arbeitsbelohnung standen auch nur 40% als Hausgeld für einen Einkauf zur Verfügung, 50% wurden als Rücklage für die Entlassung zurückbehalten, und 10% flossen in den Unterstützungsfonds, aus dem für besonders bedürftige Gefangene z.B. Reisekosten, Ausbesserung von Kleidung,

10 StArch, Abt. 242-1^{II} Gefängnisverwaltung, Abl. 5, Az. 10/71 Kriminalbiologische Untersuchung.

11 StArch, Abt. 242-1^{II} Gefängnisverwaltung, Abl. 5, Az. 1/1-5 Grundsätze für den Strafvollzug.

12 StArch, Abt. 242-1^{II} Gefängnisverwaltung, Abl. 5, Az. 24/351–354 Arbeitslöhne.

13 StArch, Abt. 242-1^{II} Gefängnisverwaltung, Abl. 6, Az. 0/2 Arbeitsbelohnung, Rücklage.

14 Ebenda.

Vollzugsanstalten Fuhlsbüttel, Luftaufnahme aus dem Jahre 1929.
Im Vordergrund in der Mitte die Anstalt V, die 1933 bis 1945 als Konzentrationslager und Polizeigefängnis genutzt wurde; im Hintergrund rechts die Anstalt II, das ehemalige Zuchthaus mit der Krankenabteilung, die später abgerissen wurde.
Quelle: Staatsarchiv Hamburg, 141-14, 6/117.

Kosten für Unterkunft und Verpflegung, Tilgung von Schulden bestritten wurden.[15]

Eine einmalige Besonderheit im hamburgischen Bereich stellte 1927 die Einführung einer anstaltseigenen Währung dar, um die Gefangenen zu mehr Selbständigkeit zu erziehen.[16] Das Geld war in der »Hamburgischen Münze« aus Aluminium, Messing und Bronze hergestellt worden und konnte zum Einkauf in den Anstaltskantinen von den Gefangenen benutzt werden, womit das Einschmuggeln von Bargeld verhindert werden oder an Reiz verlieren sollte. 1932 wurde jedoch in den meisten Anstalten das Hartgeld wieder abgeschafft, da der verwaltungsmäßige Arbeitsaufwand als zu hoch angesehen wurde und Sparmaßnahmen notwendig geworden waren.

Auch im Freizeitbereich machte sich der erzieherische Ansatz bemerkbar. So gab es 1929 einen Fachunterricht für Berufsgruppen, und auch Leibesübungen, Kunst und Basteln, Literatur und Laienspiel sowie Unterhaltungsspiele wie Schach hatten einen hohen Stellenwert. Die Hausbücherei der Fuhlsbütteler Anstalten umfaßte ca. 4500 Bände, und 60 Instrumente standen etwa 100 Gefangenen zur Verfügung, die aktiv am Musikangebot teilnahmen.[17] Auch gab es bereits zahlreiche Veranstaltungen und Aufführungen in den Anstalten, die allerdings nicht ohne kritische Resonanz blieben. So berichtete Ministerialrat Dr. Christians in einer Debatte des Landtages des Freistaats Oldenburg am 14.5.1929 über Veranstaltungen in den Strafanstalten Fuhlsbüttel vom Auftritt von Artisten auf einer Bühne in der Kirche, bei dem am Schluß »Zöglinge« der Anstalt mitwirkenden Damen Blumen überreichten. Hierzulande würde man sagen: »Das ist ja allerhand!«, und weiter: »Der alte Strafvollzug war ein Extrem strengster Zucht; Hamburg bietet uns eine hyperhumanitäre Irrung«.[18]

1931 wurde das Sprechverbot für Gefangene bei der Bewegung im Freien in Hamburg abgeschafft. Der Präsident Koch setzte sich dann für eine allgemeine Erlaubnis auch in den anderen Ländern Braunschweig, Bremen und Oldenburg ein, stieß aber im November 1931 in einer Sitzung des Länderausschusses auf Widerstand, so daß nur Einigung erzielt werden konnte, ein psychiatrisches Gutachten erstellen zu lassen, das Aufschluß über die Auswirkungen eines Sprechverbots geben sollte. Die beauftragten Ärzte sprachen sich dann in einer Konferenz am 10.12.1931 für die Aufhebung des Sprechverbots aus.[19] Trotz des Vorschlags des Vorstehers der Fuhlsbütteler Anstalt, Radiogeräte (Detektor und Kopfhörer) für Gefangene der Stufe II vom Verfügungsgeld zuzulassen, konnte man sich aus Sicherheitsgründen zu einer Erlaubnis nicht durchringen, so daß es bei der Nutzung einer Gemeinschaftsanlage blieb.[20]

Die umfangreichen vollzuglichen Reformansätze der damaligen Zeit, die auch auf Reichsebene zu beobachten und sicherlich nicht nur auf Christian Koch als einsamen Vorkämpfer zurückzuführen waren, müssen als erstaunlich fortschritt-

15 StArch, Abt. 242-1^{II} Gefängnisverwaltung, Abl. 6, Az. C/1 – C/24 Dienst- und Vollzugsordnung.
16 Siehe Anm. 12.
17 StArch, Abt. 242-1^{II} Gefängnisverwaltung, Abl. 5, Az. 26/11–42 Schule, Freizeit, Veranstaltung.
18 Ebenda.
19 Siehe Anm. 15.
20 Siehe Anm. 17.

lich angesehen werden, wenn man bedenkt, daß viele der Reformen noch bis in die 60er und 70er Jahre und darüber hinaus Anlaß zu kontroversen Diskussionen boten. Allerdings war der neue Geist im Vollzug schon vor 1933 Angriffen ausgesetzt und fand natürlich nicht allseits Zustimmung.

So gelang zum Beispiel am 5.12.1930 zwei Zuchthäuslern, die in der Schlosserei eingesetzt waren, die Flucht aus der Fuhlsbütteler Anstalt mit Hilfe mehrerer selbstgefertigter Nachschlüssel. Daraufhin schrieb die Zeitung »Hamburgischer Correspondent« am 28.1.1931 unter der Schlagzeile »Krise der Justiz«: »Kürzlich hörte ich in einer Gesellschaft, daß es geradezu aufreizend sei, in demselben Blatt Klagen über die zunehmende Unsicherheit, über die Häufigkeit der Raubüberfälle auf der einen Seite zu lesen, und auf der anderen, wie herrlich weit wir es im Strafvollzug gebracht hätten, daß die Herren Verbrecher jetzt ungestört Frauenbesuche empfangen dürften und ähnliches mehr. Es besteht die große Gefahr bei derartigen Mißstimmungen, daß das Kind mit dem Bade ausgeschüttet wird, daher die Tendenzen gesunder Fortschrittlichkeit in Rechtspflege und Strafvollzug auch eines Tages radikal vernichtet werden«.[21]

Die Ausbrüche wurden von Abgeordneten der Rechten zu einer Anfrage in der Bürgerschaft gemacht. Die »Große Glocke«, eine in Hamburg in wohl eher geringer Auflage erschienene Zeitschrift, die sich als »Kampforgan des Mittelstandes« verstand, reagierte in ihrer zweiten Märzausgabe 1931 unter anderem wie folgt: » Wenn aber durch Abgeordnete eine Flucht von ein bis zwei Sträflingen zur Staatsaktion gemacht wird, dann sind die Abgeordneten so kurzsichtig, um nicht zu wissen, daß durch solche nutzlose Anfragen den vielen bedauernswerten Gefängnisinsassen durch schärfere Maßnahmen ihre Not vergrößert wird und pflichttreuen Beamten durch unberechtigte Vorwürfe der Dienst im Zeichen der ›Menschlichkeit‹ verbittert und beschwert wird. Das bittere Los der Gefangenen und der damit betroffenen Angehörigen hat mit Parteipolitik nichts zu tun!« Die »Münchner Neuesten Nachrichten« berichteten am 19.11.1932 von einem Vortrag des Strafanstaltsdirektors Fritz Kleist aus Celle in der Gesellschaft für Individual-Psychologie unter anderem: »Man dürfte nicht, so schloß der Redner, aus Menschen, die einmal gefehlt haben, Feinde und Schädlinge der Gesellschaft machen, man müsse fragen, was denn passiert sei, daß er so handeln konnte. Vor allem aber wandte er sich gegen Bestrebungen zur neuen Barbarisierung des Strafvollzugs. Vernunft, Gerechtigkeit und Menschlichkeit gebühren auch denen, die gefehlt haben«.[22]

Anfang der 30er Jahre gingen heftige Angriffe gegen den »mustergültigen« Hamburger Strafvollzug von der kommunistischen Presse, besonders der »Hamburger Volkszeitung« aus, wobei die Hauptstoßrichtung auf den Präsidenten Koch und die SPD zielte. Hintergrund hierfür war sicherlich auch die Tatsache, daß die kommunistische Presse im Vollzug verboten war.[23] Positive und außerordentlich wohlwollende Berichterstattung ging von der Zeitung »Große Glocke«

21 StArch, Abt. 242-1II Gefängnisverwaltung, Abl. 5, Az. 3/142, Bd.2 Angriffe gegen die Gefängnisverwaltung.

22 Siehe Anm. 21.

23 StArch, Abt. 242-1II Gefängnisverwaltung, Abl. 5, Az. 3/132, Bd.2 Angriffe gegen die Gefängnisverwaltung.

aus, die am 3.2.30 unter anderem schrieb: »Mit dem Einzug des Direktors Koch sollte in der Strafanstalt Fuhlsbüttel der Geist des reinen Menschentums einziehen. Die Beamten sollten fortan nicht mehr Kerkermeister sondern Erzieher, Helfer, verstehende und mitfühlende Wegweiser in ein nach der Strafhaft beginnendes neues Leben sein. Ausgangspunkt für den modernen, sogenannten humanen Strafvollzug war die besonders durch das Wirken des leider zu früh verstorbenen Strafrechtslehrers Professor Dr. Liepmann in den Kreisen der jüngeren Hamburger Juristen sich mit fast elementarer Gewalt bahnbrechenden Erkenntnis, daß für Rechtsbruch jeglicher Art nicht das Einzelindividuum, das denselben begeht, allein verantwortlich gemacht und schuldig gesprochen werden kann, sondern daß zahlreiche Imponderabilien, die ganz außerhalb des Machtbereiches der Persönlichkeit selber liegen, sein Werdegang, seine Umgebung, die wirtschaftlichen Verhältnisse und vieles andere, letzten Endes auch die gesamte Struktur unserer heutigen sogenannten bürgerlichen Gesellschaft und deren Gesellschaftsordnung zu einem wesentlichen Teile mitschuldig sind, daß Rechtsbruch in den weitaus meisten Fällen auch nicht aus sogenannten verbrecherischen bösen Willen entstehen, sondern aus einer falschen Moralauffassung, aus Mangel an Hemmungen, hauptsächlich aber aus Mangel an Verantwortungsgefühl gegenüber den berechtigten Interessen der Allgemeinheit«.[24]

Das Halten einer Tageszeitung war auch 1931 noch eine Vergünstigung. Festungs- und Zivilhaftgefangene sowie zu einfacher Haft Verurteilte durften eine Zeitung beziehen, Gefängnis- und Zuchthausgefangene dagegen erst in der Gruppe II des Stufenstrafvollzugs.[25] Daß der Druck von rechts immer größer wurde, läßt sich aus folgendem Ausschnitt eines Artikels des »Hamburger Tageblatts« vom 17.8.1932 und der Reaktion ersehen: »14 Millionen deutscher Volksgenossen haben sich zu Adolf Hitler bekannt, und Hamburger Behörden wagen, diese elementare Willenskundgebung des Volkes zu ignorieren. Wir protestieren nachdrücklichst gegen eine derartige Provokation und fordern, daß unseren Kämpfern ihr Recht widerfährt: Dem Nationalsozialisten die nationalsozialistische Presse!« Darauf reagierte bereits am 24.8.1932 der Präses der Landesjustizverwaltung, Bürgermeister Petersen, indem er die Verfügung vom 25.6.1931, durch die das »Hamburger Tageblatt« von der Zulassung in den hamburgischen Gefangenenanstalten ausgeschlossen worden war, aufhob.[26]

Grundlage für die einschneidenden Veränderungen im Vollzug bis 1933 waren die Grundsätze für den Vollzug von Freiheitsstrafen von 1923, die gleichzeitig eine wichtige Vorarbeit für ein Strafvollzugsgesetz darstellten, da es immer noch an einer gesetzlichen Regelung mangelte. 1927 lag der Entwurf eines Strafvollzugsgesetzes vor, das in der Zusammenfassung der sich bis dahin durchsetzenden, fortschrittlichen Gedanken ein abschließender Höhepunkt hätte wer-

24 StArch, Abt. 242-1^{II} Gefängnisverwaltung, Abl. 5, Az. 3/131 Angriffe gegen die Gefängnisverwaltung.

25 Haftdauer bei einfacher Haft: 1 Tag bis zu 6 Wochen, bei Festungshaft: 1 Tag bis zu lebenslang, bei Gefängnis: 1 Tag bis zu 5 Jahren, bei Zuchthaus: 1 Jahr bis zu lebenslang. Vgl. Strafgesetzbuch für das Deutsche Reich vom 15. Mai 1871 mit den Entscheidungen des Reichsgerichts, München/Berlin 1930.

26 StArch, Abt. 242-1^{II} Gefängnisverwaltung, Abl. 5, Az. 26/51–54 Zeitungen.

den können.[27] Der Direktor Koch war als Vertreter Hamburgs an der Entwicklung des Strafvollzugsgesetzes beteiligt.[28] In den Zielen des Vollzugs wurden die §§ 48 und 49 der Grundsätze wörtlich aufgegriffen, ebenso wurde dem Erziehungsgedanken in dem Stufenmodell Rechnung getragen. Damit bekam auch die Ausbildung der Beamten einen größeren Stellenwert, indem nun auch der pädagogische Aspekt in der Behandlung der Gefangenen in den Vordergrund rückte. Als Besonderheit gab es in Hamburg auch bereits planmäßig Fürsorger/Sozialpädagogen als Fachbeamte, die auch der Entwurf des Strafvollzugsgesetzes vorsah. Ebenso fand die Möglichkeit der Beurlaubung von Gefangenen aus der Haft Aufnahme in den Entwurf. Konkrete Pläne von Koch aus dem Jahre 1927 sahen die Verlagerung der Fuhlsbütteler Anstalten trotz ihres noch geringen Alters vor, um die neuen vollzuglichen Ideen besser verwirklichen zu können und um das Gelände für den Wohnungsbau freizumachen. Zu einer Verabschiedung eines Strafvollzugsgesetzes durch den Reichstag kam es allerdings nicht mehr, und nach 1933 änderten sich die Zielvorstellungen so gravierend, daß an eine Umsetzung des Erziehungs- und Besserungsgedankens auf gesetzlicher Grundlage nicht mehr zu denken war, da jetzt wieder der Sühne- und Abschreckungsgedanke vorrangig wurde. Ebenso wurde ein Abbruch der Fuhlsbütteler Anstalten nun als »sinnlose Vergeudung von Volksvermögen« angesehen.

2. Die Zeit von 1933 bis 1945

2.1. Das Personal auf der Führungsebene

War es bis zur Machtübernahme der Nationalsozialisten sicherlich schon schwieriger geworden, Reformen im Strafvollzug durchzusetzen, so änderte sich die Richtung danach schlagartig. Der Präsident des Strafvollzugsamts Hamburg, Christian Koch, konnte seine Ideen nicht weiter verwirklichen; er wurde am 28.6.1933 gemäß § 4 des Reichsgesetzes zur Wiederherstellung des Berufsbeamtentums vom 7.4.1933 in den Ruhestand versetzt: »Beamte, die nach ihrer bisherigen politischen Betätigung nicht die Gewähr dafür bieten, daß sie jederzeit rückhaltlos für den nationalen Staat eintreten, können aus dem Dienst entlassen werden«.[29] Vorübergehend war Koch sogar Gefangener in seinem eigenen Gefängnis gewesen. Mit Koch wurden elf weitere Beamte und Angestellte aus dem Bereich des Vollzugs aus politischen oder rassischen Gründen entlassen.[30] An die Stelle von Koch rückte Max Lahts ab September 1933 als kommissarischer Präsident; er wurde ab März 1934 endgültig übernommen. Sein ständiger Vertreter war Robert Bredow, der ab April 1933 die Leitung der Untersuchungshaftanstalt übernommen hatte.

27 JB, Az. 4400 – 1 c, Strafvollzug im allgemeinen 1927–1970.

28 Siehe Anm. 3.

29 StArch, Abt. 213-8 Staatsanwaltschaft bei dem Oberlandesgericht, Abl. 2, Az. 451 E I/1 d I Beschwerden, Eingaben.

30 StArch, Abt. 213-8 Staatsanwaltschaft bei dem Oberlandesgericht, Abl. 2, Az. 200 E/11 Wiedereinstellung entlassener Bediensteter 1933; JB, Allgemeine Verfügungen, Gefängnisbehörde, 15. November 1955, 7. Jahrgang.

Max Lahts, geboren am 5.7.1897 in Hamburg, wurde nach Absolvierung der Volksschule und anschließender Lehre Klempnermeister in Hamburg. Als Frontkämpfer im alten Heer erhielt er verschiedene Auszeichnungen, trat bereits 1928 der NSDAP bei und wurde als Gauinspektor eingesetzt. Von 1931 bis 1933 war er Mitglied der Bürgerschaft. Obwohl er kein Jurist war, wurde er ab April 1933 zum Staatskommissar für das Strafvollzugsamt der Norddeutschen Ländergemeinschaft bis zur Übernahme des Präsidentenamts ernannt.[31]

Einem Aufruf der NSDAP an die Reichsjustizbeamten zur Mitarbeit setzte Lahts 1937 in einem Rundschreiben an die Anstalten noch hinzu: »Ich halte es für eine selbstverständliche Pflicht, daß jeder Beamte, Angestellte und Arbeiter der hamburgischen Vollzugsanstalten sich ohne weiteres freiwillig bereit erklärt zu einer persönlichen Mitarbeit innerhalb der nationalsozialistischen Bewegung«. Parteimitglieder und Parteianwärter im Vollzug mußten Ende 1937 namentlich erfaßt und in einer Liste an den Präsidenten gemeldet werden.[32] Dennoch wurde Lahts 1937 vom Gauinspektor der NSDAP außerordentlich kritisch beurteilt, der ihn als empfindlich, reizbar und rechthaberisch bezeichnete. Die Zusammenarbeit verliefe nicht ohne große Reibungen, schriftlich sei er nicht sehr gewandt, er sähe sich auch als Vertreter der Partei, und schließlich wurde sogar bemängelt, daß er kein Berufsbeamter sei.[33] Möglicherweise hat dann die nicht konfliktfreie Zusammenarbeit mit dem Generalstaatsanwalt Drescher dazu geführt, daß Lahts im Mai 1938 schriftlich beim Reichsminister der Justiz um Entlassung aus dem Reichsdienst bat, da er auf Anordnung des Gauleiters zum 1. Juni 1938 die Leitung der Hamburger Wasserwerke übernehmen sollte. Nach dem Ausscheiden von Lahts wurde das Präsidentenamt nicht mehr besetzt.

Am 26.5.1945 wurde Lahts interniert und wegen Zugehörigkeit zu einer verbrecherischen Organisation am 18.1.1948 durch das Spruchgericht in Bielefeld zu einer Gefängnisstrafe von 4 Jahren und 6 Monaten verurteilt. Diese Strafe verbüßte er bis zum 24.12.1949. Ein weiteres Verfahren gegen Lahts, in dem die Staatsanwaltschaft ihm Verbrechen gegen die Menschlichkeit und Körperverletzung im Amt bezogen auf Besichtigungen des Konzentrationslagers Fuhlsbüttel und seine verantwortliche Position für diese Einrichtung vorgeworfen hatte, wurde am 19.2.1952 eingestellt.[34] Leiter der Strafvollzugsabteilung der Reichsjustizbehörde und damit verantwortlich für den Hamburger Strafvollzug von 1938 bis Kriegsende war der am 26.8.1888 in Katharinahütte geborene Oberstaatsanwalt Richard Labriga, der erst am 1.4.1940 Mitglied der NSDAP wurde. Im Entnazifizierungsverfahren 1947 wurde er entlastet.[35]

Der Vertreter von Lahts und Leiter der Untersuchungshaftanstalt Robert Bredow wurde am 14.3.1879 in Altona geboren. Bereits mit 18 Jahren war er im Militärdienst und brachte es als sogenannter »Zwölfender« bis 1909 zum Feldwebel. 1904 erlitt er einen Hüftschuß beim Einsatz in Deutsch-Südwest-Afrika. Auch

31 StArch, Personalakte Lahts.

32 StArch, Abt. 242-1^{II} Gefängnisverwaltung, Abl. 7, Az. 1050–1080 Berufserziehung der Behördenangestellten durch die Deutsche Arbeitsfront.

33 StArch, Abt. 213-8 Staatsanwaltschaft bei dem Oberlandesgericht, Abl. 1, Az. 20 I/2 Verzeichnis der leitenden Strafvollzugsbeamten.

34 Archiv der Staatsanwaltschaft Hamburg, Az. 14 Js 427/48, Verfahren gegen Lahts.

35 StArch, Personalakte Labriga.

während des Ersten Weltkrieges wurde er als Frontkämpfer leicht verwundet. Er erhielt zahlreiche militärische Auszeichnungen. Nach der Prüfung für den gehobenen mittleren Dienst im Jahre 1911 war er bis 1924 im Reichspostdienst tätig. Angeblich schied er aus politischen Gründen freiwillig aus, um einer Entlassung zuvorzukommen, wie sie ihm bereits nach dem Kapp-Putsch gedroht hatte. Bredow hatte der NSDAP nahestehenden Organisationen schon sehr früh angehört. 1923 war er Führer der völkischen Kampfgruppe gewesen und 1924/25 Führer der Ortsgruppe Uhlenhorst der NS-Freiheitsbewegung und seit März 1931 Mitglied der NSDAP und Kreisgerichtsvorsitzender der Partei. Seine politische Zuverlässigkeit, mehr noch aber wohl die persönliche Bekanntschaft mit Lahts führten 1933 zu seinem Einsatz im Strafvollzug, in dem er es als Nicht-Jurist 1939 bis zum Oberregierungsrat brachte.

Lahts beurteilte ihn 1937, wie nicht anders zu erwarten war, in hervorragender Weise: »Wie auf vielen staatlichen Gebieten vor der Machtübernahme durch die NSDAP unverantwortliche Zustände eingerissen waren, so war dieses ganz besonders im hamburgischen Gefängniswesen der Fall. Der sogenannte moderne Strafvollzug hatte im Untersuchungsgefängnis dazu beigetragen, daß hier ganz besonders unhaltbare Zustände eingerissen waren. Direktor Bredow hat es verstanden, in kürzester Zeit das Steuer wieder richtig zu wenden und solche Verhältnisse im Untersuchungsgefängnis zu schaffen, wie sie im nationalsozialistischen Staate eine Selbstverständlichkeit sind. Es galt, nicht nur straffe Disziplin und Ordnung bei den Gefangenen einzuführen, sondern auch die Beamten und Angestellten mußten schnellstens umlernen, um sich wieder an Zustände im Strafvollzug zu gewöhnen, wie sie der nationalsozialistische Staat verlangt. Diese Aufgabe war nicht leicht. Direktor Bredow hat sie aber mit bewundernswertem Geschick in erstaunlich kurzer Zeit gewandt und sicher gelöst. Man hätte sich auch kaum eine bessere und geeignetere Persönlichkeit als Direktor Bredow hierfür denken können. Als Berufssoldat, Frontoffizier und Berufsbeamter brachte er Erfahrungen und Eigenschaften mit, die ihm seine Aufgabe erleichterten«.

Es mag sein, daß hier nach außen hin der neue Geist dokumentiert werden sollte und Lahts sich damit auch selbst zu profilieren versuchte, es sagt aber noch nichts darüber aus, ob im vollzuglichen Tagesablauf tatsächlich eine so einschneidende Veränderung eingetreten war, nachdem der alte Personalbestand im wesentlichen erhalten worden war. Die günstige Beurteilung über Bredow wurde vom Generalstaatswalt Dr. Drescher relativiert: Er sei »doch ein recht schroffer, polteriger Charakter, der manchen unnützen Lärm schlägt und daher sich und anderen Schwierigkeiten bereitet«. Ähnlich sah ihn auch Oberstaatsanwalt Labriga, der ihn als manchmal »rauh und polterig« beschrieb, »so daß es in der ersten Zeit gelegentlich Schwierigkeiten mit seiner Gefolgschaft gab«. Richtig ist wohl, daß Bredow im Grunde überzeugter Nationalsozialist war, aus seinen Ansichten aber keinen Hehl machte, auch wenn sie möglicherweise gar nicht erwünscht waren oder ihm Nachteile einbringen konnten. Er äußerte einmal wörtlich: »Ein anständiger Mensch sei eben anständig, ob er lange, kurze Zeit oder überhaupt nicht in der Partei sei, und ein Lump würde dadurch nicht besser, und wenn er noch solange der Partei angehöre«.

1940 wurde das Verhalten von Bredow von der NSDAP als parteischädigend gerügt. Er sollte Parteigenossen geohrfeigt bzw., wie er sich ausdrückte, »ins Gesicht geschlagen« und ihnen zur Androhung Strafgefangenenzellen gezeigt haben. Von einem Parteiausschluß wurde jedoch noch einmal abgesehen, nachdem er von der Partei-Kanzlei scharf verwarnt worden war. Ende 1943 wurde Bredow bis zu seiner Versetzung in den Ruhestand im Mai 44 beurlaubt. Ihm wurde vorgeworfen, er habe bei einem Betriebsappell behauptet, in den Zeitungen würde nur die Unwahrheit geschrieben, und außerdem habe er mit keinem Wort des Geburtstags des Führers gedacht. Außerdem sollte er einem Verwaltungsinspektor gegenüber gesagt haben, die Partei werde nach dem Kriege doch nicht mehr bestehen, und der Führer rede und rede und kein Wort sei wahr. In einem Schreiben des Gau-Gerichts vom Mai 1944 an den Generalstaatsanwalt hieß es dann aber abschließend unter anderem: »In keinem Falle hat sich auch nur ein Anhalt dafür ergeben, daß es Bredow irgendwie an nationalsozialistischer Einstellung und Haltung gebricht«.

Nach dem Kriege wurde zunächst im Entnazifizierungsverfahren davon ausgegangen, daß Bredow seine Karriere der Partei zu verdanken gehabt habe und ihm daher nur die Pension als Postinspektor zuständе.[36] Es bleibt offen, ob Bredow ein typisches Beispiel dafür war, daß je nach politischer Strömung opportunistisch alle Vorteile für das persönliche Fortkommen angestrebt wurden, oder ob nicht im Vollzug der größte Teil der Beamtenschaft im Gegensatz zur Gestapo überwiegend menschliche Züge im Umgang mit den Gefangenen zeigte und nur oberflächlich dem neuen Zeitgeist ausreichend Rechnung trug.

2.2. Verschärfungen im Vollzug

Auf einer Sitzung der Referenten der Vertragsländer in Hamburg wurde am 29.5.1933 beschlossen, den Strafvollzug schärfer und straffer zu gestalten und den Abschreckungsgedanken stärker zu verfolgen. Es wurde wieder das Sprechverbot während der Freistunde eingeführt und gleichzeitig die Raucherlaubnis zurückgenommen. Weiterhin wurde die Zusendung von Lebens- und Genußmittelpaketen für Gefangene grundsätzlich nicht mehr gestattet, und schließlich wurde auch die Regelung des Urlaubs im Stufenstrafvollzug, der ansonsten weiterhin Bestand hatte, für unzulässig erklärt.[37]

Der Stufenvollzug war nun verstärkten Angriffen ausgesetzt und wurde aus vollzuglicher Sicht sehr kritisch gesehen. Wahrscheinlich wollten sich die neuen Anstaltsleiter der veränderten Strömung anpassen und sich besonders profilieren. So äußerte sich der Direktor der bremischen Gefangenenanstalt in einer Stellungnahme eindeutig negativ. Der Gefangene müsse die Notwendigkeit der Sühne durch Strafe erkennen und anerkennen. »Der Erziehungsstrafvollzug hat nach meiner Überzeugung nur Berechtigung, angewendet zu werden bei solchen Leuten, die von vornherein eine gewisse Gewähr für Besserungsmöglichkeiten bieten. Die Arbeit anzuwenden bei häufig Vorbestraften ist Arbeitsver-

36 StArch, Personalakte Bredow.
37 Siehe Anm. 8.

Freistunde im Innenhof der Untersuchungshaftanstalt.
Quelle: KZ-Gedenkstätte Neuengamme, Dokumentenhaus.

schwendung und unnütze Kraft- und Geldvergeudung, die heute nicht mehr verantwortet werden kann«. Er empfahl sogar die nach dem Ersten Weltkrieg aufgehobene Möglichkeit der Verhängung von Dunkelarrest.[38]

Auch Bayern erklärte am 29.7.1933 gegenüber dem Reichsjustizministerium unter anderem: »Der Strafvollzug in Stufen hat in seinen Auswüchsen zu einer Regelung des Strafvollzugs geführt, die diesen kaum mehr als Übel erscheinen ließ. Man wagte es vielfach nicht mehr, den Grundsatz der Sühne und der Abschreckung zu vertreten und erkannte nur mehr den Erziehungsgedanken als berechtigt an. Dies geschah sogar gegenüber den hartnäckigsten Verbrechern. Vor den Erfahrungen des täglichen Lebens, die einen solchen Strafvollzug als unsinnig erscheinen lassen, schloß man geflissentlich die Augen. Der Selbstbetrug ging soweit, daß man vor der Bezeichnung eines Gefangenen als unverbesserlichen Gefangenen zurückschreckte und dafür den angenehmer klingenden Begriff des ›schwersterziehbaren‹ Gefangenen schuf. Es war nur folgerichtig, wenn man den Gefangenen Freiheiten einräumte, die mit einem zielbewußten Strafvollzug nicht in Einklang zu bringen waren. Die Mißstände, die nunmehr der Vergangenheit angehören, brauchen wohl nicht einzeln aufgeführt zu werden. Es sei hier nur an das den Gefangenen eingeräumte Selbstverwaltungsrecht, an den fast völligen Wegfall der Beaufsichtigung der Gefangenen der dritten Stufe und an die Spaziergänge von Gefangenen außerhalb der Anstalt erinnert.«[39] Diese beispielhafte Äußerungen fand dann auch Eingang bei einer Konferenz in Darmstadt am 5. und 6.10.1933, wo die Landesregierungen Änderungen der Grundsätze für den Vollzug von Freiheitsstrafen von 1923 vereinbarten.

Die Ziele des Vollzugs und die Richtlinien für die Behandlung der Gefangenen wurden neu definiert, und der Entwurf des Reichsjustizministeriums sah folgende Fassung vor: § 48 – »Durch die Verbüßung der Freiheitsstrafe sollen die Gefangenen das begangene Unrecht sühnen. Die Freiheitsentziehung ist so zu gestalten, daß sie für die Gefangenen ein empfindliches Übel ist und auch bei denen, die einer inneren Erziehung nicht zugänglich sind, nachhaltige Hemmungen gegenüber der Versuchung, neue strafbare Handlungen zu begehen, erzeugt. Die Gefangenen sind zu Zucht und Ordnung anzuhalten, an Arbeit und Pflichterfüllung zu gewöhnen und sittlich zu festigen«. § 49 – »Die Ziele des Strafvollzugs sind mit Ernst und gerechter Strenge zu verfolgen. Unnötige Härten sind dabei zu vermeiden. Das Ehrgefühl der Gefangenen ist zu wecken, zu schonen und zu stärken«. Der Abschnitt über die Einrichtung von Anstaltsbeiräten wurde gestrichen. Der Unterricht hatte das Ziel, die Gefangenen zu vaterländischer und rechtlicher Gesinnung zu erziehen und sie zu lebenstüchtigen Gliedern der Volksgemeinschaft zu machen. Bei der Einrichtung einer Bücherei sollte besonderer Wert auf Bücher und Schriften gelegt werden, aus denen den Gefangenen eine »hohe Auffassung von deutscher Art, deutschem Volk und deutschem Staat und von Recht und Sittlichkeit entgegentritt«. Die Anstaltsbibliotheken wurden revidiert und dabei marxistische Literatur und Literatur jüdischer Schriftsteller wie zum Beispiel Zweig, Heine, Freud beanstandet. Dafür wurde

38 StArch, Abt. 242-1 II Gefängnisverwaltung, Abl. 6, Az. L 3 Stufensystem.

39 Siehe Anm. 15.

nun nationalsozialistische Literatur angeschafft. Den Hausstrafen wurde der strenge Arrest hinzugefügt (§ 139 Nr. 12). Er wurde ebenso vollzogen wie der Arrest, doch blieben während der ganzen Dauer die Arbeit, die Bewegung im Freien und das Bettlager entzogen, und die Kost war auf Wasser und Brot beschränkt. Die neuen Richtlinien wurden am 17.5.1934 im Reichsgesetzblatt veröffentlicht und traten kurz darauf in Kraft.

Soweit die hamburgische Dienst- und Vollzugsordnung mit der reichsrechtlichen Grundlage in Widerspruch stand, war nach den Vorschriften der letzteren zu verfahren. Der Präsident Lahts stellte dann noch einmal besonders die »Übelzufügung« in den Mittelpunkt, indem er aus Anlaß der neuen Verordnung des RJM an alle Hamburger Anstalten schrieb: »Ich weise noch auf folgendes besonders hin: Die neuen Ziele des Strafvollzugs ergeben sich aus § 48 der Grundsätze. Danach ist die Freiheitsentziehung so zu gestalten, daß sie für die Gefangenen ein empfindliches Übel ist. Die Anstaltsvorsteher sind mir dafür verantwortlich, daß den Zielen, wie sie im § 48 der Grundsätze niedergelegt sind, in jeder Weise Rechnung getragen wird.«[40]

Wie sehr sich die Vorstellungen von Strafrecht und Vollzug im Jahre 1933 geändert hatten, wird besonders deutlich, wenn man sich Auszüge einer Rede des damaligen Staatssekretärs im Preußischen Justizministerium, Dr. Roland Freisler, im Berliner Kriminalgericht vergegenwärtigt: »Der nationalsozialistische Staat hat die totale Macht auch insoweit errungen, als dem Verbrechertum gezeigt wird, wo es hingehört, und das Volk die Gewißheit erlangt, daß es im totalen Staat des Nationalsozialismus geschützt ist. Die Aufgabe der Strafrechtspflege muß von anderen Gedanken beherrscht sein, als es vielfach die Strafrechtspflege bisher gewesen ist. Es geht nicht an, daß die Untersuchung des mehr oder weniger achtenswerten Bildes der Persönlichkeit des Verbrechers beinahe dominiert. Es geht nicht an, daß ein Staat sich fragt, ob dieser oder jener Rechtsbrecher zu hart angefaßt wird. Es geht nicht an, daß man sich den Kopf darüber zerbricht, ob man nicht irgendwie im Einzelfall mildernde Umstände in einer krankhaften und willensschwachen Veranlagung eines Rechtsbrechers finden kann. Es geht nicht an, daß man sich fragt, ob die Behandlung des Strafgefangenen im Einzelfall auch menschenwürdig genug ist. Es geht nicht an, daß der Verbrecher in den Schlupfwinkeln der Unterwelt lächelt über dieses Haus, über das, was im Strafvollzug geschehen wird. Dieses Haus muß ein Haus sein, das dem Volk die Gewißheit bietet: Hier wird dafür garantiert, daß derjenige, der sich außerhalb des Rechtsfriedens des Volkes gestellt hat, einer entsprechenden Behandlung ausgeliefert ist. Dieses Haus muß ein Haus des Schreckens für alle Elemente werden, die ihre Aufgabe darin sehen, unter Bruch des Rechtsfriedens des Volkes in asozialer Weise ihr Leben zu erhalten«.[41]

Ähnliche Signale gingen von Pastor D. Dr. jur. h.c. Dr. phil. H. Seyfarth in Hamburg aus. Seyfarth war Generalsekretär des Deutschen Reichsverbandes für Gerichtshilfe, Gefangenen- und Entlassenenfürsorge. Er schrieb zur »Neugestaltung des Strafwesens« in der Zeitschrift »Soziale Praxis« vom 3.8.1933 unter an-

40 Siehe Anm. 11.
41 Siehe Anm. 11.

derem: »Von manchen Seiten wurde das Verbrechen geradezu glorifiziert und, sofern man der Strafe überhaupt noch Existenzberechtigung zuerkannte, wurde für die Inhaftierten eine Behandlung gefordert, die aller Vernunft ins Gesicht schlug und die Strafe in einer Weise verwässerte, daß sie ihres Charakters als Sühne beinahe verlustig ging. Ich erwähne zum Beweis nur eine Forderung, die seinerzeit durch die Presse ging und wörtlich lautete: Man gewähre bei vorzüglicher Führung der Gefangenen den Ehegatten oder Verlobten (!) die Erlaubnis, von Zeit zu Zeit, gewissermaßen als Weekend von Sonnabend Nachmittag bis Montag früh die Haft der Gefangenen in einer Einzelzelle zu teilen. Daß auf eine solche sinnlose und schädliche Humanitätsduselei, die natürlich auch gegen die Todesstrafe Sturm lief und selbst die entmenschtesten Mörder noch durch Zuerkennung mildernder Umstände aller Art den Händen der Justiz zu entreißen suchte, eine starke Reaktion folgen mußte, war für jeden objektiv denkenden Menschen klar. Sie ist denn auch nicht ausgeblieben und wird dem Strafvollzug der Zukunft ein ganz anderes Gesicht geben«. Zu der Rede von Freisler schrieb Seyfarth dann weiter: »Aus diesen programmatischen Ausführungen von maßgebender Seite ist ersichtlich, daß in der Strafrechtspflege der Zukunft der dreifache Zweck der Strafe: Sühne für die verletzte Majestät des Gesetzes, Abschreckung vor weiteren Rechtsbrüchen und Schutz der Gesellschaft vor asozialen Elementen in vollem Umfange wieder zu seinem Rechte kommen, und daß mit der ungesunden Humanität der vergangenen Zeit gründlich aufgeräumt werden wird«.[42]

Beklagt wurde weiter, daß der einzelne alles galt, die Gesamtheit nichts, und daß der Verbrecher als bedauernswertes Opfer des kapitalistischen Systems oder der Klassenjustiz hingestellt wurde. Ebenso wurde als bedenklich angesehen, daß Gefangenenräte eingerichtet worden waren, die über die Wahrung der Rechte ihrer Leidensgefährten wachten und daß ein Beschwerderecht Platz gegriffen hatte, durch das die Autorität der Beamten aufs schwerste geschädigt wurde. In dieses Bild passen auch die ersten Berichte aus der Praxis, in die das neue Denken sofort Einzug gefunden hatte. So schrieb die Untersuchungshaftanstalt unter anderem: »Im Berichtsjahre 1933 bedeutete die durch die Machtergreifung des Nationalsozialismus gekennzeichnete neue Zeit gleichzeitig das Ende des bisherigen sogenannten ›modernen und humanen Strafvollzugs‹. Eine ganz neue Lebensordnung, die von der Gemeinschaft und nicht von Einzelwesen ausgeht, löste das bisherigen Denken ab und bringt dem Gefangenen nachhaltig zum Bewußtsein, daß er sein Freveln gegen die Rechtsordnung des Staates durch die als empfindliches Übel ausgestaltete Freiheitsentziehung zu sühnen hat. Anstelle des »Erziehungsprinzips« im Strafvollzug ist das »Vergeltungs- und Abschreckungsprinzip« getreten und der Strafe wieder der Strafcharakter beigelegt.«

An anderer Stelle hieß es über die Disziplin: »Wenn ich in früheren Jahresberichten immer über die Disziplin im Untersuchungsgefängnis geklagt habe, so lag die Ursache hierfür in dem System des früheren Strafvollzugs begründet. Was an frechem Auftreten, an mißachtender Formlosichkeit (sic!) und Unhöflich-

42 Siehe Anm. 11.

keit, an gemeinen Schmäh- und Schimpfworten täglich geschah, fand nirgends in der Welt ein Gegenstück. Ein einziger verschlagener und verworfener Mensch konnte einer ganzen Beamtenschaft das Leben zur Hölle machen. Und von diesen üblen Elementen hatte die Anstalt immer eine ganze Anzahl. Aber wie durch ein Wunder haben sich diese Verhältnisse im Gefängnis nach der nationalen Erhebung von Grund auf geändert und die vom Strafvollzugsamt erlassenen Verfügungen haben nach jeder Richtung hin ganz vorzüglich gewirkt. Sie griffen streng, aber gerecht durch und gaben der Anstaltsleitung und den Aufsichtsbeamten die Möglichkeit, die stark gelockerte Disziplin zu beseitigen und wieder Ordnung, Zucht und Anstand zu schaffen«.

Und weiter: »Das zur Groteske im früheren Strafvollzug gesteigerte Beschwerdeunwesen war ein wahrer Fluch dieses Strafvollzugs und eine Qual für die Beamten. Gegen alles, was dem Gefangenen an Hass oder Bosheit, Lügen oder Intrigen, aus Sport oder Liebhaberei am Querulieren aus der Feder floss, mussten die Anstaltsleitung und die Beamten sich verteidigen und sich von den gegen sie geschleuderten Anklagen reinigen. In der Anstalt HH 1 (der Untersuchungshaftanstalt, Anm. d. Verf.) gab es keinen Fall, in dem einer abgelehnten unbegründeten Beschwerde eine disziplinarische Bestrafung folgte. Als jedoch nach der strafferen Handhabung des Strafvollzugs die ersten Beschwerdeführer wegen unbegründeter und leichtfertiger Beschwerdeführung die Konsequenz der disziplinarischen Bestrafung tragen mußten, ging die Zahl der Beschwerden auffallend zurück. Im ersten Halbjahr 33 waren es 16 Beschwerden über die Anstalt Hamburg 1 und im zweiten Halbjahr 33 nur noch 9. Diese Zahl wäre aber bestimmt noch geringer gewesen, wenn sich die disziplinarischen Bestrafungen nach unbegründeter Beschwerde unter den Gefangenen weiter herumgesprochen hätten. Das scheint jetzt aber der Fall zu sein, denn im ersten Vierteljahr 34 sind bisher noch keine Beschwerden eingegangen, sodass man ohne Übertreibung sagen kann, dass das Beschwerdeunwesen ausgerottet ist«.

Die Verschärfung des Strafrechts führte auch schlagartig zu einer enormen Zunahme des Gefangenenbestands und damit zu einer Überbelegung der Untersuchungshaftanstalt, so daß Einzelzellen zum Teil mit drei Gefangenen belegt waren. Die höchste Belegung betrug am 15.11.1932 960 Personen (davon 38 weibliche) und am 20.9.1933 1960 Personen (davon 211 weibliche). Der Bericht der Untersuchungshaftanstalt schloß mit der Schilderung der ersten beiden Hinrichtungen am 8.8. und 28.12.1933 mit der Guillotine, nachdem 16 Jahre kein Gefangener mehr hingerichtet worden war. Beide Delinquenten waren wegen Mordes zum Tode verurteilt worden – einer vom Hanseatischen Sondergericht und der andere vom Schwurgericht in Hamburg.

Aus dem Jahresbericht der Untersuchungshaftanstalt vom 16.4.1934:

»... 2.) Dem zum Tode verurteilten Gefangenen Volk wurde die für den 8.8.1933[43] vormittag um 7 Uhr angesetzte Vollsteckung der Todesstrafe am 7.8.1933 nachmittag um 4 Uhr von dem Herrn Generalstaatsanwalt Dr. Drescher persönlich mitgeteilt. Als der Generalstaatsanwalt die Zelle des Volk

43 Im Orginal lautete das Datum »8.8.1934«, wobei es sich offenbar um einen Schreibfehler handelte.

betrat, riss Volk seine Augen erwartungsvoll gross auf. Kaum hatte er das Ergebnis vernommen, hielt er mit zusammengepressten Lippen und einem leichten Zucken an seinen Mundwinkeln den Atem an und schaute entsetzt auf den Generalstaatsanwalt. Mit der Vollstreckung hatte er nicht gerechnet. Es erfolgte sofort seine Überführung in die »Armensünderzelle« (Nr. 56). Die Aufsichtsbeamten ... Ullrich und Engewicht wurden zu seiner Bewachung zu ihm in die Zelle kommandiert. Eine besondere »Henkersmahlzeit« wünschte er sich nicht. Als sich jedoch gegen 10 Uhr der Hunger bei ihm einstellte, bekam er eine Mahlzeit aus Suppe, Rinderbraten mit Sauce, Kartoffeln und Gemüse. Sein Wunsch, noch einmal seine Frau und ausserdem seinen Vater, mit dem er sich seit etwa 3 Jahren entzweit hatte, sprechen zu dürfen, wurde ihm erfüllt. Der Abschied von seiner Frau dauerte nur etwa 5 Minuten. Eine kurze Umarmung, ein paar herzliche, aufmunternde Abschiedsworte seitens der Frau, eine Mahnung Volks an seine Frau, standhaft seinen Tod zu ertragen, ein Kuss und der Abschied war beendet. Der Vater war etwa 1/2 Stunden bei ihm, söhnte sich mit seinem Sohne, den er nun jahrelang nicht gesehen hatte, wieder aus und brachte ihm noch einige Zigaretten mit.

Die ersten Stunden nach dem Abschied von seinen Angehörigen verbrachte Volk damit, noch einmal an den Generalstaatsanwalt zu schreiben, ihm den Tatbestand darzulegen und um Gnade zu bitten. Ein Geständnis enthielt der Brief nicht. Ausserdem schrieb er noch einen Brief an seine Frau. Er beteuerte immer, dass er unschuldig an dem tödlichen Schuss auf die Polizeibeamten sei, dass er es nicht fassen könne, dass er hingerichtet werden müsse und hoffte immer noch auf eine günstige Wendung seines Schicksals. Er rauchte sehr stark und trank im Laufe der Nacht einige Tassen Kaffee. Schlafen konnte er nicht. Um 6 Uhr 30 früh wurde ihm von Herrn Pastor Lüder, der ebenfalls die Nacht mit ihm verbracht hatte, das heilige Abendmahl gereicht. Als ich kurz vor 7 Uhr ihn zu seinem letzten Gang aus der Zelle holte, glaubte er noch, ich brächte ihm die Begnadigung und bat, den Generalstaatsanwalt noch sprechen zu dürfen. Der Generalstaatsanwalt sprach ihn dann im Angesicht des Schaffotts, teilte ihm mit, dass der Herr Reichsstatthalter von seinem Gnadenrechte keinen Gebrauch gemacht habe und übergab ihn dem Scharfrichter. Standhaft und aufrecht ohne einen Ton zu sagen, liess er sich aufs Schafott führen. Um 7 Uhr fiel sein Haupt.

Diese Hinrichtung war die erste nach dem Weltkriege. Die letzte fand am 27.7.1917 statt (Draheim).

3.) Ein einzig dastehender Fall ereignete sich am 28.12.1933. Der wegen Ermordung des Polizeiwachtmeisters Knies vom Hanseatischen Sondergericht zum Tode verurteilte Ernst August Sander, geb. 31.12.1897, sollte am 28.12.1933 vormittag um 7 Uhr 15 hingerichtet werden. Am gleichen Tag um 7 Uhr vormittag wurde Oczkowski hingerichtet. Beiden Gefangenen wurde am Nachmittage vorher um 16 Uhr die bevorstehende Vollstreckung des Todesurteils durch den Oberstaatsanwalt Dr. Reuter mitgeteilt. Während Oczkowski ruhig und phlegmatisch die Worte des Oberstaatsanwalts aufnahm, war Sander völlig überrascht und fassungslos. Ein furchtbarer Schrecken durchzuckte ihn, denn er hatte mit einer so schnellen Vollstreckung des Urteils, das erst 5 Tage vorher gefällt worden war, nicht gerechnet. Unmittelbar nach dieser Eröffnung wurden die beiden Todeskandidaten in die nebeneinanderliegenden »Armensünderzellen« verlegt, und zwar Oczkowski in Zelle 56 und Sander in Zelle 55. Als Bewachung wurden zu Sander die Aufsichtsbeamten Watertradt, Klock und Ratzinger und zu Oczkowski die Aufsichtsbeamten Fass, Jantze und Spiegel kommandiert. Seelsorgerdienste leisteten bei dem katholischen Oczkowski der Pfarrer Behnen und bei dem evangelischen Sander der Pastor Rhine. Beide erhielten die gewünschte »Henkersmahlzeit«. O. verlangte Suppe, Grünkohl mit Karbonade, Sauce, Kartoffeln, 1/2 Flasche Rotwein, Kaffee und Kuchen, Sander in bescheidener Art Knackwürtste mit Sauerkraut und eine Flasche Bier »wenn es keine Umstände mache«. Dazu wünschte er zu rauchen. Oczkowski bekam auf Wunsch für etwa 2 Stunden Besuch von seinem Vater. Als sein Vater erschien, war er gerade dabei, seine Suppe zu essen. Beim Grünkohlessen fragte ihn sein Vater, ob ihm der Kohl schmecke. O. entgegnete: »So gut wie Mutter ihn kocht, schmeckt er nicht«. Kaum hatte er diese Worte gesprochen, legte er Messer und Gabel hin, hörte auf zu essen und fing zum ersten Mal heftig zu weinen an. Ein derartiger Gefühlsausbruch war während seiner ganzen Untersuchungshaft nicht wahrgenommen worden. Er hat dann auch kein Essen mehr angerührt, nur später noch seinen Wein getrunken. Im Laufe der Nacht nahm er noch den gewünschten Kuchen zu sich und trank auch noch einige Tassen Kaffee. Geraucht hat er nicht, ebenso nicht geschlafen. Seine Gespräche hauptsächlich mit dem Pfarrer und dem Vater waren religiöser Natur. Er war völlig gefasst und auf seinen Tod gut vorbereitet und freute sich auf das Wiedersehen mit seiner Mutter im Jenseits. Gegen 6 Uhr früh empfing er, nachdem er die Nacht meistens mit Beten zugebracht hatte, von seinem Pfarrer die heilige Messe und die heilige Kommunion. Als ich ihn kurz vor 7 Uhr aus der Zelle holte, schritt er in die Mitte zwischen dem Pfarrer Behnen und mir schnell und gesenkten Hauptes, die Hände auf dem Rücken gefesselt, betend bis zu dem mit brennenden Kerzen und dem Kruzifix geschmückten Tisch, hinter dem der Oberstaatsanwalt Dr. Reuter stand. Nachdem der Urteilstenor nochmals mitgeteilt und gleichzeitig bekanntgegeben wurde, dass der Herr Reichsstatthalter von seinem Gnadenrechte kein Gebrauch gemacht habe, wurde er dem Scharfrichter übergeben. Betend stieg er mit dem Scharfrichter und den 3 Henkersknechten die 10 Stufen zum Schafott empor. Noch als die Halskrause bereits seinen Hals umschlossen hatte, hörte man ihn merkwürdigerweise noch beten und sogar ein paar mal »au, au« sagen. Merkwürdigerweise deshalb, weil selbst der Scharfrichter vorher geäussert hatte, dass nach Herablassen der Halskrause keine Schmerzempfindung mehr vorhanden sei. Nach der Sektion der Leiche im Raum 49 durch Professor Blotevogel vom Anatomischen Institut wurden die Überreste ins Krematorium geschafft. Nun zu Sander zurück, dessen letzte Stunden in der Nebenzelle abliefen.

Sander rauchte während der Nacht eine Zigarette nach der anderen, insgesamt 52 Stück. Schlafen konnte er nicht. Die Erfüllung seines sehnlichsten Wunsches, seine Ehefrau noch einmal sprechen zu dürfen, stiess zunächst auf Schwierigkeiten, da die Ehefrau sich mit ihren 2 Kindern bei Verwandten auf einem Dorfe in der Nähe von Celle befand. Herr Präsident Lahts setzte sich persönlich mit der Polizeibehörde in Verbindung und veranlasste auf diesem Wege die Benachrichtigung der Ehefrau. Die Benachrichtigung klappte dann auch. Mitternacht um 12 Uhr 15 traf die Ehefrau bei Sander in der Zelle ein. Vorher erhielt Sander bereits Besuch von seiner Schwester, Frau Drobe, und von seinem als Untersuchungsgefangenen in der Anstalt befindlichen Schwager Drobe. Vor Unruhe und Aufregung hatte er während der ganzen Nacht nicht geschlafen. Der Pastor reichte ihm gegen 6 1/2 Uhr das heilige Abendmahl.

Kurz nach 7 Uhr – Oczkowski hatte seinen letzten Gang zum Schafott bereits angetreten – begannen für Sander die Vorbereitungen zu seinem schweren Gang. Nachdem ihm die Jacke ausgezogen und sein Hemd vom Nacken bis zum Kreuz aufgeschnitten worden war, wurden ihm die Hände auf dem Rücken gefesselt. Die Jacke legte man ihm lose um seine Schultern. So vorbereitet stand nun Sander da, trotz der Todesqualen standhaft, ruhig und gefasst, bescheiden und höflich zu den Beamten, die ihm über die letzten schweren Stunden der Nacht hinweghalfen. Er hatte abgeschlossen mit dem Leben und wartete ruhig und geduldig auf seinen Abruf, der aber nicht erfolgte. Erst nach Ablauf von etwa 2 Stunden wurde ihm eröffnet, dass durch Beschluss des Gerichts die Vollstreckung nicht erfolgen sollte. Die Fesseln waren ihm vorher wegen der Verzögerung seines Abrufs schon abgenommen worden.

Was Sander in der bestimmten Überzeugung und der Gewissheit seiner nahen Todesstunde an seelischen Qualen in der Nacht vor dem Beil gelitten hat, muss so ungeheuerlich gewesen sein, dass es nicht nachempfunden werden kann. Sein erster Wunsch nach Verlassen der »Armensünderzelle« war das Bedürfnis nach frischer Luft. Er war völlig erschöpft. Auf dem Gefängnishof durch den Schnee stapfend, sog er die frische, kalte Luft in vollen Zügen ein. Kurz darauf teilte ihm sein Rechtsanwalt mit, dass er sich mit Erfolg für ihn um seine Wiederaufnahme des Verfahrens bemüht habe.«[44]

Die Zahl der Strafgefangenen in Hamburg belief sich am 31.12.1933 auf 2278 Personen (1900 Männer und 378 Frauen), an Untersuchungs- und anderen Gefangenen auf 1123 Personen (1018 Männer und 105 Frauen). Ein Jahr zuvor am 31.12.1932 hatte es 1229 Strafgefangene (962 Männer und 267 Frauen) und nur 473 Untersuchungsgefangene (451 Männer und 22 Frauen) gegeben. Aus dem Jahresbericht der Fuhlsbütteler Anstalten ergibt sich, daß zu Beginn des Jahres 1933 die vorhandenen 107 Strafgefangenen im Werksgebäude der früheren Anstalt II untergebracht waren.

44 StArch, Abt. 242-1^{II} Gefängnisverwaltung, Abl. 1/11 Jahresbericht 1933.

2.3. Konzentrationslager Fuhlsbüttel

Als zur Entlastung der Untersuchungshaftanstalt Gefangene nach Fuhlsbüttel übernommen werden mußten und dort die ersten Schutzhaftgefangenen eingeliefert wurden, erfolgte die Wiederinbetriebnahme der Anstalt II. Am 1.1.1933 gab es 28 und am 31.12.1933 196 Zuchthausgefangene. Da die Zahl sämtlicher Gefangener ständig zunahm und die Unterbringung der Schutzhaftgefangenen, bei denen es sich fast ausschließlich um politische Gegner handelte, in Fuhlsbüttel vom Hamburger Reichsstatthalter Karl Kaufmann als zu lasch beanstandet worden war, wurde am 4.9.1933 in der Anstalt V, dem ehemaligen Frauengefängnis, das Konzentrationslager Fuhlsbüttel (Kola-Fu) eingerichtet und mit 429 Schutzhaftgefangenen belegt. Die Bezeichnung »Schutzhaft« scheint bewußt irreführend und verharmlosend aus der Weimarer Zeit übernommen worden zu sein, denn die Gefangenen befanden sich nicht zu ihrem Schutz, sondern überwiegend als politische Feinde auf Anordnung der Polizei unter Ausschaltung von Rechtsmitteln auf unbestimmte Dauer in Haft.

Die Zahl der Schutzhaftgefangenen war zum Jahresende bereits auf 725 gestiegen. Die Behandlung der Gefangenen änderte sich nun schlagartig, weil sie sofort in den Händen der SA und SS lag und nicht mehr mit dem üblichen Strafvollzug vergleichbar war. Es ist wohl davon auszugehen, daß willkürliche Mißhandlungen von Häftlingen im herkömmlichen Strafvollzug ausblieben. Jedenfalls sind keine entsprechenden Anhaltspunkte in den Aktenunterlagen darüber aufgetaucht. Für diese Vermutung spricht auch die Zeugenaussage eines ehemaligen Schutzhaftgefangenen aus dem Jahre 1948, der vor 1933 der kommunistischen Fraktion in der Hamburger Bürgerschaft angehörte: »Bisher war in Fuhlsbüttel, soweit ich feststellen konnte, noch keine Mißhandlung vorgekommen, da das alte Gefängnispersonal noch den Dienst versah. Im August 1933 übernahm die SS die Bewachung. Von nun an setzten regelmäßig Mißhandlungen und Schießereien in Fuhlsbüttel ein. Ich habe damals von meiner Zelle aus hören können, daß in einer gegenüberliegenden oder nebenan liegenden Zelle eine Prügelei stattfand«.[45]

Die Leitung des Konzentrationslagers hatte der SA-Brigadeführer Paul Ellerhusen übernommen. Als sein Stellvertreter galt der SS-Sturmführer Willi Dusenschön, dem Brutalität und Grausamkeit nachgesagt wurden. Unterstützung fand seine Haltung aber in der Rede des Präsidenten Lahts vor den Schutzhaftgefangenen, in der er sagte: »Das Strafvollzugsamt wird Ihnen als bewußten Feinden des nationalsozialistischen Staates zielbewußt, unerbittlich und hart unter Einsatz aller Mittel beweisen, daß niemand ungestraft den Staat Adolf Hitlers in seiner Aufbauarbeit stören darf.« Diese Äußerung stand allerdings im Widerspruch zu den tatsächlichen Zuständigkeiten, denn des Strafvollzugsamt war ab Herbst 1933 nur für die wirtschaftliche Versorgung des Konzentrationslagers verantwortlich, ansonsten unterstand es der Staatspolizei.

Jedenfalls wurden die Gefangenen in einer Weise mißhandelt, daß einige sich dem nur noch durch Selbstmord zu entziehen vermochten. Zwar gab es in Fuhls-

45 Archiv der StA Hamburg, Az. 14 Js 427/48, Verfahren gegen Lahts.

büttel eine klare Trennung zwischen Vollzug und Konzentrationslager, aber es ist kaum anzunehmen, daß nicht auch Informationen über die Behandlung der Gefangenen im Konzentrationslager durchdrangen. Möglicherweise bestand anfangs sogar die Hoffnung, daß der Vollzug Einfluß auf die Verhältnisse im Konzentrationslager nehmen könnte, denn der Bevölkerung waren die Zuständigkeiten unbekannt, so daß sich Betroffene hilfesuchend an den Vollzug wandten. Immerhin ermahnte Lahts in einem Hinweis am 22.9.1933 alle Angehörigen des Lagers und der Wachkommandos gegen Unterschrift, »jegliche Mißhandlung oder vorschriftswidrige Behandlung« von Schutzhaftgefangenen zu unterlassen. Zuwiderhandlungen zögen disziplinar- und strafrechtliche Verfolgung nach sich.[46]

Dennoch änderte sich nichts an den Verhältnissen im Konzentrationslager, bis im Frühjahr 1934 immerhin ein Verfahren wegen Mißhandlung gegen Dusenschön und Ellerhusen eingeleitet wurde, und Dusenschön sich daraufhin vorsichtshalber versetzen ließ, ohne den Ausgang des Verfahrens abgewartet zu haben, das dann unter dem Druck des Reichsstatthalters eingestellt wurde. Ellerhusen wurde 1952 wegen Körperverletzung im Amt in Tateinheit mit gefährlicher Körperverletzung in 60 Fällen, Aussageerpressung und fahrlässiger Tötung zu 12 Jahren Zuchthaus verurteilt.[47] Unter dem nachfolgenden Kommandanten Rode wurde dann wenigstens den brutalen Gewalttätigkeiten ein Ende gesetzt.

Im August 1934 beklagte die Polizeibehörde die katastrophalen Zustände im Konzentrationslager Fuhlsbüttel und machte die Gefängnisbehörde verantwortlich für einen möglichen Ausbruch von Krankheiten, wenn auf hygienischem Gebiet nicht rechtzeitig für Abhilfe gesorgt würde. Im Konzentrationslager konnten damals 640 Schutzhäftlinge in 209 Zellen und 19 Sälen untergebracht werden. Aber es mangelte an der nötigen Ausstattung. So gab es zum Beispiel nur 185 Trinkbecher und 118 Messer, so daß das Brot gebrochen und mit Löffeln beschmiert werden mußte. Es fehlte an Bettwäsche, und für mehrere Hundert Klosetts standen nur zwei Bürsten zur Verfügung. Nun wurde zwar aus den Beständen der hamburgischen Gefängnisse gesammelt, aber gleichzeitig betont, daß im Konzentrationslager »spartanische Einfachheit zu herrschen hat«[48]

Die Polizeibehörde hatte den Gefangenenanstalten Haftkosten für die Schutzhäftlinge zu erstatten, die vom Rechnungshof pro Kopf und Tag auf 0,90 RM festgesetzt waren. In diesem Zusammenhang schrieb die Polizeibehörde am 26.1.1935 an das Reichsjustizministerium: »Die Polizeibehörde hat in den letzten Monaten die Bestattungskosten für 11 im Konzentrationslager verstorbene Schutzhäftlinge im Gesamtbetrage von RM 1483,50 verausgabt ... Es wird um eine geflissentliche Mitteilung gebeten, ob dieser Betrag von der nächsten Rechnung über Verpflegungskosten der Schutzhäftlinge abgesetzt werden kann«.[49]

Daß die Staatspolizei auf den vollzuglichen Bereich Einfluß zu nehmen versuchte und sich dabei besonders hervortat, belegt auch die Meldung eines Ober-

46 StArch, Abt. 242-1^{II} Gefängnisverwaltung, Abl. 5, Az. 7/225, Konzentrationslager Fuhlsbüttel 1933/35.

47 StArch, Personalakte Ellerhusen.

48 Siehe Anm. 46.

49 Siehe Anm. 46.

Zelle des Konzentrationslagers Fuhlsbüttel. An der Seite das tagsüber stets hochgeklappte Bett.
Quelle: Bildberichterstatter Erich Andres, Hamburg 50, Langenfelder Straße 60.

truppführers vom 25.5.1935, aus der hervorgeht, daß er beobachtet hatte, wie die Hakenkreuzflagge auf dem Dach des Eingangs Suhrenkamp von einem Zuchthausgefangenen gehißt wurde. Vom Lagerkommandanten des Konzentrationslagers wurde dies als eine Beleidigung des deutschen Volks angesehen. Direktor Bredow entschuldigte sich mit der Beteuerung, daß der Vorgang sich nicht wiederholen würde und künftig von Leuten ausgeführt würde, »die sich der Bedeutung dieser Handlung bewußt sind«.[50]

Im August 1934 wurde vom Kirchenvorsteher Degenhard ein anonymes Schreiben an den Präsidenten Lahts weitergeleitet, in dem die grauenhaften Mißstände in den Gefängnissen mit politischen Gefangenen angeprangert wurden. Es wurden Namen von politischen Gefangenen im Gefängnis Altona aufgelistet, die innerhalb eines Jahres angeblich durch Selbstmord umgekommen sein sollten. An den Leichen sollten Spuren von Mißhandlungen entdeckt worden sein, oder aber die Leichen durften gar nicht erst besichtigt werden. Ob und in welcher Weise der Präsident auf das Schreiben damals reagierte, war nicht festzustellen.[51] Es ist aber davon auszugehen, daß der Vorgang auf höchster Ebene erörtert wurde.[52]

Da das Konzentrationslager Fuhlsbüttel sich wegen der besonderen Zuständigkeitsverhältnisse von den anderen Konzentrationslagern unterschied und überwiegend Schutzhaftgefangene bis zur Zuführung an die Gerichte verwahrte, ordnete Himmler als Chef der Deutschen Polizei 1936 an, die Einrichtung als »Polizeigefängnis« zu bezeichnen. Dennoch hielt sich die alte Bezeichnung, zumindest bis zur Einrichtung des Konzentrationslagers Neuengamme 1939/1940. Nach der jeweiligen Belegungssituation wurden für das Polizeigefängnis nicht nur die Anstalt V, sondern auch verschiedene andere Teilbereiche auf dem Fuhlsbütteler Gelände in Anspruch genommen. Als das Polizeigefängnis im April 1945 aufgelöst wurde, wurden außer Entlassungen und Deportationen 13 inhaftierte Frauen und 58 Männer, die dem Widerstand angehörten, in das Konzentrationslager Neuengamme verlegt und dort ermordet.[53]

2.4. Weitere Einschränkungen und repressive Maßnahmen

Die Verschärfungen im Strafvollzug ab 1933 wurden nicht nur einfach angeordnet, sondern es wurde vor dem Hintergrund des neuen Zeitgeistes auch in den Anstalten angefragt, ob und gegebenenfalls in welcher Weise und warum eine Veränderung sich empfahl. Offensichtlich wollte dann keiner hinter der Strömung zurückstehen und die Chance verpassen, sich besonders hervorzutun. So erging eine Neuregelung über die Freistunde der Gefangenen, nach der die Gefangenen der Einzelunterbringung hintereinander im Abstand von 3 bis 5 Metern gehen mußten und sich auch nicht durch Zeichen verständigen durften,

50 Siehe Anm. 46.

51 Siehe Anm. 46.

52 Werner Johe, Die gleichgeschaltete Justiz, 2. Aufl., Hamburg 1983.

53 Henning Timpke. Das KL Fuhlsbüttel, in: Studien zur Geschichte der Konzentrationslager, Stuttgart 1970; Ludwig Eiber (Bearb.), »Kola-Fu«, hrsg. vom Museum für Hamburgische Geschichte, Hamburg 1983.

während die Gefangenen der Gemeinschaftsunterbringung zu zweien nebeneinander gehen und sich mit dem Nebenmann unterhalten konnten.[54] Eine zynische Steigerung erfuhr diese Maßnahme noch durch eine Verfügung des Strafvollzugsamts im Winter Ende 1933: »Während der Frosttage ist darauf Bedacht zu nehmen, daß die Freistunden wie bisher im Interesse der Gesunderhaltung der Gefangenen durchgeführt werden, und zwar bei Untersuchungs- und Strafgefangenen gleichmäßig. Zur Erwärmung der Leute ist ein schärferes Tempo in der Gangart anzuordnen und von Zeit zu Zeit Laufschritt machen zu lassen, und zwar mit dem Ankündigungskommando ›Laufschritt!‹, worauf die Arme unter Anlegung der Armgelenke in den Hüften zu winkeln und die Hände zu ballen sind. Auf das Kommando ›Marsch Marsch!‹ ist sodann der Laufschritt gleichmäßig zu beginnen. Insbesondere ist darauf zu achten, daß die vorher befohlenen Abstände innegehalten werden. Gefangene, die mit einem Leiden behaftet oder kränklich sind, können ausscheiden. Ist ein Untersuchungsgefangener zu mangelhaft bekleidet und wünscht aus diesem Grunde wegen der Kälte an der Freistunde nicht teilzunehmen oder dieselbe abzubrechen, so ist der Bitte stattzugeben«.[55]

Ebenso wurde eine neue Grußvorschrift erlassen: »Die Gefangenen haben die Beamten unaufgefordert zu grüßen, und zwar durch Annahme von Haltung und, falls sie eine Kopfbedeckung tragen, außerdem durch Abnehmen der Kopfbedeckung. Der Hitler-Gruß ist der Gruß des freien Mannes. Es kommt daher diese Grußform für die Gefangenen bzw. für die Gefangenen untereinander nicht in Betracht«.[56] Diese Vorschrift wurde dann später noch einmal, detailliert den gesamten Bewegungsablauf regelnd, ergänzt, so daß der Gefangene zu einem Automaten degradiert wurde, der auf Knopfdruck bedient werden konnte und jeder Individualität verlustig gegangen war.[57]

Die Phantasie, mit der der Vollzug immer weiter verschärft wurde, erreichte einen Höhepunkt in einem Schreiben des Generalstaatsanwalts und Ministerialrats Dr. Christians aus Oldenburg an den Präsidenten Lahts, in dem er auf einen Bericht des Referenten im sächsischen Justizministerium Dr. Eichler hinwies und in dem es unter anderem hieß: Es ist vor einiger Zeit einmal angesprochen worden ..., »Fleiß und gute Führung sei sozusagen die verdammte Pflicht und Schuldigkeit des Gefangenen, er brauche und dürfe dafür nicht belohnt werden. Käme es ausschließlich darauf an, daß der Gefangene die Strafe überhaupt zu fühlen bekommt, so würde sich tatsächlich eine Lockerung des Strafzwangs nicht rechtfertigen lassen. Im Gegenteil könnte unter Berufung darauf, daß mit der Zeit eine gewisse Gewöhnung an das Strafübel einzutreten pflege, gefordert werden, daß man durch allmähliche Steigerung des Strafübels dafür sorge, daß es immer gleichbleibend fühlbar sei.« Dr. Eichler wandte nun selbst ein, gegen eine solche Regelung sträube sich jedoch das Gefühl und man müsse auch befürch-

54 Siehe Anm. 8.

55 StArch, Abt. 242-1^{II} Gefängnisverwaltung, Abl. 5, Az. 13/1–3 Verhaltensvorschriften, Anzeigen gegen Gefangene.

56 StArch, Abt. 242-1 ^{II} Gefängnisverwaltung, Abl. 5, Az. 25/27 Abteilung für geistig Minderwertige, Todesfälle.

57 Siehe Anm. 55.

ten, daß der Gefangene in »einem weniger tauglichen Zustand« als vorher der Volksgemeinschaft zurückgegeben wird. Lockerungen seien daher als »Hoffendürfen« mit der Spekulation auf Dankbarkeit des Gefangenen sinnvoll.[58]

Hatte einerseits der Nationalsozialismus einschneidend negativ Einfluß auf den Strafvollzug genommen, so wurde offensichtlich auch in umgekehrter Richtung versucht, die Parteizugehörigkeit zum eigenen Vorteil zu nutzen, so daß der Präsident in einer Verfügung bekanntgab, daß kein inhaftierter Nationalsozialist Anspruch auf irgendeine bevorzugte Behandlung habe und bei der Ausübung von Druck auf die Beamten sofort Bericht zu erstatten sei.[59] Die zunehmende Verschärfung machte sich auch bemerkbar bei der Bereitschaft, Gefangene vorzeitig zu entlassen. Im Jahre 1932 wurden von 129 Gnadengesuchen (überwiegend bedingter Straferlaß) aus der Anstalt Fuhlsbüttel 69 befürwortet und 60 nicht befürwortet, wobei dann 18 genehmigt und 111 abgelehnt wurden. 1933 wurden zehn Gesuche befürwortet und 122 nicht befürwortet, davon wurden neun genehmigt und der Rest abgelehnt. 1934 waren es 27 befürwortete und 297 nicht befürwortete Gesuche, wovon 26 genehmigt und 298 abgelehnt wurden.[60]

Nach Inkrafttreten des Gesetzes zur Verhütung erbkranken Nachwuchses vom 14.7.1933 wurden die Anstaltsleiter verpflichtet, diejenigen Gefangenen noch vor ihrer Entlassung zu melden, die für eine Sterilisation in Betracht kamen. Bei einer vorsätzlichen oder fahrlässigen Zuwiderhandlung drohte eine Geldstrafe. Als Kriterien für eine Sterilisation galten: Angeborener Schwachsinn, Schizophrenie, manisch-depressives Irresein, erbliche Fallsucht, erblicher Veitstanz, erbliche Blindheit, erbliche Taubheit, schwere erbliche körperliche Mißbildung und schwerer Alkoholismus. Bis zum Juni 35 wurden bereits 49 Sterilisationen an Gefangenen im Zentrallazarett durchgeführt.[61] Am 1.1.1934 trat das Gesetz gegen gefährliche Gewohnheitsverbrecher und über Maßregeln der Sicherung und Besserung in Kraft. Zu diesen Maßregeln gehörten unter anderem die Unterbringung in einer Heil- und Pflegeanstalt, die Sicherungsverwahrung und die Entmannung gefährlicher Sittlichkeitsverbrecher. Der frühere Präsident Koch hatte wegen der wissenschaftlichen Fragwürdigkeit Anträge auf Kastration während der Haft abgelehnt. Für eine Übergangszeit konnte auch nachträglich noch die Sicherungsverwahrung verhängt werden.[62] Anfang März 1934 hatte die Staatsanwaltschaft Hamburg in 111 Fällen nachträglich die Anordnung der Sicherungsverwahrung beantragt. In 81 weiteren Fällen wurde die Sicherungsverwahrung oder die Entmannung beantragt.[63]

Am 1.7.34 befanden sich in der Anstalt Fuhlsbüttel 43 Sicherungsverwahrte, am 1.1.35 117 und am 30.3.35 168.[64] Über den Vollzug der Sicherungsverwah-

58 Siehe Anm. 5.

59 Siehe Anm. 55.

60 Siehe Anm. 13.

61 StArch, Abt. 242-1^{II} Gefängnisverwaltung, Abl. 5, z. 25/280–281 Sterilisation 1931–33.

62 StArch, Abt. 242-1^{II} Gefängnisverwaltung, Abl. 5, Az. 10/243–253 Sicherungsverwahrung, Entmannung 1934/35.

63 StArch, Abt. 242-1^{II} Gefängnisverwaltung, Abl. 5, Az. 10/253–3 Inschutzhaftnahme, nachträgliche Sicherungsverwahrung.

64 StArch, Abt. 242-1^{II} Gefängnisverwaltung, Abl. 5, Az. 10/603–62 Sicherungsverwahrung, Politische Gefangene, Bestand.

rung wurde von Justizsenator Rothenberger am 28.4.1934 eine gesonderte Verfügung erlassen, in der es unter anderem hieß, daß der gefährliche Gewohnheitsverbrecher durch die Verwahrung unschädlich gemacht werden müsse. »Das Ziel der unbedingten Sicherheit ... ist rücksichtslos durchzuführen. Die Beamten dürfen deshalb bei Fluchtversuchen oder gegenüber drohender Haltung eines Sicherungsverwahrten ohne vorherigen Anruf und ohne vorherige Aufforderung zum Gehorsam von ihren Waffen Gebrauch machen«. Hausstrafen der »einsamen Einsperrung« waren stets in verschärfter Form zu verbüßen. Besuche waren nur alle 6 Wochen und das Absenden eines Briefes nur alle 4 Wochen möglich.[65]

2.5. *Verpflegung und Arbeit*

Im Januar 1930 betrug der Tagesverpflegungssatz für die allgemeine Gefangenenverpflegung 0,70 RM und wurde dann aus Ersparnisgründen bis Mai 1932 auf 0,45 RM reduziert. Die einsetzende Verteuerung der Lebensmittel ließ eine weitere Senkung des Verpflegungssatzes nicht mehr zu, so daß dieser auch 1936 noch Gültigkeit hatte. Eine Prüfung durch den Anstaltsarzt gab noch keinen Anlaß zu gesundheitlichen Bedenken, obwohl die Grenze bei zunehmender Knappheit erreicht war. Bemerkenswert ist, daß anläßlich besonderer religiöser Festtage auf die jüdischen Gefangenen Rücksicht genommen wurde, indem traditionell eine rituelle Speisung zugelassen war. Die Speisen wurden von der jüdischen Gemeinde geliefert, oder es wurde eine zu diesem Zweck eingerichtete Küche auf Kosten der deutsch-israelitischen Gemeinde in Anspruch genommen. Aus diesem Anlaß wurden sogar extra Verlegungen vorgenommen, um die Gefangenen jüdischer Religion zusammenzufassen. Nach dem Osterfest 1935 wurde aber die rituelle Speisung offensichtlich eingestellt beziehungsweise untersagt.[66]

Nach Freislers Vorstellung hatte der Vollzug die Verpflichtung, die Arbeitskraft der Gefangenen für die nationale Wirtschaft auszunutzen.[67] Der Einsatz von Hausarbeitern sollte 15 % nicht überschreiten, damit möglichst die Produktion unterstützt würde. 1933 gab es drei verschiedene Lohnstufen. Danach konnten jugendliche Arbeiter unter 18 Jahren pro Tag 0,05 0,10 RM, ungelernte 0,10–0,15 RM und Facharbeiter 0,15–0,20 RM bei einer Leistungszulage von höchstens 0,05 RM verdienen.[68] Wie wenig auf die körperliche Verfassung der Gefangenen Rücksicht genommen wurde und wie sehr auch die letzten Arbeitsreserven zur Verfügung gestellt werden mußten, zeigt die geringe Krankenziffer. So wurden in den Fuhlsbütteler Anstalten bei einer Belegung von 1617 Gefangenen am 30.5.1936 nur 13 Kranke gezählt, und am 30.6.1936 waren es sogar nur 9.[69]

65 StArch, Abt. 242-1^{II} Gefängnisverwaltung, Abl. 5, Az. 10/251 Sicherungsverwahrung.

66 StArch, Abt. 242-1^{II} Gefängnisverwaltung, Abl. 5, Az. 18/1–54 Ernährung und Speisung jüdischer Gefangener.

67 Siehe Anm. 55.

68 Siehe Anm. 12.

69 StArch, Abt. 242-1^{II} Gefängnisverwaltung, Abl. 5,Az. 10/600–602 Bestand, Sterilisation.

Gemeindeverwaltung der Hansestadt Hamburg

Gesundheitsverwaltung
Institut für Schiffs- und Tropenkrankheiten

Hamburg, den 9. Januar 1940.

Herrn

Generalstaatsanwalt Dr. D r e s c h e r

Hamburg.

Sehr geehrter Herr Generalstaatsanwalt!

Jm Anschluss an ein Telefongespräch mit Herrn Medizinalrat Dr. Meywerk bitte ich Sie um die Erlaubnis, im Gefängnis bei Gefangenen, die sich freiwillig dazu bereit erklärt haben, Läusefütterungen durch Blutsaugen zwecks Läusezucht machen lassen zu dürfen. Herr Medizinalrat Dr. Meywerk ist grundsätzlich hiermit einverstanden.

Es kommt darauf an, unsere im Tropeninstitut aus Eiern gezüchteten Läuse, deren wir viele Tausende für wissenschaftliche Untersuchungen und evtl. zur Herstellung von Flecktyphusimpfstoff bedürfen, täglich 1 - 2 Mal Blut saugen zu lassen. Die Läuse bed[illegible] Aufzucht regelmäßiger Menschenblutnahrung.

Die von uns im Tropeninstitut angestellten [illegible] allem die Versuche der Jmpfstoffherstellung, sind [illegible] für den Heeresdienst, insbesondere jetzt in Kriegszeiten, und werden mit Einverständnis der Hamburger Gesundheitsverwaltung vorgenommen.

Falls Sie weitere Aufschlüsse wünschen, ist der Assistent unserer entomologischen Abteilung, Herr Dr. Eckstein, bereit, Jhnen mündlich Aufklärung zu geben.

Heil Hitler!

Mühlens

Direktor des Jnstituts.

Hamburg 4, Bernhard-Nocht-Straße 74

Grosser Briefbogen. 30.

V e r t r a g .

Die Reichsjustizverwaltung, vertreten durch den Vorstand der Strafanstalten Hamburg-Fuhlsbüttel, Suhrenkamp 98 und die Gemeindeverwaltung der Hansestadt Hamburg, Gesundheitsverwaltung, vertreten durch den Direktor des Instituts für Schiffs- und Tropenkrankheiten, vereinbaren:

1.

Die Strafanstalten Hamburg-Fuhlsbüttel stellen in jederzeit widerruflicher Weise dem Institut für Schiffs- und Tropenkrankheiten der Gemeindeverwaltung Hamburg ~~zwecks~~ zur Läusezucht 15 bis 20 Gefangene zur Verfügung, die sich freiwillig dazu bereit erklären, Läusefütterungen durch Blutsaugen an sich vornehmen zu lassen.

2.

Die technische Durchführung in der Strafanstalt obliegt dem Institut, das einen Arzt oder sonstigen Sachverständigen dazu beauftragen wird. Zu seiner Unterstützung dürfen einfache und keinesfalls zeitraubende Verrichtungen durch einen Beamten der Krankenabteilung der Strafanstalten vorgenommen werden.

3.

Das Bereitstellen der Gefangenen, die in einem oder mehreren besonderen Räumen untergebracht und im übrigen ihrer gewöhnlichen Arbeit nicht entzogen werden, ist kostenlos; um jedoch die nötigen Gefangenen für die gute Sache zu gewinnen, wird sich das Institut dadurch erkenntlich zeigen, daß es für Tag und Kopf den beteiligten Gefangenen den Betrag von RM o.20 zu Handen der Kasse der Strafanstalten zahlt.

Gegenüber der Reichsjustizverwaltung verpflichtet sich im übrigen die Gemeindeverwaltung der Hansestadt Hamburg, Gesundheitsverwaltung, Institut für Schiffs- und Tropenkrankheiten, vertreten durch den Direktor Prof. Dr. Mühlens, für alle Schäden aufzukommen, die der Reichsjustizverwaltung im Zusammenhang mit der Angelegenheit entstehen; in Frage kommen besonders im Falle der Verlausung der Anstalten die Kosten der Wiederherstellung, ferner Schadensersatzansprüche jeder Art von Gefangenen.

- 2 -

4.

Das Abkommen tritt mit dem Tage der Genehmigung durch den Herrn Generalstaatsanwalt bei dem Hanseatischen Oberlandesgericht in H a m b u r g 36 in Kraft.

Jede Partei erhält einen Abdruck des genehmigten Vertrages.

Hamburg-Fuhlsbüttel, den 28.Februar 1940

Der Vorstand
der Strafanstalten Hamburg-Fuhlsbüttel.
I.V.
[Unterschrift]
Oberregierungsrat.

Für die Gemeindeverwaltung der Hansestadt Hamburg
der Direktor des Instituts für Schiffs- und Tropenkrankheiten
[Unterschrift]
Professor.

Der vorstehende Vertrag wird genehmigt.
Hamburg, den .Februar 1940

Der Generalstaatsanwalt
bei dem Hanseatischen
Oberlandesgericht.

Vertrag über die Läusezucht an Gefangenen der Strafanstalt Fuhlsbüttel.
Quelle: Justizbehörde, Generalakte 4400-1a

2.6. *Einmischung von Gestapo und NSDAP in vollzugliche Angelegenheiten*

Zur Bewachung der politischen Gefangenen waren in Fuhlsbüttel zusätzlich Beamte der Schutzpolizei und Hilfspolizeibeamte eingesetzt, was sich nicht selten als problematisch erwies, da ihnen die einschlägigen Vorschriften oft nicht bekannt waren.[70] Darüber hinaus gab es immer wieder Beschwerden, weil die Gestapo großspurig, drohend und provokativ auftrat und Einfluß auf vollzugliche Entscheidungen zu nehmen versuchte. Umgekehrt führte aber auch die Gestapo Klage. So hieß es in einem Schreiben vom 24.9.1936: »Hinzu kommt, daß bei der Zusammenarbeit zwischen Beamten der Gestapo und den hamburgischen Gefangenenanstalten immer wieder die Feststellung widerwilliger und unfreundlicher Mitarbeit bei den Gefängnisbeamten gemeldet werden muß. Immer wieder führen meine Beamten bei mir Klage über zu geringes Verständnis oder Entgegenkommen bei den Gefängnisbeamten«.[71] Ein anderes Mal beschimpfte ein Besucher in Uniform der NSDAP Beamte in der Untersuchungshaftanstalt und stellte fest: »Hier scheint ja noch der alte Beamtengeist zu herrschen«.[72]

Am 4.6.1934 schrieb ein Kreisleiter der NSDAP an den Präsidenten Lahts: »Wie ich erfahre, werden in der Fuhlsbütteler Anstalt mehrere Juden als Kalfaktoren verwendet. Meines Wissens nehmen die Kalfaktoren unter den Gefangenen eine Ausnahmestellung ein, indem sie besondere Freiheiten genießen und die Strafvollstreckung nicht so schwer empfinden als die meisten anderen Gefangenen. Ich glaube nicht, daß eine derartige Bevorzugung von Juden innerhalb der Ihnen unterstellten Anstalten Ihre Billigung findet. Heil Hitler!« In der Antwort wurde von Bredow mitgeteilt, daß nur ein Jude als Kalfaktor Verwendung fände, die Tätigkeit »ziemlich übel« sei und im übrigen empfohlen würde, »sich nicht jeden Quark aufhängen zu lassen.« Hartnäckig benannte danach der Kreisleiter vier Juden, die in angeblich bevorzugten Stellungen eingesetzt wären und wies darauf hin, »daß überall noch Kräfte am Werk sind, die sich den veränderten Verhältnissen nicht anpassen können«. In seiner Antwort vom 19.6.1934 teilte Bredow mit: »Der Strafgefangene L. ist kein Jude, sondern evangelisch. Es mag sein, daß seine Vorfahren Juden gewesen sind, aber bisher hat es sich im Strafvollzug erübrigt, auf die Feststellung der arischen Abstammung der Strafgefangenen zu sehen«. Und weiter: »Alles in allem handelt es sich hier um eine ganz unerhörte Kritik und Einmischung in die Anstaltsführung«. Trotz dieser couragierten Reaktion wurde dann aber doch der einzige Jude von seinem Posten in der Bibliothek abgelöst, obwohl vorher noch zur Rechtfertigung seine besondere Eignung herausgestellt worden war. Aus dem Schriftwechsel ist zu schließen, daß sich zu jenem Zeitpunkt wohl nur wenige Juden im Vollzug befanden.[73]

70 Siehe Anm. 62.

71 StArch, Abt. 242-1^{II} Gefängnisverwaltung, Abl. 7, Az. 2030/1–2031 Dienststrafrecht.

72 StArch, Abt. 213-8 Staatsanwaltschaft bei dem Oberlandesgericht, Abl. 2, Az. 457 E – I/5 Beanstandungen und Verhaltensweisen.

73 Siehe Anm. 24.

2.7. Reaktionen der Gefangenen auf die Haftbedingungen

Wenn es auch fraglos gravierende Unterschiede zwischen Konzentrationslager und Strafvollzug gab, so müssen doch Zeitgeist, eine allgemeine Unterversorgung und die zunehmende Überbelegung katastrophale Auswirkungen auf die Gefängnisse gehabt haben. Bredow schätzte im Juni 1937 den Anteil an politischen Gefangenen im Zuchthaus Fuhlsbüttel auf ca. 80 %, so daß Einzelzellen mit drei Gefangenen belegt wurden mußten, obwohl Einzelunterbringung angezeigt war.[74] In dieser angespannten Atmosphäre blieben aus Verzweiflung und Hoffnungslosigkeit aggressive Reaktionen der Gefangenen, auch gegen sich selbst gerichtet, nicht aus. So wurden 1933 bereits zehn Suizide durch Erhängen in den Hamburger Gefängnissen verzeichnet.[75] Eine Möglichkeit, den Haftbedingungen zu entfliehen, bestand auch darin, Fremdkörper zu verschlucken, um so einen Aufenthalt im Lazarett zu erzwingen. In einem besonders schweren Fall verschluckte ein Gefangener 1936 ein Tischmesser und verstarb an den Folgen, weil der Gefängnisarzt eine Operation für zu gefährlich hielt, nachdem der Gefangene bis dahin schon viermal wegen Verschluckens von Fremdkörpern operiert worden war.[76]

Ebenso mußte in der damaligen Ausnahmesituation des Vollzuges mit explosiven Reaktionen und Widersetzlichkeiten der Gefangenen den Beamten gegenüber gerechnet werden. Als 1934 in Fuhlsbüttel ein Gefangener den Anordnungen eines Aufsichtsbeamten nicht Folge leistete und ihn angriff, verfügte der Präsident: »Sämtliche Aufsichtsbeamten haben bei der Abhaltung der Freistunde oder Beaufsichtigung von im Freien arbeitenden Gefangenen, soweit nicht schwerere Schußwaffen bereits vorgeschrieben sind, eine geladene Pistole bei sich zu führen«. Ein weiterer Gefangener, der 1934 wegen Tätlichkeiten gegen Beamte zur Anzeige gebracht worden war, wurde vom Gericht freigesprochen, da der Sachverständige ihn wegen Geisteskrankheit für nicht verantwortlich erklärt hatte. Dennoch drückte der Präsident in einem Schreiben an die Landesjustizverwaltung sein Befremden über das Urteil aus, da es nicht zur Erhaltung der Disziplin bei den Zuchthausgefangenen beitrüge, und der Angeklagte wegen seiner Bewußtseinsstörungen im Wiederholungsfall wohl erneut freigesprochen würde.[77]

Noch im selben Jahr berichtete Bredow dem Präsidenten über eine Auseinandersetzung zwischen einem Gefangenen und einem Beamten, wobei es um eine angebliche Arbeitsverweigerung bei Torfarbeiten ging: »Daß L. den Gefangenen P. mit der entsicherten Schußwaffe und dem Finger am Abzug zum Gehorsam gezwungen hat, ist nicht zu beanstanden. Es wäre m. E. auch nicht zu beanstanden gewesen, wenn L. bei weiterem Ungehorsam und Widerstand des Gefangenen P. die Waffe nachdrücklicher gebraucht hätte im Hinblick auf die Bestimmungen der Waffenordnung, nach welcher derjenige Beamte zur Rechenschaft gezogen

74 JB, Az. 4403-1b Personalgestaltung.

75 StArch, Abt. 242-1^{II} Gefängnisverwaltung, Abl. 4, Az. 141 Todesregister.

76 StArch, Abt. 213-8 Staatsanwaltschaft bei dem Oberlandesgericht, Abl. 2, Az. 443 E I/2 Todesfälle.

77 Siehe Anm. 55.

wird, der nicht rechtzeitig von der Waffe Gebrauch macht.«[78] Wie sehr mit allen Mitteln versucht wurde, die Disziplin in den Anstalten aufrechtzuerhalten, zeigt auch ein Schreiben des Reichsjustizministeriums vom 11.3.37 an die Generalstaatsanwälte zur Bekanntgabe an die Gefangenen: »Ein zu Zuchthausstrafe und zur Sicherungsverwahrung verurteilter Strafgefangener hat einen Strafvollzugsbeamten, der ihn bei einem Ausbruchsversuch betraf, angegriffen und zu töten versucht. Der Beamte hat schwere Verletzungen erlitten, die infolge besonders glücklicher Umstände nicht zum Tode führten. Die Verletzungen haben keine bleibenden Folgen gehabt. Der Gefangene ist auf Grund des Gesetzes zur Gewährleistung des Rechtsfriedens zum Tode verurteilt und kürzlich hingerichtet worden. Ich bitte zu veranlassen, daß dies den Zuchthausgefangenen und Sicherungsverwahrten in geeigneter Weise bekannt gegeben wird.«[79]

Daß es bei dem dargestellten und sich steigernden Druck im Vollzug auch zu Verunsicherungen bei den Beamten kam und die Gefahr von Willkürmaßnahmen bestand, machte ein Schreiben des Generalstaatsanwalts Drescher vom 15.2.1939 über die Gefangenenbehandlung deutlich: »Der Vorstand einer größeren Anstalt Mitteldeutschlands ist wegen Gefangenenmisshandlung in Untersuchungshaft genommen worden und sieht seiner Aburteilung entgegen. Dieser Vorfall veranlaßt mich, mit aller Schärfe darauf hinzuweisen, daß die Gefangenen entsprechend den Bestimmungen streng und gerecht zu behandeln sind. Zucht und Ordnung lassen sich auch ohne Stöße und Schläge oder Schimpfworte aufrechterhalten. Selbstverständlich ist jeder Angriff auf einen Beamten und jede Widerstandsleistung unnachsichtig zu brechen, notfalls mit dem Gummiknüppel. Darüber hinaus ist aber jeder Schlag oder Stoß strafbar. An Hausstrafen dürfen grundsätzlich nur die in der Dienst- und Vollzugsordnung vorgesehenen angewendet werden. Wenn ich hierauf hinweise, geschieht es nur wegen des eingangs erwähnten Vorfalls und nicht etwa, weil ich Grund zur Annahme habe, daß im hiesigen Bezirk die Gefangenen vorschriftswidrig behandelt würden. Jedenfalls bitte ich, die Beamten und Angestellten in geeigneter Weise über die Behandlung der Gefangenen und den Waffengebrauch zu belehren«.[80]

2.8. Weitere Auswirkungen des Krieges auf den Vollzug

Die vollzugliche Entwicklung fand natürlich auch nach 1939 ihre Fortsetzung, indem immer wieder dieselben Begriffe als Vollzugsziel in den Vordergrund gestellt wurden, wie zum Beispiel beim sogenannten Reichslehrgang für Bedienstete durch den Nationalsozialistischen Lehrerbund. Im Arbeitsbericht vom 29.6.1939 hieß es unter anderem: »Der Strafvollzug hat die Aufgabe, die vom Richter erkannte Strafe, das heißt die Freiheitsentziehung, durchzuführen. Damit sind Wesen und letztes Ziel des Strafvollzugs noch nicht umrissen. Lebendig und gestaltend wird der Vollzug erst durch die Begriffe der Vergeltung, der Ab-

78 Siehe Anm. 55.

79 JB, Az. 4430-1a/1 Dienst- und Vollzugsordnung 1938–41.

80 StArch, Abt. 242-1^II Gefängnisverwaltung, Abl. 1, Az. 7 Behandlung der Gefangenen im allgemeinen 1939–47.

schreckung, der Sühne und der Besserung. Durch diese Werte ergibt sich die Schau auf das Gesamtproblem der Sicherung des völkischen Lebens«.[81]

Da infolge der zahlreichen Einberufungen zum Wehrdienst in den Anstalten äußerster Personalmangel zu verzeichnen war, wurden im Jahre 1939 Ruhestandsbeamte als Beamte auf Widerruf erneut eingesetzt. Darüber hinaus wurden in den weiteren Jahren auch geeignete Kriegsversehrte in den Vollzugsdienst eingestellt. Im Januar 1940 waren allein aus der Fuhlsbütteler Anstalt 26 Bedienstete und im September 1941 bereits 42 Bedienstete zum Wehrdienst einberufen. In der Untersuchungshaftanstalt waren es weit mehr Beamte, so daß der Betrieb nur notdürftig aufrechterhalten werden konnte.[82]

Für die Gefangenen bedeutete die Abschaffung des Stufenstrafvollzugs im Jahre 1940 eine weitere Verschärfung. Dabei wurde unter Hinweis auf die Feuergefahr und zur Aufrechterhaltung der Anstaltsordnung auch das Rauchverbot auf die Untersuchungsgefangenen ausgedehnt.[83] Zuchthausgefangene durften nur noch alle 3 Monate Besuch erhalten.[84] Wegen der allgemeinen Nahrungsmittelknappheit häuften sich die Klagen über mangelhafte Kost. Bei Gewichtmessungen im Jahre 1940 von Gefangenen, die 1939 und 1940 eingeliefert worden waren, wurden Gewichtsabnahmen bis zu 20 kg innerhalb weniger Monate festgestellt. In 39 Fällen betrug die Abnahme mehr als 10 kg, in 83 Fällen 5 bis 10 kg. Der Speiseplan der Fuhlsbütteler Anstalt beispielsweise für eine Woche Ende April 1940 verdeutlicht die Entwicklung: Bei einer Durchschnittskalorienmenge von 2559 pro Tag gab es an 5 Tagen zum Frühstück und Abendessen zusammen 12 g Kaffee und 500 g Brot und an 2 Tagen 6 g Kaffee und 250 g Brot. Dazu kamen pro Woche 105 g Margarine, 200 g Marmelade und 100 g Schmelzkäse. Zum Mittagessen gab es Kartoffeln (ca. 1000 g pro Tag) überwiegend in Verbindung mit Steckrüben oder anderem Gemüse oder als Suppe mit geringen Schweinefleischzusätzen, die 50 g pro Tag kaum übertrafen.[85]

Trotz dieser mangelhaften Kost und der damit verbundenen Unterernährung hatten die Gefangenen Schwerstarbeit zu verrichten. Das Reichsjustizministerium verfügte am 28.10.1939: »Auf die Dauer des Kriegszustands bestimme ich für den Strafvollzug an Erwachsenen sowie für den Vollzug der Sicherungsverwahrung und der Unterbringung in einem Arbeitshaus folgendes: 1. Jedem Strafgefangenen und Verwahrten ist ausschließlich volkswichtige Arbeit zuzuweisen. Selbstbeschäftigung ist nicht zu gestatten. 2. Die tägliche Arbeitszeit wird bei Zuchthaus, schwerem Kerker und Kerker von mehr als einem Jahr und Sicherungsverwahrung auf zwölf Stunden, im übrigen auf elf Stunden erhöht. 3. Jede Arbeitsverweigerung, Faulheit und schuldhaft schlechte Arbeitsleistung sind streng zu ahnden. 4. Der strenge Arrest ist als Hausstrafe allgemein zulässig«.[86]

81 StArch, Abt. 213-8 Staatsanwaltschaft bei dem Oberlandesgericht, Abl. 2, Az. 206 E I/4 Lehrplan Gefängnisvorstände, Tagung für Neurologen und Psychiater.

82 StArch, Abt. 213-8 Staatsanwaltschaft bei dem Oberlandesgericht, Abl. 2, Az. 9 E / 4a Anzahl der zum Wehrdienst einberufenen Kräfte.

83 StArch, Abt. 213-8 Staatsanwaltschaft bei dem Oberlandesgericht, Abl. 2, Az. 25 E – I/3a Unterlagen über Besprechungen mit Anstaltsvorständen.

84 Siehe Anm. 29.

85 StArch, Abt. 242-1^{II} Gefängnisverwaltung, Abl. 4, ohne Signatur.

86 Siehe Anm. 79.

haus und Strafgefängnisse Hamburg-Fuhlsbüttel.

Leistungsübersicht

gem. Vfg. des RMd.Justiz vom 21.Mai 1942
= 4471 - V s. 1.1370 =

6

(Aussenkommandos des Zuchthauses)

Zeitraum: 1.April - 30.Juni 1942.

Arbeitsbetrieb	Zahl der eingesetzten Gefangenen (im Durchschnitt) täglich	im Vierteljahr	Leistungen
Arbeitskommando Flughafen Fuhlsbüttel	60		Mauerbrocken von Bombenschäden gereinigt und zur Verarbeitung brauchbar gemacht. Im Winter die Rollfelder startbereit gehalten. Wegebau, Ausbesserungsarbeiten an Gebäuden. Holzbearbeitung für Neubauten. Vorwiegend Tarnarbeit an Gebäuden und auf dem Flugplatz. (Mengenmässig nicht zu erfassen).
Hanseatisches Kettenwerk Langenhorn	60		Bedienung von Glühöfen, Beizen, Putzen und Schleifen von Geschosshülsen, Abtransport der Fertigware. Die Leistung der Gefangenen war durchweg über Soll. Fast sämtliche Gefangene wurden im Produktionsgleichgang ausgerichtet. (Mengenmässig nicht zu erfassen).
Arbeitskommando Wellingsbüttel Barackenbau für Bombengeschädigte für die Firma Hedermann & Co.	85		Aufstellung von 18 Wohnungen und Waschbaracken. 6 Splitterbunker erstellt. 12 Sielleitungsschächte und Brunnen gebaut sowie Wasserleitungen gelegt. Sämtliche Barackenfundamente gemauert, Brandmauern gezogen, 42700 Steine vermauert und verputzt. 4500 Sack Zement verarbeitet. 1400 cbm. Kies und Kiesel sowie 350 cbm. Schlacke verarbeitet. 1070 lfd. Mtr. elektrische Leitung gelegt. Sämtliche Malerarbeiten ausgeführt. Die Leitung hatten ein Bauführer und ein Zimmerparlier. Erdbewegung: 11025 cbm.
Arbeitskommando Schnelsen Bau von 8 Wohnbaracken von je 8 Wohnungen mit Zubehör für Bombengeschädigte für die Firma Hedermann & Co.	60		Cirka 35000 Steine vermauert, 3500 Sack Zement, 800 cbm. Kiesel und Kies, 200 cbm. Schlacke verarbeitet. 13000 cbm. Erde bewegt. Siel- und Abwässeranlagen hergerichtet, cirka 900 lfd. Mtr. elektrische Leitung gelegt, sämtliche Malerarbeiten verrichtet. Die Bauleitung äussert sich sehr zufriedenstellend über die Arbeitsleistungen der Gefangenen.

Leistungsübersicht des Frauenstrafgefängnisses
Hamburg-Fuhlsbüttel
gem. Vfg. des RMd.Justiz vom 21.Mai 1942
= 4471 - V s. 1.1370 =

Zeitraum: 1.April - 30.Juni 1942.

Arbeitsbetrieb	Zahl der eingesetzten Gefangenen(im Durchschnitt) täglich	im Vierteljahr Tagewerke	Leistungen
Fischindustrie Heinrich Gunkel Hamburg, Chilehaus A (Aussenkommando Lokstedt).	46	3042	<u>Fischkonserven für die Wehrmacht:</u> mengenmässig nicht festzustellen, da die Arbeiten der Gefangenen sich in der Fabrik auf den allgemeinen Arbeitsprozess verteilen.
Essig-Kühne Wartenberg Hamburg-Altona Schützenstr.38 (Aussenkommando)	23	1712	<u>Anfertigung von Gemüsekonserven für die Wehrmacht:</u> die Hälfte der Gefangenen verarbeitete 81.000 kg Gemüse zu Konserven für die Wehrmacht. Die andere Hälfte der Gefangenen füllte Dauergemüse und Gemüsesäfte ab.
Hanseatisches Kettenwerk G.m.b.H. Hamburg-Langenhorn	46	3424	<u>Kontrolle von Zündern, bestehend:</u> a) aus 6 Einzelteilen monatliche Leistung je Artikel 500.000 Stck. = 3.000.000 Stck. b) aus 2 Einzelteilen monatl. Leistung je Artikel 130.000 Stck. = 260.000 Stck. Gesamtmenge: 9.780.000 Stck.
Fernverpflegung Emil Flügge, Hamburg, Billbrookdeich	24	1827	<u>2960 Ztr. Kartoffeln geschält:</u> a) für Auslands-Rüstungsarbeiterlager b) für Kriegsgefangenenlager
Flakstützpunkt Hamburg-Rissen	6	417½	<u>4893 Stück</u> Drillichanzüge, Schutzanzüge, Militärwäsche repariert. <u>4463 Paar Strümpfe</u> gestopft.

Teilübersicht über den Arbeitseinsatz von Gefangenen während des Krieges.
Quelle: Justizbehörde, Generalakte 4472-1a

Neben den üblichen einfachen anstaltsinternen Tätigkeiten wurden insbesondere in der Schneiderei auch Uniformstücke und in der Schuhmacherei Marschstiefel für die Wehrmacht repariert. Außerdem gab es zahlreiche Außenkommandos, die in erster Linie zu Straßen- und Wasserbau- sowie Torfarbeiten herangezogen wurden. Zunehmend wurden auch Außenkommandos beim Bau von Wohnbaracken in verschiedenen Stadtteilen oder zu Aufräumarbeiten nach Bombenschäden eingesetzt.[87]

Im Oktober 1941 wurden vier Zuchthäusler aus Fuhlsbüttel zur Freilegung eines Blindgängers bei Pinneberg abkommandiert. Die Bombe explodierte vorzeitig, so daß alle Gefangenen ums Leben kamen, während der Sprengmeister und die Feuerwehr, die sich in einer gewissen Entfernung aufhielten, unverletzt blieben. In dem Bericht des Zuchthausvorstandes vom 26.11.1941 hieß es dazu: »Von einer weiteren Untersuchung dieses Unfalls auf Grund der AV des RJM vom 3.1.1936 betreff Unfallfürsorge für Gefangene kann Abstand genommen werden, da eine Entschädigung von Hinterbliebenen (§ 4 des Gesetzes vom 30. Juni 1900) im Falle der Tötung eines Gefangenen erst mit dem Zeitpunkt eintritt, mit welchem der Getötete, wenn er am Leben geblieben wäre, zur Entlassung gelangt sein würde. A., G. und R. hatten eine lebenslängliche Zuchthausstrafe zu verbüßen. Gegen B. war eine Strafe von 5 Jahren Zuchthaus und Sicherungsverwahrung verhängt. Er war außerdem ledig, Entschädigungsberechtigte sind danach also nicht vorhanden«.[88]

2.9. Behandlung von jüdischen und ausländischen Gefangenen

Eine jüdische Gefangenenseelsorge war in Hamburg 1936 noch vom Generalstaatsanwalt genehmigt, wurde dann aber im Dezember 1938 »aus Gründen der Ordnung und Sicherheit« vom Reichsminister der Justiz in Berlin untersagt.[89] 1939 mußte das Vermögen der Juden auf Anordnung des RJM erfaßt werden. Gegenstände aus Gold, Platin, Silber sowie Edelsteine und Perlen mußten bei sogenannten öffentlichen Ankaufstellen gegen eine geringe Entschädigung abgeliefert werden. Die asservierten Wertsachen inhaftierter Juden wurden ebenso den Ankaufstellen zugeleitet, wo sie nach der Entlassung, wenn es denn eine solche überhaupt noch gab, abgeholt werden konnten. Wie akribisch die Aktion gehandhabt wurde, zeigt die Anfrage des Vorstands aus Fuhlsbüttel beim Generalstaatsanwalt, ob einem zur Entlassung anstehenden, jüdischen Strafgefangenen ein Füllfederhalter mit Goldfeder im Werte von ca. 5 RM ausgehändigt werden dürfe.[90]

1941 wurde vom RJM untersagt, das Wort »deutsch« in Verbindung mit Juden zu gebrauchen. Ebenso wurde darauf hingewiesen, daß die Anrede »Herr« Juden

87 JB, Az. 4533-1 Beschäftigung von Gefangenen außerhalb der Anstalt 1937–48, Az. 4472/1a Beschäftigungsübersichten der Arbeitsbetriebe bei den Vollzugsanstalten 1935–44.

88 StArch, Abt. 213-8 Staatsanwaltschaft bei dem Oberlandesgericht, Abl. 2, Az. 452 E a I/30 Unfall durch Fliegerbombe.

89 JB, Az. 4561/1/ 6 E – 1 Betreuung von jüdischen Gefangenen 1936 ff.

90 StArch, Abt. 213-8 Staatsanwaltschaft bei dem OLG, Abl. 1, Az. 1 II/4 Rechtsstellung der Juden 1939–43.

und Polen gegenüber nicht angebracht sei. 1941 wurde vom RJM eine besondere Kennzeichnung von Juden und Polen angeordnet, die auch von deutschen Gefangenen getrennt untergebracht werden sollten. Zu diesem Zeitpunkt waren in Fuhlsbüttel 304 Juden und 100 Polen inhaftiert.[91] Am 25.8.43 berichtete die Untersuchungshaftanstalt auf Ersuchen des RJM: »Die Trennung Gefangener und Verwahrter deutschen Blutes wird hier durchgeführt«. Und Fuhlsbüttel berichtete: »Die Trennung fremdvölkischer von deutschen Gefangenen in den Tages- und Nachträumen in der Anstalt wird durchgeführt. Bei der Arbeit und auf den Außenarbeitslägern ist eine Trennung zur Zeit nicht möglich«.[92]

Zu welchen bemerkenswerten Überlegungen einer weiteren Differenzierung das damalige Menschenbild führte, zeigt folgendes Beispiel. Polnische und tschechische Jugendliche durften nicht im Jugendvollzug, sondern nur im Normalvollzug mit Erwachsenen untergebracht werden. Als 1941 die ersten Aufnahmeersuchen für norwegische Zivilpersonen mit Schülern und Lehrlingen im Alter von 15 bis 20 Jahren in Hamburg eintrafen, wurden vom Oberstaatsanwalt Bedenken beim RJM angemeldet, sie ebenfalls im Erwachsenen-Vollzug unterzubringen,«weil es sich bei den norwegischen Jugendlichen immerhin um Angehörige eines germanischen Stammes handelt«.[93]

2.10. Zuspitzung der vollzuglichen Situation durch den Krieg

Der Krieg führte auch in den Haftanstalten zu immer gespannter werdenden Verhältnissen. Das RJM hatte zugunsten der Soldaten eine Wollsammlung in den Gefängnissen verfügt, wobei die Gefangenenbekleidung auf das äußerst mögliche Maß einzuschränken war. Es wurde erwartet, daß sämtliche wollenen Strümpfe ohne Ausnahme durch Fußlappen ersetzt wurden, die man aus nicht mehr verwendbarem Unterzeug gewinnen konnte. Aus den ohnehin unterversorgten Anstalten Fuhlsbüttel und der Untersuchungshaftanstalt wurden unter anderem 550 Decken mit Wollgehalt, 810 Paar wollene Strümpfe, 470 Unterhosen, 390 warme Hemden, 565 Strickjacken, 225 Fausthandschuhe und 200 Paar Ohrenklappen an die Sammelstellen abgegeben.[94]

Einen guten Einblick in den Strafvollzug, beziehungsweise die Situation eines Gefangenen in der Untersuchungshaft, erhält man aus nachstehendem Kassiber:

> 1.) Mein liebes Schnuckerle!
> Ich fange diesmal gleich diesen Sonntag zu schreiben an, denn ich hab direkt das Bedürfnis, mit Dir, mein Süsse, so richtig zu klöhnen. Immer wenn ich Tinte und Feder oder Bleistift in die Zelle bekomme, werde ich ein paar Gedanken an meine Liebste schreiben. Du freust Dich ja sicher auch dazu gelle! Erstmal der Besuch, wie fein Du auf dem Draht bist, alles gleich verstehst und mitbringst mein Butscher ist wirklich einzig und Du glaubst gar-

91 JB, Az. 4510-1a Behandlung der Gefangenen im allgemeinen 1939–46.
92 JB, Az. 4430-1a /2 Dienst- und Vollzugsordnung 1942–46.
93 JB, Az. 4310-1a Vollstreckung der Freiheitsstrafen im allgemeinen 1936–43.
94 JB, Az. 4541-2 Kleidung, Wäsche, Bettzeug und sonstige Ausstattungsgegenstände für Gefangene 1941–47.

nicht wie stolz ich auf Dich bin. Erstmal will ich mit Dir beschnakken, wie es eventuell kommen kann und wieviel Strafe ich abzumachen haben werde. Ich will bei der Höchststrafe anfangen, das wären 3 Jahre Z. – ohne Anrechnung der Untersuchungshaft. Das wäre ja sehr schlimm gelt, aber dann müsste man noch wieder die Kriegsdauer in betracht ziehen.[95] Ganz ehrlich für mich selber, wenn ich mir die Frage stelle, rechne ich mit 2-2 1/2 Jahren, aber das wackelige bei meiner Berechnung ist eben, ob ich die U.-Haft angerechnet bekomme oder nicht. Das ist ein sehr grosser Faktor meine Süsse, na das weisst Du ja auch. Darum könnte sich vielleicht auch der Möller oder ein anderer bezahlt machen. Nun die andere Seite mein Deern, wie lange noch dauert der Krieg? Ob so oder so mein süsse Deern, aushalten müssen wir beide und wenn man so einen guten Kameraden wie Dich hat, kann man und muss man die Ohren steif halten und wir wollen ja wie Du mir auch schreibst, noch viele schöne Jahre zusammen geniessen gelle! – Du fragst mich, wie es mir so im grossen und ganzen geht. Ich bin hier mit einem Sittlichkeitsverbrecher und einem Berufsverbrecher (jetzt wegen Schwarzschlachterei hier) zusammen. Letzterer hat 4 kl. Kinder und die Frau lässt ihn nun hier drin anscheinend ganz sacken. Den anderen hat die eigene Frau angezeigt und verhaften lassen, der hat am 26.6. Termin und soll höchstwahrscheinlich entmannt werden. Und das Gejammer und Gefluche den ganzen Tag musst Du Dir mit anhören. Dabei ist der mit den 4 Kindern noch 150% Nationalsozialist, kannst Dir also vorstellen mein Deern wie es mir manchmal geht.

2.) Wenn Möller sich nun doch aufrafft und mir von Dir was reinbringt, dann tausche ich mir Brot oder was zu Essen für die Rauchwaren ein, denn Kohldampf ist gross. Na über Möller schreibe ich später noch mehr. Du Idi, Du kennst doch Hein Hamer, der mit dem Zähneputzen vom Lager Horseröd[96] und dann noch einer »Wilkens«, den kennst Du aber nicht, haben je 4 Jahre Zuchthaus bekommen. Ich weiss aber nicht, was sie ausgefressen hatten. ... Mit »Amter« und noch 2 anderen »Zirkus Fritz und Kraft« geh ich im selben Hof spazieren. Die werden wohl auch noch vor mir rankommen. Heute, ich habe ja gestern 4 Bonches in der Tasche verschwinden lassen, auch ein Käsebrot habe ich genascht wie in alten Zeiten, weisst doch Schnuckerl, immer mal an Schrank ran und reingucken. Wo bekommst Du immer die schönen Sachen her? Meine Lieblingsbonches von Minne waren ja auch dabei. In Dresden wurde mir von der Gestapo gesagt: »Na nun ist Dein Bruder ja auch schon hier«, dann dachte ich mal wieder Deine Stimme im Polizeigefängnis gehört zu haben, das waren ganz schlimme Wochen. Fritz hat höchstwahrscheinlich bis zu letzt geleugnet, obwohl Emmi

95 Wenn der Gefangene hier die ungewisse Kriegsdauer anführte, so fürchtete er die Anordnung, daß trotz der Inhaftierung die Strafzeit erst ab Kriegsende berechnet werden sollte. Vgl. Verordnung des Reichsjustizministeriums vom 11.6.1940, in: RGBl. I, S. 877

96 Das Lager Horseröd nördlich Kopenhagens war im August 1941 auf Weisung der deutschen Besatzungsmacht errichtet worden, um Kommunisten zu internieren. Offenbar hatte der Verfasser des Kassibers als festgenommener deutscher Emigrant eine gewisse Zeit in diesem Lager verbracht. 1943 wurden die dänischen Juden, die den deutschen Okkupanten in die Hände fielen, über Horseröd nach Theresienstadt deportiert.

einen Nervenzusammenbruch hatte und alles ausgesagt hat, auch da hat F. noch geleugnet, wie er behandelt wurde, kannst Dir ja vorstellen, beinahe dreiviertel Jahr am Tage und auch Nachts gefesselt. Bin gespannt, wieviel die beiden kriegen. So hat jeder sein Kreuz. Ich habe sie alle beide bald nicht erkannt, bin auch garnicht mit ihnen zusammen verhört worden, auch nicht gegenübergestellt. Warum die anderen in Dänemark nicht verhaftet sind, verstehe ich nicht und betrachte darum meine Anklage auch nicht so gefährlich, denn sie haben doch dasselbe ausgefressen. Wie geht es Kurt eigentlich? Schreib mir doch mal kannst ihn ja als Paula bezeichnen. Peter ist in Dresden nebst F. am meisten belastet. Für heute muß ich aufhören mein Butscherle, die Tinte wird rausgeholt. Tüscher- Tüscher von Deinem Jung, ganze Liebe.

3.) Erst heute, also am Sonntag, den 26.1., kann ich weiter schreiben. Vor allem die Rechtsanwaltgelegenheit. Möller war also hier, ich war so verdattert und hätte mir nachher selbst an die Backen hauen können. Er scheint nicht ganz abzulehnen, was mitzubringen, will erst mal seinen nächsten Besuch abwarten. Durfte 2 Zigaretten bei seinem Besuch rauchen, aber ich frug ihn, ob ich welche mit raufnehmen dürfte, nix zu machen.

Das ist doch nicht so ganz einfach, den Brief aufzubewahren, denn es kommt ja vor, dass die Zelle überholt wird, also muss der Brief die ganze Zeit ein gutes Versteck haben. Warum hast Du den Mantel nicht reingeschickt, meine Süsse? Na das musst Du am besten selbst beurteilen können. Wollen mal sehen, ob M. beim nächsten Mal anders ist, Voraussetzung ist natürlich, dass Du jede Woche was für mich zu ihm bringst und ihm auf die Zehen trittst, dann ist der Mantel ganz überflüssig. – Du schreibst in einem Brief, Du wolltest sehen, ob Du einen Anzug für mich ergattern könntest, er wäre ja nicht übel, aber mein Schnuckerle, vergiss Dich man nicht ganz dabei, neun Pelzmantel kannst Du Dir zwar nicht rankaufen, aber doch vielleicht einen Wintermantel, denn Du hast ja nur einen besten und wenn ich wieder Geld verdiene, hoffentlich die erste Zeit zusammen mit Dir, kaufen wir einen prima prima für Dich, ja, musst mal sehen, ob Du nicht ne gute Stelle für mich offen halten kannst, wo wir mehr zusammensein könnten. Na erstmal sehen, dass ich den Knast rumkriege (manchmal, wie die letzte Woche ist ganz schlimm) und dann kommt wohlmöglich die Gestapo und sagt Konzertlager. Aber da meinst Du ja etwas Positives machen zu können, hoffentlich stimmt das, mein Schnuckerle. Tinte raus, viel, viel Liebe Tüscher.

Gestern nun war M. das zweitemal bei mir mit den wunderschönen Sachen von Dir, mein Schnuckerle. Hab den Jungen auf der Zelle auch ne Kleinigkeit abgegeben. Das nächste mal will M mir auch was zu schmöcken mitbringen. er war erst büschen bange, aber Du hast ihn denn doch wohl soweit gekriegt. Bist doch ein Knapp, mein Deerni. Steck bitte, wenn Du M. was zu rauchen mitgibst, 4–5 Feuersteine mit in die Schachtel, falls man diese draussen noch kaufen kann, denn dann brauche ich keine Streichhölzer. Wenn Du keine Zigaretten kriegst, schicke ruhig mal ein Päckchen Tabak und Blättchen oder 4–5 Rollen Kautabak, tausche ich dann gegen Brot. Er versprach auch bestimmt, diese Woche zu versuchen, in die Akte einzusehen, dann kann er ungefähr beurteilen, wieviel ich bekäme, wenn ich dann verurteilt bin, meine Süsse, zum B. 3–4 Jahre Zuchthaus, dann wird ja alles noch viel beschissener, Besuch ich glaube alle Vierteljahr einmal, Briefschreiben alle 8 Wochen einen, dann heisst es erst richtig Stange halten mein Butscher, kannst das denn auch noch? Wie muss es für Dich manschmal schwer sein, mein Deern, hab gestern den Brief bekommen, wo Du mir mal Dein Herz ausschüttest über die kalte Wohnung, auch Nässe noch nebenbei durch den Rohrbruch. War eigentlich schon wieder son bissen vergrätzt, aber das kommt nur ganz selten vor. Dann, mein Ida-Mädel, noch ab?

4.) Wenn ich 2/3 der Strafe rumhabe, kann von Dir aus durch M. ein Straferlassgesuch gemacht werden. Oder wenn Du mein Deern, krank wirst, oder besser gesagt, die Bescheinigung dem Staatsanwalt vorgelegt wird, kann um Strafurlaub eingereicht werden. Ich glaube sogar auch bei Umzug, wenigstens früher war es möglich. Und wenn es erstmals bloss 14 Tage wären, die ich mit Dir zusammen sein dürfte. Na Kopf hoch, wenn es auch schwer fällt. Mein Zellenkollege, 32 Jahre, Sittenverbrecher, ist gestern zu 12 Jahren Zuchthaus, Entmannung und 10 Jahren Ehrverlust verurteilt worden. Die Stimmung hier kannst Du Dir ja vorstellen. Er legt Revision ein, aber das nützt ihm ja auch nichts. Mit soviel brauche ich ja auf keinen Fall zu rechnen. Wie lange denkst Du denn oder wie lange rechnet man noch mit der Kriegsdauer? Möller ist ja SS-Mann, aber er sagt, man müsste ja in einer der Organisationen sein. Ihm habe ich ja auch erklärt, meine Gesinnung hätte sich geändert, besser ist besser, will ich auch vor Gericht tun. Für heute die liebsten Peter-Tüscher.

Heute ist Freitag und morgen kommst Du mein Schnuckerle, hoffentlich wird es so wie die beiden letzten Male. Möller war diese Woche garnicht hier, einmal könnte er doch jede Woche kommen, das will ich ihm auch sagen. Du musst ihm dann auch immer was hinbringen meine Süsse, ihn so gewissermassen dazu zwingen. Wenn er nichts zu rauchen mitnehmen will, dann lass Dir von Walter ein oder zwei Päckchen Tabak in der Werkstätte im Schraubstock so zusammenpressen, dass Du es als Belag auf Brot legst, das Du mir mitschickst, und in ne Bonchetüte auf dem Boden kannst Du ja auch entweder Kautabak, 2–3 Rollen oder gepressten Zigarettentabak reinlegen, da merkt Möller garnichts von. Verlange ich auch zuviel mein Deern? Aber hier ist's gerade, wenn mann immer warten muss, zum Haare ausreissen, der ganze Knast besteht ja nur aus Warten.

5.) Wenn ich mal erst die Anklageschrift habe, dann weiss ich auch so ungefähr bescheid. Meine Zähne hab ich mir machen lassen, aber ich glaub der hat ... lauter Pfutsch gemacht. 2 Wurzeln ziehen, 6 Plomben hat er in ca. einer halben Stunde in 2 Besuchen fertiggemacht. Seit dem 1.2. habe ich keine Tageszeitung mehr, das Kontingent ist überschritten. Mit dem Brief morgen mache ich es wie Du vorschlägst mein Deern, da hast Du ja dann diesen Klagebrief. Sei man ganz tapfer mein Deern, wenigstens erstmal bis zur Urteilsverkündigung, dann kann man ja immer noch den Kopf hängen lassen.

6.) Sie mal zu, dass Du was zu schmöcken ranschaffst, denn das ist schließlich das einzigste was ich hier habe. Schreib mir das nächstemal doch auch was auf den Zettel und stecke ihn in die Cig.Schachtel, falls Du extra was auf dem Herzen hast, darfst aber keinem was davon sagen meine Süsse, es wird hier bestraft. Nun viele, viele liebe Peter-Tüscher meine süsse Deern und ich glaube, ich spring bis an die Decke, wenn ich wieder bei Dir sein darf. Viele Grüsse an alle Lieben.

7.) Eben bekomme ich Deinen lieben Brief vom Montag, wo Du mir so viel Liebes schreibst und wo Du hoffnungsfroh bist meine Süsse ich kann mir manchmal garnicht vorstellen, dass wir uns manchesmal gekabbelt hatten, aber wie es auch ausfällt, meine Süsse, einmal müssen sie mich ja wieder freilassen, *aber dann*. Mit Hannes Besuch das war ja auch ne grosse Pleite. Unser Spatz scheint sich ja dort richtig wohl zu fühlen, hoffentlich bleibt sie unser kleiner Sonnenschein auch noch wenn sie grösser wird.

8.) Ich hab sie ja an meinem Schrank hängen, und freue mich immer, über ihr lachendes Gesicht. Dass Oma mich und Kurt so lobt, werde ich auch nie vergessen. Hier im Knast wird bloss geschwätzt und wenig gelobt. Also nochmals mein Deern, sieh mal zu, was sich machen lässt. Ein Paket Tabak gleich 40–50 Zigaretten und das gepresst mag wohl so gross wie ne Streichholzschachtel sein. Denkst auch oller Dibbelfritze gelt? Nun nochmals Liebe Grüsse auch an Minne und Kurt wenn sie sich beide wiedersehen. Für meine Liebste heisst es noch warten, leider für mich ja auch.[97]

Der Verfasser dieses Kassibers, der Gefangene Herbert Isert wurde am 2.7.1942 wegen Vorbereitung zum Hochverrat zu 2 Jahren und 6 Monaten Zuchthaus unter Aberkennung der bürgerlichen Ehrenrechte auf 3 Jahre verurteilt. Über sein weiteres Schicksal ist nichts bekannt.[98]

Fuhlsbüttel war 1942 nicht mehr in der Lage, alle vorgesehenen Gefangenen aufzunehmen. Die Anstalt war überbelegt, und auch deshalb fürchtete man offensichtlich während eines Fliegeralarms, Fliegerangriffs oder einer Verdunkelung Spontanreaktionen unter den Gefangenen. Jedenfalls bestand für die Vollzugsbeamten die Anordnung, bei einem Fluchtversuch eines Zuchthäuslers oder Sicherungsverwahrten ohne vorherige Warnung von der Waffe Gebrauch zu machen.[99] In den Nächten vom 29./30. Juli und 2./3. August 1943 fielen bei schweren Bombenangriffen insgesamt 58 Brandbomben auf das Zuchthaus Fuhlsbüttel. Mit eigenen Löschgeräten konnte allerdings größerer Schaden vermieden werden, und aus dem Bericht der Anstalt ging hervor, daß sich die bei den Brandbekämpfungs- und Rettungsaktionen eingesetzten Gefangenen in hervor-

97 StArch, Abt. 213-8, StA b d. OLG, Az. 443 E II/4. Der Kassiber wurde bei dem Gefangenen gefunden und der Strafvollzugsabteilung der Staatsanwaltschaft zur Kenntnisnahme sowie Beseitigung von Schwachstellen im Vollzug zugeleitet. Der Kassiber findet sich als Abschrift bei den Generalakten. Schreibfehler wurden korrigiert.

98 Archiv der GStA b.d. HOLG, OJs-Register 1941.

99 JB, Az. 4437-1a Unmittelbarer Zwang und Waffengebrauch im Vollzugsdienst 1924–51.

ragender Weise bewährt hätten, ohne daß ein Entweichungsversuch zu verzeichnen gewesen sei.[100]

An der Untersuchungshaftanstalt wurden zwar keine erheblichen Gebäudeschäden festgestellt, aber das Fehlen von Licht und Wasser führte zu katastrophalen Mißständen, da zum Beispiel nicht einmal die Toiletten entleert werden konnten. Darüber hinaus waren die Gefangenen in Unruhe geraten, weil weitere Angriffe erwartet wurden und Familienangehörige die Untersuchungshaftanstalt umlagerten, deren Wohnungen vernichtet waren und die die Freigabe der Gefangenen forderten. Nachdem Generalstaatsanwalt Dr. Drescher sich persönlich ein Bild von dem unhaltbaren Zustand gemacht hatte, der Ausbruch einer Seuche befürchtet werden mußte und die Ordnung bei der Überbelegung kaum noch aufrechtzuerhalten war, entschloß sich Drescher zu einer umfangreichen Entlassungsaktion. Infolge offensichtlich unklarer dienstlicher Anweisungen des Generalstaatsanwalts und ohne die Aktion selbst genügend überwacht zu haben, kam es darauf zu einer kurzfristigen Massenentlassung von ca. 750 Strafgefangenen und 550 Untersuchungsgefangenen. Da sich unter den Entlassenen auch zahlreiche politische Gefangene befanden, wurde Drescher festgenommen, seines Amtes enthoben und am 28.10.1943 vom Besonderen Strafsenat des Reichsgerichts zu vier Monaten Gefängnis verurteilt, weil er »fahrlässig die Befreiung von Gefangenen bewirkt hat, die aus Gründen der Staatssicherheit nicht hätten entlassen werden dürfen«.[101]

Wurden 1933 die ersten beiden Hinrichtungen vollstreckt, so gab es 1934 einen Anstieg auf acht, dann aber bis 1939 einen Rückgang; von diesem Zeitpunkt an stieg die Zahl von neun auf 15 im Jahr 1940, 24 im Jahr 1941, 113 im Jahr 1942, 172 im Jahr 1943 (wobei allein am 1.11.43 13 Hinrichtungen vollstreckt wurden), dann ging die Anzahl wieder zurück auf 142 im Jahr 1944, 13 im Jahr 1945, sieben im Jahr 1946 und sieben im Jahr 1947. Eine Eintragung aus dem Jahre 1950 besagt, daß die Aufstellung (517 Hinrichtungen von 1933 bis 1947) nicht korrekt ist. Offensichtlich kamen 16 weitere Hinrichtungen von Gefangenen aus Kiel und Bremen aus den Jahren 1944/45 hinzu, wobei die Vollstreckung in Hamburg lag. Lagen den Vollstreckungen anfangs ausschließlich Todesurteile wegen Mordes zugrunde, so wurden in zunehmendem Maße sogenannte Volksschädlinge, später auch Fahnenflüchtige, angebliche »Plünderer« und andere hingerichtet.[102]

Seit 1942 bedeutete für viele Gefangene der Strafvollzug nur noch die Vorbereitung auf die endgültige Vernichtung, ohne daß die Todesstrafe ausgesprochen war. Aufgrund einer Vereinbarung zwischen Reichsjustizminister Thierack und Reichsführer SS Himmler vom 18.9.1942 sollten alle »asozialen Elemente« der Polizei ausgeliefert und in die Konzentrationslager abgeschoben werden. In dem Vermerk über die entscheidende Besprechung hieß es unter Punkt 2: »Auslieferung asozialer Elemente aus dem Strafvollzug an den Reichsführer SS zur

100 StArch, Abt. 213-8 Staatsanwaltschaft bei dem Oberlandesgericht, Abl. 2, Az. 53a E / Fu/9 Einsätze und Schäden, Terrorangriff.

101 Bundesarchiv, Bestand R 22, Personalakte Dr. Drescher.

102 Siehe Anm. 85.

3

Untersuchungsgefängnis
Hamburg-Stadt
Der Vorstand

Hamburg 36, den 22.November 1943
Holstenglacis 3

n
n-

Tgb.-Nr. 4424-I 1143.

tis

An den

Herrn Generalstaatsanwalt bei dem
Hanseatischen Oberlandesgericht,

Hamburg.

Betrifft: Fesselung zum Tode Verurteilter.

Auf Grund der Verfügung des Herrn Reichsministers der Justiz vom 29.Oktober 1943 - 4434 - V s [1] 1927 - sind von den Gerichten der Reichsjustizverwaltung zum Tode verurteilte Männer und Frauen ohne Rücksicht darauf, ob das Urteil bereits rechtskräftig ist oder ob Luftalarm besteht, Tag und Nacht mindestens an den Händen gefesselt zu halten.

In der hiesigen Frauenabteilung befinden sich zur Zeit 2 zum Tode verurteilte Frauen. Es handelt sich um die Postfacharbeiterin Marie Lange und um die Polin Arbeiterin Anna Jozefonicz. Der Anstaltsarzt Oberregierungsmedizinalrat Prof.Dr.Callsen hat bei beiden Gefangenen starke ärztliche Bedenken, sie dauernd zu fesseln. Der Lange ist bereits zweimal der Tag der beabsichtigten Hinrichtung bekannt geworden. Durch besondere Umstände wurde die Vollstreckung des Urteils beide Male wieder aufgehoben. Prof.Dr.Callsen hat sich dahingehend geäussert, dass die L. bereits unter ihrer Verurteilung stark leidet, die seelische Belastung aber durch die zweimal beabsichtigte und der Lange bekannt gewordene Vollstreckung des Todesurteils so gross geworden ist, dass bei einer dauernden Fesselung die Gefahr einer geistigen Schädigung eintreten wird. Die Polin Jozefonicz erwartet im Januar n.Js. ihre Niederkunft. Mit Rücksicht auf die Gesundheit des kommenden Kindes hält der Arzt eine dauernde Fesselung für gesundheitsschädigend.

Im Hinblick auf die von dem Arzt geäusserten Bedenken habe ich vorläufig angeordnet, dass von der dauernden Fesselung abgesehen wird. Bei Luftalarm wird die Fesselung jedoch durchgeführt, so dass die Aufrechterhaltung der Sicherheit bei

Luftangriffen

Lü.

Luftangriffen gewährleistet ist. Falls ich von dort keine anderweitige Anweisung erhalten sollte, darf ich annehmen, dass unter den gegebenen Umständen meiner Anordnung bezüglich Abweichung von der umseitig angezogenen Verfügung des Herrn Reichsministers der Justiz vom 29.Oktober 1943 zugestimmt wird.

In Vertretung

Verwaltungsamtmann.

1. Einverstanden.
2. Mitteil. unnötig.
3. z.A.

24/11.43

Ständige Fesselung zum Tode verurteilter Gefangener.
Quelle Jusitzbehörde, Generalakte 4434-1a

Vernichtung durch Arbeit. Es werden restlos ausgeliefert die Sicherungsverwahrten, Juden, Zigeuner, Russen und Ukrainer, Polen über 3 Jahre Strafe, Tschechen oder Deutsche über 8 Jahre Strafe nach Entscheidung des Reichsjustizministers. Zunächst sollen die übelsten asozialen Elemente unter letzteren ausgeliefert werden. Hierzu werde ich den Führer durch Reichsleiter Bormann unterrichten.« In der Zeit zwischen Ende 1942 und Ende 1944 wurden dann zahlreiche Gefangene aus dem Zuchthaus Fuhlsbüttel nach Neuengamme oder in andere Konzentrationslager deportiert. Der weitere Verbleib dieser Gefangenen blieb in den meisten Fällen unbekannt. Wurden die Angehörigen über den Tod unterrichtet, so war eine Leichenbesichtigung nicht gestattet. Eine Chance, dem Schicksal der Deportation zu entgehen, blieb Gefangenen nur dann, wenn sie in Betriebe zur Rüstung des Heeres eingeteilt und unersetzbar waren.[103]

3. Die Zeit nach 1945

Nach Kriegsende sank die Durchschnittsbelegung der Fuhlsbütteler Anstalten zwar kurzfristig auf ein Minimum, stieg dann aber wieder rapide an, so daß bei zeitweilig über 2000 Gefangenen die Durchführung eines geordneten Strafvollzugs von einer nicht ausreichenden Beamtenschaft und einer großen Zahl nur mangelhaft ausgebildeter Hilfskräfte ohne jede Anstaltserfahrung kaum noch gewährleistet war. Von der Militärregierung waren aus dem Bereich des Vollzugs 141 Beamte wegen Zugehörigkeit zur NSDAP vor dem 1.4.1933 entlassen worden.[104] Da die meisten Hilfskräfte den Anforderungen nicht gewachsen waren und zahlreiche Fälle von Durchstechereien[105] festgestellt wurden, mußte der »Niedergang der allgemeinen Moral« auch beim Personal befürchtet werden.

Bei der Verpflegung und Versorgung bestanden gravierende Engpässe. Am 30.7.1946 gab es 324 Lazarett- und Revierkranke, davon allein 246 Unterernährte, während sonst das durchschnittliche Gewicht der Gefangenen 56,2 kg betrug. Die Notlage führte dazu, daß die Gefangenen sich alles nur irgendwie Eßbare wie zum Beispiel Walzenmasse aus der Druckerei oder Kleistermehl aus der Buchbinderei anzueignen versuchten. Wegen der unzureichenden Bekleidung mußte die Leibwäsche wochenlang getragen werden, ohne daß eine Möglichkeit zum Wechseln bestand. Zahlreiche Gefangene konnten wegen des allgemeinen Materialmangels nicht zur Arbeit eingesetzt werden. Da es auch an Glühbirnen fehlte, verbrachten die Gefangenen die Abende in völliger Dunkelheit.[106]

Auf die Gestaltung des Vollzugs hat die Besatzungsmacht offenbar nur wenig Einfluß genommen, sondern eher eine Art Oberaufsicht geführt. So hieß es in einem Schreiben der Gefängnisbehörde an den Senat am 13.11.1948 unter ande-

103 Dokumentation »Abgabe asozialer Justizgefangener an die Polizei«, in: Angelika Ebbinghaus/Heidrun Kaupen-Haas/Karl Heinz Roth, Heilen und Vernichten im Mustergau Hamburg,Hamburg 1984.

104 StArch, Abt. 213-8 Staatsanwaltschaft bei dem Oberlandesgericht, Abl. 2, Az. 200 E I/10 Personalbestand 1940–47.

105 Ein- und Ausschmuggeln von Gegenständen wie zum Beispiel Kassibern, Lebensmitteln, Tabletten usw.

106 JB, Az. 4404-2 Belegung der Vollzugsanstalten 1935–41; StArch, Abt. 242-1^{II} Gefängnisverwaltung, Abl. 1/1, Rapporte an die Besatzungsmacht 1945.

rem: »Eingriffe in den deutschen Strafvollzug hat die Penal Administration in Hamburg schon von Anfang ihrer Tätigkeit an kaum vorgenommen, da der hamburgische Strafvollzug selbst bemüht gewesen ist, die aus der Vorkriegs- und Kriegszeit noch geltenden Strafvollzugsgrundsätze in liberaler Form anzuwenden. Die vorgenommenen Eingriffe betrafen vor allem Beamtenangelegenheiten. So wurde zum Beispiel gelegentlich aus Anlaß von Gefangenenentweichungen die Maßregelung oder gar Entlassung von Beamten verlangt, obwohl solche Maßnahmen nach deutschem Strafrecht und Beamtenrecht nicht zu vertreten waren. Seit 1947 sind solche Eingriffe nicht mehr zu verzeichnen«.[107]

Die Beurlaubung von Gefangenen hatte die Militärregierung im September 1945 allerdings untersagt. Auch wenn im Februar 1946 die Übertragung der Zuständigkeit für Urlaubsgewährungen auf die Anstaltsleiter und die Strafvollstreckungsbehörde erneut beantragt wurde, weil der Urlaub »vielfach ein Mittel zur Feststellung der Würdigkeit des Gefangenen für einen bedingten oder unbedingten Gnadenerweis« wäre, dauerte es bis Dezember 1947, bis das Recht der Beurlaubung von Gefangenen nach Nr. 147 der Strafvollzugsordnung auf die Gefängnisbehörde überging.[108]

Ein Bericht des Zuchthauses Fuhlsbüttel vom 24.1.1948 macht deutlich, wie schnell man bereit war, sich den Verhältnissen erneut anzupassen: »Mit dem 1.9.1940 trat die Strafvollzugsordnung für den Bereich der Reichsjustiz-Verwaltung anstelle der am 1.11.24 herausgegebenen Dienst- und Vollzugsordnung für die hamburgischen Gefangenenanstalten in Kraft. Praktisch war dieser Wechsel bereits seit 1933 erfolgt. Ein wichtiges Erziehungsmittel, nämlich das Stufen-System, wurde abgeschafft. Ohne in falsche Humanität zu verfallen, waren unter anderem die regen geistigen Vorträge, Fremdsprachen-Unterricht, Fortbildungskurse im Schreiben, Rechtschreibung und so weiter, Allgemeinbildung, die Ausbildung eines Gefangenen-Orchesters, die Teilnahme an dessen Darbietungen, der Sport in seiner mannigfachen Art, das Basteln, Zeichnen, Malen in der Freizeit, der Chorgesang, die Einrichtung eines Lesezimmers für die Gefangenen der höchsten Stufe, gemeinsame Zellenbesuche von Gefangenen mit tadelsfreier Führung, je nach Arbeitsleistung und nach hausordnungsmäßigem Verhalten für die große Masse der Gefangenen ein nicht zu unterschätzender Anreiz. Während in den letzten Jahren die Dienstabwicklung leicht an etwas Schablonenhaftes erinnern konnte, war es den Beamten dagegen auf Grund der ehemaligen hamburgischen Dienst- und Vollzugsordnung weit eher möglich, Ideenreichtum und Entfaltung zu zeigen und somit an der Weiterentwicklung und ständigen Vervollkommnung des Strafvollzuges mitzuwirken. Das Niveau des Beamtenapparates wurde dadurch schon von sich aus gehoben und zum Wetteifern angespornt«.[109]

Hier wurden zwar die alten Ideen und Ansätze der 20er Jahre wieder aufgegriffen, ob aber wirklich die innere Bereitschaft vorhanden war, die Spuren des Nationalsozialismus so schnell zu verwischen und die verheerende Zäsur in der

107 JB, Az. 4400- 1 a, Strafvollzug im allgemeinen 1939–48.
108 JB, Az. 4516/2-1, Urlaub aus der Haft 1936–49.
109 Siehe Anm. 107.

vollzuglichen Entwicklung kurzfristig unter dem Einsatz eines hohen Risikos zu überwinden, muß bezweifelt werden. Sicherlich standen dem auch äußere Gegebenheiten, wie die Überbelegung und bauliche Unzulänglichkeiten entgegen. 1950 äußerte sich OStA Labriga zur Frage der Reformbedürftigkeit des Strafvollzugs unter anderem so: »Die bereits vor Erlaß der DVO vielfach vorgenommene und dann von der DVO vorgeschriebene Trennung der Gefangenen nach Erstbestraften, Vorbestraften und unverbesserlichen Rechtsbrechern konnte im Laufe des Krieges nicht durchgeführt werden, weil die Gefangenen ohne Rücksicht auf ihr Vorleben und Besserungsfähigkeit in Arbeitsbetrieben zusammengefaßt werden mußten, die für den Staat und die Kriegsführung wichtig waren«. Aber auch nach dem Krieg waren die Anstalten zum Teil noch 100% überbelegt.[110]

Auf der Justizministerkonferenz in Goslar im Oktober 1950 wurde die Bildung eines Strafvollzugsausschusses beschlossen, dessen wichtigste Aufgabe sein sollte, den Entwurf eines Strafvollzugsgesetzes vorzubereiten, nachdem der erste amtliche Entwurf bereits 23 Jahre zurücklag. 1967 wurde vom Bundesminister der Justiz eine Strafvollzugskommission berufen, deren 1. Vorsitzender Prof. Dr. Rudolf Sieverts von der Universität Hamburg war. Noch 1969 wurden von dieser Kommission weit vor Inkrafttreten eines Gesetzes Vorschläge unterbreitet, die ein bezeichnendes Licht auf die Zustände im damaligen Strafvollzug werfen und die Schwerfälligkeit bei den Reformmaßnahmen verdeutlichen. So hieß es zum Beispiel: »Zu dem angemessenen Lebenszuschnitt eines Gefangenen sind darüber hinaus regelmäßig folgende der jetzt von der Aufführung in Nr. 62, Abs. 2 DVollzO umfaßten Erlaubnisse zu zählen: Der Besitz von Lichtbildern nahestehender Personen und anderen Gegenständen von persönlichem Wert, der Besitz von Schreibpapier und Schreibgerät und die Erlaubnis zum Schreiben, der Besitz von Gegenständen für eine angemessene Beschäftigung während der arbeitsfreien Zeit und die Erlaubnis hierzu, die angemessene Teilnahme an gemeinschaftlichen Veranstaltungen und die Beschaffung von zusätzlichen Nahrungs- und Genußmitteln«. Diese Zulassungen sollten nicht als Vergünstigungen von der Führung des Gefangenen abhängig gemacht werden, sondern sie sollten jedem gewährt werden, soweit sie mit der Sicherheit und Ordnung der Anstalten vereinbar waren.[111]

Als das Strafvollzugsgesetz endlich am 1.1.1977 in Kraft trat, waren fast 50 Jahre seit dem ersten amtlichen Entwurf vergangen, der den Erziehungsgedanken bereits deutlich in den Vordergrund gestellt hatte. 1977 wurde darüber hinaus ein Behandlungsauftrag an den Vollzug gerichtet (§ 2 StvollzG) und die reine »Übelzufügung« vollkommen fallen gelassen (§ 3 StvollzG): »Das Leben im Vollzug soll den allgemeinen Lebensverhältnissen soweit als möglich angeglichen werden. Schädlichen Folgen des Freiheitsentzuges ist entgegenzuwirken. Der Vollzug ist darauf auszurichten, daß er den Gefangenen hilft, sich in das Leben in Freiheit einzugliedern«.

Der Nationalsozialismus und seine Folgen haben nicht nur die Weiterentwicklung des Strafvollzuges behindert und die Erreichung der Vollzugsziele unmög-

110 Siehe Anm. 107.
111 Siehe Anm. 26.

lich gemacht, sondern auch jeder menschenwürdigen Behandlung von Gefangenen entgegengewirkt. Selbst wenn der Umgang des Aufsichtspersonals mit den Gefangenen in Hamburg noch von den Reformen der 20er Jahre mitgeprägt war und in keiner Weise mit der Situation in den Konzentrationslagern verglichen werden kann, war von höchster Stelle ein Überwachungssystem gefordert, das auf die Ausnutzung der Arbeitskraft der Gefangenen bis zur völligen Erschöpfung oder sogar bis zum Tod angelegt war.

Der Hinweis auf einen besonders grauenhaften Zeitabschnitt mit einem menschenverachtenden Strafvollzug birgt aber auch die Gefahr in sich, aktuelle Unzulänglichkeiten zu verharmlosen, so wie der Glaube an einen vermeintlichen Fortschritt nur der Stagnation dient. Vorrang haben heute immer noch Verwahrung und Arbeitseinsatz der Gefangenen in veralteten Gebäuden, die fast nur einen Massenvollzug zulassen, ohne daß die nun schon wieder 15 Jahre vorgegebenen, neuen Vollzugsziele erreicht und gegen eine nur schwer zu überzeugende Öffentlichkeit durchgesetzt worden wären.

Reginald A. Puerschel

Trügerische Normalität

Zur Rechtsprechung der Landgerichte Hamburg und Altona in Ehe- und Familiensachen 1933 bis 1939

1. Einleitung

Dieser Beitrag will einen Überblick über die zivilrechtliche Praxis der Landgerichte Hamburg und Altona in Ehe- und Familiensachen vermitteln.[1] Untersucht werden soll, ob und gegebenenfalls in welchem Umfang die als sogenannte »R-Sachen« gekennzeichneten ehe- und familienrechtlichen Verfahren von dem seit der »Machtergreifung« am 30. Januar 1933 herrschenden »neuen Geist« der Nationalsozialisten beeinflußt worden sind.

Bis in die 60er Jahre herrschte die Auffassung vor, daß auf dem Gebiet des Ehe- und Familienrechts im Grunde keine wesentlichen Veränderungen eingetreten seien. Diese auf »Hörensagen« beruhende Einschätzung der Beeinflussung der Justizpraxis wurde durch die Arbeiten von Johe und Robinsohn in Frage gestellt.[2] Denn nach der Aufdeckung bislang unbekannter Vorgänge innerhalb der Hamburger Justiz während der Zeit des »Dritten Reiches« erschien auch eine gezielte Beeinflussung der zivilrechtlichen Praxis nicht ausgeschlossen.

In der Literatur zum Thema Recht und Justiz im Nationalsozialismus finden sich zwar auch Darstellungen zum Zivilrecht, die aber meist übergeordnete Fragestellungen aufweisen.[3] So befassen sich die seit Mitte der sechziger Jahre entstandenen Arbeiten überwiegend mit der Entwicklung nationalsozialistischer Vorstellungen in der Rechtswissenschaft und der veröffentlichten höchstrichterlichen Rechtsprechung. Erst in letzter Zeit ist von Schröder und Bartels darauf hingewiesen worden, daß über die zivilrechtliche Praxis der Instanzgerichte

1 Die Eingemeindung Altonas nach Hamburg erfolgte am 1.4.1937 nach dem Gesetz über Groß-Hamburg und andere Gebiets-Bereinigungen vom 26.1.1937 (RGBl. I, S. 91). Das Landgericht Altona wurde aufgelöst; seine Aufgaben übernahm das Landgericht Hamburg.

2 Vgl. Werner Johe, Die gleichgeschaltete Justiz, Organisation des Rechtswesens und Politisierung der Rechtsprechung 1933–1945, dargestellt am Beispiel des Oberlandesgerichtsbezirks Hamburg, Frankfurt/M. 1967; Hans Robinsohn, Justiz als politische Verfolgung. Die Rechtsprechung in »Rassenschandefällen« beim Landgericht Hamburg 1936–1943, Stuttgart 1977. Beide Arbeiten wurden von vielen Justizjuristen bis heute nicht zur Kenntnis genommen.

3 Genannt seien etwa Bernd Rüthers, Die unbegrenzte Auslegung. Zum Wandel der Privatrechtsordnung im Nationalsozialismus, Tübingen 1968; ders., Institutionelles Rechtsdenken im Wandel der Verfassungsepochen, Bad Homburg 1970; Dietmut Majer, »Fremdvölkische« im Dritten Reich, Boppard 1981; Thilo Ramm, Das nationalsozialistische Familien- und Jugendrecht, Heidelberg 1984; Uwe Diederichsen, Nationalsozialistische Ideologie in der Rechtsprechung des Reichsgerichts zum Ehe- und Familienrecht, in Ralf Dreier/ Wolfgang Sellert, Recht und Justiz im »Dritten Reich«, Frankfurt/M. 1989.

kaum etwas bekannt ist.[4] Ursächlich dafür sind nicht nur die häufig unvollständigen Archivbestände, sondern auch der beträchtliche Zeitaufwand für die Bearbeitung vorhandener Materialien.

Das Archiv des Landgerichts Hamburg beherbergt die fast komplette Überlieferung der Entscheidungen in Ehe- und Familiensachen aus der Zeit des »Dritten Reiches«. Angesichts dieser praktisch vollständigen Überlieferung bot es sich an, nationalsozialistischen Einflüssen auf die zivilgerichtliche Praxis in dem für ideologische Vorstellungen anfälligen Bereich von Ehe und Familie nachzuspüren. Dabei sollten nicht nur qualitative, sondern auch quantitative Aspekte der Beeinflussung der Spruchpraxis berücksichtigt werden. Deshalb wurden umfangreiche computergestützte Erhebungen durchgeführt, die an Hand einer repräsentativen Stichprobe eine statistische Auswertung des Materials in sozialgeschichtlicher Persepektive ermöglichten.

Im folgenden wird zunächst auf die einschlägigen Grundlagen des BGB, die nationalsozialistischen Vorstellungen über Ehe und Familie und deren Umsetzung im Ehegesetz vom 6. Juni 1938 eingegangen. Sodann sollen die empirisch gewonnenen Ergebnisse aus der computergestützten Erhebung vorgestellt werden. Weiter werden »auffällige« Vorgänge aus dem Aktenmaterial in speziell definierten Fallgruppen vorgestellt. Abschließend ist dann eine Einordnung des Gesamtbefundes vorgesehen.

2. *Normative Grundlagen*

2.1. *Die hergebrachten Vorschriften des BGB*

Bei der »Machtergreifung« fanden die Nationalsozialisten ein Eherecht vor, das das Ergebnis eines mühsam herbeigeführten Ausgleichs zwischen liberalen und konservativen Anschauungen war.[5] Es trug liberale Züge, soweit es um die Begründung und die Beendigung der Ehe ging. Es hatte dagegen einen konservativen Zuschnitt, wo der lebenszeitliche Fortbestand der Ehe geregelt wurde.[6] Konservativ ausgestaltet war auch die rechtliche Binnenstruktur in Hinblick auf die Entscheidungskompetenz des Ehemannes. Die Eheschließung wurde als bürgerlich-rechtlicher Vertrag aufgefaßt, die Ehe selbst war auflöslich und hatte sich

4 Rainer Schröder, »... aber im Zivilrecht sind die Richter standhaft geblieben!« Die Urteile des OLG Celle im Dritten Reich, Baden-Baden 1988, S. 11; ders., Der zivilrechtliche Alltag des Volksgenossen. Beispiele aus der Praxis des OLG Celle im Dritten Reich, in: Bernhard Diestelkamp/Michael Stolleis (Hrsg.), Justizalltag im Dritten Reich, Frankfurt/M. 1988, S. 39 f; Gundolf Bartels, Zivilrechtsprechung in Oldenburg. Dargestellt vor allem am Beispiel des Ehe- und Familienrechts, in: 175 Jahre Oberlandesgericht Oldenburg. Festschrift, Köln/Berlin/Bonn/München 1989, S. 253 ff.

5 Vgl. dazu Johann Peter Schäfer, Die Entstehung der Vorschriften des BGB über das persönliche Eherecht, Diss. jur., Frankfurt/M. 1983, S. 145 ff.; Dieter Giesen, Einzelfallgerechtigkeit als Problem, in: Familienrechtszeitschrift 1984, S. 1188 ff.

6 Dazu Thilo Ramm, Eherecht und Nationalsozialismus, in: Günther Doeker/Winfried Steffani (Hrsg.), Festschrift für Ernst Fraenkel, Hamburg 1973, S. 151 ff; Abkommen auf Erleichterung der Scheidung waren nichtig, vgl. LG Hamburg, in: Deutsche Rechtszeiung (DRZ) 1929, Nr. 842; LG Hamburg, in: Hanseatische Rechts- und Gerichtszeitung (HansRGZ) 1933, S. 217, sowie in Deutsche Justiz (DJ) 1936, S. 692.

damit weit vom kanonischen Eherecht entfernt.[7] Die Auflöslichkeit der Ehe war gesetzlich gewährleistet durch die Regelungen über die Nichtigkeit, Anfechtbarkeit und Scheidung der Ehe.

Nichtig war eine Ehe nach den abschließend aufgezählten Gründen der §§ 1324 bis 1328 BGB, wenn ihr gesetzlich umschriebene Hindernisse entgegenstanden. Dabei handelte es sich um die Fälle der Nichtbeachtung gesetzlicher Formerfordernisse (wie zum Beispiel das Erfordernis der Anwesenheit der Verlobten bei der Eheschließung, §§ 1324, 1317 BGB), die Fälle der Geschäftsunfähigkeit, Bewußtlosigkeit oder Störung der Geistestätigkeit zur Zeit der Eheschließung (§ 1325 BGB), die Fälle der Doppelehe (§ 1326 BGB), die Fälle der Eheschließung zwischen Verwandten oder Verschwägerten (§§ 1327, 1310 I BGB) und schließlich die Fälle, in denen eine Eheschließung wegen Ehebruchs nach § 1213 BGB verboten oder eine Befreiung von der Vorschrift des § 1312 BGB nicht bewilligt worden war.

Anfechtbar nach den Vorschriften der §§ 1331 bis 1335 und 1350 BGB war eine Ehe, wenn sie lediglich private Interessen eines der Ehegatten verletzte.[8] Besondere Bedeutung hatten dabei die Irrtumsvorschriften der §§ 1333 und 1334 BGB. So konnte eine Ehe angefochten werden, wenn ein Partner sich in der Person des Ehegatten oder über solche persönlichen Eigenschaften des Partners geirrt hatte, die ihn bei Kenntnis der Sachlage und bei verständiger Würdigung des Wesens der Ehe von der Eheschließung abgehalten haben würden (§ 1333 BGB). Nach § 1334 BGB war ein Ehegatte auch anfechtungsberechtigt, der zur Eingehung der Ehe durch arglistige Täuschung über solche Umstände bestimmt worden war, die ihn bei Kenntnis der Sachlage von der Ehe abgehalten haben würde. Ebenso stand demjenigen Ehegatten nach § 1335 BGB ein Anfechtungsrecht zur Seite, der zur Eingehung der Ehe widerrechtlich durch Drohung bestimmt worden war.

In der Praxis lag der Schwerpunkt der Eheauflösungsgründe beim Scheidungsrecht. Nach dem Aufbau des Gesetzes dominierten die absoluten Verschuldenstatbestände.[9] Dazu gehörte § 1565 BGB, der den Ehebruch, die Doppelehe, die männliche Homosexualität und die Sodomie erfaßte. § 1566 BGB betraf den praktisch seltenen Fall der sogenannten Lebensnachstellung, das heißt einer Situation, in der ein Ehegatte dem anderen nach dem Leben trachtete.[10] § 1567 BGB erfaßte in zwei Varianten die Fälle der sogenannnten »böslichen Verlassung«, mit anderen Worten das Verlassen des anderen Ehegatten in böswilliger Absicht. Der Idee nach sollte beim Vorliegen der abschließend aufgeführten

7 Siehe dazu Schäfer, Die Entstehung, a.a.O., S. 145 ff; Giesen, Einzelfallgerechtigkeit, a.a.O., S. 1188 ff.

8 Als überlieferte Anfechtungsgründe galten die fehlende Einwilligung des gesetzlichen Vertreters eines zur Zeit der Eheschließung beschränkt geschäftsfähigen Ehegatten (§ 1331 BGB) oder das fehlende Bewußtsein zur Eingehung einer Ehe (§ 1332 BGB). Auch konnte eine neue Ehe im Falle der Wiederverheiratung gemäß § 1350 BGB binnen 6 Monaten angefochten werden, wenn der für tot erklärte Ehegatte aus der vorangegangenen Ehe noch lebte.

9 Zum Verschuldensgrundsatz im früheren Scheidungsrecht vgl. RGZ Bd. 85, Urteil vom 26.3.1914, S. 11, insb. S. 13 .

10 Einziger ermittelter Fall: LG Hamburg Z X 284/33, Urteil vom 5.7.1934 (Totschlagversuch des Ehemannes am 12.11.1932).

absoluten Verschuldenstatbestände kein weitergehendes Eindringen des Scheidungsrichters in die betreffende Ehe stattfinden.[11]

Eine weitergehende Erforschung der ehelichen Beziehungen war indes bei der relativ ausgestalteten Generalklausel des § 1568 BGB unvermeidlich, zumal die festzustellende schwere Eheverfehlung eines oder beider Ehepartner die Zerrüttung der betreffenden Ehe bewirkt haben mußte.[12] Der praktisch besonders relevante § 1568 BGB lautete: »Ein Ehegatte kann auf Scheidung klagen, wenn der andere Ehegatte durch schwere Verletzung der durch die Ehe begründeten Pflichten oder durch ehrloses oder unsittliches Verhalten eine so tiefe Zerrüttung des ehelichen Verhältnisses verschuldet hat, daß dem Ehegatten die Fortsetzung der Ehe nicht zugemutet werden kann. Als schwere Verletzung der Pflichten gilt auch grobe Mißhandlung«.

Rechtstatsächlich dominierte der relative Scheidungsgrund des § 1568 BGB in der Gerichtspraxis während der Weimarer Republik und in den Jahren des »Dritten Reiches« bis zur Einführung des Ehegesetzes vom 6.7.1938 (RGBl. I, S. 807). So wurde beispielsweise im Jahre 1931 die Scheidung in 76,2 % aller Fälle nach dieser Vorschrift ausgesprochen.[13] Einzig der in § 1569 BGB geregelte Scheidungsgrund der Geisteskrankheit setzte naturgemäß ein Verschulden nicht voraus.

Die bisweilen gerichtlich betriebenen Verfahren zur Her- bzw. Wiederherstellung der ehelichen Gemeinschaft durch einen der Ehepartner gründeten sich auf § 1353 BGB, der die Ehegatten grundsätzlich auf die häusliche Lebensgemeinschaft verpflichtete. Diese Verfahren bildeten häufig die prozessuale Vorstufe für ein nachfolgendes Scheidungsverfahren auf der Grundlage des § 1567 Ziffer 1 BGB. Auch die Feststellungsverfahren bezüglich der ehelichen Abstammung von wirklichen oder vermeintlichen Abkömmlingen der Eheleute oder der Geschiedenen beschäftigten die Zivilkammern; diese Verfahren beruhten auf den §§ 1591 ff. BGB a.F.. Vereinzelt wurden die Richter der Zivilkammern darüber hinaus zweitinstanzlich mit der Aufhebung von amtsgerichtlich ausgesprochenen Entmündigungen befaßt.

2.2. Ideologische Einflußnahmen ab 1933

Trotz der Fortgeltung der Vorschriften des BGB bis zur Einführung des Ehegesetzes vom 6.7.1938 begann nach der Machtübernahme eine ideologisch bestimmte Einflußnahme auch auf die Rechtsprechung in Ehe- und Familiensachen. Die ersten Impulse gingen von Vertretern der Rechtswissenschaft aus. Sie versuchten, das bruchstückhafte Ideengut der »Bewegung« über die Ehe juristisch zu fassen.[14] Ausgangspunkte dafür waren die »Blut und Boden«-Ideologie

11 Vgl. Ramm, Eherecht, in: Festschrift Fraenkel, a.a.O., S. 152 f, im Sinne einer weitgehenden Abschirmung der ehelichen Intimsphäre gegenüber dem Staat.

12 Vgl. dazu Heinz Holzhauer, Die Scheidungsgründe in der nationalsozialistischen Familiengesetzgebung, in: NS-Recht in historischer Perspektive, München 1981, S. 53 ff.

13 Siehe dazu die Angaben bei Ernst Wolf/Gerhard Lüke/Herbert Hax, Scheidung und Scheidungsrecht, Tübingen 1959, S. 470, mit weiteren Zahlen für die Jahre nach 1935.

14 Vgl. Hitler, Mein Kampf, 22. Aufl., 226.–235. Tsd., München 1933, S. 274 f und 444. Soweit ersichtlich, hatte sich die NSDAP an den Diskussionen über Reformen des Ehe- und Familien-

sowie die Rassenlehre; der Ehe wurde ein instrumenteller Charakter zum Schutz und zur Förderung »der durch Blut und Boden gebildeten Rasseneinheit« beigelegt.[15] Daher sollte die Ehe auch »... nicht mehr eine Privatangelegenheit der gerade Beteiligten, sondern eine Aufgabe im Dienste der Erhaltung der rassischen und kulturellen Kräfte des Volkes« sein.[16]

Die Ehe hatte daher in ihrer neu definierten, »dienenden« Funktion die Verbindung »wertvoller Volksgenossen« zu schützen. Dabei führte ihre Ausrichtung auf den Rassengedanken zu einer Entprivatisierung des Instituts der Ehe. So stellten einige Autoren den rechtsgeschäftlichen Charakter der Eheschließung in Frage.[17] Andere bezweifelten sogar den privatrechtlichen Charakter des Familienrechts: »Jedenfalls typisches Privatrecht ist es nicht. Das betonen im Grunde alle Bearbeiter des Familienrechts, wenn sie die Bedeutung von Ehe und Familie für die Volksgemeinschaft und die Rasse, den ethischen Charakter der Familienbeziehungen, die entscheidende Mitwirkung des Staates ... also die öffentlichrechtlichen Elemente hervorheben.«[18] Solche Vorstellungen implizierten eine Entprivatisierung der Ehe und gewichteten die mit ihr begründeten Bindungen neu: Die Ehe sollte nicht allein durch Pflichten gegenüber dem Ehegatten, sondern maßgeblich durch die Pflichten gegenüber der Volksgemeinschaft bestimmt sein. Für die rassisch wertvolle Ehe konkretisierte sich dies vor allem in der Erzeugung von Nachkommenschaft.[19] Als erstrebenswert wurden vier Kinder pro Familie angesehen.

Vor dem Hintergrund eines solchen Eheverständnisses, das auf dem Rassegedanken basierte und zugleich eugenische Bezüge[20] einschloß, forderte Carl Schmitt in einem seiner Leitsätze für die Rechtspraxis: »Für die Anwendung und Handhabung der Generalklauseln durch den Richter, Anwalt, Rechtspfleger oder Rechtslehrer sind die Grundsätze des Nationalsozialismus unmittelbar und ausschließlich maßgebend«.[21] In dem Beitrag »Nationalsozialismus und Rechtsstaat« hob er hervor, daß jede Gesetzauslegung vom Geist des Nationalsozialismus beherrscht sein müsse.[22] Auch in den im Auftrag von Hans Frank erarbeiteten Leitsätzen über die Aufgabe des Richters hieß es: »Grundlage der Auslegung

rechts in den 20er Jahren nicht beteiligt, dazu Heinz Holzhauer, Die Scheidungsgründe, in: NS-Recht, a.a.O., S. 58; Stefan Saar, Familienrecht, in: Salje, Recht, a.a.O., S. 80 ff.

15 So etwa Heinrich Lange, Nationalsozialismus und Bürgerliches Recht in: Hans Frank (Hrsg.), Nationalsozialistisches Handbuch für Recht und Gesetzgebung, München 1935, S. 933 ff, insb. S. 954.

16 Vgl. Wolfgang Siebert, Die Volksgemeinschaft im Bürgerlichen Recht, in: Hans Frank (Hrsg.), Nationalsozialistisches Handbuch für Recht und Gesetzgebung, München 1935, S. 965; ähnlich Franz Wieacker, Geschichtliche Ausgangspunkte der Ehereform, in: DJ 1937, S. 178 ff, der den Dienstcharakter von Ehe- und Familie in einem höheren Ordnungsgefüge hervorhob.

17 So etwa Wolfgang Siebert, in: Rabels Zeitschrift für ausländisches und internationales Privatrecht (RabelZ) 11, Sonderheft 1937, S. 199, insb. S. 203, und Karl Larenz, Über Gegenstand und Methode des völkischen Rechtsdenkens, Berlin 1938, S. 45 ff.

18 Hans Carl Nipperdey, Das System des Bürgerlichen Rechts, in: Hans Frank (Hrsg.), Zur Erneuerung des Bürgerlichen Rechts (Schriften der Akademie für Deutsches Recht, Gruppe Rechtsgrundlagen und Rechtsphilosophie Nr. 7), München 1938, S. 95 ff.

19 So etwa Lange, Nationalsozialismus, in: Frank, Handbuch, a.a.O., S. 953 f.

20 Vgl. dazu Holzhauer, Die Scheidungsgründe, in: NS-Recht, a.a.O., S. 59; Saar, Familienrecht im NS-Staat, in: Salje (Hrsg.), Recht und Unrecht, a.a.O., S. 83.

21 In: Juristische Wochenschrift (JW) 1933, S. 2793 f.

22 In: JW 1934, S. 713, insb. 717.

aller Rechtsquellen ist die nationalsozialistische Weltanschauung, wie sie insbesondere im Parteiprogramm und in den Äußerungen des Führers ihren Ausdruck findet«.[23]

Die gesetzgeberischen Maßnahmen auf dem Gebiet des Eherechts während der NS-Zeit betrafen zunächst nur das Eheschließungsrecht. Genannt seien in diesem Zusammenhang: Das »Gesetz zur Verhütung erbkranken Nachwuchses (Erbgesundheitsgesetz)« vom 14.7.1933 (RGBI. I, S. 529); das »Gesetz gegen Mißbräuche bei der Eheschließung und der Annahme an Kindes statt« vom 23.11.1933 (RGBI. I, S. 979 – mit der Einfügung des Ehenichtigkeitstatbestandes der »Namensehe« als § 1325 a BGB); das Gesetz zum Schutze der Erbgesundheit des deutschen Volkes – Ehegesundheitsgesetz« vom 18.10.1935 (RGBI. I, S. 1246) und das »Gesetz zum Schutze des deutschen Blutes und der deutschen Ehre – Blutschutzgesetz« vom 15.09.1935 (RGBI. I, S. 1146). Die Erneuerung des Scheidungsrechts nahm demgegenüber – trotz der seit 1934 andauernden Vorarbeiten[24] – mehr Zeit in Anspruch, weil sie aus nationalsozialistischer Sicht nicht für vorrangig gehalten wurde.[25]

2.3. Das neue Ehegesetz von 1938

Erst der Anschluß Österreichs im März 1938 machte es erforderlich, das dort für Katholiken geltende kanonische Ehescheidungsrecht durch eine einheitliche Regelung zu ersetzen.[26] Dabei stellte das neue Ehegesetz sich insofern als Ergebnis der Reformvorschläge aus der Zeit vor 1933 dar, als dieses sich von dem das BGB prägenden Verschuldensprinzip zum Zerrüttungsprinzip hin bewegte.[27] Diese Reformgedanken kreuzten sich mit dem nationalsozialistischen Eheverständnis in einem zentralen Punkt: Mit der Zerrüttung der Ehe war diese nicht mehr in der Lage, die ihr zugedachten bevölkerungspolitischen Aufgaben zu erfüllen. Für Roland Freisler lag die Bedeutung des Scheidungsrechts gerade darin, »daß todkranke Ehen, die ihre völkische Pflicht trotz Zeugungs- und Geburtenfähigkeit nicht zu erfüllen vermögen, ... den Abschluß von Ehen fortpflanzungsfähiger und gesunder deutscher Menschen verhindern, die in diesen neuen Ehen ihrer völkischen Aufgabe gerecht werden könnten« rigoros aufgelöst werden konnten.[28]

Im Ergebnis brachte das neue Ehegesetz nicht den von manchen erhofften »Abschied vom BGB«,[29] sondern begnügte sich mit einem »Um- und Ausbau der

23 Leitsätze bearbeitet von Georg Dahm, Karl August Eckhard, Reinhard Höhn, Paul Ritterbusch und Wolfgang Siebert in: Deutsche Rechtswissenschaft I, 1936, S. 123.

24 Dazu Wolf/Lüke/Hax, Scheidung, a.a.O., S. 77 ff.

25 Vgl. Roland Freisler, Vom alten zum neuen Ehescheidungsrecht, Berlin 1937, S. 4 f.

26 Dazu Holzhauer, Die Scheidungsgründe, in: NS-Recht, a.a.O., S. 66 ff. Bis dahin war das österreichische Scheidungsrecht noch unverändert das des Josephinischen Gesetzbuches von 1786, das ohne große Änderungen seit 1811 den entsprechenden Teil des ABGB bildete.

27 Ein nur auf dem Zerrüttungsprinzip beruhendes Scheidungsrecht forderten nur einzelne Stimmen, vgl. Wolf/Lüke/Hax, Scheidung, a.a.O., S. 78., Fn. 250 (mit Hinweis auf O. Bovensiepen und H. Schneider); die Mehrheit der Reformer kritisierte lediglich die ausschließliche Geltung des Verschuldensprinzips, vgl. Holzhauer, Die Scheidungsgründe, in: NS-Recht, a.a.O., S. 63.

28 Freisler, Ehescheidungsrecht, a.a.O., S. 4 f.

29 So der Titel einer Schrift des damaligen Staatssekretärs im RJM, Franz Schlegelberger, aus dem Jahre 1937.

bisherigen Scheidungsgründe.«[30] Für die richterliche Beurteilung der objektiven Zerrüttung sollte – entsprechend dem nationalsozialistischen Verständnis – der Wert der in Frage stehenden Ehe für die Volksgemeinschaft maßgeblich sein. Dies kam vor allem in der gesetzlichen Umschreibung des § 49 Satz 1 EheG zum Ausdruck, wonach die schuldhafte Zerrüttung nur dann zur Scheidung führen sollte, wenn »die Wiederherstellung einer ihrem Wesen entsprechenden Lebensgemeinschaft nicht erwartet werden kann«. Der Gedanke tauchte mit anderen Worten auch in der »beschränkten Generalklausel« des § 55 Abs. 1 EheG wieder auf. Die Fälle der verschuldeten Ehezerrüttung umfaßten den Ehebruch (§ 47 EheG), die Verweigerung der Fortpflanzung (§ 48 EheG) sowie alle übrigen Konstellationen der schuldhaften Zerrüttung im Sinne der Generalklausel des § 49 EheG.[31]

Dem Zerrüttungsgrundsatz entsprechend wurden die Fälle, in denen die Ehescheidung ohne Verschulden verlangt werden konnte, erheblich vermehrt. Körperliche Gebrechen wie ansteckende oder ekelerregende Krankheiten (§ 52 EheG) und Unfruchtbarkeit (§ 53 EheG), aber auch geistige Gebrechen wie ein »auf geistiger Störung beruhendes Verhalten« gemäß § 50 EheG oder Geisteskrankheit (§ 51 EheG) sowie alle übrigen Fälle »unheilbarer« Ehezerrüttungen im Sinne des § 55 EheG sollten zur Scheidung berechtigen.[32] Hatte allerdings im Falle der zuletzt genannten Vorschrift der die Scheidung begehrende Ehegatte die Zerrüttung der Ehe allein oder überwiegend verschuldet, so konnte der andere Ehegatte der Scheidung gemäß Absatz 2 dieser Vorschrift widersprechen. Ähnlich verhielt es sich mit den Vorschriften über die Nichtigkeit und die Aufhebung der Ehe. Die Nichtigkeitsgründe des Ehegesetzes entsprachen überwiegend dem früheren Recht.[33] Neu hinzu traten die beiden in § 20 EheG kodifizierten Gründe der »Blutfremdheit« und der »mangelnden Ehegesundheit«.[34] Die Aufhebungsgründe stimmten weitgehend mit den Eheanfechtungsgründen des BGB überein.[35] Besondere Bedeutung erlangte der in § 37 EheG geregelte Irrtum über die persönlichen Eigenschaften des anderen Ehegatten, der zur Auf-

30 Vgl. die amtliche Begründung zum EheG, in: DJ 1938, S. 1102 ff, insb. S. 1108.

31 Vgl. Erich Volkmar, Großdeutsches Eherecht. Kommentar zum Ehegesetz vom 6.7.1938, München/Berlin 1939, § 49 Anm. 1, § 55 Anm. 16. Danach war das EheG dem System der beschränkten Generalklauseln des BGB, wie es sich innerhalb der Scheidungsgründe wegen Verschuldens im Verhältnis des § 1568 BGB zu §§ 1565 bis 1567 BGB darstellte, treu geblieben.

32 Neben § 50 EheG enthielt § 55 EheG die weitreichendste Veränderung. Trotz der zentralen Forderung, daß die Bedeutung der Ehe für die Volksgemeinschaft im Vordergrund stehen müsse, scheute der Gesetzgeber die Einführung eines unbeschränkten Generaltatbestandes im Sinne einer objektiven Zerrüttung, da sonst nur allzu leicht »ehemüde« Partner einverständlich oder auch einseitig das Band der Ehe lösen könnten, vgl. dazu Volkmar, Großdeutsches Eherecht, a.a.O., § 55 Anm. 1–16, S, 204 f.

33 Es waren dies der Formmangel (§ 21 EheG), die Geschäftsunfähigkeit (§ 22 EheG), die Formehe (§ 23 EheG), die Blutsverwandtschaft (§ 25 i.V.m. 6, 7 EheG), die Doppelehe (§ 24 EheG) sowie der Ehebruch (§ 26 i.V.m. 9 EheG).

34 Die Gründe des § 20 EheG konnten aber schon seit Herbst 1935 über § 1323 BGB i.V.m. § 1 Abs. 1 Satz 2 des Gesetzes zum Schutze des deutschen Blutes und der deutschen Ehre bzw. § 3 Abs. 1 des Gesetzes zum Schutze der Erbgesundheit des deutschen Volkes Anwendung finden.

35 Dazu zählten die mangelnde Einwilligung des gesetzlichen Vertreters (§ 35 EheG), die seltenen Fälle des Erklärungs- und des Identitätsirrtums (§ 36 Sätze 1 und 2 EheG), die arglistige Täuschung (§ 38 EheG), die widerrechtliche Bestimmung eines Partners zur Eheschließung durch Drohung (§ 39 EheG) sowie die Aufhebung einer Ehe auf Antrag des früheren Ehegatten, dessen für tot erklärter Ehegatte wider Erwarten noch am Leben ist (§ 44 EheG).

hebung der Ehe berechtigte, wenn er den Irrenden »bei Kenntnis der Sachlage und bei richtiger Würdigung des Wesens der Ehe von der Eingehung der Ehe abgehalten hätte.« Die den § 1333 BGB ersetzende Fassung des § 37 EheG wurde gewählt, um einer »... in der Rechtsprechung hervorgetretenen zu engen Auslegung des Begriffs der persönlichen Eigenschaften vorzubeugen«.[36]

Welche der Vorschriften des neuen Ehegesetzes hatten als spezifisch nationalsozialistisch zu gelten? Auffällig erscheinen der § 48, der die Verweigerung der Fortpflanzung betraf, und der § 53, der den Scheidungsgrund der unverschuldeten Unfruchtbarkeit regelte. Beide Vorschriften hatten kein Vorbild im BGB, konnten aber an das Allgemeine Landrecht für die Preußischen Staaten (ALR) von 1794 anknüpfen.[37] Wirkliche normative Neuschöpfungen mit spezifischem NS-Gehalt gab es nicht.[38] Dabei ist auch zu berücksichtigen, daß die »Fortpflanzungsverweigerung« schon nach dem BGB als »schwere Eheverfehlung« gemäß § 1568 berücksichtigt werden konnte; gleiches galt für die »vorzeitige Unfruchtbarkeit«, wenn diese schuldhaft herbeigeführt worden war.[39] Gleichsam als »Trojanisches Pferd« erwiesen sich allerdings drei Vorschriften des Ehegesetzes vom 6.7.1938, die Einbruchsstellen für nationalsozialistische Erwägungen boten. Dabei handelte es sich um die Eheanfechtung nach § 37 EheG sowie die Scheidungsvorschriften in §§ 49 Satz 2 und 55 Abs. 2 Satz 2 EheG. Der neugefaßte § 37 EheG enthielt die beiden Bewertungsmaßstäbe der »richtigen[40] Würdigung des Wesens der Ehe« und der »sittlichen Rechtfertigung«. Beide rekurrierten auf unbestimmte, das heißt wertausfüllungsbedürftige Rechtsbegriffe. Bei der »richtigen Würdigung des Wesens der Ehe« ging das Interesse der Volksgemeinschaft an der Aufhebung[41] oder Scheidung den individuellen Interessen der Partner vor. Daß diese Umwertung im NS-Sinne funktionierte, dafür sollten die Gerichte sorgen.

Der Überblick zeigt, welche Normen in Ehe- und Familiensachen anzuwenden waren. Er zeigt auch, daß es in der Kompromißlösung des Ehegesetzes eini-

36 So die amtliche Begründung zum EheG in: DJ 1938, S. 1102 ff, insb. S. 1107.

37 So hieß es im ALR, Th. II, Tt. 1, § 695: »Ein Gatte, welcher durch sein Betragen, bei oder nach der Beiwohnung, die Erreichung des gesetzmäßigen Zweckes derselben vorsätzlich mindert, gibt dem anderen zur Scheidung rechtmäßigen Anlaß«. Entsprechend der Überschrift sah das ALR in der Verweigerung lediglich eine »Versagung der ehelichen Pflicht«, während die amtliche Begründung zu § 48 EheG darauf abhob, »... daß die Ehe in erster Linie der Volkserhaltung und -vermehrung dient« (in DJ 1938, S. 1102, insb. S. 1108). Der Akzent war deutlich auf das bevölkerungspolitisch gewünschte Ziel verschoben. Die Vorgängernorm des § 53 EheG war ALR, Th. II, Tt. 1, § 696: »Ein auch während der Ehe erst entstandenes, gänzlich unheilbares Unvermögen zur Leistung der ehelichen Pflicht begründet ebenfalls die Scheidung«. Hier hatte sich der Schwerpunkt gemäß der amtlichen Begründung zu § 53 EheG verlagert, »weil auch dann der wichtigste Zweck der Ehe nicht mehr erfüllbar ist« (vgl. DJ 1938, S. 1102, insb. S. 1108).

38 Der nicht so auffällige § 52 EheG, der eine Scheidung bei »ansteckender oder ekelerregender Krankheit« zuließ, hatte sein Vorbild in § 697 AlR. Auch die beiden in § 20 EheG genannten Gründe der »Blutfremdheit« und »mangelnden Erbgesundheit« waren nach der vorangegangenen NS-Gesetzgebung keine Neuschöpfungen.

39 So auch Wolf/Lüke/Hax, Scheidung, a.a.O., S. 83.

40 In § 1333 BGB hieß es demgegenüber »verständige« Würdigung; aus der Neuerung schloß das Reichsgericht in RGZ Bd. 158, S. 268, Urteil vom 13.10.1938, daß bei der Beurteilung des Einzelfalles den allgemeinen sittlichen und völkischen Gesichtspunkten der Vorzug vor der Interessenlage der Ehegatten einzuräumen sei.

41 Die Anfechtung nach § 1333 BGB hatte ex-tunc-Wirkung; zur Einführung der Aufhebung (mit ex-nunc-Wirkung) vgl. die Begründung zum EheG in: DJ 1938, S. 1102 ff, insb. S. 1106.

ge Normen gab, für die sich zwar historische Vorbilder fanden, die aber vor allem als Einbuchsstellen im Sinne der Machthaber handhabbar waren. Insbesondere die Generalklauseln – des Ehegesetzes wie des BGB – konnten durch eine überzogene extensive Auslegung mißbraucht werden.

3. Statistische Auswertung

Im folgenden soll die Rechtsprechung der Landgerichte Hamburg und Altona in Ehe- und Familiensachen zunächst in quantitativer Hinsicht untersucht werden. Dazu wurden die im Archiv des Land- und Amtsgerichts Hamburg überlieferten Entscheidungen aus den Jahren 1933 bis 1939 herangezogen, die fast komplett überliefert sind.[42] Es handelt sich dabei aber nicht um vollständige Prozeßakten, sondern um »ausgedünnte« Vorgänge, so daß heute meist nur noch die gerichtlichen Entscheidungen vorhanden sind.[43] Gleichwohl eignet sich das Material für eine statistische Auswertung. Denn einerseits garantiert die gesetzlich festgelegte Dokumentationsfunktion des Urteilstatbestandes die Zusammenfassung des wesentlichen Prozeßstoffes und andererseits geht aus den Entscheidungsgründen die Rechtsanwendung durch das Gericht hervor. Mithin läßt sich ein hinreichend genaues Bild von der justiziellen Praxis in Ehe- und Familiensachen gewinnen. Zu beachten bleibt aber, daß der Verfahrensablauf und gewisse Aspekte der Lebenswirklichkeit auf Grund der Aktenausdünnung nicht mehr nachgezeichnet werden können.[44] Auch machte es der für das Forschungsvorhaben vorgegebene Zeitrahmen notwendig, die Untersuchung zunächst auf die Jahrgänge von 1933 bis 1938 zu beschränken.

Die Auswertung selbst erfolgte mit Hilfe einer Stichprobe (»sample«), für die von den rund 22.660 Vorgängen jeder 50. herangezogen wurde. Die Stichprobe umfaßt daher 453 Entscheidungen. Die Befunde der Untersuchung sind durch den Einsatz zweier Erhebungsinstrumente gewonnen worden: Für jeden der 453 Vorgänge wurde eine Zählkarte augefüllt. Sie umfaßt die wichtigsten Verfahrensmerkmale und stellt ein unerläßliches Hilfsmittel zur Klärung bestimmter äußerer Merkmale der Vorgänge dar.[45] Ergänzend wurde für jeden geeigneten Vorgang ein spezieller Aktenanalyse-Bogen ausgefüllt.[46] Schwerpunkte dieses Bo-

42 Stichproben an Hand der Register ergaben, daß in rund 2 % der Sachen Unklarheiten über den Verbleib der Vorgänge bestehen. Diese Fehlquote bewegt sich im üblichen Rahmen. Insbesondere liegen keine Hinweise auf gezielte Vernichtungen vor.

43 Die Aufbewahrung geht auf eine Verfügung des Landgerichtspräsidenten zurück, die Judikate auch über die Aufbewahrungsfrist von 50 Jahren hinaus zu erhalten. Ein praktischer Grund liegt darin, daß bisweilen auch heute noch Scheidungsurteile aus der Zeit von vor 50 Jahren für Renten-, Sozialgerichts- und Sozialhilfe-Verfahren angefordert werden.

44 Bartels, Zivilrechtsprechung, a.a.O., S. 257, verweist insoweit auf »den wohl häufig stark ideologisch gefärbten Parteivortrag«.

45 Zu der Methode der Erhebungen vgl. Hubert Rottleuthner, Der Einzelrichter. Eine rechtstatsächliche Untersuchung, in: Deutsche Richterzeitung 1989, S. 164 ff. – Die verwendete Zählkarte weist folgende Merkmale auf: Aktenzeichen, laufende Nummer des »Samples«, Gegenstand des Verfahrens, Angaben zum Armenrecht, Parteirolle der Prozeßbeteiligten, der Vertretung durch Rechtsanwälte, Namen der beteiltigten Richter mit Dienstbezeichungen, Art der Erledigung des Verfahrens, Tenorierung der Entscheidung einschließlich der Kostenfolge, eventuelle Nebenregelungen durch Vergleiche, Gebrauch von Rechtsmitteln, Datum der Rechtskraft der Entscheidung.

46 Erfaßt wurden Merkmale der Prozeßparteien wie die Staatsangehörigkeit, sozialer Stand und

gens bilden die individuellen Merkmale der Prozeßparteien und eine katalogmäßige Erfassung der Scheidungsgründe.

3.1. Die einzelnen Verfahrensarten

403 der Verfahren betrafen Ehescheidungen; das sind 89,0 % aller in der Stichprobe erfaßten Vorgänge. Von den 403 Scheidungsverfahren entfielen 67 auf das Landgericht Altona (14,8 %), die übrigen auf das Landgericht Hamburg (85,2 %). Ein Vergleich der Scheidungszahlen für Altona und Hamburg mit den Zahlen für das Reichsgebiet in den Grenzen vom 31.12.1937 ergibt folgendes Bild:

Tabelle 1: Scheidungen in Hamburg und im Deutschen Reich 1933–38

	Hamburg			Deutsches Reich[47]		
	Einwohner	Scheidungen		Einwohner	Scheidungen	
		Zahl	Quote[48]		Zahl	Quote
1933	1.129.307	2.355	20,9	65.361.588	42.485	6,5
1934	1.116.268	2.796	25,1	66.343.902	54.402	8,2
1935	1.103.918	2.465	22,3	67.012.000	50.259	7,5
1936	1.095.578	2.508	22,9	67.142.666	50.357	7,5
1937[49]	1.409.867	2.655	18,8	67.805.797	46.786	6,9
1938	1.511.723	2.822	18.7	68.745.833	49.497	7,2

Die Tabelle weist erstaunlich hohe Abweichungen bei der Quote der Ehescheidungen je 10.000 Einwohner in Hamburg und im Deutschen Reich auf: Durchschnittlich lag die Scheidungsrate in den 30er Jahren in Hamburg dreimal so hoch wie im gesamten Reich. Dies ist wahrscheinlich nicht nur auf unterschiedliche Lebensumstände in der Großstadt Hamburg (mit ihren »Vorstädten« Altona, Harburg- Wilhelmsburg und Wandsbek) und den ländlichen Regionen im übrigen Deutschland zurückzuführen, sondern zu berücksichtigen sind auch die utilitaristisch-protestantische Prägung der Hansestadt, in der die Zahl der Konfessionslosen schon in den 30er Jahren recht hoch lag. Der »Bund fürs Leben« hatte hier offenbar bereits vor dem Zweiten Weltkrieg nicht mehr jene Be-

Beruf, das Datum der Eheschließung, die Zahl der Kinder, die Religionszugehörigkeit, die Altersrelation der Ehepartner, die Dauer der Ehen, frühere Scheidungsverfahren, Versöhnungsversuche sowie die räumliche Trennung der Parteien.

47 Zahlenangaben für Hamburg nach: Statistisches Jahrbuch für die Freie und Hansestadt Hamburg, Hamburg 1933 ff. In der Generalakte »Geschäftsübersicht« der Verwaltung des Oberlandesgerichts wurden für die Jahre 1936 bis 1938 leicht abweichende Werte genannt: 1936 – 2.655 Scheidungen, 1937 – 2.526 Scheidungen, 1938 – 3.069 Scheidungen (Staatsarchiv Hamburg, Abteilung 213-1, Abl. 7, Akte 1441 E – 3a/2). – Zahlenangaben für das Deutsche Reich nach: Hubert Rottleuthner, Justizstatistische Informationen 1933–1945. Geschäftsstatistik, Personalstatistik, Berlin 1991 (Maschinenschrift).

48 Scheidungen auf 10.000 Einwohner.

49 Die Zahlenangaben für Hamburg im Jahr der Durchführung des Groß-Hamburg-Gesetzes wurden an Hand eigener Berechnungen auf Grund der genannten Quellen ermittelt.

deutung wie in den stärker religiös und insbesondere durch den Katholizismus geprägten Gebieten Deutschlands. Der im 19. Jahrhundert einsetzende Trend zur Auflösung fester Familienstrukturen wirkte sich in Hamburg mithin schon vergleichsweise früh und besonders stark aus.

10 Verfahren entfielen auf Eheanfechtungen bzw. -aufhebungen. Das macht einen Anteil von 2,2 % aus. Das Statistische Jahrbuch für die Freie und Hansestadt Hamburg führt unter dem Abschnitt B »Eheschließungen und -lösungen« für 1933 35 erfolgte Nichtigkeitserklärungen, für 1934 51, für 1935 42, für 1936 73 und für 1937 81 bzw. 63 (nur altes hamburgisches Gebiet) auf.

12 Verfahren, das entspricht 2,6 %, hatten die Herstellung der ehelichen Gemeinschaft von getrennt lebenden Eheleuten zum Gegenstand. Weitere Verfahren:

- Eheliche Abstammung: 25 Entscheidungen (5,5 %) betrafen die Feststellung der ehelichen Abstammung von Kindern. Drei der Verfahren sind vom Landgericht Altona, die übrigen vom Landgericht Hamburg entschieden worden.
- Einstweilige Verfügungen: Zwei Entscheidungen (0,4 %) des Landgerichts Hamburg hatten einstweilige Verfügungen über die vorläufige Regelung des Unterhalts der in Scheidung lebenden Ehefrau zum Gegenstand.
- Entmündigungsverfahren: Eine Entscheidung (0,2 %) des Landgerichts Hamburg betraf die zweitinstanzliche Aufhebung einer vom Amtsgericht Hamburg ausgesprochenen Entmündigung.

3.2. Anzahl der Verfahren und Verfahrensdauer

Unter zeitlichen Gesichtspunkten entfielen 62 Verfahren auf das Jahr 1933, 77 Vorgänge auf 1934, jeweils 78 Verfahren auf die Jahre 1935 und 1936, 70 Vorgänge auf 1937 und schließlich 88 Verfahren auf das Jahr 1938. Die Zahlen weisen also einen Anstieg der Geschäftstätigkeit von 1933 bis einschließlich 1936 aus. Nach einem leichten Rückgang im Jahre 1937 kulminierte die Zahl der Vorgänge im Jahre 1938, als das neue Ehegesetz in Kraft trat. Die Verfahren konnten fast durchweg im Jahr ihrer Rechtshängigkeit oder im darauf folgenden Jahr erledigt werden.

Tabelle 2: Verfahrensdauer bei Ehe- und Familiensachen 1933–38

Vorgänge	Erledigt:							
aus:	1933	1934	1935	1936	1937	1938	1939	1940
1933	28	33	1	0	0	0	0	0
1934	0	45	31	1	0	0	0	0
1935	0	0	48	28	2	0	0	0
1936	0	0	0	45	32	1	0	0
1937	0	0	0	0	42	28	0	0
1938	0	0	0	0	0	39	48	1

3.3. Verteilung der Entscheidungen auf die Spruchkörper

Die Zivilkammern der Landgerichte Hamburg und Altona wiesen in Ehe- und Familiensachen fast ausnahmslos eine Besetzung mit drei Richtern auf, von denen häufig einer, bisweilen auch zwei »Hilfsrichter«, also Assessoren, waren.[50]

Hinsichtlich der Verteilung der Ehe- und Familiensachen auf die einzelnen Spruchkörper ergab sich für Altona, daß die 4. Zivilkammer die Mehrzahl der Vorgänge in den Jahren von 1933 bis Ende März 1937 zu erledigen hatte. 1933 war sie sogar die einzige Kammer, die mit Ehe- und Familiensachen befaßt war. Schon 1934 verteilten sich die Ehe- und Familiensachen aber auch auf die Zivilkammern 1 bis 6 und 8. Wegen des zahlenmäßigen Rückgangs der Verfahren schied die Kammer 8 1935 wieder aus. Schließlich war es wieder die Zivilkammer 4 des Landgerichts Altona, die von Januar bis Ende März 1937 die restlichen Verfahren vor der Vereinigung mit Hamburg abwickelte.

Beim Landgericht Hamburg wurden die Ehe- und Familienrechtssachen in den Jahren 1933 bis 1938 gleichmäßiger als beim Landgericht Altona verteilt. Im Geschäftsjahr 1933 waren die Zivilkammern I bis XI sowie XIII und XIV mit dem Ehe- und Familienrecht befaßt; die Mehrzahl der Vorgänge erledigten dabei die Kammern III bis VII. 1934 trugen die Kammern II, III, V, VI, VIII, X sowie XI die Hauptlast. 1935 wurden nach der reichseinheitlichen Kennzeichnung als »R-Sachen« die Zivilkammern 1 bis 11 mit Ehe- und Familiensachen befaßt, wobei der Schwerpunkt bei den Kammern 2 bis 6, 8 sowie 10 und 11 lag. Bis 1939 blieb es bei dieser schwerpunktmäßigen Verteilung.

3.4. Das soziale Umfeld der Prozeßparteien

3.4.1. Sozialstruktur nach Berufsangaben

Tabelle 3: Soziale Zuordnung der Scheidungsparteien

Oberschicht	2	0,6 %
Obere Mittelschicht	13	3,7 %
Untere Mittelschicht	68	20,7 %
Obere Unterschicht	111	33,9 %
Untere Unterschicht	135	41,1 %[51]
(Keine Angabe	*124*	*27,4 %)*

50 Anders als bei den heutigen Familiengerichten (spezialisierte Abteilungen des Amtsgerichts mit einem Richter) wurden die Verfahren damals von landgerichtlichen Zivilkammern erledigt.

51 Die Zuordnung erfolgte nach folgenden Kriterien: Oberschicht: Direktor und Fabrikant. Obere Mittelschicht: Akademische Berufe wie Ärzte, Architekten, Rechtsanwälte, höhere Beamte sowie gut situierte Selbständige im kaufmännischen Bereich und hohe Offiziere. Untere Mittelschicht: die in Hamburg zahlreichen Kaufleute mittleren Formats, selbständige Vertreter, Gewerbetreibende mit mittelgroßen Geschäften, graduierte Ingenieure, Offiziere bis zum Rang eines Majors, Journalisten. Obere Unterschicht: Handwerker, kleine Gewerbetreibende, kleine Beamte, unselbständige Vertreter und Rentner. Untere Unterschicht: Arbeiter, Hilfskräfte in Industrie und Gewerbe ohne speziellen Lehrberuf, Arbeitslose.

Der Überblick macht deutlich, daß das Schwergewicht der Scheidungen in Hamburg bei der oberen und unteren Unterschicht lag. Allerdings war auch die untere Mittelschicht relativ stark vertreten. Bemerkenswert ist dabei, daß in der überwiegenden Zahl der Verfahren eine Schichtenzuordnung nach den Berufsbezeichnungen der männlichen Prozeßbeteiligten erfolgen mußte. Denn in nur 13 Fällen (2,86 %) war auch die weibliche Prozeßpartei mit einer Berufsbezeichnung gekennzeichnet. In einem der Fälle aus der unteren Unterschicht ergab der Vortrag der Ehefrau, daß sie den arbeitslosen Ehemann durch ihr Einkommen als Arbeiterin in der Zeit vor der Scheidung unterhalten hatte.

3.4.2. Armenrechtsverfahren

Es überrascht nicht, daß auch die Armenrechtsverfahren im Zusammenhang mit Ehe- und Familiensachen vor allem von Prozeßparteien aus der Unterschicht anhängig gemacht wurden. Die Bewilligung des Armenrechts war – ähnlich wie bei der heutigen Prüfung der Anträge auf Prozeßkostenhilfe – abhängig von einer gerichtlichen Erfolgsprognose des Vorbringens. Zwar boten 420 Verfahren der Stichprobe keine Anhaltspunkte für Armenrechtsverfahren, bei 33 Verfahren sprachen jedoch Hinweise in den Urteilstatbeständen oder Entscheidungsgründen für eine Bewilligung oder eine Ablehnung des Armenrechts (7,3 %).[52] In einem Fall ergab sich infolge der vollständig überlieferten Prozeßakte, daß dem Scheidungskläger durch gerichtlichen Beschluß das Armenrecht für die erste Instanz bewilligt worden war. Es ist unwahrscheinlich, daß tatsächlich nur 7,3 % aller Ehe- und Familiensachen mit Armenrechtsverfahren gekoppelt waren. Schon einige Stichproben in den vorhandenen Prozeßregistern vermitteln vielmehr den Eindruck, daß der durchschnittliche Anteil der Armenrechtsverfahren tatsächlich bei etwa 30 % lag.

3.4.3. Religionszugehörigkeit

Was die Religionszugehörigkeit der Prozeßbeteiligten angeht, so waren in 405 der 453 Entscheidungen des »Samples« keine entsprechenden Angaben enthalten. Die Zahl der Fälle, in denen eine oder beide Prozeßparteien als im Sinne der NS-Machthaber jüdisch galten, ist statistisch gesehen gering. Bei zwei Verfahren der Stichprobe waren beide Eheleute jüdisch; in einem weiteren Fall galt die Ehefrau als jüdisch. 32 Vorgänge, bei denen beide Ehepartner als evangelisch-lutherisch bezeichnet wurden, indizieren die vorherrschende Stellung dieses Bekenntnisses.

3.5. Klagearten und Rechtsmittel bei Scheidungsverfahren

Von den 403 in der Stichprobe erfaßten Scheidungsverfahren endeten 355 mit der Scheidung; das sind 88,1 %. In 30 erstinstanzlichen Verfahren wurden die Scheidungsklagen abgewiesen (7,4 %), in 17 Fällen wurden sowohl die Schei-

52 Zur Diskriminierung jüdischer Prozeßparteien durch Ablehnung des Armenrechts vgl. den Beitrag von Helge Grabitz in diesem Band.

dungsklagen als auch die auf Scheidung gerichteten Widerklagen abgewiesen (4,2 %). Bezogen auf die Hamburger Fälle betrug die Rate der Klageabweisungen 11,9 %; für das Landgericht Altona belief sie sich auf 10,5 %.

Tabelle 4: Aufschlüsselung der 355 Scheidungen nach Klagearten

Auf Klage einer Partei	173 Fälle	48,7 %
Auf Klage und Widerklage	101 Fälle	28,5 %
Auf Klage unter Abweisung der Widerklage	54 Fälle	15,2 %
Auf Widerklage unter Abweisung der Klage	27 Fälle	7,6 %

In den 403 Scheidungsverfahren trat der Ehemann in 183 (45,4 %), die Ehefrau in 220 (54,6 %) Fällen in der Parteirolle des Klägers auf. In 207 aller 403 Fälle reagierte der Ehemann 114 Mal (55,1 %), die Ehefrau 93 Mal (44,9 %) mit einer Widerklage. Die ermittelten reziproken Werte zeigen deutlich, daß die Ehefrauen häufiger das juristisch zu besiegelnde Ende von Ehen einleiteten.

Diese 403 Verfahren gliedern sich in 308 Verfahren, die in der ersten Instanz rechtskräftig mit dem Ausspruch der Scheidung abgeschlossen wurden und in 47 Verfahren, die mit der Abweisung der Scheidungsklage bzw. mit der Abweisung von Klage und Widerklage endeten. In einem Fall erfolgte die Rücknahme einer Scheidungsklage. Weitere 47 Verfahren setzten sich in der Berufungsinstanz vor den Oberlandesgerichten Kiel (bis 31.3.1937 zuständig für den Landgerichtsbezirk Altona) und Hamburg (ab 1.4.1937 auch zuständig für Altona) fort. 13,2 % der 355 erstinstanzlich entschiedenen Scheidungssachen gingen in die Berufung. 6 der 47 Berufungen entstammten dem Altonaer Bezirk (12,8 %), 41 Fälle betrafen Hamburg (87,2 %). Für Altona ergibt sich hieraus, daß durchschnittlich 9,0 % der erstinstanzlichen Scheidungsverfahren der Berufung unterlagen; die Quote für Hamburg betrug demgegenüber 12,2 %.

3.6. Das Verschulden bei Scheidungen

Die 343 Fälle verschuldensabhängiger Scheidungen bieten folgendes Bild:

Tabelle 5: Verschuldensabhängige Ehescheidungen

Beide Ehegatten zu gleichen Teilen schuldig	111 Fälle	32,4 %
Überwiegendes Verschulden des Ehemannes	0 Fälle	0,0 %
Überwiegendes Verschulden der Ehefrau	3 Fälle	0,9 %
Alleinschuld des Ehemannes	164 Fälle	47,8 %
Alleinschuld der Ehefrau	65 Fälle	18,9 %

Eine Unterscheidung der erfaßten erstinstanzlichen Scheidungsverfahren nach den Scheidungsvorschriften des BGB und des Ehegesetzes vom 6.7.1938 ergibt folgendes Bild: In 66,3 % der Verfahren kamen die die schuldhafte Zerrüttung des ehelichen Verhältnisses regelnden Vorschriften des § 1568 BGB bzw. des § 49 EheG zur Anwendung. Einen gleich hohen Wert von 66 % nennt Blasius für das gesamte Deutsche Reich im Jahre 1933.[53] Demgegenüber erscheinen die von Wolf/Lüke/Hax für die Jahre 1935 bis 1938 ermittelten Werte für Scheidungen nach den §§ 1566, 1567 und 1568 BGB recht hoch (im Durchschnitt 73,0 %).[54] Jedenfalls war der Anteil der Scheidungen nach den §§ 1566 und 1567 BGB in Altona und Hamburg unbedeutend.

In 29,9 % der Scheidungsverfahren erkannten die Landgerichte Altona und Hamburg auf Ehebruch nach den Vorschriften der § 1565 BGB und § 47 EheG. Für den Reichsdurchschnitt im Jahre 1933 nennt Blasius demgegenüber 35,2 %.[55] Der Durchschnittswert der Fälle von Ehebruch in den Erhebungen von Wolf/Lüke/Hax für die Jahre 1935 bis 1938 beträgt indes 26,4 %. Danach scheint die Zahl der Scheidungen wegen Ehebruchs in Hamburg und Altona bis 1935 unter dem Reichsdurchschnitt gelegen zu haben, während sie in den Folgejahren offenbar darüber lag.

Jeweils 1,6 % aller Scheidungsfälle basierten auf den verschuldensunabhängig angewandten Vorschriften der § 55 EheG und § 1569 BGB, bzw. § 51 EheG. Vergleicht man den von Wolf/Lüke/Hax für §§ 1569 BGB/51 EheG hinsichtlich der Jahre 1935 bis 1938 ermittelten Durchschnittswert von 2,2 %[56] mit dem an Hand der Stichprobe ermittelten Wert, so ist ein etwas geringerer Wert für Hamburg und Altona zu verzeichnen. Für die auf § 1567 BGB beruhenden Scheidungsfälle ergab sich eine rechnerische Quote von 0,8 %. Eine weitergehende Erörterung dieses Ergebnisses ist in Ermangelung verfügbarer Vergleichszahlen nicht möglich.

3.7. Die Dauer geschiedener Ehen

Die nachfolgende Tabelle macht deutlich, daß die meisten Ehen in den ersten acht Ehejahren geschieden wurden (insgesamt fast die Hälfte), wobei ein deutlicher Schwerpunkt im vierten Ehejahr lag (8,5 %). Mit zunehmender Ehedauer nahm die Scheidungsquote dann immer mehr ab. Bemerkenswert ist auch, daß in 92,7 % der Scheidungsverfahren keine früheren Scheidungsversuche unternommen wurden. Im Lichte dieses Ergebnisses muß die rechtspolitische Begründung für das neue Eherecht als gekünstelt bezeichnet werden, nach der gerade die Scheidung der aussichtslosen Ehen erleichtert werden sollte. In 92,2 % aller Scheidungsfälle hatten die Parteien auch keine verfahrensmäßig vorgeschriebenen Versöhnungsversuche unternommen. 83,2 % der damals in Scheidung lebenden Eheleute betrieben das Verfahren, nachdem sie sich bereits räumlich voneinander getrennt hatten, während in 16,8 % der Scheidungsverfahren eine räumliche Trennung unterblieben war.

53 Dirk Blasius, Ehescheidung in Deutschland 1794 bis 1945. Scheidung und Scheidungsrecht in historischer Perspektive, Göttingen 1987, S. 190.

54 Wolf/Lüke/Hax, Ehescheidung, a.a.O., S. 470.

55 Blasius, Ehescheidung, S. 190.

56 Wolf/Lüke/Hax, Ehescheidung, a.a.O., S. 470.

Tabelle 6: Dauer der geschiedenen Ehen

Dauer	Anzahl	Anteil	Dauer	Anzahl	Anteil
Unter 1 Jahr	14	3,5 %			
1–2 Jahre	19	4,7 %	19–20 Jahre	8	2,0 %
2–3 Jahre	27	6,8 %	20–21 Jahre	8	2,0 %
3–4 Jahre	25	6,3 %	21–22 Jahre	9	2,3 %
4–5 Jahre	34	8,5 %	22–23 Jahre	2	0,5 %
5–6 Jahre	26	6,5 %	23–24 Jahre	5	1,2 %
6–7 Jahre	27	6,8 %	24–25 Jahre	4	1,0 %
7–8 Jahre	25	6,3 %	25–26 Jahre	0	0,0 %
8–9 Jahre	16	4,0 %	26–27 Jahre	3	0,7 %
9–10 Jahre	12	3,0 %	27–28 Jahre	1	0,2 %
10–11 Jahre	16	4,0 %	28–29 Jahre	3	0,7 %
11–12 Jahre	13	3,3 %	29–30 Jahre	3	0,7 %
12–13 Jahre	20	5,0 %	30–31 Jahre	1	0,2 %
13–14 Jahre	9	2,3 %	31–32 Jahre	4	1,0 %
14–15 Jahre	12	3,0 %	32–33 Jahre	1	0,2 %
15–16 Jahre	19	4,8 %	33–34 Jahre	0	0,0 %
16–17 Jahre	10	2,5 %	34–35 Jahre	1	0,2 %
17–18 Jahre	7	1,7 %	35–36 Jahre	1	0,2 %
18–19 Jahre	13	3,3 %	48–49 Jahre	1	0,2 %

3.8. Die Zahl der Kinder in Scheidungs-Ehen

In 212 Fällen waren die zur Scheidung anstehenden Ehen kinderlos. Das entspricht einem Anteil von 52,7 %. In 191 Fällen, also 47,3 %, waren dagegen Kinder vorhanden. Hinsichtlich der Ehen mit Kindern ist bemerkenswert, daß in 54,1 % der Fälle ein Kind, in 29,6 % zwei Kinder, in 9,8 % drei Kinder, in 3,9 % vier Kinder, in 1,1 % fünf Kinder und in 1,5 % sechs Kinder vorhanden waren. Dies zeigt deutlich, daß die Realität weit hinter dem von den Nationalsozialisten propagierten Kindersegen mit nach Möglichkeit vier Kindern pro Ehe zurückblieb.

3.9. Die Scheidungsgründe

Das Kernstück der empirischen Untersuchung stellten die Art und Häufigkeit der von den Prozeßparteien vorgebrachten und der von Gerichten in Hamburg und Altona festgestellten Scheidungsgründe dar. Zur Erfassung der Scheidungsgründe wurde ein Katalog der bei einer Kontrolldurchsicht von mehr als 10.000 Entscheidungen mehrfach genannten Scheidungsgründe entwickelt. Die folgende Tabelle enthält die an Hand der Stichprobe ermittelten Zahlen für die von den Parteien vorgebrachten und vom Gericht für einschlägig erachteten Scheidungsgründe. Darüber hinaus wird der Prozentsatz der Fälle angegeben, in denen das Gericht sich die von den Parteien vorgetragenen Scheidungsgründe zu eigen machte. Quasi handelt es sich dabei also um eine »Erfolgsquote« der jeweiligen Gründe.

Tabelle 7: Scheidungsgründe

		Parteien-Vortrag		Gericht (Urteil)		Erfolgs-quote	Sozialschichten UU	OU	UM	OM	< 3 Jahre	3–11 Jahre	> 11 Jahre	Kinder Mit	Ohne
1.	Ehebrecherisches Verhalten	198	44,2 %	122	30,3 %	61,6 %	39 %	25 %	16 %	8 %	26 %	34 %	26 %	26 %	33 %
2.	Ehewidriges Verhalten	177	44,0 %	102	25,3 %	57,6 %	18 %	25 %	32 %	46 %	22 %	31 %	22 %	23 %	31 %
3.	Beschimpfungen/Beleidigungen/ Verleumdungen	136	33,8 %	64	15,9 %	47,1 %	18 %	17 %	12 %	8 %	22 %	15 %	14 %	16 %	17 %
4.	Gewaltakte/Mißhandlungen	122	30,3 %	53	13,2 %	43,4 %	12 %	11 %	10 %	0 %	30 %	11 %	6 %	14 %	13 %
5.	Lieblosigkeit/Entfremdung/ Indifferenz	65	16,2 %	35	8,7 %	53,8 %	9 %	7 %	10 %	8 %	15 %	5 %	8 %	9 %	8 %
6.	Alkoholmißbrauch/Alkoholismus	55	13,7 %	26	6,5 %	47,3 %	6 %	11 %	3 %	0 %	4 %	8 %	5 %	7 %	6 %
7.	Verweigerung des Geschlechts-verkehrs ohne Gründe	45	11,2 %	22	5,5 %	48,9 %	3 %	5 %	10 %	8 %	5 %	2 %	5 %	3 %	8 %
8.	Streitsucht/Unbeherrschtheit/ ehezerstörende Eigenschaften	62	15,4 %	20	5,0 %	32,3 %	3 %	5 %	4 %	15 %	9 %	5 %	4 %	7 %	4 %
9.	Unregelmäßiges Fernbleiben/ Aushäusigkeit, u.ä.	57	14,2 %	19	4,7 %	33,3 %	5 %	3 %	4 %	0 %	11 %	4 %	4 %	4 %	5 %
10.	Kriminelles Vorleben eines Ehepartners	20	5,0 %	19	4,7 %	95,0 %	6 %	4 %	3 %	15 %	4 %	5 %	2 %	3 %	6 %
11.	Materielle Unzufriedenheit	45	11,2 %	15	3,7 %	33,3 %	5 %	6 %	1 %	0 %	5 %	2 %	5 %	5 %	2 %
12.	Keine oder mangelhafte Unter-haltsleistungen	31	7,7 %	14	3,5 %	45,2 %	4 %	5 %	3 %	0 %	4 %	2 %	5 %	6 %	2 %
13.	Verwirtschaften, Verschleu-dern des gemeins. Vermögens	46	11,4 %	14	3,5 %	30,4 %	2 %	5 %	3 %	8 %	7 %	2 %	3 %	2 %	5 %
14.	Vernachlässigung des Ehe-partners und ggf. d. Kinder	61	15,2 %	12	3,0 %	19,7 %	3 %	2 %	4 %	0 %	4 %	3 %	2 %	5 %	1 %
15.	Geisteskrankeiten	13	3,2 %	11	2,7 %	18,6 %	1 %	5 %	3 %	0 %	0 %	1 %	3 %	1 %	2 %
16.	Vernachlässigung d. Haushalts	62	15,4 %	10	2,5 %	16,1 %	2 %	1 %	6 %	0 %	7 %	2 %	1 %	2 %	3 %
17.	Längeres Fernbleiben von der ehelichen Wohnung	15	3,7 %	10	2,5 %	66,7 %	1 %	5 %	3 %	0 %	2 %	1 %	4 %	4 %	1 %
18.	Drohungen/Nötigungen	28	7,0 %	9	2,2 %	32,1 %	2 %	2 %	3 %	0 %	7 %	2 %	1 %	3 %	1 %

		Parteien-Vortrag		Gericht (Urteil)		Erfolgs-quote	Sozialschichten UU	OU	UM	OM	< 3 Jahre	3–11 Jahre	> 11 Jahre	Kinder Mit	Ohne
19.	Parteinahme/Intrigen mit Dritten gegen d. Ehepartner	34	8,5 %	9	2,2 %	26,5 %	0 %	3 %	4 %	8 %	4 %	2 %	2 %	2 %	2 %
20.	Endgültiges Abwenden wegen Zusammenlebens mit Dritten	21	5,2 %	8	2,0 %	38,1 %	1 %	1 %	3 %	0 %	2 %	0 %	3 %	1 %	2 %
21.	Arbeitslosigkeit	13	3,2 %	5	1,2 %	38,5 %	1 %	2 %	1 %	0 %	0 %	2 %	1 %	1 %	1 %
22.	Anormaler Geschlechtsverkehr	12	3,0 %	4	1,0 %	33,3 %	1 %	1 %	0 %	0 %	2 %	2 %	0 %	2 %	0 %
23.	Geschlechtskrankeiten	11	2,7 %	4	1,0 %	36,4 %	1 %	3 %	0 %	0 %	0 %	2 %	1 %	0 %	0 %
24.	Faulheit/Arbeitsscheu eines Ehepartners	9	2,2 %	3	0,7 %	33,3 %	1 %	0 %	1 %	0 %	0 %	1 %	1 %	0 %	1 %
25.	Politische/religiöse Verfehlung	8	2,0 %	3	0,7 %	37,5 %	1 %	2 %	0 %	0 %	0 %	2 %	1 %	1 %	0 %
26.	Erzwungener Geschlechtsverkehr	8	2,0 %	2	0,5 %	25,0 %	0 %	0 %	3 %	0 %	0 %	1 %	0 %	1 %	0 %
27.	Prostitution- Frau steht unter Sittenkontrolle	3	0,7 %	2	0,5 %	66,7 %	1 %	0 %	0 %	0 %	0 %	0 %	0 %	0 %	1 %
28.	Andere Krankheiten und Gebrechen	6	1,5 %	2	0,5 %	33,3 %	0 %	2 %	0 %	0 %	0 %	0 %	0 %	0 %	0 %
29.	Verweigerung des Geschlechtsverkehrs mit Gründen	4	1,0 %	2	0,5 %	50,0 %	1 %	0 %	0 %	0 %	0 %	1 %	0 %	0 %	1 %
30.	Bösliches Verlassen, Abwendung ohne feste Bindung an Dritte	4	1,0 %	1	0,2 %	25,0 %	0 %	0 %	1 %	0 %	0 %	0 %	1 %	0 %	0 %
31.	Wettleidenschaft/Spielleidenschaft eines Ehepartners	5	1,2 %	1	0,2 %	20,0 %	0 %	1 %	0 %	0 %	0 %	0 %	0 %	0 %	0 %
32.	Schuldenmachen	2	0,5 %	1	0,2 %	50,0 %	0 %	0 %	1 %	0 %	0 %	0 %	1 %	0 %	0 %
33.	Fortschaffen von Hausrat und Möbeln	4	1,0 %	1	0,2 %	25,0 %	1 %	0 %	0 %	0 %	2 %	1 %	0 %	0 %	0 %
34.	Schlechter, liederlicher Lebenswandel	6	1,5 %	1	0,2 %	16,7 %	0 %	1 %	0 %	0 %	2 %	1 %	0 %	0 %	0 %
35.	Kriminelles Vorleben eines Ehepartners bekannt	12	3,0 %	1	0,2 %	8,3 %	1 %	1 %	0 %	0 %	0 %	1 %	0 %	1 %	0 %

Erläuterung: UU = Untere Unterschicht; OU = Obere Unterschicht; UM = Untere Mittelschicht; OM = Obere Mittelschicht.

Generell ist bei der Bewertung der Tabelle zu beachten, daß die Parteien in der Mehrzahl aller Fälle mehrere Scheidungsgründe in einem Verfahren vorbrachten. Auch ist das »ehewidrige Verhalten« eines Ehepartners im folgenden als Abgrenzungskriterium zum Ehebruch zu verstehen: Ließ sich also ein Ehebruch nicht beweisen, so wurden oft Verfehlungen eines Ehegatten mit Dritten im Vorfeld des Ehebruchs als ehewidriges Verhalten bewertet. Die Normen der §§ 1568 BGB und 49 EheG erfaßten demgegenüber einen großen Teil der in dem Überblick genannten Gründe als »ehewidriges Verhalten«.

Bei den an der Spitze stehenden Scheidungsgründen überwogen, wenn auch nur in geringfügigem Umfang, die gegen die Ehemänner gerichteten Vorwürfe. Im Falle des dritten Scheidungsgrundes (Beschimpfungen/Beleidigungen/Verleumdungen) lagen die gegenseitigen Vorwürfe von Männern und Frauen etwa gleich auf, während der vierte Scheidungsgrund (Gewaltakte/Mißhandlungen) weitaus häufiger die Ehemänner traf. In durchschnittlich 52,4 % der Ehescheidungen stützten die Zivilkammern ihre Entscheidungen auf diese vier Scheidungsgründe.

Geschlechtsspezifisch ergaben sich auch im übrigen interessante Abweichungen bei den Scheidungsgründen:

5. Lieblosigkeit – hier lagen die Geschlechter etwa gleich auf;
6. Alkoholmißbrauch – betraf überwiegend Männer;
7. Verweigerter Geschlechtsverkehr – meist durch Frauen;
8. Streitsucht – hier überwogen die Männer leicht;
9. Aushäusigkeit – betraf etwas häufiger Männer;
11. Materielle Unzufriedenheit – vorwiegend von Frauen;
13. Verwirtschaften des Vermögens – betraf überwiegend Männer;
14. Vernachlässigung der Familie – in der Regel durch Männer;
16. Vernachlässigung des Haushalts – betraf nur Frauen.

Die höchste Erfolgsquote bei Gericht hatten die Scheidungsgründe

10. Kriminelles Vorleben – meist der Ehemänner;
15. Geisteskrankheiten – betraf überwiegend Männer;
17. Langes Fernbleiben – hier lagen die Geschlechter gleich auf;
27. Prostitution – ausnahmslos Frauen.[57]

Insgesamt ergibt sich das Bild, daß ein deutliches Übergewicht bei den Unzulänglichkeiten und Fehlern der Ehepartner lag, wie sie ja auch in heutigen Scheidungsverfahren als Ursachen des Scheiterns einer Beziehung immer wieder festzustellen sind. Scheidungen auf Grund spezifisch nationalsozialistischer Bezüge blieben dagegen so seltene Ausnahmeerscheinungen, daß sie statistisch – zumindest in der Vorkriegszeit – kaum nachweisbar sind. Die ermittelten Werte sprechen mithin für einen gewissen Grad von »Normalität« im Justizalltag der Jahre 1933 bis 1939: Die Scheidung von Ehen war damals wie heute vor allem eine zivilrechtliche Dienstleistung, die die Gerichte für die Bevölkerung zu erbrin-

57 Folgende Scheidungsgründe, die bei der Kontrolldurchsicht vorkamen, waren so selten, daß sie im Rahmen der Stichprobe nicht erfaßt wurden: angebliche »Rassenschande« des Ehepartners, Kriegsleiden, Impotenz/Frigidität, krankhafte Eifersucht, Hysterie, Verurteilung wegen Blutschande, Verurteilung wegen »Rassenschande«. Darüber hinaus umfaßte der Katalog weitere 13 Scheidungsgründe, die zwar in Einzelfällen von den Prozeßparteien vorgetragen, jedoch von den Gerichten bei den Entscheidungsgründen nicht berücksichtigt wurden.

gen hatten. Dahinter traten auch die Einflußnahmen des politischen Regimes in der Gesamtheit der Fälle deutlich zurück.

Was die Aufgliederung der Scheidungsgründe nach Sozialschichten anlangt, zeigt die Tabelle unter anderem, daß die wichtigsten Scheidungsgründe »Ehebrecherisches Verhalten« (1) und »Ehewidriges Verhalten« (2) schichtenspezifisch in einem umgekehrten Verhältnis zueinander standen: Während bei der Unterschicht der Ehebruch offen zu Tage trat, war es bei der Mittel- und Oberschicht eher ein lediglich »ehewidriges Verhalten«. In diesem Zusammenhang ist auch bezeichnend, daß die Scheidungsgründe der »Lieblosigkeit, Entfremdung und Indifferenz« (5) und des »grundlos verweigerten Geschlechtsverkehrs« (7) bei der Mittelschicht öfter zum Tragen kamen. Dazu paßt darüber hinaus, daß bei der Unterschicht direkte »Beschimpfungen, Beleidigungen und Verleumdungen« (3) stärker in Erscheinung traten, während es bei der Mittelschicht eher »Parteinahmen und Intrigen gegen den Ehepartner« (19) waren.

Die Aufgliederung der Dauer der Ehen macht unter anderem deutlich, daß die Schwerpunkte der Scheidungsgründe bei kürzeren Ehen (bis zu drei Jahren Dauer) offensichtliche Verhaltensweisen wie »Beschimpfungen, Beleidigungen und Verleumdungen« (3), »Gewaltakte und Mißhandlungen« (4) »Lieblosigkeit, Entfremdung und Indifferenz« (5) sowie »unregelmäßiges Fernbleiben« (9) waren. Bei den Ehen von mittlerer Dauer (3 bis 11 Jahre) lagen die Schwerpunkte der Scheidungsgründe dagegen besonders deutlich bei »ehebrecherischem« (1) und »ehewidrigem Verhalten« (2). Auffällig ist auch, daß hier »Alkoholmißbrauch« (6) eine größere Rolle spielte. Bei den längeren Ehen (von über 11 Jahren Dauer) dominierten ebenfalls die Scheidungsgründe des »ehebrecherischen« (1) und »ehewidrigen Verhaltens« (2). Signifikant ist darüber hinaus, daß »mangelnde Unterhaltsleistungen« (12), »Geisteskrankheiten« (15) und »längeres Fernbleiben von der ehelichen Wohnung« (17) häufiger angeführt wurden.

Was schließlich die Aufgliederung nach Ehen mit und ohne Kindern anlangt, so wird deutlich, daß das Schwergewicht der Scheidungsgründe bei Ehen ohne Kindern eher bei »ehebrecherischem« (1) und »ehewidrigem Verhalten« (2) lag als bei Ehen mit Kindern. Ansonsten sind nur hinsichtlich der »grundlosen Verweigerung des Geschlechtsverkehrs« (7) sowie materieller Unzufriedenheit und Problemen (wie unter 11, 12, 13, 14 aufgeführt) größere Abweichungen bei den Scheidungsgründen von Ehen mit und ohne Kindern festzustellen.

3.10. Zusammenfassung

Zusammenfassend läßt sich feststellen, daß bei den Ehe- und Familiensachen der Jahre 1933 bis 1939 ein deutlicher Schwerpunkt auf den Scheidungsverfahren lag. Die Mehrzahl der Scheidungen erfolgte auf einfache Klage, die wiederum überwiegend von den Frauen in Gang gebracht wurden. In beinahe zwei Drittel aller Scheidungen lagen die »beschränkten Generalklauseln« der 1568 BGB bzw. 49 EheG den Urteilen zu Grunde. Bei 30 % der Ehescheidungen spielte der absolute Scheidungsgrund des Ehebruchs eine Rolle. Bei der Frage, welche Partei das Scheitern der Ehe verschuldet hatte, dominierte der Ehemann; in knapp der

Hälfte aller Ehescheidungen trug er die Alleinschuld; bei fast einem weiteren Drittel waren beide Ehegatten zu gleichen Teilen schuldig.

Im Rahmen einer ermittelten Durchschnittsdauer der Ehen von 10 Jahren und 5 Monaten, waren die Ehen von 4 bis 5 Jahren Dauer am häufigsten von einer Scheidung betroffen. In sozialgeschichtlicher Perspektive ist auch das leichte Überwiegen der Ehe ohne Kinder gegenüber den Ehen mit Kindern interessant. Mit einem Anteil von über 50 % war die Unterschicht erwartungsgemäß am stärksten an Ehe- und Familiensachen beteiligt, in weitem Abstand gefolgt von der unteren Mittelschicht. Dabei unterschieden sich die Scheidungsgründe schichtenspezifisch nicht ganz unerheblich. Traten bei der Unterschicht offene Verhaltensweisen stärker hervor, so zeigten die Mittelschichten eine stärkere Konditionierung. Das war auch vor 1933 oder nach 1945 nicht anders. Insgesamt bietet der statistisch gewonnene Befund daher ein Bild der Normalität.

4. Auffällige Entscheidungen

Anhand der Stichprobe und der Kontrolldurchsicht von mehr als der Hälfte aller Entscheidungen aus der Zeit von 1933 bis 1938 soll der quantitativen Analyse nun eine qualitative Auswertung einzelner Entscheidungen in Ehe- und Familiensachen folgen. Leitfrage dabei ist, welche Auffälligkeiten die untersuchten Urteile aus der NS-Zeit aufweisen. Zunächst gilt es zu klären, welche Merkmale eine solche Auffälligkeit von Entscheidungen begründen sollen. Schröder nennt einige Topoi für die Zuordnung nationalsozialistisch geprägter Urteile wie die Mitgliedschaft der Prozeßparteien in der NSDAP, der SA oder SS sowie in anderen NS-Formationen. Auch der Umstand, daß die Gerichte bei der Anwendung typisch nationalsozialistischer Gesetze und Verordnungen Fragen ihrer Wirksamkeit oder Legitimität nicht erörterten, soll von Bedeutung sein. Weitere Anhaltspunkte werden in der Verwendung nationalsozialistisch vorgeprägter Schlagworte sowie von Zitaten landläufig bekannter NS-Größen in den Urteilen gesehen.[58] Derartige Merkmale können Indizien für die »Auffälligkeit« liefern – mehr jedoch nicht. Es bleiben Zweifel, ob aus ihnen sicher auf den »nationalsozialistischen Geist« der Urteile zu schließen ist. Denn möglicherweise handelte es sich nur um verbale Anpassung an die damaligen Machtverhältnisse oder fehlende Distanz zur NS-Terminologie.

Andere »Auffälligkeiten« können sich aus der gerichtlichen Behandlung von Gegnern des Regimes und mißliebigen Minderheiten ergeben. Wie also haben die Zivilkammern etwa in Fällen ausgewiesener politischer Gegnerschaft einer Prozeßpartei zur NSDAP entschieden? Welche Behandlung ist Minderheiten und rassisch Verfolgten zuteil geworden? Für die Bestimmung der »Auffälligkeit« von Urteilen aus der NS-Zeit erscheint dabei der Vergleich mit unter rechtsstaatlichen Voraussetzungen gefällten Entscheidungen sinnvoll. Handelte es sich also um ein »normales« Judikat, müßte es in der Kontinuität der Rechtsprechung von der Weimarer Republik bis zur Bundesrepublik Deutschland liegen. In diesem

58 Schröder, Zivilrecht, a.a.O., S. 20 ff.

Kontext lassen sich dann auch graduelle Abweichungen im richterlichen Gesetzesvollzug feststellen.

4.1. Politische Gegner des Regimes

Erklärte Gegner der Nationalsozialisten waren vor allem die Kommunisten und die Sozialdemokraten. Seit der »Machtergreifung« galten sie daher als Staatsfeinde. Nicht untypisch erscheint vor diesen Hintergrund eine Bemerkung der Richter der 4. Zivilkammer des Landgerichts Hamburg im Urteil vom 14. November 1935 zum Geschäftszeichen 4 R 167/35: »Es ist ... grundsätzlich richtig, daß im Jahre 1935 es keinem Deutschen mehr zugemutet werden kann, mit einem Menschen verheiratet zu sein, dessen Weltanschauung kommunistisch ist und der sich wo möglich auch noch politisch in kommunistischem Sinne betätigt ...«.[59] Gleichwohl ist aber eine willkürliche Behandlung kommunistischer Prozeßparteien im vorstehend angeführten Verfahren nicht nachzuweisen.[60]

Die Richter wurden in der Regel erst durch den Vortrag der Parteien mit der kommunistischen Einstellung Beteiligter konfrontiert. Konnte die vortragende Partei ihre Verdächtigung nicht substantiieren, ging auch das Gericht nicht weiter darauf ein.[61] So hatte die Klägerin in der Scheidungssache 5 R 316/35 des Landgerichts Hamburg im November 1935 von dem Bürgermeister des Ortes Holm erfahren, daß der Beklagte Kommunist gewesen sei und sich bis zur »Machtübernahme« kommunistisch betätigt habe. Ebensowenig wie die Staatsanwaltschaft, die auf Anzeige der Klägerin ermittelte und das Verfahren mangels hinreichenden Tatverdachts bald einstellte, mochte sich das Gericht auf die Aussage des Bürgermeisters verlassen, der mit dem Beklagten »einen erbitterten, langjährigen Beleidigungsprozeß vor dem Amtsgericht in Altona geführt« hatte.[62] Bisweilen zogen Verdächtigungen und Denunziationen für die Anzeigenden sogar strafrechtliche Konsequenzen nach sich.[63] Die Zivilkammern hielten sich in den meisten Fällen der Unerweislichkeit zurück, lasteten die Vorgänge in einigen Fällen jedoch den denunzierenden Parteien als schwere Eheverfehlung an.[64] War die kommunistische Einstellung einer Prozeßpartei dagegen zweifels-

59 Gleicher Grundgedanke derselben Kammer in Z IV 57/34, Urteil vom 14. Februar 1935, veröffentlicht in: JW 1935, 1447.

60 Dies gilt auch für Verfahren mit sozialdemokratischen Parteien, vgl. LG Hamburg 8 R 131/35, Urteil vom 26.10.35 (bestätigt durch HOLG 6 U 285/35, Urteil vom 17.1.36) Das Gericht legte dem Kläger, der »vor der Revolution von 1933« im Gegensatz zur Beklagten überzeugter Sozialdemokrat war und trotz Verbots sozialdemokratische Zeitungen (Vorwärts und Neue Proletarische Kampffront) weitergegeben hatte, dieses politische Vergehen (8 Monate Gefängnis) unter anderem als ehewidriges Verhalten aus.

61 Vgl. etwa Landgericht Hamburg Z I 446/33, Urteil vom 1.2.1934; Z II 882/33, Urteil vom 1.2.1934; Z II 911/33, Urteil vom 21.3.1934; Z I 358/34, Urteil vom 12.10.1934; 4 R 167/35, Urteil vom 14.11.1935; 11 R 332/35; Urteil vom 10.1.1936.

62 Urteil vom 24.2.1936; erfolgreich als Zeuge war dagegen der Bürgermeister der Gemeinde Rastede (vgl. Landgericht Oldenburg 2 R 63/36, bei Bartels, Zivilrechtsprechung, a.a.O., S. 258).

63 So wurde die Klägerin in dem Scheidungsverfahren vor dem Landgericht Hamburg 11 R 332/35, Urteil vom 10.1.1936, später nach § 164 StGB belangt (1 Monat Gefängnis).

64 Vgl. zum Beispiel Landgericht Hamburg Z III 949/33, Urteil vom 13.3.1934; Z IV 368/34, Urteil vom 20.8.1934; Z V 93/34, Urteil vom 16.5.1934; Z X 532/34, Urteil vom 10.1.1935.

frei erwiesen, konnte sie unter bestimmten Umständen auch ein Scheidungsgrund sein. Das war insbesondere dann der Fall, wenn der kommunistische Ehepartner sich ins Ausland abgesetzt hatte oder wegen politisch motivierter Straftaten in Haft saß. Die Flucht wurde überwiegend als schwere Eheverfehlung im Sinne von § 1568 BGB und manchmal auch als »bösliche Verlassung« gemäß § 1567 Abs. 2 Ziffer 2 BGB gewertet.[65] Die Inhaftierung wegen Hochverrats oder wegen kommunistischer Umtriebe werteten die Zivilkammern häufig als ehewidriges, manchmal sogar als ehrloses Verhalten im Sinne von § 1568 BGB.[66]

Auffällig war die Scheidungspraxis bei Emigration oder Inhaftierung in Hinblick auf die Annahme eines böslichen Abwendens des Flüchtigen vom Ehepartner und der Bewertung des Verhaltens des Inhaftierten als ehrlos. In Fällen der Emigration scheint es, daß vor allem die Altonaer Zivilkammer 4 es sich bei der Feststellung der »böslichen Verlassung« gemäß § 1567 Abs. 2 Ziffer 2 BGB leicht machte. Zwar konnten die beiden Vorschriften der §§ 1568 und 1567 BGB gleichzeitig zur Anwendung gelangen,[67] doch hätte für § 1567 BGB immer auch das subjektive Moment für ein böswilliges Verlassen festgestellt werden müssen.[68] Aus der Klageerhebung der möglicherweise eingeschüchterten Ehefrau abzuleiten, daß sich der in Anbetracht einer akuten Gefahr geflohene kommunistische Ehemann gegen den Willen der Verlassenen fernhalte, erscheint problematisch.[69] Dies gilt noch verstärkt für die Bewertung der politischen Handlungen von Inhaftierten als »ehrloses Verhalten«. Denn es kam nicht auf die strafrechtliche Beurteilung, sondern darauf an, ob das Verhalten im Verhältnis zum Partner, weil mit dem Wesen der Ehe unvereinbar, als ehrlos anzusehen war.[70]

Die Beispiele zeigen, daß in manchen Urteilen nur kleine Nuancen bei der Rechtsanwendung die wahre richterliche Bewertung verrieten. Die Mehrzahl der Entscheidungen war dagegen nicht auffällig, da bei ihnen die spezifischen Scheidungsgründe wie etwa Ehebruch korrekt subsumiert wurden. So liegt in Hamburg keine Entscheidung vor wie das von Bartels zitierte, erste einschlägige Urteil des Landgerichts Oldenburg 1 R 16/33, Urteil vom 12.6.1934, in dem von

65 So etwa Landgericht Hamburg Z V 396/34, Urteil vom 24.10.1934; 9 R 144/35, Urteil vom 6.12.1935; Landgericht Altona 4 R 510/36, Urteil vom 2.2.1937 (Flucht eines früheren kommunistischen Stadtvertreters aus Altona).

66 Hochverrat: Landgericht Hamburg 6 R 133/35, Urteil vom 13.8.1935; 8 R 145/35, Urteil vom 2.11.1935; 10 R 116/35, Urteil vom 1.7.1935; 10 R 356/35, Urteil vom 25.5.1936; 11 R 191/37, Urteil vom 1.12.1937. Kommunistische Umtriebe: Landgericht Hamburg Z VI 682/34, Urteil vom 9.11.1934; Z XI 576/34, Urteil vom 16.11.1934; 10 R 44/35, Urteil vom 15.4.1935.

67 Dies war nach dem Reichsgerichts-Kommentar (RGRK), 8. Aufl., 1935, § 1567 BGB, Anm. 1, möglich, da das bösliche Fernbleiben die Pflicht zur ehelichen Lebensgemeinschaft und damit auch die ehelichen Pflichten im Sinne des § 1568 BGB verletzte.

68 Die »bösliche Absicht« wurde in der Zeit der Weimarer Republik nur dann angenommen, wenn der Verlassende keinen Grund zum Fernbleiben hatte oder gutgläubig zu handeln meinte, vgl. etwa RG, in: Warneyer 30. Jahrg./1938, Nr. 216, und 12. Jahrg./1920, Nr. 263 (den guten Glauben mußte der Verlassende beweisen).

69 In einem bei Bartels, Zivilrechtsprechung, a.a.O, S. 259, Anm. 16, genannten Fall des Landgerichts Oldenburg 1 R 50/44, Urteil vom 6.4.1945, wurde in den Gründen für eine Scheidung gemäß § 55 EheG wegen Auflösung der häuslichen Gemeinschaft sogar dezidiert gesagt, daß es nach Auffassung der Kammer auf die Unfreiwilligkeit der Trennung nicht ankomme.

70 RGRK, a.a.O, § 1568 BGB, Anm. 4 mit Hinweis auf die Entscheidung des RG VI 157/17 vom 12.7.1917.

Landgericht in Hamburg

Z.VIII.295/34.

- 3 -

Urteil

Im Namen des Deutschen Volkes!

In der Sache

Staatsanwaltschaft b./d.Landgericht Hamburg,

Klägerin,

Verkündet am 17.Juli 1934.
(gez.:) Brunner
als Urkundsbeamter
der Geschäftsstelle.

gegen

1) [geschwärzt] August Karl P[geschwärzt],

2) dessen Ehefrau Gertrud Elisabeth P[geschwärzt],

beide z.Zt.unbekannten Aufenthalts,

Beklagte,

Ausfertigung — Beglaubigte Abschrift
zum Zwecke der öffentlichen Zustellung an die Beklagten
an die Gerichtstafel geheftet am 23. Juli 1934
Die Geschäftsstelle

erkennt das Landgericht in Hamburg, Zivilkammer VIII, durch folgende Richter:

1.Landgerichtsdirektor Dr.Lutteroth,

2.Richter Dr.Kiesel,

3.Richter Dr.Fentz

für Recht:

Die zwischen den Beklagten bestehende Ehe wird auf Grund des § 1325a BGB. für nichtig erklärt.

Die Beklagten haben die Kosten des Rechtsstreits zu tragen.

Dies Urteil ist den Beklagten öffentlich zuzustellen.

Tatbestand.

Der Beklagte zu 1) hat sich mit der Beklagten

LG. Vordr. A. 2. (80000. 1. 34.)

Anwendung des Nichtigkeitstatbestands einer »Namensehe« gegen politische Gegner.
Quelle: Archiv des Land- und Amtsgerichts Hamburg, Entscheidungen in Ehe- und Familiensachen, Z VIII 295/34.

ten zu 2) am 23. Februar 1933 verheiratet. Der Beklagte zu 1) hat die deutsche Staatsangehörigkeit durch Geburt, die Beklagte zu 2) durch die Heirat mit dem Beklagten zu 1) erworben. Vor der Heirat war die Beklagte zu 2) Schweizerin. Aus der Ehe sind keine Kinder hervorgegangen. Die Beklagten haben sich gleich nach der Heirat voneinander getrennt.

Die Staatsanwaltschaft in Hamburg hat beantragt, die zwischen den Beklagten bestehende Ehe auf Grund 1325a BGB. für nichtig zu erklären und ihnen die Kosten des Verfahrens aufzuerlegen.

Die Klage wurde gemäß Beschluß vom 19. April 1934 Öffentlich zugestellt. Der Veröffentlichung erfolgte im Reichs- und Staatsanzeiger Nr. 98 vom 27. April 1934.

Es erging der Beweisschluß vom 28. Juni 1934 /5/: Die Zeugen Krauss und P. wurden vernommen. Im Übrigen wird auf den Akteninhalt Bezug genommen.

Gründe:

I.

Die Klage, die sich auf 1325a BGB. stützt, war innerhalb einer Frist von 6 Monaten nach in Inkrafttreten des Gesetzes vom 23. November 1933 /RGBl. S. 979/ zuzustellen. Die Zustellung gilt gemäß 206 ZPO mit Ablauf eines Monats nach der letzten Einrückung in den Reichs- und Staatsanzeiger als bewirkt. Die Einrückung erfolgte allerdings erst am 27. April 1934. Gemäß 207 ZPO ist dies aber rechtzeitig, da am 12. April 1934 das entsprechende Ersuchen der Staatsanwaltschaft bei dem Gericht eingegangen war.

II.

Durch die Aussage des Zeugen Krauss ist festgestellt, daß sich beide Beklagte seit langer Zeit im kommunistischen Sinne aktiv betätigt haben. Ferner steht nach seiner Aussage fest, daß die Beklagte zu 2) zur Zeit ihrer Heirat mit dem Beklagten zu 1) aus dem hamburgischen Staatsgebiet ausgewiesen werden sollte. Vorher war sie schon aus Preußen ausgewiesen worden.

Um diesem Schicksal zu entgehen, erhielten die Beklagten den Befehl der K.P.D. Leitung, sich zu verheiraten. Diese Annahme stützt sich auch auf die Aufgabe des Beklagten zu 1), der sie vor dem Zeugen Krauss machte. Nach den Umständen erscheint die Aussage auch durchaus glaubhaft.

Die Aussage des Zeugen P., Vater des Beklagten zu 1), stützt die Aussage des Zeugen Krauss. Vor der Heirat hat die Beklagte die Eltern des Beklagten zu 1) nie aufgesucht. Nach der Heirat ebensowenig. Der Beklagte zu 1) hat seine Frau als wohnhaft bei seinen Eltern angemeldet. Gewohnt hat sie dort nie.

III.

Aus Vorstehendem ist der Schluß zu ziehen, daß die Beklagten nicht die Absicht hatten, eine eheliche Lebensgemeinschaft zu begründen.

Der Beklagten zu 2) lag nur daran, den Familiennamen des Beklagten zu 1) zu führen und damit in den Genuß der rechtlichen damit verbundenen Vorteile, besonders der Staatsangehörigkeit, zu kommen.

Gemäß 1325a BGB. mußte daher die Ehe für nichtig erklärt werden.Kostenentscheidung gemäß 91 ff ZPO.

(Unterzeichnet:)

Luttheroth Kiesel Frenz

der Mitgliedschaft der Beklagten in »einer kommunistischen, die Ehe zersetzenden staatsfeindlichen Organisation« die Rede war.[71]

Bei den Altonaer und Hamburger Entscheidungen waren allein erwiesene Betätigungen und strafbare Handlungen im kommunistischen Sinne für die Feststellung ehewidrigen Verhaltens maßgeblich. Anders als in Oldenburg wurde in Hamburg offenbar auch nur selten auf Auskünfte der Gestapo zurückgegriffen. Nach Einführung des Ehegesetzes vom 6.7.1938 veränderte sich die bisherige Praxis bezüglich der Fälle von Emigration, wie die Scheidungssache des Landgerichts Hamburg 5 R 99/37, Urteil vom 9.2.1939, belegt. So wurde die Flucht eines kommunistischen Ehemannes nach Moskau aufgrund der besonderen Umstände nicht als Eheverfehlung gemäß § 49 EheG angesehen. Vielmehr wurde die Ehe nach Ablauf der dreijährigen Zerrüttungsfrist aus § 55 I EheG geschieden.

4.2. Nonkonformes politisches Verhalten

Zum Topos der »allgemeinen politischen Unzuverlässigkeit« eines Ehepartners als Eheverfehlung liegt ebenfalls eine Reihe von Judikaten vor. Die angebliche »Unzuverlässikeit« äußerte sich zumeist in rüden Beschimpfungen, Verleumdungen und im Einzelfall auch Handgreiflichkeiten, die eine ablehnende Haltung gegenüber der NSDAP oder anderen NS-Organisationen erkennen ließen. Aber nicht in jedem dieser Fälle ließen sich die Zivilkammern auf die Feststellung einer Eheverfehlung ein. Dabei ist tendenziell erkennbar, daß sich die Zivilkammern ab 1935 stärker an den Auffassungen des Reichsgerichts orientierten. So galten Beleidigungen des »Führers« höchstrichterlich als schwere Eheverfehlungen.[72] Das Reichsgericht bewertete die Beauftragung jüdischer Rechtsanwälte als »ehezerrüttende Handlung«[73], während das Hanseatische Oberlandesgericht darunter sogar den Kauf eines Mantels in einem jüdischen Geschäft verstand.[74]

In der Scheidungssache des Landgerichts Hamburg Z II 611/33, in der ein die Klage abweisendes Urteil am 21.3.1934 erging, hieß es im Tatbestand: »Die Beklagte, die Engländerin (ist), beschimpfte ihn als Deutschen und als Mitglied des Stahlhelms ...« Die Beklagte, die nicht geschieden werden wollte, bestritt die Behauptungen erfolgreich; das Gericht hatte sich nicht zu willkürlichem Dezisionismus verleiten lassen. Auch die Berufung des Klägers (HOLG Bf. II 209/34) wurde mit Urteil vom 19.7.1934 zurückgewiesen, obwohl die Berufungsinstanz die Beschimpfung für den Fall der Erweislichkeit »allerdings als schwere Beleidigung des Klägers und seiner berechtigten Gefühle ...« einstufte und im übrigen

71 Weiteres Beispiel bei Bartels, Zivilrechtsprechung, a.a.O., S. 258 f (OLG Oldenburg).

72 Urteil des RG vom 29.11.1934, bei Warneyer 27.Jahrg./1935, S. 50. Die Rechtsprechung wurde in den Kommentaren durchaus gebilligt, vgl. etwa Volkmar, Großdeutsches Eherecht, § 49 EheG, Anm. 5 c (S. 185); Soergel, Kommentar zum BGB, 7. Aufl., 1939, 3 Bd., § 1568, Anm. 2 II a.

73 So etwa RG, in: JW 1936, S. 2537.

74 HOLG, 3 U 261/36, Urteil vom 19.1.1937, abgedruckt in: HansRG 1937, B 87. Zurückhaltender verhielten sich offenbar die Senate des Oberlandesgerichts Celle, vgl. Schröder, Der zivilrechtliche Alltag, in: Diestelkamp/Stolleis, Justizalltag, a.a.O., S. 51 f. Das galt auch für das Landgericht Oldenburg, siehe Bartels, Zivilrechtsprechung, a.a.O., S. 262 f.

nach Lage der weiteren Umstände durchaus hätte auf Ehebruch bzw. ehewidrigem Verhalten des Klägers mit einer Angestellten aus seinem Kontor erkennen können, wenn nur von der englischen Ehefrau und Mutter zweier gemeinsamer erwachsener Söhne die Scheidung begehrt worden wäre.

Demgegenüber hatte die Widerklage des beklagten Ehemannes in der Scheidungssache des Landgerichts Hamburg Z VI 912/33, Urteil vom 9.2.1934, deshalb Erfolg, weil die Klägerin ihn zugegebenermaßen als »Nazischwein« bezeichnete. Die 6. Zivilkammer führte hierzu aus: »Die Beschimpfung erscheint aber auch als schwerwiegend, da, selbst wenn der Beklagte in seinen politischen Ansichten geschwankt haben sollte, ein Angriff auf seine jetzige politische Stellung, auf die er viel Wert legt, eine schwere Verletzung enthielt, die dem Beklagten die Fortsetzung der Ehe unmöglich machen muß, zumal das Schimpfwort nicht durch besonderen Anlaß hervorgerufen war«. Zwar ist im Urteil nicht erkennbar, was das Gericht mit der »jetzigen politischen Stellung« des Beklagten gemeint haben könnte, deutlich wird aber doch, daß es bei einem anders gelagerten Sachverhalt zu einer differenzierten Bewertung des fraglichen Schimpfwortes gelangt wäre und sich im übrigen anbiedernder Bekundungen gegenüber dem Regime enthielt.

Mit Urteil vom 14.2.1935 schied die 5. Zivilkammer eine Ehe auf Klage und Widerklage zum Geschäftszeichen Z V 693/34. Der Kläger, den die Beklagte als »Marxisten und damit als minderwertig« hinstellte und wegen »Beschimpfung und Verleumdung des Führers und der Reichsregierung« von dessen Sohn aus einer früheren Ehe bei der Staatspolizei in Hamburg denunzieren ließ,[75] hatte seine Ehefrau bei einer Gelegenheit »Hitlerweib« und »Hitlerrieke« genannt und desweiteren gesagt: »Mit Dir kann ich nicht dieselbe Luft atmen«. Dem Gericht genügte in dieser auch von ihm als häßlich empfundenen Scheidungssache eine vergleichsweise läppische Bemerkung des klagenden Ehemannes für die Annahme einer tiefen Zerrüttung des ehelichen Verhältnisses, versagte aber der Ehefrau mit derselben Bewertung die Anerkennung ihrer Anstiftung zu einer im Ergebnis haltlosen Denunziation.[76]

Auch im Scheidungsfall des Landgerichts Hamburg 6 R 205/35, Urteil vom 14.7.1936, wäre es unter anderen Voraussetzungen zu einem Scheidungsausspruch gekommen. Der klägerische Ehemann begründete sein Scheidungsbegehren so: »Im Januar 1935 habe er erfahren, daß die Beklagte im Jahre 1933 den Führer und Reichskanzler dadurch in der gemeinsten Weise beschimpft habe, daß sie geäußert habe, er sei genau so schwul wie der Kläger«. Obwohl nach den vagen Zeugenbekundungen dem erkennenden Gericht »etwas so Ausfallendes« durchaus möglich erschien, war das Gericht doch an der Feststellung einer ehelichen Verfehlung der Beklagten gehindert, weil der Ausspruch offenkundig

75 Der Kläger wurde deshalb für 4 Tage in »Schutzhaft« genommen. Die Einstellung des Ermittlungsverfahrens der Staatsanwaltschaft beim HOLG erfolgte nach weiteren 4 Tagen mangels Beweises.

76 Unbewiesen blieb der Vorwurf der Beklagten, der Kläger habe ihr bei dem Versuch, die NS-Fahne zu hissen, mehrfach die Fahnenstange auf den Kopf geschlagen und ihr Faustschläge ins Genick versetzt. Vgl. auch Bartels, Zivilrechtsprechung, S. 260, Anm. 18. Dort sind Einzelfälle genannt, in denen das Unterlassen des Hissens der Hakenkreuzflagge als »Gesinnungslosigkeit« interpretiert wurden.

noch in der vorangegangenen Verlobungszeit der Parteien gefallen sein mußte. Das Gericht ließ es ausdrücklich dahingestellt, ob eine denkbare, aber von dem Kläger nicht beantragte Anfechtung der Ehe Aussicht auf Erfolg haben könnte. Die genannten Entscheidungen liegen tendenziell auf der Linie der von Bartels vorgestellten Scheidungssache des LG Oldenburg 2 R 34/35, Urteil vom 26.9.1935, bei der die Zivilkammer die von der beklagten Ehefrau verschuldete Zerrüttung nach § 1568 BGB unter anderem damit begründete, daß sie den Ehemann und SA-Sturmführer wegen seiner nationalsozialistischen Gesinnung angegriffen und über den Nationalsozialismus und den »Führer« verletzende Reden geführt habe.[77]

Besonders bedenklich erscheinen die prononcierten Ausführungen in der bereits erwähnten Berufungssentscheidung des Hanseatischen Oberlandesgerichts vom 19.1.1937 zum Kauf eines Mantels in einem jüdischen Geschäft als Eheverfehlung im Sinne von § 1568 BGB: »... der Mantelkauf im jüdischen Geschäft und dessen Folgen offenbart vollends die grundsätzlich falsche Einstellung der Beklagten zum Kläger. Daß sie hinter dem Rücken des Klägers einen für ihre Verhältnisse viel zu teuren Mantel anschaffte, mag noch angehen, da sie meinte, daß ihre Eltern den Mantel bezahlen würden. Eine schwere eheliche Verfehlung liegt aber darin, daß sie in einem jüdischen Geschäft kaufte, obwohl sie wußte, daß der Kläger als Parteigenosse und Politischer Leiter damit nicht einverstanden war. Die Beklagte hätte der politischen Tätigkeit des Klägers Interesse entgegenbringen müssen. Zum mindesten konnte der Kläger verlangen, daß seine Ehefrau Rücksicht auf seine Stellung in der Partei nahm und ihm nicht durch Kauf in jüdischen Geschäften Schwierigkeiten verursachte...«[78]

4.3. Strafbare Handlungen

Bei Scheidungs- und Eheanfechtungsverfahren auf Grund nicht politisch bedingter Straftaten eines Ehepartners standen die Sexualdelikte voran. Die übrigen Fälle betrafen Vermögensdelikte, Urkundenfälschungen, Abtreibungen und einen Totschlagsversuch.[79] Da strafbare Handlungen eines Ehepartners auch in entsprechenden Verfahren vor der Zeit des »Dritten Reiches« (und auch danach) Berücksichtigung finden konnten, ging es in diesem Zusammenhang darum, etwaige besondere Auffälligkeiten bei der Bewertung solcher Handlungen durch die Zivilgerichte festzustellen. Wurden strafbare Handlungen von einer Partei – zumeist unter Hinweis auf das betreffende Strafverfahren – in den Prozeß eingeführt, so lauteten die auf § 1568 BGB[80] gestützten gerichtlichen Ausführungen in Scheidungsfällen zumeist kurz und bündig: »... durch dieses ehrlo-

77 Bartels, Zivilrechtsprechung, a.a.O., S. 259.

78 Abgedruckt in: HansRGZ 1937, B 87 (vgl. Fußnote 94).

79 Einziger ermittelter Fall eines Totschlagsversuchs: LG Hamburg Z X 284/33, Urteil vom 5.7.1934.

80 Eine Ausnahme ergab sich beim Landgericht Hamburg 4 R 344/35, Urteil vom 13.2.1936: Das Gericht wertete die homosexuellen Handlungen des beklagten Ehemannes mit dem 19jährigen Sohn der Parteien (§ 175 StGB, 1 Jahr 6 Monate Gefängnis) zunächst als Fall des § 1568 BGB in Verbindung mit § 1574 BGB, korrigierte dann aber die Urteilsurschrift auf § 1565 BGB in Verbindung mit § 1574 BGB.

se und unsittliche Verhalten (Blutschande, Anm. d. Verf.) des Beklagten hat er eine so tiefe Zerrüttung des ehelichen Verhältnisses verschuldet, daß der Klägerin die Fortsetzung der Ehe nicht mehr zugemutet werden kann...«[81] oder: »Das Verhalten des Beklagten ist in höchstem Maße ehewidrig ...«[82]

Aber auch in Fällen der grundsätzlich zu mißbilligenden strafbaren Handlungen eines Ehepartners differenzierten die Zivilkammern, wie die Scheidungssache des Landgerichts Hamburg 7 R 70/35, Urteil vom 17.1.1936, zeigt. Die Ehefrau stützte ihren Scheidungsantrag darauf, daß der Ehemann durch Urteil des Landgerichts Hamburg vom 8.12.1933 wegen Sittenverbrechens zu einer Zuchthausstrafe von 1 Jahr und 6 Monate verurteilt worden war. Trotzdem hatte sie die eheliche Gemeinschaft fortgesetzt und mit dem Beklagten weiterhin bis einen Tag vor dessen Strafantritt ehelich verkehrt. Durch ein weiteres Urteil vom 7.1.1935 wurde die Entmannung des Beklagten angeordnet und vollzogen. Erst die vollzogene Entmannung habe sie von der Schuld des Beklagten überzeugt. Das Gericht wies ihre Klage mit der Begründung ab: »Die Klägerin kann ihr Scheidungsbegehren nicht darauf stützen, daß der Beklagte entmannt ist, sondern nur auf die Straftat, die zur Entmannung geführt hat. Diese hat sie aber gekannt und verziehen ...«. Die Ehe wurde jedoch auf die Widerklage des Beklagten wegen ehewidrigen Umgangs der Klägerin mit anderen Männern geschieden.

Bei den Eheanfechtungen wegen strafbarer Handlungen mußten die Zivilkammern die Überzeugung gewinnen, daß derartige Handlungen nachteilige persönliche Eigenschaften des Anfechtungsgegners darstellen, über die sich der anfechtende Ehegatte zum Zeitpunkt der Eheschließung im Irrtum befunden hatte. Zur Nichtigkeitserklärung kam es in der Entscheidung des LG Hamburg 5 R 209/35, Urteil vom 5.12.1935, in der die Zivilkammer sich mit der mehrfachen Bestrafung des Beklagten wegen verschiedener Eigentumsdelikte zu befassen hatte: »Es kann unbedenklich angenommen werden, daß die Klägerin sich bei der Eheschließung über die Person des Beklagten im Irrtum befunden hat. Zwar kannte die Klägerin, wie sie selbst zugibt, die Straftaten des Beklagten. ... Sie irrte jedoch über die Bedeutung seiner verbrecherischen Veranlagung. Erst die nachträglich gegen den Beklagten angeordnete Sicherungsverwahrung charakterisierte den Beklagten als einen Gewohnheitsverbrecher, der wegen seiner Gemeingefährlichkeit noch über das im Urteil ausgesprochene Strafmaß hinaus von der menschlichen Gesellschaft fernzuhalten ist. Die breite Öffentlichkeit ist ... erst durch die nationalsozialistische Gesetzgebung, die Sicherungsverwahrung für gemeingefährliche Gewohnheitsverbrecher vorsieht, über die wahre Bedeutung und Sozialschädlichkeit des sogenannten Gewohnheitsverbrechers aufgeklärt worden. Diese Kenntnis konnte die Klägerin zur Zeit der Eheschließung nicht haben, da das Gesetz gegen gemeingefährliche Gewohnheitsverbrecher und über Maßregeln der Sicherung und Besserung noch nicht ergangen war ...«.

81 Vgl. etwa Landgericht Hamburg Z IV 753/33, Urteil vom 11.1.1934; Z V 2/33, Urteil vom 26.4.1933; Z IX 1711/34, Urteil vom 24.4.1935 (Dienstentlassung eines promovierten Notars aus Corbach 1930 durch den Disziplinargerichtshof beim OLG Kassel wegen unsittlicher Handlungen mit jungen Leuten); 4 R 15/35, Urteil vom 15.4.1935.

82 So etwa Landgericht Hamburg Z II 71/34, Urteil vom 4.1.1935; 5 R 88/1935, Urteil vom 6.6.1935.

In der Sache 9 R 138/35 des LG Hamburg, Urteil vom 30.12.1935, hatte der auf Herstellung der ehelichen Gemeinschaft klagende Ehemann vor und nach der Heirat im Dezember 1933 Diebstähle verübt. Anders als in den Jahren 1928 und 1931 wurde ihm ab 1932 in mehreren Verfahren der § 51 StGB (Zurechnungsunfähigkeit) zugebilligt, außerdem wurde er im Dezember 1934 wegen »Schwachsinns« unfruchtbar gemacht. In den Entscheidungsgründen zur Nichtigerklärung der Ehe aufgrund der Widerklage hieß es: »Da der Kläger auf einen Laien nicht den Eindruck eines Schwachsinnigen macht, ist es verständlich und glaubhaft, daß die Beklagte auch jetzt noch nicht recht an den Schwachsinn des Klägers glauben kann. Sie gibt ... an, daß sie erst während des Scheidungsprozesses erfahren habe, daß die Unfruchtbarmachung wegen Schwachsinns erfolgt ist. Die Anfechtungsfrist ist daher nicht verstrichen (§ 1339 Abs. 1 BGB), auch hat die Beklagte die Ehe nicht in Kenntnis des Anfechtungsgrundes bestätigt (§ 1337 Abs. 2 BGB). Andererseits ist klar, daß sie bei verständiger Würdigung des Wesens der Ehe als einer auf die Erzeugung gesunder Nachkommen gerichteten und die Eheleute zu achtbarer Lebensgemeinschaft verpflichtenden Einrichtung den Kläger nicht geheiratet haben würde, wenn sie seinen damals schon bestehenden Schwachsinn und die dadurch bedingte Hemmungslosigkeit gegenüber fremdem Eigentum gekannt hätte...«.[83]

4.4. Die Anfechtung von »Rassenmischehen«

Die Mehrzahl der Fälle, in denen es um von den Nationalsozialisten diskriminierte Bevölkerungsgruppen ging, betraf Verfahren, an denen Juden beteiligt waren. Ihre Situation war seit 1933 von zahllosen Verfolgungsmaßnahmen geprägt, die sich unter anderem in einer Vielzahl von Gesetzen und Verordnungen niederschlugen und auf eine sukzessive Entrechtung und Vertreibung der Juden hinausliefen.[84] Hinsichtlich des Ehe- und Familienrechts ging es bei sogenannten »Mischehen« zwischen Juden und Nichtjuden einerseits um reguläre Scheidungsverfahren und andererseits um die Anfechtung von sogenannten »Rassemischehen«.

Unter der Herrschaft des BGB setzte die Scheidung in der Regel ein Verschulden mindestens eines Ehepartners voraus. Da ein solches Verschulden aber bei den aus nationalsozialistischer Sicht unerwünschten »Rassenmischehen« häufig nicht gegeben war, verfielen einzelne juristische Autoren schon im Herbst 1933 auf den dogmatisch schlüpfrigen Gedanken, über die Anfechtungsvorschriften zur Auflösung von Ehen zwischen Juden und Nichtjuden zu gelangen.[85] Danach

83 In diese Richtung ging auch die Entscheidung des LG Hamburg 11 R 400/35, Urteil vom 22.4.1936.

84 Vgl. zu den Gesetzen und Verordnungen als Überblick: Ingo von Münch/Uwe Brodersen, Gesetze des NS-Staates. Dokumente eines Unrechtssystems, 2. Aufl., Paderborn 1982. Zur Vertreibung siehe Ursula Büttner, Die Not der Juden teilen ... Christlich-jüdische Familien im Dritten Reich. Beispiel und Zeugnis des Schriftstellers Robert Brendel, Hamburg 1988, S. 13.

85 Siehe mit weiteren Nachweisen Hans Wrobel, Die Anfechtung der Rassenmischehe, in: Kritische Justiz, 16. Jahrg./1983, S. 349 ff. Die Diskussion wurde ausgelöst von einem Herrn Wöhrmann, Die Auflösung der Ehe zwischen Juden und Ariern, in: JW 1933, S. 2041 ff. Als Autor beteiligte sich auch der Altonaer Richter Adolph Schumacher, Anfechtung jüdisch-arischer Ehen, in: Deutsche Juristenzeitung 1933, S. 1492 ff.

sollte die Zugehörigkeit »zur jüdischen Rasse« als persönliche Eigenschaft angesehen werden und ein Irrtum über die »Rassenzugehörigkeit« zur Anfechtung der Ehe berechtigen. Die sechsmonatige Anfechtungsfrist nach § 1339 BGB wurde im Rahmen dieser Konstruktion dadurch umgangen, daß sie erst mit dem Zeitpunkt zu laufen beginnen sollte, in dem »die Nationalsozialisten das deutsche Volk über die wahre Bedeutung des Judentums« aufgeklärt hatten. In zwei grundlegenden Entscheidungen vom 12.7.1934 umriß dann das Reichsgericht die Möglichkeiten und Grenzen der Anfechtung von »Rassenmischehen«.[86] Dabei erklärte das höchste deutsche Gericht, daß die »Rassenzugehörigkeit« nach »der natürlichen Lebensauffassung« eine persönliche Eigenschaft im Sinne des § 1333 BGB sei und hielt auch den Irrtum über die bloße Bedeutung der »Rassenverschiedenheit« in gewissen Grenzen für beachtlich.[87] Noch weiter ging das Reichsgericht in seinem Urteil vom 22.8.1935, mit dem es die Anfechtung in einem Fall zuließ, in dem zweifelhaft war, ob die nichtehelich geborene Beklagte das Kind eines Juden oder eines Ariers war – es handelte sich also gleichsam um eine »Anfechtung auf Verdacht«.[88] Mit einem Urteil vom gleichen Tage nahm das Reichsgericht andererseits aber an, daß das Anfechtungsrecht durch Bestätigung der Ehe verloren gegangen sei, wenn ein arischer Ehegatte im September 1933 erfuhr, daß sein Ehepartner jüdischer Abstammung war, gleichwohl aber den ehelichen Verkehr bis in den November 1933 hinein fortsetzte.[89]

Das bald darauf festzustellende Abflauen höchstrichterlicher Erkenntnisse zu diesem Bereich hing zum Teil auch mit der sechsmonatigen Anfechtungsfrist zusammen. Daß es aber bei den nachgeordneten Instanzen immer wieder Vorstöße zum Hinausschieben der Anfechtungs- und später auch der Aufhebungsfrist von 1 Jahr nach § 40 EheG gab, zeigt etwa das Protokoll über die Besprechung der Hamburger Amtsrichter vom 16.6.1942 unter Leitung des damaligen Amtsgerichtspräsidenten Hans Segelken. Dort heißt es auf Seite 9 zu Punkt 12: »Die neue Anfechtungsfrist für Mischehen sei auf Herbst 1941 zu setzen (Judenstern/Evakuierungen) ... außerdem seien Unterhaltsforderungen jüdischer Ehefrauen, die von Eheanfechtungen betroffen waren, strikt abzulehnen ...«.[90] Dementsprechend las sich auch das veröffentlichte Urteil des Hanseatischen Oberlandesgerichts 5 U 82/1942 vom 7.8.1942 zur Frage der Aufhebung von Mischehen und dem Beginn der Frist zur Erhebung der Aufhebungsklage: »Die weitere

86 RGZ Bd. 145, S. 1 ff und RGZ Bd. 145, S. 8 ff. Ohne gesetzliche Grundlage entschied das Reichsgericht in RGZ Bd. 147, S. 65, unter Berufung auf die »grundlegende Bedeutung der Rassenfrage im nationalsozialistischen Staat«, daß die Aufnahme eines »arischen« Pflegekindes durch einen jüdischen Pflegevater nicht zulässig sei. Vgl. auch Friedrich Karl Kaul, Geschichte des Reichsgerichts, Bd. 4: 1933–1945, Berlin 1971, S. 70.

87 Für letzteres erntete das Reichsgericht Kritik von Ferdinand Mössmer, Rassenmischehe und geltendes Recht, in: Zeitschrift der Akademie für deutsches Recht 1934, S. 86 ff, insb. S. 91; andere Kritiker waren Walter Matzke, Die Anfechtung der Rassenmischehe nach geltendem Recht, in: JW 1934, S. 2593 ff, und der Landgerichtsrat Fraeb aus Hanau, Die Aufhebbarkeit arisch-jüdischer Mischehen, in: Deutsche Richterzeitung (DRiZ) 1934, S. 267 ff.

88 RGZ Bd. 148, S. 193, Urteil vom 22.8.1935, auch abgedruckt in: DRiZ 1935, Nr. 568 und JW 1935, S. 3094; der Leitsatz in der JW lautete: »Von einer persönlichen Eigenschaft einer Person kann auch dann gesprochen werden, wenn ihr rassischer Ursprung derart dunkel ist, daß die Möglichkeit jüdischer Abstammung besteht«.

89 RG vom 22.8.1935, in: Warneyer Rspr. 1935, S. 301.

90 Archiv des HOLG, Akte 3131 E – 1/4.

Folge ist, daß neue Auswirkungen aus der Zugehörigkeit zur jüdischen Rasse durch die Gesetzgebung die Annahme eines neuen Irrtums des arischen Ehegatten über die Bedeutung der Eigenschaft als Jude rechtfertigen können. Nun unterliegt es keinem Zweifel, daß gerade im letzten Jahre weitere Verschärfungen in der Judengesetzgebung erfolgt sind. Durch die Polizeiverordnung über die Kennzeichnung der Juden vom 1.9.1941 (RGBl. I, S. 547) ist den Juden auferlegt worden, den Judenstern zu tragen. Wenn diese Maßnahme auch für Mischehen in der Regel nicht gilt, so zeigt sie doch die stärkere Verfemung der Angehörigen der jüdischen Rasse. Im weiten Umfange sind im letzten Jahre Evakuierungen von Juden ausgeführt worden ... Der Senat ist der Auffassung, daß die Frist frühstens am 1. Januar 1942 zu laufen begonnen hat. Jedenfalls war die Jahresfrist am 24. Juli 1942, als der Kläger die Aufhebungsklage erhob, unter keinen Umständen abgelaufen ...«.[91]

Wie die landgerichtliche Praxis in Hamburg bis Anfang 1939 in den Fällen von »Rassenmischehen« aussah, illustrieren nachfolgende Beispiele.[92] In der Anfechtungssache des Landgerichts Hamburg Z III 384/34, Urteil vom 22.6.1934, die der Berufung zum Hanseatischen Oberlandesgericht Bf. II 394/34, Urteil vom 15.11.1934, unterlag, hatten sich beide Instanzen mit der »subjektiven Erheblichkeit und der objektiven Beachtlichkeit des Irrtums« zu befassen.[93] Dabei wurde die Anfechtungsklage des Klägers, eines früheren Verbindungsstudenten, Rechtsanwalts und Angehörigen des Stahlhelms bzw. der SA-Reserve I, abgewiesen. Der seit dem 2.8.1914 verheiratete Kläger hatte im April 1934 erfahren, daß die Beklagte teilweise jüdischer Abstammung war (das Landgericht ging von 25 % jüdischer Abstammung auf Grund der christlich getauften Urgroßeltern mütterlicherseits aus).[94] Die Beklagte trug im wesentlichen vor, sie sei sich keines jüdischen Einschlags bewußt, und der Kläger, der sie aus Liebe geheiratet hatte, würde sie auch in Kenntnis eines jüdischen Einschlags geheiratet haben. Der Kläger, der sich nach eigenen Bekundungen bereits in der Vorkriegszeit mit deutsch-völkischem Gedankengut vertraut gemacht hatte, zog während der dreijährigen Verlobungszeit jedoch keinerlei Erkundigungen über die Abstammung seiner Partnerin ein. Für beide Instanzen hing die Entscheidung also nicht von der grundsätzlichen Streitfrage ab, ob bei Kenntnis der nichtarischen Abstammung des anderen Eheteils überhaupt für eine Irrtumsanfechtung Raum sein

91 Abgedruckt in: HansRGZ 1942, B 217 und DR 1942, S. 129 f.

92 Die Ehe- und Familienverfahren mit jüdischen Beteiligten waren deshalb nicht zahlreich, weil der jüdische Bevölkerungsanteil im Reichsgebiet nach Wolfgang Scheffler, Wege zur Endlösung, in: Herbert A. Strauss/Norbert Kampe (Hrsg.), Antisemitismus. Von der Judenfeindschaft zum Holocaust, Bonn 1985, S. 186 ff, insb. S. 192, nicht einmal ein Prozent der Gesamtbevölkerung ausmachte. Nach den von Robinsohn, Justiz, a.a.O., S. 21, und Büttner, Not der Juden, a.a.O., S. 14 f, genannten Zahlen betrug der jüdische Bevölkerungsanteil in Hamburg zwischen 1933 und 1939 16.885 bzw. 14.559 Personen. Das waren rd. 0,85 % der Hamburger Bevölkerung. Nach Ina Lorenz, Identität und Assimilation. Hamburgs Juden in der Weimarer Republik, Hamburg 1989, S. 58 f, bestanden 1933 772 »Mischehen« in Hamburg.

93 Das Berufungsurteil wurde veröffentlicht in: HansRGZ 1934, B 742, HRR 1935, S. 350 sowie DJ 1935, S. 2069.

94 In einem Artikel des »Cottbuser Anzeigers«, vom 19./20.5.1934 erklärte der Gauleiter der NSDAP in der Kurmark und Oberpräsident der Provinz Brandenburg, Wilhelm Kube: »Jude ist, wer mehr als 10 % jüdischer Blutsteile in sich trägt.« Hitler, Himmler und andere führende Nationalsozialisten teilten diese Auffassung, vgl. hierzu die weiteren Nachweise bei Ursula Büttner, Not der Juden, S. 12, Anm. 3 und 4.

sollte,[95] sondern von der Wertung des subjektiven Tatbestandes, also »von der Frage, ob der Kläger, wenn ihm die nichtarische Abstammung der Beklagten in ihrer ganzen Tragweite bekannt und bewußt gewesen wäre, bei verständiger Würdigung des Wesens der Ehe von der Eheschließung Abstand genommen hätte...«. Die Berufungsinstanz stellte darauf ab, »daß die Anfechtungsklage, die eine von Anfang an mit Mängeln behaftete und um deswillen in der praktischen Mehrzahl der Fälle der sittlichen Grundlage entbehrende Ehe beseitigen soll, dort sich als Rechtsmißbrauch herausstellen kann, wo der Anfechtungsberechtigte selbst diese sittliche Grundlage schuldhaft zerstört hat«.[96] Bemerkenswert an der Entscheidung des Hanseatischen Oberlandesgerichts war, daß es – anders als die Vorinstanz – die Anfechtungsmöglichkeiten insofern ausdehnte, als festgestellt wurde, daß das Anfechtungsrecht nicht verloren gehe, wenn der anfechtende Ehegatte aus Fahrlässigkeit nicht gewußt habe, daß seine Ehefrau mit der persönlichen Eigenschaft »jüdisch« behaftet war, als er sie heiratete.[97]

Nicht in jedem Fall hatten Anfechtungsklagen Erfolg, wie die Entscheidung des Landgerichts Hamburg Z VI 470/34, Urteil vom 23.11.1934, zeigt. Die Klägerin, eine Jüdin, beantragte die Verurteilung des Beklagten, eines »deutschblütigen« Dentisten, zur Wiederherstellung der ehelichen Gemeinschaft, widerklagend beantragte der Ehemann, »die Ehe für nichtig zu erklären oder jedenfalls zu scheiden«. Den Antrag auf Anfechtung begründete er damit, daß »... die Klägerin Jüdin sei und er jetzt nach eingehendem Studium und dem Anhören von Vorträgen, die die NSDAP im März/April 1934 veranstaltet habe, sich davon habe überzeugen lassen, daß ›aus Tausenden von Gründen der Jude als Nichtarier nicht Mitglied der deutschen Volksgemeinschaft sein kann‹. Er selbst sei ›aus gutem Hause‹ und habe sich seinerzeit für moralisch verpflichtet gehalten, die Klägerin zu heiraten, da diese es verstanden habe, von dem Beklagten in andere Umstände gebracht zu werden. Durch die Verheiratung mit einer Nichtarierin habe der Beklagte jetzt seine gesamte Kassenpraxis verloren, sodaß er samt Kindern von seinen Eltern ernährt werden müsse. Er sei daher auf das Energischste bestrebt, seine und seiner Kinder Existenz zu erkämpfen ...« Die Zivilkammer erkannte im Ergebnis auf die Verurteilung des Beklagten zur Wiederherstellung der ehelichen Gemeinschaft mit der Klägerin: »... (es) scheint sich ... zwingend zu ergeben, daß in Wirklichkeit der Beklagte jetzt die Anfechtung der Ehe aus dem Gesichtspunkt der Rassenverschiedenheit nur vorgebracht hat, weil er keine andere Möglichkeit sieht, die Auflösung der Ehe und damit eine Verdienstmöglichkeit durch Kassenpraxis zu erreichen... Dabei ist mit Nachdruck zu betonen, daß die Rechtsauffassung im nationalsozialistischen Staate trotz der Notwendigkeit, die Rassenmischehe zu steuern, nicht auch demjenigen das Recht gibt, sich auf die wissenschaftliche Erkenntnis von der Bedeutung der nicht arischen Rasse des Ehegatten zu berufen, für den diese wissenschaftliche Erkenntnis nur den bequemen Vorwand abgibt, sich einer Frau zu entledigen,

95 Beide Instanzen ließen keine Zweifel daran, daß sie die Rassenzugehörigkeit bzw. die Reinrassigkeit den persönlichen Eigenschaften im Sinne des § 1333 BGB zurechneten.

96 Abgedruckt in DJ 1934, 1159.

97 Siehe hierzu auch Wrobel, Die Anfechtung, a.a.O., S. 372f.

deren er sich aus ganz anderen Gründen bereits seit langem zu entledigen sucht ...«.

Wenn auch die Lösung einer Ehe mit der Anfechtungsklage für die einzelne Prozeßpartei nicht leicht zu bewerkstelligen war, wie die Beispiele zeigen, so stellten sich die Kammern doch prinzipiell in den Dienst der notwendigen »Steuerung der Rassenmischehen«. So kam das Landgericht Hamburg in der Sache 9 R 131/35, Urteil vom 4.10.1935, zur Feststellung der Nichtigkeit der Ehe. In diesem Verfahren bestritt die Ehefrau eines Dipl. Steuersachverständigen und Wirtschaftsprüfers bis zuletzt, Nichtarierin zu sein und forderte den Kläger zum Nachweis auf, »daß er selbst zu 100 % Arier sei«. Der Kläger behauptete, die Beklagte stamme mütterlicherseits von einem jüdischen Großvater ab; er würde sie bei Kenntnis dieses Umstandes nicht geheiratet haben. Nachdem einige Unklarheiten hinsichtlich der vorgelegten Urkunden bereinigt waren, und der Großvater nach der Überzeugung das Gerichts von einer unverehelichten Ranchen (gleichbedeutend mit Regina) Cohen abstammte, führte die Zivilkammer aus: »... Die Verhandlung hat ergeben, daß der Irrtum des Klägers erst durch den Auszug aus dem Geburtsregister der Deutsch-Israelitischen Gemeinde vom 17.7.1935 behoben worden ist ...« Im Zuge der weiteren Prüfung des Falles hieß es dann: »... Zur verständigen Würdigung des Wesens der Ehe gehört auch die verständige Würdigung der jetzt bekannten Ergebnisse der Rassenforschung, insbesondere des Umstandes, daß die arische und die jüdische Rasse voneinander grundverschieden (sind) und die Erzeugung von Mischlingen eine Gefahr für den Fortbestand der arischen Rasse und die Erhaltung ihrer Vorzüge bedeutet ...«. Die Zivilkammer erklärte dann weiter: »... Bei dieser Sachlage kann ihm (dem Beklagten) daher nicht abgesprochen werden, daß er die Gefahren einer Ehe mit einer nicht rein arischen Frau berücksichtigt und sich zum Verzicht auf die Heirat entschlossen haben würde, wenn er damals schon die Ehe nach den jetztigen Grundsätzen der Rassenlehre hätte würdigen können...«. Neben der Diktion des Urteils fällt auf, daß die Zivilkammern nunmehr sogar »die verständige bzw. richtige Würdigung des Wesens der Ehe« auf den aktuellen Stand der »Rassenforschung« bezogen.

In der Anfechtungssache des Landgerichts 5 R 81/37, Urteil vom 14.6.1937, war der Beklagte Jude und hatte die »arische« Klägerin am 16.12.1933 geheiratet.[98] Die Kammer sah sich veranlaßt, nicht nur die klagende Partei, sondern auch den Beklagten ausführlich zu vernehmen, weil die »Rassenmischehe« erst Anfang 1937 angefochten wurde.[99] Die Kammer hatte nämlich Zweifel, inwieweit eine Bestätigung der Ehe durch die über die Anfechtungstatsachen zum Zeitpunkt der Eheschließung informierten Eheleute bei ihrer Entscheidung Berücksichtigung finden müßte. Die Vernehmung der Klägerin erbrachte, daß sie im August 1936 trotz Aufklärung über die »Bedeutung der Rassenverschiedenheit« noch mit dem Beklagten verkehrt, also die Ehe bestätigt hatte. Bei der Vernehmung erklärte der Beklagte, daß er unter Verzicht auf jeden Widerspruch gegen die Klage von sich aus die Auflösung der Ehe wünsche. Die Kammer nahm Ab-

98 Abgedruckt in: JW 1937, S. 2197.

99 Anders als das LG Münster, in: JW 1936, S. 2586, in einem vergleichbaren Fall.

stand von der Berücksichtigung dieser in den Parteivernehmungen verlautbarten Umstände und berief sich auf das Landgericht Münster: »Nun hat zwar die Kammer, lediglich durch die persönliche Vernehmung der Parteien, nicht etwa auf Grund ihres Vorbringen zur Klage und zur Klagebeantwortung, Kenntnis erlangt ... Die Bedeutung des von dem LG Münster eingenommenen und von dieser Kammer geteilten Standpunktes zu § 622 ZPO liegt aber gerade darin, daß bei Vorliegen der obengenannten Bedingungen solche Tatsachen wie die Bestätigung, die die Parteien nicht vorgebracht haben, sondern die auf irgendeine Weise dem Gericht zur Kenntnis gelangt sind, nicht berücksichtigt zu werden brauchen.« Was das Gericht mit den »Bedingungen« meinte, sagte es in einer vorangegangenen Passage: »Zwar darf die Anwendung bzw. Nichtanwendung des § 622 ZPO durch das Gericht nicht zur Willkür werden, sondern muß auf vernünftigem, nachprüfbarem richterlichem Ermessen beruhen. Es entspricht aber der Vernunft und ist im übrigen auch durch das LG Münster zutreffend und überzeugend begründet, daß an der Aufrechterhaltung von Rassenmischehen weder im Interesse, noch mangels eines entgegenstehenden Interesses der Parteien, namentlich des Anfechtungsgegners, keinerlei Interesse besteht.« Die von der Zivilkammer so beredt bestrittene Willkür lag dabei auf der Hand.

Wie derartige Fälle nach Einführung der Eheaufhebungsvorschriften der § 37, 40 EheG in Hamburg behandelt wurden, zeigte eine Entscheidung des Landgerichts Hamburg 6 R 243/38, Urteil vom 10.11.1938.[100] Der der Entscheidung in der Juristischen Wochenschrift vorangestellte Leitsatz ließ auch den eigentlichen Grund für die Publikation des Urteils in einer Fachzeitschrift erkennen: »Unter besonderen Umständen kann angenommen werden, daß eine Ehefrau erst durch die Maßnahmen und Vorgänge des Jahres 1938 zur Erkenntnis der Bedeutung der Rassenfrage gelangt ist, nämlich dann, wenn sie die Verstrickung in jüdische Beziehungen bis dahin an dieser Erkenntnis gehindert hat. In einem solchen Fall kann heute noch auf Aufhebung der mit einem Juden geschlossenen Ehe geklagt werden«. Für das Gericht galt es, einen auf die einjährige Frist des § 40 EheG abgestellten Fristbeginn möglichst plausibel zu fingieren. An einigen Fakten konnte es dabei nicht vorübergehen: »Die Judenfrage rückte seit dem Jahre 1933 mehr und mehr in den Vordergrund und beschäftigte in starkem Maße das öffentliche Interesse. Die erste wichtige gesetzgeberische Maßnahme auf diesem Gebiet war der Erlaß des Blutschutzgesetzes vom 15.9.1935.[101] Es müssen also schon besondere Umstände vorliegen, die die Annahme rechtfertigen, daß ein Irrtum auch zu dieser Zeit noch nicht entdeckt war.«[102] Das Gericht terminierte die Entdeckung des »Umstandes« durch die Klägerin dementspre-

100 Das Urteil erging an dem Tag nach der sogenannten »Reichskristallnacht« und wurde abgedruckt in: HansRGZ 1939, B 70, und JW 1939, S. 489.

101 RGBl. I, S. 1146; in früheren Entscheidungen wurde auf das Gesetz über die Wiederherstellung des Berufsbeamtentums vom 7.4.1933 (RGBl. I. S. 175) abgestellt. Wie willkürlich die Handhabung war, deutete das LG Hamburg Z X 235/34, Urteil vom 17.12.1934, zur Scheidung einer »Mischehe« unter Abweisung des Anfechtungsantrages an: »Ein allgemein gültiger Zeitpunkt für das Durchdringen der richtigen Erkenntnis in dem Maße, daß die Anfechtungsfrist nach §§ 1333, 1939 BGB zu laufen beginnt, wird sich kaum finden lassen. Man muß auf den Einzelfall abstellen.«

102 Nach § 37 II EheG war die Rasseneigenschaft ein »Umstand« im weitesten Sinne, der die Person betraf.

chend rechtzeitig: »Als am 16.6.1938 die Verhaftung des Beklagten erfolgte, ist ihr die Bedeutung des Unterschiedes erst völlig aufgegangen. Sie hat darauf sofort die Aufhebungsklage erhoben.« Die weiteren Ausführungen des Gerichts wurden bezeichnenderweise nicht in den beiden Fachzeitschriften abgedruckt; es stellte sich nämlich heraus, daß das Landgericht sich »mit dieser Entscheidung bewußt in Gegensatz zu der in Band 145, S. 1, abgedruckten Entscheidung des Reichsgerichts stellt und sich dem Standpunkt anschließt, den das Landgericht Münster in seiner Entscheidung vom 19.3.1936 (Aktenz.: 3 R 2/36) und ihm folgend das Landgericht Hamburg in seiner Entscheidung vom 14.6.1937 (5 R 81/37) eingenommen hat«. Allerdings war auch der gegensätzliche Standpunkt – wie das vorangegangene Beispiel zeigte – ein reines Konstrukt, das im Widerspruch zu allen hergebrachten juristischen Auslegungsregeln stand.

4.5. Die Scheidung von »Rassenmischehen«

Trotz der durch »richterliche Rechtsfortbildung« erleichterten Anfechtung von »Mischehen« überwogen doch die Verfahren zur Scheidung derartiger Ehen.[103] Letztlich war ja das rechtspolitisch gewünschte Resultat identisch. In den Fällen der Scheidung von »Mischehen« mußten die Zivilkammern nur die von den Prozeßparteien vorgetragenen Ehescheidungsgründe feststellen, und zwar vor dem Hintergrund der Maßnahmen gegen die aus der »Volksgemeinschaft« auszugrenzenden Juden. Hieraus erklärt sich die »erleichterte« Feststellung von Scheidungsgründen in einigen der vorgefundenen Scheidungsfälle. So wurde insbesondere beim Verschulden »kein allzu strenger Maßstab« angelegt, weil eben »Mischehen« nicht im Interesse der »Volksgemeinschaft« waren. Auch bei der Verteilung der Schuld traten verschiedene Varianten zu Tage: Mal war der jüdische, mal der nichtjüdische Partner, dann waren beide an der Zerrüttung der Ehe schuldig.

In den Entscheidungen des Landgerichts Hamburg Z IX 1952/33, Urteil vom 20.12.1933, und 8 R 303/35, Urteil vom 9.7.1935, traf es die arischen Parteien.[104] Im ersten Fall hatte der Kläger, der zur Zeit der Eheschließung am 13.10.1932 schon Mitglied der NSDAP war und kurz nach der Heirat aus der SA ausgeschlossen wurde, mit seinem Scheidungsantrag das Nachsehen. »...Daß der Kläger wegen der ihm bei Eheschließung bekannten Tatsache, daß die Beklagte Jüdin war, die Scheidung der Ehe nicht verlangen kann, bedarf keiner Erörterung. ... Dagegen war der Widerklage stattzugeben. Es stellt einen gröblichen Verstoß gegen die durch die Ehe begründeten Pflichten dar, wenn der Kläger der Beklagten ihre jüdische Abstammung, die ihm bei der Eheschließung unstreitig voll bekannt war, vorgeworfen hat, noch dazu, wenn das in so gehässiger Form er-

103 In einigen Fällen der Scheidung von Mischehen wie zum Beispiel LG Hamburg Z III 920/33, Urteil vom 27.3.1934; Z II 89/34, Urteil vom 18.4.1934; 6 R 273/35, Urteil vom 19.11.1935; 6 R 291/35, Urteil vom 10.3.1936 wurden die Hauptanträge zur Anfechtung der Ehe abgewiesen, jedoch waren die Eventualanträge auf Scheidung erfolgreich.

104 Von der Verfehlung des arischen Beklagten war das Scheidungsbegehren der jüdischen Klägerin in der Sache des LG Hamburg Z XI 925/33, Urteil vom 13.4.1934 gerechtfertigt, weil der Beklagte die Klägerin u.a. häßlich beschimpft hatte: »... er habe schon einen Laternenpfahl für sie ausgesucht...«.

folgte, wie das nach dem unbestrittenen Vorbringen der Beklagten geschehen ist.« Im zweiten Fall hatte die jüdische Ehefrau auf Scheidung der am 8.12.1934 geschlossenen Ehe geklagt. Der zur Zeit des Verfahrens in Rio de Janeiro aufhältliche Beklagte hatte in einer Zuschrift an das Gericht lediglich auf die rassischen Unterschiede der Parteien hingewiesen. Die Zivilkammer quittierte dessen Haltung so: »Das Verhalten des Beklagten ist auch schuldhaft, da er sich bei der Heirat im Dezember 1934 schon über die rassischen Unterschiede klar sein mußte. Wenn er sich trotzdem zur Heirat entschloß, die damals noch nicht verboten war, so war er zur Aufrechterhaltung der ehelichen Gemeinschaft verpflichtet ...«

In den Beispielfällen des Landgerichts Hamburg Z X 532/34, Urteil vom 19.12.1935, 5 R 187/35, Urteil vom 18.11.1935, und 5 R 303/35, Urteil vom 19.12.1935, wurde die jüdische Partei für schuldig erklärt. Die 10. Zivilkammer hatte das ehewidrige Verhalten der Beklagten festgestellt, indem sie ausführte: »Durch die gröbliche Vernachlässigung ihres Hausstandes und durch die Anzeige gegen den Kläger,[105] die offenbar nur aus Gehässigkeit gegen den Kläger erstattet worden ist, hat die Beklagte, die übrigens Nichtarierin ist und von den Behörden als geistig und moralisch minderwertig bezeichnet wird, eine schwere Verletzung der durch die Ehe begründeten Pflichten begangen...«[106] Die 5. Zivilkammer erkannte in der Sache 5 R 303/35 klagegemäß auf Scheidung unter Abweisung der auf Herstellung der ehelichen Gemeinschaft gerichteten Widerklage des jüdischen Beklagten. Sie legte dem damals arbeitslosen Beklagten zur Last, daß er einmal ohne Vorankündigung nach Berlin gefahren sei, um dort eine Anstellung zu finden, wovon er seine Ehefrau erst im Erfolgsfall in Kenntnis setzen wollte. Das Hanseatische Oberlandesgericht 3 U 18/36, Urteil vom 25.2.1936, bestätigte die Erwägungen der ersten Instanz in vollem Umfang und setzte noch hinzu: »... Umgekehrt ist der Senat aber der Ansicht, daß dem Beklagten sehr wohl vorgehalten werden kann, daß er letzthin verantwortlich für den unglücklichen Ausgang der Ehe ist. Denn er hatte als Jude und gebildeter Mann, der eine gute Gymnasialbildung genossen hatte, einen ganz anderen Einblick in die Rassenfrage und hätte aus dieser Erkenntnis heraus davon absehen müssen, in einer Zeit, in der die Rassenfrage im Vordergrund des Interesses stand, noch das Wagnis einer Ehe mit einem arischen Mädchen zu unternehmen. Tat er es trotzdem, so war er, wie das Landgericht mit Recht ausführt, seiner Frau gegenüber zu einem ganz besonders liebevollen und rücksichtsvollen Verhalten verpflichtet ...«. Immerhin machte das Berufungsgericht im letzten Absatz noch eine – wenn auch praktisch folgenlose – Konzession: »Mit Rücksicht auf die Besonderheit des Falles erschien es jedoch angezeigt, gemäß Notverordnung vom 14.6.1932 (RGBl. I, S. 285, Teil 1, Kap. II, Art.1) die Revision zuzulassen.« In der Scheidungssache 5 R 187/35 prüfte die 5. Zivilkammer erst gar nicht den

105 Die Beklagte hatte den Kläger bei der Polizeibehörde am 21.7.1934 mit dem vagen Hinweis denunziert, er »sei seit Jahren Kommunist.«

106 Das Hanseatische Oberlandesgericht 6 U 41/35, Urteil vom 22.5.1935, hob allerdings das erstinstanzliche Urteil auf die Berufung der Beklagten hin auf und wies die Klage des arischen Ehemannes ab, weil es im Gegensatz zum Landgericht die Schuld der offenbar »nicht voll zurechnungsfähigen, konfusen und verwirrten Frau« an den ansonsten erwiesenen Eheverletzungen verneinte.

Vorwurf der jüdischen Beklagten, daß der Kläger möglicherweise ehewidrige Beziehungen zu einer anderen Frau unterhalten hatte.

Bisweilen wurden beide Parteien als schuldig an der Auflösung von »Mischehen« bezeichnet. Sprichwörtlich »kurzen Prozeß« machte das Landgericht Hamburg im Verfahren 1 R 96/35, Scheidung auf Klage und Widerklage gemäß Urteil vom 9.8.1935: Auf einer Schreibmaschinenseite wurden die beiderseitigen Beschimpfungen (»Vieh«, »Biest«, »Naziweib«, »Judenkerl«, »das ist echt jüdisch«, »das ist jüdische Manier«) bündig unter § 1568 BGB subsumiert. In der Scheidungssache Z III 920/33, Urteil vom 27.3.1934, erfolgte zunächst Scheidung auf Klage und Widerklage wegen Ehebruches des arischen Klägers und wiederholter Beschimpfungen durch die jüdische Beklagte. Immerhin korrigierte das Hanseatische Oberlandesgericht in Bf. V 163/1934, Urteil vom 11.7.1934, die Entscheidung auf Berufung der Beklagten unter Abweisung der Anschlußberufung des Klägers: Die Ehe wurde nur auf Widerklage geschieden. Daneben fanden sich aber auch diverse Verfahren, die trotz ihrer »Mischehen«-Eigenschaft vom Ergebnis her als unauffällig einzustufen sind.[107] In einigen dieser Fälle zeigte sich allerdings eine Ungleichbehandlung, die darin bestand, daß der jüdischen Partei das Armenrecht versagt wurde.

Eine generell diskriminierende Wirkung sollte demgegenüber mit der wohl auch zu diesem Zweck veröffentlichten Entscheidung des Landgerichts Hamburg 7 R 32/38, Urteil vom 29.11.1938, erzeugt werden.[108] Schon der dem Praktiker regelmäßig zur schnellen Orientierung dienende Leitsatz wies eine klare Orientierung für ähnlich gelagerte Fälle auf: »Scheidung einer Mischehe. Kein Widerspruchsrecht des jüdischen Teils« (HansRGZ); »Der Widerspruch des jüdischen Ehegatten einer Mischehe gegen die auf § 55 EheG gestützte Scheidungsklage des schuldigen Ehegatten ist unbeachtlich« (JW). Die damit propagierte Handhabung, die sich eindeutig als Rechtsprechung contra legem darstellte, untermauerte die 7. Zivilkammer mit folgenden Erwägungen: »Da nun aber die Zerrüttung der Ehe allein von dem Kläger verschuldet ist, würde bei dem Widerspruch der Beklagten eine Scheidung ausgeschlossen sein, wenn die Aufrechterhaltung der Ehe bei richtiger Würdigung des Wesens der Ehe und des gesamten Verhaltens beider Ehegatten sittlich gerechtfertig wäre. – Das Gericht verneint aber das Vorliegen dieser Voraussetzung ... so bleibt doch die Tatsache bestehen, daß nach den im deutschen Volk herrschenden Anschauungen die

107 Beispiele: LG Hamburg Z IV 212/34, Urteil vom 18.9.1934 (HOLG Bf. I 355/34, Urteil vom 28.11.1934, hob die erstinstanzliche Scheidung auf Widerklage der jüdischen Ehefrau gemäß der Berufung des arischen Klägers auf und erkannte auf Scheidung gemäß Klage und Widerklage, weil die Beklagte mit einem jüdischen Bekannten mehrmals Tanzlokale aufgesucht hatte); Z IX 1161/34, klage- und widerklageabweisendes Urteil vom 31.10.1934 (auf die Berufung des jüdischen Klägers schied das HOLG Bf. IV 513/34, Urteil vom 14.3.1935, die Ehe und erklärte die arische Beklagte für schuldig, weil diese ihren Ehemann unflätig mit »Judenschwein«, »Speckjude« und »Wir werden dieses Judenschwein schon kriegen ...« beschimpft hatte); 8 R 7/35, Urteil vom 8.8.1935, auch auf Berufung der jüdischen Beklagten verblieb es gemäß HOLG 6 U 227/35, Urteil vom 23.10.1935, bei der Scheidung auf Klage und Widerklage. Im Falle 9 R 37/36, Urteil vom 18.3.1936, wurde der jüdischen Klägerin das Armenrecht verweigert, obwohl die beiderseitigen Scheidungsvorwürfe gleichartig waren, hingegen wurde das Armenrecht beiden Parteien in der Sache 7 R 59/37, Urteil vom 17.8.1937, gewährt.

108 Siehe HansRGZ 1939, B 109, und JW 1939, S. 489.

Ehe mit einer Jüdin nicht nur nicht erwünscht, sondern sogar als gegen das Sittengefühl verstoßend angesehen wird ... Aber abgesehen davon, daß es auf die persönliche Einstellung des Klägers nicht ankommt, ist ihm auch zu glauben, daß die Ereignisse der letzten Jahre und die immer klarer hervortretende Volksmeinung eine Änderung auch in seiner Einstellung bewirkt haben...«.

Aber auch so manche Prozeßpartei erwartete damals von Gerichten Entscheidungen, die jenseits der gesetzlichen Vorschriften lagen. Das war etwa bei dem Vorgang 6 R 329/35 des Landgerichts Hamburg der Fall. Die arische Klägerin beantragte die Bewilligung des Armenrechts für die Scheidung ihrer »Mischehe« und stützte dies auf folgende Rechtsauffassung: »Die Scheidung ist zulässig, obwohl ein nach dem geschriebenen Recht des BGB anerkannter Scheidungsgrund nicht behauptet ist. Denn die Scheidung dieser Ehe entspricht der nationalsozialistischen Weltanschauung und dem aus neueren Gesetzen erkennbaren Rechtswollen des deutschen Volkes ... Einer Erörterung der Schuldfrage bedarf es nicht, da diese nach § 1578 nur erforderlich ist, wenn die Ehe aus einem der in den §§ 1565 bis 1568 bestimmten Grunde geschieden wird. Zur Unterstützung der hier vorgetragenen Rechtsauffassung wird verwiesen auf 1.) die Ausführungen von Matzke in der Juristischen Wochenschrift 1935, S. 2599 ... diese beziehen sich zwar auf die Anfechtung von Mischehen, können aber sinngemäß auch auf die Scheidung von Mischehen angewendet werden; 2.) den Aufsatz von Mössmer ›Der Gemeinschaftsgedanke im Recht der Eheschließung und Ehescheidung‹ im Deutschen Recht 1935, Heft 4, S. 86ff... 3.) die Ausführungen des ... Senators Dr. Rothenberger auf dem Gautage des BNSDJ, Gau Hamburg, am 30.9.1935 ...«. Mit Beschluß vom 26.11.1935 wies die 6. Zivilkammer den Antrag auf Bewilligung des Armenrechts ab: »Den verlockenden Ausführungen der Antragstellerin zur eigenen Rechtsschöpfung zu folgen lehnt das Gericht ... ab ... Das zur Zeit geltende Scheidungsrecht geht aus gut und wohlerwogenen Gründen davon aus, daß ein Ehegatte, von der Ausnahme des § 1569 BGB abgesehen, die Scheidung nur auf Grund Verschuldens des anderen Ehegatten verlangen kann. Es soll nicht verkannt werden, daß die Entwicklung der Praxis und der weltanschauliche Umschwung in der Anschauung innerhalb der Volksgemeinschaft bis zu einem gewissen Grade eine Auflockerung der Starrheit eben dieses Verschuldensprinzips zur Folge gehabt hat und haben mußte ... (das Gericht lehnt eine freie Rechtschöpfung) umsomehr ab, als nach den Darlegungen autoritativer Stellen ... die Neuregelung des Scheidungsrechts unmittelbar bevorsteht, dem vorzugreifen unter diesen Umständen das Gericht keinen Anlaß hat ...«. Auf die Beschwerde der Antragstellerin erging der die Beschwerde zurückweisende Beschluß des Hanseatischen Oberlandesgerichts 3 W 269/35 vom 21.12.1935, in dem es hieß: »Das Beschwerdegericht hat den Ausführungen des angefochtenen Beschlusses nichts hinzufügen ... Die von der Klägerin ... beabsichtigte Scheidungsklage verkennt von Grund auf die Stellung, die der Richter auch im nationalsozialistischen Staat zum Gesetz innehat ... wollte der Richter das Recht für sich in Anspruch nehmen, entgegen eindeutigen erschöpfenden gesetzlichen Regelungen Recht zu sprechen, würde er gerade dem heutigen Gesetzgeber den schuldigen Respekt versagen ... Ein Gericht, das sich hieran nicht hielte, würde den Grundsatz des Nationalsozialismus mißachten, daß das Tempo der Verwirklichung nationalsozialistischer Ideen und die Übergangsregelung allein vom Führer bestimmt wird.«[109]

Während die Scheidungsverfahren jüdischer Ehepartner in Diktion und Rechtsfindung unauffällig erscheinen (es bestand insoweit kein staatliches Interesse an einer ideologischen Einwirkung),[110] ergab sich prinzipiell ein »volkspolitisches« Interesse an der Klärung der ehelichen Abstammung eines Abkömmlings, sofern »jüdisches Blut« beteiligt war.[111] So ging es etwa bei der Sache des Landgerichts Hamburg 6 R 257/38, Urteil vom 29.9.1938,[112] um eine negative Vaterschaftsklage als »Statusklage« im Sinne der §§ 640 ff ZPO. Die Klägerin war die Tochter des jüdischen Beklagten aus dessen 1913 geschlossener Ehe mit einer »deutschblütigen« Frau; sie begehrte die Feststellung, daß der Beklagte, der im Prozeß nicht vertreten, aber persönlich gemäß § 619 ZPO gehört worden war, nicht ihr Erzeuger sei. Die Zivilkammer gab der Klage statt: »... Mit Rücksicht darauf, daß der Beklagte Jude, die Mutter der Klägerin aber rein arisch ist, ist für die Klägerin in Anbetracht der Ariergesetzgebung des Dritten Reiches, die alle Gebiete des völkischen Lebens erfaßt, die Feststellung, daß sie nicht vom Beklagten abstamme, von erheblicher Bedeutung ...«. Neben den vom Gericht als richtig unterstellten Bekundungen der Kindesmutter hob es hervor: »Entscheidend aber ist das Blutgruppengutachten des Arztes Dr. L.. Danach unterscheidet sich die Klägerin sowohl von ihrer Mutter als auch von dem Beklagten durch den Besitz des Merkmals N, das beiden Eheleuten fehlt. Die Klägerin muß daher von einem anderen Mann als dem Beklagten abstammen ...«.

4.6. Religiöse Minderheiten

Von den Verbots-Anordnungen auf Grund der Verordnung des Reichspräsidenten zum Schutze von Volk und Staat vom 28.2.1933[113] waren auch religiöse Gruppen betroffen. So wurde die Organisation der Internationalen Bibelforscher schon 1933 aufgelöst und jede Werbung und Propaganda für sie verboten. Das

109 Abgedruckt in HansRGZ 1936, B 179.

110 Beispiele: LG Hamburg Z VII 397/33, Urteil vom 12.2.1934; LG Altona 4 R 306/33, Urteil vom 25.9.1934; LG Hamburg Z II 996/34, Urteil vom 13.3.35.

111 Das Interesse konnte jedoch auch auf Seiten der Antragstellerin liegen, wie etwa der Beschluß des HOLG 5 W 47/40, 16a A 4/40 vom 3.5.1940, abgedruckt in HansRGZ 1941, B 59 f, und DR 1940, S. 1069 f, zeigt: Die 36jährige Antragstellerin hatte das Armenrecht für die Feststellung ihrer ehelichen Abstammung von einem 1923 verstorbenen arischen Erzeuger beantragt, um so ihren eigenen Status als »Mischling 1. Grades (Halbjüdin)« und den ihres 11jährigen Sohnes (»Mischling 2. Grades, bzw. Vierteljude«) abzusichern. Zwar war durch rechtskräftiges Urteil nach § 1595a BGB lediglich festgestellt worden, daß die Antragstellerin kein Kind aus der Ehe ihrer jüdischen Mutter mit einem Juden war. Erst auf ihre Beschwerde hin hatte das HOLG das LG Hamburg angewiesen, »das Armenrecht zu gewähren, sofern nicht sonstige Hinderungsgründe entgegenstehen«. Das HOLG sah hier einen Weg, die das Begehren der Antragstellerin hemmende Vorschrift des § 628 ZPO, wonach eine Statusklage eines unehelichen Kindes beim Tode des angeblichen Erzeugers entfalle, über § 640 Abs. 1 ZPO rechtsschöpfend abzuwandeln: »... so muß ... unbedenklich die Abstammungsfeststellungsklage des unehelichen Kindes auch nach dem Tode des Erzeugers noch gegen die uneheliche Mutter als unmittelbare Statusbeteiligte erhoben werden können. Jedenfalls dürfte dies ein Postulat sein, welches sich aus der volkspolitischen Bedeutung der rassischen Abstammung ergibt ...«.

112 Abgedruckt in HansRGZ 1938, B 466; zur sog. »Statusklage« vgl. die richtungsweisende Entscheidung RGZ 160, 293ff.

113 RGBl. I, S. 83.

Reichsgericht hatte im Urteil vom 24.9.1935 das Verbot durch den Badischen Minister der Justiz für rechtens erachtet, da ihn die Erkenntnis geleitet habe, »er müsse gegen die Vereinigung einschreiten, weil sie ... staatsgefährdende Gewaltakte fördere oder ihnen die Wege bereite.«[114] Dies wurde unterstellt, weil die Bibelforscher »gegen die Erfüllung der Eidespflicht, die aus der Rassengesetzgebung folgenden Pflichten, gegen die Wehrpflicht und gegen das nationale Zusammengehörigkeitsgefühl« ankämpften.[115] Auch nach Strafverbüßung drohte ihnen Schutzhaft, »... wenn sie trotz Verbüßung ihrer Strafhaft hartnäckig an der Irrlehre der Sekte« festhielten.[116] Vor diesem Hintergrund stellte sich die Frage, ob die Zugehörigkeit zu den Zeugen Jehovas für die Betreffenden nachteilig war. Dazu sind fünf einschlägige Entscheidungen überliefert. In vier Fällen, die alle von der 3. Zivilkammer des Landgerichts Hamburg in den Jahren 1933/34 entschieden wurden, hatte der diesbezügliche Parteivortrag keine Rolle gespielt.[117]

Dagegen judizierte das Landgericht Altona 4 R 224/36, Urteil vom 18.8.1936, ganz im Sinne der seit 1933 gegen die »Bibelforscher« getroffenen Maßnahmen.[118] Der Leitsatz der Entscheidung lautete: »Durch hartnäckige Betätigung als ernster Bibelforscher wird dem abweichend eingestellten Ehegatten ein Scheidungsgrund aus 1568 BGB dargeboten«. Dem Beklagten, der trotz Unterbringung in Haft, Konzentrationslager und Gefängnis bei seiner persönlichen Vernehmung durch die Zivilrichter keinen Zweifel über seine Haltung aufkommen ließ, attestierte das Gericht: »... Das Verhalten des Beklagten ist als schuldhaft anzusprechen und bei dem fanatischen Eifer, der den Beklagten beseelt, geeignet, die Ehe der Parteien unheilbar zu zerrütten. Tatsächlich ist diese Wirkung trotz der langen Ehedauer und trotz der großen Kinderzahl (6 Kinder, Anm. d. Verf.) bereits eingetreten. Unter diesen Umständen, die den Beklagten zur Erfüllung der Unterhaltspflicht unfähig machen, ihn durch Freiheitsstrafen der Familie entziehen und ihn seine völlige und schroffe Ablehnung der nationalsozialistischen Anschauung seiner Frau, die zur Einfügung in diese Anschauung bereit ist, entfremden, kann der Frau nicht zugemutet werden, die durch das geschilderte Verhalten des Beklagten zerrüttete Ehe fortzusetzen ...«.

4.7. Sogenannte Erbkrankheiten

In einer Reihe von Ehe- und Familiensachen bezogen sich die Zivilkammern des Landgerichts Hamburg auf die Beschlüsse von Erbgesundheitsgerichten.[119]

114 Entscheidungen des Reichsgerichts in Strafsachen, Bd. 69, S. 341 ff, insbes. 344.

115 Crohne, Die Verbote der internationalen Bibelforscher-Vereinigung sind rechtsgültig, in: DJ 1935, S. 114 f.

116 BA R 22/1467, Bl. 325, Abschrift des Schreibens des RFSSuChdDtPol Heinrich Himmler an den RMdJ vom 8.2.1939.

117 LG Hamburg Z III 404/33, Urteil vom 31.10.1933; Z III 632/33, Urteil vom 24.10.1933; Z III 949/33, Urteil vom 13.3.1934; Z III 581/34, Urteil vom 28.9.1934.

118 Veröffentlicht in: Deutsche Rechtspflege 1937, S. 46 (Nr. 53); eine vergleichbare Entscheidung auf Grund von § 49 EheG traf das Landgericht Oldenburg 3 R 23/38, Urteil vom 25.11.1938, siehe Bartels, Zivilrechtsprechung, a.a.O., S. 260.

119 Die hier genannten Fälle sind durchaus mit denen von Bartels, Zivilrechtsprechung, a.a.O., S. 273 ff., vergleichbar. Erbgesundheitsgerichte waren auf Grund des Gesetzes zur Verhütung erbkranken Nachwuchses vom 14.7.1933 (RGBl. I, S. 529) gebildet worden.

Landgericht in Hamburg

4 R 375/35

URTEIL

Im Namen des Deutschen Volkes!

In der Sache der Ehefrau Irma Johanna Henritte
H., geb. A.,
Hamburg, Kohlhöfen 42 V.b/A.,
Klägerin,

Prozeßbevollmächtigter: Rechtsanwalt
Dr. Möller, Hamburg,

gegen
ihren Ehemann Lorenz H.,
Hamburg 23, Hammerstraße 32a Haus A III. bei P.,
Beklagten,

Prozeßbevollmächtigte: Rechtsanwälte:
Dr. C. und W. Kellinghusen, Paul Eggers, Bergedorf,
erkennt das Landgericht in Hamburg, Zivilkammer 4,
durch folgende Richter:
1. Landgerichtsdirektor Dr. Krönig,
2. Richter Groh,
3. Hilfsrichter Assessor Dr. Krohn.

für Recht:

Die am 14. September 1935 geschlossene Ehe der Parteien wird für nichtig erklärt. Der Beklagte hat die Kosten des Rechtsstreits zu tragen.

Tatbestand:

Die Parteien sind seit 14. September 1935 miteinander verheiratet. Sie besitzen die deutsche Staatsangehörigkeit. Aus der Ehe ist ein bereits verstorbenes Kind hervorgegangen.

Seit dem 9. Oktober 1935 leben die Parteien getrennt. Der letzte eheliche Verkehr hat am 6. oder 7. Oktober stattgefunden.

Die Klägerin hat die Eheanfechtungsklage erhoben, weil der Beklagte

Scheidung nach Sterilisation wegen angeblicher »Erbkrankheit« eines Ehepartners.
Quelle: Archiv des Land- und Amtsgerichts Hamburg, Entscheidungen in Ehe- und Familiensachen, 4 R 375/35.

an einer Erbkrankheit leide und deswegen auch sterilisiert sei. Bei Eingehung der Ehe habe sie davon keine Kenntnis gehabt; sie habe erst Mitte November, als der Beklagte eine Vorladung vor die Gesundheitsbehörde erhalten habe, davon erfahren. Da der Beklagte sich damals in Haft befunden habe, habe sie ihn entschuldigen wollen. Von den Ärzten sei sie dann über die Krankheit des Beklagten aufgeklärt worden.

Der Beklagte hat zur Klage keine Anträge gestellt. Er bestreitet nicht, wegen Erbkrankheit, und zwar nervösen Nervenleidens, am 5. Februar 1936 zur Sterilisation verurteilt und am 27. Februar 1936 auch sterilisiert worden zu sein. Er behauptet, bei Eingehung der Ehe nichts davon gewußt zu haben.

Gemäß Beweisbeschluß vom 17. Februar 1936 (13) sind die Parteien persönlich gehört worden; es wird insoweit auf die Niederschrift vom 16. März 1936 verwiesen.

Der Beklagte hat den Beschluß des Erbgesundheitsgerichtes vom 5. Februar 1936 vorgelegt.

In einzelnen wird auf den Akteninhalt verwiesen.

Entscheidungsgründe:

Aus dem glaubwürdigen Vortrag der Parteien und dem Beschluß des Erbgesundheitsgerichtes vom 5. Februar 1936 ergibt sich, daß der Beklagte wegen einer Erbkrankheit (Schizoprenie) sterilisiert worden ist. Weiter haben die Parteien vorgetragen, daß die Klägerin bei Eingebung der Ehe von der Krankheit des Beklagten nicht gewußt hat. An der Glaubwürdigkeit bestehen auch hinsichtlich dieser Ausführung keine Bedenken. Auf die Frage, ob dem Beklagten selbst die Krankheit unbekannt gewesen ist, kommt es in diesem Verfahren nicht an. Seine Behauptung in dieser Beziehung spricht aber noch für die Unkenntnis der Klägerin.

Daran, daß eine Erbkrankheit und die daran geknüpfte Sterilisation eine persönliche Eigenschaft eines Ehegatten ist, die zur Anfechtung der Ehe durch den anderen Ehegatten berechtigt, kann kein Zweifel bestehen. Eine der wesentlichen Aufgaben der Ehe besteht darin, gesunde Nachkommen hervorzubringen. Ist ein Ehegatte hierzu nicht in der Lage, so fehlt es bei ihm an einer Eigenschaft, die eine der Grundlagen der Ehe bildet. Bei Kenntnis dieser Sachlage und verständiger Würdigung des Wesens der Ehe würde die Klägerin den Beklagten nicht geheiratet haben. Sie kann daher die Ehe gemäß 1333 BGB anfechten. Auf ihre Anfechtung hin mußte die Ehe für nichtig erklärt werden.

Die Kostenentscheidung trägt 91 ZPO.

(Unterzeichnet:)

König Groh Krohn

»Erbkrankheiten«, die als mit dem Wesen der Ehe für unvereinbar angesehen wurden, galten als persönliche Eigenschaften im Sinne des § 1333 BGB. Damit war eine Anfechtung wegen Irrtums möglich.[120] In Einzelfällen fungierten »Erbkrankheiten« aber auch als Scheidungsgrund.[121] War es noch nicht zur Feststellung einer »Erbkrankheit« oder gar Anordnung einer Sterilisation durch das Erbgesundheitsgericht gekommem, so wurden Gutachten des Gesundheitsamtes oder von Krankenhausärzten eingeholt. So erklärte etwa das Landgericht Hamburg 8 R 179/35, Urteil vom 7.3.1936, eine im Juni 1929 geschlossene Ehe auf Anfechtungsklage des Ehemannes gemäß § 1333 BGB für nichtig, weil die Ehefrau laut einschlägiger Gutachten unter »gemeiner Epilepsie und einer hiermit in Verbindung stehenden Hysterie« litt. Zu einer im Herbst 1934 von der Ehefrau beabsichtigten und dem Ehemann gebilligten Sterilisierung soll es nicht gekommen sein, weil man im Krankenhaus eine Unterleibskrankheit feststellte: »... Diese habe eine Entfernung der Gebärmutter und der Eierstöcke am 4. Oktober 1934 notwendig gemacht. Damit habe sich die Sterilisation erübrigt. Dies sei dem Kläger gleich nach der Operation im Oktober 1934 bekannt gewesen ...«. Der Kläger bestritt das Vorbringen seiner Frau, »insbesondere habe er nicht sein Einverständnis zu einer Sterilisation gegeben«. Abgesehen von dem nicht weiter überprüften Hergang der Operation löste das Gericht auch die Diskrepanz zwischen den Angaben, wann der Kläger Gewißheit erlangt hatte, daß der Zustand der Beklagten unheilbar sei, zugunsten der Anfechtungsfrist auf und erklärte: »... Darüber hinaus entspricht die Auflösung der Ehe dem Interesse der Allgemeinheit, da infolge eines operativen Eingriffs die Beklagte nicht mehr in der Lage ist, Kindern das Leben zu schenken. Wenn dieser Gesichtspunkt auch die Aufhebung der Ehe allein nicht mehr zu stützen vermag, weil der Kläger seine fristgemäße Geltendmachung unterlassen hat, so mag er doch mit dazu dienen, für die Sinnlosigkeit der Fortsetzung der Ehe zu zeugen«.

4.8. Das nationalsozialistische Zerrüttungsprinzip: Ehen »ohne Wert für die Volksgemeinschaft«

Besondere Bedeutung gewann die nationalsozialistische Auffassung vom »Wesen der Ehe« bei der Auslegung des § 55 EheG, der in einem gewissen Umfang auch eine vom Verschulden unabhängige Scheidung ermöglichte. Dies sollte dann der Fall sein, wenn die häusliche Gemeinschaft der Ehegatten seit drei Jahren aufge-

120 Beispiele: 2 R 271/35, Urteil vom 31.1.1936 (Schizophrenie); 2 R 324/35, Urteile vom 3.3.1937 und 29.6.1938 (Psychose/Schizophrenie); 4 R 375/35, Urteil vom 16.3.1936 (Schizophrenie); 5 R 40/35, Urteil vom 9.3.1936 (Schizophrenie); 5 R 74/35, Urteil vom 10.10.1935 (angeborener Schwachsinn bei beiden Eheleuten); 5 R 355/35, Urteil vom 9.7.1936 (angeborener Schwachsinn); 8 R 146/35, Urteil vom 2.11.1935 (Epilepsie); 8 R 164/35, Urteil vom 5.11.1935 (Schizophrenie); 8 R 173/35, Urteil vom 17.12.1935 (angeborener Schwachsinn); 8 R 221/35; Urteil vom 11.2.1936 (Schizophrenie); 10 R 215/35, Urteil vom 31.10.1935 (angeborener Schwachsinn); 10 R 230/35, Urteil vom 8.6.1936 (Schizophrenie).

121 Im Fall LG Hamburg 1 R 74/35, Urteil vom 26.7.1935, war die Ehe zunächst auf Klage nach § 1568 BGB geschieden worden. Auf die Berufung des beklagten Ehemannes hatte das HOLG 2 U 303/35, Urteil vom 7.5.1936, zwar nicht auf § 1333 BGB (wegen Fristablaufs), wohl aber auf § 1569 BGB erkannt und seine grundsätzliche Übereinstimmung mit RGZ Bd. 145, S. 11, Urteil vom 18.6.1934, dargelegt (Fall von Schizophrenie).

hoben und infolge einer tiefgreifenden unheilbaren Zerrüttung des ehelichen Verhältnisses die Wiederherstellung der Lebensgemeinschaft nicht mehr zu erwarten war. Das dabei dem beklagten Ehegatten nach Absatz 2 eingeschränkt zugestandene Widerspruchsrecht konnte leicht seine Wirkung verlieren, wenn die Aufrechterhaltung der Ehe bei Würdigung des »Wesens der Ehe« und des gesamten Verhaltens beider Ehegatten den Gerichten »sittlich nicht gerechtigt« erschien. Allein 42 Reichsgerichtsentscheidungen der amtlichen Sammlung (RGZ) befaßten sich mit der tückischen Handhabung des § 55 EheG.[122] Dabei standen die Beachtlichkeit des Widerspruchs 27 Mal und Fragen der Zerrüttung 9 Mal im Mittelpunkt der Erörterungen, zumeist vor dem Hintergrund des Nutzens der Ehe für Volk und Staat (sogenannte »völkische Belange«).[123]

Da sich die Vorschrift dem Gedanken der Scheidung wegen objektiver Zerrüttung annäherte, hatten das Reichsgericht und die Instanzgerichte der Gefahr von Mißbräuchen – wie etwa der Verstoßung eines Ehegatten – vorzubeugen. Zumeist ging das Scheidungsbegehren vom Ehemann aus; so war es auch in den drei Verfahren vor der 5. und 8. Zivilkammer des Landgerichts Hamburg, die im folgenden kurz skizziert werden sollen.[124]

Im ersten Verfahren (I) waren zuvor 2 Scheidungsversuche erfolgt, und die Eheleute hatten sich vor 21 Jahren getrennt. Das zweite Verfahren (II) zeichnete sich durch 3 Scheidungsversuche und eine knapp dreijährige Trennung aus, während das dritte Verfahren (III) einen Scheidungsversuch und mindestens 6 Jahre Trennung der Eheleute aufwies. Die beklagten Ehefrauen beantragten in allen Fällen Klageabweisung und erhoben Widerspruch nach § 55 Abs. 2 S.1 EheG wegen Ehebrüche und ehewidrigen Verhaltens der Ehemänner. Während der Ehefau zu I die Bereitschaft zur Wiederherstellung der ehelichen Gemeinschaft nach 21 Jahren Trennung hervorhob, wiesen die Ehefrauen in II und III darauf hin, daß »das neue Gesetz es nicht beabsichtigt habe, einen treulosen Ehepartner durch Auflösung der Ehe die Freiheit zu geben« bzw. daß »dem Kläger nur der Haß und die Zerstörungswut dazu treibe, die Möglichkeiten, die ihm das neue Ehegesetz biete, für seine gehässigen Zwecke auszunutzen....«. In allen drei Fällen wurden die Ehen auf die Klage hin geschieden. Die Feststellung der drei Zivilkammern, daß die jeweilige »Ehe der Parteien ohne Aussicht auf Besserung zerrüttet sei«, stützte sich bei I und III auf die lange Trennung der Parteien, bei II und III auf die erbittert und unsanft erfolgten vorangegangenen Scheidungsversuche. Wenn auch in I und III den Anträgen der Ehefrauen auf Feststellung des klägerischen Verschuldens entsprochen wurde, so blieb doch in allen drei Fällen der Widerspruch der Ehefrauen erfolglos.

Zu I hieß es: »Eine Abweisung der Klage würde ... die Ehe nur der Form nach weiter bestehen lassen ... Das ist ein Zustand, dessen Aufrechterhaltung bei rich-

122 Beginnend mit RGZ Bd. 159, S. 111, Urteil vom 12.1.1939, bis RGZ Bd. 171, S. 277, Urteil vom 11.8.1943.

123 Vgl. RGZ Bd. 159, S. 111, Urteil vom 12.1.1939, insb. S. 114; RGZ Bd. 160, S. 15, Urteil vom 13.3.1938, insb. S. 18; RGZ Bd. 160, S. 144, Urteil vom 17.4.1939, insb. S.146.

124 LG Hamburg 5 R 253/38, Urteil vom 16.1.1936 (HOLG 3 U 78/1939, Urteil vom 18.4.1939) im folgenden als »I« bezeichnet; LG Hamburg 8 R 163/38, Urteil vom 21.3.1939 (»II«); LG Hamburg 8 R 329/38, Urteil vom 15.12.1938 (»III«).

tiger Würdigung des Wesens der Ehe sittlich nicht gerechtfertigt ist. Der Umstand, daß den Kläger die alleinige Schuld an der Zerrüttung der Ehe trifft, kann in dieser Beziehung nicht entscheidend ins Gewicht fallen ...«. Zu II wurde zunächst eingeräumt, »daß hier ein Grenzfall vorliegt ..., denn der Kläger legt es offenbar darauf an, die Beklagte gewissermaßen zu verstoßen ... Trotzdem gibt dieses Gericht dem Widerspruch der Beklagten nicht statt, weil diese Ehe doch nie eine wahre Ehe wieder werden kann. Es hat aber keinen Zweck und widerspricht auch offenbar dem Willen des Gesetzes, derartige hoffnungslose Ehen, gleichsam um den Kläger für sein Verhalten zu bestrafen, aufrecht zu erhalten. Die Ehe würde immer nur ein formelles äußerliches Band ohne Gehalt sein, ein Scheingebilde, für das heute kein Platz mehr ist. ... Dazu kommt aber noch ein Interesse der Allgemeinheit, das sich gegen die Aufrechterhaltung der Ehe richtet: der Kläger ist noch nicht vierzig Jahre alt. Er kann daher eine neue Ehe eingehen, aus der ein Nachwuchs zu erhoffen ist, während die Ehe mit der Beklagten allem Anschein unfruchtbar bleiben wird...«. Auch im Fall III mutete die formelhafte Begründung derselben Zivilkammer wenig überzeugend an: »... Sollte aber entgegen der Ansicht des Gerichts den Kläger doch das überwiegende Verschulden an der Zerrüttung der Ehe treffen, so würde die Beklagte mit ihrem Widerspruch gegen die Scheidung gemäß § 55 doch keinen Erfolg haben. Diese Ehe aufrechtzuerhalten, die nur noch dem Namen nach eine Ehe ist, ist sittlich nicht gerechtfertigt. Es würde das nur die Aufrechterhaltung eines äußerlichen rechtlichen Bandes ohne inneren sittlichen Gehalt bedeuten. Solche Ehe will aber der § 55 EheG treffen, ganz unabhängig davon, ob der Kläger in der Lage und willens ist, eine neue Ehe einzugehen. Die Allgemeinheit wünscht nicht die Aufrechterhaltung eines Scheininstituts, sondern Klarheit und Wahrheit in allen Fällen ...«.

Die Entscheidungen zu I bis III belegen exemplarisch, daß die Zivilkammern fast bedingungslos der hinter dem § 55 EheG stehenden ideologischen Zielsetzung entsprachen und deshalb prinzipiell die individuellen Belange der Parteien zurückstellten. In Anbetracht solcher Rechtsanwendung ist es wahrscheinlich, daß die Kammern in einer Reihe von Scheidungsfällen eben doch der immanenten Gefahr von Mißbräuchen vornehmlich seitens der klagenden Ehemänner erlagen. Indes erfuhr der kurios anmutende Fall I in der Berufungsinstanz eine überraschende Wende: Auf Berufung der Ehefrau wurde das erstinstanzliche Urteil aufgehoben und die Klage des Ehemanns abgewiesen. Anders als die Vorinstanz hielt das Berufungsgericht den Widerspruch für berechtigt und führte zur Frage der Beachtlichkeit des Widerspruchs entgegen der Auffassung des Kammergerichts[125] aus: »...Eine solche Auffassung, nach welcher der mehrfache Ehebrecher besser gestellt wird als derjenige, der an einer einzigen Dritten festgehalten hat, entspricht nach Auffassung des Senats nicht dem Volksempfinden ...«. Die richtige Würdigung des Wesens der Ehe interpretierte das HOLG ganz auf der Linie des nationalsozialistischen Gesetzgebers und gelangte nach einer vergleichenden Bewertung der alten Ehe mit der 65jährigen Beklagten und des noch durch eine Eheschließung zu sanktionierenden Ehebruchs des 67jährigen

125 Kammergericht in: JW 1939, S. 291.

Klägers mit einer 56jährigen Frau zu dem Ergebnis, daß die alte – »allerdings als Gemeinschaftsform wertlos« gewordene – Ehe eher dem propagierten Wesen der Ehe entspreche. Im Rahmen der Prüfung des Gesamtverhaltens beider Ehegatten folgte der Senat nicht der an eine Reichsgerichtsentscheidung[126] angelehnten Auffassung des Klägers, der das unbegründete Festhalten der Ehefrau im Zeitpunkt der Entfremdung der Eheleute im Jahre 1916 nach den nunmehr geltenden Maßstäben beurteilt wissen wollte: »... Der Kläger will sich mit Hilfe jenes von ihm zum Leitsatz erhobenen Gedankens in Berücksichtigung seiner individuellen Interessen seine Freiheit verschaffen, an der die Volksgemeinschaft in keiner Weise nach ein Interesse hat. Es liegt nichts dafür vor, daß die Beklagte seiner Zeit an der Ehe festgehalten hätte aus Bewegungsgründen, die im Sinne obiger Ausführungen zu bemängeln wären ...« Mag man dem Berufungsgericht bei dessen Beurteilung verwerflicher ehebrecherischer Handlungsweisen im Ergebnis beitreten, so erweisen sich doch die ideologisch eingefärbten Ausführungen zur richtigen Würdigung des Wesens der Ehe als Ausweis einer NS-konformen Haltung.

5. Schlußbetrachtung

Der zwangsläufig unvollständige Beitrag wollte eine Antwort auf die Ausgangsfrage finden, ob und gegebenenfalls in welchem Umfang die für den Zeitraum von 1933 bis Anfang 1939 untersuchten ehe- und familienrechtlichen Verfahren der Landgerichte Hamburg und Altona von nationalsozialistischem »Geist« beeinflußt waren. Die Frage nach dem »Ob« der Beeinflussung kann bereits anhand der geringen Anzahl der insgesamt vorgefundenen »auffälligen« Entscheidungen, von denen wiederum nur einige wenige exemplarisch vorgestellt werden konnten, uneingeschränkt bejaht werden. Allein die vorgestellten Judikate legen ein beredtes Zeugnis davon ab, daß die Zivilrichter von dem »Geist« der damaligen Zeit beeinflußt waren, und daß sich dieser bisweilen auch unmißverständlich in ihren ehe- und familienrechtlichen Erkenntnissen niederschlug.

Unübersehbar ist in diesen Fällen der an den Vorstellungen des Regimes orientierte Argumentationsstil der Zivilrichter, wenn es dabei auch nicht zu platten Berufungen auf Äußerungen von NS-Größen kam. Wahrnehmbar sind aber immer wieder völkisch-antisemitische Untertöne in der richterlichen Sprache. Einige Entscheidungen erwecken sogar den Eindruck, als ob die erkennenden Richter Argumentationsspielräume zugunsten mancher vom Regime zurückgesetzten Prozeßpartei ungenutzt gelassen hätten. Dieser Eindruck wird auch nicht dadurch zerstreut, daß hin und wieder ein an sich ideologisch nicht erwünschtes Prozeßergebnis aufgrund eines eindeutigen und nicht manipulierbaren Sachverhalts zu verzeichnen war.

Ebensowenig kann die empirische Tatsache, daß 97 % aller ergangenen Gerichtsentscheidungen keine besonderen Auffälligkeiten enthielten, die damalige Rechtsprechung sanktionieren oder gar als »Freibrief« für die damals – zugegebenermaßen unter einem besonderen Anpassungsdruck – tätigen Zivilrichter ge-

126 RG in: DR 1939, S. 174.

wertet werden. Die Normalfälle betrafen ja in der statistisch nachgewiesenen Mehrzahl ehe- und familienrechtliche Sachverhalte und persönliche Merkmale der beteiligten Prozeßparteien, die den Richtern keinen Anlaß zu ideologischen Bekenntnissen oder gewagten Auslegungen von Gesetzesvorschriften gaben. Darüber hinaus stand auch die »ökonomische« Arbeitsweise der Zivilrichter prinzipiell der Verführung zu unnötigen Ausführungen entgegen: Nur das juristisch unbedingt für die Begründung einer Entscheidung Erforderliche wurde verbindlich zu Papier gebracht.

Vor diesem Hintergrund wiegen die angeführten »Ausreißer« um so schwerer, denn an den »sensiblen« Einzelfällen zeigte sich schlaglichtartig die innere Einstellung der Richter und eben auch ihre Bereitschaft, einer systemkonformen Haltung in den Entscheidungen Geltung zu verschaffen. Wo sich Gelegenheit bot, trennten sie die für die »Volksgemeinschaft« wertlosen und unerwünschten Ehen im Wege der Nichtigerklärung bzw. Aufhebung oder der Scheidung. Die Richter wußten den Spielraum grundsätzlich systemkonform zu nutzen und setzten sich dort Schranken, wo sie meinten, den Bereich der Staatsführung zu tangieren.[127] Die Wechselwirkung von Konformität und Eigenständigkeit reduzierte sich auf ein Minimum an Eigenständigkeit. Von einem richterlichen Widerstand kann also aufgrund des Befundes keine Rede sein. Ebensowenig ließ sich eine kritische Infragestellung der Legitimität nationalsozialistischer Gesetze und Verordnungen, und wenn auch nur in Gestalt eines »selbstbeschränkten« richterlichen Prüfungsrechts hinsichtlich des ordnungsgemäßen Zustandekommens einer Vorschrift in den durchgesehenen Entscheidungen ausmachen.[128] Die Zivilkammern folgten der Rechtsprechung des Reichsgerichts und einzelner Oberlandes- und Landgerichte, so daß auch nicht von einer »Schrittmacherrolle« Hamburgs oder Altonas gesprochen werden kann. Das galt sowohl hinsichtlich der Anerkennung der von dem Reichsgericht im Wege der Rechtsfortbildung eingeführten »Abstammungsklage« (das heißt einer Statusklage im Sinne der §§ 640 ff ZPO a.F., statt der ursprünglichen Feststellungsklage nach § 256 ZPO), als auch hinsichtlich der grundsätzlichen Orientierung an den wegweisenden Interpretationen des neuen Ehegesetzes durch das Reichsgericht.

Die weitere Frage nach dem Umfang der in den auffälligen Judikaten sichtbar gewordenen Beeinflussung der Richter läßt sich kurz beantworten. Die damaligen Zivilrichter hatten sich dem Regime zweifellos angepaßt und dokumentierten das bisweilen auch durch die Veröffentlichung diverser erschreckender Urteile sowohl für die damalige Öffentlichkeit, als auch für die Nachwelt in wirkungsvoller Weise. Ob dies die These Diederichsens bestätigt, daß sich von Anfang an die Instanzgerichte ideologisch viel entschiedener als das Reichsgericht

127 Demgegenüber mußten sich etwa die Richter des Kammergerichts in RGZ Bd. 145, S. 8 ff, sagen lassen, sie hätten ihren Spielraum in falscher Weise begrenzt, während RGZ Bd. 145, S. 1 ff., den Richtern des OLG Karlsruhe die Überschreitung des Spielraums vorwarf, vgl. hierzu auch Hans Wrobel, Die Anfechtung, a.a.O., S. 366 f., insb. S. 369.

128 Schon jeder Ansatz hierzu sollte den Richtern mit den Ermahnungen Roland Freislers, Recht, Richter und Gesetz, in: DJ 1933, S. 694 ff., verleidet werden.

aufgeführt hätten,[129] mag der Leser in Anbetracht der angeführten Hamburger und Altonaer Judikate selbst beantworten.

In diesem Zusammenhang gewinnt der empirisch gewonnene Befund der weit überwiegenden Mehrheit unauffälliger Judikate eine relativierende Bedeutung. Von wenigen Einzelfällen ungereimter Rechtsanwendung, wie beispielsweise der unklaren Feststellung von Tatbestandsmerkmalen, lückenhafter Beweiswürdigung oder Verwechselung von Rechtsvorschriften abgesehen, dürfte die Mehrheit der Entscheidungen auch von unter rechtsstaatlichen Voraussetzungen tätigen Zivilkammern vor und nach dem »Dritten Reich« ähnlich entschieden worden sein. Die Scheidung von Ehen war eben damals wie heute überwiegend eine »normale« juristische Dienstleistung.

So ergibt sich der Eindruck, daß die Zivilkammern der Landgerichte Hamburg und Altona im Kontext der damaligen Rechtsprechung eine eher mittlere Position einnahmen – angepaßt an die herrschende Meinung, devot gegenüber der Staatsführung und am Schicksal der Betroffenen nur routinemäßig interessiert ...

129 Uwe Diederichsen, Nationalsozialistische Ideologie in der Rechtsprechung des Reichsgerichts zum Ehe- und Familienrecht, in: Ralf Dreier/Wolfgang Sellert, Recht und Justiz im »Dritten Reich«, Frankfurt/M. 1989, S. 241 ff., insb. S. 259 f.

Gunther Schmitz, Hans-Christian Lassen, Klaus Bästlein

Hunderttausend Akten – Millionen Fakten

Zur Erfassung und Auswertung der Strafakten aus der NS-Zeit

1. Zur Überlieferung

Auf den Aktenböden des Strafjustizgebäudes am Sievekingplatz sind rund 100.000 Strafverfahrensakten des Hanseatischen Sondergerichts sowie des Land- und Amtsgerichts Hamburg aus den Jahren 1933 bis 1945 erhalten. Dabei handelt es sich wahrscheinlich um die einzige weitgehend vollständige Überlieferung von Strafakten eines ganzen Oberlandesgerichtsbezirks aus der NS-Zeit. Denn andernwärts sind – soweit bekannt – lediglich Sondergerichts- und einzelne sonstige Strafakten der Land- und Amtsgerichte erhalten. Die Hamburger Überlieferung stellt daher für die zeit-, sozial- und rechtsgeschichtliche Forschung einen besonderen Glücksfall dar.

Allerdings fehlen bestimmte Akten. Das hat seine – heute erkennbaren – Gründe. Neben den immer wieder vorkommenden »Reibungsverlusten« auf den Wegen zwischen den Geschäftsstellen, den Staatsanwaltschaften, den Gerichten und dem Archiv ist der überwiegende Teil einer gezielten Vernichtungsaktion auf Weisung des Oberstaatsanwalts Dr. Schuberth vom 12.4.1945 zum Opfer gefallen.[1] In seiner Weisung hieß es unter anderem:

»1) Folgende Akten sind sofort zu vernichten:

a) im Archiv Hamburg und Altona:
sämtliche geschichtlich wertvolle Akten.[2]
sämtliche Akten aus der Geschäftsstelle 11 A (11 Js P und 11 Js P Sond.).
Akten aus Geschäftsstelle 11 C (11 Js V und 11 Js V Sond.) nach gefertigter Liste ...

d) sämtliche im Panzerschrank aufbewahrten eingestellten und abgeurteilten Geheimsachen. ...

1 Verfügung Schuberths in: Archiv der Staatsanwaltschaft beim Landgericht Hamburg, Generalakten, Az. 1452.

2 Hierbei handelt es sich um Akten, »die wertvolles und interessantes Material für die Geschichte der Kampfzeit der nationalsozialistischen Bewegung« enthalten. Sie wurden separat archiviert. Vgl. Allgemeinverfügung des RJM vom 17.9.1935, in: Deutsche Justiz (DJ) 1935, S. 1374; DJ 1937, S. 431; DJ 1938, S. 1913. Siehe auch den Bericht des Sachbearbeiters für Aktensichtung bei dem Hanseatischen Oberlandesgericht vom 26.8.1937 in: Staatsarchiv Hamburg, Abt. 213-1 (Oberlandesgericht-Verwaltung), Az. 1452 E.

5) Es sind ferner zu vernichten sämtliche im Bunker Wielandstaße befindlichen Urteile und Strafbefehle.«

Hinter den vorgenannten staatsanwaltschaftlichen Aktenzeichen verbergen sich politische Fälle sowie alle Delikte, die nach der Volksschädlings- und Gewaltverbrecherverordnung abgeurteilt worden sind. Außer den genannnten Verfahren sind auch die meisten »Rassenschandefälle«, die in der Verfügung Dr. Schuberths keine explizite Erwähnung fanden, vernichtet worden. Von rund 400 Verfahren sind nur 20 vollständig überliefert.[3] Vorhanden sind aber meist sogenannte Notakten, die später aufgrund von Anfragen der Wiedergutmachungs- und Entschädigungsstellen oder von privater Seite angelegt wurden. Sie enthalten oft Kopien der Urteile. Die »Vernichtungssachbearbeiter« und ihre Helfer waren unterschiedlich gründlich, so daß ein Teil der zur Vernichtung bestimmten Akten erhalten ist. Es läßt sich leider nicht mehr rekonstruieren, welche Akten vernichtet worden sind, da die Register aus der Vorkriegszeit fehlen. Die Gründe für die Vernichtungsaktion liegen auf der Hand: Die Beteiligung der Justiz an den Verbrechen des NS-Regimes sollte vertuscht werden. Angesichts der bevorstehenden militärischen Niederlage wurde beabsichtigt, die erwartete Abrechnung der Besatzungsmächte mit den verantwortlichen Justizjuristen zu erschweren oder unmöglich zu machen.

Im folgenden soll ein Überblick über den erhaltenen Aktenbestand vermittelt werden. Dabei gilt es, eine Hamburger Besonderheit zu beachten: Die Akten wurden ab 1935 in einer gemeinsamen Serie archiviert, die alle Amts-, Land- und Sondergerichtsverfahren umfaßte. Vorher gab es eine separate Amtsgerichts- und eine gemeinsame Land- und Sondergerichtsserie (die sogenannte L-Serie), die erst 1938 auslief. Für die Archivierung waren nicht die Aktenzeichen maßgeblich, sondern der Zeitpunkt der Abgabe der Sachen ans Archiv durch die Geschäftsstellen. Im Archiv erhielten die Akten dann eine besondere Reponierungsnummer. Daher enthält ein Reponierungsjahrgang Vorgänge aus verschiedenen Jahren. Auch sind verschiedene Akten aus der NS-Zeit erst in den Jahren nach 1945 reponiert worden. Die Amtsgerichtsserie der Jahre 1933 bis 1934 umfaßt ungefähr 40.000 Akten. Sie wurde noch nicht gesichtet. Im übrigen ergibt sich für die NS-Zeit folgendes Bild:

Fehlen aus den Reponierungsjahrgängen 1935 und 1936 rund 30 bis 35 % der Akten, sind es 1937 nur noch ungefähr 20 %; für die Folgejahre bis 1940 vermindern sich die Verluste auf weniger als 2 %. Beim weitüberwiegenden Teil der Akten aus der Vorkriegszeit handelt es sich um Amtsgerichts-Sachen (rund 92 %), etwa 7 % sind Land- und 1 % Sondergerichts-Verfahren. Seit 50 Jahren liegen die Akten auf einem nichtisolierten Boden des Strafjustizgebäudes. Damit waren und sind sie extremen Temperaturschwankungen, Feuchtigkeit und Verschmutzung ausgesetzt. Während die erhaltenen Sondergerichts-Sachen überwiegend komplett erhalten sind, wurden die Land- und Amtsgerichtsakten zum Teil routinemäßig »ausgedünnt«, so daß lediglich die Hauptbestandteile – Er-

3 Vgl. die – im einzelnen allerdings nicht immer ganz exakten – Angaben bei Hans Robinsohn, *Justiz als politische Verfolgung. Die Rechtsprechung in »Rassenschandefällen« beim Landgericht Hamburg 1936–1943*, Stuttgart 1977.

Überlieferung der Strafakten

Jahrgang	Archivierte Akten	Erhaltene Akten	Prozentsatz
L-Serie	2.239	1.447	64,6 %
1935	5.990	3.936	65,7 %
1936	10.160	7.160	70,5 %
1937	9.223	7.442	80,7 %
1938	10.803	ca. 10.600[4]	98,1 %
1939	11.255	11.022	97,9 %
1940	6.530	6.400	98,0 %
1941	8.333	bislang unbearbeitet	–
1942	7.622	– " –	–
1943	6.670	– " –	–
1944	5.556	– " –	–
1945	3.735	ca. 3.700[4]	99,3 %
1946–1949	Unbekannt	289	Unklar

mittlungsergebnisse, Anklageschrift, Urteil, Nachrichten über die Strafvollstreckung – überliefert sind. Bei den Land- und Sondergerichtsakten ist in vielen Fällen die »Akten-Chronologie« durch Versendevorgänge vor und nach 1945 in Unordnung geraten.

2. *Zur Verzeichnung der Strafakten – 1. Phase: 1987–1990*

Als die Zahl der laufenden Ermittlungsverfahren in Hamburg 1985/86 die Zahl von 40.000 überschritt, war die Kapazität des Archivs der Staatsanwaltschaft erschöpft. Um Platz zu schaffen, sollten die Akten aus der NS-Zeit an das Staatsarchiv abgegeben werden. Das Staatsarchiv wollte aber nur eine Auswahl der Akten übernehmen, wobei die Staatsanwaltschaft die Aussonderung und Verzeichnung übernehmen sollte. Zu jener Zeit gab es in Hamburg einen angeblichen »Lehrerüberhang«. Um ihn abzubauen, erdachte der damalige Hamburger Innensenator Pawelczyk den Plan, Lehrer befristet an andere Behörden abzuordnen. Die Justizbehörde forderte daher zum 1.8.1986 zwei solche Lehrkräfte an, deren Aufgabenbeschreibung unter anderem lautete: »... Schriftgut ist daraufhin zu prüfen, ob es für die historische Forschung wertvoll und daher an das Staatsarchiv für eine dauernde Aufbewahrung abzuliefern ist. Dabei ist in erster Linie der zeitgeschichtliche Wert der Akteninhalte zu beurteilen ...«[5] Nach der allgemeinen Verfügung der Justizbehörde »zur Verlängerung der Aufbewahrungsfristen von Akten für die Zwecke der Entschädigung und Wiedergutmachung«[6] wurde

4 Es handelt sich um einen Schätzwert, da die Bearbeitung der Jahrgänge 1938 und 1945 noch nicht ganz abgeschlossen ist.

5 Freie und Hansestadt Hamburg, Stellenausschreibungen, hrsg. vom Senatsamt für den Verwaltungsdienst, 1986.

6 Allgemeine Verfügung der Justizbehörde 5/88, in: Hamburgisches Justizverwaltungsblatt 1988, S. 28 ff.

zwischen der Staatsanwaltschaft und den beteiligten Lehrern vereinbart, daß darüber hinaus alle Akten aufzubewahren sind, deren Akteninhalt »Umstände, die für die Begründung der oben angeführten Ansprüche maßgeblich sein können, wenigstens ansatzweise« erkennen lassen.

Die Verzeichnungsarbeiten konnten im Sommer 1987 aufgenommen werden. Die fachliche Anleitung erfolgte durch die zuständige Mitarbeiterin des Staatsarchivs. Sie erstellte eine Übersicht zur Aussonderung und Verzeichnung der Akten und erarbeitete einen entsprechenden Erfassungsbogen. Danach war zunächst vorgesehen, jede Landgerichtsakte aufzuheben und für die Amtsgerichtsakten eine Auswahl in Gestalt jeder 30. Akte zu bilden. Vom Reponierungsjahrgang 1936 an wurde dann aber lediglich jede 10. Landgerichtsakte aufbewahrt, weil sich herausgestellt hatte, daß in der Vorkriegszeit viele ähnlich gelegene Bagatell-Delikte beim Landgericht angeklagt wurden. Dagegen konnte die Auswahl mit Amtsgerichtssachen auf jede 15. Akte verdichtet werden.

Darüber hinaus war und ist die Archivwürdigkeit jeder einzelnen Akte zu prüfen. Als »archivwürdig« gelten Akten, die den politischen oder sozialen Hintergrund von Straftaten beleuchten, wie etwa Auseinandersetzungen zwischen Sozialdemokraten, Kommunisten und Nationalsozialisten in der Zeit vor 1933 oder die Verfolgung von Minderheiten wie Juden, »Bibelforschern« (Zeugen Jehovas), Homosexuellen etc. unter der NS-Herrschaft. Ein weiteres Kriterium für die »Archivwürdigkeit« stellen Pönalisierungen aus NS-spezifischen Gründen dar, die unter rassen- oder erbbiologische Zielsetzungen fielen. Verstöße gegen NS-Sondergesetze, einsetzend mit der »Reichstagsbrand«-Verordnung vom 28.2.1933[7], werden ebenso berücksichtigt wie Gerichtsentscheidungen mit stark ideologischer Begründung (»gesundes Volksempfinden« etc.). Neben diese politisch-ideologischen Gesichtspunkte treten zeitgeschichtliche Auffälligkeiten bei einzelnen Delikten (zum Beispiel Veruntreuungen und Betrügereien innerhalb von NS-Formationen) oder zur Veranschaulichung sozialer Verhältnisse und Milieus, vor allem wenn sie Hamburger Besonderheiten betreffen. Hier sind etwa der Hafen, St. Pauli und das Gängeviertel oder bekannte Hamburger Bürger, Familien oder Firmen zu berücksichtigen. Weiter wird auf interne Vorgänge geachtet, wenn sie sich von dem üblichen Verfahrensgang abheben, also Berichtssachen, außergewöhnliche Gnadenentscheidungen und Auffälligkeiten bei der Strafvollstreckung. Diese Kriterien konnten vom Staatsarchiv natürlich nur in abstrahierter Form vorgegeben werden. Die Konkretisierung gelang in stetigen Gesprächen während der Anfangsphase der Verzeichnungsarbeit, die auch zur Motivation während der zeitweilig ermüdenden Verzeichnisarbeit beitrugen – etwa wenn laufende Meter an Verkehrsdelikten oder kleineren Diebstählen und Betrügereien bearbeitet werden mußten.

Auf Formblättern – farblich nach Amts-, Land- und Sondergerichten unterschieden – wurden handschriftlich die äußeren Randdaten der Akten festgehalten: Reponierungsnummer, Aktenzeichen des Ermittlungs- und Hauptverfahrens sowie Laufzeit der Akte. Gab es spätere Vorgänge wie Begnadigungen, Wiederverleihung der Wehrwürdigkeit, Wiederaufnahme des Verfahrens oder Nach-

7 Reichsgesetzblatt, Teil I (im folgenden: RGBl. I), S. 83.

kriegsvorgänge, wurden diese Daten in Klammern hinzugefügt. Sodann wurden die einzelnen Gerichtsinstanzen mit den Urteilsdaten notiert, wobei lediglich die Gerichtsabteilungen oder Kammern, jedoch nicht deren Besetzung festgehalten wurde. Es folgte die Erfassung der Angeklagten mit Namen und Geburtsdaten, aber ohne Berufsangabe. Außerdem wurden die Straftatbestände, die Strafvorschriften und die Strafmaße angegeben. Es gab aber keine Differenzierung bei mehreren Angeklagten, so daß nur die niedrigste und die höchste Strafe ausgewiesen wurde. So hieß es zum Beispiel bei Prozessen mit mehreren Beteiligten: ein Jahr Gefängnis bis 15 Jahre Zuchthaus. Besonderheiten der Akte wie Asservate, Fotos, Broschüren usw. waren in einer Rubrik »Enthält« zu verzeichnen, und unter »Hinweise« konnte der Zustand der Akte beschrieben werden – aus wie vielen Bänden sie bestand, ob sie vollständig erhalten war usw. Problematisch war die Rubrik »Auswahlgrund«, denn hierunter sollte lediglich stichwortartig die Entscheidung für die Archivwürdigkeit festgehalten werden, was häufig nur in knappsten Wendungen geschah. Zur Übersicht wird hier der ursprüngliche Erfassungsbogen wiedergegeben, wobei jedoch die Zeilenkapazität der einzelnen Rubriken nicht berücksichtigt ist:

Verzeichnungsbogen

Verzeichnungsbogen
Rep.-Nr. Laufzeit
Gericht Urteilsdatum Rechtsmittel
Angeklagte
Delikt Strafvorschrift
Strafmaß
Auswahlgrund
Enthält
Hinweise
Alte Aktenzeichen

3. Zur Verzeichnung der Strafakten – 2. Phase: 1991–1994

Mitte 1990 wurde die Verzeichnung der Strafakten in das Projekt zur Neueren Hamburger Justizgeschichte integriert. Die schon geleistete Arbeit bildete eine wichtige Grundlage für die anlaufenden Forschungsvorhaben. Um eine umfassende und effektive Auswertung im Zuge der Projektarbeiten zu ermöglichen, rückte nun die Umstellung auf eine EDV-gestützte Erfassung der Akten und eine Erweiterung der Erfassungskriterien ins Blickfeld. Daneben war absehbar, daß sich mit dem EDV-Einsatz Rationalisierungs-Effekte durch die Vermeidung von

Doppelarbeit ergeben würden. Zur Abstimmung der geplanten Maßnahmen fand im Juni 1990 eine Besprechung mit dem Leiter des Staatsarchivs in der Justizbehörde statt, der den geplanten Maßnahmen zustimmte. In den Folgemonaten beriet das Staatsarchiv die Projektgruppe bei der Umstellung der Erfassung auf EDV-Basis. So wurde auf seine Anregung das Programm »Fragen & Antworten« (F & A) in der Version 3.0 für die Verzeichnungsarbeiten beschafft. Gleichzeitig entwickelte die Projektgruppe einen erweiterten Kriterien-Katalog für die Daten-Erfassung. Seitens der Justizbehörde wurden zwei autonome PC-Systeme für die Akten-Erfassung beschafft. Die Justizbehörde sorgte auch für die Abstimmung mit dem Datenschutzbeauftragten und eine intensive Schulung der Projektmitarbeiter für den PC-Einsatz. Nachdem die erweiterten Erfassungs-Kriterien zur Abstimmung dem Staatsarchiv mitgeteilt worden waren, begann im März 1991 die Umstellung der Arbeiten auf EDV-Basis.[8]

Die neuen Erfassungskriterien entsprechen den gängigen wissenschaftlichen Standards, wie sie in den achtziger Jahren von der Gedenkstätte Deutscher Widerstand in Berlin, dem Institut für Zeitgeschichte in München, dem Forschungsprojekt zum Volksgerichtshof an der Universität Münster und dem ehemaligen Dokumentationszentrum der Staatlichen Archivverwaltung der DDR (heute: Bundesarchiv, Abteilungen Potsdam) unabhängig voneinander, aber weitgehend übereinstimmend entwickelt worden sind. Es werden daher jetzt auch für jede Instanz die Namen der an den Urteilen beteiligten Richter und Staatsanwälte ausgewiesen, ohne die eine sinnvolle justizgeschichtliche Forschung nicht möglich ist (siehe Abbildung). Die Angaben zu den Angeklagten werden ebenfalls im notwendigen Rahmen ergänzt: So finden der Geburtsort, die Berufsbezeichnung und die soziale Stellung nach einem Schichtenmodell Berücksichtigung. Diese Angaben sind vor allem für soziologische und kriminologische Analysen von großer Bedeutung. Der Diskriminierung bestimmter Bevölkerungsgruppen unter der NS-Herrschaft wird durch die Erfassung von Ausländern nach ihrer Staatsangehörigkeit sowie den nach der NS-Rassenideologie als »Juden« geltenden Angeklagten Rechnung getragen. Ausgewiesen werden nunmehr auch die Strafanträge und Strafmaße für jeden einzelnen Angeklagten. Alle diese Angaben sind zudem für eine statistische Auswertung der Überlieferung unerläßlich.

Für sozial-, zeit- und lokalgeschichtliche Studien ist darüber hinaus die Änderung der Rubrik »Auswahlgrund« in »Sachverhalt« von Relevanz. Hier erfolgt nämlich jetzt bei allen Verfahren, die mit Freiheitsstrafen von über einem Jahr endeten oder irgendwelche Auffälligkeiten aufwiesen, eine kurze Schilderung des zu Grunde liegenden Tatbestands. Damit wird auch in qualitativer Hinsicht eine umfassendere Auswertung der Akten möglich. Neu sind überdies spezielle Felder in der Rubrik »Enthält«, wo jetzt psychiatrische und medizinische Gutachten, Berichte der Gerichtshilfe (GH) und in den Akten enthaltene Schreiben der NSDAP (Partei) ausgeworfen werden. So ist es im Rahmen medizin- oder sozialgeschichtlicher Untersuchungen sofort möglich, auf die entsprechenden Ak-

8 Siehe Projektgruppe, PC-Maske und Erläuterungen zum Verzeichnungsbogen Strafakten, Hamburg 1991 (Maschinenschrift).

```
Rep.-Nr.        /       Bogen     Laufzeit1      -      Laufzeit2      -
   Gericht
   U-Datum        /           Rechtsmittel
  VRichter                    Richter2                  Richter3
  Richter4                    Richter5                  StAnwalt

  a-Angeklagte (Name, Vornamen)    b-Geburtsname    c-geb. am
    d-geb. in            e-Ausl. f-Beruf           g-Zuord.  h-jüd.
 1a                                1b                 1c
   1d                   1e      1f                  1g        1h
 2a                                2b                 2c
   2d                   2e      2f                  2g        2h
 3a                                3b                 3c
   3d                   3e      3f                  3g        3h
 4a                                4b                 4c
   4d                   4e      4f                  4g        4h
 5a                                5b                 5c
   5d                   5e      5f                  5g        5h
                                       Weitere Angeklagte?
Delikt
Strafvorschrift
```

```
Strafantrag1:                  2:                3:
           4:                  5:
   Strafmaß1:                  2:                3:
           4:                  5:
  Sachverhalt:

  Enthält:

                   Gestapo:  *  Gutachten GH:  Psych:  Partei:
  Hinweise
  Wd.aufn.
  Alte Az.a              b                          Bearb
```

ten zuzugreifen, und Einflußnahmen der NSDAP auf die Rechtspraxis können problemlos nachgewiesen werden. Besondere Bedeutung kommt einem weiteren Feld zu, wo alle Verfahren ausgewiesen werden, in denen die Geheime Staatspolizei (Gestapo) tätig wurde. An Hand der in den Strafakten erhaltenen Ermittlungsvorgänge der Gestapo lassen sich manche Aufschlüsse über ihre Arbeitsweise und zum Teil auch ihre Organisationsstruktur gewinnen, was ansonsten nicht mehr möglich ist, da die Akten der Staatspolizeileitstelle Hamburg vollständig vernichtet worden sind. In einer gesonderten Rubrik werden darüber hinaus die Überprüfungen von Verfahren durch Staatsanwaltschaften und Gerichte nach 1945 erfaßt, die in der Regel zu einer erheblichen Reduzierung der Strafen oder der Aufhebung von NS-Unrechtsurteilen führten.

Vom Reponierungsjahrgang 1940 ab werden auch wieder alle Verfahren vor dem Landgericht erfaßt. Denn seit Kriegsbeginn kamen dort kaum noch Bagatell-Delikte zur Anklage. Die Zahl der Verfahren sank bis 1945 kontinuierlich ab, da immer mehr Fälle vor dem Sondergericht verhandelt wurden.[9] Der Anteil der amtsgerichtlichen Verfahren blieb dagegen mit etwa 90 % der Gesamtüberlieferung weitgehend konstant. Hinsichtlich der Amtsgerichts-Sachen wird daher an der Bildung einer Auswahl von jeder 15. Akte festgehalten. Vollständig erfaßt werden für die Kriegsjahrgänge die Verfahren vor dem Sonder- und dem Landgericht. Die Verzeichnung der Reponierungsjahrgänge 1938, 1940 und 1945 konnte bereits nach den erweiterten Kriterien computergestützt erfolgen. Dabei haben sich das Programm »F & A« und die erweiterten Erfassungskriterien bewährt. Auch die erwarteten Rationalisierungseffekte durch die Vermeidung von Doppelarbeit sind eingetreten. Damit wurden Kapazitäten frei, um eine laufende Kontrolldurchsicht der Erfassung zu ermöglichen. Auf diese Weise können Schreib- und sonstige Fehler weitgehend korrigiert werden.

Parallel dazu erfolgt die Erfassung der bereits handschriftlich verzeichneten Reponierungsjahrgänge 1935 bis 1937 und 1939 sowie der L-Serie. Daran wirken die drei nicht-wissenschaftlichen Kräfte der Projektgruppe mit. Neben ihren sonstigen Arbeiten ergänzen sie die Angaben auf den ursprünglichen Erfassungsbögen und geben die Daten nach der Durchsicht und Ergänzung durch einen der wissenschaftlichen Mitarbeiter in die EDV ein. Ohne ihre Mitarbeit wäre es nicht möglich, die EDV-gestützte Erfassung termingerecht zum Abschluß zu bringen. Zum Zeitpunkt des Erscheinens dieses Bandes sind rund 10.000 Verfahrensakten der Reponierungsjahrgänge 1935 bis 1940 und 1945 sowie die L-Seite verzeichnet. Davon sind rund 6.000 Akten der Jahrgänge 1935, 1936, 1938, 1940 und 1945 auch computergestützt erfaßt. Das entspricht etwa einem Drittel der zu erwartenden Gesamtüberlieferung. Wenn die bisherigen Mitarbeiter dem Projekt erhalten blieben, ist für Mitte 1994 mit dem Abschluß aller Arbeiten zu rechnen.

9 Siehe hierzu die Zahlenangaben bei Werner Johe, *Die gleichgeschaltete Justiz. Organisation des Rechtswesens und Politisierung der Rechtsprechung 1933–1945 dargestellt am Beispiel des Oberlandesgerichtsbezirks Hamburg,* Frankfurt 1967, S. 92, Anm. 31. Dabei ist allerdings zu bedenken, daß in den Zahlen auch die Urteile der Bremer Gerichte enthalten sind.

4. Zur Auswertung

Die bereits computergestützt erfaßten Daten werden von der Projektgruppe laufend zu Forschungszwecken herangezogen. Früher mußten zum Auffinden von Akten Tausende von Verzeichnungsbögen stunden- oder tagelang durchgesehen werden. Heute gelingt das Auffinden mit Hilfe der computergestützten Verzeichnung quasi per Knopfdruck. Dabei können die Angaben in allen Feldern des Erfassungsbogens abgerufen werden. Es sind zudem Verknüpfungen möglich, so daß zu immer differenzierteren Fragestellungen fortgeschritten werden kann. Ähnlich arbeitet zum Beispiel das JURIS-System zur Erschließung der aktuellen juristischen Literatur und Rechtsprechung. So lassen sich an Hand der computergestützten Erfassung die Urteile einzelner Abteilungen oder Kammern auf Grund bestimmter Strafbestimmungen feststellen und chronologisch geordnet ausdrucken. Im Zuge der bisherigen Forschungsarbeiten sind für einzelne Reponierungsjahrgänge beispielsweise sämtliche Sexualdelikte listenmäßig erfaßt worden. Auch war es binnen kürzester Frist möglich, alle Verfahren nachzuweisen, in denen der § 42 c StGB alter Fassung (Unterbringung in einer Trinkerheilanstalt) zur Anwendung kam. Da im Feld »Sachverhalt« ebenfalls die Überstellung von Gefangenen in Konzentrationslager vermerkt wird, konnten zu Forschungszwecken problemlos alle diesbezüglichen Vorgänge durchgesehen werden. Im Zuge der zweiten Projektphase kommt der fortschreitenden Erfassung noch erhöhte Bedeutung zu. So läßt sich die Verfolgung von Eigentumsdelikten in der Kriegszeit und ein entsprechender Vergleich mit der Vorkriegszeit angesichts der Masse der in Frage stehenden Akten nur noch computergestützt bewerkstelligen. Entsprechendes gilt für die Überprüfung der bei den »Vor«- und »Nachschau«-Besprechungen zwischen 1942 und 1945 erörterten rund 2.000 Hamburger Fälle.

Nach Abschluß der Erfassungsarbeiten ist eine umfassende justizstatistische Auswertung beabsichtigt. Dabei wird zunächst die ursprüngliche Chronologie der Entscheidungen nach den Urteilsdaten herzustellen sein. Sodann soll die Rechtsprechung Jahr für Jahr nach einzelnen Delikten aufgegliedert werden. Dabei kann auch die Zahl der Berufungen und Revisionen geklärt werden. Es wird ebenfalls das durchschnittliche Strafmaß für die einzelnen Delikte jahrgangsweise zu errechnen sein. Weiter kann die Delinquenz einzelner Berufsgruppen und Sozialschichten nach Delikten aufgezeigt werden. Weitere Differenzierungen nach Geschlecht, Geburtsort und Geburtsjahr der Angeklagten sind möglich. Dies gilt auch hinsichtlich der Staatsangehörigkeit der Delinquenten und für die nach den NS-Rassegesetzen als jüdisch geltenden Angeklagten. Durch den Rückgriff auf die jeweils angewandten Strafbestimmungen lassen sich die Auswirkungen des sogenannten »Kriegsstrafrechts« mit der Volksschädlings- und der Gewaltverbrecher-Verordnung sowie dem Gesetz vom 4.9.1941 genauer klären.[10] Die Fälle, in denen vom Urteil abweichende Strafanträge gestellt wurden, können ebenfalls nachgewiesen werden. Zu überprüfen ist, ob sich die Zugehörig-

10 Verordnung gegen Volksschädlinge vom 5.9.1939, in: RGBl. I, S. 1679; Verordnung gegen Gewaltverbrecher vom 5.12.1939, in: RGBl. I, S. 2378; Gesetz zur Änderung des Reichsstrafgesetzbuchs vom 4.9.1941, in: RGBl. I, S. 549.

keit zu bestimmten Sozialschichten auf die Höhe der verhängten Sanktionen auswirkte. Dies gilt auch in Hinblick auf Ausländer oder als jüdisch geltende Personen. Zu analysieren sind darüber hinaus die Entscheidungen einzelner Spruchkörper und mögliche Zusammenhänge zwischen ihrer Besetzung und Rechtsprechung. Weiter soll geklärt werden, in welchen Fällen die Gestapo Ermittlungen an sich zog, und wie stark der Einfluß der NSDAP und ihrer Formationen auf die Rechtspraxis war. Auch nach den Auswirkungen von Berichten der Gerichtshilfe sowie psychiatrischer und medizinischer Gutachten ist zu fragen. Zudem wird es möglich sein, die Zahl der an die Polizei, in die Konzentrationslager oder in psychiatrische Vernichtungsanstalten ausgelieferten Justizgefangenen weitgehend exakt festzustellen.

Die angestrebte statistische Auswertung läßt sich durchaus mit Hilfe des Programms »F & A« vornehmen. Allerdings würde dies eine Vielzahl einzelner Operationen erfordern, die bei der zu erwartenden Masse von knapp 20.000 Datensätzen mit Millionen Einzelangaben Monate in Anspruch nehmen dürfte. Es sind daher Überlegungen im Gange, die Auswertung mit Hilfe professioneller Statistik-Programme wie SPSS (Statistical Package for the Social Science) vorzunehmen, von denen unterdessen auch PC-Versionen verfügbar sind. Auf jeden Fall aber soll die statistische Auswertung in entsprechende Schaubilder umgesetzt werden und nicht isoliert erfolgen. Für die statistische Darstellung der Strafpraxis in der NS-Zeit gilt nämlich ebenfalls das Gebot der Verknüpfung mit Erkenntnissen aus anderen Bereichen. Denn eine isolierte Betrachtung kann ebenso in die Irre führen wie der alleinige Blick auf Personal- oder Verwaltungsvorgänge. Die statistische Auswertung könnte dann den krönenden Abschluß des Projekts zur Neueren Hamburger Justizgeschichte bilden. Vergleichbare Arbeiten auf dem Gebiet der historischen Justizforschung hat es in Deutschland bisher nicht gegeben. So wird es erstmals möglich sein, die Spruchpraxis verschiedener Gerichte eines Oberlandesgerichtsbezirks mittlerer Größe während der NS-Zeit verläßlich und umfassend darzulegen.

Nach dem Abschluß der Erfassungsarbeiten werden die Akten an das Staatsarchiv abgegeben, so daß sie der Forschung auch künftig zur Verfügung stehen. Daß den Strafakten für die Darstellung der NS-Zeit eminente Bedeutung zukommt, braucht angesichts der großen Überlieferungsverluste gerade hinsichtlich der nationalsozialistischen Verfolgungsorgane in Hamburg nicht weiter betont zu werden. Das Staatsarchiv kann auf Grund der computergestützten Erfassung ebenfalls entsprechende Ablieferungslisten oder Ausdrucke der Datensätze erhalten. Die Ausdrucke können in Form der ursprünglichen Verzeichnungsbögen, der von der Projektgruppe verwandten PC-Maske (siehe Abbildung) oder in anderer Form erfolgen. Dabei ist die PC-Maske, die aus arbeitsökonomischen Gründen auf den doppelten »F & A«-Bildschirm mit 42 Zeilen reduziert wurde, für die Findmittelerstellung wenig geeignet. Es ist jedoch möglich, die vollständigen Angaben im Klartext und sehr benutzerfreundlich mit 84 Zeilen auf einem DIN-A-4-Bogen wiederzugeben. Das Staatsarchiv kann darüber hinaus die erfaßten Datensätze übernehmen und seinen Benutzern zugänglich machen. Es würden sich dann ähnliche Möglichkeiten für die zeit-, sozial- und lokalgeschichtliche Forschung ergeben wie im Rahmen der Nutzung der computergestützten Erfassung durch die Projektgruppe. Denn es lassen sich natürlich auch Angaben zu einzelnen Hamburger Stadtteilen, bestimmten Gruppen (»Swing-Jugend«, »KPD-Mitglied« etc.) oder Sachbegriffen (»Schwarzmarkt«, »Bahnhof«, »Ausländerlager« etc.) abrufen. Bei der Nutzung von Archivgut eröffnen sich damit bislang ungeahnte Möglichkeiten.

Der Glücksfall der einmaligen Hamburger Überlieferung von Strafakten aus der NS-Zeit wurde fruchtbar gemacht. Dies geschah in der ersten Phase durch eine enge Zusammenarbeit von Justizbehörde, Staatsanwaltschaft und Staatsarchiv. In der zweiten Phase folgte die Potenzierung der Bemühungen durch den EDV-Einsatz. Die Verbindung von Verzeichnung und Beforschung der Akten ist gelungen. Sie entspricht zwar hergebrachter archivischer Tradition, ist aber im Bereich der Zeitgeschichte leider zur Ausnahme geworden. Die statistische Auswertung und effektive Nutzbarmachung der Akten im Staatsarchiv steht noch aus. Sollte auch sie gelingen, könnte vielleicht nicht nur von einem Hamburger Glücksfall, sondern sogar von einem Hamburger Modell für die Erschließung und Auswertung von Massenakten gesprochen werden.

Archivverzeichnis

Archiv des Amts- und Landgerichts Hamburg
- Sammlung der Entscheidungen aus Ehe- und Familiensachen der Landgerichte Hamburg und Altona 1933–1945 (Ziviljustizgebäude) .

Archiv der Justizbehörde Hamburg (JB)
- Generalakten 1933–1945
- Personalakten

Archiv der Staatsanwaltschaft bei dem Landgericht Hamburg
- Generalakten 1933–1945 (Gorch-Fock-Wall)
- Strafakten 1933–1945 (Strafjustizgebäude)
- Strafakten aus Verfahren wegen nationalsozialistischer Gewaltverbrechen 1945–1990 (Gorch-Fock-Wall)

Berlin Document Center (BDC)
- Personalakten

Bundesarchiv (BA)

Abteilungen Koblenz
- Bestand Alliierte Prozesse
- R 22, Reichsjustizministerium
- R 22/PA, Reichsjustizministerium/Personalakten
- R 43 II, Reichskanzlei
- R 58, Reichssicherheitshauptamt

Abteilungen Potsdam
- Bestand Reichsgericht/Personalakten

Deutsche Dienststelle für die Benachrichtigung der nächsten Angehörigen von Gefangenen der ehemaligen deutschen Wehrmacht (Wehrmachtsauskunftstelle – WASt), Berlin
- Personalakten der Kriegsrichter

Forschungsstelle für die Geschichte des Nationalsozialismus in Hamburg
- Archiv / Ordner 330

Niedersächsisches Hauptstaatsarchiv Hannover (Nds. HStArch Han)
- Bestand 80/Lüneburg III

Staatsarchiv Hamburg (StArch HH)
- Abt. 113-5, Staatsverwaltung – Allgemeine Abteilung
- Abt. 213-1, Generalakten des Oberlandesgerichts – Verwaltung
- Abt. 213-8, Generalakten der Staatsanwaltschaft bei dem Oberlandesgericht
- Abt. 221-5, Verwaltungsgericht
- Abt. 221-11, Staatskommissar für die Entnazifizierung und Kategorisierung
- Abt. 241-2, Justizverwaltung – Personalakten
- Abt. 242-1, Generalakten der Gefängnisverwaltung
- Abt. 314-14, Zollverwaltung – Personalakten
- Abt. 314-15, Oberfinanzpräsident – Devisenstelle

Literaturverzeichnis

Zusammengestellt von Gunther Schmitz

1. Literatur vor 1945

Anonym, *Die deutsche Strafrechtspflege seit 1933 in Zahlen*, in: Deutsche Justiz (DJ) 1938, S. 800.
Gerhard Anschütz, *Die Verfassung des Deutschen Reiches vom 11. August 1919. Kommentar*, 14. Aufl., Berlin 1933, Nachdruck 1960.
Werner Becker, *Einige Zweifelsfragen aus dem Heimtückegesetz*, in: DJ 1936, S. 643.
Werner Becker, *Zweifelsfragen aus der sondergerichtlichen Praxis*, in: DJ 1937, S. 1284 ff.
Wilhelm Crohne, *Die Verbote der internationalen Bibelforschervereinigung sind rechtsgültig*, in: DJ 1935, S. 114 f.
Wilhelm Crohne, *Streitfragen aus dem Heimtücke-Gesetz (HG)*, in: DJ 1935, S. 1407.
Wilhelm Crohne, *Die Strafrechtspflege 1936*, in: DJ 1937, S. 7 f.
Eduard Dreher, *Konkurrenzverhältnisse im Heimtückegesetz vom 20. Dezember 1934*, in: DJ 1940, S. 1189 f.
Entscheidungen des Reichsgerichts in Strafsachen (RGSt), Bd. 1 ff.
Fraeb, *Die Aufhebbarkeit arisch-jüdischer Mischehen*, in: Deutsche Richterzeitung (DRiZ) 1934, S. 267 ff.
Roland Freisler, *Vom alten zum neuen Ehescheidungsrecht*, Berlin 1937.
Hamburgisches Staatshandbuch für das Jahr 1922, Hamburg 1922.
Hamburgisches Staatshandbuch für das Jahr 1929, Hamburg 1929.
Hanseatische Rechts- und Gerichtszeitung (HansRGZ) 1933.
Adolf Hitler, *Mein Kampf*, Jubiläumsausgabe, München 1939.
Jahresbericht der Verwaltungsbehörden der Freien und Hansestadt Hamburg 1925, Hamburg 1926.
Hans-Heinrich Jeschek, *Die juristische Ausbildung in Preußen und im Reich*, Berlin 1939.
Kalender für Reichsjustizbeamte 1939, bearbeitet im Büro des Reichsjustizministeriums, Berlin 1939.
Rudolf Klare, *Homosexualität und Strafrecht*, Hamburg 1937.
Kohlrausch/Lange, *Kommentar zum Strafgesetzbuch*, 38. Aufl., München 1944.
Kramer, *Zweifelsfragen aus der sondergerichtlichen Praxis*, in: DJ 1937, S. 1954 ff.
Heinrich Lange, *Nationalsozialismus und Bürgerliches Recht*, in: Hans Frank (Hrsg.), *Nationalsozialistisches Handbuch für Recht und Gesetzgebung*, München 1935, S. 933 ff.
Karl Larenz, *Über Gegenstand und Methode des völkischen Rechtsdenkens*, Berlin 1938.
Rudolf Letz, *Von der Landesjustizverwaltung Hamburg zum Präsidenten des Hanseatischen Oberlandesgerichts*, in: Curt Rothenberger (Hrsg.), *Das Hanseatische Oberlandesgericht. Gedenkschrift zu seinem 60 jährigen Bestehen*, Hamburg 1939, S. 183 ff.
Moritz Liepmann, *Kommunistenprozesse*, Berlin 1928.
Walter Matzke, *Die Anfechtung der Rassenmischehe nach geltendem Recht*, in: Juristische Wochenschrift (JW) 1934, S. 2593 ff.
Max Mittelstein, *Die Verfassung der Freien und Hansestadt Hamburg*, Hamburg 1924.
Ferdinand Mössmer, *Rassenmischehe und geltendes Recht*, in: Zeitschrift der Akademie für deutsches Recht 1934, S. 86 ff.
Ferdinand Mössmer, *Der Gemeinschaftsgedanke im Recht der Eheschließung und Ehescheidung*, in: Deutsches Recht 1935, S. 86 f.
Musold, *Brief aus Hamburg*, in: DRiZ 1933, S. 210 f.
Hans Carl Nipperdey, *Das System des Bürgerlichen Rechts*, in: Hans Frank (Hrsg.), *Zur Erneuerung des Bürgerlichen Rechts*, München 1938, S. 95 f.
Otto Palandt/Heinrich Richter, *Die Justizausbildungsordnung des Reiches*, 1. Aufl., Berlin 1934, 2. Aufl., Berlin 1939.
Curt Rothenberger, *Unitarismus und Föderalismus in der Reichsverfassung vom 11. August 1919, nachgewiesen an der Kompetenzverteilung zwischen Reich und Ländern*, Diss. jur., Hamburg 1920 (Maschinenschrift).
Curt Rothenberger, *Nationalsozialistisches Rechtsdenken*, Hamburg 1934.
Curt Rothenberger, *Gesetz ist der Wille des Führers*, in: Deutsche Juristenzeitung (DJZ) 1936, Sp. 22 ff.
Curt Rothenberger (Hrsg.), *Rassenbiologie und Rechtspflege. Arbeiten Hamburger Juristen im Rassenbiologischen Institut der Hamburgischen Universität*, Hamburg 1936.
Curt Rothenberger, *»Schönheit der Arbeit«*, in: DJ 1938, S. 123 ff.
Curt Rothenberger, *Die Stellung des Richters im Führerstaat*, in: Deutsches Recht 1939, S. 831 ff.

Curt Rothenberger (Hrsg.), *Das Hanseatische Oberlandesgericht. Gedenkschrift zu seinem 60jährigen Bestehen*, Hamburg 1939.
Curt Rothenberger, *Das Schnellgericht in Hamburg*, in: DJ 1941, S. 721 ff.
Curt Rothenberger, *Die ersten fachlichen Maßnahmen zum Aufbau einer nationalsozialistischen Rechtspflege*, in: DJ 1943, S. 66 ff.
Curt Rothenberger, *Der deutsche Richter*, Hamburg 1943.
Carl Schmitt, *Land und Meer. Eine weltpolitische Betrachtung*, Leipzig 1942.
Adolph Schumacher, *Anfechtung jüdisch-arischer Ehen*, in: DJZ 1933, S. 1492 ff.
Wolfgang Siebert, *Die Volksgemeinschaft im Bürgerlichen Recht*, in: Hans Frank (Hrsg.), *Nationalsozialistisches Handbuch für Recht und Gesetzgebung*, München 1935, S. 965 ff.
Wolfgang Siebert, *Die allgemeine Entwicklung des Vertragsbegriffs*, in: Rabels Zeitschrift für ausländisches und internationales Privatrecht, Sonderheft 1937: Deutsche Länderreferate zum II. Internationalen Kongreß für Rechtsvergleichung im Haag 1937, S. 199 ff.
Statistisches Jahrbuch für die Freie und Hansestadt Hamburg, Hamburg 1933 ff.
Stolzenberg, *Entwicklung der Kriminalität*, in: DJ 1938, S. 934 ff.
Verhandlungen des Reichstages, Bd. 547/1933.
Erich Volkmar, *Großdeutsches Eherecht. Kommentar zum Ehegesetz vom 6.7.1938*, München/Berlin 1939.
Franz Wieacker, *Geschichtliche Ausgangspunkte der Ehereform*, in: DJ 1937, S. 178 ff.
Wöhrmann, *Die Auflösung der Ehe zwischen Juden und Ariern*, in: JW 1933, S. 2041 ff.
Hans Wogatzky, *120 Jahre oberste Hanseatische Gerichte*, in: Curt Rothenberger (Hrsg.), *Das Hanseatische Oberlandesgericht. Gedenkschrift zu seinem 60jährigen Bestehen*, Hamburg 1939, S. 15 ff.

2. Literatur nach 1945

Götz Aly (Hrsg.), *Aktion T 4 1939–1945*, Berlin 1987.
Ralph Angermund, *Die geprellten »Richterkönige«*, in: Hans Mommsen/Susanne Willems (Hrsg.), *Herrschaftsalltag im Dritten Reich*, Düsseldorf 1988, S. 304 ff.
Ralph Angermund, *Deutsche Richterschaft 1919–1945. Krisenerfahrung, Illusion, politische Rechtsprechung*, Frankfurt/M. 1990.
Shlomo Aronson, *Heydrich und die Anfänge des SD und der Gestapo*, Diss. phil., Berlin 1967.
Klaus Bästlein, *Die Akten des ehemaligen Sondergerrichts Kiel als zeitgeschichtliche Quelle*, in: Zeitschrift der Gesellschaft für Schleswig-Holsteinische Geschichte, Bd. 113/1988, S. 157 ff.
Klaus Bästlein, *Die Judenpogrome vom 9./10. November 1938 in Schleswig-Holstein*, in: *Jüdisches Leben und die Novemberpogrome 1938 in Schleswig-Holstein*, hrsg. vom Grenzfriedensbund, Flensburg 1988, S. 9 ff.
Klaus Bästlein, *Als Recht zu Unrecht wurde. Zur Entwicklung der Strafjustiz im Nationalsozialismus*, in: Aus Politik und Zeitgeschichte (Beilage zur Wochenzeitung Das Parlament), B 13–14/1989 vom 24.3.1989, S. 1 ff.
Klaus Bästlein, *Sondergerichte in Norddeutschland als Verfolgungsinstanz*, in: Frank Bajohr (Hrsg.), *Norddeutschland im Nationalsozialismus*, Hamburg 1992.
Uwe Barschel, *Legalität und Legitimität*, in: Erich Hoffmann/Peter Wulf (Hrsg.), *»Wir bauen das Reich«*, Neumünster 1983, S. 443 ff.
Gundolf Bartels, *Zivilrechtsprechung in Oldenburg. Dargestellt vor allem am Beispiel des Ehe- und Familienrechts*, in: *175 Jahre Oberlandesgericht Oldenburg. Festschrift*, Köln/Berlin/Bonn/München 1989, S. 253 ff.
Jürgen Baumann, *§ 175*, Berlin/Neuwied 1968.
Hilde Benjamin u.a. (Autorenkollektiv), *Zur Geschichte der Rechtspflege der DDR 1945–1949*, Berlin (Ost) 1976.
Wolfgang Benz, *Eine liberale Widerstandsorganisation und ihre Ziele. Hans Robinsohns Denkschrift aus dem Jahre 1939*, in: Vierteljahrshefte für Zeitgeschichte, 29. Jahrgang/1981, S. 437 ff.
Wolfgang Berner/Edda Karlick-Bolten, *Verlaufsformen der Sexualkriminalität*, Stuttgart 1986.
Ruth Bettina Birn, *Die Höheren SS- und Polizeiführer. Himmlers Stellvertreter im Reich und in den besetzten Gebieten*, Düsseldorf 1986.
Dirk Blasius, *Ehescheidung in Deutschland 1794 bis 1945. Scheidung und Scheidungsrecht in historischer Perspektive*, Göttingen 1987.
Anna Blumberg-Ebel, *Sondergerichtsbarkeit und »Politischer Katholizismus« im Dritten Reich*, Mainz 1990.
Heinz Boberach (Hrsg.), *Richterbriefe. Dokumente zur Beeinflussung der deutschen Rechtsprechung 1942–1944*, Boppard am Rhein 1975.
Gunnar Boehnert, *The Jurists in the SS-Führerkorps 1925–1939*, in: Gerhard Hirschfeld/Lutz Kettenacker (Hrsg.), *Der »Führerstaat«. Mythos und Realität*, Stuttgart 1981, S. 364 ff.
Willy Brandt, *Links und frei. Mein Weg 1930–1950*, Hamburg 1982.
Gert Buchheit, *Richter in roter Robe. Freisler, Präsident des Volksgerichtshofes*, München 1968.
Ursula Büttner, *Politische Gerechtigkeit und sozialer Geist. Hamburg zur Zeit der Weimarer Republik*, Hamburg

1985.
Ursula Büttner, *Die Not der Juden teilen ... Christlich-jüdische Familien im Dritten Reich. Beispiel und Zeugnis des Schriftstellers Robert Brendel*, Hamburg 1988.
Van den Bussche (Hrsg.), *Medizinische Wissenschaft im »Dritten Reich«. Kontinuität, Anpassung und Opposition an der Hamburger Medizinischen Fakultät*, Hamburg 1989.
Elisabeth Chowaniec, *Der »Fall Dohnanyi« 1943–1945. Widerstand, Militärjustiz, SS-Willkür*, München 1991.
Deutschland-Berichte der Sozialdemokratischen Partei Deutschlands (Sopade) 1934–1940, 7 Bde., Nachdruck Salzhausen/Frankfurt 1980.
Uwe Diederichsen, *Nationalsozialistische Ideologie in der Rechtsprechung des Reichsgerichts zum Ehe- und Familienrecht*, in: Ralf Dreier/Wolfgang Sellert (Hrsg.), *Recht und Justiz im »Dritten Reich«*, Frankfurt/M. 1989, S. 241 ff.
Bernhard Diestelkamp/Michael Stolleis (Hrsg.), *Justizalltag im Dritten Reich*, Frankfurt 1988.
Karl Ditt, *Sozialdemokraten im Widerstand. Hamburg in der Anfangsphase des Dritten Reiches*, Hamburg 1984.
Ralf Dreier/Wolfgang Sellert, *Recht und Justiz im »Dritten Reich«*, Frankfurt/M. 1989.
Dieter Dölling, *Kriminologie im »Dritten Reich«*, in: Ralf Dreier/Wolfgang Sellert, *Recht und Justiz im »Dritten Reich«*, Frankfurt/M. 1989.
Angelika Ebbinghaus/Heidrun Kaupen-Haas/Karl Heinz Roth (Hrsg.), *Heilen und Vernichten im Mustergau Hamburg*, Hamburg 1984.
Ludwig Eiber (Bearb.), *»Kola-Fu«*, hrsg. vom Museum für Hamburgische Geschichte, Hamburg 1983.
Ludwig Eiber, *Aspekte des Verfolgungsapparates in Hamburg 1933/34*, in: Ders. (Hrsg.), *Verfolgung – Ausbeutung – Vernichtung*, Hannover 1985, S. 111 ff.
(Einhundertfünfundsiebzig) 175 Jahre Oberlandesgericht Oldenburg. Festschrift, Köln/Berlin/Bonn/München 1989.
Festschrift zum 275jährigen Bestehen des Oberlandesgerichts Celle, Celle 1986.
Manfred Flotho, *Bruno Heusinger*, in: Rudolf Wassermann (Hrsg.), *Justiz im Wandel der Zeiten. Festschrift des Oberlandesgerichts Braunschweig*, Braunschweig 1989, S. 349 ff.
Ernst Fränkel, *Der Doppelstaat. Recht und Justiz im »Dritten Reich«*, Frankfurt/M. 1974 (amerik. Erstausgabe 1941).
Karl Wilhelm Fricke, *Politik und Justiz in der DDR. Zur Geschichte der politischen Verfolgung 1945–1968*, Köln 1979.
Jörg Friedrich, *Freispruch für die Nazi-Justiz. Die Urteile gegen NS-Richter seit 1948*, Reinbek 1983.
Detlef Garbe, *»In jedem Einzelfall ... bis zur Todesstrafe«. Der Militärstrafrechtler Erich Schwinge. Ein deutsches Juristenleben*, Hamburg 1989.
Gedenkbuch. Opfer der Verfolgung der Juden unter der nationalsozialistischen Gewaltherrschaft in Deutschland 1933–1945, 2 Bde., Frankfurt/M. 1986.
Robert Gellately, *The Gestapo and German Society. Enforcing Racial Policy 1933–1945*, Oxford 1990.
Dieter Giesen, *Einzelfallgerechtigkeit als Problem*, in: Familienrechtszeitschrift 1984, S. 1188 ff.
Klaus-Detlev Godau-Schüttke, *Rechtsverwalter des Reiches. Staatssekretär Dr. Curt Joel*, Frankfurt/Bern/Cirencester 1981.
Horst Göppinger, *Juristen jüdischer Abstammung im »Dritten Reich«*, München 1990.
Victor von Gostomski/Walter Loch, *Der Tod von Plötzensee*, Meitingen/Freysing 1969.
Helge Grabitz, *NS-Prozesse. Psychogramme der Beteiligten*, Heidelberg 1985.
Renate Graner, *Die Staatsrechtslehre in der politischen Auseinandersetzung der Weimarer Republik*, Frankfurt/Main 1980.
Kurt R. Grossmann, *'Die Ehrenschuld'. Kurzgeschichte der Wiedergutmachung*, Frankfurt/Berlin 1967.
Lothar Gruchmann, *Justiz im Dritten Reich. Anpassung und Unterwerfung in der Ära Gürtner*, München 1988.
Gutachten des Instituts für Zeitgeschichte, Bd. 1, München 1958, Bd. 2, Stuttgart 1966.
Brunhilde Haack, *Die Anwaltschaft in Hamburg während der Weimarer Republik*, Diss. jur., Hamburg 1990.
Norbert Haase, *Aus der Praxis des Reichskriegsgerichts*, in: Vierteljahrshefte für Zeitgeschichte, 39. Jahrg./1991, S. 379 ff.
Jürgen Habermas/Niklas Luhmann, *Theorie der Gesellschaft oder Sozialtechnologie*, Frankfurt/Main 1971.
Ulrich Hamann, *Das OLG Celle im Dritten Reich, Justizverwaltung und Personalwesen*, in: *Festschrift zum 275jährigen Bestehen des OLG Celle*, Celle 1986, S. 143 ff.
Reimer Hansen, *Das Ende des Dritten Reiches. Die deutsche Kapitulation 1945*, Stuttgart 1966.
Christa Hempel-Küter/Eckart Krause, *Hamburg und das Erbe des »Dritten Reiches«. Versuch einer Bestandsaufnahme*, Hamburg 1988.
Josef Henke, *Das Schicksal deutscher zeitgeschichtlicher Quellen in Kriegs- und Nachkriegszeit*, in: Vierteljahrshefte für Zeitgeschichte, 30. Jahrg./1982, S. 557 ff.
Ulrich Herbert, *Fremdarbeiter. Politik und Praxis des »Ausländer-Einsatzes« in der Kriegswirtschaft des Dritten Reiches*, Berlin/Bonn 1985.
Ludolf Herbst/Constantin Goschler (Hrsg.), *Wiedergutmachung in der Bundesrepublik Deutschland*,

München 1989.
Walther Hofer, *Der Nationalsozialismus. Dokumente 1933–1945*, Frankfurt/Main 1957.
Heinz Holzhauer, *Die Scheidungsgründe in der nationalsozialistischen Familiengesetzgebung*, in: *NS-Recht in historischer Perspektive*, München 1981, S. 53 ff.
Christiane Hottes, *Grauen und Normalität. Zum Strafvollzug im Dritten Reich*, in: *Ortstermin Hamm. Zur Justiz im Dritten Reich*, hrsg. vom Oberstadtdirektor der Stadt Hamm, Hamm 1991.
Peter Hüttenberger, *Die Gauleiter. Studie zum Wandel des Machtgefüges in der NSDAP*, Stuttgart 1969.
Peter Hüttenberger, *Heimtückefälle vor dem Sondergericht München 1933–1939*, in: Martin Broszat u.a. (Hrsg.), *Bayern in der NS-Zeit. Herrschaft und Gesellschaft im Konflikt*, Bd. 4, München/Wien 1981.
Im Namen des deutschen Volkes. Katalog zur Ausstellung des Bundesjustizministeriums, Köln 1989.
Eberhard Jaeckel, *Hitlers Weltanschauung. Entwurf einer Herrschaft*, 2. Aufl., Stuttgart 1983.
Burkhard Jellonek, *Homosexuelle unter dem Hakenkreuz*, Paderborn 1990.
Werner Jochmann, *Gesellschaftliche Gleichschaltung in Hamburg 1933*, in: Ursula Büttner/Werner Jochmann (Hrsg.), *Zwischen Demokratie und Diktatur*, Hamburg 1984.
Werner Johe, *Die gleichgeschaltete Justiz. Organisation des Rechtswesens und Politisierung der Rechtsprechung 1933–1945 dargestellt am Beispiel des Oberlandesgerichtsbezirks Hamburg*, Frankfurt/Main 1967.
Werner Johe, *Territorialer Expansionsdrang oder wirtschaftliche Notwendigkeit? Die Groß-Hamburg-Frage*, in: Zeitschrift des Vereins für Hamburgische Geschichte, Bd. 64/1978, S. 149 ff.
Werner Johe, *Hamburg im Dritten Reich*, in: Werner Jochmann/Hans-Dieter Loose (Hrsg.), *Hamburg – Geschichte der Stadt und ihrer Bewohner, Bd. II: Vom Kaiserreich zur Gegenwart*, Hamburg 1986, S. 358 ff.
Juristen im Porträt. Festschrift zum 225jährigen Jubiläum des Verlages C.H. Beck, München 1988.
Juristinnen in Deutschland. Eine Dokumentation (1900–1984), hrsg. vom Deutschen Juristinnenbund, München 1984.
Michael H. Kater, *Zum gegenseitigen Verhältnis von SA und SS in der Sozialgeschichte des Nationalsozialismus von 1925–1939*, in: Vierteljahrschrift für Sozial- und Wirtschaftsgeschichte 62 (1975), S. 349 ff.
Michael H. Kater, *Studentenschaft und Rechtsradikalismus in Deutschland 1918–1933*, Hamburg 1975.
Friedrich Karl Kaul, *Geschichte des Reichsgerichts*, Bd. 4: 1933–1945, Berlin 1971.
Ian Kershaw, *Der Hitler-Mythos. Volksmeinung und Propaganda im Dritten Reich*, Stuttgart 1980.
Uwe-K. Ketelsen, *Völkisch-nationale und nationalsozialistische Literatur in Deutschland 1890–1945*, Stuttgart 1976.
Wilhelm Kiesselbach zum achtzigsten Geburtstag. Festschrift, Hamburg o.J. (1947).
Elisabeth Kinder, *Das »Stammlager Sosnowitz«*, in: Friedrich Kahlenberg, *Aus der Arbeit der Archive. Festschrift für Hans Booms*, Boppard am Rhein 1988.
Michael Kirn, *Verfassungsumsturz oder Rechtskontinuität. Die Stellung der Jurisprudenz nach 1945 zum Dritten Reich, insbesondere die Konflikte um die Kontinuität der Beamtenrechte und Art. 131 Grundgesetz*, Berlin 1972.
Stefan König, *Vom Dienst am Recht. Rechtsanwälte als Strafverteidiger im Nationalsozialismus*, Köln 1987.
Dieter Kolbe, *Reichsgerichtspräsident Dr. Erwin Bumke. Studien zum Niedergang des Reichsgerichts und der deutschen Rechtspflege*, Karlsruhe 1975.
Wolfgang Kopitzsch, *Der »Altonaer Blutsonntag«*, in: Arno Herzig/Dieter Langewiesche/Arnold Sywottek (Hrsg.), *Arbeiter in Hamburg*, Hamburg 1983.
Kramer, *Geschichte des Hamburger Gefängniswesens*. Vortrag gehalten in der Deputationssitzung der Gefängnisbehörde am 29.6.1963, Hamburg o.J. (als Manuskript gedruckt).
Helmut Kramer, *Oberlandesgerichtspräsidenten und Generalstaatsanwälte als Gehilfen der NS-»Euthanasie«*, in: Kritische Justiz, 17. Jahrg./1984, S. 25 ff.
Eckart Krause/Ludwig Huber/Holger Fischer (Hrsg.), *Hochschulalltag im »Dritten Reich«. Die Hamburger Universität 1933–1945*, 3 Bde., Berlin/Hamburg 1991.
Volker Kregel, *Die Personalpolitik der Justiz im 3. Reich*, Diss. jur., Göttingen 1986.
Volker Kregel, *Die Personalpolitik der Justiz im »Dritten Reich« am Beispiel des OLG Celle*, in: Ralf Dreier/Wolfgang Sellert (Hrsg.), *Recht und Justiz im »Dritten Reich«*, Frankfurt/M. 1989, S. 226 ff.
Landeszentrale für politische Bildung Schleswig-Holstein (Hrsg.), *Rechtsextremismus in Schleswig-Holstein 1945–1990*, Kiel 1990.
Ina Lorenz, *Identität und Assimilation. Hamburgs Juden in der Weimarer Republik*, Hamburg 1989.
Jens Luge, *Konflikte in der regionalen Strafrechtspflege 1932–1945*, in: *175 Jahre Oberlandesgericht Oldenburg. Festschrift*, Köln/Berlin/Bonn/München 1989, S. 217 ff.
Diemut Majer, *»Fremdvölkische« im Dritten Reich*, Boppard am Rhein 1981.
Inge Marßolek/Rene Ott, *Bremen im Dritten Reich. Anpassung – Widerstand – Verfolgung*, Bremen 1986.
Klaus Marxen, *Der Kampf gegen das liberale Strafrecht. Eine Studie zum Antiliberalismus der Strafrechtswissenschaft in den zwanziger und dreissiger Jahren*, Berlin 1973.
Ingeborg Maus, *Bürgerliche Rechtstheorie und Faschismus. Zur sozialen Funktion und aktuellen Wirkung der Theorie Carl Schmitts*, 2. Aufl., München 1980.
Anne-Gudrun Meier-Scherling, *Die Benachteiligung der Juristin zwischen 1933 und 1945*, in: Deutsche Richterzeitung 1975, S. 10 ff.

Peter H. Merkl, *Die alten Kämpfer der NSDAP,* in: Sozialwissenschaftliches Jahrbuch für Politik 2 (1971), S. 500 f.
Manfred Messerschmidt/Fritz Wüllner, *Die Wehrmachtsjustiz im Dienste des Nationalsozialismus. Zerstörung einer Legende,* Baden-Baden 1987.
Ingo Müller, *Politische Justiz in der Kontinuität,* in: *Eine Zeit, in der die Falschen verurteilt werden. Heinrich Hannover zum 60. Geburtstag,* Hamburg 1985, S. 114 ff.
Ingo Müller, *Furchtbare Juristen,* München 1987.
Ingo von Münch/Uwe Brodersen, *Gesetze des NS-Staates. Dokumente eines Unrechtssystems,* 2. Aufl., Paderborn 1982.
Franz Neumann, *Behemoth. Struktur und Praxis des Nationalsozialismus 1933–1944,* Frankfurt/M. 1977 (amerik. Erstausgabe 1944).
Heribert Ostendorf/Heino ter Veen, *Das »Nürnberger Juristenurteil«. Eine kommentierte Dokumentation,* Frankfurt/New York 1985.
Holger Otten, *Entnazifizierung und politische Säuberung in Kiel,* in: Arbeitskreis demokratische Geschichte (Hrsg.), *Wir sind das Bauvolk. Kiel 1945 bis 1950,* Kiel 1985, S. 295 ff.
Norman Paech/Ulrich Krampe, *Die Rechts- und Staatswissenschaftliche Fakultät. Abteilung Rechtswissenschaft,* in: Krause/Huber/Fischer (Hrsg.), *Hochschulalltag,* Bd. 2, Berlin/Hamburg 1990, S. 867 ff.
Detlev Peukert, *Volksgenossen und Gemeinschaftsfremde,* Köln 1982.
Werner Präg/Wolfgang Jacobmeyer (Hrsg.), *Das Diensttagebuch des deutschen Generalgouverneurs in Polen 1939–45,* Stuttgart 1975.
Christian Pross, *Wiedergutmachung. Der Kleinkrieg gegen die Opfer,* Frankfurt 1989.
Thilo Ramm, *Eherecht und Nationalsozialismus,* in: *Festschrift für Ernst Fraenkel,* Hamburg 1973, S. 151 ff.
Thilo Ramm, *Das nationalsozialistische Familien- und Jugendrecht,* Heidelberg 1984.
Dieter Rebentisch, *Führerstaat und Verwaltung im Zweiten Weltkrieg. Verfassungsentwicklung und Verfassungspolitik 1939–1945,* Stuttgart 1989.
Redaktion Kritische Justiz (Hrsg.), *Streitbare Juristen,* Baden-Baden 1990.
Redaktion Kritische Justiz (Hrsg.), *Der Unrechts-Staat III: Eli Nathans, Franz Schlegelberger,* Baden-Baden 1990.
Udo Reifner/Bernd-Rüdeger Sonnen, *Strafjustiz und Polizei im Dritten Reich,* Frankfurt/New York 1984.
Ekkehard Reitter, *Franz Gürtner. Politische Biographie eines deutschen Juristen 1881–1941,* Berlin 1976.
Walther Richter, *Zur soziologischen Struktur der deutschen Richterschaft,* Stuttgart 1968.
Walther Richter, *Zur Bedeutung der Herkunft des Richters für die Entscheidungsfindung,* Berlin 1973.
Hans Robinsohn, *Justiz als politische Verfolgung. Die Rechtsprechung in »Rassenschandefällen« beim Landgericht Hamburg 1936–43,* Stuttgart 1977.
Hubert Rottleuthner, *Der Einzelrichter. Eine rechtstatsächliche Untersuchung,* in: Deutsche Richterzeitung 1989, S. 164 ff.
Hubert Rottleuthner/Klaus Bästlein, *Konzeption für die Errichtung eines Dokumentations- und Forschungszentrums zur NS-Justiz,* Berlin 1990 (Maschinenschrift).
Hubert Rottleuthner, *Justizstatistische Informationen 1933–1945. Geschäftsstatistik, Personalstatistik,* Berlin 1991 (Maschinenschrift).
Hubert Rottleuthner, *Kontinuität und Diskontinuität: Rechtslehrer vor und nach 1945,* Berlin 1991 (Maschinenschrift).
Adalbert Rückerl, *NS-Verbrechen vor Gericht. Versuch einer Vergangenheitsbewältigung,* Heidelberg 1982.
Hinrich Rüping, *Staatsanwaltschaft und Provinzialjustizverwaltung im Dritten Reich. Aus den Akten der Staatsanwaltschaft bei dem Oberlandesgericht Celle als höherer Reichsjustizbehörde,* Baden-Baden 1990.
Bernd Rüthers, *Die unbegrenzte Auslegung. Zum Wandel der Privatrechtsordnung im Nationalsozialismus,* Tübingen 1968.
Bernd Rüthers, *Institutionelles Rechtsdenken im Wandel der Verfassungsepochen,* Bad Homburg 1970.
Bernd Rüthers, *Carl Schmitt im Dritten Reich. Wissenschaft als Zeitgeistverstärkung,* München 1989.
Hans Dieter Schäfer, *Das gespaltene Bewußtsein. Deutsche Kultur und Lebenswirklichkeit 1933–1945,* Frankfurt/Berlin/Wien 1981.
Johann Peter Schäfer. *Die Entstehung der Vorschriften des BGB über das persönliche Eherecht,* Diss. jur., Frankfurt/M. 1983.
Wolfgang Scheffler, *Wege zur Endlösung,* in: Herbert A. Strauss/Norbert Kampe (Hrsg.), *Antisemitismus. Von der Judenfeindschaft zum Holocaust,* Bonn 1985, S. 186 ff.
Klaus Scherer, *»Asozial« im 3. Reich. Die vergessenen Verfolgten,* Münster 1990.
Schicksal jüdischer Juristen in Hamburg im Dritten Reich, in: *Vorträge und Aufsätze,* hrsg. vom Verein für Hamburgische Geschichte, Heft 27, Hamburg 1985.
Bernd Schimmler, *Recht ohne Gerechtigkeit. Zur Tätigkeit der Berliner Sondergerichte im Nationalsozialismus,* Berlin 1984.
Christoph Schmidt, *Zu den Motiven »alter Kämpfer« in der NSDAP,* in: Detlef Peukert/Jürgen Reulecke (Hrsg), *Die Reihen fast geschlossen. Beiträge zur Geschichte des Alltags unterm Nationalsozialismus,* Wuppertal 1981, S. 21 ff.

Christoph U. Schminck-Gustavus, *NS-Justiz und Besatzungsterror*, in: Norman Paech und Gerhard Stuby (Hrsg.), *Wider die herrschende Meinung. Beiträge für Wolfgang Abendroth*, Frankfurt/M. 1982, S. 13 ff.

Hans-Walter Schmuhl, *Rassenhygiene. Nationalsozialismus. Euthanasie*, Göttingen 1987.

Hans Schneider: *Das Ermächtigungsgesetz vom 24. März 1933*, in: Vierteljahrshefte für Zeitgeschichte, 2. Jahrg./1953, S. 197 ff.

Hubert Schorn, *Der Richter im Dritten Reich*, Frankfurt/M. 1959.

Rainer Schröder, *»... aber im Zivilrecht sind die Richter standhaft geblieben!« Die Urteile des OLG Celle im Dritten Reich*, Baden-Baden 1988, S. 247 ff.

Rainer Schröder, *Der zivilrechtliche Alltag des Volksgenossen. Beispiele aus der Praxis des OLG Celle im Dritten Reich*, in: Bernhard Diestelkamp/Michael Stolleis (Hrsg.), *Justizalltag im Dritten Reich*, Frankfurt/M. 1988, S. 39 f.

Thomas Alan Schwartz, *Die Begnadigung deutscher Kriegsverbrecher. John J. McCloy und die Häftlinge von Landsberg*, in: Vierteljahrshefte für Zeitgeschichte, 38. Jahrgang/1990, S. 375 ff.

Rolf Schwarz/Harald Jenner, *Gefangen in Schleswig-Holstein*, hrsg. von der Stadt Rendsburg, Rendsburg 1990.

John R. Searle, *Sprechakte. Ein sprachphilosophischer Essay*, Frankfurt/Main 1971.

Hans Segelken, *Amor fati. Aufzeichnungen einer gescheiterten Juristengeneration*, Hamburg 1970.

Der Senator für Justiz und Verfassung (Hrsg.), *Strafjustiz im totalen Krieg. Aus den Akten des Sondergerichts Bremen 1940–1945*, Bd. 1, Bremen 1991.

Wolfgang Siebert, *Die allgemeine Entwicklung des Vertragsbegriffs*, in: Sonderheft des 11. Jahrgangs (1937) von Rabels Zeitschrift für ausländisches und internationales Privatrecht: *Deutsche Landesreferate zum II. Internationalen Kongreß für Rechtsvergleichung im Haag 1937*, S. 199 ff.

Dieter Simon, *Die Unabhängigkeit des Richters*, Darmstadt 1975.

Marlis Steinert, *Hitlers Krieg und die Deutschen. Stimmung und Haltung der deutschen Bevölkerung im Zweiten Weltkrieg*, Düsseldorf/Wien 1970.

Fritz Stern, *Kulturpessimismus als politische Gefahr. Eine Analyse nationaler Ideologie*, 2. Aufl., Stuttgart 1963.

Michael Stolleis, *Gemeinwohlformeln im nationalsozialistischen Recht*, Berlin 1974.

Michael Stolleis, *Staatsrechtslehre zwischen Monarchie und Führerstaat*, in: Steffen Harbrodt (Hrsg.), *Wissenschaft im Nationalsozialismus*, Berlin 1983, S. 12 ff.

Hans-Georg Stümke, *Homosexuelle in Deutschland*, München 1989.

Karl-Leo Terhorst, *Polizeiliche planmäßige Überwachung und polizeiliche Vorbeugungshaft im Dritten Reich*, Heidelberg 1985.

Henning Timpke (Hrsg.), *Dokumente zur Gleichschaltung des Landes Hamburg 1933*, Frankfurt/Main 1967.

Henning Timpke, *Das KL Fuhlsbüttel*, in: Hans Rothfels/Theodor Eschenburg (Hrsg.), *Studien zur Geschichte der Konzentrationslager*, Stuttgart 1970.

Gabriele Toepser-Ziegert (Bearb.), *NS-Presseanweisungen der Vorkriegszeit. Edition und Dokumentation*, Bd. 3, 1. Teil: 1935, München/London/New York/Oxford/Paris 1987.

Johannes Tuchel, *Konzentrationslager. Organisationsgeschichte und Funktion der »Inspektion der Konzentrationslager« 1934–1938*, Boppard am Rhein 1991.

Heinz Josef Varain, *Parteien und Verbände. Eine Studie über ihren Aufbau, ihre Verflechtung und ihr Wirken in Schleswig-Holstein 1945–1958*, Köln 1964.

Babara Vogel, *Anpassung und Widerstand. Das Verhältnis Hamburger Hochschullehrer zum Staat 1919 bis 1945*, in: Eckart Krause/Ludwig Huber/Holger Fischer (Hrsg.), *Hochschulalltag im »Dritten Reich«. Die Hamburger Universität 1933 bis 1945*, Bd. 1, Berlin/Hamburg 1991, S. 3 ff.

Joseph Walk, *Das Sonderrecht für die Juden im NS-Staat*, Heidelberg 1981.

Rudolf Wassermann (Hrsg.), *Justiz im Wandel der Zeiten. Festschrift des Oberlandesgerichts Braunschweig*, Braunschweig 1989.

Hermann Weinkauff, *Die deutsche Justiz und der Nationalsozialismus*, Stuttgart 1968.

Joachim Reinhold Wenzlau, *Der Wiederaufbau der Justiz in Nordwestdeutschland 1945 bis 1949*, Diss. phil., Hamburg 1979.

Ernst Wolf/Gerhard Lüke/Herbert Hax, *Scheidung und Scheidungsrecht*, Tübingen 1959.

Hans Wrobel, *Otto Palandt zum Gedächtnis*, in: Kritische Justiz, 15. Jahrg./1982, S. 1 ff.

Hans Wrobel, *Der Deutsche Richterbund im Jahre 1933. Skizze eines Ablaufs*, in: Kritische Justiz, 15. Jahrg./1982, S. 323 ff.

Hans Wrobel, *Die Anfechtung der Rassenmischehe*, in: Kritische Justiz, 16. Jahrg./1983, S. 349 ff.

Hiltgunt Zassenhaus, *Ein Baum blüht im November. Bericht aus den Jahren des Zweiten Weltkriegs*, Hamburg 1974.

Zentral-Justizamt für die Britische Zone (Hrsg.), *Das Nürnberger Juristenurteil. Vollständige Ausgabe*, Hamburg 1948.

Personenregister

Bearbeitet von Gunther Schmitz

Verzeichnis der Autoren

Klaus Bästlein, geb. 1956, Studium der Rechtswissenschaften, Geschichte und Skandinavistik, 1984–1990 Wissenschaftlicher Mitarbeiter bei der Gedenkstätte Deutscher Widerstand in Berlin, seit 1991 wissenschaftlicher Angestellter bei der Justizbehörde Hamburg (Projektleitung).

Helge Grabitz, geb. 1934, Studium der Rechtswissenschaften, seit 1965 bei der Staatsanwaltschaft beim Landgericht Hamburg, seit 1966 in der Strafverfolgung von NS-Verbrechen tätig, 1983 Oberstaatsanwältin, seit 1985 Lehrbeauftragte an der Freien und an der Technischen Universität Berlin.

Hans Christian Lassen, geb. 1957, Studium der Rechtswissenschaften, 1985 Rechtsanwalt, 1988 wissenschaftlicher Mitarbeiter bei der Staats- und Universitätsbibliothek Hamburg, seit 1990 wissenschaftlicher Angestellter bei der Justizbehörde Hamburg.

Reginald A. Puerschel, geb. 1946, Ausbildung für den gehobenen Verwaltungsdienst, 1973 Regiergungsinspektor, Studium der Rechtswissenschaften, seit 1987 Rechtsanwalt, seit 1990 wissenschaftlicher Angestellter bei der Justizbehörde Hamburg.

Wolfgang Sarodnick, geb. 1939, Studium der Psychologie, 1970–1979 als Anstaltspsychologe bei der Justizbehörde Hamburg, 1979–1981 Leiter der Jugendanstalt Vierlande, 1981–1989 Leiter der Justizvollzugsanstalt Fuhlsbüttel, 1989/90 Leiter der offenen Justizvollzugsanstalt Vierlande, seit 1990 wissenschaftliche Tätigkeit bei der Justizbehörde Hamburg.

Prof. Dr. Wolfgang Scheffler, geb. 1929, Studium der Geschichte, 1959/60 Beobachter des Eichmann-Prozesses in Jerusalem für das Auswärtige Amt, seither Gerichtsgutachter bei NS-Prozessen im In- und Ausland, seit 1978 Professor an der Freien Universität Berlin, seit 1986 Hochschullehrer am Institut für Antisemtismusforschung an der Technischen Universität Berlin.

Gunther Schmitz, geb. 1937, Studium der Geschichte und Germanistik, 1965–1987 im Schuldienst, zwischenzeitlich mehrjährige Tätigkeit bei der Lehrplan-Gestaltung in der Schulbehörde, Oberstudienrat, seit 1987 für wissenschaftliche Arbeiten abgeordnet an die Staatsanwaltschaft beim Landgericht Hamburg.

Dr. Hans-Konrad Stein-Stegemann, Studium der Geschichte, Literaturwissenschaft und Philosophie, wissenschaftlicher Angestellter unter anderem bei dem Projekt »Erschließung der Akten des Reichskammergerichts«, seit 1990 wissenschaftlicher Angestellter bei der Justizbehörde Hamburg.